Découvrez l'histoire par les archives de presse

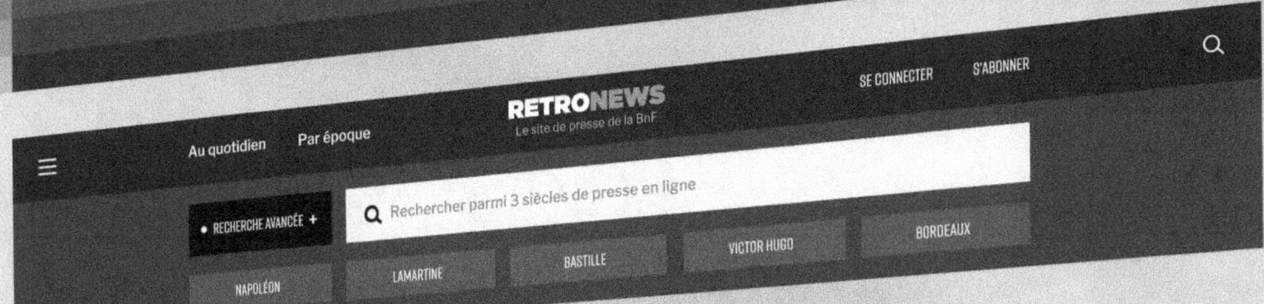

RETRONEWS
Le site de presse de la BnF
www.retronews.fr

LA REVUE SOCIALE

1re année — N° 1   15 centimes   Novembre 1890

BULLETIN MENSUEL
De la Fédération des Travailleurs Socialistes de l'Est
PARAISSANT A DIJON

ADMINISTRATION		ABONNEMENT
Adresser toutes communications et mandats au citoyen CHARLOT, délégué, rue du Faubourg-Raines, 66, **DIJON**.	*De chacun selon ses forces* *A chacun selon ses besoins*	Un an, **2 fr.** — 6 mois, **1 fr.** — 3 mois, **50 cent.** PERMANENCE chaque samedi soir, au siège social du Groupe Socialiste, 13, rue des Godrans, **DIJON**.

SOMMAIRE :

A nos Camarades Socialistes . . . . . LA RÉDACTION.
Aux jeunes gens . . . . P. KROPOTKINE.
Le Pourquoi du Parti Ouvrier . . . . B. MALON.
Mouvement socialiste de la région . . E. CHARLOT.
La grève des Typographes . . . . . . A. M.
Lettre de Lyon . . . . A. SIMOND.
Coups de fronde . . . . ASMODÉE.
La dépopulation en France . . . . . A. MARPAUX.
Le Creusot . . . . J.-B. DUMAY.
Communications, petite correspondance, etc.

Dans notre prochain numéro, nous publierons: la **Peste religieuse,** *de Most,* **Entre Paysans,** *extrait de l'ouvrage de Malatesta, et un article du sympathique et puissant écrivain socialiste* **J.-B. Clément.**

A NOS CAMARADES SOCIALISTES

De la Côte-d'Or, du Jura, de la Nièvre, de Saône-et-Loire, du Rhône, de l'Yonne, etc.

CITOYENS,

Notre appel a été entendu. La *Fédération des travailleurs de l'Est* est définitivement fondée.

Voulant faire honneur à ses engagements, le *Parti Ouvrier dijonnais* fait paraître aujourd'hui le premier numéro du bulletin de propagande.

Nous remercions tous les citoyens qui ont eu confiance dans notre initiative.

Nous les prions de croire que nous n'en abuserons pas.

Partisans avant tout de l'autonomie locale, nous avons voulu simplement faire œuvre de concentration des forces ouvrières et socialistes sur un point donné, la *propagande*.

Notre action combinée aura un résultat énorme dans la région. Les adhésions nous arrivent nombreuses. De dévoués militants d'Auxerre, de Saint-Privé, de Brienon, dans l'Yonne ; Neuvy-sur-Loire, La Charité, dans la Nièvre ; Auxonne, Dijon, Arnay, Seurre, dans la Côte-d'Or ; Blanzy, Chagny, le Creusot, Montceau-les-Mines, Chauffailles, dans Saône-et-Loire ; Lyon, dans le Rhône ; Saint-Claude, Lons-le-Saunier, dans le Jura ; ont pris l'engagement d'amener des recrues au Parti ouvrier socialiste.

A l'œuvre donc. Que nos amis des villes et des campagnes fassent lire notre *Revue Sociale*; que la lumière pénètre dans les cerveaux ouvriers trop imbus encore de vieux préjugés de notre société bâtarde et marâtre.

Isolés, les socialistes de la région ne pouvaient rien.

Aujourd'hui, ils forment déjà un bataillon d'avant-garde. Demain, ils seront une légion, légion de travailleurs voulant s'émanciper eux-mêmes et décidés à purger la République des frelons capitalistes qui l'exploitent et la déshonorent.

Vive le Parti Ouvrier !

Vive la République Sociale !

La Commission fédérale provisoire.

Afin d'éclairer nos lecteurs sur les conditions de fonctionnement de la Fédération des travailleurs socialistes de l'Est, nous reproduisons la circulaire suivante adressée aux militants de la région, et qui, jusqu'au congrès régional de février 1891, formera les statuts provisoires de l'association :

CITOYEN,

La nécessité se fait sentir tous les jours de propager les doctrines du « Parti Ouvrier » dans les villes et les campagnes où elles sont encore méconnues. Nous avons là beaucoup de forces éparses, impuissantes parce qu'elles vivent isolées, et ne pouvant constituer des groupes, soit à cause du petit nombre des adeptes, soit par crainte des vengeances de la bourgeoisie.

Nous avons donc projeté de réunir tous les éléments dont dispose notre région dans une vaste association de *propagande* sous le titre de *Fédération des travailleurs socialistes de l'Est.*

Les socialistes de Dijon font appel à votre concours pour les aider dans l'accomplissement de la tâche qu'ils viennent d'entreprendre. Ils pensent que vous prendrez en sérieuse considération la proposition suivante qu'ils ont l'avantage de vous soumettre :

1° A partir du 1er novembre 1890, une association régionale fonctionnera dans les départements de la Côte-d'Or, Yonne, Saône-et-Loire, Rhône, Nièvre, Jura, Doubs, Aube, Vosges, etc., sous le titre de *Fédération des travailleurs socialistes de l'Est,*

2° Son but est de propager les doctrines socialistes du « Parti Ouvrier » par la parole ou par écrits;

3° Peut en faire partie, toute citoyenne ou citoyen faisant profession de foi socialiste et acceptant de payer une cotisation de *50 centimes* tous les trois mois;

4° Un bulletin de propagande sera publié tous les mois; il contiendra des articles des meilleurs auteurs socialistes.

et des correspondances sur le mouvement ouvrier dans la région ; tout adhérent recevra *gratuitement* le bulletin mensuel ;

5° Les groupes ou comités ouvriers socialistes actuellement constitués dans la région conserveront l'*autonomie* la plus complète au point de vue électoral ou local. En conséquence toutes les adhésions à la Fédération auront un caractère complètement individuel ;

6° Les socialistes dijonnais s'engagent pendant trois mois, à dater du 1er novembre prochain à *garantir* les frais de publication du bulletin. Le siège de la Fédération sera fixé provisoirement à Dijon ; au mois de février 1891 (composé des délégués des adhérents de chaque localité), aura lieu un *congrès régional*, qui élaborera le règlement définitif de la Fédération.

Nous pensons, citoyen, que la proposition précédente est assez large pour donner satisfaction aux socialistes sincères de la région ; nous vous prions de bien remarquer que le Parti Ouvrier dijonnais entend prendre simplement l'initiative de l'organisation de la Fédération de l'Est ; il croit qu'au bout de trois mois, l'association sera suffisamment prospère pour régler elle-même sa conduite définitive.

En conséquence, nous vous serions obligés de nous faire savoir si vous acceptez d'être *membre fondateur* de ladite Fédération, et si vous pouvez être *correspondant* du bulletin mensuel pour votre localité. Dans l'affirmative vous nous indiquerez approximativement, le nombre d'adhérents que vous avez l'espoir de faire dans votre ville, à seule fin de fixer le premier tirage du bulletin que vous placeriez auprès des citoyens dévoués à la République sociale.

Comptant sur un bon accueil de votre part, recevez citoyen, nos saluts fraternels.

La Commission d'initiative,

BUQUET, typographe ; BRAY, mouleur ; CHARLOT, dessinateur ; GUINDE, voilier ; JOSSERAND, mouleur ; DIOCHON ; MALLET, forgeron ; MARPAUX, typographe ; MOJONNET, ouvrier en limes ; MILLERAND, voyageur de commerce ; A. MORIN et J. THIOLAIN, conseillers municipaux socialistes de Dijon.

Nota. — Adresser toutes les réponses au citoyen E. CHARLOT, secrétaire du groupe socialiste, 66, faubourg Raines, à Dijon.

COMMISSION FÉDÉRALE PROVISOIRE

Dans sa réunion du 25 octobre, le groupe socialiste de Dijon a désigné les citoyens Buquet, Charlot, Marpaux, Millerand et Thiolain comme membres de la Commission fédérale provisoire.

Cette Commission a pour mandat de prendre les mesures nécessaires pour assurer la publication et l'administration de notre *Revue Sociale* de propagande, jusqu'au congrès de février 1891, qui sera juge de l'administration définitive de la Fédération.

A NOS CORRESPONDANTS

Pour faciliter le recrutement des adhésions à la Fédération de l'Est, et simplifier en même temps l'administration, nous avons créé un certain nombre de *bons de 0 fr. 50* représentant la valeur de trois mois de cotisations, donnant droit à la réception gratuite de la *Revue Sociale.*

Nos correspondants recevront chacun un certain nombre de ces bons. Nous leur adressons également un même nombre de numéros de la *Revue Sociale.*

Leur mission sera bien simple ; ils devront faire leur possible pour placer lesdits bons, auprès des citoyens dévoués à la République sociale ; ils en percevront le montant et nous l'adresseront avec leur prochaine correspondance, soit en timbres, soit en mandats poste.

Les citoyens qui nous ont déjà envoyé des listes d'adhésions sont priés de nous indiquer, si nous devons adresser notre *Revue Sociale,* à chaque adhérent personnellement, ou bien si nous pouvons leur expédier en bloc, et s'ils se chargent eux-mêmes d'en faire la distribution. Nous les invitons à lire la *petite correspondance* dans chaque numéro, et nous leur rappelons que leurs articles locaux doivent nous parvenir avant le 25 de chaque mois s'ils en désirent l'insertion dans le prochain numéro de la *Revue Sociale.* Chaque correspondant voudra bien nous faire savoir enfin si son nom peut être publié sans crainte dans le bulletin. Quant à ceux des adhérents abonnés, il va sans dire qu'ils ne seront point rendus publics.

AUX JEUNES GENS

C'est aux jeunes gens que je veux parler aujourd'hui. Que les vieux — les vieux de cœur et d'esprit, bien entendu — mettent donc ces lignes de côté, sans se fatiguer inutilement les yeux à une lecture qui ne leur dira rien.

Je suppose que vous approchez des dix-huit ou vingt ans ; que vous finissez votre apprentissage ou vos études ; que vous allez entrer dans la vie. Vous avez, je le pense, l'esprit dégagé des superstitions qu'on a cherché à vous inculquer : vous n'avez pas peur du diable et vous n'allez pas entendre déblatérer les curés et pasteurs. Qui plus est, vous n'êtes pas un des gommeux, tristes produits d'une société au déclin, qui promènent sur les trottoirs leurs pantalons mexicains et leurs faces de singe et qui déjà à cet âge n'ont que des appétits de jouissance à tout prix..., je suppose au contraire que vous avez le cœur bien à sa place, et c'est à cause de cela que je vous parle.

Une première question, je le sais, se pose devant vous. — « Que vais-je devenir? » vous êtes-vous demandé maintes fois. En effet, lorsqu'on est jeune on comprend qu'après avoir étudié un métier ou une science pendant plusieurs années — aux frais de la société, notez-le-bien — ce n'est pas pour s'en faire un instrument d'exploitation, et il faudrait être bien dépravé, bien rongé par le vice, pour ne jamais avoir rêvé d'appliquer un jour son intelligence, ses capacités, son savoir, à aider à l'affranchissement de ceux qui grouillent aujourd'hui dans la misère et dans l'ignorance.

Vous êtes de ceux qui l'avez rêvé, n'est-pas ? Eh bien, voyons, qu'est-ce que vous allez faire pour que votre rêve devienne une réalité ?

Je ne sais pas dans quelles conditions vous êtes né. Peut-être, favorisé par le sort, avez-vous fait des études scientifiques ; c'est médecin, avocat, homme de lettres ou de science que vous allez devenir; un large champ d'action s'ouvre devant vous ; vous entrez dans la vie avec de vastes connaissances, des aptitudes exercées ; ou bien, vous êtes un honnête artisan, dont les connaissances scientifiques se bornent au peu que vous avez appris à l'école mais qui avez eu l'avantage de connaître de près ce qu'est la vie de rude labeur menée par le travailleur de nos jours.

Je m'arrête à la première supposition, pour revenir ensuite à la seconde ; j'admets que vous avez reçu une éducation scientifique. Supposons que vous allez devenir... médecin.

Demain, un homme en blouse viendra vous chercher pour voir une malade. Il vous mènera dans une de ces ruelles, où les voisines se touchent presque la main pardessus la tête du passant ; vous montez dans un air corrompu, à la lumière vacillante d'un lampion, deux, trois, quatre, cinq escaliers couverts d'une crasse glissante, et dans une chambre sombre et froide vous trouvez la malade couchée sur un grabat, recouverte de sales haillons. Des enfants pâles, livides, grelottant sous leurs guenilles, vous regardent de leurs yeux grands ouverts.

Le mari a travaillé sa vie des douze et treize heures à n'importe quel labeur : maintenant il chôme depuis trois mois. Le chômage n'est pas rare dans son métier : il se répète périodiquement toutes les années ; mais autrefois, quand il chômait, la femme allait travailler comme journalière... laver vos chemises peut-être, en gagnant trente sous par jour ; mais la voilà alitée depuis deux mois et la misère se dresse hideuse devant la famille.

Que conseillerez-vous à la malade, monsieur le docteur ? vous qui avez deviné que la cause de la maladie, c'est l'anémie générale, le manque de bonne nourriture, le manque d'air ? Un bon bifteck chaque jour ? un peu de mouvement à l'air libre ? une chambre sèche et bien aérée ? Quelle ironie ! Si elle le pouvait elle l'aurait déjà fait sans attendre vos conseils !

Si vous avez le cœur bon, la parole franche, le regard honnête, la famille vous contera bien des choses. Elle vous dira que de l'autre côté de la cloison, cette femme qui tousse d'une toux qui vous fend le cœur, est la pauvre repasseuse ; qu'un escalier plus bas, tous les enfants ont la fièvre : que la blanchisseuse du rez-de-chaussée, elle non plus, ne verra pas le printemps, et que dans la maison à côté c'est encore pis.

Que direz-vous à tous ces malades ? Bonne nourriture, changement de climat, un travail moins pénible ?... Vous auriez voulu pouvoir le dire, mais vous n'osez pas, et vous sortez le cœur brisé, la malédiction sur les lèvres.

Le lendemain, vous réfléchissez encore aux habitants du taudis, lorsque votre camarade vous raconte qu'hier un valet de pied est venu le chercher, en carrosse cette fois-ci. C'était pour l'habitante d'un riche hôtel, pour une dame, épuisée par des nuits sans sommeil, qui donne toute sa vie aux toilettes, aux visites, à la danse et aux querelles avec un mari butor. Votre camarade lui a conseillé une vie moins inepte, une nourriture moins échauffante, des promenades à l'air frais, le calme de l'esprit et un peu de gymnastique de chambre, pour remplacer jusqu'à un certain point le travail productif !

L'une meurt parce que, toute sa vie durant, elle n'a jamais assez mangé, ne s'est jamais suffisamment reposée ; l'autre languit parce que durant toute sa vie elle n'a jamais su ce que c'est que le travail...

Si vous êtes une de ces natures molasses qui se font à tout, qui à la vue des faits les plus révoltants se soulagent par un léger soupir et par une chope, alors vous vous ferez à la longue à ces contrastes et, la nature de la bête aidant, vous n'aurez plus qu'une idée, celle de vous caser dans les rangs des jouisseurs pour ne jamais vous trouver parmi les misérables. Mais si vous êtes « un homme », si chaque sentiment se traduit chez vous par un acte de volonté, si la bête en vous n'a pas tué l'être intelligent,

alors, vous reviendrez un jour chez vous en disant : « Non, c'est injuste, cela ne doit pas traîner ainsi. Il ne s'agit pas de guérir les maladies, il faut les prévenir. Un peu de bien-être et de développement intellectuel suffiraient pour rayer de nos listes la moitié des malades et des maladies. Au diable les drogues ! De l'air, de la nourriture, un travail moins abrutissant, c'est par là qu'il faut commencer. Sans cela, tout ce métier de médecin n'est qu'une duperie et un faux-semblant. »

Ce jour-là vous comprendrez le socialisme. Vous voudrez le connaître de près, et si l'altruisme n'est pas pour vous un mot vide de sens, si vous appliquez à l'étude de la question sociale la sévère induction du naturaliste, vous finirez par vous trouver dans nos rangs, et vous travaillerez comme nous, à la révolution sociale.

Pierre KROPOTKINE.

LE POURQUOI DU PARTI OUVRIER

Tant que les socialistes se sont confinés dans leur idéalisme, critiquant les iniquités sociales régnantes, invoquant les progrès moraux comme devant forcément entraîner la rénovation sociale, et faisant miroiter les splendeurs de la société qui suivrait, ils n'ont rencontré que le dédain.

Tant qu'ils se sont bornés à prier les détenteurs du pouvoir et de la fortune publique *de faire quelque chose pour le bien général, qu'il ne leur en coûterait rien*, qu'au contraire ils seraient plus heureux ; tant qu'ils ont eu cette attitude suppliante, les socialistes n'ont recueilli que la raillerie et la calomnie.

Nous ne recommencerons pas les vieux errements, nous ne demanderons plus les réformes chapeau bas, nous n'invoquerons plus comme argument principal le sentiment de la justice ; par ses lois compressives, limitatives et répressives de 1791 à nos jours, par sa persistance à répondre par la mitraille au peuple travailleur, quand il a osé se plaindre, la classe dominante a surabondamment montré le cas qu'elle faisait de ce langage.

Nous suivrons nos adversaires sur leur propre terrain ; nous leur accorderons que les utopies sont impuissantes, qu'il ne s'agit pas d'idéals de justice plus ou moins parfaits, mais de lois naturelles et de développements historiques.

Nous passerons nos aspirations au creuset de la science, rejetant impitoyablement celles qui ne supporteraient pas l'épreuve, et au lieu de chercher dans notre sentiment du juste et du bien le fondement de l'ordre socialiste, nous le chercherons dans l'interprétation des lois qui régissent le développement historique et économique des sociétés.

Si, par exemple, nous demandons la constitution du prolétariat en parti distinct, c'est parce que l'histoire nous montre que jamais classe opprimée ou exploitée n'a pu s'affranchir autrement que par ses propres efforts et par le renversement de la classe dominante dont elle subissait le joug.

L'exploitation capitaliste est la cristallisation économique de la domination bourgeoise, l'une ne saurait être brisée sans l'autre, c'est donc sur le terrain de la classe que se pose la question.

Ainsi que l'a démontré un éminent socialiste contemporain, le mode actuel de production a pour résultat :

« La séparation du producteur avec les moyens de production. Condamnation du travailleur au salariat à vie. Antagonisme de *prolétariat* et de *bourgeoisie*.

« Le développement, surtout au moyen de la grande industrie (depuis la fin du XVIIIe siècle) de l'action des lois réglant la production de marchandises. Lutte effrénée par la concurrence. Antagonisme de *l'organisation* sociale de la production dans chaque fabrique, et de *l'anarchie* dans la production sociale.

« D'un côté, le perfectionnement du machinisme, devenu compulsoire pour tout industriel par la concurrence et équivalent au déplacement toujours croissant d'ouvriers : armée industrielle de réserve. — De l'autre côté, extension illimitée de la production, également compulsoire pour tout industriel ; des deux côtés, développement inouï des forces productives, excès de l'offre sur la demande, surproduction, encombrement des marchandises, crises décennales, cercle vicieux : surabondance, ici des moyens de production ; surabondance, là, d'ouvriers sans travail et sans moyens d'existence ; mais ces deux leviers de la production et du bien-être social ne peuvent se réunir parce que la forme capitaliste défend aux forces productives d'opérer, aux produits de circuler, à moins de s'être changés en capital : ce que la surabondance empêche. L'antagonisme est poussé jusqu'à l'absurdité. Le *mode de production se rebelle contre la forme de l'échange.* La bourgeoisie est montrée incapable de diriger dorénavant les forces productives sociales.

« La recognition partielle du caractère social des forces productives imposées aux capitalistes eux-mêmes, appropriation des grands organismes de production et de communication par des sociétés par actions, puis par l'Etat. La bourgeoisie démontrée classe inutile, toutes ses fonctions actives étant remplies par des salariés. »

·Nous en sommes là.

La production doit devenir sociale, si on veut qu'elle profite à tous les êtres humains.

Or, ce n'est évidemment pas aux privilégiés qu'on peut demander de se sacrifier aux intérêts de l'humanité — les privilégiés n'ont jamais fait de ces sacrifices-là. — Mais ce sont les exploités qui ont charge sociale de réagir pour conquérir de haute lutte leur émancipation. Seulement pour agir, il faut être, et le prolétariat sera impuissant tant qu'il s'enregimentera sous les bannières des divers partis de la classe dominante et qu'il ne sera pas constitué en parti social distinct des vieux partis politiques.

C'est pour cette raison que nous avons pris pour tâche immédiate de contribuer à la formation de ce parti, qui, aidé des recrues socialistes qu'il fera dans les autres classes, doit sauver le monde de la misère, de l'ignorance et de la servitude.

B. Malon.

MOUVEMENT OUVRIER SOCIALISTE
DANS LA RÉGION

DIJON
LA GRÈVE DES TYPOGRAPHES

L'évènement capital de ce mois-ci est sans contredit la grève des typographes de l'imprimerie Darantière. Le motif en est dans le remplacement des ouvriers par des femmes.

Ce remplacement n'est opéré, bien entendu, que dans le but de réduire la main-d'œuvre. Ne pouvant espérer, grâce à l'organisation des typographes, leur imposer une diminution de salaire, M. Darantière les supprime, tout simplement.

Cela nous fait penser à la guerre d'extermination que les Américains font aux Indiens des Etats-Unis. Aussi, comme dans toutes les circonstances analogues, ne marchanderons-nous pas notre concours aux grévistes.

Un seul gréviste est rentré depuis 15 jours, et l'on affirme que ce n'est que sous l'influence de sa famille. O femmes ! Que de lâchetés vous faites commettre !

Un journal de la localité ayant annoncé cette grève, a publié ensuite une note atténuant ce fait et déclarant qu'il y avait simplement malentendu et non grève.

Pour démontrer que la première note était la vraie, nous ne croyons pouvoir mieux faire que de reproduire l'affiche suivante que viennent de faire poser le comité central de la Fédération des travailleurs du Livre et le Syndicat typographique dijonnais :

FÉDÉRATION FRANÇAISE DES TRAVAILLEURS DU LIVRE

A l'opinion publique !

CONCITOYENS,

Aux nombreuses misères créées par la crise économique européenne qui sévit depuis plusieurs années, des industriels sans scrupule peuvent impunément et journellement en ajouter d'autres.

Par l'absence de toute loi protégeant l'existence du faible contre la spéculation du fort, quelques imprimeurs mercantiles ont instinctivement formé un syndicat pour l'exploitation de la femme et de l'enfant, moins coûteuse que celle de l'homme.

Déjà le Nord, l'Ouest et le Midi avaient, depuis peu d'années, imité un des introducteurs de la femme dans l'imprimerie — Paul Dupont — en créant des ateliers de compositrices.

Dijon, qui jusqu'à ce jour ne possédait que l'imprimerie de l'orphelinat de l'abbé Chanion — plus de *50 orphelins* qui, pour la plupart, ont père et mère vivants, — Dijon, à qui revenait l'honneur de cette lucrative création dans la région de l'Est, mais qui ne possédait que des imprimeurs trop scrupuleux pour une semblable besogne, attendait la venue de M. Dardelet, gendre de M. Darantière, pour faire de nos institutrices des compositrices, des typotes.

Au mois de mai dernier, notre corporation, déjà frappée dans ses moyens d'existence par l'abbé Chanion, qui venait de remplacer 15 ouvriers par 30 enfants de son orphelinat, apprenait que M. Darantière, poussé par son gendre, M. Dardelet, nourrissait le projet d'introduire la femme dans l'imprimerie de Dijon.

Naturellement inquiets de cette situation, déjà si mauvaise et qui menaçait encore d'empirer, les membres du syndicat prièrent poliment M. Darantière de vouloir bien les fixer sur ce nouveau danger, afin qu'ils puissent, en cas d'affirmative, aviser aux moyens de se procurer le travail indispensable à la vie de leurs familles et à la leur.

M. Darantière garda le silence et, sur les incitations journalières de M. Dardelet, se résigna tout récemment à détruire en un jour les bons rapports qui existaient depuis vingt ans entre lui et les collaborateurs qui l'ont aidé, par leur intelligence et leur dévouement, à se faire une situation dans l'imprimerie dijonnaise.

C'est brusquement, sans différend aucun avec son personnel masculin pas plus qu'avec le syndicat typographique, que M. Darantière a clandestinement monté, hors de son imprimerie, un atelier de compositrices, derrière le Cirque. Déjà le nombre de ces malheureuses jeunes filles est double de ce qu'il pourra occuper régulièrement, et demain il sera triple et quadruple, grâce à la propagande inconsciente que nos directrices d'écoles lui font, et aux alléchantes promesses que M. Dardelet fait aux parents de ces nouvelles victimes de la liberté et de l'industrie.

Ainsi, depuis moins d'un an, non seulement 30 ouvriers de notre corporation ont pu impunément être privés de tout travail par le bon plaisir de l'abbé Chanion et par le besoin de concurrence de M. Darantière, mais encore ce dernier a toute liberté pour ajouter aux enfants perdus de l'orphelinat de pauvres jeunes filles qui, une fois entrées à l'imprimerie, n'auront d'autre perspective que la misère et la certitude de l'empoisonnement par l'intoxication saturnine, que le docteur Monin a ainsi décrit :

« Les dangers que court tout typographe résident surtout dans l'empoisonnement par le plomb ou intoxication saturnine. Les caractères d'imprimerie renferment, unies à l'antimoine, à l'étain et au cuivre, 67 parties de

« plomb; de plus, il y a souvent de la litharge dans l'encre
« d'imprimerie, et la litharge est un sel de plomb des plus
« toxiques. Les muqueuses respiratoires et digestives ab-
« sorbent plus ou moins les particules plombiques dont le
« typographe est entouré, lui causent des angines, des
« laryngo-bronchites avec des crachats visqueux, des
« troubles digestifs marqués, une anémie profonde ;
« puis le plomb, pénétrant dans le sang, engendre la
« colique et les paralysies saturnines et produit les intoxi-
« cations les plus graves. »

Le docteur Choquet, d'accord avec le docteur Monin sur
ces causes morbides, ajouta « que la voussure du dos pro-
« duite par la flexion continue de la tête du typographe
« pendant qu'il compose, engendre les nombreuses maladies
« de poitrine qui frappent la corporation. »

Enfin, ce qui est plus grave encore, une célébrité médi-
cale de Paris, en 1862, s'étant occupée de la situation faite
à la femme compositrice, affirmait qu'après quelques années
(2 ou 3) d'imprimerie, la compositrice ne pouvait devenir
mère.

CONCITOYENS,

Ne pensez-vous pas qu'il est grand temps que l'opinion
publique réagisse contre les abus que quelques industriels
commettent au nom de la liberté de l'industrie?

Ne comprenez-vous pas qu'en abaissant tous les jours les
salaires de l'ouvrier, ou en le supprimant, comme tente de
le faire M. Darantière, on alimente la crise économique on
tue le commerce et l'industrie en arrêtant la consommation?

Quant à nous, bien résolus à mettre un frein à ces licen-
cieuses actions, nous ne cesserons plus de demander une
loi de protection contre les insatiables convoitises de ceux
qui jouent librement aujourd'hui avec nos existences et
avec celles de nos femmes et de nos filles.

Et, en attendant cette loi de réparation et de justice,
nous mettrons au pilori de l'opinion publique tous les imi-
tateurs de l'abbé Chanlon et de M. Darantière.

Un fait inouï

Mercredi matin, M. Nicolin apportait à l'atelier du doyen
de la typographie dijonnaise l'ordre de se présenter au
cabinet de M. le Procureur de la République. Sans en
chercher la cause, notre vieux camarade s'y rendit et fut
fort surpris d'apprendre que M. Darantière avait dénoncé
quelques confrères comme coupables de menaces envers
ses ouvriers qui ne demandaient qu'à travailler.

C'est le comble de l'impudence, et nous en appelons à
deux de ses employés qui ont assisté aux séances qui ont
précédé la grève et qui n'ont pas quitté son atelier. Ils
diront si des menaces leur ont été faites ou même si l'on a
tenté de les entraîner dans le mouvement de répulsion qui
a fait partir tous les autres.

Que le parquet appelle ces deux employés, et il sera fixé
sur la valeur de la cause de son imprimeur; qu'il se montre
aussi vigilant en faveur des ouvriers qu'il semble l'être en
faveur des patrons.

Le Comité central.

Depuis le commencement de la grève, le Syndicat
a reçu les secours suivants : De la Fédération du
Livre, 500 fr.; de la section de Besançon, 40 fr.; de
la section de Montbéliard, 40 fr.; de la sous-section
de Vesoul, 50 fr.; de la sous-section de Lons-le-
Saunier, 20 fr.; du citoyen Thiolain, 2 fr.; d'un ouvrier en limes, 1 fr. La section d'Auxerre a envoyé
34 fr.; enfin, ce qui va probablement faire gémir le
Petit Journal, la Société typographique de Genève
a envoyé 100 francs.

A. M.

SEURRE

Le citoyen P.-A. Vaux, l'un des fils du martyr
républicain et socialiste de 1851, nous assure de son
concours; nous n'en attendions pas moins de lui,
qui a pu juger par expérience ce que valait l'aune
de la justice bourgeoise.

« Réclamons avec énergie pour tout prolétaire,
avec du travail, sa part d'air et de soleil », nous dit
le citoyen Vaux. C'est notre avis, c'est aussi celui
de tous les fondateurs de notre Fédération.

LYON

L'idée socialiste fait tous les jours du progrès dans
la région lyonnaise.

Il y a quelques années, les militants pouvaient à
peine réunir quelques bonnes volontés ; aujourd'hui,
il est loin d'en être de même, car de toutes parts,
sous la forme politique ou sous la forme syndicale,
les travailleurs lyonnais se sont groupés et constitués;
à l'heure actuelle, ils sont une force avec laquelle les
différents partis bourgeois sont obligés de compter.

L'initiative que viennent de prendre les camarades
du Parti Ouvrier Dijonnais ne peut donc manquer
d'être bien accueillie par les socialistes lyonnais, et
nul doute qu'avant peu, il n'y ait autour du drapeau
du Parti une agglomération de citoyens décidés à
lutter sans compromissions aucunes pour le triomphe
définitif des idées socialistes.

L'œuvre que viennent d'entreprendre les militants
de Dijon produira, nous en sommes certains, une
recrudescence d'agitation autour du Parti et amènera
à celui-ci de nouveaux adhérents qui prendront part,
dans les rangs de l'armée ouvrière, à la lutte engagée
contre le capital, détenteur de tous les monopoles,
de toutes les industries.

Ce sera aussi, pour les militants lyonnais, une
occasion de créer une propagande active destinée à
recruter les énergies et les bonnes volontés éparses,
et de grouper tous ces travailleurs, tous ces assoiffés
de réformes et d'améliorations sous le drapeau du
Parti ouvrier et de la Fédération des travailleurs
socialistes de l'Est.

A cette tâche, nous en sommes convaincus, personne ne faillira, et par suite des relations suivies
qui s'établiront entre les uns et les autres, nous réor-
ganiserons d'une façon large et sur des bases solides
la Fédération Socialiste de l'Est qui, sous le rouge
étendard des revendications ouvrières, groupera en
un seul faisceau toutes les forces vives du prolétariat de notre région.

Que tous se mettent donc résolument à l'œuvre, et
que chacun dans sa sphère, agissant dans la mesure
de ses forces, fasse le plus de propagande possible
et amène le plus grand nombre de nombre de soldats
à la cause de l'Émancipation et à la Révolution.

A. SIMOND.

Les adhésions à la Fédération des travailleurs
socialistes de l'Est (Parti ouvrier) sont reçues tous
les jours chez le citoyen Anthelme Simond, rue du
Mail, 21-23, Lyon-Croix-Rousse.

CHAUFFAILLES

Les camarades du Comité Ouvrier Socialiste sont
bien disposés à l'égard de notre Fédération; ils nous
adressent leurs encouragements et promettent de
nous aider le mieux possible. — L.

NEUVY-SUR-LOIRE

Les adhésions à la Fédération des travailleurs
socialistes de l'Est sont reçues à Neuvy par le
citoyen Ed. Deserne, conseiller municipal.

LE CREUSOT

La grande masse des travailleurs d'ici est toujours
engourdie. Nous signalons la conduite d'un des
garde-chiourmes du sieur Schneider, un nommé
Corvey. Ce Monsieur, qui a vécu aux crochets des

contribuables par les bourses qui lui furent données aux écoles, trouve que les ouvriers du train des toleries, sous ses ordres, gagnent encore trop dans ce bagne.

Ce triste sire devrait se rappeler qu'il n'est qu'un parvenu, et qu'il fut un temps où il avait un peu plus conscience de sa dignité de fils de travailleurs.

Lèche-bottes, va !

SAINT-CLAUDE

Le Congrès international des ouvriers diamantaires se tiendra à Charleville du 1er au 3 novembre, au milieu de nos bons amis de la Fédération des travailleurs socialistes des Ardennes. La France, la Suisse, la Belgique, la Hollande, l'Allemagne y seront représentées.

L'ordre du jour comporte les questions d'apprentissage, de tarifs, de réduction des heures de travail, et la création d'un organe international.

Nos sympathiques camarades du syndicat des diamantaires de Saint-Claude liront sans doute avec plaisir, dans notre prochain numéro, un compterendu analytique des travaux dudit Congrès.

BLANZY

Les socialistes de Blanzy, Montceau-les-Mines et Montchanin peuvent adhérer à la Fédération chez le citoyen Ph. Vitteaut, conseiller municipal de Blanzy. Nous publierons dans le numéro de décembre une intéressante chronique sur les élections des délégués mineurs.

SAINT-PRIVÉ

Les adhésions sont reçues par le citoyen Isidore Dusouillier; un certain nombre de citoyens de cette ville viennent grossir nos rangs pour lutter contre l'ennemi commun, le capitalisme, et travailler avec nous au triomphe de la République Sociale.

Enfin, nous avons d'excellentes nouvelles de Brienon, Auxerre, Tonnerre, La Charité, Chagny, Saint-Claude, Lons-le-Saunier, etc. Nos correspondants dans ces localités sont priés de nous dire si l'on peut publier leurs noms dans le Bulletin pour la réception des adhésions à la Fédération des travailleurs socialistes de l'Est. Même question, en général, à tous ceux qui nous ont assuré de leur concours.

E. CHARLOT.

COUPS DE FRONDE

D'après la presse bourgeoise, tout s'est bien passé aux manœuvres de la section technique des chemins de fer, sur la ligne de Lons-le-Saunier à Champagnole.

S'il en était autrement, les journaux se garderaient bien de le dire. Cela nous importe peu ; ce que nous voulons relever, c'est ceci : Pour pouvoir se livrer à des expériences qui ne démontrent rien de nouveau, on a retardé d'environ six mois l'ouverture d'une ligne d'un très grand intérêt pour le Jura. Mais bah ! Est-ce qu'on s'occupe de l'intérêt des contribuables? C'est bon pour des candidats à la députation, et encore !

Un journal de Dijon a annoncé que la Côte-d'Or allait avoir un quatrième sénateur à nommer par suite du décès d'un inamovible. Quel est donc le troisième ? Voudrait-on, par hasard, insinuer que M. Magnin est sénateur de la Côted'Or? En ce cas, ce serait une manière bien sotte de lui faire la cour ; M. Magnin est inamovible, et par conséquent ne représente rien. Il est vrai que les autres représentent si peu de chose! Ce qui nous étonne, c'est qu'on ne parle pas encore de la candidature Eiffel.....

Depuis le 26 ou le 27 octobre, la rue Chabot-Charny est en émoi : les habitants consternés regardent passer et repasser devant leurs boutiques une quinzaine d'agents en bourgeois, qui font le trottoir d'un air très effaré. Ces paisibles fonctionnaires sont dans les transes, car on leur a certifié qu'une bande de typos (et chacun sait si cette espèce est dangereuse) avait conçu l'horrible projet de massacrer tout le personnel de la maison D.-D. et de faire sauter le quartier.

Renseignements pris, on n'a jamais aperçu qu'un seul gréviste qui allumait sa cigarette contre la maison. On frémit en pensant au danger qu'aurait pu courir cet immeuble si la mèche d'une cartouche de dynamite s'était trouvée devant l'allumette.

Citoyens, dormez tranquilles, Nicolin veille!

Autre bêtise: On a armé les pompiers de vieux fusils à tabatière; je me demande à quoi cela peut bien leur servir ; je ne pense pas que ce soit pour nous tirer dessus, car ce serait bien superflu. En tous cas, ils sont furieusement embarrassés de leurs canardières, et nous trouvons qu'il est ridicule de faire prendre des alignements au port d'armes à des citoyens qui frisent la cinquantaine. Beaucoup d'entre eux pensent comme nous sur ce sujet.

Que voulez-vous, il faut bien que le gouvernement écoule ses *rossignols!*

La rapacité fait faire de belles choses : A cette saison où les nuits sont très fraiches, on peut voir encore, le long du Marché de Dijon, des paysannes qui passent la nuit sur le trottoir pour garder leurs places !

Ça, c'est un comble; risquer une bronchite ou une pleurésie pour vendre plus facilement un simple panier de légumes ! O siècle bourgeois, voilà bien de tes coups !

Un industriel en chaussures, M. Bélorgey, a acquis des machines qui font le travail toutes seules. Du coup, 50 ouvriers sont sur le pavé; il paraît qu'ils lui ont fait les honneurs d'une sérénade des plus corsées. Ça ne les a pas avancés à grand chose, et ils peuvent donner la main aux typos de l'imprimerie Darantière.

A propos de ces derniers, l'un d'eux me prie d'annoncer qu'il désirerait trouver un emploi de cuisinière, modiste, blanchisseuse ou femme de chambre. Comme ce sont nos institutrices qui lui ont fait prendre sa place par une jeune fille, je l'ai prié de s'adresser à elles.

Par exemple, trois ouvriers qui ne chercheront plus de travail cet hiver et qui n'embêteront plus la mairie pour avoir à manger, ce sont les couvreurs qui se sont tués à l'écroulement de l'échafaudage du bâtiment des Archives. L'un d'eux laisse une veuve et 5 enfants; l'entrepreneur est un pauvre diable qui sera certainement ruiné sans pouvoir secourir ces malheureux. C'est peut-être sa faute; il n'en est pas moins vrai que plusieurs familles sont condamnées à la misère.

Est-ce que ça devrait être? Est-ce que la société n'est pas assez riche pour nourrir les enfants de ses victimes? Allons donc! l'accident a déjà 15 jours de date, il y a longtemps que la bourgeoisie l'a oublié.

ASMODÉE.

LA DÉPOPULATION EN FRANCE

ET LES REMÈDES PROPOSÉS

Rapport lu au Groupe Républicain Socialiste de Dijon

Depuis quelque temps, les journaux et revues se livrent périodiquement à des constatations qui ont le don d'émouvoir cinq minutes les bons bourgeois qui les lisent et qui font pousser les hauts cris aux patriotes, aux philanthropes et aux hygiénistes : c'est à propos de la dépopulation de la France que toute cette encre est répandue dans les feuilles prudhommesques, lorsqu'elles sont à court de crimes, de coulisses et d'alliances hybrides.

Leurs craintes sont d'ailleurs assez fondées ; en effet, s'il faut en croire la statistique, l'accroissement de la population, qui était en France de 5,1 par 1,000 habitants de 1801 à 1846, n'est plus que de 2,5 à l'heure actuelle, alors que l'accroissement annuel est de 6,7 en Italie, 8,4 en Belgique, 8,6 en Allemagne et 13 en Angleterre. Cela tient sans doute à ce que les Français, tout en étant l'un des peuples les plus inconstants de la terre, sont cependant encore assez réfléchis pour ne pas mettre au monde des enfants qu'ils ne sont pas sûrs de pouvoir nourrir. Ceci n'est qu'une boutade, sans doute, mais qui tend de plus en plus à devenir réalité.

On objecte quelquefois que notre race est peut-être en décadence ; nous répondrons : En quoi notre race est-elle inférieure à la race germaine, pourrie des mêmes vices que la nôtre ; en quoi la race latine s'abâtardirait-elle plutôt en France qu'en Italie, puisque le climat de cette dernière est encore plus lascif et l'homme plus personnel ? Non, nous croyons que la supériorité n'est qu'apparente et que leur *tant pour mille* descendra aussi bas que le nôtre. Et ce, pour les mêmes raisons, que nous allons énumérer.

Il y a d'abord l'insuffisance du salaire, qui force beaucoup d'ouvriers au célibat, et encore davantage de ménages à la stérilité volontaire, imitant par nécessité les bourgeois qui le font par égoïsme.

Nous trouvons ensuite les infanticides, les avortements, fruits de l'abandon dans lequel la société bourgeoise laisse la femme, et la mortalité considérable des enfants en bas âge, fruit du surmenage de la femme et de l'hygiène défectueuse des ménages ouvriers.

Il y a enfin l'appauvrissement du sang, qui va en s'accentuant de génération en génération d'ouvriers, et qui amène la stérilité absolue dans nombre de ménages.

Toutes ces causes sont connues, archi-connues, même des bourgeois qui font la sourde oreille et se contentent d'enterrer la question dans un rapport à l'Académie de médecine, plutôt que d'adopter des remèdes sérieux, mais qui pourraient les toucher au cœur, c'est-à-dire à la bourse.

Quelques médecins ou philanthropes poussent l'amour de la race et du prochain jusqu'à proposer quelques palliatifs, mais aucun n'a voulu voir le vrai côté de la question, et c'est pourquoi il est bon que les congrès ouvriers jettent la lumière sur ce qu'on a laissé obscur. Nous dirons tout à l'heure quels sont les moyens préconisés par Messieurs les philanthropes.

Pour nous, cette question est intimement liée à la question de la réglementation du travail, et nous sommes persuadé que si on limitait la journée de travail à 8 heures, la cause de la mortalité et de la stérilité par suite de l'appauvrissement des forces physiques serait bien diminuée, du moins en ce qui concerne les hommes.

Joignez à cela un salaire suffisant pour assurer l'existence d'une famille d'importance moyenne, et vous aurez du même coup supprimé la stérilité volontaire et le célibat pour les trois quarts. Quant aux grosses familles, nous aurons l'occasion d'y revenir dans nos propositions.

A ceux qui prétendraient que le travail industriel n'influe en rien sur la natalité, nous répondrons par le fragment de statistique suivant : Dans les départements industriels, le dépérissement est très palpable ; au point de vue du mouvement de la population, la Seine arrive 87e, le Rhône 75e, la Loire 76e, les Bouches-du-Rhône 80e, Belfort 81e, Saône-et-Loire 71e, Haute-Vienne 84e, alors que les départements agricoles arrivent : Calvados, 1er ; Eure, 7e ; Orne, 9e ; Manche, 5e ; Hautes-Pyrénées, 8e ; Lot-et-Garonne, 2e ; Vienne, 10e ; etc.

Le travail des femmes influe aussi énormément sur la stérilité, l'anémie, la mortalité des enfants et les avortements ; il existe en France 3,500,000 femmes employées dans l'industrie, travaillant de 10 à 16 heures par jour ; comment veut-on que ces femmes trouvent le temps de soigner des enfants ? Leur santé nécessite beaucoup plus de soins que celle de l'homme, et, logiquement, leur place est au foyer, et non à l'atelier.

Encore ce foyer est-il souvent malsain ; une ou deux petites chambres constituent ordinairement tout le logement d'une famille d'ouvriers ; la plupart habitent de vieilles maisons dont les murs suintent la saleté et exhalent une odeur d'évier qui fait trouver tous les logements malpropres. Certes, ce n'est guère engageant, de voir patauger les enfants dans le fumier des cours et des couloirs des cités ouvrières !

(A suivre).   A. MARPAUX.

LE CREUSOT

I

UN FIEF CAPITALISTE

Si les délégués aux Congrès ouvriers tenus en ces derniers temps n'ont pas toujours été du même avis sur le remède à apporter au malaise social actuel, ils ont, du moins, été unanimes à reconnaître que la cause en était dans l'extension toujours plus croissante du machinisme et sa conséquence naturelle, la concentration des capitaux dans les mains des grandes Compagnies représentées par quelques personnalités, remplaçant, avec aggravation pour l'ouvrier, les seigneurs d'avant 1789.

La concentration capitaliste amène la concentration ouvrière et les ateliers modernes se transforment insensiblement en de véritables casernes.

Le Creusot étant un modèle des mieux réussis en ce genre de bagnes industriels, où les ouvriers sont enrégimentés, logés, numérotés et surtout surveillés, non seulement dans leurs fonctions de producteurs, mais encore dans leur vie privée, intime, nous croirions manquer à notre devoir de socialiste si, dans un moment où la question sociale passionne tout le monde, nous ne venions pas dévoiler au public l'organisation tyrannique de cette grande Compagnie. Nous prouverons par là que nous n'allons pas en guerre contre des moulins à vent, comme le prétend un radical parisien, mais que nous combattons des abus réels dont l'existence prend, chaque jour plus, le caractère d'un véritable danger public.

Le mouvement socialiste est relativement lent chez les travailleurs du Creusot, étant donné le régime de compression sous lequel ils vivent, et nous ajouterons grâce aussi aux nombreux moyens de corruption dont dispose la Compagnie.

Le Creusot est un Etat dans l'Etat ; il dispose lui aussi d'une foule d'emplois pour tous les appétits et pour toutes les aptitudes, depuis celui de l'ingénieur émérite jusqu'à celui de vil mouchard. Il va de soi que dans les bureaux de la Compagnie, comme dans les antichambres ministérielles, on voit se produire des compétitions et des sollicitations où la dignité de l'homme est le dernier souci des solliciteurs. Là aussi comme au gouvernement, on récompense les lâchetés et les trahisons.

Cette administration capitaliste a le champ d'autant plus large pour exciter les gens à la bassesse et la courtisanerie qu'elle est en même temps administration municipale et qu'à tous les emplois particuliers dont elle dispose pour son exploitation industrielle, il faut encore ajouter les emplois communaux, ce qui lui permet de donner à de vieux employés et surtout à de vieux gardes, hors service, des emplois aux bureaux d'octroi ou ailleurs et par conséquent faire payer aux contribuables les services rendus à l'usine par ces peu intéressants personnages.

Cette administration ne recule devant aucun moyen pour assurer sa domination et tous les détails en sont réglés avec une intelligence digne d'une meilleure cause. Ainsi, on n'occupe au Creusot que peu ou point d'ouvriers de passage; il n'est fait exception qu'en faveur des Italiens qui sont au nombre de plus de mille. En n'occupant que les membres des familles établies au Creusot, la domination est beaucoup plus sûre, car un ouvrier en difficultés avec les patrons a autant à craindre pour les siens que pour lui, vu qu'il n'est pas rare que toute une famille soit renvoyée des ateliers, parce qu'un fils ou un frère a voulu secouer le joug. Celui qui veut faire acte d'énergie n'a pas seulement à craindre pour ses proches parents, on a vu s'exercer des vengeances jusque sur des beaux-frères, voire même sur des cousins.

Grâce à l'ignorance et à la peur de la masse ouvrière au Creusot, grâce surtout à un système de votation qui mérite les honneurs du brevet, l'administration des usines est, comme il est dit plus haut, en même temps l'administration municipale, elle dirige aussi les écoles au mieux de ses intérêts. C'est ainsi que prières, catéchisme, histoire sainte, messe, confession, communion, tout ce qui enfin peut abrutir la jeunesse, fait partie intégrante du programme des écoles, et nul n'est admis en apprentissage s'il n'a fait sa première communion.

Depuis la nouvelle loi sur l'enseignement primaire l'étude de l'histoire sainte est supprimée et les aumôniers ne vont plus, comme ils le faisaient, interrompre les cours, mais les prêtres vont chaque jour attendre les enfants dans la cour des écoles, les font mettre sur deux rangs et les emmènent à confesse comme devant, au grand mécontentement des pères de famille, qui ne soufflent mot dans la crainte d'être renvoyés.

Voilà comment on façonne à l'obéissance passive deux mille cinq cents élèves que la situation de leurs parents destine à être, à leur tour, les esclaves de Schneider et Cie.

Ce n'est pas tout encore, la riche Compagnie des usines du Creusot ayant acheté, à six kilomètres de cette ville, les mines de Montchanin, elle s'est empressée, aussitôt propriétaire, d'établir en cette localité des écoles gratuites dirigées par des ignorantins, pour faire pièce aux écoles laïques du pays. A Montcenis, autre petite ville près du Creusot, la municipalité républicaine ayant laïcisé les écoles, vite la Compagnie des usines s'est coalisée avec un comte du pays pour établir là aussi une école gratuite d'ignorantins, sous prétexte de venir en aide à quelques ouvriers du Creusot qui habitent cette commune. Et dire que bon nombre d'ouvriers sont encore à comprendre le but de cette gratuité qui, en somme, leur coûte très cher, puisque c'est avec le fruit de leur travail que certains fainéants en engraissent d'autres.

On s'est souvent demandé, au Creusot, pourquoi l'administration des usines, dont tous les actes ont un cachet clérical, n'avait jamais tenté de remplacer les instituteurs laïques par ces bons frères dont elle gratifie si généreusement les autres pays. Le motif en est bien simple. Tous les élèves des écoles étant destinés à l'usine, les ignorantins seraient incapables de leur donner les notions mathématiques et de dessin mécanique surtout dont ils ont besoin pour faire de bons producteurs, tant dans les ateliers que dans les bureaux, l'administration recrutant dans les écoles du pays presque tout son personnel de comptables et de dessinateurs. Ce personnel, qui ne compte pas moins de huit cents sujets, est une sorte de garde prétorienne que l'on envoie aux abords des salles de scrutin les jours de vote, pour faire la leçon aux électeurs et signaler ceux qui seraient soupçonnés de ne pas se conformer aux ordres reçus. Le plus grand nombre font ce métier sans aucun scrupule, et cela avec d'autant plus de facilité qu'étant du pays, ils connaissent à peu près tout le monde.

(A suivre).   J.-B. DUMAY.

COMMUNICATIONS

Protestation. — Nous, soussignés, protestons de toutes nos forces contre l'article du *Petit Dijonnais* intitulé : « A propos de la grève. »

Cet article prétend que les ouvriers de l'imprimerie Darantière ont quitté volontairement cette maison à la suite d'un malentendu. Mais il ne dit pas que M. Darantière veut remplacer ses ouvriers compositeurs par des femmes et que c'est en présence de ce fait, en voyant leur situation menacée, que ces ouvriers ont quitté la maison à la suite d'un vote de l'assemblée générale de la typographie dijonnaise.

Ce même article dit que la plupart des ouvriers sont rentrés et que les autres sollicitent leur réintégration.

C'est faux, archi-faux.

Un seul ouvrier est rentré, le nommé B... et aucun, entendez-vous bien, *Petit Dijonnais*, aucun n'a demandé à y rentrer.

En conséquence, nous signons tous cette protestation.

29 octobre 1890.

(Suivent 16 signatures).

SOUSCRIPTION PERMANENTE
Pour la propagande socialiste dans la Région

A. Marpaux, 10 fr. — Boutinon, 5 fr. — K., tailleur, 2 fr. — Bulliard, 5 fr. — Monod, 2 fr. — Beuchot, 3 fr. (Souscription antérieure).   *A suivre.*

PETITE CORRESPONDANCE

A. Simond, Lyon. — Bien reçu de Saint-Etienne. Connaissons pas de os compatriotes à Lyon. — E. C.

D. B., C. M., Saint-Claude. — Ai bien vu Lavaud, mais n'ai pu lui parler de l'affaire de Limoges. votre lettre du 13 ayant fait le tour de la France et m'étant arrivée ici le 21. — E. C.

E. M. et J. J., Lons-le-Saunier. — Tâchez donc de vous réveiller et de sortir de votre fromage de Hollande. — A. M.

L , à Chauffailles. — Reçu 3 fr. Merci. — E. C.

L., à La Charité. — Reçu 3 fr. 50. Merci. — E. C.

B., à Brienon. — Reçu 2 fr. Merci. — E. C.

P.-A. Vaux, à Labergement. — Tâcherons de faire conférence vers le milieu de novembre Nous vous aviserons. — C. et M.

D., à Neuvy. — Envoyez cotisation à mon adresse. — E. C.

A tous nos correspondants. — Ceux qui connaîtraient des adresses de socialistes militants sont priés de nous les faire connaître pour tenter leur adhésion à notre Fédération. — E. C.

Le Gérant, V. MILLERAND.

Dijon. — Imp. Carré, rue Amiral-Roussin, 40.

1ʳᵉ année — Nº 2   15 centimes   Décembre 1890

LA REVUE SOCIALE

BULLETIN MENSUEL

De la Fédération des Travailleurs Socialistes de l'Est

PARAISSANT A DIJON

ADMINISTRATION	*De chacun selon ses forces*	**ABONNEMENT**
Adresser toutes communications et mandats au citoyen CHARLOT, délégué, rue du Faubourg-Raines, 66, **DIJON**.	*A chacun selon ses besoins*	Un an, **2 fr.** — 6 mois, **1 fr.** — 3 mois, **50 cent.** PERMANENCE chaque samedi soir, au siège social du Groupe Socialiste, 13, rue des Godrans, DIJON.

SOMMAIRE:

Lettre du citoyen J.-B. Dumay . . . .   J.-B. DUMAY.
Ce que c'est qu'un meneur! . . . . .   E. FERRALS.
Justice bourgeoise . . . .   E. CHARLOT.
L'incendie de la Stéarinerie de l'Est. .   A. M.
L'élection des délégués mineurs . . .   SOURDEAU.
Lettre de Lyon. . . . .   A. SIMOND.
Mouvement socialiste de la région . .   E. C.
La Peste religieuse . . . .   J. MOST.
Communications, petite correspondance, etc.

A mes amis de la Fédération Socialiste de l'Est

Paris, 5 novembre 1890.

J'ai reçu le premier numéro de votre vaillant organe. Merci d'avoir pensé à moi, et bravo pour vous tous, la vaillante phalange dijonnaise qui a pris cette initiative.

Vous êtes des jeunes, et l'avenir est à vous. Ne vous laissez décourager ni par les haines, ni par les calomnies, même quand elles viendraient de ceux pour qui vous travaillez. Bien d'autres avant nous ont laissé des lambeaux de leur chair aux ronces de la vie, en luttant contre les abus et les privilèges, mais l'exemple de leur dévouement a porté ses fruits, et s'il est vrai qu'aujourd'hui encore, un trop grand nombre des nôtres se complaisent dans leur situation de déshérités, la minorité qui lutte a su imposer au monde bourgeois la reconnaissance d'une partie de ses droits; et c'est pour cela que la question ouvrière est à l'ordre du jour aujourd'hui dans toutes les nations.

La solution du grand problème social est peut-être encore loin de nous; nous en rapprocherons d'autant plus la date que nous serons plus nombreux et plus énergiques

Groupez donc autour de vous, non seulement les travailleurs de l'atelier, mais aussi ceux du bureau, du magasin et de la boutique.

N'oubliez pas non plus nos camarades des champs, et dissuadez-les surtout du préjugé trop répandu que les travailleurs des villes n'ont pas les mêmes intérêts que ceux des campagnes.

Cordialement à vous.

J.-B. DUMAY,
Député du Parti Ouvrier.

CE QUE C'EST QU'UN MENEUR !

« Demandez seulement aux étrangers qui conseillent la grève, d'où ils viennent et de quel atelier ils sortent. Demandez-leur leur propre histoire. »

La question que posait ainsi M. Jules Simon dans son petit journal du *Temps* est précise. Notre réponse ne le sera pas moins. L'entendra-t-il ? Peu importe.

Tout d'abord, développons la pensée du vieil antagoniste du socialisme et des socialistes.

Pour M. Simon, les grèves sont conseillées par des individus étrangers au travail, étrangers à tout travail. Le passé de ces individus est louche, leur présent ténébreux ; il se chargerait volontiers de leur avenir, s'il était encore le maître. Heureusement, il ne l'est plus, car je ne pourrais même pas lui répondre; ce qui lui donnerait tout à fait raison, ou plutôt ce qui ferait sa raison meilleure, étant celle du plus fort.

Ce n'est vraiment pas la peine d'avoir écrit *l'Ouvrière* et *l'Ouvrier de huit ans*, d'avoir connu Villermé, le patient enquêteur, et Adolphe Blanqui, l'économiste humanitaire, d'avoir traversé 1848 et 1871, pour répéter sur les socialistes militants, sur les « meneurs », la niaise et plate bout-rimée par M. François Coppée, à l'époque du premier congrès de l'Internationale.

M. Jules Simon n'a-t-il eu d'yeux et d'oreilles que pour l'empereur Guillaume et son chancelier, à Berlin ! Pourtant, cinq minutes de sérieuse conversation avec Delahaye, un « meneur » aussi, celui-là, lui eussent épargné cette gaffe de refaire en prose la *Grève des forgerons.*

Admettons donc que M. Jules Simon n'entende pas la réponse à sa question. Cette réponse n'en sera pas moins utile pour faire taire une critique que ne formulent pas nos ennemis, mais nos amis.

Dès qu'un camarade est tiré du rang par un évènement et mis en lumière, beaucoup se disent: « Méfiance! Voilà un ambitieux de plus. Il vit de la cause et non pour elle. »

Parole mauvaise, qui empoisonne les plus pures intentions et provoque aux découragements, aux défections, au triomphe des nullités. Pour en détruire les funestes effets, disons ce qu'est un « meneur », comment il devient tel et quelle est sa vie.

Dans un atelier, une injustice est commise ; les camarades grognent, pas trop haut, chacun craignant pour son pain. Aux heures des repas, on en discute plus librement. Il en est un surtout, un résolu, qui proteste avec plus de véhémence. Il s'en moque, lui, d'être renvoyé, mais il dira son fait au patron, lui remontrera son injustice, bref, sera l'orateur de la troupe.

On le délègue en tremblant un peu de son audace, quelquefois avec la triste arrière-pensée qu'il vaut mieux en sacrifier un à attacher le grelot que de se sacrifier tous. L'orateur remplit sa mission. Qu'il obtienne ou non gain de cause — question de force, non de justice : le patron a ou n'a pas besoin de ses ouvriers en ce moment-là — il est sûr de son affaire. Pour ce motif ou sous un prétexte, il sera vite « balancé » par le patron.

Puis signalé aux autres patrons de la partie. Alors commencera pour lui et pour son ménage une vie atroce. Il mangera de deux jours l'un, mais pourra boire tous les jours si le cœur lui en dit, car il est cruellement vrai, ce mot de Mürger : « Tout le monde vous offre à boire, et personne à manger. » Les corvées des groupes, c'est lui qui les fera ; les documents audacieux, c'est lui qui les signera ; il ne travaille pas, son temps est à tous ; et tous en abuseront, quitte à dire de lui : « Est-il assez envahissant, assez encombrant ; c'est pour se faire valoir. Ouvrons l'œil sur cet ambitieux, et débarrassons-nous en à la première occasion. » Je compte pour mémoire les mois de prison.

.·.

D'autres aussi ouvriront l'œil : les bureaucrates du coin du quai. Ils sauront vite la misère noire du « meneur », ils auront vite entendu les aigres récriminations de sa compagne, les cris de famine de ses enfants. Ce sera le bon moment pour la tentation classique. Je ne dis pas que ceux qui résistent — presque tous résistent — doivent être glorifiés comme des héros, mais je dis qu'il faut plaindre les misérables qui succombent et vont chez le boulanger, pour leurs petits, avec l'argent de la police. Avant qu'on ne découvre et qu'on ne exécute ceux-ci, et même après, ceux-là passeront sous la terrible accusation et ils entendront, à leur entrée dans la salle du groupe, les conversations tourner court ; ils sentiront avec un froid au cœur les poignées de mains s'amollir, les regards s'aiguiser de méfiance et s'allumer de haine...

.·.

J'ai connu, en province, un ouvrier des chemins de fer que ses camarades firent élire conseiller municipal de sa petite ville. Naturellement, la Compagnie le chassa illico. Comme il faut manger, bien qu'on ait l'écharpe tricolore au ventre, notre nouveau conseiller s'ingénia, se remua tant et si bien qu'il trouva à placer des vins dans la contrée.

Un beau jour, écœuré des fraudes commerciales qui mettent en péril la vie des consommateurs, il proposa à ses collègues et fit voter la création d'un laboratoire municipal. Du coup, il fut chassé par son patron, le négociant en vins.

Il a terminé les trois années de son mandat à Paris, où il rince les verres dans une gargote.

.·.

M. Jules Simon sait-il, à présent, ce que c'est qu'un meneur ?

Etienne FERRALS.

JUSTICE BOURGEOISE

Une mauvaise nouvelle nous arrive de Chauffailles. Nos camarades du syndicat des tisseurs avaient signé avec la maison Viallan-Guéneau et Chartron, de Lyon, et le sous-préfet de l'arrondissement, une convention de tarifs, librement consentie de part et d'autre.

Cette convention ne tarda pas à être violée par les patrons. Le syndicat porta le différend devant le tribunal de commerce de Charolles, où il obtenait gain de cause haut la main. Cela ne faisait guère l'affaire de la maison Viallan et Cie qui en rappela devant la cour d'appel de Dijon.

La cour de Dijon vient de condamner le syndicat aux frais d'appel ; de plus, ce dernier possédait à la caisse d'épargne un livret de 500 fr., sur lequel les féroces patrons viennent habilement de mettre saisie-arrêt. Il ne reste donc plus aucune ressource à nos camarades de Chauffailles pour poursuivre l'affaire en cassation.

Ils vont être forcés d'abandonner le procès, c'est-à-dire d'accepter la portion congrue, si personne ne leur vient en aide. Et pourtant leur cause est juste !

La décision des juges de Dijon a une importance capitale ; elle crée un précédent des plus iniques, à savoir que *les patrons peuvent impunément violer leurs contrats, même paraphés par le sous-préfet.*

C'est la négation de la loi de 1884 ; c'est la condamnation à mort de toutes les organisations syndicales ouvrières, qui ont pour objectif principal la défense des salaires de leurs adhérents, du pain de leurs femmes et de leurs enfants.

C'est à se demander si la constitution de *caisses noires* ne serait pas préférable à la lutte légale dans de semblables conditions.

Nous adressons à tous les syndicats de la région un chaleureux appel en faveur de nos amis de Chauffailles. Demain, peut-être, ils seront victimes d'un jugement analogue. Il faut donc en appeler à la cour suprême, et savoir enfin si, sous la République bourgeoise, les lois sont faites pour tout le monde, ou seulement au profit des capitalistes.

Nous invitons les syndicats de la région à agir rapidement, car les délais du recours expirent le 18 décembre prochain.

Les souscriptions sont reçues :

A Chauffailles, par le secrétaire du syndicat des tisseurs ou par le citoyen Lathuillère, conseiller municipal ;

A Lyon, par A. Simond, ouvrier tisseur, 21-23, rue du Mail ;

A Dijon, au bureau de la *Revue Sociale*, 66, rue du Faubourg-Raines.

E. C.

COMMISSION FÉDÉRALE PROVISOIRE

En réponse aux demandes adressées par plusieurs camarades, la Commission fédérale provisoire a dû prendre les décisions suivantes :

1° Jusqu'à nouvel ordre, il lui sera matériellement impossible de donner satisfaction aux citoyens qui désireraient faire insérer dans le bulletin des articles ou des études d'intérêt général ;

2° Toutes les communications locales ayant un caractère ouvrier et socialiste seront publiées dans le n° du mois pourvu qu'elles arrivent avant le 25.

MOUVEMENT OUVRIER SOCIALISTE

DANS LA RÉGION

DIJON

L'incendie de la Stéarinerie. — Le Chômage.
— Un violent incendie a détruit, dans le courant de novembre une grande partie des bâtiments de la Stéarinerie de l'Est. Il n'y a pas d'accidents à déplorer.

Les pertes sont couvertes par plusieurs assurances. Aussi les actionnaires des diverses compagnies regardaient-ils d'un air navré leurs beaux écus voltiger dans l'espace sous forme d'étincelles et de splendides gerbes de feu d'artifice.

Cela nous serait égal, si cet incendie ne venait grossir le nombre déjà si considérable des chômeurs qui végètent à Dijon. Pour parer à cette grande misère, et sans vouloir préjudicier en rien aux souscriptions complémentaires, le citoyen Thiolain, après le vote de 5,000 fr. à titre de souscription, a déposé au conseil municipal les propositions suivantes :

1ʳᵉ PROPOSITION. — « Considérant : Qu'il est du devoir d'une ville républicaine de prendre des mesures pour préserver de la misère la classe des travailleurs, qui forme la source de la richesse et qui développe la prospérité de la cité ; que le chômage est la cause principale des crimes et délits qui se commettent journellement, ainsi que de la prostitution ; qu'il importe, pour l'honneur du conseil municipal, de porter remède à cet état de choses par des mesures préventives, et que la ville doit supporter les charges que la solidarité lui impose, puisqu'elle en a le bénéfice ;

« Vu l'urgence des mesures à prendre pour soulager les misères causées par l'incendie de la Stéarinerie de l'Est ;

« Le Conseil municipal adopte le projet suivant :

« La ville de Dijon garantit l'existence de ses habitants par le travail ou les secours de chômage ;

« Dans ce but, tous les travailleurs sans emploi devront se faire inscrire à la mairie, au bureau du travail qui sera créé à cet effet. Ils seront à la disposition de la municipalité et des patrons qui en auraient besoin.

« Tous ceux qui auront une année de résidence à Dijon recevront une indemnité journalière de 2 fr., non compris les dimanches et jours fériés.

« Ils devront passer une fois par jour à la mairie ; ils seront payés par semaine.

« Les travailleurs inscrits ne pourront refuser le travail qui leur sera offert que s'il n'est pas en rapport avec leurs aptitudes ou s'il est payé au-dessous des tarifs en vigueur ou adoptés par le conseil de prud'hommes.

« En cas de contestations, les syndicats ouvriers seront pris comme arbitres.

« Toute tentative d'escroquerie sera poursuivie correctionnellement. »

2ᵉ PROPOSITION. — « Considérant que, par les assurances, les intérêts des actionnaires sont sauvegardés, et non ceux de leurs collaborateurs, producteurs de leurs dividendes, c'est-à-dire les ouvriers ;

« Considérant qu'il est logique que la société « La Stéarinerie de l'Est » vienne également en aide auxdits ouvriers,

« Le Conseil émet le vœu qu'un prélèvement soit fait sur les sommes versées par les compagnies d'assurances, en faveur de la caisse municipale de chômage. »

Naturellement, ces propositions ont été rejetées sans examen par MM. les conseillers réactionnaires, opportunistes et radicaux. Seuls, les citoyens Morin, Thiolain et Vallot ont voté *pour*.

Les bourgeois admettent bien la charité, mais ne veulent pas entendre parler de solidarité. La raison en est bien simple : la charité ne s'exerce qu'une fois par ci par là, et *pose* toujours celui qui la fait, tandis que la solidarité a une action continue et ne pose personne.

Une fois que la souscription sera close, nul ne s'occupera plus des ouvriers sans travail. Il a fallu un incendie pour que l'on s'occupe de ceux de la stéarinerie ; mais qu'a-t-on fait pour eux lorsqu'ils chômaient régulièrement ? Rien ! Rien non plus pour les chapeliers, rien pour les cordonniers remplacés par des machines, rien pour les typographes remplacés par des femmes et des enfants, rien, toujours rien pour les menuisiers, charpentiers, ferblantiers frappés par le machinisme, pas plus que pour les maçons, manœuvres, terrassiers, etc., etc.

La bourgeoisie abuse de la naïveté du peuple pour l'exploiter et le tromper, mais patience ! rien n'est éternel. Un jour viendra où les ouvriers comprendront qu'ils ont droit à autre chose qu'une aumône hypocrite, et qu'ils doivent être traités en citoyens et non en mendiants.

Les ouvriers de la manufacture des tabacs. — Le 11 novembre dernier, a eu lieu une importante réunion des ouvriers et ouvrières de la manufacture des tabacs de Dijon. Cette réunion était provoquée par le passage du citoyen Ferrari, président du syndicat des ouvriers des tabacs de Marseille. Délégué par son syndicat pour faire de la propagande corporative, il s'en est tiré à merveille dans notre ville.

Après la constitution du bureau, le citoyen Ferrari a développé, aux applaudissements de l'assistance, le programme des revendications de la Fédération des ouvrières et ouvriers des manufactures des tabacs de France. Elles portent principalement sur l'élévation de la pension à 540 fr. pour les femmes et 720 fr. pour les hommes, après 25 ans de service, ce qui, certes, n'est pas exagéré, étant donné, d'ailleurs, l'insalubrité de la profession.

Après le vote d'un ordre du jour dans ce sens, l'orateur aborde le deuxième sujet de sa conférence.

Dans un langage sobre, net et sympathique, le citoyen Ferrari a su démontrer à ses auditeurs la nécessité du groupement en syndicat professionnel et en fédération.

Il leur a cité les résultats acquis par le syndicat marseillais, et a mis en parallèle leur situation avec celle des ouvriers de Marseille et de Lyon, où le travail est le même. A la suite de ce discours, une commission a été chargée d'organiser le syndicat de Dijon.

Depuis, une autre réunion a eu lieu, et nous avons appris avec plaisir que la presque totalité des ouvrières et ouvriers de la manufacture sont syndiqués. Bravo ! Le concours de la *Revue Sociale* leur est acquis, et si leurs chefs les tracassent trop, nous les prions de nous les signaler

Au conseil municipal. — Considérant que ce sont les ménages les plus pauvres qui mettent leurs enfants dans les crèches, le citoyen Thiolain, au nom du Parti Ouvrier, a proposé de nourrir et entretenir ces enfants à la charge de la ville. Comme il fallait s'y attendre, la proposition n'a réuni que 3 voix.

Une proposition du citoyen Thiolain, tendant à ouvrir la Bibliothèque tous les soirs et les dimanches et fêtes, afin d'en faciliter l'accès aux travailleurs, a été repoussée.

Enfin, conformément à leur mandat, les citoyens Morin et Thiolain ont proposé au conseil de ne pas s'occuper de l'élection sénatoriale prochaine. Le Conseil a repoussé cette proposition. Grand bien lui fasse !

Pour compléter, les mamelucks du colonel Marchand et leurs amis réactionnaires ont refusé de discuter les amendements des conseillers socialistes concernant les conditions de travail sur les chantiers communaux. Refusé, le salaire minimum basé sur la série de prix ; refusée, la journée de 8 heures et même celle de 10. Les ouvriers s'en souviendront.

Syndicat typographique. — A la suite de la dernière grève, l'imprimerie Darantière est mise à l'index.

Depuis le commencement de la grève, trois renégats ont trahi leurs frères de travail. Voici leurs noms : Emile Tritsch, imprimeur-conducteur, Henri Vuillermoz et Bleth, typographes, qui ont reçu des secours de grève. Le premier de ces tristes sires est le promoteur de la grève des margeuses et des imprimeurs. Signalons aussi le nommé Pinel, clicheur, qui n'a pas gardé la neutralité qu'il avait solennellement promise devant le Comité et l'assemblée générale.

Enfin, c'est avec une satisfaction très grande que nous avons appris que le sieur Darantière avait été évincé de l'adjudication des impressions départementales. Ces actes de justice sont assez rares pour que nous nous empressions de les signaler quand ils se produisent.   A. M.

LE CREUSOT. — Élection des délégués mineurs. — L'élection des délégués mineurs a eu lieu le 26 octobre dernier. Bien que ce vote ait eu lieu sous enveloppe, suivant les prescriptions de la loi, cela n'a pas empêché le jésuite Schneider et sa cléricale administration d'employer les mêmes procédés que pour les précédentes élections politiques. Avant l'ouverture du scrutin, aucun bulletin ne fut distribué; les mineurs, tous plus soumis les uns que les autres à l'administration, ne savaient même pas quels étaient leurs candidats, attendu qu'ils ont laissé le soin de les choisir à leurs exploiteurs.

A l'ouverture du scrutin, deux esclaves de la mine désignés par l'administration, distribuaient des bulletins dans l'enceinte de la mairie. N'ayant pas d'autres candidats, les mineurs n'avaient qu'à prendre lesdits bulletins et passer à côté, dans une des salles d'attente, où l'on voyait, sur une table, une petite boîte d'enveloppes. L'urne était placée dans une salle contiguë. Le bureau était présidé par le sieur Guyton, premier adjoint, assisté de l'un des plus anciens esclaves de la mine et de l'un des plus jeunes.

Pendant l'exercice du vote, le secrétaire de la mairie, qui est un fieffé réac, on ne peut plus dévoué à son seigneur et maître, faisait le manège de l'urne aux distributeurs, afin de voir si l'électeur mettait bien dans l'enveloppe le bulletin qui lui avait été remis à la porte. Il était secondé dans sa honteuse manœuvre par le sieur Nicolet, cantonnier au service de la ville, qui s'entend très bien à pratiquer ce genre d'opération sans avoir l'air d'y toucher.

Le dépouillement se fit en présence de quatre pelés et un tondu tout à fait dévoués à l'administration du vampire. Le résultat fut le suivant: Électeurs inscrits, 234. Votants, 190. Sont nommés: Charmandiez, Pierre, 178 voix, délégué; Nicolas Gillot, 176 voix, suppléant. Blancs et nuls, 9. Il y a eu 2 voix portées sur un mineur renvoyé du bagne creusotin. Avec un tel résultat, la sécurité des mineurs sera aussi bien garantie qu'avant le vote de la loi. Voilà l'effet qu'a produit le vote sous enveloppes cachetées au Creusot.

Il faut que les bulletins de chaque candidat soient uniformes et envoyés à domicile la veille du vote, au plus tard, afin que l'électeur puisse les préparer ou les faire préparer à sa guise. C'est, pour moi, le moyen le plus pratique.

La peur du renvoi est tellement semée parmi les ouvriers esclaves de Schneider, qu'ils n'osent plus voter pour d'autres que lui ou ses créatures. Ce qui a le plus ancré cette terreur dans leurs cerveaux, c'est le grand nombre de renvois que l'on opère à chaque élection depuis 1870, sans que le gouvernement de la République ait cherché le moins du monde à replacer quelques-unes de ces victimes. Au contraire, encore aujourd'hui, on caresse de préférence les pires ennemis de la République.

Combien de pères de famille furent chassés de l'usine, et, ne pouvant aller plus loin, furent contraints de végéter misérablement dans le pays, et au bout d'un certain temps, obligés de retourner s'humilier aux genoux de ces Messieurs, qui les avaient chassés d'une façon ignominieuse, afin de pouvoir donner du pain à leurs enfants.
                SOURDEAU.

LYON. — Comme tout nous le faisait espérer, et ainsi que nous l'indiquions dans le premier n° de la *Revue*, la Fédération des travailleurs socialistes de l'Est aura sous peu, dans notre ville si réactionnaire et si bourgeoise, un certain nombre d'adhérents qui, s'ils ne sont pas quantité, sauront du moins y suppléer en faisant une propagande incessante autour des doctrines socialistes, et en portant au loin, chaque fois que cela se pourra, la bonne parole d'union. C'est ainsi qu'il y a 15 jours, nous donnions deux importantes réunions dans les communes de Chauffailles et de Coublanc.

Nous y avons constaté que les ouvriers commençaient à s'apercevoir du rôle de dupes qu'on leur avait fait jouer jusqu'à présent, et que sous peu, certainement, ces travailleurs s'organiseraient pour prendre part à la lutte sociale, comme ils se sont organisés déjà sous le drapeau syndical. C'est là d'un bon augure.

Dans les localités que nous venons de parcourir, nous espérons qu'on le comprendra, et que beaucoup de ces citoyens viendront à la Fédération de l'Est, centre actif des revendications de notre région. C'est là notre espoir; nous comptons qu'il sera réalisé.   A. SIMOND.

AUXERRE. — A la suite d'une réunion où a été exposé le but de l'organisation de la Fédération des travailleurs socialistes de l'Est, et après avoir fait appel au devoir qu'ont les travailleurs à ne pas rester indifférents à ce nouveau groupement, une quarantaine de citoyens ont promis d'apporter tous leurs efforts pour la création d'un groupe qui viendra se joindre à la Fédération.

Nous espérons que les adhérents feront tout leur possible pour amener au groupe d'autres citoyens qui viendront discuter avec eux les questions si nombreuses intéressant les prolétaires.

Les adhésions sont reçues à Auxerre par le citoyen E. Bulliard, typographe, rue du Palais-de-Justice, 5.

Fédération ouvrière de l'Yonne. — Un fait qui mérite d'être signalé et qui peut intéresser les travailleurs, s'est produit à Auxerre: la Fédération ouvrière de l'Yonne, composée de 70 à 80 membres de différents corps d'état, avait demandé aux négociants en charbons et cokes leurs prix pour ces deux combustibles; une assez grosse quantité était à fournir; un seul négociant de la ville avait répondu à cet appel. La Fédération s'est alors trouvée dans l'obligation de s'adresser ailleurs, et, dans la réunion du 8 novembre dernier, M. Civetta, de Seignelay, a été choisi comme fournisseur pour l'exercice 1890-91, en raison de ses prix modérés.

Voilà un résultat du groupement, bien petit, il est vrai, mais qui fera bénéficier certains d'entre nous d'une somme qui trouvera son utilité dans les autres dépenses journalières. Nous croyons être dans le vrai en disant que les adhérents à cette organisation ouvrière ne regretteront pas leur temps et leur argent, car ils espèrent recueillir encore d'autres bienfaits, en raison de la bonne entente qui existe parmi eux.   E. B.

BESANÇON. — Il y a en ce moment un réveil de l'esprit syndical. L'abaissement des salaires des ouvriers de l'industrie horlogère commence à faire ouvrir les yeux à ceux qui, par lassitude ou indifférence, ont laissé tomber leurs syndicats, très nombreux il y a quelques années.

Déjà plusieurs de ces groupements sont reconstitués, d'autres sont en train de le faire.

Dans la corporation des typographes, il faut cacher son drapeau dans presque toutes les imprimeries, si l'on veut avoir du travail; mais celle qui repousse d'une façon absolue tout syndiqué est l'imprimerie Dodivers, où se fait la pieuse *Franche-Comté*. Ce patron avait juré, lors de la grève de 1885, qu'il tuerait le syndicat et qu'il verrait *crever* de faim, plutôt que de les employer, les pères de famille qui l'avaient quitté pour soutenir leurs revendications; et, en homme de parole, il a fait tout ce qu'il a pu; il y a quelque temps, il renvoyait deux de ses ouvriers, qu'un mouchard — il y en a toujours — nommé Reisach, employé chez lui depuis la grève, avait dénoncés comme syndiqués.

De plus, les femmes ont envahi beaucoup d'imprimeries; quand elles arrivent à gagner 2 fr. par jour, *c'est un beau résultat.* D'autres boîtes emploient une douzaine d'apprentis qu'on ne paie pas et qu'on jette sur le pavé quand ils ont fini leur apprentissage, s'ils ne veulent pas travailler pour 1 fr. 50 par jour. Inutile d'ajouter que ce sont justement ces maisons qui exécutent — tant bien que mal — les travaux de la mairie et de la préfecture, grâce au système des adjudications. Peu de maisons paient le tarif ; c'est l'imprimerie Millot frères qui le soutient le mieux et qui fait le moins d'apprentis (un sur 12 typos).

— Les adhésions à la Fédération sont reçues à Besançon par le citoyen J. Berry, typographe, rue de l'Arsenal, 1.

MONTCEAU-LES-MINES. — Les élections des délégués mineurs viennent d'avoir lieu dans le bassin houiller, le 20 octobre pour les circonscriptions de Montmaillot et Sainte-Eugénie, et le 16 novembre pour celles de Lucy-Magny et Sainte-Marie. On avait répandu le bruit que la cléricale autant que capitaliste compagnie des mines ne présenterait pas de candidats, mais ce n'était qu'une tactique ayant pour but d'éviter qu'une propagande active ne se fit dès les premiers jours de la période électorale en faveur des candidats indépendants. Pendant ce temps, le comité de la mine, dit *comité Rodin*, qui a pour président le sieur Patin, dit *le fashionable*, travaillait dans l'ombre (comme le font si bien les jésuites) pour les candidats de la mine.

Eh bien, malgré tout ce déploiement de ruse, les deux circonscriptions du centre (qui sont les plus importantes) ont été enlevés haut la main, c'est-à-dire avec une majorité écrasante, par les candidats indépendants. Ce sont celles de Sainte-Eugénie et Sainte-Marie. En voici les résultats :

CIRCONSCRIPTION DE SAINTE-EUGÉNIÉ
Candidats indépendants. — Délégué : Bouillin, Lazare, 585 voix; suppléant: Desfête, François, 582.
Candidats de la mine. — Délégué: Jagniaud, 240 voix ; suppléant : Galles, 239.

CIRCONSCRIPTION DE SAINTE-MARIE
Candidats indépendants. — Délégué : Doyen, Vivant, 355 voix; suppléant : Lagoutte, 352.
Candidats de la mine. — Délégué, 142; suppléant, 141.

Ces chiffres sont éloquents, et prouvent surabondamment qu'ici l'idée socialiste suit son chemin émancipateur, malgré toutes les entraves que ne cesse de jeter sur son passage la réaction capitaliste.

Si dans les circonscriptions de Lucy-Magny et Montmaillot, les candidats de la mine l'ont emporté, et, disons-le, à 7 ou 8 voix de majorité, la cause en est due à ce qu'un certain nombre d'ouvriers n'ont pu prendre part au vote, leur inscription ayant été omise (à dessein, peut-être) sur les listes électorales, et aussi un peu au manque de propagande. Nous ne doutons pas que dans 3 ans, ces deux circonscriptions ne passent aux mains des indépendants et d'ici-là, la loi, quoique laissant encore bien à désirer, sera mieux comprise par les esclaves de la mine.

Le vote sous enveloppe a donc porté ses fruits. Que nos comités, devant ce résultat, n'hésitent plus à se mettre en campagne, afin d'obtenir de nos législateurs une loi sur la sécurité du vote dans toutes les élections à venir.

Avec le vote sous enveloppe, je ne doute pas que les républicains ne ressaisissent la municipalité, surtout s'ils savent s'entendre et accordent au parti ouvrier socialiste la place qui lui est due et qu'on lui a toujours refusée.

P. GRISOU.

BLANZY. — Les élections municipales complémentaires ont été un triomphe pour les républicains. La liste opportuno réactionnaire, en tête de laquelle figuraient MM. Videau et Chaillet, directeur et sous-directeur de la verrerie de la compagnie des mines de Blanzy, le sieur Joseph Thomasset, industriel, suivis de 12 autres non moins réactionnaires, a été complètement battue avec une moyenne de 100 voix de majorité.

Notre conseil municipal est donc entièrement composé de travailleurs, dont plusieurs militants du parti ouvrier socialiste, adhérents à la Fédération de l'Est.

Nos félicitations à la population socialiste et vraiment républicaine de la commune de Blanzy.

BRIENON. — Les adhésions sont reçues par le citoyen Émile Burlot, fabricant de sabots.

CHAUFFAILLES. — La propagande socialiste prend de l'extension dans notre région. Le 16 novembre dernier, nous avons organisé une réunion avec le concours du citoyen A. Simond, correspondant lyonnais de la *Revue Sociale*, de passage dans notre localité.

Nous n'avons qu'à nous en féliciter, car le succès a, en partie, répondu à nos efforts.

Nul doute qu'avec quelques réunions comme celle-là, la Fédération des travailleurs socialistes de l'Est ne compte, avant peu, dans notre canton jusqu'à présent inféodé à la réaction bourgeoise et mis en coupe réglée par le patronat, un grand nombre d'adhérents dévoués.

Les adhésions sont reçues, pour le canton de Chauffailles, chez le citoyen Lathuillère, conseiller municipal.

LA SELLE. — Les adhésions sont reçues par le citoyen Gauthey, chef mineur du syndicat des mineurs de La Selle.

LONS-LE-SAUNIER. — Le citoyen E. Monnier, 4, rue Regard, reçoit les adhésions à la Fédération, et donnera tous les renseignements utiles sur son organisation.

SAINT-CLAUDE. — Le congrès international des ouvriers diamantaires s'est tenu à Charleville le 1er novembre dernier. 9 délégués, 2 de Hollande, 2 d'Allemagne, un d'Anvers, un de Suisse, un de Saint-Claude, un du pays de Gex et un de Paris, ont pris part à ses travaux. 14,000 ouvriers étaient représentés. Voici les résolutions adoptées :

1° Fondation d'une Fédération internationale des ouvriers diamantaires pour la défense de leurs droits;
2° Création d'un organe officiel en 3 langues, français, allemand et hollandais;
3° Suppression momentanée des apprentis, en raison de leur trop grand nombre, tout en permettant au père d'apprendre le métier à ses enfants ; l'apprentissage en ligne directe sera réglementé par les chambres syndicales;
4° Écoles professionnelles. Renvoyé au prochain congrès;
5° Élaboration d'un tarif unique par le Comité fédéral;
6° Frais et location de force motrice proportionnels au salaire, mais sans limiter un tant pour cent ;
7° Faculté pour l'ouvrier de se fournir du *bord* (poudre à diamant pour la taille) où bon lui semblera ;
8° En cas de perte d'une pierre, l'ouvrier ne la paiera qu'au prix du brut courant;
9° Tarif unique du brutage et du dégrossissage;
10° Adoption en principe de la journée de 8 heures; présentement, la journée de 10 heures, suppression des heures supplémentaires, repos hebdomadaire.

La dernière séance a été levée aux cris de: Vive l'Internationale! Vive la République Sociale!

Le dimanche 2 novembre, un banquet réunissait les délégués diamantaires avec ceux des groupes du parti ouvrier socialiste des Ardennes. Le soir, à 8 heures, une réunion publique a eu lieu salle de la Manufacture.

Aux applaudissements de l'assemblée, les citoyens J.-B. Clément, Rousseau, Tisseron, etc., font le procès de la bourgeoisie qui reste sourde aux revendications des travailleurs; ils déclarent que le prolétariat doit s'organiser sur le terrain de la lutte de classes, sans compromission avec les partis bourgeois, s'il veut sérieusement son émancipation.

Ce qui ressort de ces belles assises du travail, c'est l'unanimité des délégués sur la question d'une Internationale des Travailleurs, afin de faire cesser la guerre fratricide que se font malgré eux les ouvriers sur le marché du travail.

Allons, camarades de Saint-Claude et de Gex, vous avez pu voir par vous-mêmes la besogne accomplie dans les Ardonnes. Là, non seulement les ouvriers se sont organisés sur le terrain corporatif pour la défense de leurs intérêts économiques, mais encore ils ont des groupes d'études sociales qui luttent parallèlement pour la conquête des pouvoirs publics.

Notre congrès a pris des décisions importantes ; mais pourrons-nous obtenir la réglementation du travail par nos propres efforts? Non, pas plus d'ailleurs que les corporations qui l'ont tenté avant nous.

Il faut donc envoyer des nôtres dans les assemblées délibérantes pour y défendre nos droits ; il faut que nous réclamions l'intervention des pouvoirs publics en notre faveur ; il faut enfin que nous marchions avec ceux qui ont fondé dans nos départements la Fédération des travailleurs socialistes de l'Est, analogue comme but à celle qui fonctionne si admirablement dans les Ardennes.

THOISSEY (Ain). — Les adhésions à la Fédération sont reçues par le citoyen Buguet, ouvrier menuisier.

LA PESTE RELIGIEUSE

(Traduit de l'allemand)

De toutes les maladies mentales que l'homme s'est implantées systématiquement dans le cerveau, la peste religieuse est certainement la plus horrible.

Comme tout a son histoire, cette épidémie n'est pas sans avoir la sienne, seulement, il est parbleu bien dommage que le développement de cette histoire ne soit pas tout ce qu'il y a de plus joli. Le vieux Zéus et Jupiter étaient des individus très convenables, nous dirons même assez éclairés, si on les compare aux « rejetons trinitaires » de l'arbre généalogique du bon Dieu, lesquels ne le cèdent en rien aux premiers, en cruauté et en brutalité.

Du reste, nous ne voulons pas perdre notre temps avec les dieux retraités ou déchus, car ils ne causent plus aucun dommage; par contre, nous critiquerons sans respect les faiseurs de pluie et de beau temps encore en activité de service et les terroristes de l'enfer.

Les chrétiens ont une trinité; leurs aïeux les juifs se contentaient d'une seule déité; à part cela, les deux peuples forment tous deux une société fort réjouissante. L'ancien et le nouveau testament sont pour eux la source de toute sagesse, c'est pour cela qu'il faut lire ces saintes écritures si on veut les connaitre et partant pouvoir les tourner en ridicule.

Examinons simplement l'historique de ces divinités et nous verrons que cela suffira amplement à caractériser le tout:

Au commencement, Dieu créa le ciel et la terre. Il se trouvait tout d'abord au milieu du néant, dont l'aspect devait être, en effet, assez triste pour qu'un Dieu lui-même s'y ennuyât. Et comme c'est une bagatelle pour un Dieu de faire des mondes avec rien, il créa le ciel et la terre comme un charlatan secoue des œufs ou les écus de sa manche. Plus tard il fabriqua le soleil, la lune et les étoiles. Certains hérétiques ont bien démontré, il y a longtemps, que la terre n'est et n'a jamais été le centre de l'univers, qu'elle n'a pu exister avant le soleil, autour duquel elle tourne. Ces gens ont prouvé que c'est une véritable bêtise de parler du soleil, de la lune et des étoiles après la terre, comme si celle-ci, comparée à ceux-là, était quelque chose de spécial et d'extraordinaire. — Mais, est-ce qu'un Dieu s'occupe d'astronomie? Il fait ce qu'il veut, et se moque de la science et de la logique. C'est pour cette raison qu'après sa fabrication de la terre, il fit d'abord la lumière, et ensuite le soleil.

Voyons plus loin. — La création avait parfaitement réussi jusque-là, mais il n'y avait pas encore de vie dans la baraque; et comme le Créateur voulait enfin s'amuser, il fit l'homme. Seulement, en le faisant, il s'écarta d'une façon particulière de sa première manière de procéder Au lieu d'effectuer cette création par un simple commandement, il se donna beaucoup d'embarras; il prit un prosaïque morceau d'argile, modela à son image un homme,

et y souffla une âme. Comme Dieu est tout puissant, bon, juste, il vit tout de suite qu'Adam (c'est ainsi qu'il avait appelé sa fabrication) seul, s'ennuierait affreusement, se rappelant sans doute sa propre existence si ennuyeuse dans le néant: il fabriqua alors une mignonne, une charmante Eve.

Assurément, l'expérience lui avait prouvé que c'était un travail bien malpropre pour un Dieu que de pétrir l'argile, car il employa une autre méthode. Il enleva donc une côte à Adam, et la changea instantanément en une jolie petite femme ; instantanément, dis-je, car la vitesse n'est pas une sorcellerie pour un Dieu. L'histoire ne nous dit pas si la côte d'Adam fut remplacée plus tard, ou s'il dut se contenter de celles qui lui restaient.

Les sciences modernes ont établi que les animaux et les plantes, formés d'abord de simples cellules, ont acquis peu à peu, dans le courant de millions d'années, leurs formes actuelles. On a établi de plus, que l'homme n'est que le produit le plus parfait de ce long et continuel développement, et que non seulement, il y a quelques mille ans, il ne parlait pas et se rapprochait beaucoup de l'animal, dans l'acception du mot, mais qu'il doit descendre des animaux les plus bas de l'échelle.

Partant de là, l'histoire naturelle nous fait considérer Dieu, en sa fabrication d'hommes, comme *un hâbleur ridicule*.

Mais que lui importe tout cela? Que ses histoires aient un cachet scientifique ou non, il commande qu'on y croie ; sans cela il vous enverra chercher par le diable, son concurrent, ce qui doit être fort désagréable.

Car en enfer règnent non seulement les pleurs et les continuels grincements de dents, mais mieux encore, il y brûle un éternel feu, un ver infatigable vous y ronge, et il sent fort le soufre et la poix dans cet endroit-là.

Or donc, d'après cela, un homme sans corps, c'est-à-dire une âme, sera rôti ; la chair qu'il n'a pas grillera, les dents qu'il n'aura plus grinceront encore, il pleurera sans yeux et sans poumons, le ver rongera ses os tombés depuis longtemps en poussière, il flairera sans nez l'odeur sulfureuse, et tout cela *éternellement!...* Diable d'histoire !!!

Du reste, Dieu, comme il le dit lui-même dans sa chronique, la Bible, sorte d'autobiographie, est excessivement capricieux et avide de vengeance — enfin quoi un despote de premier ordre.

A peine Adam et Eve étaient-ils créés, qu'il fallut gouverner cette engeance; aussi Dieu émit-il un Code dont voici la teneur catégorique : « Vous ne mangerez pas du fruit de l'arbre de la science. »

Mais Adam et Eve n'obéirent pas à cette injonction ; ils furent aussitôt expulsés comme de vulgaires socialistes, et condamnés, eux et leurs descendants, aux plus rudes travaux. De plus, les droits d'Eve lui furent enlevés, et elle fut déclarée la servante d'Adam, à qui elle dut obéissance. Dans tous les cas, ils étaient déjà sous la surveillance de la haute police divine.

La sévérité de Dieu envers les hommes ne servit à rien ; au contraire, plus ils augmentaient, plus ils le lassaient. On peut se faire une idée de la vitesse de leur propagation quand on lit l'histoire de Caïn et d'Abel : lorsque ce dernier fut tué par son frère, Caïn alla dans un pays... étranger, et prit femme. Le bon Dieu ne nous dit pas d'où venaient ce *pays étranger* et les femmes qu'il contenait, ce qui, du reste, n'est pas étonnant; il peut bien l'avoir oublié alors qu'il était surchargé de travaux.

Enfin la mesure était comble: Dieu résolut d'exterminer le genre humain par l'eau.

Seulement il se choisit un couple pour faire un dernier essai ; il n'eut pas la main plus heureuse, malgré toute sa sagesse, car Noë, le chef des survivants, se révéla bientôt comme un grand noceur s'amusant avec ses fils... et ses filles. Que pouvait-il sortir de bon d'une pareille famille ?

Le genre humain se répandit de nouveau et produisit de « pauvres pécheurs ». Le bon Dieu aurait bien crevé de divine colère en voyant que toutes ses punitions exemplaires, comme par exemple la destruction de villes entières par le feu et le soufre, ne servaient absolument à rien.

Alors, il résolut d'exterminer toute cette canaille lorsqu'un évènement des plus extraordinaires lui fit changer d'avis.

Un jour apparaît un certain « Saint-Esprit ». Il en était de ce dernier comme de la « jeune fille venant de l'étranger », personne ne savait d'où il venait. L'écrivain de la Bible, c'est-à-dire Dieu, dit seulement qu'il est lui-même le Saint-Esprit. Par conséquent, nous avons affaire pour le moment à un Dieu en deux unités. Ce Saint-Esprit prit la forme d'un pigeon et fit la connaissance d'une femme obscure nommée Marie. Dans un moment de doux épanchement, il la « couvrit de son ombre », et elle mit au monde un fils, sans que cela, comme l'affirme la Bible, portât atteinte à sa virginité. Que l'on considère bien cela! Dieu le père était en même temps son propre fils, le fils son propre père, et de plus, tous deux ensemble étaient le Saint-Esprit. C'est ainsi que se forma la Sainte-Trinité.

Et maintenant, pauvre cervelle humaine, tiens-toi ferme, car ce qui va suivre pourrait te mettre à l'envers! Nous savons que Dieu le père avait résolu d'exterminer le genre humain, ce qui fit énormément de peine à Dieu le fils. Alors, il (le fils, qui, comme nous le savons, était aussi le père) prit tout sur lui, et pour apaiser son père (qui était en même temps le fils), il se fit crucifier par ceux mêmes qu'il voulait sauver de l'extermination.

Ce sacrifice du fils (qui est un avec le père) plut tellement au père (qui est un avec le fils), qu'il publia une amnistie générale, qui est en partie encore en vigueur aujourd'hui.

Voici donc la « partie historique » des « Saintes-Écritures » On voit par là que la bêtise y est assez grosse pour que celui qui est déjà assez faible d'esprit pour la digérer, soit susceptible d'admettre n'importe quelle autre déraison.

En première ligne, le dogme de la récompense et de la punition de l'homme dans « l'autre monde ».

Il y a longtemps qu'i a été prouvé scientifiquement qu'il n'y a pas d'autre vie indépendante de celle du corps, et que ce que les charlatans religieux appellent l'âme, n'est pas autre chose que l'organe de la pensée (cerveau), qui reçoit les impressions par les organes des sens et que, partant, ce mouvement doit cesser nécessairement avec la mort corporelle. Mais les ennemis jurés de l'intelligence humaine ne s'occupent des résultats des expériences scientifiques que juste assez pour les empêcher de pénétrer dans le peuple.

C'est ainsi qu'ils prêchent la « vie éternelle de l'âme ». Malheur à elle dans l'autre monde si le corps dans lequel elle a habité ici-bas n'a pas suivi ponctuellement les lois de Dieu! Car — ces gens-là nous l'assurent — Dieu tout bon, tout juste, très fin aussi, s'occupe de chaque peccadille d'un chacun et l'enregistre dans ses actes universels (quel contrôle et quelle comptabilité !) A côté de cela, il est parfois comique dans ses exigences. Écoutez plutôt !

Tandis qu'il désire que les nouveau-nés soient arrosés d'eau froide (baptisés) en son honneur, au risque de les enrhumer, tandis qu'il éprouve un plaisir inouï lorsque de nombreuses brebis croyantes lui bêlent leurs litanies et que les plus zélés de son parti lui chantent sans interruption leurs pieuses hymnes en le sollicitant pour toutes sortes de choses possibles et impossibles ; tandis qu'il se mêle aux guerres sanglantes en se faisant encenser et adorer comme « Dieu des batailles », il se fâche tout rouge lorsqu'un catholique mange de la viande un vendredi ou ne va pas régulièrement à confesse. Il s'irrite aussi si un protestant méprise les os des saints, les images et autres reliques de la vierge recommandées par l'Eglise catholique, ou si un fidèle quelconque ne fait pas son pèlerinage annuel, le dos courbé, les mains jointes et les yeux tournés vers le ciel.

Ce Dieu bon surpasse en cruauté bestiale tout ce qui peut se passer de plus canaille sur la terre. Sa maison de détention s'appelle enfer, son bourreau est le « diable », ses punitions durent éternellement. Mais pour de légères fautes et à la condition que le délinquant soit mort catholique, il fait grâce après un séjour plus ou moins long dans le *purgatoire.*

Quoiqu'un bon petit feu soit entretenu dans ledit purgatoire, il n'est aménagé qu'en vue d'un séjour relativement court et sa discipline n'est pas très serrée. Les soi-disant péchés mortels ne sont pas punis par le purgatoire, mais bien par l'enfer. Et parmi ces derniers, il nous faut compter le « blasphème » en parole, en

pensée et en écrit. Dieu ne tolère non seulement pas la liberté de la presse et de la parole, mais il interdit et proscrit les pensées non encore articulées qui pourraient lui déplaire.

Donc ce Dieu est le monstre le plus épouvantable que l'on puisse se représenter. Sa conduite est d'autant plus infâme qu'il fait croire que le monde entier, que l'humanité est réglée dans toutes ses actions par la divine providence. Il maltraite par conséquent les hommes pour des actions dont il est lui-même l'inspirateur ! Que les tyrans de la terre, des temps passés et présents sont aimables, comparés à ce monstre !

Mais s'il plaît à Dieu qu'un homme vive et meure en homme de bien, c'est alors qu'il le maltraite davantage encore après sa mort, car le « paradis » promis est encore plus infernal que l'enfer. On n'a là aucun besoin, on est au contraire toujours satisfait sans qu'aucun désir ne précède la satisfaction de ce désir. Mais comme on ne peut se représenter aucune jouissance sans désir suivi de son accomplissement, le séjour au ciel serait donc bien insipide. On y est là éternellement occupé à contempler Dieu ; on y joue toujours les mêmes mélodies sur les mêmes harpes, on y chante continuellement le beau cantique qui, pour n'être pas tout à fait aussi ennuyeux que *Malborough*, n'en vaut guère mieux. Le séjour dans une cellule isolée serait certainement à préférer.

Plus l'homme tient à la religion, plus il croit. Plus il croit, moins il sait. Moins il sait, plus il est bête et plus il se laisse gouverner facilement.

Cette logique fut connue des tyrans de tout temps, et c'est pour cela qu'ils s'allièrent toujours avec le prêtre. Quelque dispute éclatait-elle entre ces deux sortes d'ennemis de l'homme, elle n'était, pour ainsi dire, qu'une futile querelle de ménage pour savoir qui aurait la maîtrise. Chaque prêtre sait bien que son rôle est fini lorsqu'il n'est plus soutenu par les millions. Les riches et les puissants n'ignorent pas non plus que l'homme ne se laisse gouverner et exploiter que lorsque les corbeaux, peu importe l'église à laquelle ils appartiennent, ont réussi à implanter au sein des masses l'idée que notre terre est une vallée de larmes, qu'ils leur ont infiltré cette sentence : respectez l'autorité, ou bien lorsqu'ils les ont alléchés par la promesse d'une vie plus heureuse dans l'autre monde.

Windhorst, le jésuite par excellence, fit entendre un jour assez clairement, dans la chaleur du combat parlementaire, ce que les filous et les charlatans du monde pensent à ce sujet :

« Lorsque la foi s'éteint dans le peuple, dit-il, il ne peut plus supporter sa grande misère et se **révolte !** »

Cette phrase était claire et aurait dû faire réfléchir bien des ouvriers. Mais hélas ! tant d'entre eux sont si bornés, grâce à la religion, qu'ils entendent les choses les plus simples sans les comprendre. Ce n'est pas en vain que les prêtres, ces noirs gendarmes du despotisme, se sont efforcés de *retenir de tout leur pouvoir la décadence religieuse*, quoique, comme on le sait, ils pouffent de rire entre eux en pensant aux bêtises qu'ils prêchent moyennant finances.

Pendant des siècles, ces détraqueurs de cervelles ont gouverné les masses par la terreur, car sans cela il y a longtemps que la folie religieuse aurait pris fin Le cachot et les chaînes, le poison et le poignard, la potence et le glaive, le guet-apens et la torture, au nom de leur Dieu et de la justice, ont été les moyens employés pour le maintien de cette folie qui sera une tache dans l'histoire de l'humanité. Des milliers d'individus ont été grillés à petit feu sur le bûcher « au nom de Dieu » pour avoir osé mettre en doute le contenu de la Bible. Des millions d'hommes furent forcés, pendant de longues guerres, de s'entretuer, de dévaster des pays entiers, et laissèrent ces mêmes pays aux prises avec la peste, après les avoir pillés et incendiés pour maintenir la religion.

On appelle criminel un homme qui estropie pieds ou jambes de son semblable. Comment appellera-t-on celui qui atrophie le cerveau d'un autre ?

Un vieux proverbe dit: Où un prêtre a passé, l'herbe ne croît plus pendant dix ans. Ce qui revient à dire que lorsqu'un homme se trouve sous les griffes d'un prêtre, son cerveau a perdu ses facultés de penser, ses rouages se sont arrêtés et les araignées y tissent leurs toiles. Il ressemble à un mouton atteint de vertige.

Ces malheureux ont perdu le but de la vie, et, ce qui est encore plus triste, c'est qu'ils forment la plus grande partie des antagonistes de la science et de la lumière, de la révolution et de la liberté. On les trouve toujours prêts, dans leur bêtise obtuse, à aider ceux qui veulent mettre des bâtons dans les roues du progrès toujours croissant.

Par conséquent, arrachons du cerveau les idées religieuses, et à bas les prêtres ! Ces derniers ont la coutume de dire que la fin justifie les moyens, bien ! Employons, nous aussi, cet axiome contre eux ! Notre but est la délivrance de l'humanité de tout esclavage, de la tirer du joug de la servitude sociale comme des fers de la tyrannie politique, mais aussi de sortir cette même humanité des ténèbres religieuses. Tout moyen pour l'accomplissement de ce haut but doit être reconnu comme juste par tous les vrais amis de l'humanité et doit être mis en pratique à chaque occasion propice.

Tout homme anti-religieux commet donc une négligence à ses devoirs lorsqu'il ne fait pas tout ce qu'il peut journellement et à toute heure pour tuer la religion. Tout homme délivré de la *foi*, qui omet de combattre la prêtraille où et quand il le peut, est un traître à son parti. Partout guerre, guerre à outrance à cette noire engeance.

Qu'on sache bien que ceux qui veulent mêler leur bavardage religieux aux aspirations des travailleurs, eussent-ils l'air respectable, leur réputation fût-elle bonne, sont de dangereux personnages. Quiconque prêche la religion, sous n'importe quelle forme, ne peut être qu'un sot ou un coquin.

La politique opportuniste est, dans ce cas, non seulement un mal, mais un « crime ». Si les ouvriers permettent à quelque prêtre de se mêler de leurs affaires, non seulement ils seront trompés, mais encore trahis et vendus.

Autant il est logique que le prolétaire combatte principalement le capitalisme, autant il est nécessaire que l'église reçoive aussi son compte dans ce combat, car elle ne peut être mise de côté. Il faut que la religion soit détruite systématiquement dans le peuple si l'on veut que ce dernier revienne à la raison, sans laquelle il ne pourra jamais conquérir sa liberté.

Proposons quelques questions pour les sots, ou autrement dit, pour ceux qui ont été abêtis par la religion, en tant qu'ils paraissent être corrigibles. Par exemple :

Si Dieu veut qu'on le connaisse, qu'on l'aime et qu'on le craigne, pourquoi ne se montre-t-il pas ?

S'il est si bon que le disent les prêtres, quelle raison a-t-on de le craindre ?

S'il sait tout, pourquoi l'ennuyer de nos affaires particulières et de nos prières ?

S'il est partout, pourquoi lui bâtir des églises ?

S'il est juste, pourquoi penser qu'il punira les hommes, créés par lui pleins de faiblesses ?

Si les hommes ne font le bien que par une grâce particulière de Dieu, quelle raison aurait-il de les récompenser ?

S'il était tout-puissant, comment pourrait-il permettre qu'on le blasphémât ?

S'il est inconcevable, pourquoi nous occuper de lui ?

Si la connaissance de Dieu est nécessaire, pourquoi reste-t-il dans l'ombre ? Etc., etc.

Devant de telles questions, l'homme croyant reste bouche béante. Mais chaque homme pensant doit admettre qu'il n'existe *pas une seule preuve* de l'existence de Dieu. De plus, il n'y a aucune nécessité d'une divinité. Un Dieu en dedans ou en dehors de la nature n'est d'aucune utilité lorsqu'on connaît les propriétés et les règles de cette dernière. Son but moral n'est pas moins nul.

Celui qui créa les hommes parfaits, sans aviser, pourtant, à ce qu'ils restent parfaits ; celui qui créa le diable sans pouvoir parvenir à le dominer, est un gâcheur que la religion qualifie de *souverainement sage* ; pour elle, *tout-puissant* est celui qui condamna des millions d'innocents pour la faute d'un seul, qui extermina par le déluge tous les hommes, à l'exception de quelques-uns qui reformèrent une race aussi mauvaise que la première ; qui fit un ciel pour les fous qui croient aux évangiles et un enfer pour les sages qui les réprouvent.

Celui qui se créa lui-même par le Saint-Esprit ; qui s'envoya comme médiateur entre lui-même et les autres ; qui, méprisé et bafoué par ses ennemis, se laissa clouer à une croix comme une chauve-souris à la porte d'une grange ; qui se laissa enterrer, qui ressuscita des morts, descendit aux enfers, remonta vivant au ciel où il s'assit à *sa* droite même, pour juger les vivants et les morts, alors qu'il n'y aura plus de vivants, celui qui a fait tout cela est un charlatan *divin*. C'est un affreux tyran dont l'histoire devrait être écrite en lettres de sang, car elle est la religion de la terreur.

Loin de nous donc la mythologie chrétienne. Loin de nous un Dieu inventé par les prêtres de la foi sanglante qui, sans leur *néant important* avec lequel ils expliquent *tout*, ne se vautreraient plus longtemps dans l'abondance, ne prêcheraient plus longtemps l'humilité, tout en vivant eux-mêmes dans l'orgueil, mais au contraire, seraient précipités dans l'abîme de l'oubli. Loin de nous cette cruelle trinité : le père meurtrier, le fils contre nature, le Saint-Esprit voluptueux ! Loin de nous tous ces fantômes déshonorants, au nom desquels on rabaisse les hommes au niveau de misérables esclaves, et qu'on renvoie par la toute puissance du mensonge, des peines de cette terre aux joies du ciel. Loin de nous tous ceux qui, avec leur démence sainte, sont les entraves du bonheur et de la liberté.

Espérons que les masses ne se laisseront plus longtemps tromper et berner, mais qu'un jour viendra où les crucifix et les saints seront jetés au feu, les calices et ostensoirs convertis en ustensiles utiles, les églises transformées en salles de concert, de théâtre ou d'assemblées, et, dans le cas où elles ne pourraient servir à ce but, en greniers à blé et en écuries à chevaux. Espérons qu'un jour viendra où le peuple éclairé cette fois ne comprendra pas que pareille transformation n'ait pas déjà eu lieu depuis longtemps.

Cette manière d'agir courte et concise ne se pratiquera naturellement que lorsque la révolution sociale, qui approche, éclatera, c'est-à-dire au moment où il sera fait table rase des complices de la prêtraille : princes, bureaucrates et capitalistes, et où l'Etat ainsi que l'Eglise seront radicalement balayés.

Jean Most.

SOUSCRIPTION PERMANENTE
Pour la propagande socialiste dans la Région

Report de la 1re liste, 27 fr. — Excédant d'écot chez Ehinger, 20 c. — Id. chez Flammier, 1 fr. 30. — Id. chez Dessirier, 1 fr. 50. — Id. 25 c. — Sourdeau, 20 c. — J.-B. Dubois, 10 c. — Perrault, 2 fr. — Citoyenne Marpaux, 1 fr. — Thiolain (2 versements), 10 fr. — Ferrari, de Marseille, 50 c. — Roussel, 50 c. — Total, 44 fr. 55.   *(A suivre(.*

PETITE CORRESPONDANCE

Reçu les cotisations suivantes de nos correspondants :

De Dijon, 60 fr. ; d'Auxerre, 12 fr. ; de Saint-Privé, 5 fr. 50 ; du Creusot, 3 fr. 80 ; de Chagny, 4 fr. ; de Saint-Claude, 7 fr. ; de Besançon, 10 fr. : H. R., à Saulx-le-Duc, 1 fr. ; H., à Tonnerre, 1 fr. ; Dubois, à Paris, 50 c. ; Pomagny, id., 2 fr. ; P., au Creusot, 3 fr. ; de Blanzy, 6 fr. 30.

B. D, à Saint-Claude. — Tranquillisez-vous, ça marche ; on fera ses frais — Envoyez-nous des adresses de Gex et de Morez.

P. V., à Labergement. — Va pour une réunion publique ; sommes à votre disposition.

L. F., à Seurre. — Que faites-vous de votre côté ? — R. était à Pagny et est revenu à Dijon. Amitiés.

H.-R., à Saulx-le-Duc. — Tenons compte de vos observations ; recevrez satisfaction avec articles de J.-B. Clément. Voyez note de la commission fédérale.

T., à Chagny. — Article bien fait ; publierons plus tard en « Tribune publique ». Sommes débordés pour le moment.

V., à Blanzy. — Allons écrire à Dumay pour tournées de conférences fin décembre.

L., à Chauffailles. — Communiquons aux syndicats de Dijon.

B., à Thoissey. — Envoyez cotisations quand vous voudrez.

A tous nos correspondants et lecteurs. — A notre grand regret, l'abondance des matières nous force d'ajourner les publications que nous avons annoncées, ainsi que celles en cours. Pour le même motif, plusieurs correspondances ont été nécessairement écourtées. Prière de nous excuser.

Le Gérant, V. MILLERAND.

Dijon. — Imp. Carré, rue Amiral-Roussin, 40.

2ᵉ année — Nᵒ 3　　15 centimes　　Janvier 1891

LA REVUE SOCIALE

BULLETIN MENSUEL

De la Fédération des Travailleurs Socialistes de l'Est

PARAISSANT A DIJON

ADMINISTRATION

Adresser toutes communications et mandats au citoyen CHARLOT, délégué, rue du Faubourg-Raines, 66, **DIJON.**

De chacun selon ses forces

A chacun selon ses besoins

ABONNEMENT

Un an, **2** fr. — 6 mois, **1** fr. — 3 mois, **50** cent

PERMANENCE chaque samedi soir, au siège social du Groupe Socialiste, 13, rue des Godrans, **DIJON.**

SOMMAIRE :

Congrès régional du Parti Ouvrier . . LA COMMISSION.
Les agréments de la Société. . . . . J.-B. CLÉMENT.
L'île de la faim . . . . J. LABUSQUIÈRE.
Mouvement socialiste de la région . . E. C.
Le procès des tisseurs de Chauffailles.
Les journaux de M. Symian . . . . A. SIMOND.
Coups de fronde . . . . ASMODÉE.
La dépopulation en France. . . . . A. MARPAUX.
Le Creusot (suite) . . . . J.-B. DUMAY.
Communications petite correspondance, etc.

Congrès Régional du Parti Ouvrier

Le premier Congrès régional de la Fédération des Travailleurs Socialistes de l'Est aura lieu à Dijon le dimanche 21 février 1891.

Les adhérents sont invités à envoyer avant le 25 janvier leurs propositions d'ordre du jour.

La Commission fédérale provisoire a pris les mesures suivantes pour l'organisation du Congrès :

1º Les différentes villes adhérentes sont invitées à s'entendre entre elles pour l'envoi d'un délégué au moins par département ;

2º Chaque délégué au Congrès devra être muni de pouvoirs réguliers de la part du ou des groupes qu'il représente. Dans les villes où il n'y a pas de groupe organisé, le délégué devra être porteur d'un mandat signé d'au moins 5 adhérents à la Fédération ;

3º Les villes qui ne pourraient se faire représenter faute de moyens matériels, pourront déléguer un camarade de Dijon ou d'une autre ville ; dans ce cas, le délégué devra être muni d'un mandat impératif sur les questions à l'ordre du jour ;

4º Les socialistes de Dijon prendront à leur charge les frais de séjour des délégués ;

5º Tous les adhérents pourront prendre part à la discussion. — Les votes au Congrès auront lieu par groupe ou par ville ;

6º A la demande de plusieurs adhérents, la Commission fédérale provisoire publiera, dans le nº de février, un projet de règlement de la Fédération pouvant servir de base aux délibérations du Congrès.

LES AGRÉMENTS DE LA SOCIÉTÉ

Il est bien évident que celui qui se lève quand ça lui plaît et se couche de même, qui n'a que la peine d'ouvrir son secrétaire pour y puiser de quoi satisfaire ses exigences journalières, qui a des appétits énormes et peu d'idées, l'estomac large et l'esprit étroit ; qui s'en va à travers les rues, flanquant ses coudes dans les hanches de tout le monde, toisant les hommes et provoquant les femmes, qui joue sur un valet de pique ou sur une dame de cœur ses émotions, son temps et sa monnaie de poche ; qui soupe dans les bouges où l'on rit à tant de l'heure ; qui ne lit les faits-divers, la *Gazette des Tribunaux* et les récits sanglants des combats acharnés que se livrent les peuples que pour se mettre en bonne humeur ; il est évident que celui-là me trouvera insipide, exagéré, morose, lugubre, si cet article lui tombe sous les yeux, et que, par un jour de désœuvrement, il consente à le lire jusqu'au bout : ce dont je doute.

Ce n'est cependant pas par misanthropie que je vais me mettre à esquisser le tableau de la société dans laquelle nous végétons, disciplinés comme des enfants de troupe, par des usages que nous subissons et qui nous heurtent, par des lois qui nous meurtrissent et que nous n'avons pas faites, tout en nous targuant tous de notre amour de l'indépendance, de l'inviolabilité de notre liberté individuelle, et d'avoir, à la suite de cette fameuse nuit du 4 août, en 1789, décrété que tous les hommes étaient égaux... Amère dérision ! sophisme bourgeois qu'un de ces jours nous empoignerons en quelques pages, au nom de la vérité outragée !

Non, je ne suis ni exagéré, ni morose. Je ne suis pas misanthrope le moins du monde. Si j'étais affligé de cette maladie détestable, je m'en irais chez les trappistes, et je ferais bien ! Mais je ne suis pas non plus un philanthrope ; ce n'est pas à ce titre que je prends la plume pour signaler les maux qui affligent la société et chercher, avec mes lecteurs, les moyens d'y remédier.

L'organisation des sociétés n'a jamais été l'œuvre de tous, mais de quelques-uns seulement. Nous naissons et prenons place dans une société qui a des règlements, des lois, des usages que nous n'avons pas été appelés à discuter et qu'on nous oblige à subir. Le jour où nous ne nous y conformons pas avec une docilité de mouton, on nous inflige une correction préparée d'avance ; si nous nous révoltons, le cas est prévu, on prend le droit de nous tuer : la mort clôt la discussion ! Et, comme les travailleurs, quoiqu'on fasse grand bruit du suffrage universel, n'ont pas encore eu voix au chapitre, les sociétés ont passé leur temps à guerroyer contre eux et à les massacrer en masse.

Les sociétés ont commencé par n'avoir que de simples *commandements*, puis des *tables*, des *bibles*, on faisait de Dieu le grand législateur, et les habiles, se disant ses élus, s'en prétendaient les porte-voix. Avec le temps, tout cela devint insuffisant; on en arriva à confectionner des lois, à inventer des juges et des avocats. C'en était fait, on ne pouvait plus aller que de mal en pire! Aussi, après bien des infractions dans le domaine royal et religieux, après bien des tiraillements et des efforts laborieux, un beau jour, la société française enfanta son code. O triomphe! La bourgeoisie frondeuse et sceptique trouvait enfin sa véritable bible!

.·.

Ce code est composé, comme l'Ancien et le Nouveau Testament, de *livres* et de *chapitres* formant ensemble cinq séries ayant chacune leur dénomination terrible, menaçante. Il est dit que personne ne doit ignorer les nombreuses lois qui y sont renfermées, et ces lois y sont écrites dans un style qui n'est à la portée de personne. Il faut des hommes spéciaux pour les interpréter, et encore ces hommes, après de longues années d'étude et de chicane, en arrivent-ils à ne pas s'entendre entre eux.

Pour le peuple, qui a à peine le temps d'apprendre à épeler, le Code, c'est la bouteille à l'encre; pour les juges, c'est un composé de logogriphes; pour les avocats, c'est une énigme que chacun définit pour le mieux de la cause qu'il défend à tant de la péroraison.

La loi saisit l'individu, le juge se cramponne à lui, l'avocat veut le lui arracher, et, en fin de compte, l'individu leur reste dans les mains.

— Le code qui ouvre la marche s'appelle le *Code civil*... titre charmant et presque bonhomme en apparence! Si vous ne le jugez que d'après sa table des matières, vous vous sentez transporté d'admiration pour ceux qui y ont collaboré! Vous le croyez rempli d'attentions toutes paternelles, les larmes vous en viennent presque aux yeux! Vous diriez que ses auteurs, inspirés des meilleurs sentiment à l'égard de la pauvre humanité, n'ont eu qu'une pensée : celle d'établir l'harmonie la plus touchante et la plus paternelle dans les rapports entre les individus !

Mais il suffit de le parcourir un peu pour se rendre compte que *civil* ne veut pas seulement dire : bon, poli, aimable, civilisé

En effet, le *Code civil* a pour but de régler les rapports entre individus, entre parents et enfants, époux et épouses, héritiers et héritières, propriétaires et locataires, patrons et ouvriers, etc., etc.

Il traite de la naissance et de la mort, il nous reçoit dans la société ou nous en écarte, il réglemente le mariage et ses accidents forcés, l'héritage et les machinations qu'il enfante; il traite de la propriété et des nombreux moyens de l'acquérir, puis du *prêt légal*, de la *location des domestiques et des ouvriers* —comme s'il s'agissait d'une machine ou d'un fiacre. — Il contient enfin, y est-il dit, les droits, et les devoirs des citoyens... Seulement ceux qui ont rédigé tous ces articles n'ont pas semblé se douter le moins du monde qu'ils imposaient des devoirs à un grand nombre de citoyens jetés dans la vie sans ressources, sans aide et sans droit.

— Suit le *Code de procédure civile*, ou pour mieux dire, *le manuel de la chicane*. Vous pouvez le feuilleter et l'étudier, quand bien même vous seriez un peu avocat, vous n'y comprendrez pas grand'chose. Ce que vous y découvrirez, c'est que le *Code civil*, malgré ses nombreux livres, chapitres, titres, et que

sais-je? n'a pas su mettre à l'abri des procès et des déchirements de famille cette société qu'il prétend administrer, réglementer, discipliner comme un régiment.

— Suit le *Code de commerce*, où sont classées, avec une parcimonie effrayante, les phases commerciales qui conduisent à la ruine relative ou à la fortune. C'est une lutte acharnée entre les débiteurs et les créanciers ! La loi n'y peut jamais dire son dernier mot, le juge est obligé d'y trouver des circonstances atténuantes. La banqueroute simple, comme une ingénue d'opéra comique, s'y drape dans son honorabilité, dans son malheur, dans son innocence trompée! La banqueroute frauduleuse y jette son bonnet par dessus les moulins et le ramasse après coup! C'est en somme la nomenclature ou l'échange des mauvais procédés de cette classe d'intermédiaires qui se précipitent à l'assaut de la fortune, en passant sur les corps amaigris des producteurs.

— Suit le *Code d'instruction criminelle*, qui vient à son tour réglementer la justice, les juges, les officiers d'état civil, etc., etc., et beaucoup de etc.! Là, il est clairement établi que les juges ne sont pas infaillibles, que la loi ne peut être immuable, qu'elle est susceptible d'erreurs comme vous et moi. Certes, il peut lui arriver de fourrer un homme au bagne de 30 à 60 ans, mais dès qu'elle s'aperçoit de son erreur, elle doit s'empresser de l'en tirer et de le rendre à.. quoi? à la société, dit-on. Moi je dis: à la misère et au suicide! Il peut aussi lui arriver de condamner à mort un innocent; mais, dans ce cas encore, elle se réserve le soin de réhabiliter ses cendres (et encore y met-elle beaucoup de mauvaise volonté, témoin l'affaire Pierre Vaux) et d'autoriser la famille à les enlever du trou où l'on empile les suppliciés... Plaignez-vous donc, si vous l'osez, après tant de mansuétude!

J'en passe! citoyens, j'en passe! Pour en arriver au *Code pénal*.

Oh! mes bonnes gens! celui-là n'est pas le moindre de la série, je vous le promets. On semble y avoir prévu tous les crimes ou délits, mais certes on ne s'est pas demandé si l'on avait fourni aux individus la possibilité de ne pas les commettre.

C'est bien le livre le plus navrant, le plus réaliste que nous ayons. La société y apparaît dans toute sa nudité, avec ses plaies, ses vices, ses exigences, ses ruses, ses naïvetés, son ignorance, son indifférence, ses appétits formidables, ses faims de loup, ses misères! On y passe, sans avoir le temps de s'essuyer les yeux, de l'escroquerie à la prostitution, des faux en écriture à l'assassinat, de l'adultère à l'infanticide, de la mendicité aux crimes et délits contre la propriété, de l'ivrognerie à l'empoisonnement, de l'entrave au libre exercice des cultes à l'attentat aux mœurs, du vagabondage à la désobéissance à l'autorité !!!

Les travailleurs y trouvent aussi leur compte avec un total tout prêt concernant les grèves, l'embauchage, l'association, les réunions, ceux qu'on appelle les meneurs et qui entravent la liberté du travail. Puis avec eux les mécontents, les rebelles, les révoltés qu'on n'a pas oublié dans le chapitre des cris séditieux et de la loi sur les attroupements !!!

.·.

Tous ces codes, citoyens, nous menacent du berceau à la tombe; ils sont menaçants pour nous, menaçants dans la personne de nos enfants, pour nos affections, pour nos sentiments, pour notre liberté, pour nos opinions. Quelques-uns seulement sont appelés à les confectionner, à les corriger, à les étudier. Le plus grand nombre n'en connaît pas le premier mot; et les exigences de la vie, les inégalités sociales, le découragement, les tortures de la faim jettent à chaque instant le premier venu sous le coup de tel article ou de cent autres.

Les législateurs ont employé toute leur intelligence, non pas à moraliser, mais à prévenir toutes les malices des coquins. On croirait qu'ils ont pris pour devise : à malin, malin et demi. Dès qu'ils confectionnent une loi, les roués s'appliquent à trouver le moyen de la tourner : de suite, les législateurs se remettent à l'œuvre et y ajoutent quelques paragraphes pour faire la nique aux autres. Les grands principes, qu'on dit être la base de l'*édifice social*, n'ont pas été traités plus moralement, plus humainement que le reste. La propriété, le mariage, la famille, l'hérédité sont de ce nombre.

On serait en droit de supposer que ces questions de sentiment, de cœur, d'affection, ne devaient pas avoir besoin du secours des lois, eh bien, il paraît que c'est le contraire. Les législateurs l'ont voulu ainsi, et la société s'y est conformée. La propriété est gardée à vue par des gardes champêtres, par des gendarmes, par des armées, par des gouvernants, et, non content de cela, par des milliers de lois agrémentées par des milliers de paragraphes! En est-il autrement du mariage, de la famille, de l'hérédité? Non !

Or, quand on songe à tout ce qu'il faut savoir, à tout ce dont on peut se rendre coupable involontairement, à tout ce qu'on a à redouter, à tous les pièges dans lesquels on peut tomber quand on est ou propriétaire, ou époux, ou père de famille, ou le fils de quelqu'un, ou l'héritier de quelque chose, pour peu qu'on ait parcouru les Codes et qu'on y ait réfléchi, je vous assure, citoyens, que c'est à jeter ce cri contre nature : Mieux vaut être né de parents inconnus, et n'être ni homme ni femme !

J.-B. CLÉMENT.

L'ILE DE LA FAIM

La famine qui, de 1844 à 1849, faucha dans les rangs de la population irlandaise et en réduisit le total, soit directement par la mort, soit par l'émigration forcée, de plus de huit à moins de cinq millions semble menacer de nouveau l'Irlande.

Et cette fois encore, c'est la maladie des pommes de terre qui met en péril l'existence de tout un peuple.

Pendant ce temps, les évictions en masse se produisent dans les pays les plus atteints: dans le domaine d'Olphert, près de Falcarragh, 250 fermiers ont été expulsés en dix jours.

Lorsque la maison dont il s'agit de déloger les habitants est à portée des canonnières, c'est la mitraille qui pleut sur elles.

Pendant ce temps, les attaques et les poursuites continuent contre les représentants de ce malheureux pays, et les emprisonnements, et les sévices. Le moment est bien choisi pour organiser la terreur.

Cette situation a inspiré à notre ami Labusquière les lignes indignées qui suivent, et que nous dédions à nos amis des campagnes :

Il ne suffit plus à la rapace Angleterre de tenir, comme une proie pantelante, sous sa griffe implacable, l'*île sœur*; plutôt que de la voir se soustraire à son joug, elle préfère la transformer en un immense cimetière, d'où — toute voix s'étant éteinte — ne s'élèvera plus un cri de révolte.

Des secours! Allons donc! Le gouvernement de la reine Victoria a bien autre chose à faire.

Les Irlandais demandent du pain et de la liberté; on leur envoie des juges, vraies machines à condamner; des huissiers, vraies machines à exploiter et à ruiner; des constables, des soldats, vraies machines à assommer et à tuer.

A une crise effroyable, capable de serrer le cœur des plus cruels, d'arracher des larmes aux plus sceptiques, elle ne trouve comme remède que l'indifférence ou la répression. Son protestantisme préfère mille fois s'épuiser en intrigues auprès du pape abhorré pour qu'il somme le clergé irlandais de prêcher la soumission; que lui importe la foi, pourvu que sa conquête et sa domination soient assurées? L'Angleterre n'a qu'un dieu : la livre sterling, et il y a longtemps que, chez elle, le coffre-fort tient la place du cœur. Cependant, dans cette île égoïste qui rêve la domination du monde par ses comptoirs commerciaux, des cœurs généreux s'émeuvent. La grande misère et le cruel esclavage que supportent les Irlandais les ont empoignés. Ils sont partis pour visiter l'île sœur, non pour leur porter des secours, ils sont trop pauvres; non pour leur porter de banales consolations, on ne console pas les effroyables douleurs, mais pour leur faire sentir les causes de leur détresse, leur faire voir la route qu'ils doivent prendre, les moyens qu'ils doivent employer, le but qu'ils doivent atteindre, s'ils veulent, sinon pour eux, du moins pour leurs enfants, préparer un avenir de bonheur, de bien-être matériel et moral.

Ces missionnaires ne sont pas des pasteurs, mais des socialistes, de ces fous et de ces énergumènes à qui nulle douleur humaine n'est étrangère et dont l'esprit n'a qu'une seule hantise: l'affranchissement de ceux qui sont esclaves et qui endurent les honteuses et horribles souffrances de l'esclavage.

Ils n'iront pas, comme les prêtres catholiques, prêcher aux affamés une liberté vague et une résignation déprimante, promettre un paradis hypothétique et immatériel d'au delà la vie.

Ils vont leur démontrer que s'ils sont malheureux parce que pèse sur eux un joug politique, ils sont encore plus malheureux parce que pèse sur eux un joug économique. Ils leur feront comprendre que, même l'oppression politique de l'Angleterre disparue, leurs misères resteraient grandes s'ils laissaient la terre qu'ils cultivent entre les mains des propriétaires qui, à une poignée, ont fait, depuis des siècles, main basse sur le moindre sillon, sur le moindre guéret.

Ils feront le départ entre les catégories d'êtres qui vivent dans l'île et de l'île. D'un côté, ils leur démontreront, leur montreront ceux qui possèdent tout, qui ne font rien et vivent grassement à l'abri de la famine; d'un autre côté, ils leur démontreront, leur montreront ceux qui ne possèdent rien, qui travaillent sans cesse, courbés sur le sol ou sur l'établi des mines, et qui meurent littéralement de faim.

Ils leur prêcheront le nouvel Evangile, le seul qui puisse être prêché aux hommes en notre époque incrédule et matérialiste, l'Evangile social qui groupe, non autour de la croix, mais autour du drapeau des récoltes prolétariennes, tous les exploités du monde entier.

Et cette mission, conduite par des missionnaires ardents, éloquents, instruits, que n'intimide aucune audace, portera ses fruits.

La semence socialiste jetée dans la terre irlandaise lèvera, donnera bientôt une ample moisson, et, dans un avenir prochain, les bourdons des églises catholiques ne sonneront pas l'appel des fidèles résignés, mais le tocsin farouche qui jettera tout un peuple avide de liberté et de paix contre le léopard et le vautour anglais!

John LABUSQUIÈRE.

MOUVEMENT OUVRIER SOCIALISTE
DANS LA RÉGION

DIJON

Groupe Républicain Socialiste (Parti Ouvrier).— Dans sa réunion plénière du 13 décembre, le Groupe a pris les décisions suivantes :

1° Amnistie est prononcée pour toutes les cotisations antérieures à 1890. Les retardataires seront maintenus sur les contrôles, à la condition toutefois qu'ils opéreront le versement de un franc du 1er janvier au 1er février ;

2° La cotisation fédérative se confondra avec celle du Groupe. A dater du 1er janvier, la cotisation des adhérents est de 50 centimes ;

3° La *Revue Sociale* sera envoyée gratuitement et à domicile à tous les adhérents.

Un maire socialiste ! — Il y a quelques semaines, les cantonniers de la ville, aidés d'un certain nombre de journaliers, procédaient au curage de l'Ouche, près du pont de l'hôpital, aux frais des riverains. Comme le travail était très malsain et demandait à être poussé activement, ceux-ci octroyèrent à toute l'équipe d'ouvriers, un salaire double à titre de gratification.

Notre célèbre colonel, tenant à faire une surprise aux employés de la voirie, vient d'infliger à ceux d'entre eux qui ont touché la gratification des riverains, une retenue de 3 fr. par mois, pendant 5 mois, à partir du 1er janvier 1891.

Nous signalons cet acte d'arbitraire et de népotisme à l'indignation de la population ouvrière de Dijon.   C. B.

Les ouvriers du bâtiment. — Dimanche, 28 décembre, a eu lieu une importante réunion des ouvriers du bâtiment, toujours pour la question des travaux du lycée.

Le citoyen Jeannot, au nom de ses camarades, lit un rapport très étudié et très détaillé sur les agissements louches et malveillants de la municipalité. Le maire, après avoir formellement promis de ne permettre l'emploi de la pierre tendre que pour 500 m., en a toléré 1,200, et il y a des chances pour que cette substitution aille à 3,000 mètres cubes.

Une telle décision jette tout simplement les tailleurs de pierres sur le pavé, la pierre tendre donnant moins de travail que la pierre dure. Le rapport conclut à une protestation énergique contre la municipalité.

Les citoyens Thiolain et Laloge s'engagent à défendre les résolutions de la réunion devant le conseil municipal.

Le citoyen Monod engage les ouvriers à manifester dans la rue si les démarches n'aboutissent pas.

Le citoyen Nougarède relève vertement les papotages d'un conseiller réactionnaire présent, qui se garde bien de répliquer. L'ordre du jour comportant une protestation publique est ensuite adopté à l'unanimité.

Le théâtre. — Les contribuables dijonnais doivent être contents : ils paient 56,000 fr. de subvention théâtrale, on rogne leur parterre, on autorise les représentations à Châlon, on supprime celles du mardi, et avec tout cela, ils ne peuvent pas obtenir une bonne troupe.

Aussi, est-ce devant des banquettes vides que les artistes s'évertuent à chanter des rôles trop au-dessus de leurs forces. Et après cela, on dira encore que la subvention est insuffisante.

Malgré les radotages du pique-assiettes du *Bien Public* et de ses congénères, le public voit parfaitement qu'on se moque de lui ; il reste chez lui et fait bien.

L'hôpital. — Un établissement public qui a un peu plus de succès que le théâtre, c'est. sans contredit. l'hôpital. On y refuse du monde ; un de nos camarades a vu son admission ajournée à *un mois !* Encore aura-t-il de la chance si on veut bien le recevoir. Et ce fait n'est pas nouveau ; il se produit tous les jours.

Après cela, bonnes gens, vous croyez peut-être que l'on attend l'achèvement du nouveau lycée pour affecter les bâtiments à des fondations d'hospices ! Quelle erreur est la vôtre ! Je vous assure, moi, que l'on y cataloguera quelques paperasses ou quelques débris de bric-à-brac, mais que l'on continuera à laisser les pauvres gens crever dehors.

Il y a pourtant, des cas où on les admet d'urgence. Ainsi, le 12 décembre, on a admis le nommé Aubin, qui a été trouvé près de la gare les deux jambes gelées et dans un état complet de misère, et qui est mort après trois jours d'horribles souffrances.

Peu importe à la bourgeoisie, ce n'est pas cela qui troublera ses soirées et qui l'empêchera de danser ! Mais bah ! un jour viendra où le peuple conduira l'orchestre, et alors, dansera bien qui dansera le dernier.   A. M.

AUXERRE. — Groupe Républicain Socialiste. — Tous les citoyens qui avaient promis leur adhésion pour la formation d'un groupe ouvrier ont tenu leur promesse. Convoqués à une assemblée plénière, qui s'est tenue le dimanche 14 décembre, ils s'y sont rendus avec empressement ; après la formation du bureau, plusieurs citoyens ont tour à tour pris la parole et exposé l'utilité qu'il y avait pour les travailleurs à se grouper et à ne pas rester indifférents à l'étude des nombreuses questions ouvrières soulevées depuis plusieurs années. A l'unanimité, l'assemblée a décidé la création d'un groupe républicain socialiste : plus de 40 citoyens ont adhéré immédiatement.

Ensuite, des statuts ont été immédiatement mis en discussion et votés ; de plus, l'assemblée a nommé une commission exécutive chargée de l'administration du Groupe. A l'issue de la réunion, les citoyens nommés ont choisi, parmi eux, un secrétaire, un trésorier et un correspondant au journal *La Revue Sociale*.

Le Groupe fait donc, dès à présent, partie de la Fédération des Travailleurs Socialistes de l'Est, ainsi que, du reste, en a décidé l'assemblée.

La *Revue Sociale*, organe de la Fédération, est lue avec plaisir par tous les citoyens, car ils apprécient combien elle est appelée à seconder et à faciliter les rapports entre tous les travailleurs de la région ; à cet effet, ils espèrent que le mouvement s'accentuera dans l'Yonne et que d'autres villes suivront l'exemple d'Auxerre.

Nous avons ici le ferme espoir que le Groupe ira toujours en augmentant, car chacun a promis d'apporter tous ses efforts pour amener parmi nous d'autres citoyens ; tous, nous avons la conviction que plus les travailleurs seront groupés et bien disciplinés, plus ils pourront obtenir les réformes qui intéressent si impérieusement la classe ouvrière.   E. B.

CHAUFFAILLES. — Nos camarades du syndicat des tisseurs iront en cassation. Leur appel à la solidarité n'a pas été vain. Voici la liste des souscriptions recueillies au 19 décembre : Syndicat de Belmont, 20 fr. ; d'Ecoche, 10 fr. ; de Grandris, 11 fr. ; de Rancholle, 8 fr. ; des prudhommes ouvriers de Lyon, 20 fr. ; syndicat de Thyis, 10 fr. ; chambres syndicales de Coublanc, St-Denis de Cabane, Mars, St-Edmond, Ecoche-Juin, Ecoche-Bourg, Tancons, Fleury-la-Montagne, Chandont, 100 fr. ; de Roanne, 10 fr. ; du tissage mécanique de Lyon, 5 fr. ; Groupe Socialiste de Dijon, 5 fr. ; syndicat des mouleurs de Dijon, 5 fr. ; citoyen Thiolain, 1 fr. ; liste de souscription du citoyen Couturier, député socialiste de la Croix-Rousse, 151 fr. 50. — Total, 359 fr. — La somme nécessaire pour suivre le procès se monte à 800 fr.

Le citoyen Dumay, député du Parti Ouvrier, doit donner une série de conférences au bénéfice des tisseurs de Chauffailles. La chambre syndicale des tisseurs adresse ses remerciements aux souscripteurs. — D.

CHENOVE. — Le dimanche 21 décembre, avait lieu, dans cette commune, une conférence ouvrière et socialiste, sous la présidence du citoyen Trouveray, conseiller municipal. Le maire et les autres membres du conseil brillaient par leur absence. Les deux délégués du Parti Ouvrier ont traité les sujets suivants: la grande propriété terrienne, son influence sur la situation des paysans, et son retour à la collectivité par la reconstitution des biens communaux ; ils ont insisté sur la similitude des intérêts des ouvriers agricoles avec ceux des travailleurs des villes, notamment en ce qui concerne l'adoption de la journée de 8 heures pour l'industrie.

A la suite de la réunion, plusieurs citoyens se sont fait inscrire comme adhérents à la Fédération.

A noter, un incident soulevé après la séance par un gros papa qui se qualifie de garde, champêtre ou autre. Ce brave homme, éprouvant le besoin de faire du zèle sous l'œil de quelques cléricaux, nous a bien fait rire en intervenant pour défendre le soi-disant droit de propriété. C'est en son nom qu'il verbalise sans pitié contre les pauvres diables qui n'aiment pas les curés et les sœurs (témoin l'affaire du citoyen Auguste Bertillon); s'il s'agissait d'un gros bonnet, ce serait une autre affaire.

C'est égal, les réacs auraient mieux fait de confier leur défense au maître bavard du barreau de Dijon qui assistait également à la conférence, mais qui n'a pas soufflé mot.

LE CREUSOT. — Un satyre. — Il y a environ trois semaines, la police du Creusot arrêtait un des principaux employés de la mairie sous l'inculpation d'attentats à la pudeur. Ce triste personnage, nommé Desriaux, n'en était pas, paraît-il, à son coup d'essai. Malgré les charges accablantes relevées contre lui, le puissant seigneur et maître, Schneider, l'a fait mettre en liberté sous caution. Le sale individu en question fut, paraît-il, sous l'empire, un des plus beaux beaux ornements de Pietri, dans la police secrète.

Ce n'est, en partie, que de créatures de ce genre que le député-père aux 10,000 enfants, c'est-à-dire esclaves, peuple son bagne industriel pour surveiller ses ouvriers. Pendant la période électorale de 1885, ce même personnage était chargé, par ledit Schneider, de s'introduire dans toutes les réunions publiques, afin de le renseigner sur ce qui s'y passait, et principalement de signaler les malheureux esclaves qui avaient l'audace d'y assister. S'il n'y avait pas renvoi immédiat, on n'en était pas moins marqué à l'encre rouge, et par ce moyen, comme l'oiseau sur la branche.

Quelques électeurs de la localité trouvèrent un remède efficace pour se débarrasser de la présence de cet oiseau de mauvais augure aux réunions. Un soir, ils l'arrosèrent d'un liquide inflammable au contact de l'air, si bien qu'à la sortie de la salle de réunion, ses vêtements devenaient la proie des flammes. A partir de cette époque, on ne l'y revit plus.

Le tribunal de commerce. — En 1885, deux ou trois gros commerçants réacs schneidériens, en compagnie de plusieurs carpes du conseil municipal, se firent déléguer par une réunion de commerçants auprès du ministre de la justice, pour obtenir la création d'un tribunal de commerce au Creusot. Ces messieurs avaient compté sans l'opposition des députés républicains du département, qui refusèrent, non sans raison, d'appuyer leur demande. En effet, autoriser cette installation au Creusot, c'était mettre une arme nouvelle entre les mains du jésuite Schneider, pour l'aider à combattre la République et écraser les républicains de la localité, vu les moyens de corruption électorale qu'il emploie à chaque élection pour faire triompher ses créatures. Il ne pouvait donc être fait droit à cette demande tant que le pays n'aurait pas recouvré sa pleine liberté d'action. Les choses en restèrent là.

Aujourd'hui, la campagne est menée plus adroitement par un nouveau comité soi-disant libéral, avec le masque républicain. C'est à celui de ses membres qui se prosternera le plus bas devant le potentat du Creusot. Parmi ces libéraux, certains voulaient solliciter le concours du maître qui représente si mal les intérêts de ses esclaves à la Chambre. D'autres, plus avisés, pensent que l'appui de l'opportuniste Martin, sénateur du Creusot, leur sera plus favorable. Le clérical Schneider ne demande qu'une chose, c'est qu'ils aboutissent, par n'importe quel moyen ; il se chargera bien de faire administrer à sa guise ledit tribunal une fois créé, de même qu'il administre la municipalité.

Exploit schneidcirien. — Dernièrement, un honnête citoyen, père de famille, ouvrier maçon, nommé C..., se faisait embaucher à l'usine, pour le service du gaz. Lorsqu'il se présenta devant le garde-chiourme de service, celui-ci, le connaissant pour un républicain, lui déclara qu'il n'y avait pas de travail pour lui, et que son personnel était au complet. Le citoyen C... n'avait pas tourné le dos, que notre garde-chiourme envoyait chercher dans la campagne, deux cultivateurs qu'il connaissait pour des fidèles de l'administration du vampire Schneider.   S. J. M.

LYON. — Les deux faits les plus saillants de ce mois sont : le procès de Chauffailles et la campagne entreprise par le syndicat typographique contre M. Symian, qui dirige les journaux *le Petit Lyonnais*, le *Rhône*, le *Courrier de Lyon* et l'*Union républicaine de Saône-et-Loire*.

Le procès qu'a entrepris le syndicat des tisseurs de Chauffailles, et dont il a déjà été question dans la *Revue Sociale*, vient d'entrer dans une dernière phase.

A l'heure actuelle, le pourvoi contre l'arrêt inique de la cour de Dijon a été formé, et la cour de cassation aura bientôt à se prononcer sur cette question importante et délicate, qui est, cependant, si facile à résoudre.

Voici, en quelques mots, la nature du différend sur lequel les juges suprêmes vont avoir à délibérer.

Le syndicat demande à avoir le droit de plaider au nom de la partie de ses adhérents lésés par la violation de la convention intervenue au mois de septembre 1889 entre le syndicat et les patrons.

C'est ce droit que lui dénie la cour de Dijon, au mépris de toute justice, puisqu'elle veut, dans les considérants de l'arrêt rendu, que ce soient les ouvriers qui poursuivent pour l'exécution de la convention, ceux qui n'ont en rien participé à son élaboration.

Il est facile de voir qu'en cette circonstance, la cour de Dijon a commis une erreur que l'on ne saurait laisser subsister, car ce serait annihiler les pouvoirs que la loi de 1884 confère aux syndicats professionnels.

La question est donc des plus intéressantes, et les syndicats ouvriers, groupes d'études, organisations ouvrières doivent s'en préoccuper et venir en aide à nos amis de Chauffailles, afin que rien n'empêche ou arrête un débat juridique qui les intéresse au premier chef.

Que chacun fasse donc son devoir et apporte son obole au syndicat des tisseurs de Chauffailles.

C'est en leur faveur que nous faisons un pressant appel à tous les travailleurs, et plus spécialement aux syndicats lyonnais.

Nos amis et camarades peuvent être certains de l'appui moral et financier de la Fédération régionale corporative du tissage qui a déjà, grâce à une active propagande, recueilli près de 300 fr. pour les aider à épuiser toutes les juridictions, afin que les ouvriers sachent bien, une fois pour toutes, ce qu'ils doivent attendre de la loi bourgeoise du 21 mars 1884.

La campagne qu'a entreprise le syndicat typographique lyonnais contre M. Symian, le farouche radical socialiste que beaucoup connaissent, a eu comme point de départ la substitution de femmes non syndiquées aux typos syndiqués employés à la composition du *Petit Lyonnais*.

Cette substitution était suivie d'une baisse de salaire qui détruisait en partie les tarifs acceptés jusqu'ici. Le syndicat s'émut de ces faits et envoya des délégués à M. Symian pour qu'il revînt sur sa décision.

Cet ancien député, qui était à la Chambre un radical à tous crins, ne voulut rien entendre et déclara qu'il se moquait des syndicats qui *n'avaient jamais fait augmenter son tirage.* Comme cela sent son bourgeois de loin !

Devant cette provocation non déguisée, le syndicat typographique, appuyé en cette circonstance par la presqu'unanimité des syndicats lyonnais, a décidé la mise à l'index des divers journaux que dirige M. Symian.

Les travailleurs de Lyon et des départements voisins ont décidé d'observer cette décision et de faire ce que commande la situation partout où M. Symian expédie sa prose soporifique et mercantile.

Il est nécessaire que cette mise à l'index soit observée, surtout dans le département de Saône-et-Loire, car cela prouvera à M. Symian ou à ceux qui seraient tentés de l'imiter, que l'on ne se moque pas impunément des petits, et qu'il arrive toujours un moment où la masse a conscience de ses droits et de ses devoirs.

Ajoutons un détail qui a toute sa saveur et qui donnera une idée de la sincérité des opinions de ce clodoche :

Le *Petit Lyonnais* a pris un masque socialiste; le *Rhône* est radical, nuance Lockroy; le *Courrier de Lyon* est d'un radicalisme si modéré qu'il confine au centre gauche; quant à l'*Union républicaine de Saône-et-Loire*, son titre indique suffisamment sa nuance.

Ces détails montrent à quel saltimbanque les typographes ont affaire. Nous espérons que tous les travailleurs, tous les socialistes laisseront M. Symian à ses écus et ses journaux à l'égout.

.·.

La propagande socialiste se continue plus active que jamais ; de tous côtés, des groupes surgissent. Bien qu'ils ne partagent pas toute notre manière de voir, nous sommes heureux d'enregistrer ce réveil de l'opinion publique dans notre ville, si cléricale et si opportuniste.

A noter la disparition du journal socialiste *L'Action Sociale*, à la suite d'une condamnation encourue par lui au cours d'une ardente campagne qu'il avait menée contre la maison Perrin, de Villeurbanne, et l'apparition du nouvel organe des socialistes lyonnais, *L'Action*.

Bonne chance et longue vie à notre nouveau confrère.

A. SIMOND.

TALANT. — Le 28 décembre, les délégués du Parti Ouvrier sont allés faire une conférence dans cette commune. Elle a pleinement réussi, grâce au concours du citoyen Rabier. Les orateurs ont traité les questions de la grande propriété, de l'impôt progressif, du but que poursuivent les socialistes, des 8 heures, au milieu d'une attention soutenue.

A l'issue de la réunion, un certain nombre d'adhésions à la Fédération ont été recueillies, et nous avons la conviction qu'un groupe important ne tardera pas à se former dans cette localité.

TONNERRE. — Il y a quelque temps, M. A. Rathier, député radical-opportuniste de l'arrondissement, rendait compte de son mandat dans la salle de la mairie.

Souvent interrompu par les citoyens Brigodiot, Marais et Bérost, M. Rathier terminait difficilement son boniment, lorsque le citoyen Thumereau, socialiste convaincu, monte à la tribune. Il demande à M. Rathier pourquoi il n'a pas voté, suivant sa promesse, la révision de la Constitution, lorsqu'elle fut proposée par le citoyen Maujan, député anti-boulangiste.

M. Rathier, fort embarrassé, en rejette la faute sur les boulangistes et promet à nouveau de voter la révision.

Le citoyen Thumereau, ne voulant pas abuser de la position critique du député, lui déclare qu'il prend acte de cette nouvelle promesse, mais qu'il attend qu'il l'ait tenue pour l'en féliciter.

Il demande encore à M. Rathier pourquoi il a voté contre la proposition Dumay, tendant à fixer un minimum de salaire en faveur des ouvriers travaillant à la fabrication des allumettes. Un seul orateur, M. Freppel ayant combattu cette loi de justice, on est tout surpris de voir M. Rathier, président de la Libre-pensée de Chablis, mêler son vote à celui d'un évêque lorsqu'il s'agit de commettre une iniquité.

Toute la salle applaudit et éclate de rire.

M. Rathier réplique et prétend que l'orateur précédent a voulu plaisanter, que le minimum de salaire est inapplicable.

Beaucoup de citoyens confondant minimum de salaire avec égalité de salaire, le citoyen Thumereau leur explique le bien-fondé et l'application facile de ce minimum.

Tout cela ne faisait guère l'affaire des bourgeois, aussi le radical mauvais teint Laubry, qui présidait, lève-t-il la séance pour permettre à son ami Rathier de changer de chemise... j'allais dire de veste. XXX.

COUPS DE FRONDE

Les journaux bourgeois relatent ce fait que les Américains expulsent les coolies chinois ou entravent leur développement. La raison en est que les Chinois font une concurrence désastreuse aux ouvriers en travaillant à vil prix ; en effet, ils touchent un salaire de 2 fr. 50, et ne dépensent que 50 centimes.

Cela faisait bien l'affaire des capitalistes, qui les employaient en foule, mais ça ne faisait guère celle des commerçants ; aussi, sous la pression de l'opinion publique, le gouvernement américain a pris des mesures contre l'immigration chinoise, et les journaux français approuvent avec un magnifique ensemble.

C'et le cas de dire que l'on ne voit le mal que chez son voisin! Est-ce que M. Darantière, à Dijon, ne procède pas de la même façon que les capitalistes américains? Seulement, au lieu de Chinois, ce sont des femmes qu'il occupe. C'est plus agréable et tout aussi productif.

.·.

Les séminaristes ont fait leur entrée dans les casernes. Vous croyez peut-être qu'ils vont se plier à la vie militaire et prendre son genre! Ah! bien oui ! c'est, au contraire, le régiment qui devra se façonner aux habitudes des trocaras. Les ordres du jour les plus rigoureux prescrivent de ne plus jouer, chanter ou blaguer. sous les peines les plus sévères.

Aussi les jours de prison tombent-ils dru comme grêle sur les pauvres diables qui se permettent des propos irrévérencieux sur notre sainte religion ou qui fredonnent *l'Alouette* en épluchant des pommes de terre.

Avec ça que la vie de caserne est si amusante pour les soldats! Que vont-ils devenir quand leurs chambrées seront transformées en oratoires. Aussi l'un d'eux, qui lit les journaux socialistes en dépit des ordres du rapport, me disait-il l'autre jour : « Qu'on réforme donc tous les corbeaux qui restent, et qu'on nous f... la paix ! »

A Dijon, ces pauvres martyrs sont ensemble, sous les ordres d'un officier que j'ai connu autrefois, et qui ne brillait pas précisément par le choix des expressions avec ses hommes. Gageons qu'il tient un langage tout différent devant ces jeunes élus du Seigneur !

Ce qu'il y a de sûr, c'est que l'on n'a pas pris tant de précautions avec moi.

ASMODÉE.

LA DÉPOPULATION EN FRANCE

ET LES REMÈDES PROPOSÉS

Rapport lu au Groupe Républicain Socialiste de Dijon

(Voir le n° 1)

Pour améliorer cette situation, quelques bourgeois voudraient que l'on accorde une prime à chaque père de famille ayant au moins sept enfants ; ce n'est pas la peine qu'ils se mettent en frais pour si peu, car les six premiers auront largement le temps de périr de misère avant que l'État fasse le bonheur du septième.

Nous croyons que cette proposition n'est faite que pour amuser la galerie, et nous passerons à d'autres moyens. En voici toute une série que M. Lagneau a proposés à l'Académie de médecine :

1° Protéger davantage la jeune fille contre la séduction en reculant de 16 à 21 ans, la peine portée contre celui qui l'enlève ou la détourne ;

2° Astreindre le séducteur à fournir une pension à l'enfant ;

3° Secourir les enfants illégitimes au moyen d'impôts sur les célibataires de plus de 30 ans ;

4° Maintenir plus longtemps les jeunes accouchées dans les maternités ;

5° Prévenir la transmission des maladies contagieuses, causes fréquentes d'infécondité ;

6° Restreindre la durée du service militaire au temps strictement nécessaire, en tenant compte du degré d'instruction déjà acquise des jeunes soldats ;

7° Créer des maternités-ouvroirs où trouveraient asile et travail pendant un certain temps les femmes indigentes avant et après l'accouchement ;

8° Ouvrir des sortes de tours tenus par des personnes astreintes au secret par serment et qui entreraient en rapport avec les mères qui redouteraient d'être connues ;

9° Obtenir que la mère, par un subside, devienne la nourrice de son propre enfant ;

10° Obtenir plus d'efficacité de la loi de protection des enfants du premier âge ;

11° Réaliser l'assainissement de tous les centres d'agglomération : ateliers, casernes, cités, etc. ; en particulier, substituer le camp à la caserne ;

12° Substituer les armées indigènes à celles de la mère-patrie dans les colonies ;

13° Restreindre l'émigration des campagnards à la ville.

Outre que plusieurs de ces moyens sont à peu près impraticables, leur trop grand nombre démontre bien que leur auteur ne les croit pas très efficaces, et nous nous demandons comment il fera payer une pension à ses enfants illégitimes l'ouvrier qui n'aurait pas même de pain pour lui. Et puis, à part la timide demande d'un impôt sur les célibataires, quelles mesures propose-t-on contre le célibat des prêtres, religieux et religieuses ? Aucune, ce qui constitue une preuve que la question religieuse épouvante nos bons docteurs au même titre que la question sociale.

Au lieu de demander plus d'efficacité de la loi de protection des enfants en bas-âge, nous autres socialistes, qui nous piquons de simplifier les choses en les transformant, nous demandons simplement que les enfants soient mis à la charge de la société jusqu'à ce qu'ils soient en état de gagner leur vie.

En effet, n'est-il pas pitoyable et injuste de voir que, dans l'organisation sociale actuelle, le bien-être du prolétariat est en raison inverse de la densité de la famille ; l'accroissement de la population, qui fait sans contredit la richesse d'un peuple et de sa puissance, fait au contraire la ruine des communautés et des individus. Dans ces conditions, l'équilibre est rompu ; les familles, tombées à la pratique du darninisme à la mode bourgeoise, opèrent leur *évolution* en faisant une *sélection* toute *naturelle* des êtres qu'elle ne met plus au monde, au nom du principe même de la *lutte pour la vie* ; et c'est ainsi que les nations dépérissent.

Nous croyons, nous, qu'il est du devoir de la collectivité, c'est-à-dire l'État et la commune, de porter remède à cet état de choses, puisqu'elle y est directement intéressée, nous pensons que l'association pour la vie est préférable à l'égoïsme actuel, et qu'il est de toute justice de faire supporter les charges de la population à qui cette population profite, c'est-à-dire à l'universalité des citoyens, à l'État et à la commune.

Nous croyons aussi que l'État, garantissant la vie de tous les citoyens qui concourent à sa formation et à son développement, ne devra plus supporter des individus qui font de l'infécondité un système, et qui, comme le commun des mortels, feraient beaucoup mieux de faire leur salut par le travail pour atteindre le paradis de leurs rêves ; il en résulterait moins d'ennui pour eux et plus de production pour le bien-être général ; pour être plus nets, nous demandons l'interdiction des vœux de chasteté et des communautés de célibataires religieux.

Enfin, nous pensons que pour compléter ces mesures, il est nécessaire de veiller à la salubrité des habitations et à la bonne qualité des aliments. Jusqu'à présent, qu'ont donc fait les commissions des logements insalubres, à quoi ont abouti les commissions d'hygiène ; à aucun résultat appréciable, en un mot, à rien. Les propriétaires nous parquent toujours dans d'infects taudis ; les marchands de vin et les épiciers nous empoisonnent toujours par petites doses, et cependant l'État conserve toutes ses foudres pour le malheureux vagabond ou le vaillant gréviste. Qu'importe d'ailleurs aux bourgeois ; en y mettant le prix, ils auront toujours un appartement bien aéré, des vêtements chauds et des aliments de première qualité. De quoi se plaindraient-ils ? Aussi leurs représentants au sein des commissions d'hygiène se gardent-ils de conclure à quelque chose de pratique et pour cause.

Nous convions donc, pour toutes les raisons que nous venons d'énumérer, le Congrès ouvrier à adopter les résolutions suivantes que nous croyons devoir lui proposer (1) :

Le Congrès :

Considérant que l'État est intéressé au plus haut degré à favoriser l'accroissement de la population et la diminution de la mortalité ; considérant que la dépopulation a pour causes principales l'insuffisance du salaire, le surmenage des travailleurs, l'insalubrité des habitations et la mauvaise alimentation ;

Convie les pouvoirs publics à adopter les mesures suivantes, qui lui paraissent les seules propres à relever la population de la France :

1° Réglementation du travail ; journée légale de 8 heures ; minimum de salaire ;

2° Interdiction du travail des femmes dans les ateliers et manufactures ;

3° Mise à la charge de la société (nourriture et entretien) des enfants jusqu'à ce qu'ils soient en état de gagner leur vie ;

4° Interdiction des congrégations et associations de célibataires volontaires ; interdiction des vœux de chasteté ;

5° Admission des ouvriers dans les commissions d'hygiène et de salubrité dans la proportion de moitié ; pénalités efficaces contre les délinquants ;

6° Établissements de laboratoires municipaux ; interdiction aux fraudeurs d'exercer leur profession ; assimilation du délit de falsification des denrées alimentaires aux délits d'homicide.

Tels sont, citoyens, les arguments et les propositions que nous soumettons à vos délibérations.   A. MARPAUX.

---

(1) Ce rapport avait été adopté par le Groupe Socialiste pour être présenté au Congrès de Châtellerault.

LE CREUSOT

I

UN FIEF CAPITALISTE

(Suite)

Les employés, tous mieux payés que les producteurs manuels, reçoivent encore en plus de leurs appointements, diverses allocations supplémentaires pour logement ou chauffage, de sorte que les nombreux privilèges dont ils jouissent en font une espèce de caste privilégiée au milieu du reste de la population, aussi les emplois sont-ils très recherchés, et il n'est pas rare de voir des pères de famille ne reculer devant aucune bassesse pour pousser leurs fils dans un bureau plutôt qu'à l'enclume ou à l'étau.

Il est recommandé aux employés d'éviter les relations avec leurs anciens camarades d'école devenus ouvriers, de même qu'à ces derniers on fait sentir qu'il ne plairait point au seigneur et maître qu'ils prissent les marchandises dont ils ont besoin chez tel ou tel marchand mal noté en haut lieu. Il est juste de dire que ces ordres viennent moins d'en haut que de certains employés subalternes désireux de faire du zèle. Nous constatons toutefois que si cela n'est pas recommandé, c'est encore moins défendu.

La plupart des commerçants et ouvriers établis en ville n'osent, pas plus que les ouvriers de l'usine, professer d'autres opinions politiques que celles de M. Schneider : bouchers, boulangers, épiciers, aspirant à l'envi, à l'honneur d'être fournisseurs du suzerain, ou tout au moins de ses vassaux, et menuisiers, charpentiers, serruriers, etc., ayant par ci par là quelques petits travaux à faire pour l'usine ou pour la municipalité qui en est une succursale, craindraient de perdre cette maigre pâture en ne supportant pas le joug comme les autres.

Outre cela, ce monde de commmerçants et de petits industriels tient encore à rester dans les bonnes grâces des gros bonnets, pour ce motif que tous les effets de commerce sont encaissés par la Compagnie du Creusot, qui peut, le cas échéant, accorder quelques jours de répit pour le paiement d'un effet à ceux qui ne sont pas les ennemis de la *Maison*, pour me servir de leur propre expression. D'autre part, l'administration des usines délivre *à qui elle veut*, des chèques sur Paris, pour des sommes assez rondes, moyennant une redevance de 20 centimes parchèque.

On est en droit de se demander s'il n'y a pas là une injustice qu'une Compagnie déjà archi-millionnaire, puisse, avec des frais si peu élevés, déplacer des capitaux considérables, alors que le simple particulier qui veut envoyer quelques centaines de francs doit dépenser bien davantage.

Ce système, en même temps qu'il est un moyen de domination, permet de plus à l'usine de se munir d'une partie du capital nécessaire à la paye mensuelle, c'est toujours autant de moins à faire venir de la banque.

Cette paye mensuelle est de un million par mois en moyenne, et comme les ouvriers laissent toujours un mois de leur salaire aux mains de l'administration, cela fait, à 5 0/0 l'an, d'après la théorie des économistes bourgeois sur l'intérêt de l'argent, une somme de cinquante mille francs qui est extorquée aux ouvriers, et, à intérêts composés, un million en 14 ans. Cependant vous verrez que quand ce capital rentrera à la collectivité ouvrière qui l'a produit, soit en espèces, soit en outillage, messieurs les actionnaires crieront encore au voleur !

Ajoutons à tous ces moyens de domination, qu'un grand nombre d'ouvriers et de commerçants sont locataires de la Compagnie, et qu'en cas de départ, il faut vider le local en même temps que l'atelier, mais c'est là le moindre des inconvénients, une fois le départ résolu.

Voici la mesure la plus vexatoire : Un employé spécial est chargé de la visite des locaux aux jours et heures qu'il lui plaît, aussi les ouvriers qui lisent un journal républicain sont-ils obligés de choisir leur temps pour faire leur lecture, et le journal doit être soigneusement caché une fois lu. Il ne faut pas non plus se hasarder à coller un buste de la République contre un mur, autrement gare les mauvaises notes.

Nous pourrions maintenant citer d'innombrables faits d'intolérance qui sont le résultat inévitable d'une pareille concentration des moyens de domination, nous n'en citerons que quelques-uns des plus caractéristiques, dénotant l'étroite alliance du capital et du clergé.

Si les ouvriers du Creusot ne peuvent manifester leurs opinions politiques sans crainte de perdre leur travail, il en est de même au point de vue religieux, les prêtres ayant autant de pouvoir aux ateliers que les chefs de service; aussi a-t-on vu des jeunes gens renvoyés de l'usine sur la plainte d'un tonsuré, pour avoir chanté des chansons anticléricales.

Voilà pour la situation extérieure, voilà pour la domination capitaliste dans les choses de la vie privée où elle n'a absolument rien à voir. Nous allons passer maintenant à une question où elle est plus intéressée, la question des salaires.

II

TRAVAIL ET SALAIRE

Les mineurs font dix heures de travail effectif, mais en comptant l'allée et venue, ils sont environ quatorze heures sur pieds, pour une journée moyenne de 4 fr. pour les mineurs proprement dits et de 3 fr. pour les manœuvres.

La journée était autrefois de huit heures et il y a une quinzaine d'années que les ouvriers acceptèrent de faire dix heures parce que l'on fit miroiter à leurs yeux une augmentation équivalente qui eut lieu en effet, mais par suite de diminutions répétées, le prix de la journée de dix heures a été ramené insensiblement à l'ancien taux, de sorte qu'aujourd'hui le salaire mensuel est souvent inférieur à celui d'autrefois, avec soixante heures de travail en plus ou sept journées et demie. Voilà le progrès.

(*A suivre*). J.-B. DUMAY.

SOUSCRIPTION PERMANENTE

Pour la propagande socialiste dans la Région

Report de la 2ᵉ liste. 44 fr. 55. — Excédant d'écot chez Flammier, 1 fr.; idem, 50 c., id., 50 c.; id. à Chenôve, 40 c.; id. chez Dessirier, 70 c.; id. à un réveillon révolutionnaire, 1 fr.; Jean Copeaux, 5 fr.; Monod. 2 fr.; Sourdeau. 20 c.; Dessirier, 1 fr.; Thiolain, 5 fr. — Total, 61 fr. 85.

A suivre.

PETITE CORRESPONDANCE

Reçu les sommes suivantes : de Dijon, 14 fr. 65 ; de Nuits. 3 fr. 50 ; de Chenôve, 3 fr. 80 ; de Saint-Martin, 1 fr. 50; de Grandris (Rhône), 2 fr.; M. et B., à Paris, 1 fr. 05 ; M., à Marcel, 1 fr.; de Lyon, 5 fr.; d'Auxerre, 9 fr. 50 ; Th., à Tonnerre, 0 fr. 50 ; du Creusot, 2 fr. 75 ; de La Charité, 2 f.; de Cheny, 50 c. ; des Echaillons, 6 f. 45; de Lons-le-Saunier, 2 f. 50; de Talant, 3 fr. 50 ; Coquillon, 2 fr.

M. B. et M., à Paris. — Votre *pays* Marpaux vous remercie.

D. B., St-Claude. — Attendons toujours les adresses en question.

Le Gérant, V. MILLERAND.

2ᵉ année — Nᵒ 4 15 centimes Février 1891

LA REVUE SOCIALE

BULLETIN MENSUEL

De la Fédération des Travailleurs Socialistes de l'Est

PARAISSANT A DIJON

ADMINISTRATION
Adresser toutes communications et mandats au citoyen CHARLOT, délégué, rue du Faubourg-Raines, 66, **DIJON.**

De chacun selon ses forces
A chacun selon ses besoins

ABONNEMENT
Un an, **2 fr.** — 6 mois, **1 fr.** — 3 mois, **50 cent.**

PERMANENCE chaque samedi soir, au siège social du Groupe Socialiste, 13, rue des Godrans, **DIJON.**

Ce numéro contient un Supplément

SOMMAIRE :

Entre Paysans. . . . . H. MALATESTA.
Le Veau d'Or . . . . A. SCHOLL.
Mouvement socialiste de la région . . E. C.
La misère à Dijon . . . . A. M.
Congrès régional du Parti Ouvrier . . LA COMMISSION.
Projet de Statuts de la Fédération.
Coups de fronde . . . . ASMODÉE.
Le Creusot (suite) . . . . J.-D. DUMAY.
Communications, petite correspondance, etc.

Ceux de nos lecteurs dont l'abonnement est expiré sont priés de nous le renouveler le plus tôt possible, afin de nous permettre de mettre un peu d'ordre dans nos comptes.

ENTRE PAYSANS

Dialogue sur la Propriété

JACQUES. — Mon cher enfant, je sais bien que le monde va mal, mais vouloir le changer, c'est comme si tu voulais redresser les jambes à un chien cagneux. Prenons-le donc comme il est, et prions Dieu qu'au moins la soupe ne nous manque point. Il y a toujours eu des riches et des pauvres ; nous qui sommes nés pour travailler, nous devons travailler et nous contenter de ce que Dieu nous envoie, sinon c'est au détriment de la paix et de l'honneur.

PIERRE. — Et que me parlez-vous d'honneur ! Les messieurs, après nous avoir tout enlevé, après nous avoir contraints à travailler comme des animaux pour gagner un morceau de pain, tandis qu'ils vivent, eux, de nos sueurs sans rien faire, dans la richesse et dans la débauche, les messieurs viennent ensuite dire que nous devons, pour être d'honnêtes gens, supporter volontiers notre sort et les voir s'engraisser à nos dépens. Si, au lieu de cela, nous nous rappelons que nous sommes, nous aussi, des hommes, et que celui qui travaille a le droit de manger, alors nous sommes des bandits, les gendarmes nous traînent en prison, et les prêtres, par surcroît, nous envoient en enfer.

Laissez-moi vous le dire, Jacques, à vous qui n'avez jamais sucé le sang de votre semblable : les vrais bandits, les gens sans honneur sont ceux qui vivent d'oppression, ceux qui se sont emparés de tout ce qui est sous le soleil, et qui, à force de persécutions, ont réduit le peuple à l'état d'un troupeau de moutons qui se laissent tranquillement tondre et égorger. Et vous vous mettrez avec ces gens-là pour nous tomber dessus ! Ce n'est donc pas assez qu'ils aient pour eux le gouvernement qui, étant fait par les riches et pour les riches, ne peut que les soutenir, faut-il encore que nos propres frères, les travailleurs, les pauvres, se ruent sur nous, parce que nous voulons qu'ils aient du pain et la liberté ?

Ah ! si la misère, l'ignorance forcée, les habitudes contractées pendant des siècles d'esclavage n'expliquaient pas ce fait douloureux, je dirais que ce sont eux, qui sont sans honneur et sans dignité, ces pauvres qui se font les suppôts des oppresseurs de l'humanité, et non pas nous qui sacrifions ce misérable morceau de pain et ce lambeau de liberté pour tâcher de réaliser l'état où tous seront heureux.

JACQUES. — Oui, certainement, tu dis de belles choses, mais sans la crainte de Dieu on ne fait rien de bon. Tu ne m'en feras pas accroire. J'ai entendu parler notre saint homme de curé, et il disait que toi et tes compagnons vous êtes une bande d'excommuniés ; j'ai entendu M. Antoine, qui a étudié et qui lit toujours les journaux, et lui aussi prétend que vous êtes des fous ou des bandits qui voudriez manger et boire sans rien faire, et qui, au lieu de réaliser le bien des travailleurs, empêchez les messieurs d'arranger les choses le mieux possible.

PIERRE. — Jacques, si nous voulons raisonner, laissons en paix Dieu et les saints, parce que, voyez-vous, le nom de Dieu sert de prétexte et de justification à tous ceux qui veulent tromper et opprimer leurs semblables. Les rois prétendent que Dieu leur a donné le droit de régner, et quand deux rois se disputent un pays, ils prétendent tous les deux être les envoyés de Dieu. Dieu cependant donne raison à celui qui a le plus de soldats et les meilleures armes. Le propriétaire, l'exploiteur, l'accapareur, tous parlent de Dieu. Le prêtre catholique, le protestant, le juif, le turc, se disent aussi représentants de Dieu ; c'est au nom de Dieu qu'ils se font la guerre et essaient chacun de faire arriver l'eau à leur moulin. Du pauvre aucun d'eux ne s'inquiète. A les entendre, Dieu leur aurait tout donné et nous aurait condamnés, nous, à la misère et au travail. A eux le paradis dans ce monde et dans l'autre ; à nous l'enfer sur cette terre, et le paradis seulement dans l'autre monde, si toutefois nous avons été des esclaves bien obéissants.

Ecoutez, Jacques, dans les affaires de conscience, je ne veux pas entrer, et chacun est libre de penser comme il veut. Quant à moi, je ne crois ni à Dieu, ni à toutes les histoires des prêtres, parce que, de toutes les religions, dont les prêtres prétendent être en possession de la vérité, aucune ne peut fournir de preuves en faveur des dogmes qu'elle affirme. Moi aussi je pourrais, si je voulais, inventer un tas de sornettes et dire que celui qui ne me croira pas et ne m'obéira pas sera condamné aux peines éternelles. Vous me traiteriez d'imposteur, mais si je prenais un enfant, si je lui disais toujours la même chose sans que personne pût lui dire le contraire, évidemment il croirait en moi, de même que vous croyez en votre curé.

Mais, en somme, vous êtes libre de croire si bon vous semble ; cependant ne venez pas me raconter que c'est Dieu qui veut que vous travailliez et souffriez de la faim, que vos fils deviennent maigres et malades faute de pain et de soins, que vos filles soient exposées à devenir les maîtresses de votre patron, parce qu'alors je dirais que votre Dieu est un assassin.

Et puis, croyez-moi, aujourd'hui que vous êtes pauvre, Dieu vous condamne au labeur le plus pénible ; si demain vous réussissez à gagner beaucoup d'argent par un moyen quelconque, même en commettant l'action la plus vile, vous acquerrez immédiatement le droit de ne plus travailler, de rouler carrosse, de maltraiter les paysans, de séduire les filles du pauvre... et Dieu vous laissera faire, comme il laisse faire votre patron.

JACQUES. — Par ma foi ! depuis que tu as appris à lire et à écrire et que tu fréquentes les citadins, tu es devenu si beau parleur que tu embrouillerais un avocat. Et, à te parler franc, tu as dit des choses qui m'ont produit une certaine impression... Enfin, est-il vrai, oui ou non, que vous voulez prendre leurs biens à ceux qui possèdent ?

PIERRE. — A la bonne heure, voilà comment je vous aime. Quand vous voudrez savoir quelque chose intéressant les pauvres, ne le demandez point aux messieurs. Ils ne vous diront jamais la vérité, car personne n'aime à parler contre soi-même. Et si vous désirez savoir ce que veulent les socialistes, demandez-le à moi ou à mes compagnons, et non pas à votre curé ou à M. Antoine.

Cependant, quand le curé vous parlera de ces choses, demandez-lui donc un peu pourquoi vous, qui travaillez, vous ne mangez que de la soupe, tandis que lui, qui reste toute la journée sans rien faire, mange de bons poulets rôtis avec ses neveux ; demandez-lui donc encore pourquoi il est toujours avec les riches et ne vient chez vous que pour prendre quelque chose, et pourquoi il donne toujours raison aux messieurs et aux gendarmes.

Quant à M. Antoine, qui est jeune, robuste, instruit, et qui passe son temps à jouer au café ou à bavarder sur la politique, dites-lui qu'avant de parler de nous, il cesse donc de mener une vie de fainéant et qu'il apprenne ce que sont le travail et la misère.

JACQUES. — Là-dessus, tu as pleinement raison ; mais revenons à la question. Est-il vrai, oui ou non, que vous voulez voler les biens de ceux qui possèdent ?

PIERRE. — Ce n'est pas vrai, nous ne voulons rien voler du tout, nous ; mais nous désirons que le peuple retire la propriété aux riches pour la mettre en commun au profit de tous.

En faisant cela, le peuple ne volera pas la fortune des autres, mais rentrera simplement dans la sienne.

JACQUES. — Comment donc ! Est-ce que par hasard la propriété des messieurs est la nôtre ?

PIERRE. — Certainement ; c'est notre propriété, c'est la propriété de tous. Qui donc l'a donnée aux messieurs ? Comment l'ont-ils gagnée ? Quel droit avaient-ils de s'en emparer, et quel droit ont-ils de la conserver ?

JACQUES. — Mais ce sont leurs ancêtres qui la leur ont laissée.

PIERRE. — Et qui l'avait donnée à leurs ancêtres ? Comment ! voilà des hommes plus forts ou plus heureux qui se sont emparés de tout ce qui existe, qui ont contraint les autres à travailler pour eux ; non contents de vivre eux-mêmes dans l'oisiveté, en opprimant et en affamant la plus grande partie de leurs contemporains, ils ont laissé à leurs fils et petit-fils la fortune qu'ils avaient usurpée, condamnant ainsi toute l'humanité future à être l'esclave de leurs descendants, qui, du reste, énervés par l'oisiveté et par la longue pratique du pouvoir, seraient incapables aujourd'hui de faire ce qu'ont fait leurs pères... Et cela vous paraît juste ?

JACQUES. — S'ils se sont emparés de la fortune par la force, alors non. Mais les messieurs disent que leurs richesses sont le fruit du travail, et il ne me paraît pas juste d'enlever à quelqu'un ce qu'il a acquis au prix de ses fatigues.

PIERRE. — Toujours la même histoire ! Ceux qui ne travaillent pas et qui n'ont jamais travaillé parlent toujours au nom du travail.

Mais, dites-moi, comment se sont produits et qui a produit la terre, les métaux, le charbon, les pierres et le reste ? Certainement, ces choses, soit que Dieu les ait faites, soit plutôt qu'elles soient l'œuvre spontanée de la nature, nous les trouvons tous en venant au monde ; donc elles devraient servir à tous. Que diriez-vous si les messieurs voulaient s'emparer de l'air pour s'en servir, eux, et nous en donner à nous seulement un peu, et du plus corrompu, en nous le faisant payer par notre travail et nos fatigues ? Or, la seule différence qu'il y a entre la terre et l'air, c'est que la terre, ils ont trouvé le moyen de s'en emparer et de se la partager, tandis qu'ils n'ont pu le faire pour l'air : mais croyez bien que si la chose était possible, il en serait de l'air comme de la terre.

JACQUES. — C'est vrai ; cela me paraît juste ; la terre, et toutes les choses que personne n'a faites, devraient appartenir à tous... Mais il y a des choses qui ne se sont pas faites toutes seules.

PIERRE. — Certainement, il y a des choses qui sont produites par le travail de l'homme, et la terre elle-même n'aurait que peu de valeur si elle n'était pas défrichée par la main de l'homme. Mais en bonne justice ces choses devraient appartenir à celui qui les produit. Par quel miracle se trouvent-elles précisément dans les mains de ceux qui ne font rien et qui n'ont jamais rien fait ?

JACQUES. — Mais les messieurs prétendent que leurs pères ont travaillé et épargné.

PIERRE. — Et ils devraient dire, au contraire, que leurs pères ont fait travailler les autres sans les payer, justement comme on fait aujourd'hui. L'histoire nous enseigne que le sort du travailleur a toujours été misérable et que celui qui a travaillé sans frustrer les autres n'a jamais pu faire d'économies, et même n'a eu jamais assez pour manger à sa faim.

Voyez l'exemple que vous avez sous les yeux : tout ce que les travailleurs produisent ne s'en va-t-il pas dans les mains des bourgeois qui s'en emparent ? Aujourd'hui un homme achète pour quelques francs un coin de terre inculte et marécageuse ; il y met des hommes auxquels il donne à peine de quoi ne pas mourir de faim, et pendant que ceux-ci travaillent, il reste tranquillement à la ville à ne rien faire. Au bout de quelques années, cette pièce de terre inutile est devenue un jardin et vaut cent fois plus qu'elle ne valait à l'origine. Les fils du propriétaire, qui hériteront de cette fortune, diront eux aussi qu'ils jouissent du fruit du travail de leur père, et les fils de ceux qui ont réellement travaillé et souffert continueront à travailler et à souffrir. Que vous en semble ?

JACQUES. — Mais... si vraiment, comme tu dis, le monde a toujours été ainsi, il n'y a rien à faire, et les patrons n'y peuvent rien.

PIERRE. — Eh bien ! je veux admettre tout ce qui est favorable aux messieurs. Supposons que les propriétaires soient tous les fils des gens qui ont travaillé et épargné, et les travailleurs tous fils d'hommes oisifs et dépensiers. Ce que je dis est évidemment absurde, vous le comprenez ; mais quand bien même les choses seraient réellement ainsi, est-ce qu'il y aurait la moindre justice dans l'organisation sociale actuelle ? Si vous travaillez et que je sois réellement un fainéant, il est juste que je sois puni de ma paresse, mais ce n'est pas une raison pour que mes fils, qui seront peut-être de braves travailleurs, doivent se tuer de fatigue et crever de faim pour maintenir vos fils dans l'oisiveté et dans l'abondance.

JACQUES. — Tout cela est très beau et je n'y contredis pas, mais enfin les messieurs ont la fortune, et à la fin du compte, nous devons les remercier, parce que sans eux on ne pourrait pas vivre.

PIERRE. — S'ils ont la fortune, c'est qu'ils l'ont prise de force et l'ont augmentée en prenant le fruit du travail des autres. Mais ils peuvent la perdre de la même manière qu'ils l'ont acquise. Jusqu'ici dans ce monde, les hommes se sont fait la guerre les uns aux autres ; ils ont cherché à s'enlever mutuellement le pain de la bouche, et chacun d'eux s'est estimé heureux s'il a pu soumettre son semblable et s'en servir comme d'une bête de somme. Mais il est temps de mettre un terme à cette situation. A se faire la guerre, on ne gagne rien, et l'homme n'a récolté, de tout cela, que la misère, l'esclavage, le crime, la prostitution, et, de temps à autre, de ces saignées qui s'appellent guerres et révolutions. S'ils voulaient, au contraire, se mettre d'accord, s'aimer et s'aider les uns les autres, on ne verrait plus ces malheurs ; il n'y aurait plus de gens qui possèdent beaucoup pendant que d'autres n'ont rien, et l'on ferait en sorte que tous soient aussi bien que possible.

Je sais bien que les riches, qui se sont habitués à commander et à vivre sans travailler, ne veulent pas entendre parler d'un changement de système. Nous agirons en conséquence. S'ils veulent enfin comprendre qu'il ne doit plus y avoir de haine et d'inégalité entre les hommes, et que tous doivent travailler, tant mieux ; si au contraire ils prétendent continuer à jouir des fruits de leurs violences et des vols commis par eux ou par leurs pères, alors tant pis pour eux : ils ont pris par force tout ce qu'ils possèdent ; par la force aussi nous le leur enlèverons. Si les pauvres savent s'entendre, ils sont les plus forts.

Henri MALATESTA.

LE VEAU D'OR

Pour les uns, la vie commence à midi, à la Bourse. Pour les autres, à onze heures, au cercle. On joue ce qu'on n'a pas, on vit sur les écarts.

L'argent acquis de cette façon n'a pas de valeur : on le jette, et c'est la prodigalité des dissipateurs qui règle le cours de chaque chose et en fixe le tarif. Dix millions de travailleurs font des économies ; dix mille spéculateurs s'en emparent et les dissipent.

On joue à la politique, on joue au baccarat, on joue aux courses. Je me demande comment ceux qui travaillent font pour manger. Une livre de bœuf, un poulet, deux pêches, représentent le salaire de trois jours. On n'a pas un cigare passable à moins de 75 centimes. Une salade coûte le prix d'un dîner sous Louis-Philippe.

Avec cela, c'est tous les jours fête.

Une société bizarre, composée de descendants des croisés, de pick-pockets et de garçons coiffeurs, se transporte journellement sur le turf. Alphonse parle avec Godefroy de Bouillon, Polyte fait une poule avec Renaud de Montauban, et Jack-Scheppard tient les enjeux...

Du haut en bas de la société, la fraude, l'audace, la malhonnêteté, concourent à la victoire. Tous les mensonges, toutes les ruses, servent au joueur pour lui assurer la propriété de son gain et en grossir la somme. Le spectacle des richesses qui les entourent et des plaisirs qu'ils envient, trouble et enivre ceux qui entrent dans la vie. La société semble organisée pour la propagation des crimes. A voir les heureux du jour, on peut croire à l'impunité. Les fonctionnaires, les juges, les agents n'ont aucun intérêt à ce que la nation soit morale. C'est à qui profitera d'une situation ou d'une influence pour enrichir ses parents et ses maîtresses. Tout contribue à effacer des esprits le sentiment de l'équité primitive.

La fin de toutes choses sera bientôt la fortune ou le suicide. Non pas la fortune qui est la récompense de longs efforts et d'une louable persévérance dans le travail et dans l'économie, mais la fortune rapide, la fortune soudaine. Un gros lot ou un gros coup.

Banco partout, banco toujours !

— Le million ou le bagne !

— Banco !

— Mines d'or où il n'y a pas d'or, société des gaz du Centre de l'Afrique, chemins de fer du Pôle austral, tramways de Madagascar, compagnie générale des pêcheries de la Bièvre, mines de perles du Lot-et-Garonne, forêts d'éponges du Midi, société des Sucres de caoutchouc...

Emission de cent mille actions de 500 francs vendues 950 francs 50 centimes.

La souscription est couverte dix fois.

La bonne fait danser l'anse du panier, escamote le linge et le vin ;

La femme de chambre s'approprie de temps en temps une bague, une perle, un brillant ;

Le valet de chambre fume les cigares de monsieur et ramasse tout ce qui traîne sur les meubles ;

Le cocher compte dix litres par jour et par cheval et n'en donne que cinq ;

Monsieur entretient une maîtresse avec la dot de madame ;

Madame, qui doit à sa couturière et à sa modiste, accepte les hommages et la subvention d'un vieil ami ;

Le vicomte de Castel Judiciaire perd trois cent mille francs au club : il imite la signature de son père pour se procurer des fonds ;

La baronne de Veau-Braisé, se trouvant gênée, cède à une entrepreneuse les deux heures disponibles de sa journée...

Un jour, qui n'est peut-être pas loin, la chaudière éclatera, il n'y aura plus que des ruines autour de nous ; Paris sera Chio après le tremblement de terre ! Ce ne sera pas encore la fin du monde, mais ce sera au moins la fin de ce monde-là.

Je ne serai pas de ceux qui le regretteront.

Aurélien SCHOLL.

MOUVEMENT OUVRIER SOCIALISTE
DANS LA RÉGION

DIJON

Groupe Républicain Socialiste (Parti Ouvrier). — Tous les adhérents sont convoqués à la réunion générale qui aura lieu le samedi 6 février, à 8 heures 1/2 du soir, au siège social, 13, rue des Godrans.

ORDRE DU JOUR: 1° Congrès régional; 2° Création d'un Cercle du Parti Ouvrier et d'une Bibliothèque; 3° Réception d'adhérents.

Le présent avis tiendra lieu de convocation.

Réunion familiale du Parti Ouvrier. — Le 10 janvier dernier, à l'occasion du passage du citoyen Dumay, député, avait lieu une réunion familiale, salle Péchinot, rue de l'Ile. Près de 250 citoyennes et citoyens, appartenant aux divers groupements ouvriers de Dijon, y assistaient. Le citoyen Thiolain, conseiller municipal, présidait, assisté des citoyens Jeannot, Millerand et Charlot.

Le citoyen Dumay dit qu'il vient tenir la promesse qu'il avait faite aux tisseurs de Chauffailles, de donner plusieurs réunions dans la région, dont le produit leur permettra de rembourser les 300 fr. avancés par le syndicat des ouvriers en bronze, de Paris, pour les frais du procès qu'ils soutiennent contre la maison Vialan et Cie. Malheureusement, les rigueurs de la saison ont entravé la tournée de conférences projetée; il fait appel à la solidarité des camarades de Dijon en faveur de leurs frères de Chauffailles.

Dumay passe ensuite en revue les différentes lois ouvrières qui sont soumises aux délibérations de la Chambre.

Le projet de loi sur les prudhommes augmentera leur compétence jusqu'à 500 francs, permettra de faire appel devant la réunion générale des conseillers autres que ceux qui ont rendu le jugement. Le citoyen Dumay a déposé un amendement tendant à ce que les travailleurs des deux sexes soient électeurs à 18 ans révolus.

Le citoyen Dumay proposera quelques amendements à l'effet de rendre plus efficace la loi sur la responsabilité des patrons en matière d'accidents, et, en ce qui concerne les caisses de retraites, de supprimer la retenue de 10 cent. que l'on veut faire subir aux ouvriers.

Il ajoute que ces propositions ne sont que des palliatifs, mais que, du moment où nous ne sommes pas prêts à descendre dans la rue, il faut s'y résigner.

Il engage donc tous les camarades à faire l'union entre travailleurs, à propager sans relâche les idées d'émancipation, et il espère qu'au 1er mai prochain, faisant trève à leurs vieilles querelles d'école, les socialistes révolutionnaires s'uniront pour montrer à la bourgeoisie que nous sommes toujours prêts à défendre nos droits.

Cette péroraison est accueillie par d'unanimes applaudissements.

Le citoyen Thiolain, président, remercie le citoyen Dumay du dévouement qu'il apporte à la cause des travailleurs, et l'engage à persévérer dans cette voie. Il lève la séance au cri de : Vive la Révolution Sociale!

Une collecte faite en faveur des tisseurs de Chauffailles a produit la somme de 23 fr. — La soirée s'est terminée par des chants révolutionnaires.

La misère à Dijon. — On se rappelle que le citoyen Thiolain avait proposé au conseil municipal, dès le mois de novembre dernier, la création d'une caisse de chômage, dans le but de venir en aide aux ouvriers sans travail. A cette époque, nos bons bourgeois firent la sourde oreille; aujourd'hui, par crainte du proverbe qui dit que la faim fait sortir le loup du bois, ces messieurs organisent des bouchées de pain, marmites, gamelles et autres os qu'ils jettent en pâture aux meurt-de-faim de la ville.

Comme l'a dit notre ami Thiolain, il ne faut rien moins qu'une calamité publique pour attendrir la classe possédante; mais, malgré tout, elle ne peut s'empêcher de traiter les ouvriers en mendiants. Pourquoi? Oh! c'est bien simple: cela permet à messieurs de la bourgeoisie d'aller parader devant les marmites, ni plus ni moins qu'un capitaine qui cherche à persuader les *bleus* de l'excellence de la gamelle; ça fait très bien, c'est *select*, et surtout pas cher; malheureusement, c'est une mode qui passera trop vite: dans trois semaines, on n'en parlera plus.

Quant à l'embauchage des ouvriers pour le balayage (2 fr. par jour sans outil), il nous revient de bonne source qu'il se fait dans des conditions très arbitraires. Il y a du favoritisme et des passe-droits révoltants à l'avantage d'une catégorie peu nombreuse de citoyens et au détriment des plus malheureux. Mais allez donc chercher de la justice chez les commis du maire? Tel maître, tel valet!

En dépit de ces vilenies, nous pouvons nous montrer satisfaits du chemin parcouru depuis 1879: rappelons-nous qu'à cette époque, l'hiver fut aussi très rigoureux, et que cependant il ne fut jamais question du soulagement des malheureux chômeurs. C'est qu'alors on ne craignait pas le Parti Ouvrier, et pour cause.

Au conseil municipal. — Enfin, on démolit cette verrue qu'on appelle le château des gendarmes. Grâce à l'intervention des citoyens Morin et Thiolain, le conseil a voté la mise en régie des travaux de démolition, malgré l'opposition du maire et de certains conseillers, qui concluaient à l'adjudication.

Les ouvriers, a dit Thiolain, sont toujours roulés dans les adjudications, grâce aux rabais forcenés des entrepreneurs.

La séance du 23 a été des plus orageuses. Mis en demeure de reconnaître ses torts dans la violation du cahier des charges du lycée, le maire a répondu d'une façon si jésuitique, que l'indignation d'une partie du conseil et du public n'ont pu se contenir. Le citoyen Thiolain a déposé un ordre du jour de blâme; le maire a refusé de le mettre aux voix. Se sentant écrasé par ses fautes, il a dû quitter la salle sous les huées du public, aux cris de : Démission! démission! répétés sur l'air des lampions.

Les socialistes dijonnais qui, les premiers, ont signalé le pot aux roses, sont maintenant bien vengés des propos malveillants du journal radical et des rapports des argousins du vieux sabre qui gouverne la ville.

Syndicats ouvriers. — TYPOGRAPHES. — Dans sa séance du 28 janvier dernier, le Comité du Syndicat typographique a voté la somme de 10 fr. pour les camarades de Chauffailles.

— MÉTALLURGISTES. — L'assemblée générale du 24 janvier a été des plus intéressantes. Grâce à la bonne administration du nouveau Comité, la situation du Syndicat est complètement éclairée, et l'encaisse atteint près de 800 fr.; aussi les demandes d'admission sont-elles nombreuses. A l'issue de la réunion, une collecte entre les citoyens présents a produit la somme de 6 fr., qui a été versée à la *Revue Sociale* pour les tisseurs de Chauffailles.

Banlieue de Dijon. — Les délégués du Parti Ouvrier se sont rendus à Chevigny-Fénay et à Plombières pour y développer les doctrines socialistes; bon accueil leur a été fait par les travailleurs de ces deux localités; plusieurs d'entre eux ont adhéré à la Fédération.

AUXERRE. — Groupe Républicain Socialiste. — Dans une de ses dernières réunions, la Commission exécutive a décidé de présenter au Congrès régional ouvrier qui doit se tenir à Dijon, le 21 février prochain, plusieurs questions intéressant les travailleurs; avant de les faire parvenir à la Commission fédérale chargée de l'organisation dudit congrès, une assemblée générale a été convoquée pour ratifier ce travail ; après discussion, divers amendements ont été apportés ; les propositions suivantes ont été résolues :

1° Conférence tous les ans, dans la région, afin de développer les principes socialistes ;

2° Limitation des heures de travail, — augmentation des salaires, — suppression du travail aux pièces, — suppression du marchandage ;

3° Suppression de l'adjudication pour tous les travaux, ou insertion dans les cahiers des charges d'une clause fixant un minimum de salaire et limitant les heures de la journée de travail, dans tous les travaux de l'État, du département et de la commune ;

4° Création de conseils de prud'hommes dans chaque chef-lieu de département.

La question de la représentation du groupe au congrès régional ouvrier socialiste de Dijon, ainsi que l'examen du règlement concernant la Fédération des travailleurs socialistes de l'Est, ont été réservés pour une assemblée qui doit avoir lieu le 1er février.   E. B.

BLANZY. — Le conseil municipal de Blanzy était réuni le 20 janvier à l'effet de délibérer sur plusieurs affaires courantes. Au cours de la séance, le citoyen Ph. Vitteaut, membre du Parti Ouvrier, a déposé la proposition suivante :

« Vu la rigueur de la saison que nous traversons et la misère qui s'en suit, je propose au conseil de prendre l'initiative d'une souscription publique pour venir en aide aux victimes du froid et de s'inscrire pour une somme de 50 fr. »

Le maire, après avoir exposé la situation financière de la commune, qui est loin d'être brillante, par suite de l'incapacité et du mauvais vouloir de la municipalité déchue, propose d'élever cette somme à 100 fr., à prendre sur les fonds disponibles.

Cette proposition, due à l'initiative de l'un des nôtres, a été acceptée à l'unanimité.

A l'heure où paraîtront ces lignes, bien des misères seront soulagées, car nous ne doutons pas que la population de Blanzy ne fasse le meilleur accueil à la souscription municipale.

CHAUFFAILLES. — Le total de la souscription recueillie par les citoyens Dumay et Couturier, députés socialistes, s'élève à 239 fr., y compris l'envoi d'un groupe de députés du Rhône.

Reçu par le Comité fédéral des tisseurs : l'*Action*, 5 fr. ; syndicat de Thèle, 17 fr. ; le père La Misère, 20 c. ; de Belmont, 8 fr. 30 ; id., 3 fr. 50 ; syndicats : de Saint-Germain-la-Montagne, 5 fr. ; de Lagrèle, 10 fr. ; des mineurs de La Chapelle, 66 fr. ; de Cours, 10 fr. ; de Cuinjiès, 5 fr. ; de La Vile, 5 fr. ; de St-Igny-de-Roche, 20 fr. ; du Pont-Troubouze, 5 fr. ; citoyen Millet, socialiste, 25 c. ; les conseillers municipaux socialistes de Lyon, 13 fr. 70 ; une jeune fille socialiste, 10 c. ; Union française des tullistes de Calais. — Total reçu au 25 janvier, 636 fr. 45.

Reçu par la *Revue Sociale* : réunion familiale du Parti Ouvrier, 23 fr. ; syndicat des métallurgistes de Dijon, 6 fr. ; citoyens Sourdeau, 50 c. ; Taviot, 30 c. ; Thiolain, 3 fr. — Total, 32 fr. 80.

La misère est grande à Chauffailles, nous écrit un groupe d'ouvriers socialistes. Les patrons affament littéralement les ouvriers ; la moyenne des salaires varie entre 0 fr. 75 et 1 franc ! Dernièrement, un tisseur a travaillé 24 jours pour gagner la modique somme de 14 fr. ; la détresse de cet ouvrier n'a pas touché son exploiteur : celui-ci lui a encore retenu 7 fr. sur son salaire, sous prétexte de malfaçon ; quelques jours plus tard, il le congédiait. C'est ainsi que les choses se passent toujours. Les patrons font les rabais qu'ils veulent ; si l'ouvrier réclame, son compte est bien vite réglé.

Courage, camarades, bientôt sonnera l'heure de la délivrance, vous reprendrez votre pain et vous jetterez vos besaces à la figure de ceux qui vivent de vos sueurs.

LE CREUSOT. — **Les rentes des esclaves de Schneider.** — L'usine vient de réaliser le bénéfice énorme de 6 millions pour l'année 1890. Afin de témoigner un semblant de reconnaissance aux malheureux qui les ont produits, on vient d'aviser les ouvriers ayant dépassé la cinquantaine qu'à partir du 1er janvier 1891, l'administration doublerait les versements mensuels à la caisse des dépôts et consignations pour grossir la retraite qu'ils toucheront à 65 ans... s'ils vivent encore.

La caisse des retraites a été fondée en mai 1877 par le jésuitique Schneider, qui se réservait le droit d'interrompre les versements suivant son bon plaisir. Ce fut d'abord pour encourager les électeurs à voter pour le candidat officiel Mathieux, ingénieur en chef des usines, homme de paille du potentat, ensuite pour retenir les ouvriers au Creusot qu'ils fuyaient comme la peste.

Beaucoup mordirent à l'hameçon. Songez donc, à celui qui gagnait 100 francs par mois en moyenne, on promettait, après 25 années de travail, de donner une retraite d'au moins 350 francs par an, et on versait pour chacun 3, 6, et même 10 fr. par mois à la caisse des dépôts et consignations. C'était superbe, mais on oubliait de dire que ce qu'on donnait d'une main, on le reprendrait de l'autre avec les intérêts ; c'est ainsi qu'on a rogné les salaires à différentes reprises, et aujourd'hui, l'usine qui occupait 10,000 ouvriers en 1877, n'en occupe plus que 7,000, auxquels on fait produire plus de travail qu'aux 10,000.

L'ouvrier ne sait donc plus à quel saint se vouer, et il n'a d'autre espoir que dans un nouveau 93, qui le sauvera de la misère noire où il croupit sous la paternelle administration du tout-puissant seigneur qui le gruge tous les jours et qui, par la retraite, ne lui restitue qu'une bien faible partie de ce qu'il lui a volé.

Quant au plus clair des rentes des travailleurs du Creusot, voici le bilan du mois de janvier :

Le 1er, quatre ouvriers ont été victimes de la fausse manœuvre d'un train de minerai ; trois ont été blessés grièvement, le quatrième, nommé Pannard, âgé de 16 ans, a eu la tête coupée nettement.

Le 10, le nommé Contassat, chauffeur aux forges, occupé à la manœuvre d'une grue, a eu le crâne fracassé par la manivelle, l'un des engrenages s'étant cassé.

Enfin, un jeune ouvrier de la grande forge, habitant Montcenis, a eu la partie antérieure du corps affreusement brûlée par un jet de scories en fusion.

La caisse d'épargne. — Afin de compliquer son système d'exploitation, le député fonda également, vers 1877, une caisse d'épargne, où l'on pourrait verser depuis la somme de 1 fr. C'était un piège ; les ouvriers intelligents le comprirent, mais les lèche-bottes, stylés par les marqueurs, s'empressèrent d'apporter à la caisse d'épargne plus d'argent qu'ils ne pouvaient réellement économiser ; par contre, ils oublièrent de payer le boulanger, l'épicier, le boucher, etc. Beaucoup d'entre eux ont un livret de 1,000 fr., mais ils ont plus de 1,500 fr. de dettes réclamées au bureau. Les règlements de l'usine ne permettant pas de retenir plus du cinquième des salaires, il y a des cessions qui durent 10 et même 15 ans à régler.

Le chiffre des cessions faites actuellement par les esclaves du bagne forme un total de près de un million, dont le tout-puissant Schneider touche les intérêts, pendant que les petits commerçants de la localité, ruinés par les crédits qu'ils sont obligés de faire, s'ils veulent vendre leurs marchandises, sont acculés, pour la plupart, à la faillite.

Inutile d'ajouter qu'en voyant les ouvriers faire des économies (factices, bien entendu), l'administration avait un excellent prétexte pour réduire les salaires. C'est ce qu'elle n'a pas manqué de faire.

Autres nouvelles. — Le triste personnage nommé Desriaux, inculpé d'attentats à la pudeur sur une jeune fille de 14 ans, avait été mis en liberté sous caution par la grâce de son seigneur et maître ; il vient d'être renvoyé des fins de la plainte et réintégré triomphalement à son poste, à la mairie. Au même moment, pour un fait analogue, on arrêtait un vieillard de 75 ans, nommé Prud'hon ; ce misérable étant un petit marchand de gâteaux passera prochainement aux assises de Saône-et-Loire.

Triste échantillon de la justice sous la République des Constans, Rouvier et consorts.

— Le clérical Schneider vient de faire placer un calorifère sous l'église Laurent, afin de réchauffer le zèle des femmes des employés, qui vont aux offices pour faire monter en grade leurs maris ou obtenir de l'augmentation.

En attendant, ce sont les contribuables qui paient.

J. M. S.

LYON. — La nouvelle année a eu comme début les élections sénatoriales.

Chacun sait maintenant ce qu'elles ont été et ce qu'elles ont produit ; les opportunistes ont triomphé ; leurs journaux exultent ; le triste Tonkinois, rejeté par le suffrage universel, a été repêché par le suffrage restreint.

Voilà le bilan de ces élections qui n'ont presque pas agité l'opinion publique.

Comme nous sommes des partisans ardents, convaincus de la suppression de ce rouage monarchique, nous n'en aurions certes pas parlé si l'occasion ne nous en avait été fournie par quelques-uns de nos amis qui, par hasard, ont été nommés délégués sénatoriaux.

Ils ont cru le moment bon de profiter de cette élection pour se compter sur une liste de candidats nettement suppressionnistes.

Il est facile de comprendre combien cela a produit du remuement dans le Landerneau opportuniste, déjà divisé en deux fractions, par suite de la rivalité existante entre les journaux fond-secrétiers de Lyon.

Malgré que la liste socialiste-suppressionniste n'ait été produite qu'au dernier moment, qu'aucune propagande ou réunion n'ait été faite, nos amis ont cependant réuni sur leurs noms 63 voix.

C'est là un succès, si l'on considère que ces 63 électeurs pouvaient représenter 15 ou 20 communes ; c'est un succès parce que cela prouve la force acquise par le parti socialiste dans les campagnes de la région.

En redoublant d'efforts et de dévouements, nul doute qu'avant peu le département du Rhône se soit débarrassé des opportunistes qui le dirigent et l'exploitent à leur guise, aidés dans cette besogne par la réaction capitaliste.

Les adhérents lyonnais de la Fédération des Travailleurs socialistes de l'Est se préparent activement pour le Congrès régional qui aura lieu à Dijon, le 22 février.

Ils y seront représentés, et espèrent que de cette réunion sortira plus puissant, plus organisé le Parti Ouvrier de notre région.

A chacun de faire son devoir, et nul doute que le 22 février, il n'y ait à Dijon les délégués des principales localités de l'Est.

A. SIMOND.

MONTCEAU-LES-MINES. — Les délégués mineurs indépendants viennent enfin de commencer leurs visites dans les puits de leurs circonscriptions respectives à la date du 20 janvier. On a donc donné tout le temps nécessaire à la compagnie de mettre tous ses chantiers en ordre. Certes, les délégués ne pouvaient faire mieux, n'ayant reçu aucun ordre de commencer plus tôt ; toutefois, on se demande

pourquoi les délégués dépendant de la cléricale compagnie avaient, eux, devancé cette date.

On se demande aussi, et non sans raison, pourquoi les carrières pour les remblais ont été oubliées, et les ouvriers privés de délégués pour veiller à leur sécurité, contrairement à ce qui est dit à l'article 1er de la loi, ainsi conçu :

« ART. 1er. — Des délégués à la sécurité des ouvriers mineurs sont institués conformément aux dispositions de la présente loi, pour visiter les travaux souterrains des mines, minières ou carrières, dans le but exclusif d'en examiner les conditions de sécurité pour le personnel qui y est occupé, et, d'autre part, en cas d'accident, les conditions dans lesquelles cet accident se serait produit, etc. »

Cependant, le danger n'existe pas moins dans les carrières que dans l'intérieur de la mine, et plus d'un ouvrier y a trouvé la mort. Entre autres, nous citerons :

Miguet (Claude), tué raide par un contrepoids de treuil, l'écrou le retenant au câble ayant été dévissé par le va et vient. C'est donc au manque de surveillance de l'outillage qu'on peut attribuer la mort du malheureux Miguet le 7 décembre 1889.

Le 25 janvier, même année, Prost (Pierre) est dangereusement blessé à la carrière du puits Magny.

Le 4 septembre 1890, Mercier (Benoît) est tué par un éboulement de terre et charbon à la carrière du puits Maugrand, et tant d'autres ouvriers blessés dont les noms m'échappent.

On ne saurait trop faire appel à la vigilance des députés ouvriers, afin qu'ils fassent les démarches nécessaires pour que les ouvriers carriers aient, de même que l'intérieur des mines, des délégués à la sécurité des nombreux travailleurs qui ne peuvent eux-mêmes réclamer en leur faveur sans s'exposer à la colère de la réactionnaire autant que richissime compagnie des mines.

P. GRISOU.

P. S. — Le maire de Montceau, le sieur Alfred-Charles-Henri Florent de Boisset-Glassac (ouf ! que c'est long) vient de remercier son secrétaire, M. V..., probablement parce qu'il remplissait déjà ces fonctions sous l'ancienne municipalité. Le républicanisme de M. V... est cependant bien pâle ; moins toutefois que celui de ce maire à particule, qui ne s'affuble du masque républicain que pour mieux tromper ses électeurs. C'est une bien noire ingratitude, car si le secrétaire ne l'avait mis au courant, M. le maire ne connaîtrait goutte aux affaires communales.

Les travailleurs de Montceau-les-Mines feront bien de se défier des opinions du maire, autant qu'un phtisique du traitement du savant docteur allemand.

Mineurs, organisez vous, sentez-vous les coudes, afin que le jour arrivé, d'un bon coup d'épaule, vous jetiez bas, et pour toujours, tous ces cabotins politiques qui, bourgeoisement, vivent de vos sueurs.

P. G.

SAINT-CLAUDE. — Le chômage sévit cruellement cet hiver ; les moteurs hydrauliques sont arrêtés par la sécheresse et la gelée. Depuis longtemps, du reste, les ouvrières et ouvriers ne faisaient quelques heures de travail, à n'importe quel moment du jour ou de la nuit, suivant un roulement établi pour occuper tout le monde.

Dimanche, 25 janvier, ont eu lieu des élections municipales ; l'un des élus est le citoyen Mandrillon, ouvrier diamantaire. Bien qu'il ne partage pas absolument toutes nos idées, nous croyons fermement qu'il défendra la cause des prolétaires à l'Hôtel-de-Ville.

Lorsqu'on est enfant du peuple, que l'on connaît ses souffrances, une autre conduite serait incompréhensible. Le citoyen Mandrillon saura faire son devoir.

TONNERRE. — **Au Conseil municipal.** — Dans une de ses dernières séances, le conseil municipal de Tonnerre était mis en demeure par le citoyen Bérost de supprimer le crédit de 300 fr. alloué au desservant qui remplit les fonctions d'aumônier au collège de la ville.

Le citoyen Bérost dit que si les élèves du collège veulent se payer le luxe d'un aumônier, c'est à leurs parents d'en supporter les frais, et non aux contribuables.

Les citoyens Thierry, Paris, Lefrançois et Hólle, pensant de la même façon, votent la suppression du crédit avec le citoyen Bérost.

Mais, le conseiller *presque* républicain Jacob crie au sacrilège et aussitôt M. Gillot, maire, *presque* radical, défend *mordicus* les sacrés intérêts de la sainte religion, etc., etc., puis Jacob revient à la charge, et naturellement la grrrande majorité du conseil vote les 300 fr. de l'aumônier.

C'est un premier triomphe pour le chérubin de la tribu d'Israël, ce ne sera probablement pas le dernier.

Par ce temps de neige et de misère atroce, bien des malheureux se trouvent sans pain et sans chauffage. Cette situation lamentable n'est assurément pas encore ignorée de M. Gillot, et il y a gros à parier que s'il fait chanter pour 300 fr. d'*oremus* au collège, c'est dans le louable but de chasser à coups de goupillon (très puissant à Tonnerre), la pauvreté et le dénuement.

Au tribunal. — Le citoyen Riquement, fermier intelligent et loyal, comparaît à la barre, étant inculpé :

1º De ne pas avoir rappelé son chien, qui poursuivait un lapin dans le bois de la marquise de Sennevoy (crime épouvantable).

2º D'avoir, étant provoqué par le garde, dit à ce dernier : Vous m'emm...

Le garde de la marquise récite sa déposition comme une leçon mal apprise et, pendant dix minutes, prouve qu'il a beaucoup plus de zèle pour sa maîtresse que de justice dans son service.

Le fermier, au contraire, s'explique franchement :

« Le garde, dit-il, ainsi que ses maîtres et leurs chiens chassent tous les jours sur ma ferme, et cela contre tout droit. Cependant, jamais je ne leur ai rien dit.

« Si par hasard, de mon côté, mon chien poursuit un lapin malgré moi, dans le bois de la marquise, on me menace d'un procès-verbal.

« Le garde soutient que je n'ai pas rappelé mon chien, alors que je l'ai sifflé devant lui plusieurs fois et que, fatigué de l'appeler inutilement, je l'ai abandonné pour rentrer à la ferme, l'heure d'aller à la charrue étant arrivée.

« Il a, de plus, poussé la provocation jusqu'à me sommer de lui dire mon nom, lui qui me connaît depuis plus de dix ans et qui me voit tous les jours. En somme les provocations injustes du garde m'ont mis hors de moi et je lui ai dit : Je vous emm... Le fermier, en terminant, s'écrie : Messieurs, je dis la vérité et... je ne serai pas cru. Le garde ment et il sera cru. »

En effet le tribunal condamne le fermier à 16 fr. d'amende.

Conclusion : aussi bien pour les travailleurs des champs que pour ceux de l'atelier et de l'usine, la Révolution s'impose. XXX.

COUPS DE FRONDE

Les étrennes du Capital :

L'année a bien débuté à Dijon et dans la Côte-d'Or. Avant même que les lignes de tramways soient livrées à la circulation, il y a déjà des accidents de personnes. Par suite du déraillement d'un train de ballast, le terrassier Bégin a été tué sur le coup, Gilbert n'en vaut guère mieux, Berthier a le bras cassé, Girard, Gaudry et Sorel sont blessés.

Le 8 janvier, à Dijon, un chauffeur nommé Vacher s'est ouvert le crâne en tombant de 10 mètres de haut, près de la machine d'élévation, où il était de service. — Le 23 janvier, rue de la Liberté, le nommé Rouard, employé chez un marchand de moutarde, a été saisi par une courroie qui l'a porté sur l'arbre de transmission, où il a été broyé.

Le 29 janvier, à Beaune, un conducteur de trains, nommé Coudour, a eu les deux jambes coupées ; à Dijon, le nommé Garnier, lampiste, a été tué dans son service, par le choc d'un wagon.

Voilà pour les accidents de travail !

Voici maintenant autre chose : Au 27º de ligne, dans les premiers jours de janvier, l'aide-major refusa de reconnaître malades plusieurs soldats. Or, l'un de ces derniers s'étant trouvé mal au milieu de la nuit, sortit et ne rentra plus ; ses camarades l'ont trouvé gelé dans l'escalier. Transporté à l'hôpital, ce malheureux est mort quelques jours après. Un autre soldat a été trouvé gelé dans sa guérite. Après ces exploits, l'autorité militaire s'est décidée à donner des couvertures supplémentaires aux hommes. J'ajouterai que six soldats sont morts à l'hôpital depuis un mois.

Mères qui avez des fils sous les drapeaux, vous pouvez être tranquilles, puisque l'on vous dit que le régiment est une famille !

Mais ce n'est pas tout. A Dijon, la veuve Durandeau, rue de Clairvaux, a été transportée à l'hôpital, mourante de froid et de faim. Pareil fait est arrivé aux nommés Claude Jachet, âgé de 70 ans, rue du Quatre-Septembre, et Léon Vosgien, étranger à la ville, tombés tous d'eux d'inanition.

A Nan-sous-Thil, la femme Triboulet a été trouvée morte de froid. — Le 13 janvier, à Courcelles, les frères Vorles, atteints de cécité, ont été trouvés morts de faim et de froid dans leur misérable logement.

Et l'on appelle notre époque le siècle du progrès !

ASMODÉE.

LE CREUSOT

II

TRAVAIL ET SALAIRE

(*Suite*)

Les grèves de mineurs sont plus fréquentes, leurs souffrances étant presque légendaires. Tout le monde connaît les dangers auxquels ils sont exposés : le grisou, les invasions d'eau, les éboulements, les ruptures de câble, etc. Nous serons donc bref en ce qui concerne les mineurs qui extraient la houille ; mais nous ne saurions passer sous silence les souffrances endurées aussi par une autre catégorie de mineurs dont le public ignore pour ainsi dire l'existence : nous voulons parler de ceux qui extraient le minerai de fer.

La Compagnie des forges et houillères du Creusot est concessionnaire de plusieurs mines de fer, entre autres celle de Mazenay (Saône-et-Loire). Voici comment s'exécute ce travail :

Les galeries ont de 7 à 8 mètres de large *sur 50 à 60 centimètres de haut*, selon l'épaisseur de la veine. Quelques-unes, n'ont même que 48 centimètres. Deux mineurs, côte à côte dans cet enfer, travaillent couchés chacun sur un côté opposé, de façon à ne point se gêner mutuellement. On s'imagine facilement qu'une pareille situation pendant dix heures par jour, souvent douze, est un véritable supplice pour les hommes obligés de faire ce travail, surtout lorsqu'il y a, comme c'est souvent le cas, 2 ou 3 centimètres d'eau. Ce travail est d'autant plus meurtrier qu'en raison de l'humidité qui règne dans la galerie, les ouvriers ne peuvent se reposer quelques minutes sans ressentir des frissons, il faut alors recommencer de frapper plus fort pour s'échauffer ; et ces hommes gagnent en moyenne 100 fr. par mois comme mineurs, et les déblayeurs 70 fr. Ces derniers sont aussi obligés de se mouvoir dans toutes les positions pour charger leurs petits wagonnets.

Après la mine vient, dans l'ordre de fabrication, le service des hauts-fourneaux, où s'opère la fusion des minerais de fer.

Il y a quinze à vingt ans, les hommes employés à ce travail étaient, comme aujourd'hui, payés tant par tonne, et ils gagnaient de 8 à 10 fr. par jour en produisant de 12 à 15,000 kilogr. de fonte en vingt-quatre heures ; aujourd'hui, par suite de la perfection de l'outillage, le même personnel produit de 70 à 80,000 kilogr. dans le même temps et, avec ce surcroît de production, le premier fondeur gagne maintenant 5 fr. ou 5 fr. 50 au maximum, et ses aides, 4 fr. ou 4 fr. 50. On objectera que le prix des fontes a diminué depuis une dizaine d'années. Cela est possible ; mais ce qu'il y a de certain, c'est que cette diminution est loin d'être proportionnelle à celle des salaires : le bénéfice est donc tout pour le capitaliste, et pourtant les travailleurs ont apporté leur large part de travail et d'intelligence à l'amélioration de l'outillage ; c'est à eux que s'adressent les ingénieurs pour savoir si telle ou telle modification a donné de bons résultats. L'ouvrier est donc, en définitive, le collaborateur constant de l'ingénieur, et ce dernier seul est récompensé des innovations qui sont généralement des causes de chômage et de diminution de salaire, voire même d'aggravation de peine, comme dans le cas présent, où il faut faire quatre coulées par jour et quelquefois cinq, au lieu de deux que l'on faisait autrefois.

Viennent ensuite les grosses forges, comprenant les fours à puddler, fours à réchauffer, marteaux-pilons, laminoirs et tout ce qui constitue la fabrication du fer. Le métier de puddleur, qui consiste à transformer en fer la fonte en fusion, en la remuant constamment dans le four, demande chez celui qui l'exerce une constitution des plus robustes et une santé de fer qui ne peut être entretenue qu'avec de grands frais de nourriture.

Voici dans quelles conditions ces hommes travaillent :

Il y a quinze ou vingt ans, alors que les vivres et le vin notamment étaient à bon marché, la journée normale d'un premier puddleur était de 9 francs, quelquefois 10, il n'était pas rare de voir un puddleur gagner mensuellement 240 ou 250 francs. Mais, de diminution en diminution, la journée est descendue à 5 fr. 50 ou 6 fr. 50 au maximum pour le puddleur, et 3 fr. 50 ou 4 francs pour ses deux aides ; et, ce qu'il y a de terrible, c'est qu'à mesure que le salaire a baissé et qu'il a été, par conséquent, plus difficile de se bien nourrir, la peine a augmenté comme on va le voir par les chiffres suivants :

Lorsque les puddleurs gagnaient 10 francs par jour, ils faisaient huit charges de 170 à 180 kilogr. l'une, et aujourd'hui, par suite de la rapidité du chauffage, ils doivent faire 11 et 12 charges, quelquefois 13. Le samedi soir, avec 30 kilos de plus par charge, soit, en tenant compte du déchet, une production de 300 kilos de fer de plus *par jour et par four* qu'il y a quinze ans, et cela pour gagner beaucoup moins. Cette surproduction a pour résultat de faire aujourd'hui, avec 62 fours à puddler, autant de fer qu'autrefois avec 98 fours, soit 36 fours en moins. Ce qui fait cent hommes sur le pavé pour le puddlage seulement, sans compter les services accessoires dont le personnel est forcément diminué ; ajoutons que cette surproduction a augmenté d'autant le travail des cingleurs au marteau-pilon et des lamineurs chargés de corroyer le fer en dernier lieu, sans

augmentation de salaire pour personne, — au contraire.

Ainsi, voilà des chiffres constatés dans des rapports officiels de la Compagnie du Creusot. Et dire que malgré des faits aussi indiscutables, il nous a été donné de lire l'an passé, dans les journaux, une lettre du député Duclaud, de la Charente, dans laquelle ce monsieur disait à un groupe de ses électeurs qu'il ne pouvait pas croire que le perfectionnement de notre outillage *national* (?) soit une cause de chômage pour l'ouvrier.

Revenons à nos puddleurs.

Cette journée de 6 fr. 50 dont nous venons de parler est encore soumise à certaines variations plus ou moins malhonnêtes, et ces hommes doivent rester 10 à 12 heures, le ringard à la main, devant ce four qui leur brûle le visage, pour gagner quelquefois 4 francs, car si le travailleur use ses forces et risque sa vie, le capitaliste, lui, ne veut rien risquer.

Le puddleur reçoit une moyenne de 2,680 kilos de fonte brute, qu'il doit rendre en 44 barres de fer pesant 2,332 kilos, soit une tolérance de 348 kilos de déchet, et autant il rend de kilos en moins, autant de centimes on lui retient sur sa journée. Il a encore avec cela deux autres cas de perte. Lorsque la boule de fonte est sous le marteau-pilon, si l'ouvrier qui la travaille y découvre un défaut de fusion, il la renvoie au puddleur qui doit la réchauffer à ses frais, heureux encore, quand il y a baisse de travail, si le contremaître ne profite pas de la circonstance pour le mettre à pied ou à l'amende. Enfin, dernier cas de perte (nous pourrions dire : autre moyen pour la Compagnie de voler honnêtement), le fer est classé en deux catégories dont l'une, désignée 1er choix, est payée 3 fr. 90 les 1,000 kilos, et l'autre, 2e choix, payée 2 fr. seulement.

Ce classement est fait par des hommes sachant quelquefois à peine lire et écrire, et n'ayant par conséquent aucune connaissance spéciale ; aussi les mêmes fers, considérés par l'un comme deuxième choix, sont quelquefois considérés par l'autre comme de premier. Mais ils ont toujours soin d'arranger les choses de façon qu'un quart des barres *au moins* soient de 2e choix, fussent-elles toutes de première qualité. C'est la consigne de celui qui fait le classement.

(*A suivre*).   J.-B. DUMAY.

SOUSCRIPTION PERMANENTE
Pour la propagande socialiste dans la Région

Report de la 3e liste, 61 fr. 85. — Excédants d'écot divers, 5 fr. 70 ; un groupe de libre-penseurs, à l'Alcazar, 1 fr. ; citoyen Dessirier, 1 fr. ; citoyen Thiolain, 4 fr. — Total, 73 fr. 55.   *A suivre.*

PETITE CORRESPONDANCE

Reçu les sommes suivantes : de Dijon et banlieue, 37 fr. 60 ; de Besançon, 1 fr. 50 ; Bouhey-Allex, 2 fr ; de Tonnerre, 7 fr. ; d'Arnay-le-Duc, 7 fr. ; Libre-Pensée de Saint-Léger-sur-Dheune, 8 fr. ; de Brienon, 3 fr. 50 ; de Chauffailles, 3 fr. 50 ; de Saint-Claude, 7 fr. 50 ; du Creusot, 7 fr. 30 ; de La Charité, 4 fr.

Errata de janvier. — Lire : du Creusot, 2 fr. 25 au lieu de 2 fr. 75 ; ajouter : Chalon-sur-Saône, 1 fr.

P. V., à Blanzy. — Vous pouvez disposer des numéros restants pour la propagande. Impossible de remettre le Congrès.

Simond, à Lyon. — Écrivons à Dubois.

J. M. S., au Creusot. — Un peu long, avons dû réduire ; excusez.

E. M., à Lons-le-Saunier. — Ma brochure n'a pas encore paru. E. C.

Ed. D., à Neuvy ; G., à La Selle ; P., à Belfort. — Envoyez de vos nouvelles.

Le Gérant, V. MILLERAND.

Dijon. — Imp. Carré, rue Amiral-Roussin, 40.

2ᵉ année — Nᵒ 5　　　15 centimes　　　1ᵉʳ au 15 Mars 1891

LA REVUE SOCIALE

BULLETIN MENSUEL

De la Fédération des Travailleurs Socialistes de l'Est

PARAISSANT A DIJON

ADMINISTRATION		ABONNEMENT
Adresser toutes communications et mandats au citoyen CHARLOT, délégué, rue du Faubourg-Raines, 66, **DIJON**.	*De chacun selon ses forces* *A chacun selon ses besoins*	Un an, **2 fr.** — 6 mois, **1 fr.** — 3 mois, **50 cent.** PERMANENCE chaque samedi soir, au siège social du Groupe Socialiste, 13, rue des Godrans, **DIJON**.

SOMMAIRE :

A nos adhérents . . . . LA COMMISSION.
Le Socialisme et la Liberté . . . . . E. FERRALS.
Congrès régional du Parti Ouvrier . . LA COMMISSION.
Mouvement socialiste de la région . . E. C.
La crise municipale à Dijon. . . . . A. M.
Le Creusot (suite) . . . . J.-B. DUMAY.
Communications, petite correspondance, etc.

A NOS ADHÉRENTS

La Commission fédérale informe les adhérents qu'un numéro supplémentaire de la *Revue Sociale* paraîtra le 15 mars; il contiendra la fin du Congrès et des documents sur la Commune de 1871.

Ce numéro sera vendu exceptionnellement **10 centimes**. Il sera distribué gratuitement aux adhérents et aux abonnés.

En raison des sacrifices considérables que nous cause la publication de la *Revue Sociale*, bi-mensuelle, nous prions nos amis et correspondants de faire le plus de propagande possible, soit pour les abonnements soit pour la souscription permanente.

Si le résultat répond à nos espérances, l'organe de la Fédération continuera à être bi-mensuel, au grand avantage de nos doctrines et de nos lecteurs.

Nous prions aussi ceux de nos correspondants qui voudraient nous envoyer de la copie pour le numéro du 15, de la faire parvenir pour le 10 mars.

Les groupes qui voudraient organiser des conférences à l'occasion du 1ᵉʳ mai ou 1ᵉʳ dimanche de mai, sont priés de le faire savoir au plus tôt à la Commission; de même pour les 29 et 30 mars (fêtes de Pâques).

Le citoyen J.-B. Dumay sera probablement à la disposition de la Fédération à l'occasion des vacances de Pâques.

Les citoyens aptes à développer par la parole les doctrines socialistes sont invités à se faire inscrire sans retard.

LA COMMISSION FÉDÉRALE.

LE SOCIALISME ET LA LIBERTÉ

Le grand argument des adversaires du socialisme est que nous sommes des ennemis de la liberté.

Voulons-nous mettre un frein à la fureur d'exploitation qui anime le patronat? Nous sommes des ennemis de la liberté des ouvriers, qui, comme la Martine de Molière aimait à être battue, aiment à être exploités, si l'on en croit les économistes.

Parlons-nous de la socialisation des forces productrices comme du seul moyen de supprimer l'exploitation de l'homme par l'homme? Nous sommes des ennemis de la liberté humaine, et nous voulons enfermer la Société dans des casernes et des couvents.

Il paraît que le malheureux qui trime quinze heures par jour, que le plus malheureux encore qui ne trime pas et ne sait où coucher, sont libres l'un et l'autre. Au premier, on chante: « Le travail, c'est la liberté ». Au second, on dit : « La preuve que tu es libre, c'est que tu as pour toit la voûte du ciel. Dans ta vaste habitation que tu partages avec les loups et les chiens perdus, on a chaud l'été, froid l'hiver, et l'on est libre en tout temps. Quoi de mieux ?

Qu'est-ce donc, au juste, que la liberté ?

Un spiritualiste me répondra que c'est la plus noble faculté de l'homme, et un matérialiste qu'elle n'existe pas.

Ils auront raison tous deux, tant il est vrai que la vérité a plusieurs faces. Qui n'en voit qu'une, la vît-il telle qu'elle est, erre. Mon matérialiste et mon spiritualiste ont donc raison et tort en même temps.

En soi, la liberté n'existe pas. Il n'est pas d'effets sans causes, tout ce qui arrive aujourd'hui est déterminé par ce qui est arrivé hier et détermine, à son tour, ce qui arrivera demain.

L'homme est un produit de l'hérédité façonné par le milieu. Au sens absolu du mot, il n'est pas libre de faire telle chose plutôt que telle autre : cela lui est aussi impossible que d'ajouter un centimètre à sa taille ou de changer la couleur de ses yeux.

Mais si, au sens absolu, la liberté n'existe pas, en est-il de même au point de vue relatif, surtout au point de vue social, qui est le plus relatif des points de vue ?

Evidemment non, et l'on peut dire qu'entendue ainsi, la liberté existe et qu'elle est l'attribut le plus élevé et le plus utile moyen de perfectionnement de l'homme civilisé.

Expliquons-nous. Etant doué d'un cerveau normal et d'une force physique moyenne, je possède en conséquence un certain nombre de facultés réelles ou en germe. Si je trouve devant moi la loi sociale qui m'interdit le développement et l'exercice d'une partie de ces facultés, mes actes seront limités, *déterminés* par un nombre moindre de moteurs, aidés par un nombre moindre d'agents. Je ne serai pas libre, car la liberté consiste dans le plus grand nombre possible de déterminants mis à la disposition du déterminé.

Le sauvage, dont la vie moyenne est de quinze ans (par la grande mortalité des jeunes et l'égorgement des vieux), dont la vie est mise en péril par les inondations, les incendies des forêts, la foudre, les bêtes venimeuses, est évidemment bien moins libre que le civilisé, qui a, pour s'abriter contre tous ces fléaux, des provisions, des médecins, des digues, des paratonnerres et des pompiers.

L'ouvrier, dont la vie moyenne est, à Liverpool, de 15 années (alors que celle du patron est de 35 années), qui n'a pas de provisions et vit au jour le jour, est moins libre que son patron, et les proclamer égaux et libres tous deux, c'est une de ces fortes plaisanteries que seul, un économiste un peu philosophe peut se permettre sans rire.

.·.

La liberté n'est pas, nous l'avons dit, un être idéal et abstrait tombé des nues sur la pauvre humanité, à la manière des langues de feu qui tombèrent sur les apôtres le jour de la Pentecôte. Non. La liberté n'existe que par les conditions qui la constituent. Dire à un cul-de-jatte : « Vous êtes libre de courir », c'est se moquer ; dire à un pauvre diable sans le sou : « Vous êtes libre de vous passer du patron », c'est l'exciter à assommer le patron et à prendre sa place.

Les économistes, qui préconisent l'abstention de l'État dans les rapports entre les producteurs et leurs exploiteurs, prétendent que cette abstention produit la liberté.

Je prétends qu'elle produit l'indépendance des forts vis-à-vis des faibles, et la dépendance de ceux-ci vis-à-vis de ceux-là, mais non la liberté.

La liberté est un produit de la loi, et l'indépendance, un produit de la nature. Le sauvage qui meurt de faim cinq jours sur six est indépendant ; le civilisé qui mange tous les jours et regarde le lendemain en face sous la protection des lois qu'il a faites, est libre. Voilà la différence, et elle est tellement mince qu'on ne peut s'étonner si elle a échappé à des esprits aussi clairvoyants et aussi profonds que messieurs de l'Académie des sciences morales et politiques.

.·.

C'est la loi du plus fort, la loi naturelle, qui a constitué les éléments de la société telle que nous la voyons ; c'est la volonté réfléchie de tous, la loi sociale qui fera cesser les inégalités, les exploitations et les dénûments si contraires à la liberté.

Et si un économiste nous reproche de violer la liberté, nous lui répondrons :

— Nous avons limité la liberté du riche pour constituer au pauvre les éléments de sa liberté future. La liberté n'existe pas là où le pauvre et le riche sont en présence. Toutes leurs transactions, le prétendu contrat de travail y compris, sont des trésors imposés par le plus fort à la lassitude et à la faim du plus faible. Vous osez parler de privilège que nous prétendons constituer en faveur des déshérités. Eh bien, oui, nous réclamons pour eux un privilège, *privata lex*, des « lois particulières », une législation de classe. L'Angleterre, moins hypocrite, consacre l'existence et la différenciation des classes par une législation appropriée à chacune d'elles. De la sorte, elle a pu nous devancer dans l'adoption de lois protectrices du travail. En France, où la liberté et l'égalité sont de droit, non de fait, où les classes abolies sur le papier se sont lourdement reconstituées sur les épaules du prolétariat, il faut une législation de classe, une législation de privilège, afin que le privilège de droit octroyé au prolétaire contre-balance enfin le privilège de fait du capitaliste.

Là seulement est le commencement de la liberté. Tout le reste n'est que verbiage.

Etienne FERRALS.

CONGRÈS RÉGIONAL

du Parti Ouvrier Socialiste

1re Séance privée du 22 février

La séance est ouverte à 9 heures du matin.

Les citoyens Buquet et Charlot sont chargés de procéder à la vérification des pouvoirs des délégués ; tous sont reconnus réguliers.

Sont représentés les groupes suivants :

Groupe révolutionnaire des originaires de Saône-et-Loire habitant Paris. — Délégués : J.-B. Dumay et J.-B. Dubois.

Groupe républicain socialiste d'Auxerre. — Thiolain.

Union socialiste anti-cléricale de Bléneau (Yonne). — Charlot.

Section de Brienon (Yonne). — Fautrey.

Ouvriers socialistes révolutionnaires de St-Privé (Yonne). — Charlot.

Section de Tonnerre. — Millerand.

Groupe de Blanzy (S.-et-L.). — Ph. Vitteaut.

Section de Chagny (S.-et-L.). — Muller.

Syndicat des tisseurs de Chauffailles (Saône-et-Loire). — Lathuillère.

Groupe du Creusot. — Ph. Vitteaut.

Groupe des ouvriers mineurs de La Selle et de La Comaille (Saône-et-Loire). -- Charlot.

Groupe de Montceau-les-Mines. — Ph. Vitteaut.

Groupe de Besançon. — J. Berry.

Groupe de Lons-le-Saunier. — A. Marpaux.

Groupe de Saint-Claude. — A. Marpaux.

Chambre syndicale des cordonniers de Lyon. — Mollet.

Groupe d'études sociales des 1er et 4e arrondissements de Lyon. — Tabard.

Groupe « les Déshérités » de Tarare. — Mollet.

Comité ouvrier socialiste de Mars (Loire). — Massoubre.

Groupe de La Charité (Nièvre). — Mojonnet.

Groupe ouvrier socialiste d'Arnay-le-Duc (Côte-d'Or). — Radamel.

Section de Nuits. — Forgemont.

Sections de Seurre et Labergement (C.-d'Or). — A. Vaux

Section de Talant (Côte-d'Or). — L. Rabier.

Groupe socialiste de Dijon. — Buquet et Nougarède.

Absents : Auvillars-sur-Saône, Belfort, Neuvy-sur-Loire.

Le citoyen Charlot dit que la commission du Congrès n'a pas cru devoir convoquer les syndicats ouvriers à se faire représenter, c'est ce qui explique le petit nombre de syndicats représentés.

Le bureau est ensuite constitué : Président, Vitteaut (Blanzy) ; Secrétaire, Buquet (Dijon).

Le citoyen Millerand donne lecture du rapport de la Commission fédérale provisoire ; il fait l'historique de la Fédération, constituée depuis 3 mois à peine ; il indique les améliorations à apporter dans le service administratif par la création de carnets à souche. Enfin il indique la possibilité de faire paraître la *Revue Sociale* deux fois par mois.

Le compte-rendu financier est lu par le citoyen Charlot. Le Congrès désigne les citoyens Vaux, Lathuillère et Tabard pour procéder à la vérification des livres de comptabilité.

Statuts de la Fédération

DÉCLARATION. — Adoptée.

ART. 1er. — Le citoyen Dumay et les délégués de Chagny et de La Charité proposent de fixer le siège de la Fédération à Dijon en raison de sa position centrale. — Adopté.

ART. 2. — Plusieurs délégués demandent d'ajouter aux groupements ouvriers socialistes les syndicats ouvriers. — Adopté.

ART. 3. — Adopté.

ART. 4. — La Charité et Lons-le-Saunier demandent que la cotisation soit portée à 60 c. par trimestre afin de faire paraître la *Revue Sociale* deux fois par mois. — Cette proposition est réservée pour être discutée plus loin.

ART. 5. — Adopté.

ART. 6. — Les citoyens Dumay, Mollet et Nougarède demandent que la Commission fédérale soit composée de 12 membres, divisés en sous-commissions du journal, des conférences, etc., afin de partager le travail et empêcher de se créer des hommes indispensables.

Le citoyen Charlot craint les conflits entre les sous-commissions dont les attributions ne peuvent pas être bien définies.

Le cit. Marpaux serait d'avis de porter à 7 le nombre des membres de la Commission. — Adopté.

ART. 7. La Charité propose d'indemniser les membres de la Commission fédérale pour les pertes de temps qu'ils peuvent subir. — Le Congrès accepte par principe cette proposition et fixe l'indemnité à 2 fr. par trimestre, tout en regrettant de ne pouvoir faire mieux.

ART. 8. — Adopté.

Cet article, mal placé dans le projet, est renvoyé en tête du § *Élections et Élus*.

ART. 9, 10, 11, — Adoptés.

ART. 12. — Adopté. Il prendra place au § *Administration*.

ART. 13. — Le délégué de La Charité demande que toutes les propositions soumises à chaque Congrès régional soient étudiées sans exception ; que le vote sur chacune soit à titre d'indication seulement, et que les groupes ratifient dans le délai d'un mois.

Le citoyen Muller est partisan de la souveraineté des Congrès. Autrement, dit-il, ils seraient inutiles.

Les cit. Charlot et Nougarède, au nom de leurs groupes, admettent très bien l'idée des camarades de La Charité, mais disent qu'il serait futile de renvoyer à l'étude des propositions de détail ou d'administration qui ont une maigre importance ; ils demandent seulement que les propositions prévues à l'ordre du jour et qui pourraient engager les principes de la Fédération ou sa caisse, soient toujours renvoyées à l'appréciation des groupes, suivant la demande faite par La Charité. — Adopté.

ART. 14. — Le délégué de Chagny demande la suppression du mot révolutionnaire figurant dans les statuts, car il épouvante les nouveaux adhérents et nuit à la propagande.

Le cit. Nougarède dit que les socialistes veulent transformer l'état social actuel ; ils font donc œuvre de révolutionnaires.

Le cit. Charlot dit que les groupes ont la faculté de prendre tel titre qui convient le mieux au caractère local ; satisfaction est donc donnée aux camarades de Chagny.

Le cit. Muller retire sa proposition. — L'art. 14 est adopté.

ART. 15. — Lons-le-Saunier et La Charité demandent que la *Revue Sociale* paraisse deux fois par mois avec augmentation de cotisation de 10 cent. par trimestre.

Le Creusot fait une proposition ayant le même objet.

Saint-Claude et Tonnerre demandent la publication d'un journal hebdomadaire à 5 centimes. Tonnerre voudrait que le titre du journal hebdomadaire soit: *La Justice Sociale*.

Le citoyen Janet, d'Auxerre, demande au Congrès de vouloir bien l'entendre ; il expose un projet de création d'un organe hebdomadaire à 0 fr. 05 c.

Le cit. Charlot propose de réserver les deux questions pour une discussion plus étendue. — Adopté. Saint-Claude, La Charité et Tonnerre s'abstiennent dans le vote.

ART. 16. — Adopté.

ART. 17. — Le groupe de La Charité redoute de voir s'élever les frais d'impression des brochures, et demande de remplacer le premier paragraphe par le suivant: « La Commission fédérale tiendra des brochures connues à la disposition des groupes ; le bulletin officiel en donnera la nomenclature. »

Le cit. Marpaux dit que les brochures de propagande seront faites avec la composition de la *Revue Sociale* et coûteront très peu, papier et tirage seulement.

Le cit. Charlot fait observer que les éditions des ouvrages socialistes, à part ceux de Malon, sont presque toutes épuisées, qu'on se les procure difficilement en librairie ; la Commission provisoire pense qu'on peut en rééditer plusieurs à très bon marché, eu égard aux ressources de la Fédération, bien entendu.

La proposition de La Charité est repoussée.

Sur le même article, Auxerre demande d'ajouter: « Quelques numéros supplémentaires du bulletin seront envoyés chaque mois pour la propagande. » — Adopté.

Le groupe de Dijon propose d'organiser l'envoi des orateurs par *tour de rôle*, pour les tournées de conférences. — Adopté.

Le citoyen Mollet propose de remplacer les mots: *doctrines du Parti Ouvrier* par : *doctrines du socialisme*. — Adopté.

La lecture d'un rapport du groupe de Lons-le-Saunier est renvoyée à la séance du soir.

ART. 18, 19, 20, — Adoptés.

ART. 21. — Le citoyen Dumay propose d'ajouter: « En cas de succès aux élections législatives, il sera créé un comité fédéral de vigilance pour surveiller, parallèlement au comité de circonscription, les actes du ou des élus. » — Adopté.

ART. 21. — Le groupe d'Auxerre propose d'ajouter au deuxième paragraphe: « Dans ce but, les fédérés devront présenter leur dernier reçu, leur carte ou une lettre de recommandation en règle. » — Adopté.

DISPOSITIONS GÉNÉRALES. — Le groupe de la Charité propose de les remplacer par des dispositions provisoires ainsi conçues :

« La Fédération des Travailleurs Socialistes de l'Est, tout en suivant la ligne de conduite générale du Parti Ouvrier français, croit devoir rester provisoirement indépendante pour s'occuper de son organisation. Elle fera son possible en vue de l'union des forces socialistes révolutionnaires, et se joindra à l'ensemble du Parti Ouvrier français aussitôt que le moment lui paraîtra favorable.

Le reste de l'article : « Elle conservera les relations les plus courtoises, etc. », comme dans le projet.

Cette proposition, appuyée par le citoyen Dumay et plusieurs autres délégués, est adoptée à l'unanimité.

L'ensemble des statuts, sauf les réserves faites à l'art. 4 et à l'art. 15, est adopté à l'unanimité.

Congrès international de Bruxelles

Le Congrès vote en principe l'adhésion au Congrès international de Bruxelles ; l'envoi d'un délégué sera étudié par les groupes, ainsi que l'ordre du jour.

Vu l'heure avancée, l'élaboration du programme minimum et les questions du journal et de propagande seront discutées à une séance privée qui est fixée à 8 h. du soir.

Les délégués prennent ensuite des dispositions pour la séance publique.

La séance est levée à midi.

Le Secrétaire,
Ch. BUQUET.

Séance publique

La salle Philharmonique est bondée de monde; plus de 800 citoyennes et citoyens assistent à la réunion.

Le citoyen Charlot soumet à la ratification de l'assemblée les membres du bureau, désignés le matin en séance privée. Le choix du Congrès est ratifié à l'unanimité. En conséquence, le cit. Dumay prend place comme président; ayant P.-A. Vaux, de Seurre, et Lathuillière, de Chauffailles, comme assesseurs et Berry, de Besançon, comme secrétaire.

Le citoyen Dumay fait l'historique des congrès ouvriers, où, une à une, ont été élaborées les revendications des travailleurs. D'abord la bourgeoisie fit peu de cas des réclamations des socialistes qui demandaient la protection des faibles contre les forts; depuis, les temps sont changés; les législateurs, les empereurs mêmes font des concessions. Le peu de résultats obtenus, les Bourses de travail, par exemple, prouve qu'on peut avoir davantage, à condition de marcher sans crainte, toujours unis, afin qu'un jour, si on s'entête à ne rien vouloir faire, nous soyons assez forts pour engager la lutte.

Le citoyen Dumay présente ensuite à l'assemblée le fils du forçat P.-A. Vaux, cet instituteur républicain et socialiste que les Bandits du 2 décembre envoyèrent mourir à Cayenne sous le coup d'une lâche accusation.

Il déplore qu'un gouvernement républicain ne soit pas encore prêt à réhabiliter la mémoire de ce martyr. Un tonnerre d'applaudissements accueille la péroraison du citoyen Dumay.

Le citoyen Buquet lit au nom du Groupe de Dijon, un rapport sur la législation internationale du travail. Après avoir indiqué les motifs qui militent en faveur de cette mesure, en raison de la concurrence industrielle entre les différents pays, il examine les moyens à employer pour obliger les gouvernements à l'établir; il préconise la Fédération internationale des travailleurs, appuyée par des caisses de résistance permettant d'arriver à soutenir la grève générale.

Le citoyen Buquet fait ensuite le procès du travail aux pièces, source de l'égoïsme de bien des ouvriers et de l'abaissement des salaires.

Il demande, pour les femmes et les enfants, la suppression de tout travail de nuit, lequel éteint chez eux les forces physiques et morales.

Il termine en déposant un projet de résolution sur les différents points qu'il vient de traiter et en demandant l'abrogation de la loi sur l'Internationale des travailleurs.

Le citoyen P.-A. Vaux prend ensuite la parole; il remercie l'assemblée des marques de sympathie qu'elle lui a données. Il fait le procès de la République bourgeoise actuelle, aussi dure que l'Empire pour les travailleurs. Dans les villages, elle entretient l'éteignoir à côté de la lumière; partout, elle laisse mourir de faim des ouvriers, pendant que les financiers emplissent leurs caisses; enfin, elle n'a pas le courage de se débarrasser des institutions monarchiques qui l'empêchent de se développer et d'être fraternelle.

Le citoyen Vaux dit qu'il est heureux de marcher avec les travailleurs; il termine en glorifiant tous les martyrs connus et inconnus qui ont payé de leur vie, du bagne et de la prison leur dévouement, à la cause du peuple, leur amour de l'humanité et de la liberté (vifs applaudissements).

Le citoyen Marpaux, au nom du Groupe de Dijon, lit un rapport sur la question des huit heures.

Il dit que, bien que le but du socialisme soit plus élevé et doive changer complètement l'ordre social, il convient de réclamer une règlementation du travail, car cette règlementation ouvrira la porte à la Révolution sociale en inaugurant l'ère des réformes sociales.

Il croit qu'en revendiquant une réforme aussi terre-à-terre, les socialistes seront plus vite compris de la masse ouvrière, et que c'est mettre en demeure la bourgeoisie de faire quelque chose,

Les dirigeants sont dans l'impossibilité absolue de faire quelque réforme efficace en dehors des huit heures. La colonisation, l'œuvre de la bouchée de pain, les orphelinats, l'association du capital et du travail ne sont que des remèdes par trop inefficaces et ne peuvent en rien enrayer la misère.

Le citoyen Marpaux démontre que la bourgeoisie se trouve acculée à la règlementation du travail. Si elle refuse, les ouvriers sauront ce qui leur reste à faire.

Il conclut en disant que le Congrès doit renouveler cette mise en demeure, et se rallie aux résolutions proposées par le citoyen Buquet.

Le citoyen Charlot traite du marchandage, aboli par décret-loi des 4-21 mars 1848, et qui existe toujours.

Il examine comment on peut établir le salaire minimum.

Dans les adjudications publiques, dit-il, ce salaire doit être basé sur la série de prix du cahier des charges, et les commissions d'admissibilité doivent impitoyablement écarter les soumissions des entrepreneurs qui se refuseraient à l'accepter, comme on l'a fait à l'imprimeur Darantière, dans la Côte-d'Or.

Il y a aussi une autre ressource : celle de mettre en régie des travaux départementaux et communaux.

Dans l'industrie privée, ce salaire doit être établi par des commissions arbitrales mixtes obligatoires auprès de chaque corporation.

Pour juger les différends qui pourront naître avec la nouvelle législation du travail, la juridiction des tribunaux civils est une illusion; l'affaire de nos amis de Chauffailles et les procès ridicules intentés au récidiviste Chanlon, qui s'acquitte généralement de toutes ses infractions à la loi du 19 mai 1874 avec une amende dérisoire de 5 francs, le prouvent bien.

Il faut donc réorganiser les conseils de prudhommes, étendre leur compétence à toutes les questions d'accidents de travail, contrats de louage, hygiène et sécurité des ateliers, surveillance des apprentis, etc., augmenter leur nombre en créant un tribunal par canton, et rendre électeurs à 18 ans, tous les justiciables, employés de commerce, ouvriers d'industrie, agriculteurs, sans distinction de sexe et de nationalité.

(A suivre)

Le Secrétaire,
J. BERRY.

MOUVEMENT OUVRIER SOCIALISTE
DANS LA RÉGION

DIJON

La crise municipale. — Ainsi qu'ils en avaient pris l'engagement en réunion publique, nos amis Thiolain et Morin ont défendu énergiquement les droits des ouvriers du bâtiment, si étrangement méconnus par le singulier maire que nous a infligé le comité central.

Leur ténacité a entraîné la droite qui, moins aveugle que les centraux, a profité du vent pour retourner sa barque, abandonnant ainsi le maire qu'elle avait si bien contribué à enfoncer. Ah! c'est que ce sont des malins, Messieurs les réacs, et M. Marchand a été bien naïf s'il a cru qu'ils resteraient jusqu'au bout dans son jeu.

Malgré toutes les avances qu'il leur avait faites, les réacs ne lui ont pas pardonné la démolition du Château, et ils lui ont infligé un blâme. — C'est le seul motif qui les a guidés, car l'on sait parfaitement qu'ils se moquent des ouvriers comme d'une guigne. Leur dévouement aux intérêts des travailleurs est trop tardif pour être sincère, car ce ne sont pas les occasions qui leur ont manqué pour le manifester plus tôt.

Avec sa bonne foi habituelle, le *Petit Dijonnais* reproche à nos amis de s'être alliés aux réactionnaires en votant une proposition d'ordre purement municipal. — Tout beau, mon *Petit!* Il y avait un bon moyen d'éviter cela : c'était tout simplement de voter les propositions socialistes; vous ne l'avez pas fait, ne vous en prenez donc qu'à vous-même si la réaction profite de vos bêtises.

Il serait trop long d'énumérer les votes où les radicaux se sont alliés aux réactionnaires contre les socialistes; et pas plus loin que la semaine dernière, on a pu voir Breuil serrer Devilliers sur son cœur et Motman faire risette à Groffier à propos du théâtre. Le vote des 54,000 fr. de subvention était une énorme gaffe : malgré les efforts du citoyen Thiolain (qui s'est surpassé dans ces deux affaires), malgré la demande de M. Quillot, qui s'offrait à diriger le théâtre gratuitement, les radicaux ont commis une faute de plus, et cette fois, de concert avec les réactionnaires.

Ah! si c'était pour les ouvriers sans travail, le conseil ne serait pas si généreux!

Faut-il rappeler l'introduction des sœurs à la crèche du boulevard Voltaire? Les radicaux n'ont ils pas voté la reconstruction de la flèche Saint-Bénigne? N'ont-ils pas garni les commissions de réactionnaires? Faut-il rappeler encore l'expulsion précipitée des maisons de tolérance, expulsion faite dans le but évident de ne point gêner le collège de M. de Bretenières? — Et cependant, la concurrence de ce collège est le grand cheval de bataille des centraux dans la question du lycée. Après avoir encouragé cette concurrence, ils devraient au moins avoir la pudeur de n'en pas parler.

Ce n'est pas tout. Le conseil, écœuré de voir l'exploitation éhontée qui se fait à la cantine des chantiers du lycée, où l'on force les ouvriers à consommer, a supprimé cette cantine, qui est tenue par un parent de l'entrepreneur. Eh bien! malgré le vote du conseil, la cantine débite toujours sa drogue; serait-ce parce que les boissons sont fournies par un mameluck du maire? Je gage qu'on ne me répondra pas.

Ainsi, nous voilà dans cette situation inouïe : Un maire, dont la vue seule soulève les huées du public, qui s'obstine à rester en fonctions et ne veut reconnaître aucun droit au conseil qui l'a nommé, et des radicaux qui lui donnent raison malgré tout! — Voyons, franchement, quels sales dessous y a-t-il donc dans cette affaire? Est-ce imbécillité ou y a-t-il des pots-de-vin en jeu? Ma parole d'honneur, on croirait qu'il y a de l'un et de l'autre.

C'est égal, il ne faudrait pas beaucoup de maires comme celui-là pour dégoûter le peuple du régime parlementaire.

Au conseil. — Ainsi que nous le disions le mois dernier, l'embauchage des ouvriers par la ville se fait dans des conditions de favoritisme absolument révoltantes ; une centaine d'ouvriers s'étant plaints au citoyen Thiolain, celui-ci a porté la question au conseil qui, cette fois, lui a pourtant donné raison.

Notre ami, qui décidément était en veine, a réussi à faire prendre en considération une proposition de pharmacie municipale et de laboratoire. Ce projet ira probablement rejoindre dans les cartons du conseil, ses confrères, qui se nomment: Invalides du travail, bourse du travail, suppression des octrois, caisse de chômage, bulletin municipal, etc.

A. M.

Chambre syndicale des ouvriers et employés de chemins de fer. — La section de Dijon avait organisé, le 21 février, une réunion générale. 300 personnes y assistaient.

Les citoyens J.-B. Dubois et Feste, délégués du conseil d'administration, ont démontré successivement les avantages du groupement. Notre ami J.-B. Dumay, présent à la réunion, a été invité à prendre la parole. Dans un discours très clair, il a examiné les lois ouvrières en discussion au Parlement et assuré les travailleurs des chemins de fer qu'il défendrait leurs revendications.

En somme, bonne soirée; les adhésions arrivent nombreuses, et M. Parpaite, chef des ateliers, fera bien d'y regarder à deux fois avant d'essayer d'intimider ses employés par sa présence aux fenêtres de la salle de réunion. Nous invitons nos camarades à nous signaler tout tracas de leur chef pour en référer à qui de droit.

Syndicat typographique. — Dans sa séance du 18 février dernier, le Comité du Syndicat typographique a voté la somme de 10 francs pour les ouvriers verriers de Cognac, en grève depuis deux mois.

Banlieue de Dijon. — Les délégués du Parti Ouvrier se sont rendus à Marsannay-la-Côte le 7 février, pour y développer les doctrines socialistes; bon accueil leur a été fait par les travailleurs de cette localité; plusieurs d'entre eux ont adhéré à la Fédération.

AUXERRE. — **Groupe Républicain Socialiste Auxerrois** (Parti Ouvrier). — Deux assemblées générales du Groupe ont eu lieu les 1er et 15 février dernier, afin d'étudier les questions à l'ordre du jour du 1er Congrès ouvrier socialiste de l'Est, qui s'est tenu à Dijon il y a quelques jours, ainsi que le projet de statuts fédératifs élaboré par la Commission fédérale; en ce qui concerne ledit projet, deux amendements ont été votés par le Groupe; quant aux questions à l'ordre du jour, elles ont donné lieu à une très longue et très utile discussion qui a permis à la plupart des citoyens présents d'échanger leurs idées sur la situation qui est faite aux travailleurs et les meilleurs moyens pour y remédier.

Le Groupe, vu sa fondation trop récente, ne lui permettant pas de se faire représenter effectivement au Congrès, a désigné le citoyen Thiolain, conseiller municipal de Dijon, pour être notre délégué à ces assises du travail; le dévouement qu'apporte notre ami Thiolain à la cause des ouvriers, a déjà permis aux citoyens du Groupe Auxerrois de le juger et de compter sur lui pour la défense de nos droits; au nom du Groupe, nous lui donnons ici tous nos remerciements.

A l'issue de la réunion du 1er février, une collecte a été faite au profit de nos camarades de Chauffailles, qui a produit la somme de 5 francs envoyée à la *Revue Sociale.*

E. B.

BELFORT. — C'est avec plaisir que nous avons appris qu'un groupe socialiste était en voie de formation dans cette ville. Nous y avons déjà quelques dévoués adhérents qui feront, nous en sommes certains, de l'utile besogne.

On nous signale la conduite d'un triste individu, le sieur Friess (Albert), conducteur-typographe, qui a quitté Belfort pour aller travailler à Dijon, dans la maison Darantière, dont nous avons déjà parlé, et qui est à l'index depuis le mois de novembre. Inutile de dire que tous ses confrères sont outrés de son infamie.

CHAUFFAILLES. — Reçu par la *Revue Sociale* pour le syndicat des tisseurs en février :

Syndicat typographique dijonnais, 10 fr.; cit. Duf., 1 fr.; Gib., 15 c.; Groupe Socialiste d'Auxerre, 5 fr.

Les sections des employés et ouvriers de chemins de fer d'Oullins, Vaise et Perrache ont adressé directement à nos camarades la somme de 277 fr. 60.

La Chambre syndicale remercie tous les généreux donateurs de leur acte de solidarité.

D.

LE CREUSOT. — Je vous ai fait connaître quelles récompenses le potentat Schneider avait accordées à ses esclaves pour le 1er de l'an. En échange voici de quelle façon il récompensa ses employés et gardes-chiourmes :

Non content de leur octroyer de bonnes gratifications, avec indemnité de logement et de chauffage, il leur a créé encore un autre plaisir : ainsi, sur le champ de courses du Creusot, il a fait établir une bordure pouvant contenir une certaine quantité d'eau qui gelait à mesure qu'on la répandait sur le sol. Cela permit à ces messieurs de patiner sans danger de se noyer. On fit même placer des becs de gaz pour ceux qui voulaient patiner la nuit. Toutes ces dépenses inutiles furent faites pendant qu'une masse d'esclaves gémissaient dans des taudis malsains, presque sans nourriture et sans feu.

Le bureau de soi-disant bienfaisance du Creusot donna bien quelques bons de pain et des soupes au fourneau économique, mais encore, il fallait porter son pain si on voulait qu'il y en ait dans le bouillon. Comme d'habitude, tous ces bons étaient délivrés par les soins de MM. les ensoutanés.

Dernièrement, je vous faisais connaître la composition de la commission chargée de faire les démarches pour l'obtention d'un tribunal de commerce. Croiriez-vous que ces prétendus républicains libéraux ont adressé une pétition au seigneur et maître Schneider, dans laquelle ils lui demandaient de bien vouloir les recevoir personnellement. J'avais donc doublement raison de dire que le libéralisme de ces gens-là n'était qu'une affreuse blague.

Toujours la rente des travailleurs :

Le 20 février, on enterrait le jeune Jusot, âgé de 15 ans, qui travaillait aux trains de fil de fer, à la grande forge. Étant à son travail, il échappa le fil de fer tout rouge qui sortait du cylindre. Se trouvant à butter contre une plaque, le fil vint s'enrouler autour des jambes de cette jeune victime de l'exploitation capitaliste, qui eut les jambes presque sciées. Transporté aussitôt à la Pharmacie des mines, il rendait le dernier soupir deux heures après.

Il ne gagnait que 1 fr. 10 pour une journée de 12 heures, et ses malheureux parents comptaient encore sur lui pour leur venir en aide.　　　　　　　　　　　　S. J. M.

——————

LA CHARITÉ. — Nos camarades sont en train d'organiser un Groupe d'études sociales ; un certain nombre d'adhérents s'y sont déjà fait inscrire. Nul doute que les résultats du Congrès de Dijon ne servent à rallier définitivement beaucoup de citoyens sous le drapeau de la Fédération de l'Est.　　　　　　　　　　　　M.

——————

LYON. — Le 8 février dernier, la Bourse du Travail a été inaugurée devant une salle de 2,500 personnes.

Le citoyen Rocher, après avoir remercié les invités, les délégués des Bourses du travail de Paris, Saint-Etienne, Nîmes, Cours, et la municipalité lyonnaise, dit que les travailleurs sont résolus à faire de leur Bourse un moyen d'émancipation sociale.

Le citoyen Nachery, qui sort de prison, où les capitalistes l'avaient envoyé, est élu président. Les citoyens Devèze et Farjat engagent les travailleurs à se grouper en faisceau compact autour de leurs associations.

Les citoyens Ribanier, de la Bourse de Paris, Ledin, de la Bourse de Saint-Etienne, et Brugnier, de la Bourse de Nîmes, saluent la Bourse du Travail de Lyon.

Après un appel du citoyen Cotte en faveur de la Fédération des syndicats, le président donne la parole au maire de Lyon.

Je suis heureux, dit-il, d'être, en cette circonstance, l'interprète du conseil municipal pour engager les ouvriers à organiser sérieusement leur Bourse du Travail. Une modification profonde se produit dans le milieu social. Une révolution se prépare, qui renversera la féodalité financière qui a succédé à la féodalité nobiliaire. Les privilèges disparaîtront dans une catastrophe inévitable, que seuls les aveugles de parti-pris ne peuvent prévoir.

Mais il serait utile que cette transformation se fît sans secousse, et, pour cela, il faut que les deux forces de l'humanité, qui sont le nombre et l'intelligence, s'unissent autour des syndicats pour développer l'intelligence de la classe ouvrière qui, étant déjà le nombre, pourra alors établir, sur de nouvelles bases, le gouvernement de tous.

Après une allocution du président, la séance est levée aux cris de : Vive la Sociale !

——————

La grève des verriers. — Des nouvelles très graves circulent en ce moment dans Lyon. Les patrons verriers, furieux de ne pouvoir vaincre la résistance de leurs ouvriers, ont résolu de transporter leurs verreries à Epinac, jetant ainsi 1,500 ouvriers lyonnais sur le pavé.

En bonne logique, il semble que les ateliers ainsi abandonnés devraient faire retour à ceux qui les faisaient produire ; il n'en est cependant rien. Au contraire, on annonce que la police a pris des mesures *en faveur des patrons* et surveille les quartiers de La Mouche et du Grand-Trou, où l'émotion est fort vive et pourrait bien se traduire par des actes énergiques.

Le préfet, qui semble avoir été la dupe des patrons dans cette affaire, a cependant là une belle occasion d'appliquer le principe de la non-intervention de l'Etat dans les questions de travail, en laissant les ouvriers aux prises avec leurs patrons.

Eh bien ! M. le maire, croyez-vous encore que la Révolution se fera sans secousses ?

——————

MARS. — Un Comité ouvrier socialiste vient de se fonder dans notre commune ; il se propose de combattre la bourgeoisie multicolore. Bien entendu, il renverra aux douceurs de la vie privée, aux prochaines élections, les hommes de la trempe du sieur C..., qui ont la prétention de défendre la classe ouvrière (étant ouvriers eux-mêmes), et qui, le 1er mai dernier, refusaient de signer les desiderata des travailleurs, sous prétexte que cela pourrait nuire à leurs intérêts personnels.

Dame, quand on a en perspective une croix et une pension, on peut bien cirer les bottes des opportunistes et des réactionnaires. Bonne chance à la Fédération et à son organe.　　　　　　　　　　　　L. P.

——————

MONTCEAU-LES-MINES. — Je signalais dans le dernier n° de la *Revue* une série d'accidents graves survenus depuis quelque temps dans les carrières à découvert servant à extraire des remblais dans les mines ; il y a quelques jours encore, un ouvrier du nom de Menneret tombait à son tour, tué raide par un bloc de terre dans la carrière du puits dit Saint-François. Je signalais également que, contrairement à la loi, ces malheureux travailleurs étaient privés de délégués à leur sécurité.

Vendredi dernier, 20 février, la mort faisait une autre victime à l'intérieur du puits dit « Saint-Louis » (car ici nos capitalistes cléricaux ne sauraient donner d'autres noms à ces trous de la mort) dans la personne d'un jeune garçon de 17 ans à peine, qui eut une jambe affreusement broyée par un wagonnet descendant un plan incliné. Ce pauvre martyr, du nom de Philibert, mourut dans la main des docteurs qui lui firent l'amputation de sa jambe mutilée.

Aucune constatation de l'accident n'a pu être faite par le délégué mineur, notre ami Bouillin, pour cette cause malheureuse qu'il est atteint d'une affection de la vue qui ne pourra peut-être de longtemps lui permettre de descendre dans la mine, et aussi parce que son suppléant, M. Desfête, sans qu'on sache pourquoi, avait, quelque temps avant l'accident mortel de Philibert, donné sa démission non motivée au préfet.

Nous désapprouvons très énergiquement la détermina-tion de M. Desfêts, et nous l'engageons à y revenir, s'il ne veut qu'on le considère comme vendu à la réaction capitaliste.

P. Grisou.

SAINT-CLAUDE. — Une réunion des ouvrières et ouvriers de l'industrie de Saint-Claude, provoquée par le syndicat des ouvriers diamantaires, a eu lieu le 14 février au siège social de ces derniers.

Par acclamation, l'assemblée a décidé la création d'un syndicat ouvrier et a élu une commission provisoire prise parmi les représentants de chaque spécialité. 66 adhésions ont été recueillies, et une assemblée générale doit être convoquée à nouveau pour en recevoir de nouvelles, car l'exiguité du local n'avait permis qu'à un très petit nombre d'ouvriers de se réunir. La commission provisoire est chargée d'élaborer les statuts.

Au cours de la réunion, les citoyens Latour, Mandrillon et Mermet, ouvriers diamantaires, conseillers municipaux, ont déclaré qu'ils seraient, pour les intérêts de notre classe, des défenseurs vigilants.

TONNERRE. — **La contre-révolution.** — J'ai reçu la semaine dernière un fragment de journal contenant une série d'articles contre les hommes de la Révolution et contre la Révolution elle-même.

L'article principal était seul honoré d'une signature, mais la malheureuse était maculée d'encre rouge et remplacée par ces mots, écrits à la main : *Archi-Pantoufle*.

Le journal étant mutilé et la signature dénaturée, je n'ai pu savoir ni d'où venait ni qui était Archi-Pantoufle.

Tout ce qu'il m'a été possible d'apprendre, c'est que ladite prose anti-révolutionnaire a été distribuée à profusion dans tout l'arrondissement.

Le plus drôle, c'est que cet excès de bile réactionnaire a été répandu pour prouver aux électeurs tonnerrois que son auteur est un ennemi avéré de la Révolution. Dans cette circonstance, je crois qu'Archi-Pantoufle s'est donné beaucoup trop de mal pour enfoncer une porte ouverte.

Ayant grande pitié de lui, je lui conseille pour l'avenir de ménager ses muscles pour des efforts plus utiles.

Ce qui est à remarquer dans cette élucubration fantaisiste, ce sont les prétendus dossiers de Collot-d'Herbois, Fouquier-Tinville, Marat, Lebon, etc.

Il englobe les hommes et la Révolution, il confond les acteurs et ne parle ni du but ni des causes de l'épopée révolutionnaire; enfin il réussit à merveille à démontrer que ses prétendus dossiers ne sont que d'abjectes calomnies ramassées par un père Loriquet de quincaillerie dans une sacristie mal décrassée.

Ce qui doit nous étonner beaucoup plus, c'est l'attitude du journal de la localité, porte-parole du député radical Rathier, qui — pour défendre la Révolution, ses héros, son principe et son but — n'a pas su trouver une phrase, un mot, une virgule.

Serait-ce par hasard que nos bourgeois radicaux-opportunistes, ayant l'assiette au beurre, ont cessé d'être révolutionnaires?

C'est une question qu'il sera bon d'élucider plus tard.

Pour aujourd'hui, tout en estimant la prose d'Archi-Pantoufle pour ce qu'elle vaut, nous devons nous borner à regretter que le format de la *Revue Sociale* ne nous permette pas de refuter complètement les divagations du susdit Archi... tout ce que vous voudrez.

La Révolution vient d'être attaquée. Les socialistes la défendront et de plus ils la compléteront.

À bon entendeur, salut.

XXX.

LE CREUSOT

II

TRAVAIL ET SALAIRE

(*Suite*)

Ce minimum de 2e choix s'élève donc à environ 1,000 kilos par jour, soit 1 fr. 90 de diminution, dont l'ouvrier est volé chaque jour, même avec le prix que lui établissent ses maîtres. On nous objectera qu'il n'y a pas vol, qu'il y a réellement deux qualités de fer. A ceci nous répondrons que puisque jamais, de mémoire d'homme, on n'a vu classer toutes les barres d'un puddleur en premier choix, c'est reconnaître implicitement que la chose n'est pas possible, et qu'il y a là des difficultés inhérentes au travail lui-même et, par conséquent, injustement imputées aux ouvriers.

Lorsque, pour une cause quelconque, la fusion ne s'opère pas bien, il arrive quelquefois que les puddleurs, dans la crainte de payer du déchet, jettent clandestinement dans leur four quelques morceaux de fonte en plus du poids règlementaire qu'ils ont reçu; cette infraction aux règlements est punie d'une amende de *cinquante francs*. Il fut un temps où, conformément à l'usage établi sur tout le territoire français, le délinquant ne payait pas d'amende en prenant son compte; mais aujourd'hui, que l'ouvrier parte ou qu'il reste, la retenue de 50 francs lui est faite, et nul n'ose attaquer la Compagnie en restitution par voie judiciaire, par cette raison bien simple qu'un ouvrier n'a pas d'argent de trop à jeter dans la sacoche des magistrats.

Voilà une monstruosité entre toutes que nous signalons à messieurs nos législateurs.

Tous ces faits se renouvellent aux laminoirs où se font les fers ouvrables et les rails, mais avec aggravation : les barres, au lieu d'être classées en 1er et 2e choix, sont simplement acceptées ou refusées, et, dans ce dernier cas, non payées aux malheureux qui ont exposé leur vie en les chauffant ou en les laminant. Ces refus ont lieu pour le moindre défaut de soudure que porte le fer, ce défaut n'eût-il qu'un centimètre de long et fût-il à l'extrémité de la barre, qui ne mesure pas moins de 8 mètres.

Un honnête homme pourrait croire que ce fer non payé est impropre à tout service et tout au plus bon à jeter à la ferraille; mais il n'en est rien.

S'il s'agit de fer marchand, il n'est pas livré en bottes dans les grandes commandes (et encore cela n'est pas prouvé), mais il est bel et bien vendu pour le détail aux petits industriels et employé par l'usine pour la forge de ses pièces mécaniques. Même précédé de soustraction et d'emploi pour les tôles. Les receveurs sont surtout d'une grande exigence pour les rails qui, refusés en grand nombre, servent à la Compagnie du Creusot pour l'entretien des voies ferrées de l'usine qui ont une étendue de 350 kilomètres.

Ce vol de fer aux ouvriers ne s'élève pas à moins de 10,000 tonnes par an, sur une production de 150,000 tonnes. Nous voudrions nous contenter de signaler ces faits au public, en lui laissant le soin de faire lui-même les commentaires; mais nous ne pouvons résister à la tentation de dire en passant à la bourgeoisie possédante et gouvernante qu'il lui faut une forte dose de duplicité pour venir recommander sur tous les tons et par tous les moyens aux travailleurs des champs et des villes de respecter la propriété bourgeoise. Est-ce que, même avec votre système du salariat, les ouvriers qui ont travaillé ces 10 millions de kilos de fer n'ont pas droit à une rétribution ?

III

COMPLICITÉ GOUVERNEMENTALE ET SUITE DES ABUS

Que font en cette circonstance vos commissaires, vos gendarmes et vos juges, vos juges surtout, dont l'intégrité est si vantée ? Sans doute ils conservent leurs foudres pour meilleure occasion.

Que messieurs du parquet viennent donc au Creusot constater le corps du délit, qu'ils laissent donc pour quelques heures seulement leurs moelleux fauteuils, pour venir s'installer devant les fours et les laminoirs ! Et quand ils auront vu ces hommes, obligés de travailler le visage recouvert de toile métallique, aller et venir, toute une journée, devant les laminoirs sous une véritable pluie de feu, obligés de se prêter de tout le corps aux ondulations du fer qui, semblable à un énorme serpent, se plie et se redresse sous l'action des cylindres, quand ils auront vu, comme cela n'arrive que trop souvent, quelque malheureux dont le crochet de fer qui soutient la barre aura été engagé entre les deux cylindres, recevoir ce crochet en pleine poitrine et tomber inanimé sur le sol, quand ils auront vu tout cela, peut-être poursuivront-ils en restitution de salaire l'administration des usines du Creusot ?

Mais non ! ils n'en feraient rien ! Pour la bourgeoisie prise en masse, le travailleur est toujours taillable et corvéable à merci ; ceux qui ne frappent pas laissent faire, les condamnations qui suivent toujours les grèves nous le prouvent surabondamment.

Mais autant la magistrature bourgeoise est indulgente pour ceux des siens qui respectent si peu la propriété ouvrière connue sous le nom de salaire, autant, — tout le monde le sait, — elle est rigide quand le délinquant est un ouvrier. Voici, en regard du vol dont nous venons de parler, un fait qui dépasse en arbitraire et en partialité tout ce que nos lecteurs peuvent déjà connaître :

Pendant l'hiver de 1880-1881, un vieux mineur du Creusot, dont la femme s'était cassé une jambe en tombant, n'ayant plus de combustible pour faire du feu et craignant les résultats du froid pour la malade, ne put résister à la tentation bien naturelle de prendre sur le puits le soir, après sa journée, un morceau du charbon qu'il avait arrosé de ses sueurs pendant dix longues heures, et le cacha sous sa blouse, mais un garde l'avait vu ; dénoncé et arrêté, il fut renvoyé du travail et condamné à trois mois de prison, lui, mineur sans feu, pour avoir emporté de la mine, où il descendait depuis trente-deux ans, un morceau de charbon pesant deux kilos (1).

Et des hommes qui ont la prétention d'être les défenseurs des intérêts ouvriers, viennent nous dire que nous sommes des impatients quand, bouillants d'indignation devant de pareilles infamies, nous demandons des réformes à grands cris, et l'on nous

dit d'attendre encore quand un des bonzes de l'opportunisme dit qu'il n'y a pas de question sociale, et que la bourgeoisie républicaine nous berne depuis vingt ans. Et dire qu'un grand nombre de travailleurs se traînent encore à la remorque de tous les charlatans politiques qui, pour leur faire oublier la question sociale, les amusent avec des expulsions de jésuites qui n'ont jamais lieu, ou avec des discussions sur le Concordat ; ce serait à désespérer de l'avenir si le vieil édifice social, basé sur l'intrigue et le vol, n'était déjà lézardé de toutes parts, et prêt à tomber sous le premier effort énergique.

Lorsque les capitalistes nous entendent dire que l'ouvrier ne jouit pas du produit intégral de son travail, leur argument favori, pour chercher à justifier leurs prélèvements arbitraires, consiste à dire que la réparation et l'entretien de l'outillage étant à leurs frais, il est juste qu'ils prélèvent un tantième du produit du travailleur pour se couvrir des dépenses de réparation. Eh bien ! aux forges du Creusot, les réparations sont à la charge des travailleurs, chaque dimanche, les puddleurs et les chauffeurs viennent eux-mêmes réparer leurs fours, les lamineurs viennent nettoyer et changer les cylindres usés, ce travail dure ordinairement de six heures du matin à onze heures, sans rétribution aucune ; aux laminoirs à tôle, on va encore plus loin, toutes les fois qu'un cylindre se casse, on retient 5 fr. au chef lamineur.

Lorsqu'il passe par la tête d'un chef de fabrication ou d'un contremaître d'apporter une innovation dans la disposition des cylindres pour le laminage des rails ou d'un fer quelconque, l'expérience se fait aux frais des ouvriers. Si le fer n'a pas de suite la forme cherchée, on recommence l'opération, on abaisse ou on élève les cylindres, on passe cinq, six, huit barres et même plus, mais l'ouvrier n'est payé que lorsque l'innovation a réussi ; ces expériences, toujours pleines de dangers et de difficultés, durent trois ou quatre heures, pendant lesquelles chauffeurs et lamineurs se brûlent la figure pour rien.

(*A suivre*).   J.-B. DUMAY.

SOUSCRIPTION PERMANENTE
Pour la propagande socialiste dans la Région

Report de la 4ᵉ liste, 78 fr. 55. — Excédants d'écot divers, 7 fr. 30 ; Monod, 2 fr. ; Muller, 5 fr. ; E. Cey, 2 fr. 50 ; Sourdeau, 20 c. — Total, 90 fr. 55.

A suivre.

PETITE CORRESPONDANCE

Reçu les sommes suivantes : de Dijon, 28 fr. 50 ; de Besançon, 10 fr. ; de Marsannay, 18 fr. 10 ; de Belfort, 4 fr. ; de Labergement, 4 fr. ; de Nuits, 2 fr. 70 ; de Tonnerre, 1 fr. ; du Creusot, 2 fr. 55 ; Dubois, 1 fr. ; Halphen, 2 fr. ; Desmergès, 1 fr. ; Dumagny, 1 fr. ; de Blanzy, reçu le compte du 2ᵉ trimestre ; d'Auxerre, 22 fr. ; de Mars, 3 fr. ; M. et B., 1 fr. 05.

P. L., à Arnay-le-Duc. — J. M. demande réponse à sa dernière lettre.

B., à Auxerre. — Vous envoyons *Droit au Travail* ; pourrez les vendre 10 centimes. — Partageons votre manière de voir sur l'affaire en question.

E. M., à Lons-le-Saunier. — Compliments sincères. Marpaux vous écrira.

D. B., à Saint-Claude. — Idem

P. V., à Blanzy. — Allons envoyer des *Peste religieuse.*

XXX, à Tonnerre. — Avez tort de changer votre genre. Voyez 3ᵉ alinéa de l'art. 15 des statuts. — Vous écrirons.

Desmergès, à Arquian. — Comptons sur vous ; votre lettre contenait une note pour D., faut-il vous la renvoyer ?

B., à Brienon. — L'adresse en question est-elle à Courcelles-les-Semur ou à Courcelles-sous-Grignon ?

Achille Le Roy, Paris. — Est-ce que vous vous moquez de nous ? — Signalerons votre conduite dans le prochain numéro si ne répondez pas.

Le Gérant, V. MILLERAND.

Dijon. — Imp. Carré, rue Amiral-Roussin, 40.

---

(1) A cette monstrueuse condamnation, nous ajouterons celle de deux petites filles et d'un petit garçon, âgés tous trois de moins de quatorze ans, condamnés aux maisons de corrections jusqu'à leur majorité, en janvier 1882, par le tribunal d'Autun, pour avoir ramassé sur les remblais de l'usine, dix à douze kilos de débris de fonte qu'ils vendirent à un chiffonnier, et, cela à la requête de cette même administration du Creusot. Dix kilos, c'est volé ; dix mille tonnes, c'est refusé. O justice!

2ᵉ année — Nº 6   **10 centimes**   16 au 31 Mars 1891

LA REVUE SOCIALE

BULLETIN BI-MENSUEL

De la Fédération des Travailleurs Socialistes de l'Est

PARAISSANT A DIJON

ADMINISTRATION		ABONNEMENT
Adresser toutes communications et mandats au citoyen CHARLOT, délégué, rue du Faubourg-Raines, 66, **DIJON**.	*De chacun selon ses forces* *A chacun selon ses besoins*	Un an, **2 fr.** — 6 mois, **1 fr.** — 3 mois, **50 cent.** PERMANENCE chaque samedi soir, au siège social du Groupe Socialiste, 50, rue Monge, **DIJON**.

SOMMAIRE :

Le 18 Mars . . . . P. ARGYRIADÈS.
Caractère de la Révolution du 18 mars   Ch. DELESCLUZE.
Au Travailleur des Campagnes . . . LA COMMUNE.
Mouvement socialiste de la région . . E. C.
Congrès régional du Parti Ouvrier . . LA COMMISSION.
Le Creusot (suite) . . . . J.-B. DUMAY.
Communications, petite correspondance, etc.

Avec ce numéro commence l'expérience de la publication bi-mensuelle de notre organe. Nous invitons nos adhérents à redoubler d'activité pour que, le 1ᵉʳ avril prochain, nous puissions tabler sur un résultat satisfaisant et continuer de paraître tous les 15 jours.

LE 18 MARS

L'anniversaire de la Commune est fêté aujourd'hui, non seulement en France, mais dans tous les pays du monde.

Tous les prolétaires conscients de leurs droits considèrent cette date mémorable comme les Pâques de l'avenir.

Aussi, malgré les précautions des gouvernants, on voit annuellement flotter le drapeau rouge sur le Quirinal et sur les plus hauts monuments de l'Europe et de l'Amérique.

Eveillés par la grande lutte que Paris a livrée au Vieux Monde, les exploités du monde entier se préparent déjà à la bataille suprême qui mettra fin à l'exploitation de l'homme, et nous délivrera

> D'un tas de gêneurs, nos maîtres,
> Czars, financiers et patrons.

Depuis l'avènement de la Commune, nous voyons le socialisme international faire des progrès si gigantesques qu'ils deviennent inquiétants pour les plus forts potentats de la terre.

Voyez ce qui se passe en Allemagne. Là, malgré la mise hors la loi des socialistes, leur nombre augmente par centaines de mille et ils finiront par l'emporter sur ceux qui les traquent comme des bêtes fauves en faveur d'une classe.

Le 18 mars ne fut pas seulement une affirmation républicaine ou une revendication municipale ; ce fut une révolution ouvrière et prolétarienne, une révolution sociale ; c'est pourquoi les cœurs de tous les déshérités tressaillent au souvenir de cette grande journée.

Grande journée, en effet, car avant que les Versaillais eussent redemandé à Bismarck les malheureux soldats qui devaient assassiner Paris pendant la semaine sanglante, les autres, ceux qui avaient été témoins des trahisons de leurs chefs et des ignominies réactionnaires, les autres fraternisaient spontanément avec le peuple et levaient la crosse en l'air lorsque les chefs bonapartistes leur commandaient de tirer sur le peuple.

Ils firent mieux encore : ils exécutèrent, comme ils le méritaient, les tueurs du peuple : Lecomte et Clément Thomas.

Malgré toutes les calomnies, toutes les horreurs qu'on a dites sur la Commune et tous les crimes qu'on lui attribue, il ne faut pas oublier qu'au lendemain même de son désastre, il se leva de tous les côtés des marques de sympathie en sa faveur.

En Espagne, M. Garcia Lopez disait à la tribune des Cortès : « Nous admirons cette grande Révolution que nul ne peut sainement apprécier aujourd'hui, et que ne manqueront pas de bénir les siècles futurs. »

En Allemagne, les Bebel et les Liebknecht se déclaraient, au Reichstag, solidaires de leurs « frères de Paris. »

En Belgique et en Suisse on se levait pour empêcher l'extradition des échappés.

En Grèce, le principal journal d'Athènes, l'*Aion*, considérait le renversement de la colonne Vendôme comme l'acte le plus noble du XIXᵉ siècle.

Enfin, le Conseil général de l'Association Internationale publia, à Londres, un rapport d'une logique aussi prophétique que profonde, et dont la presse française n'osa, à cette époque, reproduire qu'une très faible partie :

« Parce que, disait-il, après la plus terrible guerre des temps modernes, les conquérants et les vaincus ont fraternisé pour le massacre commun des prolétaires, il ne faut pas, comme le fait Bismarck, conclure de cet évènement sans exemple à un refoulement définitif d'une société qui surgit, mais bien à l'effondrement dans la poussière de la classe bourgeoise.

« Le plus grand effort d'héroïsme dont la vieille société soit encore capable, c'est une guerre nationale, — et l'on a la preuve aujourd'hui qu'une telle guerre est une simple mystification des gouvernements destinée à différer la lutte entre les classes, et qui cessera dès que les classes descendront dans la rue.

« Désormais, les gouvernants ne pourront plus donner le change en se déguisant sous des uniformes de couleurs différentes ; tous les gouvernements sont *Un* contre le prolétariat. »

Aussi, nous constatons aujourd'hui que le cri de ralliement de tous les prolétaires, sans distinction de nationalité, est celui de :

Vive la Commune !

P. ARGYRIADÈS.

Les deux documents que l'on va lire sont officiels et ont été publiés par la Commune de Paris, en avril 1871. — En les lisant, nos lecteurs pourront se rendre compte de quel côté était la justice et le bon droit.

CARACTÈRE DE LA RÉVOLUTION

DU 18 MARS

Méconnue d'abord, la Révolution du 18 Mars, aujourd'hui consacrée par un mois d'existence et d'héroïques efforts dont le succès ne saurait se faire attendre, la Révolution du 18 Mars, dis-je, est assurément le plus grand acte populaire qui ait été jamais accompli.

En face d'un gouvernement établi, disposant de toutes les forces d'une administration défiante autant qu'impitoyable, le Peuple, le Peuple seul a su improviser une organisation redoutable qui saura dominer tous les obstacles.

La République était menacée par l'Assemblée féodale qui siège à Versailles, Paris insulté dans son honneur, attaqué dans ses justes prérogatives. On voulait désarmer notre intrépide Garde nationale, en employant contre elle l'armée qu'on n'avait pas voulu laisser combattre les Prussiens. Paris s'est levé, les soldats ont fraternisé avec les citoyens, et le Gouvernement n'a plus eu d'autre ressource qu'une fuite honteuse.

Quelques jours après, 250,000 suffrages, émis en toute liberté, établissaient une Commune chargée de pourvoir, sous le contrôle vigilant du Peuple, aux nécessités d'une situation jusque-là sans exemple et d'assurer le triomphe de ses légitimes revendications.

Paris, toujours tenu en lisière par les gouvernements antérieurs, avait enfin son autonomie absolue, intégrale ; il allait pouvoir régler à son gré ses intérêts et prendre en main la direction de ses affaires intérieures. C'était justice ; une cité de deux millions d'âmes ne pouvait accepter plus longtemps d'être traitée en mineure, je pourrais dire en esclave, par les dépositaires d'une autorité centrale qui ne s'était fait connaître que par ses fautes et ses crimes, qui, en un mot, avait livré Paris et la France à l'étranger.

Que veut Paris ?

Paris veut toutes les franchises qui découlent de la pleine souveraineté, dans l'ordre communal ; il les possède aujourd'hui, il saura les conserver envers et contre tous. Pouvait-il permettre d'un autre côté que la République, sa conquête à lui, fût plus longtemps en butte aux atteintes des royalistes conjurés ? C'eût été un suicide. Il ne pouvait l'accepter.

Comment a répondu le gouvernement de Versailles ?

Par des violences et des menaces, par des insultes nouvelles et, en dernier lieu, par la force des armes et enfin par l'assassinat de nos prisonniers.

Dans cette position, la Commune de Paris a été forcée de sortir de ses attributions normales.

Traitée en ennemie, elle a dû faire acte de gouvernement, assurer, dans les limites du possible, les services généraux ; agir en belligérants comme la guerre qu'on lui déclarait lui en imposait le devoir.

On sait le reste, et le canon de Versailles qui tonne contre nos remparts, les obus de Versailles qui pleuvent sur nos maisons, allant le plus souvent frapper des femmes et des enfants, voilà la réponse du Gouvernement.

Ainsi s'est creusé plus profondément l'abîme qui sépare la population parisienne des royalistes de l'Assemblée. Paris bloqué, privé de correspondances avec l'intérieur, Paris bombardé n'a plus d'autre alternative que de vaincre ou de périr.

Le péril est grand, mais combien glorieuse sera la victoire ! Le gouvernement de Versailles aura beau faire, il succombera sous la malédiction universelle.

Les traîtres qui ont signé la capitulation de janvier, qui bombardent en ce moment Paris, n'échapperont pas au juste châtiment de leurs forfaits.

Ils sont et seront de plus en plus impossibles. L'exécration générale dont ils sont l'objet à Paris, dans toutes les classes et dans toutes les opinions, en est un gage.

Il y va de la ruine ou du salut pour tous, amis ou ennemis. Ce ne serait plus l'ardent foyer de l'idée ; la science, l'art et l'industrie, frappés dans une de leurs principales patries, pleureraient longtemps la ruine de cette grande cité, si hospitalière pour tous les talents, pour toutes les ardeurs généreuses du génie. La vie se retirerait de Paris devenu cadavre. Le silence et la mort, telle serait la physionomie de notre glorieuse capitale.

L'entrée victorieuse des Versaillais dans nos murs serait l'arrêt de mort de Paris ; l'échafaud, la fusillade et la déportation en feraient un désert.

Avec la victoire populaire, au contraire, quel sera le prix ?

La liberté partout, à la Commune et dans l'Etat, la sécurité au domicile, l'épanouissement du travail affranchi de toute entrave, livré à toutes ses énergies, le commerce et l'industrie reprenant leur activité anéantie par les coupables manœuvres de Versailles, l'instruction répandant la lumière à flots en établissant l'égalité intellectuelle, source unique et seule garantie de la véritable égalité, enfin l'union des cœurs et des volontés.

Paris libre dans la France libre et marchant du même pas que les départements aujourd'hui enchaînés par la terreur ou les mensonges de la réaction, Paris redeviendra le cœur et la tête de la France et de l'Europe, mais sans prétentions à une suprématie qu'il désavoue et qui serait la négation de ses principes les plus chers.

Qu'on compare cette situation à celle que nous ferait la victoire des *généraux de Versailles, les mêmes qui ont livré la France aux Prussiens*, si jamais ces généraux pouvaient vaincre Paris, et qu'on juge !

CH. DELESCLUZE.

Paris, 28 avril 1871.

AU TRAVAILLEUR DES CAMPAGNES

Frère, on te trompe. Nos intérêts sont les mêmes. Ce que je demande, tu le veux aussi ; l'affranchissement que je réclame, c'est le tien. Qu'importe si c'est à la ville ou à la campagne que le pain, le vêtement, l'abri, le secours, manquent à celui qui produit toute la richesse de ce monde ? Qu'importe que l'oppresseur ait nom : gros propriétaire ou industriel ? Chez toi, comme chez nous, la journée est longue et rude et ne rapporte pas même ce qu'il faut aux besoins du corps. A toi comme à moi, la liberté, le loisir, la vie de l'esprit et du cœur manquent. Nous sommes encore et toujours, toi et moi, les vassaux de la misère.

Voilà près d'un siècle, paysan, pauvre journalier, qu'on te répète que la propriété est le fruit sacré du travail, et tu le crois. Mais ouvre donc les yeux et regarde autour de toi; regarde-toi toi-même, et tu verras que c'est un mensonge. Te voilà vieux; tu as toujours travaillé; tous tes jours se sont passés, la bêche ou la faucille à la main, de l'aube à la nuit, et tu n'es pas riche cependant, et tu n'as pas même un morceau de pain pour ta vieillesse. Tous tes gains ont passé à élever péniblement des enfants, que la conscription va te prendre, ou qui, se mariant à leur tour, mèneront la même vie de bête de somme que tu as menée, et finiront comme tu vas finir, misérablement, car, la vigueur de tes membres s'étant épuisée, tu ne trouveras guère plus de travail; tu chagrineras tes enfants du poids de ta vieillesse et te verras bientôt obligé, le bissac sur le dos et courbant la tête, d'aller mendier de porte en porte l'aumône méprisante et sèche.

Ce n'est pas juste, frère paysan; ne le sens-tu pas? Tu vois donc bien que l'on te trompe; car s'il était vrai que la propriété est le fruit du travail, tu serais propriétaire, toi qui as tant travaillé. Tu posséderais cette petite maison, avec un jardin et un enclos, qui a été le rêve, le but, la passion de toute ta vie, mais qu'il t'a été impossible d'acquérir — ou que tu n'as acquise peut-être, malheureux, qu'en contractant une dette qui t'épuise, te ronge et va forcer tes enfants à vendre, aussitôt que tu seras mort, peut-être avant, ce toit qui t'a déjà tant coûté. Non, frère, le travail ne donne pas la propriété. Elle se transmet par hasard ou se gagne par ruse. Les riches sont des oisifs, les travailleurs sont des pauvres, — et restent pauvres. C'est la règle ; le reste n'est que l'exception.

Cela n'est pas juste. Et voilà pourquoi Paris, que tu accuses sur la foi de gens intéressés à te tromper, voilà pourquoi Paris s'agite, réclame, se soulève et veut changer les lois qui donnent tout pouvoir aux riches sur les travailleurs. Paris veut que le fils du paysan soit aussi instruit que le fils du riche, et *pour rien*, attendu que la science humaine est le bien commun de tous les hommes, et n'est pas moins utile pour se conduire dans la vie que les yeux pour voir.

Paris veut qu'il n'y ait plus de roi qui reçoive 30 millions de l'argent du peuple et qui engraisse, de plus, sa famille et ses favoris; Paris veut que, cette grosse dépense n'étant plus à faire, l'impôt diminue grandement. Paris demande qu'il n'y ait plus de fonctions payées 20,000, 30,000, 100,000 fr., donnant à manger à un homme, en une seule année, la fortune de plusieurs familles, et qu'avec cette économie on établisse des asiles pour la vieillesse des travailleurs.

Paris demande que tout homme qui n'est pas propriétaire ne paye pas un sou d'impôt; que celui qui ne possède qu'une maison et son jardin ne paye rien encore ; que les petites fortunes soient imposées légèrement, et que tout le poids de l'impôt tombe sur les richards.

Paris demande que ce soient les députés, les sénateurs et les bonapartistes, auteurs de la guerre, qui payent les cinq milliards de la Prusse, et qu'on vende pour cela leurs biens, avec ce qu'on appelle les biens de la couronne, dont il n'est plus besoin en France.

Paris demande que la justice ne coûte rien à ceux qui en ont besoin, et que ce soit le peuple lui-même qui choisisse les juges parmi les honnêtes gens du canton. — Paris veut enfin, écoute bien ceci, travailleur des campagnes, pauvre journalier, petit propriétaire que ronge l'usure, bordier, métayer, fermier, vous tous qui semez, récoltez, suez, pour que le plus clair de vos produits aille à quelqu'un qui ne fait rien; ce que Paris veut, en fin de compte, c'est *la terre aux paysans, l'outil à l'ouvrier, le travail pour tous.*

La guerre que fait Paris en ce moment, c'est la guerre à l'usure, au mensonge et à la paresse. On vous dit : les Parisiens, les socialistes, sont des partageux. Eh, bonnes gens, ne voyez-vous pas qui vous dit cela? Ne sont-ils pas des partageux ceux qui, ne faisant rien, vivent grassement du travail des autres? N'avez-vous jamais entendu les voleurs, pour donner le change, crier : Au voleur ! et détaler tandis qu'on arrête le volé ?

Oui, les fruits de la terre à ceux qui la cultivent. A chacun le sien ; le travail pour tous. Plus de très riches, ni de très pauvres. Plus de travail sans repos, plus de repos sans travail. Cela se peut; car il vaudrait mieux ne croire à rien que de croire que la justice ne soit pas possible. Il ne faut pour cela que de bonnes lois, qui se feront quand les travailleurs cesseront de vouloir être dupés par les oisifs.

Et dans ce temps-là, croyez-le bien, frères cultivateurs, les foires et les marchés seront meilleurs pour qui produit le blé et la viande, et plus abondants pour tous, qu'ils ne furent jamais sous aucun empereur ou roi. Car alors, le travailleur sera fort et bien nourri, et le travail sera libre des gros impôts, des patentes et des redevances, que la grande Révolution n'a pas toutes emportées, comme il paraît bien.

Donc, habitants des campagnes, vous le voyez, la cause de Paris est la vôtre, et c'est pour vous qu'il travaille en même temps que pour l'ouvrier. Ces généraux qui l'attaquent en ce moment, ce sont les généraux qui ont trahi la France. Ces députés, que vous avez nommés sans les connaître, veulent nous ramener Henri V. Si Paris tombe, le joug de misère restera sur votre cou et passera sur celui de vos enfants. Aidez-le donc à triompher, et, quoi qu'il arrive, rappelez-vous bien ces paroles — car il y aura des révolutions dans le monde jusqu'à ce qu'elles soient accomplies: — *La terre au paysan, l'outil à l'ouvrier, le travail pour tous.*

LES TRAVAILLEURS DE PARIS.

Avril 1871.

MOUVEMENT OUVRIER SOCIALISTE
DANS LA RÉGION

DIJON

Groupe Républicain Socialiste (Parti Ouvrier).— Dans son assemblée générale du 7 mars dernier, le Groupe républicain socialiste a pris des décisions importantes, dont voici les principales :

1° Les camarades ayant l'intention de fonder un Cercle sont autorisés à l'intituler: *Cercle du Parti Ouvrier.*

2° Vu l'exiguïté du local de la rue des Godrans, le siège social du Groupe est transféré *rue Monge, n° 50, chez Vadant (café National),* dont la salle est plus vaste et plus rapprochée du centre ouvrier.

3° A l'avenir, les réunions du Groupe auront lieu dans l'ordre suivant: Les 1er et 3e samedis de chaque mois, séances administratives; tous les autres samedis, *cours et école de Socialisme.*

4° En vertu de l'art. 14 des statuts de la Fédération, autorisant les Groupes à se faire représenter dans les Congrès ouvriers, le Groupe Socialiste a adhéré, à l'unanimité, au 10e Congrès national organisé par l'Union fédérative du Centre.

Anniversaire de la Commune. — La commission d'organisation du 18 Mars fait un pressant appel à tous les camarades pour assister à la soirée familiale donnée à l'occasion de l'anniversaire de la Commune, et les invite à faire parvenir sans retard leurs dons pour la tombola. Les lots sont reçus chez le citoyen Dessirier, aux *Triumvirs Romains,* rue de l'Hôpital.

Cette soirée comprendra : *Punch, Conférence, Concert* et *Tombola.*

Elle aura lieu le mercredi 18 mars, à 8 heures du soir, salle de la Renaissance, rue James-Demontry.

Entrée : 1 fr. 25 c., donnant droit à plusieurs consommation ; gratuite pour les citoyennes et les enfants.

La réunion des tailleurs de pierres. — Dimanche dernier, 8 mars, une réunion des ouvriers tailleurs de pierres de Dijon a eu lieu salle de la Renaissance, dans le but d'organiser un nouveau syndicat.

Après une allocution du citoyen Jeannot, qui présidait cette réunion, plusieurs citoyens prennent la parole pour démontrer l'utilité des groupements ouvriers et préconisent la nouvelle formation.

Puis, l'assemblée adopte la déclaration de la commission provisoire et nomme une commission de 7 membres pour élaborer des statuts. Une quarantaine de tailleurs de pierres se sont fait immédiatement inscrire au syndicat, et nous ne doutons pas qu'un plus grand nombre ne répondent bientôt à l'appel du nouveau syndicat.

Ce réveil est d'un bon augure, et nous fait espérer que d'autres corporations suivront cet exemple.

Détail à noter : le maire avait envoyé trois argousins en civil à cette réunion.

Un bagne industriel. — Tous ceux qui ont entendu faire la description d'un bagne judiciaire ont certainement été amenés à cette exclamation : « Mais, les forçats sont relativement plus heureux que certains de nos ouvriers ! »

Et cela est très vrai ; il n'est donc pas étonnant que beaucoup de malheureux se laissent entraîner dans le vice et envisagent sans terreur la perspective d'un voyage à la *Nouvelle.*

Certes, quand l'on considère ce qui se passe dans les mines, les grandes usines et les chemins de fer, on comprend ce raisonnement désespérant.

Dans ces bagnes, toute initiative s'anéantit, toute dignité disparaît, et l'homme ne devient plus qu'une machine trop coûteuse dont on cherche à se débarrasser le plus possible. Parmi ces établissements, j'en veux dépeindre un dont les règlements sont très tracassiers, et où l'injustice et les spoliations sont proverbiales.

Je veux parler de la richissime compagnie P.-L.-M. et me propose de porter à la connaissance de tous, les infamies commises par les dirigeants de ladite compagnie, grands ou petits, pour faire produire plus et payer moins les malheureux que la fatalité conduit sous leur direction.

Le premier article roulera sur la traction ; l'on y verra les beaux fruits que peut produire l'exploitation de l'homme par l'homme.   V. M.

ARQUIAN. — Le citoyen Desmergès nous adresse un appel aux travailleurs. A notre grand regret, nous sommes contraints par le défaut de place d'en ajourner la publication au prochain numéro.

BESANÇON. — Il vient de se fonder à Besançon un groupe socialiste. C'est la première fois que le Parti Ouvrier fait son apparition dans notre ville, et il est à espérer qu'il y fera des progrès. Les statuts et le programme du nouveau groupe sont, sauf de légères modifications, les mêmes que ceux du groupe socialiste dijonnais.

C'est une localité de plus acquise à la Fédération des travailleurs socialistes de l'Est.

Il se produit, du reste, parmi les travailleurs bisontins, un réveil de bon augure ; plusieurs branches de l'industrie horlogère viennent de former des syndicats qui sont déjà très prospères, entre autres les ouvriers repasseurs et remonteurs, les graveurs et guillocheurs, les planteurs d'échappements, etc., etc.

D'autre part, le Syndicat typographique vient de prendre l'initiative de la formation d'une Fédération de tous les syndicats ouvriers de la ville, et il y a tout lieu de croire que cette tentative réussira.

LE CREUSOT. — Il est fortement question, dans les sphères schneidériennes, de faire une réforme des vieux esclaves du bagne qui ont atteint la soixantaine, sans s'occuper de la situation qui leur sera faite après une telle mesure.

On parle aussi de supprimer, dans un délai assez proche, une grande partie du personnel des services divers de l'usine qui, paraît-il, ne rapporte pas d'assez grands bénéfices annuellement à la brave administration.

Tous les travaux que ces ouvriers faisaient au compte de la cléricale compagnie, seront désormais exécutés par MM. les entrepreneurs de la ville, en récompense du vote complaisant qu'ils ont eu la platitude d'accorder, à la dernière élection, au député père des 10,000 esclaves. Beaucoup d'entre eux se faisaient passer auparavant, pour de sincères républicains ; il a suffi tout simplement que ledit Schneider les mandât dans son bureau afin de leur faire exécuter quelques petits travaux pour qu'ils engagent leurs ouvriers à soutenir l'intérêt du Patron, comme ils disent.

C'est donc par ce nouveau moyen d'agir que MM. les réactionnaires comptent anéantir le parti républicain au Creusot.

Malgré la bassesse des uns et la canaillerie des autres, rien ne pourra arrêter l'élan du noyau socialiste qui, depuis la chute de la chambre syndicale, a pu résister à toutes les manœuvres infâmes des mouchards de Schneider.

                                         S.

LONS-LE-SAUNIER. — Les économistes bourgeois, ayant à leur remorque tous ceux qui possèdent et jouissent de la fortune publique, ne veulent et ne peuvent entendre parler de l'intervention de l'Etat ou de la commune dans les questions de travail ; mais ils trouvent cette intervention excellente et en profitent à cœur-joie dès qu'elle tourne à leur avantage. Témoins les garanties de l'Etat sur les chemins de fer, etc. ; un peu plus, nous aurions eu à payer la garantie de l'Etat sur cette vaste filouterie qui a nom : *le Panama.* A Lons-le-Saunier, la commune intervient aussi, mais pour soutenir, quoi qu'on dise et qu'on fasse, des intérêts tout particuliers.

Quelques dirigeants s'étant mis en tête de doter notre ville d'une station balnéaire, le conseil municipal s'est empressé de voter à la société d'exploitation, laquelle n'était pas encore fondée, une subvention de 150,000 fr., représentant le tiers du capital de la société qui viendrait à se former. C'est là, on l'avouera, un joli denier que les ouvriers, comme les autres contribuables, auront à payer sous forme de centimes additionnels, et cela sans aucun profit pour eux, à quelque point de vue qu'ils se placent.

La ville, en échange de sa *petite* subvention, aurait pu se réserver certains droits dans l'entreprise, soit dans un certain nombre de cachets de traitement qui auraient été mis annuellement à la disposition des travailleurs qui voudraient bien, mais ne peuvent recourir aux soins de la thérapeutique ; soit encore en se réservant, dans le cahier des charges de l'adjudication des travaux de l'établissement, une clause garantissant le salaire de l'ouvrier. Mais non, rien de cela ; c'est trop vulgaire.

Dans toute cette affaire, ce qui nous fait le plus rager, c'est d'entendre bon nombre d'ouvriers dire que cette engeance va leur apporter du travail et un adoucissement à leur misère, comme si la chose était faite pour eux. Il faut bien qu'ils le croient, leurs maîtres le leur ont dit !

Eh bien ! si l'entreprise réussit au gré de ses promoteurs (médecins et fabricants de champagne), gens qui comprennent où est leur intérêt, vous verrez, braves gens, quels en seront pour vous les tristes effets : augmentation des loyers, des choses de première nécessité, etc.

Aujourd'hui, nous avons déjà de la peine à joindre les deux bouts, que sera-ce alors ? On assistera à ce triste spectacle : d'un côté, une misère atroce, stoïquement supportée par tous ceux qui peinent et travaillent, pendant que de l'autre côté, on verra s'étaler le luxe et l'arrogance d'une bourgeoisie autocratique et corrompue, semant de ci de là quelques bribes d'une fortune érigée sur le travail et l'imbécillité d'autrui.

Allons ! debout, travailleurs lédoniens, le moment n'est plus de rire de tout et de rien ; il faut songer à prendre en mains vos propres affaires et à vous passer des services de gens qui ne sont et ne peuvent être que vos ennemis ; lorsque vous aurez enlevé leur faux-nez, vous le reconnaîtrez.

La tâche à laquelle nous vous convions est grande et sera pénible, il faut du courage et de la ténacité pour vaincre tous les préjugés ; mais nous ne voulons pas désespérer de vous, et nous avons confiance. Pour être venus tard, vous n'en serez pas moins des lutteurs énergiques dans le courant qui emportera le vieux monde égoïste pour faire place à la solidarité.

MONTCEAU-LES-MINES. — Il ne se passe guère ici quelques années sans que la réaction capitaliste ne cherche, par quelque moyen, à semer la terreur parmi les esclaves de la mine.

En 1881, le 30 avril, suivant des affiches apposées dans les bureaux de la mine, devait éclater une grève. [On mettait les ouvriers au défi de pouvoir la soutenir, les magasins de la mine étant pourvus pour de longs mois.

Mais les ouvriers ne tombèrent pas dans le piège et ne répondirent pas à cette provocation.

Puis vinrent les complots de 1882 et 1884, ourdis par la même réaction, dans le but évident d'amener l'arrestation de tous les militants du parti socialiste, qui étaient alors à la tête des chambres syndicales.

Le coup avait porté droit et, la fameuse loi sur les syndicats professionnels aidant, il s'ensuivit une dislocation de tous les groupes, qui comptaient déjà près de mille adhérents, chiffre qui commençait à contrarier singulièrement la quiétude de la sacro-sainte Compagnie des mines.

Depuis 1885 jusqu'à ce jour, on profita de l'isolement où, par suite de la chute des syndicats, les ouvriers furent réduits, pour organiser un vaste comité réactionnaire, qui a ses ramifications dans toutes les communes limitrophes de Montceau et dans lequel on enrôle le plus d'ouvriers possible. C'est une véritable association de mouchards.

Arrive-t-il une élection quelconque, toute cette armée est mise en branle et déployée dans toutes les directions où il y a lieu de faire de la propagande.

Un ouvrier sollicite-t-il du travail, sa demande ne sera agréée qu'autant que le fameux comité aura donné de bons renseignements sur sa personne.

Ce comité exerce aussi une certaine influence à l'intérieur des mines : les ouvriers en sont arrivés à se suspecter entre eux et à voir partout l'ombre d'un mouchard.

Cependant, depuis les dernières élections législatives, il s'est opéré une certaine détente, et la confiance commençait à renaître ; l'hydre du comité, cette bête à sept têtes, œuvre du père Rodin, nom que l'on donne à un jésuite qui organise ledit comité, n'avait plus guère d'influence sur les travailleurs.

C'est peut-être pour faire sentir que le fameux comité existe encore et qu'il est tout puissant, qu'un certain nombre d'ouvriers viennent d'être mis en quinzaine sans aucun motif.

Il est bon de dire qu'avec le fruit de la sueur des martyrs de la mine, de grandes fêtes seront célébrées en août prochain, à l'occasion de l'érection, sur la place de l'Église,

d'une statue pour perpétuer la mémoire de celui qui fut l'impérialiste Jules Chagot, lequel, en cette qualité, ne manqua pas d'applaudir aux fusillades que fit opérer contre les mineurs de la Ricamarie son auguste ami Badinguet).

Sans doute, la cléricale Compagnie des mines, craignant que les esclaves ne restassent indifférents pendant les susdites fêtes, fait vite un petit renvoi d'ouvriers, afin de rendre les autres plus faciles à mater.

Disons aussi, pour les mines, que les élections municipales de 1892 commencent à les inquiéter.

P. Grisou.

TONNERRE. — **Une bonne histoire.** — Le château de la Cordelière est situé sur une colline boisée, à deux kilomètres de Chaource, à l'angle de la route de Bar-sur-Seine et d'un chemin de traverse qui conduit au hameau des Bordes-Lantages. Je connais cet endroit pour y avoir été berger dans mon jeune âge ; à cette époque, le château n'était pas habité, mais depuis quelques années, il est devenu la demeure presque princière du vicomte Chandon de Briailles.

Cet individu possède une fortune qui approche le milliard, qu'il a gagnée — vous n'en doutez pas — à la sueur de son front, en fabriquant du vin de Champagne extra-naturel, et sans prélever la moindre obole sur le maigre salaire des nombreux ouvriers qu'il occupe dans sa vaste usine, sise à Épernay (Marne).

Aussitôt installé à la Cordelière, il devint la Providence des sacristies et la terreur des braconniers. Il fit quelques largesses, et, naturellement, ce fut en faveur de ceux qui se constituèrent ses lèche-bottes.

Doué d'une grande et très pieuse âme, il passait ses nuits à surveiller les gardes-chasse qu'il plaçait chrétiennement à l'affût des braconniers. — J'ouvre ici une parenthèse pour faire remarquer que la *loi* permet d'aller à l'affût des braconniers, qui sont des hommes, et qu'elle interdit sévèrement d'aller à l'affût des lièvres, qui sont gibier. O justice ! Ajoutons que la religion de l'archdéacon de Chaource nous apprend qu'au-dessus de tous les mortels, plane la justice de Dieu. Or, ladite justice divine vient de se manifester d'une façon éclatante la semaine dernière.

Une nuit, à 2 heures du matin, dans la forêt de Rumilly-les-Vaudes, contiguë au château, elle a armé M. Chandon contre ses gardes et ses gardes contre lui. La lumière céleste aidant, les armes firent merveille, et trois victimes restèrent sur le champ de bataille : le brigadier Haillot, mort, le vicomte, mortellement blessé, et le garde Édouard, blessé moins gravement.

Ce qui est vraiment surprenant, c'est l'attitude des journaux bourgeois — y compris le radical *Petit Troyen*, — qui entonnent à l'unisson des hymnes de compassion en l'honneur du vicomte. Quelques-uns même, comme le *Petit Bourguignon*, racontent que ce sont des braconniers qui ont fait le coup, ce qui constitue une fumisterie du plus mauvais goût à l'égard de leurs lecteurs.

Certes, nous ne voulons pas nous réjouir d'un malheur, même quand il frappe les riches, mais, en cette circonstance, il nous est bien permis de faire remarquer que si M. Chandon était resté dans son lit, il n'eût pas envoyé au ciel un pauvre garde qui ne tenait peut-être pas à y aller si tôt, même en sa compagnie.

On pourrait encore ajouter que, si pareil fait était arrivé à un simple paysan, les journaux bourgeois, bien loin de verser des larmes de crocodile sur son sort, n'auraient pas manqué de l'appeler meurtrier et même assassin. Mais tout cela est mystère de la bourgeoisie, et le pauvre peuple, malheureusement, n'y voit pas toujours très clair.

Enfin, nous ne voulons pas dire tout haut ce que l'on pense tout bas à Chaource et dans les environs, mais nous ne serons pas assez hypocrites pour ne pas tirer de cette histoire une conclusion conforme à nos idées, à savoir: que si les bourgeois millionnaires prennent l'excellente habitude de se fusiller avec leurs larbins, l'œuvre de transformation sociale que nous poursuivons se trouvera promptement et considérablement simplifiée.

C'est la grâce que je nous souhaite.   XXX.

CONGRÈS RÉGIONAL
du Parti Ouvrier Socialiste

Séance publique
(Suite)

Après avoir fait remarquer que le Congrès est exclusivement ouvrier, le citoyen Nougarède montre l'enthousiasme manifesté par les travailleurs, lors de la promulgation de la loi policière de 1884, sur les syndicats professionnels; hélas, des centaines d'exemples ont prouvé combien cette arme était peu sérieuse.

Le projet de loi Bovier-Lapierre est lui-même insuffisant, les patrons trouveront toujours des prétextes pour renvoyer les ouvriers signalés comme des militants de leur syndicat.

En conséquence, le citoyen Nougarède propose au Congrès l'adoption d'une série de mesures devant remédier à cet état de choses déplorable.

Le délégué de Lons-le-Saulnier donne lecture d'un rapport sur le rôle des associations ouvrières.

Il dit qu'elles doivent avoir pour but l'affranchissement du prolétariat et l'affermissement des liens de solidarité qui doivent unir tous les travailleurs; les sociétés coopératives syndicales peuvent, dans cet ordre d'idées rendre beaucoup de services, mais nous devons veiller à ne pas les laisser dévier du but élevé qu'elles ont pour mission d'atteindre.

La parole est donnée au citoyen Mollet, délégué de la Chambre syndicale des ouvriers cordonniers de Lyon.

Il rappelle l'affolement de la presse bourgeoise et du ministère Constans, lors du 1er mai 1890; l'orateur espère que le mouvement ira chaque année en s'accentuant et qu'il aboutira à la grève générale.

L'idée de cette grève remonte à Bakounine; beaucoup de socialistes sincères en ont contesté l'efficacité, mais ils reconnaissent aujourd'hui qu'il n'y a pas d'autre moyen de sortir de l'impasse où nous ont acculés les gouvernements bourgeois.

L'orateur démontre ensuite que la situation économique actuelle n'est pas une crise passagère, mais un mal général qui ira toujours en augmentant.

Les ouvriers se lassent d'être remplacés par des machines; les grèves partielles ne servent pas à grand chose, puisqu'après chacune d'elles, les pauvres diables rentrent à l'usine, la rage au cœur peut-être, mais l'oreille basse, car après tout il faut du pain pour la femme et les enfants.

Que les prolétaires s'entendent donc et cessent de produire; l'entente existe bien pour réclamer au même jour et à la même heure une simple amélioration des conditions du travail.

Par grève générale, il ne faut pas comprendre seulement celle des travailleurs, mais aussi celle des soldats; il faut qu'au moment voulu, ceux-ci se croisent les bras et refusent de tirer sur leurs frères.

On nous reproche notre entente avec les ouvriers étrangers pour la lutte contre le capital; les patrons pensent-ils à la patrie, quand ils les emploient à un prix inférieur à celui payé dans notre pays?

Donc, il faut l'union de tous les travailleurs du monde; le patriotisme est une farce, puisque la liberté n'a pas de patrie.

Le discours révolutionnaire du citoyen Mollet a été coupé à plusieurs reprises par les applaudissements de l'auditoire.

Le délégué des mineurs de La Selle dit que les améliorations obtenues par la voie du parlementarisme sont réellement trop mesquines, et les projets de loi font la navette de la Chambre au Sénat pendant de trop longues années pour qu'il puisse en sortir quelque chose d'efficace. Il faut frapper un grand coup.

La tactique suivie par le Parti Ouvrier de Belgique est plus sérieuse : la bourgeoisie et le gouvernement belges sont affolés par la menace de la grève générale de 100,000 mineurs; l'armée elle-même se mutine; les conscrits protestent contre le militarisme; il faudra ou se soumettre ou se démettre.

En ce qui concerne le chômage pour le premier mai, l'orateur dit que beaucoup de centres ouvriers n'étant pas organisés, il faut éviter de laisser tuer les groupes naissants de la Fédération par les vengeances que ne manqueraient pas de susciter des Chagot ou des Schneider; chaque groupe devra donc manifester comme il l'entendra.

Il termine en demandant que le 1er mai soit reconnu comme fête légale du travail; la Fédération devrait appuyer la prochaine grève générale et internationale des mineurs.

Le citoyen Dubois lit un rapport un nom du Groupe des originaires de Saône-et-Loire; faute de documents, nous n'avons pu l'analyser.

A ce moment de la séance, le président lit une adresse du Groupe socialiste d'Auxerre, envoyant ses saluts fraternels aux délégués du Congrès (applaudissements).

Le citoyen Dumay dit que dans la discussion du projet de loi sur le travail des femmes et des enfants dans les manufactures, il a déposé plusieurs amendements étendant les mesures protectrices aux employés de bureaux et de magasins. Son amendement a été repoussé.

La conduite des parlementaires l'a écœuré; néanmoins, il a continué ses visites avec la Commission du travail; dans le Nord, il a vu des femmes travaillant dans une atmosphère de 40°; là aussi des ouvriers lui ont dit que si la journée de travail était réduite, ils ne voteraient plus pour des républicains. Par contre, à Calais, les tullistes ont affirmé carrément leur internationalisme et leur déposition a interloqué complètement les bourgeois de la Commission du travail.

Arrivant à la grève générale, l'orateur dit que l'insuffisance de la propagande, le manque d'organisation la rendraient pour le moment impossible; mais, grâce à la grève générale des mineurs, on pourrait arriver à celle des autres corporations.

Pour aboutir, il faut l'union de tous les socialistes, sans distinction d'écoles; les réunions comme le Congrès de Dijon sont celles qui conduiront au but (applaudissements).

Le délégué de Tarare désire ajouter quelques mots sur le rôle de la femme dans l'émancipation des travailleurs.

La femme, dit-il, doit avoir les mêmes droits que l'homme, puisque ses devoirs sont plus élevés; c'est elle qui a la mission d'élever les enfants, et si elle leur communique le souffle socialiste et révolutionnaire, les partis bourgeois verront bientôt leur règne se terminer.

L'ordre du jour étant épuisé, le citoyen président remercie la population ouvrière dijonnaise de l'attention qu'elle a apportée aux travaux du Congrès. Il invite l'assemblée à acclamer une motion qu'il présente en faveur de la réhabilitation de Pierre Vaux.

Mise aux voix, elle est adoptée à l'unanimité.

La séance est levée à 5 heures 1/2, aux cris de : « Vive la Révolution sociale! » répétés plusieurs fois par la foule et les délégués.

L'impression du Congrès a été profonde dans Dijon; les bourgeois eux-mêmes, malgré la conspiration du silence organisée par les journaux, ont dû l'avouer.

Le Secrétaire,
J. BERRY.

2e Séance privée du 22 février

La séance est ouverte à 9 heures du soir, sous la présidence du citoyen Nougarède ; secrétaire : citoyen Buquet.

L'ordre du jour en est à son 5e § : élaboration d'un programme minimum.

Le citoyen Charlot donne lecture de la déclaration de principe et du programme du Groupe de Dijon.

Le délégué de Lons-le-Saulnier lit un autre projet de programme.

Le président fait remarquer que c'est là un programme complet, et qu'il s'agit ici d'un programme minimum.

Il met aux voix celui du groupe de Dijon, qui est adopté.

Nous publierons ce programme avec son appel aux travailleurs, dans le prochain numéro, avec les conclusions adoptées par le Congrès.

Le 6e § de l'ordre du jour : journal et propagande, amène une longue discussion.

Les délégués de La Charité et Lons-le-Saulnier proposent de faire paraître l'organe de la Fédération deux fois par mois, avec une cotisation fédérale de 60 centimes.

Ceux d'Auxerre et de Lyon se rallient à la proposition ci-dessus, mais sans augmentation de cotisation.

Mars, Saint-Claude et Tonnerre demandent un journal hebdomadaire à 5 cent., indépendant de la *Revue Sociale*, laquelle paraîtrait toujours une fois par mois.

Le citoyen Charlot propose de s'en rapporter à l'art. 15 des statuts en ce qui concerne la publication de la *Revue Sociale* deux fois par mois ; la Commission fédérale prendra les mesures nécessaires pour essayer de faire un quart du journal en annonces, afin de suppléer à l'insuffisance des cotisations. On supprimera les annonces dès que la situation le permettra.

Il demande le renvoi de la proposition de Tonnerre à la Commission fédérale, pour établir un rapport très complet au point de vue financier sur la création d'un organe à 5 centimes. Le rapport sera polycopié et adressé à chaque correspondant, pour le communiquer aux groupes. Le vote sur la proposition de Tonnerre aura lieu dans le délai prévu aux statuts.

Cette proposition est adoptée.

Arnay-le-Duc, Saint-Claude et Tonnerre s'abstiennent.

La discussion s'ouvre ensuite sur la proposition de Lons-le-Saunier et La Charité.

Arnay-le-Duc, Mars et Auxerre s'opposent à toute augmentation de cotisation.

Le cit. Mollet fait remarquer qu'avant de voter une augmentation quelconque de la cotisation, il faudrait savoir quels seraient les frais de publication et les ressources de la vente.

Le cit. Charlot dit qu'au lieu d'augmenter la cotisation sans savoir si le besoin s'en fera sentir, il serait plus prudent de paraître sans augmentation, en laissant à la Commission fédérale la latitude de supprimer un numéro ou deux, dans le cas où il y aurait déficit.

Cet amendement est adopté.

La Charité demande la suppression de la vente chez les marchands de journaux.

La Commission provisoire combat cette proposition.

Lons-le-Saulnier préconise la propagande par des brochures à très bon marché et par l'extension de la *Revue* ; à son avis, la propagande écrite vaut mieux que les conférences, lesquelles n'ont qu'un résultat superficiel, mais laissent peu de chose dans le cerveau ; de plus, les conférences forment des ambitieux en personnifiant le mouvement ; il n'en faut donc user qu'avec circonspection.

Le président émet la question de la fixation du prochain Congrès régional.

Le citoyen Vitteaut demande que le Congrès ait lieu à Montceau-les-Mines.

Le citoyen Tabard propose qu'il se tienne à Lyon ; mais, dit-il, si les intérêts socialistes sont en jeu, mieux vaut se rallier à la proposition du cit. Vitteaut.

Le cit. Charlot propose de fixer la date du Congrès aux dimanche et lundi de Pâques 1892, afin de permettre aux délégués de s'absenter deux jours sans se déranger dans leur travail.

Le délégué de Chagny demande deux congrès par an.

Le cit. Dumay fait remarquer que si le Congrès était fixé à Montceau pour Noël, qui se trouve le vendredi, on aurait trois jours à disposer, ce qui permettrait à un grand nombre de mineurs d'assister aux délibérations.

Plusieurs délégués prennent la parole et, après une assez longue discussion, on passe au vote nominal.

Par 11 voix contre 9, il est décidé que le prochain Congrès aura lieu à Montceau-les-Mines le 25 décembre 1891.

Le cit. Dumay promet de faire une tournée de conférences dans la région, à Blanzy, Montceau, le Creusot, Dijon, etc., pendant les vacances de Pâques.

Le délégué de Blanzy émet le vœu que la Fédération mette en demeure le Gouvernement de la République de faire défense aux patrons, par une loi, d'employer des ouvriers étrangers à un tarif plus bas que celui des ouvriers français ; qu'elle demande l'amnistie pleine et entière des condamnés politiques, pour faits de grève ou faits connexes.

Le cit. Mollet demande que la Fédération organise des tournées de conférences aux frais de chaque Groupe, avant le 1er mai.

On procède ensuite à la nomination de la Commission fédérale. Sont élus : les citoyens Buquet, Charlot, Marpaux, Millerand, Mojonnet, Radamel et Thiolain.

Les conclusions des différents rapports lus à la réunion publique sont adoptées, après quelques modifications sur la question du 1er mai.

Sur le rapport de la commission de contrôle, les comptes de la Fédération sont approuvés.

Le Congrès ayant terminé ses travaux, la séance est levée à minuit et demi, aux cris de Vive la Révolution !

Le Secrétaire,
Ch. BUQUET.

LE CREUSOT

III

COMPLICITÉ GOUVERNEMENTALE ET SUITE DES ABUS

(Suite)

Aux ateliers de constructions mécaniques, presque tout le monde travaille aux pièces, sur un tarif établi par l'usine, et les ouvriers ne sont jamais admis à débattre le prix avec leurs chefs. Quel que soit le bénéfice réalisé au prix d'efforts extraordinaires, il n'est payé que jusqu'à concurrence de 20 0/0 ; si, au contraire, l'ouvrier n'arrive pas à parfaire sa journée, on lui retient la moins-value jusqu'à 30 0/0 et plus, toute la faveur accordée en pareil cas consiste à retenir la perte sur deux ou trois mois au lieu de la retenir sur un seul. Lorsqu'un tourneur ou un raboteur, après avoir travaillé deux ou trois jours sur une pièce de fonte y découvre un petit trou qu'en termes de métier on appelle une soufflure, si ce défaut nuit au fonctionnement de la pièce, l'ouvrier ne reçoit que sa journée fixe, quel que soit le bénéfice qu'il ait fait jusqu'au moment où le défaut a été mis à jour, quant au mouleur qui a coulé la pièce, il en perd également le bénéfice.

Nous n'en finirions pas si nous voulions citer tous les abus de ce genre dans chaque chantier.

En surplus des règlements spéciaux de chaque chantier, il y a le règlement d'ensemble édictant les pénalités générales qui sont principalement l'amende et la mise à pied infligées, bien entendu, au mieux des intérêts de la Compagnie, surtout aux grosses forges, où l'on procède de la manière suivante :

L'hiver, alors qu'il y a abondance de bras, on emploie la mise à pied et l'ouvrier est obligé de rester chez lui sans pouvoir utiliser son temps, l'été au moment où les travaux de la campagne enlèvent bon nombre d'ouvriers et que ceux qui restent perdent beaucoup de temps par suite de la température insupportable qui règne devant les fours, on emploie l'amende et il est de rigueur qu'en toute saison on répond au moindre mot de protestation des ouvriers par la formule sacramentelle : « Si vous n'êtes pas content prenez la porte. » Et certes, il en est peu qui soient dans une situation à prendre au mot celui qui les menace, d'abord pour ce motif que tout acte de velléité peut nuire à toute la famille et ensuite parce que bon nombre d'ouvriers ont le malheur d'être propriétaires.

L'administration de l'usine leur vend du terrain et leur fait au besoin bâtir des maisons avec facilité de payer au moyen de retenues mensuelles faites sur le salaire. Une fois le marché conclu, ces malheureux s'exténuent chaque jour à piocher, fumer et embellir le légendaire jardinet attenant à la maisonnette, quand ils ont travaillé là un an ou deux, ils sont forcés de subir tous les caprices, toutes les insultes de leurs chefs et au besoin la diminution de leur salaire, car n'ayant pas d'argent pour achever le paiement de leur dette, ils sont mis dans cette alternative : ou laisser à la Compagnie, pour le prix d'achat, ce lopin de terre qu'ils ont arrosé de leurs sueurs, ou courber la tête sous toutes les vexations. C'est ainsi qu'en tombant dans le piège capitaliste, de pauvres locataires deviennent de misérables propriétaires.

Il y a, de plus, cette particularité qu'aux usines du Creusot, nul ouvrier n'est embauché passé 35 ans. En faisant ainsi disparaître toute chance de retour à ceux qui ont au pays leur famille et leur maison, on obtient une bien plus grande somme de soumission.

Et ceux qui, partis du pays, seraient tentés d'y revenir avant d'avoir dépassé la limite d'âge, doivent se soumettre à un usage non moins infâme que tout ce que nous avons déjà signalé. S'ils demandent de l'occupation pour un autre chantier que celui où ils étaient précédemment, il faut aller demander une autorisation de changement à leur ancien directeur ou contremaître. C'est le billet de confession, c'est le passe-port à l'intérieur des usines du Creusot.

Dans ces conditions, pour peu que l'on n'ait jamais porté de gibier au contremaître (1) ou qu'on lui ait dit une fois seulement ses vérités, le billet est refusé.

Dans sa paternelle sollicitude pour les travailleurs, l'administration du Creusot a trouvé un moyen très ingénieux d'augmenter le salaire de ceux qui ne gagnent pas de quoi vivre.

Les hauts-fourneaux étant éloignés des fours à puddler, où se conduit une partie de la fonte, on en

faisait opérer le chargement, autrefois, par des hommes spécialement affectés à cette besogne ; mais on a supprimé cela, et maintenant le chargement se fait par des ouvriers des différents services, auxquels on accorde le privilège de venir faire trois à quatre heures supplémentaires en dehors de leur atelier ordinaire. C'est un travail très pénible, et la plupart de ceux qui le font gagnent beaucoup moins là qu'en faisant leur métier, mais l'ignorance et la misère les poussent à augmenter, par n'importe quel moyen, leur maigre budget, sans réfléchir qu'en prenant ainsi la place de leurs camarades sans travail, ils font les affaires des capitalistes et non les leurs.

IV

LE TRAVAIL DES FEMMES

Les femmes sont exploitées comme les hommes, mais avec un certain raffinement de cruauté, car elles font des travaux aussi pénibles que ces derniers, pour un salaire bien inférieur, et, les préjugés aidant, il suffit qu'une fille travaille à l'usine pour qu'elle soit déconsidérée.

Sur quatre cents femmes environ occupées sur les chantiers, un dixième à peine font un travail qui n'excède pas leurs forces ; ce sont des veuves d'ouvriers de l'usine, de quarante-cinq à cinquante ans ; celles-là seulement font un travail de femmes : le balayage des parquets dans les locaux où sont enfermées les machines fixes, notamment les lavoirs ou broyeurs à charbon. Les autres chantiers ne sont composées que de jeunes veuves ou jeunes filles, que l'insuffisance du travail de leur père force à venir dans ces bagnes. C'est le service des hauts-fourneaux qui en occupe le plus grand nombre. Elles sont employées à rouler le minerai de fer dans des brouettes en tôle excessivement lourdes ; il y a une équipe de jour et une équipe de nuit en toutes saisons. Ce travail est tellement pénible qu'on a vu des hommes ne pouvoir le continuer, et les esclaves blanches gagnent une journée de 1 fr. 75 à 2 fr. ! Détail à noter, les surveillants de nuit comme de jour sont généralement d'anciens sous-officiers, aussi la chronique scandaleuse chôme rarement ; ces malheureuses se dénigrant mutuellement, si le salaire de l'une dépasse de quelques centimes celui de ses camarades.

(*A suivre*). J.-B. DUMAY.

---

(1) La première fois que je quittai les usines du Creusot, il était dit dans le règlement général que tout élève partant avant le tirage au sort était à jamais banni des ateliers. J'avais alors dix-huit ans. J'étais donc banni et doublement banni, puisque j'avais eu maille à partir avec le chef des travaux d'alors. Je revins six ans après, je demandai du travail sur un autre chantier et on me demanda le traditionnel billet de changement, que je ne pouvais demander à personne : « Sans cela, disait pourtant le contremaître, il n'y a rien à faire, d'autant plus que vous êtes *parti avant l'âge*. » Deux jours après, mon beau-père insista pour que je retourne encore une fois demander du travail et j'y fus. Le contremaître me répondit : « Venez demain. »

J'appris, quinze jours après, que mon beau-père lui avait fait cadeau d'un lièvre et d'une perdrix.

COMMUNICATIONS

Congrès national du Parti Ouvrier. — Le 10e Congrès national, organisé par l'Union fédérative du Centre aura lieu à Paris, du lundi 24 au samedi 30 mai 1891.

En voici l'ordre du jour :

Première partie. — 1° Réglementation du travail (journée de 8 heures, etc.) ; 2° Des rapports devant s'établir entre le prolétariat agricole et le prolétariat industriel ; 3° On cherche des moyens les plus rapides pour amener la suppression des armées permanentes et la Fédération des peuples ; 4° Lutte de classes et suppression de la propriété individuelle.

Deuxième partie. — 1° De la propagande à Paris, en province, en Algérie, et des meilleurs moyens pour réorganiser les fédérations régionales du Parti ; — Règlement général du Parti, notamment en ce qui concerne la tactique des groupes et des élus ; 2° De la formation d'une caisse centrale de propagande et de grèves, et des ressources pour l'alimenter. Du rapport des organes régionaux du Parti avec l'organe central et officiel.

Adresser toutes communications au citoyen Doulllé, secrétaire, 51, rue Saint-Sauveur, Paris.

Le Gérant, V. MILLER.

Dijon. — Imp. Darll, rue Amiral-Roussin, 40.

2ᵉ année — Nᵒ 7　　　　10 centimes　　　　Avril 1891

LA REVUE SOCIALE

BULLETIN BI-MENSUEL

De la Fédération des Travailleurs Socialistes de l'Est

PARAISSANT A DIJON

ADMINISTRATION		ABONNEMENT
Adresser toutes communications et mandats au citoyen CHARLOT, délégué, rue du Faubourg-Raines, 66, **DIJON**.	*De chacun selon ses forces* *A chacun selon ses besoins*	Un an, **2 fr.** — 6 mois, **1 fr.** — 3 mois, **50** cent. PERMANENCE chaque samedi soir, au siège social du Groupe Socialiste, 80, rue Monge, **DIJON**.

SOMMAIRE :

A nos adhérents . . . . LA COMMISSION.
Le droit à l'existence . . . . B. MALON.
Les Impôts . . . . J.-B. CLÉMENT.
Mouvement socialiste de la région . . E. C.
Un borgne industriel . . . . V. MILLERAND.
La vaine pâture . . . . XXX.
Résolutions du Congrès régional . . . LA COMMISSION.
Le Creusot (suite) . . . . J.-B. DUMAY.
Communications, petite correspondance, etc.

A NOS ADHÉRENTS

Dans le courant de ce mois, nos adhérents recevront les statuts, la déclaration de principes et le programme imprimés de la Fédération. Pour faire face à la dépense relativement considérable que cette publication occasionnera, la Commission croit devoir supprimer le nᵒ du 15 avril. Le service bi-mensuel reprendra au mois de mai prochain.

Les Groupes sont invités à s'occuper activement de donner, chacun selon la situation locale, la plus grande importance possible à la manifestation du 1ᵉʳ Mai, de façon à ne pas laisser passer cette date sans affirmer la force et les revendications de la classe ouvrière.

Notre région, étant d'organisation trop récente, n'a pas encore été infestée par les rastaquouères de la politique. Avec le développement du socialisme, cela ne saurait tarder; aussi nous mettons en garde nos adhérents contre toute offre ou démarche qui pourrait se produire vis-à-vis d'eux. Il faut repousser avec soin tout ce qui n'émane pas de groupements ouvriers sérieux.

L'émancipation des travailleurs ne peut être que l'œuvre des travailleurs eux-mêmes.

LA COMMISSION FÉDÉRALE.

LE DROIT A L'EXISTENCE

par B. MALON

Benoît Malon vient de publier une étude des plus intéressantes, où le droit à l'existence est traité à un point de vue tout à la fois historique et scientifique, et où il démontre la possibilité de faire quelque chose pour les malheureux, même dans un milieu aussi défavorable que le nôtre.

Après un aperçu des conditions dans lesquelles vivaient les prolétaires dans l'antiquité grecque et romaine, l'auteur aborde la question de l'assistance au moyen-âge et dans les derniers siècles ; c'est le 28 juin 1793 que parut un décret qui est l'acte le plus humain de la Révolution, et qui n'a pu être appliqué. Nous voulons en citer les principaux articles, qui devraient servir de guide à nos législateurs modernes, s'ils étaient vraiment républicains.

ART. 1ᵉʳ. — Les pères et mères qui n'ont pour toute ressource que le produit de leurs travaux ont droit aux secours de la nation toutes les fois que le produit de ce travail n'est plus en proportion avec les besoins de leur famille.

ART. 2. — Celui qui, vivant du produit de son travail, a déjà deux enfants à sa charge, pourra réclamer le secours de la nation pour le troisième enfant qui lui naîtra.

ART. 3. — Celui qui, déjà chargé de trois enfants en bas âge, n'a également pour toute ressource que le produit de son travail, et qui n'est pas compris dans les rôles des contributions à une somme excédant cinq journées de travail, pourra réclamer ces mêmes secours pour le quatrième enfant.

ART. 5. — Les secours commenceront aussitôt que les épouses auront atteint le sixième mois de leur grossesse.

ART. 7. — Les pères de famille qui auront ainsi obtenu des secours de la nation, en recevront de semblables pour chaque enfant qui leur naîtra au delà du troisième, du quatrième et du cinquième.

ART. 11. — Les enfants qui ne vivaient que du produit du travail de leur père, seront tous à la charge de la nation si leur père vient à mourir ou devient infirme de manière à ne pouvoir plus travailler, jusqu'au moment où ils pourront se livrer au travail.

ART. 12. — En cas de mort du mari, la mère de famille qui ne pourrait, par le travail, fournir à ses besoins, aura également droit aux secours de la nation.

Ce n'était pas encore du socialisme, mais c'était déjà de la solidarité.

Quand on sortit de la période tragique, la tourmente avait emporté tous les généreux, il ne restait plus pour codifier la Révolution que les robins de Bonaparte.

Le droit à l'assistance fut foulé aux pieds, la misère devint un délit.

Contre la misère, on ne trouva que la prison et le dépôt de mendicité, qui servait aussi quelquefois à la réclusion des condamnés ou des criminels.

La Révolution de 1848 essaya, elle aussi, de formuler un décret, le 25 février on lisait, affichée sur les murs de Paris, la déclaration suivante :

« Le Gouvernement provisoire de la République française s'engage à garantir l'existence de l'ouvrier par le travail. Il s'engage à garantir du travail à tous les citoyens. »

Mais cette fois encore, les actes ne répondirent pas aux paroles, un fleuve de sang emporta, dans les funèbres journées de juin, les belles promesses du 25 février.

Malon passe ensuite en revue les résultats obtenus par la bienfaisance publique depuis 1848 en France, en Angleterre, en Amérique et en Autriche, et il montre que partout les résultats ont été insuffisants et n'ont pas répondu aux sacrifices que l'on a faits.

Il cite parmi les preuves les plus probantes, le rapport du docteur Bertillon qui, en 1883, « constate « qu'avec les sommes dépensées pour les construc- « tions de l'hôpital Lariboisière et de l'Hôtel-Dieu, « on aurait pu entourer Paris d'une ceinture de « 16 hôpitaux de 500 lits, fonder 24 hôpitaux de « secours, et créer un système de transport aussi « confortable que possible. »

La charité privée, malgré ses efforts très louables, œuvres maternelles, sociétés de crèches, société protectrice de l'enfance, sociétés d'adoption pour les enfants abandonnés, orphelinats divers, asiles de nuit, caisses de loyers, refuges, maisons de retraite, etc., n'a pas produit le résultat que l'on en attendait.

Quel est donc le remède ? se demande B. Malon. Il le trouve, en partie du moins, dans l'assurance sociale, et c'est cette conclusion que nous voulons développer.

Elle peut se résumer par ces deux formules :

Reconnaissance du droit au travail ;

Assurance sociale contre tous les risques de misère.

Le droit au travail sera développé dans une étude ultérieure ; nous passerons donc rapidement à la seconde formule.

Nous pouvons simplement supposer une organisation des travaux publics capable de pouvoir parer aux chômages par des chantiers et ateliers de réserve où les salaires seraient légèrement au-dessous du salaire habituel dit libre. Ceci afin d'encourager l'initiative des chômeurs ; sans cela, ils pourraient s'éterniser dans des ateliers qui ne seraient, par destination, que des asiles momentanés.

Du même coup, on a supprimé près de la moitié des causes de misère, mais on reste toujours en présence des charges du service des enfants assistés et du service hospitalier et des dénuements causés par les maladies ou infirmités, par la vieillesse, et enfin par la mort des chefs de famille.

On y pourrait subvenir avec le système actuel de l'assistance communale rendue obligatoire jusqu'à concurrence d'un minimum fixé, ce qui ne pourrait être obtenu qu'en sextuplant pour le moins le budget actuel de la bienfaisance publique. Mais ce serait toujours l'humiliation et l'abaissement pour les vaincus de la vie et la persistante dépression du caractère.

Il est un autre système qui pourrait motiver la création d'un ministère de l'Assurance sociale divisé en deux grands services :

1° Les assurances concernant les personnes ;

2° Les assurances concernant les animaux et les biens.

C'est le système de François Vidal, Constantin Pecqueur et Emile de Girardin.

Quel est l'ensemble des mesures qui permettrait de réaliser tous ces services ? Malon adopte le projet d'André Godin, le regretté fondateur du Familistère, où les héritages paient un droit variant de 1 0/0 jusqu'à 50 0/0 lorsqu'ils varient de 2,000 à 5 millions et au-delà. Il arrive ainsi à un chiffre de près de deux milliards et demi, lequel serait suffisant pour l'assurance sociale, sans qu'il soit besoin de recourir à d'autres sources de revenu.

A ceux qui trouveraient monstrueux, ajoute Malon, que l'on sacrifiât deux milliards et demi par an pour que tous les enfants aient un berceau, toutes les mères le nécessaire, tous les infirmes et tous les vieillards le pain, l'abri et les soins réclamés par leur état, à ceux-là nous répondrions qu'il est bien plus monstrueux qu'un pays comme la France paye chaque année deux milliards et demi pour ses militaires et ses rentiers.

L'assurance sociale ainsi réalisée, la bienfaisance publique serait restreinte à quelques infortunes spéciales, puis au service des enfants assistés et à un service hospitalier réorganisés d'après des principes conformes à la dignité humaine.

Que les politiciens y songent toutefois, la masse dolente des sacrifiés est lasse de souffrir, et si on ne lui donne pas sa part de soleil et de justice, elle la prendra, et la prendra violemment, non sans quelques abus. La prudence devrait ici commander la générosité.

<hr>

LES IMPOTS

Nous pouvons le dire hautement : Les hommes au pouvoir n'ont pas plus souci de la misère des travailleurs que du salut de la République.

Cela ne veut pas dire que ces repus et ces blasés ne fassent rien. Si : ils travaillent, mais dans leur bibliothèque, dans leur cabinet d'affaires ou d'études, comme on voudra. Et là, bien à l'abri des rigueurs de décembre et des coups de soleil d'août, ils ne s'occupent guère et ne veulent même pas savoir s'il y a des familles ouvrières sans asile, sans travail et sans pain.

Le sanctuaire où ils travaillent est tellement bien isolé, tellement bien capitonné qu'ils n'entendent pas les rumeurs du dehors ; et si parfois, en passant dans la rue, nonchalamment étendus dans leur carrosse, quelques plaintes se produisent, ils se bouchent les oreilles pour ne pas les entendre.

Comme nous l'avons dit tant de fois, ces hommes prétendent que tout ce qu'ils font et disent est bien et doit être accepté sans murmure. Et ils comptent sur les baïonnettes pour réduire au silence ceux qui auraient le courage de se plaindre. Mais ce système, pratiqué par tous les tyrans qui se sont succédé en France, aura une fin.

La situation dans laquelle nous nous trouvons aujourd'hui, après vingt ans de République, peut être comparée en tous points à celle où l'on était en 1848, à la veille des Journées de Juin : Le travail fait défaut, un grand nombre d'industriels menacent de fermer leurs usines, des grèves éclatent de toutes parts, la misère est à son comble dans les familles ouvrières, le Conseil supérieur du travail n'apparaît aux travailleurs que comme une triste parodie du Ministère du travail en 1848, le mécontentement a fait de tout ouvrier un insurgé, de toute mère de famille une louve prête à descendre dans la rue avec sa traînée de petits pour défendre leur pain.

Qu'on s'en souvienne! l'impôt des 45 centimes, en 1848, a mis le feu aux poudres. Comme toujours, c'est Paris qui a levé l'étendard de la révolte, mais le vent en était venu de la Province. Le tocsin avait été sonné par ces provinciaux qui, après la défaite des ouvriers de Paris, furent les premiers à applaudir aux massacres, aux déportations en masse !

Aujourd'hui, les mêmes faits se produisent: l'augmentation des impôts soulève des plaintes légitimes dans toute la province. Et, personne ne saurait le nier, ce sont ceux qui ne possèdent rien qui sont le plus atteints ; ce sont ceux qui gagnent le moins, — et même pas assez pour vivre, — qui supportent toutes les charges. Les salaires diminuent, et les impôts et tout ce qui est nécessaire à la vie augmentent dans des proportions considérables.

D'après un rapport lu au Sénat par M. Krantz, sénateur républicain, s'il vous plaît, voici le tableau de l'imposition par tête dans les principaux pays:

France	104 fr.
Angleterre	57
Allemagne	44
Etats-Unis	50
Belgique	46
Autriche	40
Russie	36
Espagne	33

Il résulte donc de ce qui précède qu'au point de vue des impôts qui pèsent sur les classes laborieuses, la France républicaine se trouve à la tête du progrès en sens inverse. C'est en France, et sous la République, que les besogneux cont le plus imposés. Et le rapport de M. Krantz n'est pas exagéré, puisqu'il est établi par une autre statistique, non moins officielle, que ce n'est pas à 104 fr., mais à 111 fr. et quelques centimes que s'élèvent par tête d'habitant les impositions.

Dans ces conditions, que voulez-vous que devienne le père de famille, ouvrier des champs, qui ne gagne pas plus, bon an mal an, de 8 à 900 francs? Que voulez-vous que fasse l'ouvrier de l'industrie qui ne gagne pas plus de 1,000 à 1,100 fr. ?

On nous dira : Mais si l'on a des charges sous la République, on a au moins des compensations. Nous le savons. Mais ces compensations sont-elles en raison de ce qu'on prend à l'imposé? A combien s'élèvent les compensations qu'on donne au père de famille imposé de 111 fr. par an? Et puis, ce qu'on donne est-il appréciable pour celui qui est obligé de vivre au jour le jour, n'ayant que son salaire pour vivre ou plutôt pour en mourir?

Les feuilles de contributions qui viennent d'être distribuées dans le mois de février ont soulevé un mécontentement général. On entend dire partout: Ah! bien merci, si c'est ça la République, mieux vaut en finir tout de suite !

Vous avez beau répondre :

— Ce n'est pas la République qui en est cause, mais les hommes qui sont au pouvoir et qui sont à la République ce que la peste est à l'humanité.

A cela on vous répond :

— Que nous importe s'ils sont nos maîtres et s'ils font des lois que nous sommes obligés de subir.

— Mais enfin on donne plus d'instruction à vos enfants. Il faut bien payer des instituteurs et des institutrices.

— C'est vrai, mais nous avons le propriétaire et le boulanger à payer.

— On assainit les villes, on ouvre des grandes voies, on construit des lignes de chemins de fer.

— Moi qui ne vais que de ma chaumière à mon champ, je ne m'en aperçois guère.

— Et moi, ajoute un autre, je n'en profite guère, car tous les jours, du matin au soir, je suis enfermé dans une usine où je ne respire même pas à mon aise.

Et les ennemis acharnés de la République s'empressent d'exploiter cette situation et de profiter du mécontentement pour faire une active propagande contre la République.

Les fabricants de budget nous disent: Il faut pourtant bien de l'argent pour subvenir aux besoins du pays. Certes, et nous avons été des premiers à applaudir lorsqu'on a voté des fonds pour l'instruction des enfants du peuple, pour augmenter les appointements des instituteurs, des institutrices et des petits employés, qui sont les seuls qui travaillent réellement dans toutes les branches de l'administration. Mais en même temps, nous disons qu'il ne faut pas prendre d'argent où il n'y en a pas, et c'est là actuellement où l'on en va chercher et prendre de force.

Bien que nous soyons en République depuis plus de vingt ans, on n'en a pas moins laissé subsister les mêmes privilèges, les mêmes monopoles, les mêmes sinécures. On a protégé moralement et financièrement les richissimes compagnies de chemins de fer, sans se soucier de leurs milliers d'employés qui ne sont autres que les serfs de la voie ferrée; on n'a pas touché aux émoluments des chefs de bureau et de division, qui servent dans les ministères comme une septième roue à un carrosse ; on n'a pas retranché un sou au budget affecté à la liste civile en faveur des parasites des régimes déchus, on n'a pas retranché un sou au budget des cultes, et le budget de la guerre nous coûte plus de douze cent millions par an !

De sorte qu'aujourd'hui plus que jamais, ce sont les pauvres, les travailleurs, qui supportent toutes les plus lourdes charges, y compris l'impôt du sang.

Actuellement, les ennemis de la République n'ont pas besoin de journaux, les feuilles de contributions leur suffisent pour recruter des mécontents et faire de la propagande en faveur d'une restauration monarchique ou impériale; que leur importe, pourvu qu'ils étranglent la Marianne.

Eh bien, après le rude hiver que l'on vient de traverser, si les hommes au pouvoir continuent à rester sourds aux plaintes des travailleurs sans ouvrage et sans pain, la République aura vécu avant peu, et comme de coutume, son dernier soupir sera suivi encore d'hécatombes de prolétaires, et de prolétaires seulement, car les coupables sauront bien se tirer d'affaires.

J.-B. CLÉMENT.

MOUVEMENT OUVRIER SOCIALISTE
DANS LA RÉGION

DIJON

Groupe Républicain Socialiste (Parti Ouvrier).— Deux orateurs (non inscrits à la Commission du 18 Mars) ayant commis des intempérances de langage dans la soirée familiale du 18, ont été l'objet de mesures disciplinaires de la part du Groupe dans sa séance du 21 mars. Des dispositions ont été prises pour que de pareils abus ne se renouvellent plus à l'avenir.

Samedi 4 avril, salle Vadant, 50, rue Monge, réunion plénière du Groupe Socialiste.

ORDRE DU JOUR : Elections municipales, mesures à prendre en vue du 1er Mai.

Le présent avis tiendra lieu de convocation.

Anniversaire de la Commune. — La soirée familiale organisée par le Groupe Socialiste, le 18 mars dernier, avait réuni un grand nombre de familles. 400 personnes, dont beaucoup de citoyennes, se pressaient dans la salle.

Les discours des citoyens Buquet et Mollot ont été particulièrement applaudis. Nous n'essaierons pas de les résumer, cela nous entraînerait trop loin.

Le concert qui a suivi a été très animé; les chants se sont succédé pendant plus de deux heures, alternés par des récits et poésies révolutionnaires fort applaudis.

La tombola a mis tout le monde en pleine gaîté, et c'est d'un cœur content que l'on s'est donné rendez-vous à l'année prochaine.

Les élections municipales. — Le conseil municipal est dissous et nous nageons en pleine période électorale.

Déjà les partis républicains bourgeois, par l'organe de leurs journaux, entonnent un hymne attendrissant en faveur de la concentration... en attendant qu'ils se mangent le nez. Naturellement, c'est encore à leur profit qu'ils prêchent l'union au 1ᵉʳ tour; quant aux revendications ouvrières, il ne saurait en être question pour ces messieurs. Mais vous connaissez le proverbe: Chat échaudé, etc.

Ce n'est pas le spectre blanc qui nous fera dévier de notre ligne de conduite, et les bourgeois peuvent le rengainer.

De leur côté, les réactionnaires, escomptant les fautes des centraux à leur profit, viennent de couvrir les murs d'un long factum, dans lequel ils dissimulent soigneusement leurs opinions comme on cache des passions honteuses.

Ces messieurs se targuent d'avoir voté deux ans avec les centraux. Parbleu! ça se comprend: toutes les fois que les socialistes ont formulé des propositions, vous n'avez pas hésité. Sauvons la caisse avant tout. Ceci démontre bien que, pour la bourgeoisie, il n'y a ni drapeau ni patrie quand les écus sont de la partie.

Les affiches des réacs, grand format et timbrées, inondent la ville; on voit bien que l'argent ne leur coûte guère à gagner.

Dans le canton Est, on nous signale la formation d'un comité dit ouvrier qui s'organiserait secrètement, dans le but de fournir aux réactionnaires l'appoint ouvrier qui leur manque. Les autres bourgeois ont déjà essayé de cette ficelle, mais ça ne leur a guère réussi.

En tous cas, nous ne ménagerons pas les lâches qui se laisseront endoctriner, et nous leur ferons bien gagner le salaire que leur rapportera leur forfaiture.

En somme, la situation semble devoir être favorable aux revendications qui nous sont chères, et le Parti Ouvrier saura soutenir haut et ferme son drapeau. Que les travailleurs ne s'arrêtent pas aux déclamations vides et sonores de leurs adversaires et qu'ils fassent froidement leur devoir au jour du scrutin. S'ils le veulent, ils seront les plus forts.

A. M.

Un bagne industriel (Suite). — LA TRACTION. — Le service dénommé sous le nom de traction s'applique aux agents chargés de la conduite des machines: mécaniciens et chauffeurs.

A la tête de ce service (2ᵉ section), à Dijon, est placé un ingénieur, sorte de Ramollot ayant passé une partie de sa vie dans l'état militaire, et ayant conservé de ce premier métier (d'où il est sorti capitaine) l'arrogance, la présomption, la suffisance que donne l'habitude du commandement absolu, mais aussi une incapacité notoire en ce qui concerne le service à la tête duquel il est placé.

Comment est-il parvenu à cette fonction? Mystère. Peut-être comme proche parent d'archevêque! En tous cas, c'est un produit du favoritisme.

A peine arrivé à ce poste, il fit montre de son ignorance en bouleversant le service de fond en comble, de telle façon que les employés les plus compétents eux-même n'y comprirent rien. Bureau, service, tout fut touché, au détriment des agents, qui payèrent, par des amendes tombant dru comme grêle sur leurs épaules, les gaffes de leur chef.

Son omnipotence est telle qu'il agit en autocrate et dédaigne d'appliquer les règlements émanant de ses supérieurs.

C'est ainsi qu'en vertu d'un ordre de service du mois d'août 1889, tout mécanicien ayant perdu du temps pendant une partie de son parcours, mais l'ayant regagné avant l'arrivée à destination, doit obtenir un bulletin à 0, c'est-à-dire ne rien payer. Ceci était juste, mais notre Ramollot, trouvant sans doute cet ordre de service trop démocratique, en supprima l'application.

Employant un système jésuitique plus à sa convenance, ce monsieur décréta que tout mécanicien ayant perdu du temps en cours de route paierait une amende de 30 cent. par minute perdue, alors même qu'elle serait regagnée et que le train serait arrivé à l'heure réglementaire, ce qui occasionne une perte de 12 à 15 francs par mois à chaque mécanicien!

Ce drôle d'ingénieur connaît si peu la machine à vapeur, qu'un jour, accompagnant un mécanicien, il fit des reproches à celui-ci sur sa manière d'employer la contre-vapeur, et... le mécanicien ne s'en servait pas! Quel respect des agents sérieux et capables peuvent-ils avoir pour de semblables chefs et pour la compagnie qui les impose?

(*A suivre*).   V. MILLERAND.

ARQUIAN. — *Aux Travailleurs de la Nièvre!*

CHERS CAMARADES, FRÈRES DE LUTTES ET DE MISÈRE!

Pendant que je me trouve à avoir 15 centimes dans la poche et quelques minutes de récréation, je veux en profiter pour vous adresser par la voie de la jeune et vaillante *Revue Sociale*, qui défend si courageusement nos intérêts à tous, ma pensée sur la situation qui nous est faite par les exploiteurs de tout ordre et les agresseurs de tous genres; ainsi que sur les moyens que nous devons employer pour en sortir au plus vite.

Beaucoup d'autres l'ont dit avant moi, et plus éloquemment que je ne saurais le faire moi-même: L'émancipation politique, sociale et économique des travailleurs, ne peut être et ne sera que l'œuvre des travailleurs eux-mêmes. Et je m'empresse d'ajouter: Rien n'est plus logique et plus vrai.

Eh bien! Citoyens travailleurs, déshérités et exploités mes frères, nous tous souffrons si horriblement de ce vieux et honteux système d'organisation sociale actuelle qui engendre les vices les plus honteux; des vols et des crimes de toutes natures, ainsi que cette monstruosité qu'on appelle l'exploitation de l'homme par l'homme! Régime exécrable, système d'iniquité et de mensonge qui permet aux loups de l'exploitation à outrance et aux barons de la propriété terrienne et financière de tenir constamment le peuple travailleur dans la misère, dans l'inquiétude et de le torturer sans pitié par les tenailles de la faim, ce qui finirait par le dégoûter absolument de la République.

Le gouvernement et la majorité dite républicaine des députés n'ont pas du tout l'air de s'en apercevoir puisqu'ils les laissent faire, et se font même leurs complices. Eh bien, tant pis pour eux; ils seront balayés par le même vent de délivrance *sociale*.

Donc, travailleurs à l'œuvre, partout nous n'avons plus le droit de rester indifférents au grand mouvement libérateur qui entraîne et pousse irrésistiblement tous les peuples à la liberté vraie, à l'instruction et à l'émancipation intégrale de tous les être humains. Pour hâter ce jour d'allégresse populaire, de bien-être universel, il faut tous nous jeter dans la mêlée, nous grouper, nous organiser, pour nous instruire, pour unir nos cœurs et nos bras pour la lutte suprême qui bientôt éclatera sur tous les points du *monde*.

Nous, travailleurs républicains socialistes de *France*, nous avons arraché la République de la tombe où l'avait plongée le bandit du 2 décembre, aidé de tous ses complices, parmi lesquels figurent en première ligne tous les imposteurs du clergé. Camarades, cette République que nous aimons du fond du cœur et pour laquelle nous sommes prêts à donner notre sang, cette République qui n'est que l'œuvre des républicains sincères et qui ne doit son salut qu'aux efforts inouïs et au sang des martyrs, nos amis et nos frères, ces nobles et vaillants défenseurs de la *commune* de *Paris*, oui ! mes amis, il faut absolument, sous peine de mort pour elle, que nous arrachions cette pauvre République des langes de la monarchie, dans lesquels on la laisse emmaillotée comme un forçat traînant à ses pieds ce vieux boulet de réaction qui la paralyse et l'empêche d'avancer.

Enfin, mes chers amis, je vous le dis en terminant, l'expérience nous a coûté cher, mais elle est faite cette fois. Des gouvernants et des parlementaires bourgeois nous n'avons rien de bon à attendre. Gardons au cœur l'esprit de sympathie et de reconnaissance vis-à-vis de ceux d'entre les bourgeois qui ont lutté ou qui luttent encore pour notre affranchissement, mais comme ils ne seront jamais assez nombreux pour nous rendre toute la justice qui nous est due, c'est une folie d'attendre quoi que ce soit de leurs comédies parlementaires, vous le voyez bien du reste par la tournure de leurs débats. Non, non, n'attendons plus rien des pouvoirs publics actuels ; ne comptons plus rien que sur nous-mêmes pour fonder en France la République républicaine, humaine, anti-cléricale, démocratique et sociale.

Et cette République-là ne tolèrera plus que des gens crèvent d'indigestion dans l'abondance qu'ils n'ont pas créée et que les travailleurs, qui les ont produites meurent de misère et de faim ! Alors les autres peuples nos frères suivront notre exemple et c'en sera fait des guerres sanglantes qui jusqu'alors ont déshonoré l'humanité.

Philippe DESMERGÈS.

BESANÇON. — Il y a quelques jours, le conseil municipal de notre ville discutait une demande de subvention qui lui avait été adressée par le syndicat typographique en faveur de la création d'une bibliothèque corporative.

La somme de 100 fr. a été votée après une discussion qui aura eu pour résultat d'édifier les électeurs ouvriers sur l'intérêt que leur portent certains de leurs élus.

Il s'est trouvé, en effet, un conseiller, radical à tous crins, pour déclarer qu'en accordant une subvention, cependant bien minime, en faveur d'une bibliothèque corporative, c'était jeter l'argent par les fenêtres.

Ah ! M. Ahr, vous trouvez que les ouvriers n'ont pas besoin de s'instruire et de se perfectionner dans leur métier ; vous trouvez que le conseil municipal, qui a accordé une subvention de 2,000 fr. au syndicat patronal des fabricants d'horlogerie, a mal fait d'allouer 100 fr. à un syndicat ouvrier ! Voilà de bien singulières théories de la part d'un prétendu défenseur des ouvriers.

Nous engageons les électeurs à en prendre bonne note.

LE CREUSOT. — Voici quelques renseignements sur le nouveau genre de consultation de Messieurs les Médecins de l'usine Schneider et Cie :

La pharmacie des usines est chaque jour prise d'assaut par un nombre considérable d'ouvriers blessés ou malades ; ainsi, pendant le plus rigoureux de l'hiver, et afin de ne pas trop encombrer la salle d'attente de la pharmacie, on a obligé jusqu'à ce jour les malheureux esclaves ou leurs femmes, à stationner pendant des heures entières sur les marches d'escaliers tout à fait en dehors.

A la porte d'entrée il y a un garde-chiourme de l'usine en livrée pour faire la police ; comme au conseil de révision, il ne laisse entrer que par dizaine. Chacun des médecins ayant son cabinet de consultations séparément, ne doit donner des consultations qu'à ceux du quartier auquel il est affecté dans ses tournées de visites ; il n'y a que le médecin chef, M. Desfontaines, pour faire toutes les opérations qui se présentent, et pour marquer les journées des blessés.

Chaque médecin se tient environ deux heures dans son cabinet ; au bout de ces deux heures il ne s'occupe pas s'il y en a qui attendent, il file. Par ce motif, ceux qui ont attendu trois ou quatre heures afin d'avoir une ordonnance se bousculent les uns les autres chaque fois qu'on ouvre la porte.

C'est ainsi que la semaine dernière la femme d'un honnête ouvrier, nommé Denis, ayant reçu une forte poussée au moment où la porte du cabinet du sieur Ducroix s'ouvrait, elle fut précipitée contre ce dernier qui ne trouva rien de mieux que de lui administrer une giroflée à cinq feuilles ; la femme, qui était dans son droit et pas peureuse, administra à son tour un fort coup de poing sur le nez de son agresseur, si bien que les binocles volèrent en éclats.

Il y a un fait bien certain là dedans : si au lieu d'avoir été la femme d'un honnête ouvrier, c'eût été une dame en voilette d'un garde-chiourme quelconque, notre brave docteur Ducroix aurait agi assurément avec beaucoup de prudence. Mais, que voulez-vous : sous la toute-puissance du député père aux dix mille esclaves on trouve tout naturel de traiter ces derniers ainsi que leurs compagnes comme des bêtes de somme.

Maintenant voici un autre fait non moins important.

Je vous ai fait connaître de quelle façon l'administration cléricale du potentat Schneider recrutait les malheureux qu'elle tient courbés sous son joug ; il y en a qui sont embauchés sans beaucoup de difficultés, seulement ils ne sont avisés de se présenter au travail qu'après une enquête sérieuse sur leur compte. Pour faire cette triste corvée, l'administration choisi de préférence d'anciens gendarmes fidèles serviteurs de Piétri. Si l'aspirant au travail habite les communes environnantes, on a toujours soin de s'adresser aux membres du Comité conservateur de l'endroit.

Les exemples ne sont pas rares ; ainsi, dans la commune de Saint-Sernin-du-Bois, près le Creusot, je connais d'honorables citoyens qui, ayant beaucoup de famille sur les bras, tentèrent de faire embaucher quelques-uns de leurs enfants à l'usine, réponse leur fut faite qu'il ne fallait pas y compter ; d'après certains renseignements, ce serait un certain Ravatin, apôtre de Saint-Joseph, qui remplirait le rôle de mouchard. Aux élections de 85, ce même individu allait jusque chez les électeurs, attachés à l'usine, pour les conduire à la salle de vote.

S.

LA CHARITÉ. — Le Groupe Socialiste de La Charité, qui était en formation depuis quelques mois, est définitivement fondé, et sa première réunion a eu lieu le 18 mars.

Après adoption des statuts, le secrétaire donne connaissance aux membres du groupe du compte-rendu du citoyen Mojonet, leur délégué au Congrès régional de Dijon. Le groupe, à l'unanimité, lui vote des félicitations.

Après la réunion, tous les adhérents ont fêté, par un punch fraternel, l'anniversaire de la Révolution parisienne.

LONS-LE-SAUNIER. — Le gardien chef de la prison de Lons ne se contente pas comme délect suprême de torturer ou vilipender les victimes qui lui sont directement confiées ; il chasse à l'instar de la panthère dont il a tous les instincts féroces, il se rend au dépôt de la mendicité, lequel est complètement en dehors de ses attributions, et menace les pensionnaires pour le temps probable où ils tomberont sous ses griffes. Dans tous les cas, il a la précaution de s'entourer de toutes les garanties nécessaires, mais pas superflues, hâtons-nous de le dire ; c'est-à-dire d'une barrière de séparation, ces deux officieux *ad hoc* à l'établissement, et surtout de choisir comme victimes des sujets d'une composition facile en humeur.

C'est admis, mais il faut bien le dire, il faut que la bourgeoisie soit gravement endommagée pour se faire servir si mal. Votre cause, bourgeois est tellement gangrénée, que vous ne vous servez que de semblables sujets ; ces coups que vous portez vous atteignent bien mieux que ceux à qui vous croyez les porter.

Les couches profondes. — La loi des salaires accentue de plus en plus, son caractère d'airain à Lons, la misère y a été intense dans le courant de l'hiver. A la fin de l'automne, un nombre considérable d'ouvriers ont eu leur *sac*, d'autres ont été occupés à demi-journée et nécessairement le corollaire, qui châtouille la fibre bourgeoise, d'un minimum de salaire n'est pas entré en ligne de compte.

L'on a pu constater, sans beaucoup nous baisser afin de voir, le naïf pour qui la bourgeoisie posait, qu'un dessous composé pour la circonstance existait. C'est en cela que nous voyons beaucoup de travaux qui ont été ajournés pour être repris au printemps, où les ouvriers ont la culture. Nous ne citerons, pour bien faire saisir la filière de notre idée, que le cassage du grès qui se fait sur le champ de foire des porcs, qui a été interrompu et repris au premier mars. L'on pourra nous objecter que c'est une adjudication départementale ; nous répondrons que ce travail devrait être fait en régie et que les clauses d'adjudication doivent avoir un sens de travail en réserve. Qu'est-ce qu'une République qui s'efforce d'empêcher le pouvoir public de gouverner ?

Beaucoup d'officieux domestiques ou journaliers ont été mis à pied, le tarif même des tailleurs, lesquels forment une corporation importante (la plus grande de notre cité) qui n'a pas eu la saine et prudente idée de se former en syndicat, a été diminué. Voilà la situation.

J. MILLET.

MONTCEAU-LES-MINES. — Le citoyen Doyen, délégué mineur indépendant, n'a pas le don de plaire à la cléricale compagnie des mines de Blanzy, laquelle, aussitôt après son élection, en contesta la validité pour cette cause que Doyen avait été chef de poste dans la mine.

Ce cas n'étant pas prévu par la loi, qui ne dit pas qu'un mineur ayant été employé comme chef de poste ne peut pas être élu délégué mineur, le conseil de préfecture valida l'élection du citoyen Doyen.

La réactionnaire compagnie n'étant pas du tout satisfaite de ce verdict, et aussi parce que l'énergique autant qu'intelligent délégué la gêne considérablement, vient de faire appel du jugement devant le conseil d'Etat qui, nous l'espérons bien, fera de même que le conseil de préfecture, et renverra dans sa jésuitière la susdite compagnie. Là, elle pourra rêver à son aise sur d'autres moyens de se venger du citoyen Doyen, à qui elle avait cependant, autrefois, confié l'emploi de chef de poste, confiance qu'elle lui retira plus tard en le jetant à la porte, Doyen ayant affirmé publiquement ses idées sincèrement républicaines et socialistes.

P. GRISOU.

— Le citoyen Desfêtes nous adresse une lettre où il proteste contre l'accusation d'être vendu à la compagnie des mines. Il dit qu'il a trop eu à s'en plaindre lui-même pour souscrire jamais à un pareil marché. Nous sommes heureux d'enregistrer cette déclaration.

NUITS. — Il vient de se constituer un groupe socialiste qui prend pour titre : *Cercle du Parti Ouvrier de Nuits.* Ce groupe adhère à la Fédération de l'Est, et déclare qu'il ne considérera sa tâche comme terminée que lorsque le capitalisme sera anéanti.

Les travailleurs de Nuits accueilleront d'autant plus favorablement sa création que les salaires sont très bas dans cette localité. Chez M. Rollet, par exemple, ils ne gagnent que 2 fr. 50 pour 12 heures 1/2 de travail !

On nous signale aussi la mesure de rigueur dont a été frappé un facteur des postes. Sur l'ordre de son chef, il aurait remis une lettre adressée à un homme décédé au fils de cet homme, ce qui est contraire au règlement ; il n'en a pas plus fallu pour qu'il soit mis en disponibilité. Quant à son chef de service, il est bien tranquille.

F.

TONNERRE. — **La vaine pâture.** — Le conseil municipal de Molomes, près Tonnerre, appelé ces jours derniers à se prononcer sur la vaine pâture, on a voté — si je suis bien renseigné, — la suppression pure et simple.

Cet exemple pouvant être suivi, j'estime qu'il est du devoir de la *Revue Sociale* de faire la lumière sur ce point important d'économie rurale.

La vaine pâture était connue chez les Romains sous le nom de *compascua* (pâturages communs) et s'exerçait librement pour les vaches et les moutons, sur toutes les terres non couvertes de récoltes. Elle s'exerçait d'une façon plus large encore chez les Germains, qui apportèrent leurs coutumes en Gaule.

Charlemagne, s'inspirant du principe de la préservation des récoltes, apporté par les Francs, édicta que même les terres entourées de haies sèches devaient être, aussitôt les récoltes enlevées, livrées au libre pâturage des bestiaux. C'est qu'à cette époque reculée, on trouvait de droit naturel qu'une famille pauvre puisse posséder une vache pour se nourrir et six moutons au moins pour se vêtir. Mais aujourd'hui, sous le règne de la république bourgeoise, on proclame effrontément, à Molomes et ailleurs, qu'une famille pauvre n'a plus besoin ni de vivres, ni de vêtements. C'est le progrès moderne dans ce qu'il a de plus humain et de plus admirable.

Les grands pâturages communaux établis par les Francs furent conservés longtemps encore par les rois de France. Mais, à la suite d'évènements politiques et sociaux, les petites propriétés devinrent plus nombreuses, et la jalousie aidant, il s'établit une rivalité telle entre les petits propriétaires et les grands domaines, que l'efféminé Louis XV, à l'inverse de Charlemagne, permit la clôture des héritages, de telle façon que la vaine pâture avait disparu — dans la Champagne notamment — à l'époque de la Révolution française.

La vaine pâture, combattue de tout temps par les gros propriétaires, fut rétablie par la Révolution dans toute l'étendue de la France, et il fallut venir jusque sous la République opportuniste pour voir deux Chambres républicaines voter une loi autorisant un conseil municipal réactionnaire à supprimer la vaine pâture, si utile aux pauvres cultivateurs.

Les deux raisons qui ont toujours fait conserver la vaine pâture sont les suivantes :

La 1re, c'est le droit pour les familles pauvres d'avoir une vache pour aider à sa nourriture et six moutons pour se vêtir ;

La 2e, c'est le privilège d'ancienneté reconnu à la vaine pâture sur le droit de propriété, étant donné que la vaine pâture est de date immémoriale, tandis qu'il n'existe pas un seul titre de propriété remontant à plus de quatre siècles, et il en est peu dans ce cas.

Cette ancienneté, reconnue en droit et en fait, a constitué la servitude de vaine pâture sur toutes les terres, et cette servitude est d'autant moins discutable qu'elle est d'ordre humanitaire et que, de plus elle était connue des propriétaires avant qu'ils devinssent possesseurs du fonds.

Les petits propriétaires surtout ne supportent-ils pas des servitudes bien autrement vexatoires que la vaine pâture, ne serait-ce que le droit que prennent les riches de chasser dans les champs du pauvre, de tuer ses chiens et de lui faire faire de faux procès par leurs gardes-chasse, sans compter les coups de fusil, qui forment la monnaie courante avec laquelle on corrige les paysans insoumis aux volontés du seigneur de la contrée.

Cés faits se produisent tous les jours et constituent, à mon humble avis, une servitude autrement odieuse que la simple vue d'un troupeau de moutons broutant du chiendent dans un champ mal labouré.

Cette loi contre la vaine pâture, proposée au nom du progrès par M. Rathier et consorts, constitue une œuvre tyrannique à laquelle les barbares eux-mêmes n'ont jamais pensé. Comme elle ne peut être profitable qu'aux Archdéacon et autres Chandon, on juge de suite quel fonds il faut faire des promesses faites par les bourgeois, même élus comme radicaux, et l'on se demande s'il n'est pas plus sage d'attendre le salut de la prochaine Révolution que de continuer à donner sa confiance aux charlatans politiques qui nous trompent depuis 20 ans.

C'est au peuple d'aviser.   XXX.

COMMUNICATIONS

DIJON.— Groupe d'études sociales de la Grille de Fer. — Il s'est fondé, au faubourg d'Ouche, un groupe d'études sociales des travailleurs de la Grille de Fer, ayant pour but de propager les idées socialistes.

La poignée de militants qui a pris l'initiative de la formation de ce groupe a été récompensée au-delà de ses espérances par l'empressement qu'ont mis les travailleurs de ce quartier à se rendre à l'invitation qui leur était faite de se grouper pour travailler à leur affranchissement intégral.

La meilleure preuve que l'on puisse donner de cet empressement, c'est que samedi, 21 mars, deuxième réunion du groupe, sur 50 convocations lancées, 40 citoyens ont répondu à l'appel, et sur ces 40 présents, 37 ont adhéré immédiatement au Groupe.

Le Secrétaire.

RÉSOLUTIONS

Adoptées par le Congrès régional du Parti Ouvrier

Le Congrès déclare que, dans les conditions actuelles de la lutte économique, engagée par le prolétariat pour arriver à une juste répartition des produits du travail, tout salarié doit d'abord associer ses efforts à ceux de son groupe corporatif et conséquemment appartenir au syndicat de sa profession ou de sa spécialité professionnelle.

Il appartient aux associations fédératives de repousser énergiquement toute adhésion qui pourrait avoir pour résultat d'éluder ce devoir primordial des travailleurs.

Le Congrès reconnaît la nécessité des caisses de résistance, et exprime le vœu que chaque fédération fasse immédiatement les démarches nécessaires pour fonder partout de ces caisses, en commençant par la Fédération des travailleurs socialistes de l'Est.

Suppression du travail aux pièces

Le Congrès demande que toutes les organisations ouvrières fassent leurs efforts pour arriver à substituer le travail à la journée au travail aux pièces.

Travail de nuit des femmes et des enfants

Le Congrès invite les groupes et syndicats à lutter de toute leur énergie pour obtenir, par une loi, l'interdiction complète aux industriels et commerçants d'occuper de nuit des femmes et des enfants.

Toute infraction à cette loi devrait être punie sévèrement.

Huit heures

Le Congrès affirme le besoin absolu de la réduction des heures de la journée de travail ;

Il invite les groupes et syndicats à faire leur possible pour diminuer les geures de travail *par une loi*, mais toutefois en augmentant les prix de main-d'œuvre par une révision des tarifs actuels.

Afin d'arriver à la réalisation des huit heures de travail, le Congrès désapprouve tout travail systématiquement supplémentaire, comme contraire au principe d'association, et invite les syndicats à faire leur possible afin d'arriver à un minimum d'heures supplémentaires ;

Il demande que les sections prennent l'initiative de convoquer les syndicats ou organisations ouvrières de leurs localités respectives, afin d'adhérer aux fédérations locales, régionales et internationales, ayant pour mission de réclamer collectivement et simultanément près des patrons et des corps constitués une diminution des heures de travail ;

Les syndicats et groupes feront cette agitation selon l'état social du pays, au moyen de grèves ou de pétitions, le 1er mai de chaque année, si elles croient la législation favorable à leurs revendications.

Les groupes socialistes devront exiger l'insertion de cette revendication dans les programmes des candidats aux diverses fonctions électives.

Réglementation internationale des apprentis

Le Congrès demande que la réglementation de l'apprentissage soit établie dans les corporations respectives avant d'être soumise à un régime international.

Dans l'état social futur, il faudra créer des comités de statistique, qui donneront le nombre d'ouvriers et d'apprentis occupés dans chaque industrie, cela permettra alors de répartir les enfants selon les besoins de chaque métier. Mais, pour arriver à ce but, il faut que les corporations agissent de concert.

Syndicats ouvriers

Le Congrès demande :

1° La reconnaissance de la personnalité civile aux Fédérations corporatives ouvrières ;

2° L'extension de pouvoirs aux sociétés corporatives ouvrières, droit d'immixtion desdites sociétés dans les questions de tarifs douaniers et des traités de commerce, et dans les cas de conflit survenus entre patrons et ouvriers ;

3° Une loi efficace pour garantir à chacun des membres la libre participation à son groupe corporatif ;

4° Une loi de répression sévère contre tout patron ou chef d'industrie qui, par des menaces, paroles, voies de fait ou par tout autre moyen, porterait atteinte au libre arbitre d'un citoyen investi ou à investir d'un mandat électif que des électeurs voudraient lui confier ;

5° Amnistie plénière pour tous les condamnés pour délits politiques, cas de grève ou toute autre cause y ayant trait.

Le Congrès pense que ces mesures transitoires doivent être acceptées comme moyen de propagande pendant la période éducative, mais il tient aussi à déclarer hautement et sans ambages, que la transformation de la société actuelle s'impose par son égoïsme insatiable, pour faire place à des sentiments plus élevés, qui reposent sur des principes de justice et d'équité, et que ce double but ne pourra être atteint que par la Révolution Sociale.

LE CREUSOT

IV

LE TRAVAIL DES FEMMES

(Suite)

Les laveuses de charbon gagnent 35 centimes par wagon de charbon lavé ; elles en lavent, en douze heures, quatre ou cinq wagons quand cela va bien, soit 1 fr. 40 ou 1 fr. 75 au maximum en été ; mais l'hiver, la glace gênant le fonctionnement du lavoir, il est très rare qu'elles puissent arriver à quatre wagons ; leur journée moyenne est alors de 1 fr. 25.

Dans les moments de fortes gelées, le lavage est un véritable supplice ; ces malheureuses doivent amener elles-mêmes les wagons devant le lavoir, le véhicule, étant en état constant d'humidité, adhère aux rails par suite de la gelée, et les ouvrières doivent passer des heures entières, armées de pinces de fer, pour faire avancer un wagon de quelques mètres.

En dehors des usines, se trouve un grand dépôt de charbon, au chargement et déchargement duquel on emploie généralement des jeunes filles ; elles sont payées 15 centimes l'heure, mais l'heure n'est payée qu'autant qu'elle est employée en travail effectif. Lorsque, par exemple, après quatre heures de travail, il n'y a plus de wagons à charger, il y a interruption dans le paiement de la journée jusqu'à l'arrivée de nouveaux wagons vides, et si les wagons attendus n'arrivent pas, les ouvrières s'en retournent à la maison avec une journée de 60 ou 75 centimes pour onze ou douze heures de présence.

On emploie aussi quelques vieilles femmes aux fours des grosses forges et aux fours à coke, à chercher dans les cendres les morceaux assez gros, dits escarbilles, qui peuvent servir une fois encore à la combustion. Ce triage s'opérant alors que les cendres sont encore chaudes, il s'en dégage des gaz très nuisibles à la santé ; ces femmes sont, de plus, obligées de s'envelopper les mains de chiffons pour éviter les déchirures que leur font aux doigts les aspérités du coke.

V

CAISSE DE SECOURS

La caisse de secours aux malades et blessés est encore une de ces œuvres philanthropiques dont on fait honneur aux patrons, à grand renfort de grosse caisse et qui, en définitive, sont payées par les ouvriers.

Celle du Creusot était alimentée autrefois par une retenue de 2 1/2 0/0 sur les salaires ; mais, depuis 1872, cette retenue a cessé, le fonds de secours n'est plus alimenté que par l'intérêt de l'ancien capital et les amendes, ce qui explique un peu pourquoi les contre-maîtres en sont si prodigues.

L'administration alloue, le cas échéant, une subvention dont les salaires sont diminués d'autant, bien entendu.

Cet ancien capital a été placé à une Compagnie d'assurances, mais nul ouvrier ne sait à combien il s'élevait lors du placement ; les uns disent 500,000, d'autres 600,000, d'aucuns vont jusqu'à 700,000 fr. ; mais personne n'est certain, l'administration ne voulant certainement pas s'abaisser jusqu'à donner des renseignements à d'aussi petites gens.

Comme on le pense bien, il arrive de nombreux accidents dans une aussi vaste usine, et lorsqu'il y a mort d'homme, on donne à la veuve 20 francs par mois et 5 francs à chacun des enfants ne travaillant pas (1), ce qui est une assez maigre pitance. Mais malheur à celui qui n'a pas la chance d'être tué. S'il lui manque un œil, un bras ou une jambe qui l'empêchent de pouvoir continuer son métier, on le mettra marqueur ou magasinier à 60 fr. par mois, en lui faisant remarquer que cela vaut encore mieux que les 30 ou 35 fr. de pension mensuelle. Beaucoup acceptent, car autrement il faut plaider, et dans ce cas, l'administration n'est pas embarrassée pour prouver que vous n'êtes qu'un maladroit, que sa res-

ponsabilité n'est nullement engagée dans votre accident, et le tribunal d'Autun d'applaudir et de vous débouter de votre demande.

Ce qui empêche surtout les blessés de s'adresser aux tribunaux, c'est, comme nous l'avons dit en tête de cette étude, la crainte de voir tous leurs parents renvoyés de l'usine ; ils en acceptent donc un petit emploi, heureux encore quand on ne les met pas à la porte après, en leur disant qu'ils sont impotents. Si, alors, ils veulent plaider, il y a prescription. Mais ils acceptent ce nouveau déboire sans regimber, sans quoi ils ne seraient pas inscrits au bureau de bienfaisance, alimenté par les centimes additionnels des contribuables, obligés ainsi de nourrir les invalides du travail sur leur salaire déjà insuffisant.

Il y a une douzaine d'années, l'administration des usines s'est décidée à un acte de philanthropie dont les satisfaits du jour ont fait grand bruit en en attribuant tout le mérite à M. Schneider. Il s'agit d'un versement à la caisse des retraites pour la vieillesse, que fait l'administration en faveur de ses ouvriers dans les conditions qui vont suivre.

(*A suivre*).   J.-B. Dumay.

BIBLIOGRAPHIE

Le n° 75 (mars 1891) de la **Revue Socialiste** qui vient de paraître, publie les articles suivants :

Le Ministère du travail, B. Malon. — Les conditions du travail dans les pays étrangers. G. Rouanet. — La Banque de France, A. Chirac. — Le cardinal Manning, Hamon. — Revue des Revues, G. Rouanet. — Le Communisme en Amérique, A. Holynski. — Correspondance, Paule Minck. — Frédéric Mijoul, B. Malon. — Le mouvement social, A. Veber. — Nos causeries, Bernier. — Revue des livres, Boilley, Cécil, Veber, Bernier.

Abonnements — Un an : France, 18 fr. ; Etranger, 20 fr. ; six mois : France, 9 fr. ; Etranger, 10 fr. ; le numéro : France, 1 fr. 50 ; Etranger, 1 fr. 75.

Bureaux 8, rue des Martyrs, Paris.

Au moment où les travailleurs des Deux-Mondes se préparent à relever la tête au 1er mai, les **Cris d'un Paria** arrivent à propos. C'est là une œuvre humanitaire de plus que vient offrir au public la librairie internationale, 37, rue Gracieuse, Paris. (Franco 0 fr. 50.)

L'auteur — Michel d'Ambur — est un explorateur, doublé d'un écrivain, qui a rapporté de ses pérégrinations à travers le monde quelques idées neuves sur la solution du problème social.

SOUSCRIPTION PERMANENTE

Pour la propagande socialiste dans la Région

Report de la 5e liste, 90 fr. 55. — Excédants d'écot divers, 8 fr. 45 ; une gueule noire, 0 fr. 50 ; un Ardéchois, 0 fr. 50 ; Sourdeau, 15 c. ; Thiolain, 2 fr. ; Monod, 1 fr. ; Lég., 60 c. ; un groupe de manilleurs, 50 c. ; Gaudissart, 50 c. ; Roussel, 50 c. — Total, 105 fr. 25.   *A suivre.*

PETITE CORRESPONDANCE

Reçu en mars les sommes suivantes : de Dijon, 84 fr. 80 ; de Tonnerre, 7 fr. 50 ; de Lons-le-Saunier, 3 fr. ; Chagny, 5 fr. 50 ; La Charité, 8 fr. 50 ; Neuvy, 2 fr. ; Creusot, 7 fr. 35 ; Arquian, 1 fr. 60 ; Marcel-les-Chalon, 1 fr. ; Lamarche-sur-Saône, 2 fr. ; Courcelles-les-Montbard, 50 c.

Reçu de Couleau pour Chauffailles.

A tous nos correspondants. — Nous prions nos amis de résumer autant que possible leurs communications locales pour nous éviter l'ennui de les réduire, vu le format de la *Revue Sociale*.

M., à Marcel. — Avons fait le nécessaire pour votre réclamation.

M., à Lons-le-Saunier. — Trop long, ne peut passer qu'en plusieurs fois.

S., au Creusot. — Pouvez vendre les brochures 10 c. ; nous allons en expédier d'autres.

A. Simond. — Ecrivez-nous.

---

(1) Il n'en a pas toujours été ainsi. Celui qui écrit ces lignes, fils posthume d'un mineur mort accidentellement, obtint de M. Schneider, surnommé, dit-on, le père des ouvriers, une pension de *deux sous* par jour, de sa naissance à l'âge de 12 ans, et ma mère avait 10 fr. par mois.

Le *Gérant*, V. Millerand.

Dijon. — Imp. Carré, rue Amiral-Roussin, 40.

2ᵉ année — N° 7 bis   5 centimes   15 Avril 1891

LA REVUE SOCIALE

BULLETIN BI-MENSUEL
De la Fédération des Travailleurs Socialistes de l'Est

PARAISSANT A DIJON

ADMINISTRATION
Adresser toutes communications et mandats au citoyen CHARLOT, délégué, rue du Faubourg-Raines, 66, **DIJON.**

De chacun selon ses forces
A chacun selon ses besoins

ABONNEMENT
Un an, 2 fr. — 6 mois, 1 fr. — 3 mois, 50 cent.

PERMANENCE chaque samedi, soir, au siège social du Groupe Socialiste, 50, rue Monge, DIJON.

Ce numéro, de 4 pages seulement, est spécialement publié en vue des élections municipales par le Groupe Socialiste Dijonnais. — Le numéro du 1ᵉʳ mai reprendra son aspect habituel et contiendra la suite des révélations sur le chemin de fer P.-L.-M.

AUX ÉLECTEURS
de la ville de Dijon

CITOYENS,

Différentes propositions socialistes ont été soumises au conseil municipal par le Parti Ouvrier, notamment pour la garantie des salaires sur les chantiers communaux.

Elles ont été accueillies par des fins de non-recevoir; en présence de ce parti pris, les travailleurs dijonnais doivent comprendre enfin qu'il est temps de prendre en mains leurs intérêts économiques complètement négligés par les politiciens et les intrigants, qui les flattent avant leur élection, mais qui ne se souviennent plus d'eux après leur triomphe.

La classe ouvrière a trop longtemps servi de marchepied à leur ambition. Elle doit prendre sa revanche.

Aussi, le Parti Ouvrier Socialiste de Dijon entre-t-il en lutte aux élections municipales avec le programme suivant:

PROGRAMME MUNICIPAL

Partie générale

La commune maîtresse de sa police, de sa justice, de son administration, de ses finances, de ses services publics concernant l'instruction, l'alimentation, le commerce, les questions de travail, d'hygiène, etc.

Liberté d'entente et de coalition des communes.

Droit de révocation du maire et des adjoints; les séances du Conseil présidées à tour de rôle par un de ses membres.

Rétribution des fonctions de conseiller municipal.

Application du *referendum* aux questions municipales importantes, telles que emprunts ou grands travaux.

Interdiction du cumul des fonctions électives.

Mandat donné aux conseillers municipaux de voter contre la nomination des délégués sénatoriaux.

Suppression des octrois; leur remplacement par un impôt fortement progressif sur les revenus et les capitaux improductifs.

Transformation des monopoles économiques actuels (gaz, pompes funèbres, tramways) en services publics municipaux, fonctionnant à prix de revient.

Retour à la collectivité des biens communaux aliénés.

Création d'industries municipales de première nécessité (boulangeries, boucheries, etc.), pour combattre les spéculateurs au profit des travailleurs, et préparer l'acheminement de la propriété privée vers la propriété publique.

Asile de retraite pour les invalidés du travail.

Mise en régie des travaux de la ville entre les mains des associations ouvrières constituées.

Partie locale

Révision des tarifs d'octroi expirant au 1ᵉʳ janvier 1892, dans un sens plus équitable, en attendant leur suppression.

Réorganisation du service municipal de médecine; création d'une pharmacie et d'un laboratoire municipaux.

Suppression de la subvention théâtrale et de celle des courses; mise gratuite à la disposition des directeurs de la salle et du matériel de décors.

Travaux communaux exécutés dans les ateliers de la ville.

Suppression du marchandage.

Fixation de la journée de travail à huit heures sur les chantiers communaux.

Garantie d'un minimum de salaire basé sur la série de prix de la ville révisée tous les ans.

Élimination dans les adjudications des entrepreneurs qui ne se seraient pas conformés au cahier des charges dans les adjudications précédentes.

Suppression des bureaux de placement et organisation de la Bourse du travail effectuant l'embauchage gratuit.

Installation de refuges de nuit; création de crèches municipales gratuites et de cantines scolaires; gratuité sans restriction des fournitures scolaires.

Laïcisation de tous les services hospitaliers.

Suppression de la police des mœurs.

Équivalence d'entretien pour tous les quartiers de la ville; en raison de la mauvaise volonté de la Compagnie du gaz, éclairage des quartiers extérieurs à l'huile minérale ou tout autre procédé.

Création d'une caisse municipale de chômage.

Publication d'un *Bulletin municipal* officiel.

Sectionnement de la ville de Dijon pour les élections municipales futures.

Réduction des gros traitements dans les services municipaux.

Les candidats du Parti Ouvrier acceptent le mandat impératif et remettent leur démission en blanc à la disposition de leur Comité; ils s'engagent en outre à rendre compte de leur mandat au moins une fois par année.

NOTRE PROGRAMME

La Commune et le Parti Ouvrier

En tête de nos cahiers municipaux, et pour bien faire comprendre l'importance que nous attachons au rôle du Parti Ouvrier dans la commune, nous demandons que *la Commune soit rendue maîtresse de sa police, de sa justice, de son administration, de ses finances, de ses services publics*, etc.

Nous n'ignorons pas que cette question ressort complètement du domaine politique et ne peut être résolue que par la *Révision de la Constitution dans le sens vraiment* républicain et socialiste. Mais nous tenons à affirmer nos convictions à ce sujet. Nous pensons en effet:

Que la centralisation à outrance écarte le gouvernement direct du peuple et l'habitue à se donner des maîtres.

Que, d'autre part, les besoins économiques varient suivant les régions considérées.

Qu'avec l'autonomie la plus large pour les municipalités, nombre de réformes seraient immédiatement réalisables, là surtout où les travailleurs auront des défenseurs convaincus.

Qu'enfin l'organisation communale fédérative est la seule sauvegarde de la République contre les attaques des prétendants ou des dictateurs.

Comme conséquences naturelles de ce principe fondamental, nous demandons:

La liberté d'entente et de coalition des communes.

Le droit de révoquer le maire et les adjoints, pour les conseils municipaux.

L'application du *Referendum* aux questions municipales importantes, comme les emprunts ou les grands travaux communaux, afin d'habituer le peuple à faire ses affaires et mettre les électeurs à même de décider en connaissance de cause, sur les charges qui peuvent leur incomber, comme contribuables, dans le présent et dans l'avenir.

La rétribution des fonctions de conseiller municipal suivant le taux moyen des salaires ouvriers, pour dédommager l'élu du temps perdu au profit de ses concitoyens.

Partisans déclarés de la *suppression du Sénat*, nous pensons que le meilleur moyen d'aboutir, en attendant mieux, est encore de refuser la nomination des délégués sénatoriaux.

Enfin, *l'interdiction du cumul des fonctions électives.*

Suppression des octrois

Si les réformes politiques peuvent attirer l'attention du Parti Ouvrier, c'est qu'elles sont le prélude indispensable des réformes économiques et sociales, dans la Commune.

Au premier rang de ces dernières figure la *suppression des octrois.*

Les octrois grèvent la nourriture des populations des villes; ils sont en opposition avec les principes d'équité qui doivent présider à la répartition des charges publiques.

Cet impôt frappe surtout le contribuable en raison *inverse* de ses ressources.

Etabli sur les consommations de première nécessité, il épargne le *superflu* des uns pour grever le *nécessaire* des autres.

Un impôt qui porte d'aussi graves atteintes aux intérêts des masses doit donc disparaître sans délai.

Quant aux moyens de le remplacer, le Parti Ouvrier n'en peut préconiser qu'un seul. Adversaires implacables des grosses fortunes dont la constitution n'a pu se faire qu'en dépouillant les travailleurs de la plus-value de leur travail, les socialistes frapperont ceux qui possèdent en établissant un *impôt fortement progressif* sur le revenu, sur les héritages et sur le capital improductif, atteignant ainsi la véritable source de nos malaises économiques, la concentration des capitaux entre les mains d'une oligarchie financière.

Le Parti Ouvrier et les services publics

Combattre efficacement les monopoles économiques au profit de la masse, tel est le but poursuivi par le Parti Ouvrier dans son organisation des services publics.

Il suffit de considérer la situation critique actuelle de l'industrie et du commerce, en butte à la loi meurtrière de la concurrence, pour constater que seule, la puissance des capitaux et de l'outillage domine en maîtresse. On brasse des affaires; la victoire est au plus riche et au mieux outillé, aux gros magasins contre les petits boutiquiers, aux grandes usines contre les petits ateliers.

Les travailleurs supportent tout le poids de cette lutte économique. Quand ils travaillent, un salaire dérisoire les réduit à la portion congrue; quand ils chôment, c'est la misère noire.

Aujourd'hui on monopolise tout. Les cuivres, les farines, les sucres, les cafés, l'éclairage, les chemins de fer, assurances, etc., etc., sont accaparés par la féodalité financière, plus redoutable que celle du moyen-âge.

Il n'y a qu'un moyen de livrer aux spéculateurs une guerre implacable qui les anéantira. C'est de transformer tous ces monopoles économiques en *services publics*, en commençant par ceux de première nécessité.

C'est pourquoi nous inscrivons dans notre programme:

Usine municipale d'éclairage, service public des pompes funèbres, pharmacie, boucheries, boulangeries municipales, etc., etc.

Nos adversaires ne manquent pas de formuler leurs objections. Les services publics coûtent trop cher, disent-ils. Si cela est vrai dans quelques cas, ce n'est point parce que les ouvriers ou les petits employés y sont trop payés, mais bien parce qu'il y a trop de sinécures pour les fils de bourgeois. Les socialistes sauront y mettre bon ordre, le jour où les travailleurs conscients auront conquis les pouvoirs publics.

D'ailleurs, l'expérience a prouvé que les villes de Tourcoing, Valence, Grenoble, qui exploitent elles-mêmes leur éclairage au gaz, par exemple, arrivent à éclairer gratuitement leurs rues, alors qu'à Dijon la conservation de ce monopole coûte 100,000 fr. tous les ans au budget municipal.

En résumé, nous réclamons l'organisation des services publics dans la commune: 1° pour détruire les monopoles économiques actuels; 2° pour fournir aux travailleurs les consommations de première nécessité à prix de revient, et ensuite pour leur garantir de meilleures conditions de travail, les arrachant ainsi à l'exploitation des bagnes capitalistes, grosses usines et gros magasins.

La question théâtrale

Nous sommes loin d'être ennemis des Beaux-Arts, au contraire; mais lorsque l'entretien du Grand-Théâtre coûte aussi cher à la caisse municipale, il y a lieu de prendre nettement position. Les demi-mesures et les demi-moyens employés par le conseil municipal n'ont abouti qu'à doubler le chiffre de la subvention. Autant d'argent perdu qui aurait pu trouver un meilleur emploi dans l'intérêt général, notamment comme première mise de fonds à la création d'un *asile de retraite des invalides du travail*. Si messieurs les bourgeois veulent entendre des artistes de haute valeur, ils ont les moyens de payer double le prix actuel de leurs places, au lieu de prélever la dîme sur le budget.

Le Parti Ouvrier pense donc que la Ville, en accordant gratuitement aux directeurs l'édifice théâtral, le matériel des décors, fait largement les choses, sans être obligée de voter encore 50 à 60,000 fr. de subvention en argent.

Quant à la subvention des courses (10,000 fr.) donnée par la ville sous prétexte de contribuer à l'amélioration de la race chevaline, nous contestons complètement son utilité. Les Travailleurs n'ont aucun encouragement déguisé à donner aux bookmakers et autres industriels de même farine.

Avant de faire de Dijon une ville où l'on s'amuse, il faut d'abord en faire une ville où l'on mange à sa faim.

Le Parti Ouvrier et les travaux communaux

Dès le mois de mars 1889, le Parti Ouvrier dijonnais, appuyé par les corporations du bâtiment, soumettait au conseil municipal des propositions tendant: 1° à la mise en régie des travaux de la ville; 2° à l'introduction, dans les cahiers des charges, des clauses garantissant un salaire rémunérateur aux ouvriers. Ces deux propositions ont été repoussées à plusieurs reprises par la majorité du conseil.

Une autre proposition tendant à limiter à 8 heures la journée de travail sur les chantiers communaux, a été également repoussée.

Le service municipal de médecine

Beaucoup de travailleurs dijonnais ont certainement ressenti pour leur propre compte les résultats de la mauvaise organisation de ce service; de nombreuses plaintes nous parviennent tous les jours. Il faut payer comptant 10 ou 15 fr. pour une visite de nuit; encore, la plupart du temps, MM. les médecins du service médical dédaignent-ils de se déranger. Il faut effectuer une véritable chasse pour en découvrir un. Tant pis pour les malades.

Devant la mauvaise volonté des médecins, la municipalité a le devoir d'organiser un *Service public d'hygiène et de santé*, avec deux ou trois médecins en permanence, rétribués par la caisse municipale. Il sera possible alors de mettre le prix de ces visites à un taux abordable pour les travailleurs.

L'adjonction à ce service d'une *pharmacie municipale*, vendant les médicaments à prix de revient, empêchera la honteuse spéculation sur les produits pharmaceutiques et diminuera les bénéfices exagérés réalisés trop souvent par les pharmaciens. En raison de leur peu de ressources, les ouvriers trouveront, à la pharmacie municipale, garantie de prix et de qualité.

La Bourse du Travail

Le mouvement ouvrier s'accentue dans notre ville; les syndicats ouvriers se réorganisent, comprenant enfin qu'il faut présenter un vaste front de bataille à la réaction capitaliste.

La municipalité a le devoir d'encourager ces associations. Il faut faire aboutir le projet de création d'une Bourse du Travail, qui est un commencement du service public de renseignements professionnels. Les travailleurs des deux sexes doivent échapper aux griffes des bureaux de placement qui les grugent sans pitié. La municipalité doit retirer la tolérance accordée à ces officines *bonnes à tout faire*, et les remplacer par la *Bourse du Travail*, siège social de toutes les corporations d'ouvriers et d'employés.

De plus, nous demandons la création d'une caisse municipale de chômage. Que l'on réfléchisse à l'inefficacité de l'assistance publique pendant les hivers rigoureux, et l'on comprendra vite l'utilité d'une pareille création.

Il est honteux d'obliger les travailleurs à tendre la main pour se procurer une nourriture à laquelle ils ont droit et qu'ils pourraient exiger.

La commune doit aide et assistance à tous ses citoyens, et par la caisse de chômage, nous couperons court au favoritisme et à toutes les bassesses et humiliations que l'on a l'habitude d'infliger aux pauvres gens.

C'est pourquoi le Parti Ouvrier Socialiste dijonnais termine l'exposé de son programme municipal en réclamant énergiquement:

La suppression des bureaux de placement;

La création de la Bourse du Travail;

La création d'une Caisse de chômage.

CONCLUSION

CITOYENS,

Le Parti Ouvrier Socialiste, pur de toute équivoque et de toute compromission, vous invite à adhérer en masse à son programme.

Contrairement aux partis bourgeois, qui vous parlent hypocritement de réformes sociales, mais qui n'osent en formuler aucune, nous indiquons, nous, quelles sont celles qui peuvent être réalisées dans la Commune, avec des mandataires sincères, énergiques et persévérants.

PETITS COMMERÇANTS!

Vous voterez pour les hommes du Parti Ouvrier, parce qu'ils combattent les gros magasins qui vous ruinent, et parce qu'au bout d'une vie entière passée à l'air malsain de vos boutiques, vous n'avez, bien souvent, d'autre perspective que la misère et la banqueroute.

EMPLOYÉS, OUVRIERS!

Vous vous joindrez à eux, parce que le Parti Ouvrier veut, au moyen des réformes contenues dans son programme, améliorer votre situation matérielle et morale, vous garantir des conditions de travail et de salaire, vous empêcher de mourir dans la misère, lorsque les infirmités, les maladies et la vieillesse vous obligent au repos.

ÉLECTEURS!

Vous voterez pour le Parti Ouvrier, parce qu'il est pour la suppression des octrois, des sinécures et des folles dépenses; pour l'impôt progressif sur le revenu et le capital non-productif; parce qu'il soumettra au *referendum* les questions importantes, et qu'il ne réalisera ni emprunts, ni grands travaux sans vous consulter en réunion publique.

Vous donnerez vos suffrages aux candidats présentés par le Groupe Socialiste, car avec le mandat impératif et la démission en blanc, il conserve la faculté de chasser ses élus s'ils vous trompent, et de les clouer au pilori de l'opinion publique.

Vive la République Sociale! Vive le Parti Ouvrier!

RÉUNIONS PUBLIQUES. — Jeudi 16 avril, salle de la Renaissance, à 8 heures 1/2. Orateurs inscrits : Buquet, Nougarède, Millerand, etc.

Samedi 18 avril, salle Foveau, rue d'Auxonne, à 8 heures 1/2. Orateurs inscrits: Morin, Janot, Nougarède, Charlot, Marpaux, etc.

Ordre du jour : Développement du programme municipal du Parti Ouvrier et présentation des candidats.

Pour couvrir les frais de la campagne électorale, le Parti ouvrier dijonnais ouvre une souscription et fait appel à tous ses adhérents. — Les citoyens désireux d'y contribuer trouveront des listes chez le citoyen Dessirier, aux Triumvirs Romains, rue de l'Hôpital.

EXPLIQUONS-NOUS

La concentration s'impose, la concentration est faite! Voilà ce qu'on a pu lire dans trois journaux de la localité, bien qu'aucun d'eux ne donne de détails et qu'on ne sache pas quels sont les comités qui concourent à cette concentration.

On voudrait bien savoir sur quels points l'accord a pu se faire, mais il paraît que c'est de l'indiscrétion. Chut! pas un mot, vous compromettriez la République!

Cependant, il nous semble que ce serait bien le moment de savoir ce que pensent les électeurs des questions purement municipales en jeu, et si on ne consulte pas leur opinion, au moins au premier tour, quand veut-on le faire?

Il serait pourtant assez intéressant de savoir l'avis du public sur les questions du théâtre, du lycée, de la caisse de chômage, des garanties de salaire aux ouvriers, de la Bourse du travail, etc. Mais chut! taisons-nous, la République est en péril; mettons notre drapeau dans notre poche.

Ainsi l'ont décidé MM. Bargy, Bidault et Bordet, et tout ce qui pourra gêner l'union sera impitoyablement rejeté.

Le *Petit Dijonnais* nous a déclaré que si nous avions été gentils, ils nous auraient laissé six sièges! D'abord aucun comité ne nous a fait d'offres; ensuite, nous ne voulons être ni dupes ni complices.

Car ce trio hybride n'est qu'un comité de sauvetage et d'assurances contre les risques du suffrage universel, et si les électeurs connaissaient tous les maquignonnages qui se sont opérés sous couvert de concentration, ils seraient complètement édifiés.

Pauvre peuple! comme on se joue de toi entre trois bocks!

Pour réussir, nos rusés compères emploient le vieux truc qui consiste à agiter le spectre blanc aux yeux des travailleurs républicains, espérant ainsi leur donner le change.

Cela nous remet en mémoire cet escarpe qui, faisant voir Judas dans la lune à un badaud, lui vidait ses poches pendant que son attention était tout entière au spectre imaginaire.

Ce n'est pas que le danger réactionnaire n'existe pas, mais à qui la faute s'il y a encore des mécontents?

Est-ce aux socialistes, qui veulent des réformes sérieuses et immédiates, ou aux opportunistes qui les ont repoussées?

Et puis, est-on bien sûr que les électeurs se contenteraient de cette concentration et voteraient en masse? Allons donc! personne n'oserait l'affirmer.

Nous croyons fermement, nous, que si l'impôt était payé par ceux qui possèdent et si de sages lois réglementaient le travail de manière à assurer l'existence de tous, il y a longtemps que le peuple, regardant d'un peu près cette vermine réactionnaire, qui le ronge encore, l'aurait rejetée avec dégoût au fond de ses capucinières!

Les opportunistes ont compromis la République depuis 20 ans par leur autoritarisme et leur refus systématique de voter des réformes en faveur des classes laborieuses. Les radicaux ont accumulé faute sur faute depuis 4 ans.

Aussi ces deux partis se gardent-ils bien d'entrer en lutte avec leurs programmes respectifs; ils craignent trop d'être obligés de constater les pertes subies particulièrement. C'est pour cela qu'ils ont constitué une liste panachée avec des noms absolument compromis.

Ensuite, si l'ensemble du parti ainsi constitué est considérablement amoindri, ils accuseront les socialistes de leur impopularité.

Le radicalisme, ce pâle reflet de la Montagne de 93, a montré qu'il n'était qu'une montagne de glace que le soleil couchant de l'opportunisme a suffi à faire fondre.

Comme en 1880, il n'y a plus que trois partis en présence : le parti ouvrier, le parti républicain bourgeois et le parti réactionnaire, ce dernier profitant des fautes des seconds et exploitant contre notre parti les naïfs que le rouge effraie encore, et qui ne comprennent pas le sens de nos revendications.

Ces derniers sont nombreux, l'aventure boulangiste l'a bien prouvé, et, certes, ce n'est pas ce qu'ont fait les bourgeois depuis qui peut les avoir ramenés à la République. Ils se disent qu'avant de se battre pour l'étiquette de la bouteille, il faut d'abord y mettre le liquide annoncé; et ils ont bien un peu raison.

Pourtant ils ont tort de jeter le manche après la cognée; ils devraient profiter des enseignements de l'histoire et comprendre qu'en votant pour M. de Saint-Seine ou M. Toussaint, ils changent leur cheval borgne contre un aveugle.

Aussi, c'est à eux que nous voulons consacrer nos dernières lignes :

Non, camarades mécontents, il ne faut pas rejeter complètement vos misères sur le compte de la République; dites-vous bien que c'est un peu votre faute, car c'est vous qui avez constamment envoyé siéger vos ennemis aux assemblées délibérantes.

Comment voulez-vous que ceux qui vous oppriment à l'atelier puissent vous faire du bien au Conseil municipal? Ces gens-là ne peuvent pas se suicider; chez eux l'intérêt personnel prime toujours l'intérêt général, et cela s'applique aussi bien, sinon plus, aux réactionnaires qu'aux autres.

Puisque vos mandataires de droite ou de gauche n'ont pas su apporter un soulagement à votre sort, changez-les et faites mieux encore : faites vos affaires vous-mêmes en envoyant de vos camarades pour vous représenter. Et si, au renouvellement de 1892, les candidats que nous vous présentons n'ont pas su remplir leur mandat, remplacez-les par d'autres, mais jamais par vos adversaires.

Citoyens, ne vous laissez pas influencer par les racontars de nos ennemis, et rappelez-vous toujours que *l'émancipation des travailleurs ne peut être l'œuvre que des travailleurs eux-mêmes.*

En Avant ! pour la République sociale et vive le Parti Ouvrier !

A. M.

LE PARTI OUVRIER
devant les Electeurs

Dimanche 5 avril a eu lieu, salle de Flore, la première réunion publique organisée par notre parti.

Mille électeurs avaient répondu à notre appel. Le citoyen Nougarède, désigné pour la présidence, indique le but de la réunion ; il rappelle que plusieurs fois déjà les élus du Parti Ouvrier ont rendu compte de leur mandat. Pourquoi les autres élus ne font-ils pas de même? On nous a accusés, dit-il, de faire le jeu des réactionnaires; qu'ils sachent bien que, s'ils voulaient toucher à la République, nous serions les premiers à la défendre, même les armes à la main (marques d'approbation).

Le citoyen Morin prend ensuite la parole et s'explique sur son attitude au Conseil et sur ses votes.

Nous avons voté, dit-il, contre la reconstruction de la flèche Saint-Bénigne, contre l'installation des sœurs à la crèche municipale du boulevard Voltaire; nous avons réclamé la laïcisation des hôpitaux et demandé qu'un registre soit ouvert à la mairie pour assurer la liberté des funérailles; mais l'administration radicale (?), voulant ménager les susceptibilités réactionnaires, n'en a rien fait.

Nous avons réclamé la création d'un asile de nuit, la suppression de la police des mœurs et son emploi à faire des rondes nocturnes, ainsi que celle de la police de service au Conseil, qui ne sert qu'à moucharder l'auditoire (Bravos).

Nous avons réclamé, pour tous les cafetiers, l'égalité : si on n'est pas bien avec la police, gare les procès-verbaux ! Nous ne cesserons de demander la plus grande liberté pour l'heure de la fermeture, liberté que possèdent seuls quelques cafés favorisés.

L'orateur proteste contre le luxe déployé dans la construction des écoles, les emblèmes religieux que M. le maire n'a pas voulu faire enlever des salles de classes; contre le maintien du directeur des travaux, le repos forcé du dimanche, le minimum de rabais, la pierre tendre. Nous avons été les premiers, dit-il, à crier gare! mais on n'a pas voulu nous entendre (applaudissements).

Pour les questions d'affaires, dit-il en terminant, j'ai eu en vue l'intérêt général. Si vous trouvez que j'ai fait mon devoir, vous me renverrez au Conseil (Bravos).

Le citoyen Morin descend de la tribune en criant : Vive la Révolution sociale !

Le cit Thiolain, se plaçant au point de vue spécial des budgets, réclame la réforme de l'assiette de l'impôt, l'autonomie communale, la réorganisation des services publics, il déclare que le traité avec l'usine à gaz a été une grande faute. Grenoble exploite son usine elle-même : non seulement la ville est éclairée gratuitement, mais les consommateurs paient le gaz moins cher et on réalise un bénéfice de 140,000 francs.

Il traite ensuite la question hygiénique, les marchés en plein vent, l'assistance publique, la question de l'Université, dont il est partisan sous réserve de la dépense, et proteste contre le repos forcé du dimanche, attendu que les curés ne ferment pas leurs boutiques (applaudissements).

Il établit les responsabilités de l'accident du château, dû à l'incapacité notoire du directeur des travaux; quant au Lycée, il est à craindre que dans peu de temps, on ne soit obligé à une réfection partielle des constructions.

Le citoyen Thiolain, convaincu que les électeurs présents ne se laisseront pas leurrer par les factums des réactionnaires, les invite à sauvegarder les intérêts communs, et termine au cri de Vive la République sociale! (applaudissements).

Le citoyen Charlot monte à la tribune et constate que ceux qui s'embusquent derrière les colonnes de journaux fuient la discussion. Il explique l'attitude du Parti Ouvrier pour le 19 avril; nous avons un programme, dit il, nous l'affirmerons au premier tour de scrutin; il faut qu'on sache ce que pensent les candidats des travaux du Lycée, de l'enquête qu'on devra probablement faire sur la malfaçon, du théâtre, des courses, de la Bourse du travail et de la question de laïcisation.

Nous présenterons une liste incomplète, parce que les patrons sont derrière les ouvriers et plusieurs ont été menacés de renvoi s'ils se laissaient porter.

Nous ferons trois ou quatre réunions publiques, où nous discuterons notre programme. On dit que nous faisons le jeu des réactionnaires; non, ceux qui le font sont ces pseudo-républicains qui mettent leur programme dans leur poche pour introduire les sœurs à la crèche du boulevard Voltaire (applaudissements).

Le citoyen Charlot constate que les républicains bourgeois se livrent en ce moment, pour arriver à la concentration, à un maquignonnage électoral, à une cuisine impossible dont le Parti ouvrier ne saurait s'accommoder (bravos.)

Le 19 avril, les travailleurs diront s'ils veulent aller à droite ou à gauche; je dépose les deux ordres du jour suivants :

Considérant :

Que les citoyens Morin et Thiolain ont toujours donné à leurs votes et à leur conduite au Conseil municipal un caractère nettement républicain, socialiste et anticlérical;

Les électeurs réunis salle de Flore déclarent approuver leurs actions et blâment les autres conseillers qui n'ont pas encore rendu compte de leur mandat.

Considérant :

Que d'importantes questions doivent venir en discussion au Conseil municipal, dans le courant de l'année 1891;

Qu'il convient que chaque parti affirme sur un programme l'orientation à donner aux affaires communales;

Que des personnalités sans mandat ne peuvent s'arroger le droit de substituer leur volonté à celle du corps électoral;

Les électeurs réunis :

Approuvent le Parti Ouvrier d'entrer franchement en lutte aux élections municipales du 19 avril et s'engagent à faire leur possible pour amener le triomphe de son programme de revendications nettement ouvrières et socialistes.

Ces deux ordres du jour sont adoptés à l'unanimité des assistants.

La séance est ensuite levée aux cris de : « Vive le Parti ouvrier ».

Samedi 11 avril, les électeurs convoqués salle Péchinot, après avoir entendu les citoyens Morin, Marpaux et Nougarède, qui ont exposé le programme et présenté la liste socialiste, ont acclamé les candidats du Parti Ouvrier.

A la suite de cette réunion, le *Groupe d'études sociales de la Grille de Fer* a décidé de soutenir énergiquement la liste socialiste.

— Dimanche 12 avril, les deux réunions de la salle Péchinot et de l'école de Larrey, après audition de différents candidats (Charlot, Thiolain, salle Péchinot, Beuchot, Marpaux à l'école de Larrey), ont acclamé le programme et la liste socialistes.

CANDIDATS
du Parti Ouvrier Socialiste

MORIN-GAÇON (Auguste), constructeur, conseiller sortant.

THIOLAIN (Jacques), ancien ouvrier lithographe, conseiller sortant.

BECK (Louis), conseiller prud'homme, ouvrier tailleur, membre du syndicat.

BEUCHOT (Charles), viticulteur, membre du syndicat.

BOURGEOIS (Jacques), viticulteur, membre du syndicat.

BUQUET (Charles), ouvrier typographe, secrétaire de la Fédération ouvrière de Dijon.

CHAIGNAUD (Philibert), ouvrier tailleur de pierres, membre du syndicat.

CHARLOT (Etienne), dessinateur-mécanicien, membre du Syndicat des métallurgistes.

CHÈZE (Gabriel), représentant de commerce.

CORNICE (Jean), ouvrier modeleur.

DESSIRIER (Léon), ancien ouvrier mécanicien, débitant.

DESVAUX (Gilbert), ouvrier tailleur, secrétaire du syndicat.

FAUTREY (Félix), ouv. typographe, membre du syndicat.

HOUDEBINE (Adolphe), typographe, membre du syndicat.

JANOT (Jean), tailleur de pierres, membre du syndicat.

MALET (Alfred), ouvrier forgeron, membre du syndicat.

MARPAUX (Alfred), ouv. typographe, membre du syndicat.

MILLERAND (Victor), représentant de commerce.

MOJONNET (Jacques), ouvrier en limes, secrétaire du syndicat.

NOUGARÈDE (Edmond), ouvrier gantier.

PONSCARME (Joseph), cafetier.

Le Gérant, V. MILLERAND.

Dijon. — Imp. Carré, rue Amiral-Roussin, 40.

2ᵉ année -- Nᵒ 8   10 centimes   1ᵉʳ au 15 Mai 1891

LA REVUE SOCIALE

BULLETIN BI-MENSUEL

De la Fédération des Travailleurs Socialistes de l'Est

PARAISSANT A DIJON

ADMINISTRATION.
Adresser toutes communications et mandats au citoyen CHARLOT, délégué, rue du Faubourg-Raines, 66, **DIJON.**

De chacun selon ses forces
A chacun selon ses besoins

ABONNEMENT
Un an, **2 fr.** — 6 mois, **1 fr.** — 3 mois, **50 cent.**
PERMANENCE chaque samedi soir, au siège social du Groupe Socialiste, 50, rue Monge, **DIJON.**

SOMMAIRE :

Des heures de travail. . . . . P. ARGYRIADÈS.
Les Moyens et non le But. . . . . . D. NIEWENHUIS.
Mouvement socialiste de la région . . E. C.
Un bagne industriel (suite). . . . . . V. MILLERAND.
La vaine pâture (suite et fin) . . . . . XXX.
Coups de fronde . . . . ASMODÉE.
Le Creusot (suite). . . . . J.-B. DUMAY.
Communications, petite correspondance, etc.

DES HEURES DE TRAVAIL

Si le Parti Ouvrier en France demande une législation internationale du travail et la fixation à huit heures de la journée de travail, ce n'est certainement pas au point de vue révolutionnaire, ni comme réforme pour la société future.

Nous sommes convaincus, ainsi que le Parti Ouvrier, que, dans une société collectiviste ou communiste, la journée de travail pourrait, sans inconvénient, être réduite à quatre heures seulement, pour la simple raison que voici : 1º La division du travail pourrait s'y établir à l'infini au profit de tous sans préjudice pour personne ; 2º on pourrait plus facilement qu'aujourd'hui multiplier les machines en les perfectionnant ; 3º tous seront obligés de travailler pour les besoins de la société. C'est seulement comme moyen transitoire et de propagande, qui, obtenu par la classe ouvrière internationale, facilitera la Révolution universelle et activera l'affranchissement du prolétariat.

La fixation d'un *maximum* légal de huit heures de travail est la réforme la plus considérable que le prolétariat puisse désirer et obtenir pendant cette époque de transition. En l'obtenant, on est certain de pouvoir se préparer d'une manière efficace pour la Révolution et d'obtenir la suppression de tous les privilèges.

Ceci a été bien compris par le premier Congrès de l'Internationale (Genève 1867), lorsqu'il décidait *« que la première condition, sans laquelle toute tentative d'amélioration échouerait, est la limitation des heures de travail. Cette limitation s'impose, afin de restaurer la santé et l'énergie physique des ouvriers et de leur assurer la possibilité d'un développement intellectuel de relations sociales et d'une action politique. »*

Nous n'insisterons pas sur les conséquences funestes de l'excès de travail. Chacun sait aujourd'hui que le travail excessif amène l'épuisement nervo-musculaire qui est l'épuisement même de la force et l'anémie ou appauvrissement du sang, qui est la destruction même du corps du travailleur.

Nous rappelons seulement ce fait à l'appui : lorsque les vils exploiteurs des nègres des Etats du Sud de l'union américaine voulaient obtenir de la plus-value quand même sur l'exportation du coton, ils surmenaient tellement leurs esclaves que la *consommation de la vie d'un nègre, en sept années de travail,* devenait partie intégrante d'un système froidement calculé. A cette occasion, nous riposterons avec Karl Marx aux bourgeois oisifs qui conseillent l'épargne aux ouvriers :

« Tu me prêches constamment l'évangile de
« l'épargne, de l'abstinence et de l'économie ; fort
« bien ! je veux, en administrateur sage et intelligent,
« économiser mon unique fortune, ma force de travail
« et m'abstenir de toute folle prodigalité. »

Nous insisterons davantage sur les conséquences économiques de l'excès du travail, tel qu'il se pratique aujourd'hui en France. On a tant crié contre la corvée de l'ancien régime ! Cependant le surtravail fourni aujourd'hui par l'ouvrier au capitaliste surpasse de beaucoup l'antique corvée ; seulement cela ne paraît pas d'une manière aussi manifeste à celui qui ne veut pas réfléchir un peu.

Ainsi, par exemple, le paysan de l'ancien régime, qui était obligé de travailler tout au plus deux jours par semaine pour le seigneur, se trouvait dans une situation meilleure que le travailleur salarié d'aujourd'hui, parce que, si, d'après la statistique, cinq heures de travail par jour suffisent à l'ouvrier pour se procurer tout ce qui est nécessaire à son existence, en travaillant douze heures il laisse sept heures de surtravail au patron, c'est-à-dire sept heures de corvée journalière. Et dire qu'il y a des hommes qui, tout en flétrissant l'ancien régime, s'indignent lorsqu'on leur parle des revendications ouvrières, tant la raison humaine est stupide !

Aujourd'hui, plus le salarié travaille et plus il fait sa condition misérable, parce que, par le travail excessif, on arrive à la surproduction, et celle-ci amène naturellement le chômage et la misère !

Mais, disent les bourgeois, si l'on réduisait les

heures, la conséquence serait la réduction des salaires. Ceci est complétement faux; car, là où l'on emploie deux ouvriers qui font vingt-quatre heures de travail par jour, on en emploiera trois si le *maximum* de travail est de huit heures, et, par conséquent, il y aura plus d'offre de travail et moins de demande de la part des travailleurs.

Il a été d'ailleurs constaté d'une façon tout à fait décisive qu'en Angleterre les salaires sont élevés de 20 à 30 % sur les salaires français. En France néanmoins, l'ouvrier travaille 12 heures par jour et même davantage.

Mais il ne faut pas croire que la réduction des heures de travail sera tout au désavantage du patron; l'expérience nous a prouvé que le travail d'un ouvrier est d'autant plus productif qu'il est tempéré par le repos. En effet un ouvrier travaillant régulièrement peut produire la même somme de travail en 10 qu'en 12 heures. En Angleterre, la loi sur les 10 heures a profité plus aux patrons qu'aux ouvriers.

On voit donc par ce qui précède qu'une loi limitant, en France, les heures de la journée de travail sera à l'avantage de tous Il n'y aura cependant une solution définitive et complète de cette importante question que lorsqu'on obtiendra une législation internationale limitant le *maximum* des heures de travail. Le moyen pour arriver à un résultat quelconque dans ce sens a été montré par le conseil fédéral suisse il n'y a pas longtemps, en effet, depuis que le Gouvernement helvétique a fait des démarches diplomatiques auprès des cabinets européens pour arriver à une entente sur ce sujet. Le Gouvernement anglais, qui est plus directement intéressé, n'a qu'à prendre pour son propre compte, cette proposition du Gouvernement fédéral suisse. Une législation internationale règlera la journée du travail à un *maximum* de huit heures par jour, et le *minimum* des salaires mettra fin, tout d'abord, à cette autre question de la concurrence des ouvriers étrangers, qui n'est que le résultat du régime actuel, et facilitera par là pratiquement la fraternisation des peuples.

Elle mettra fin, en second lieu, à toutes ces prétentions hypocrites et mensongères des bourgeois qui disent que ce sont les prétendues réclamations excessives des ouvriers français qui sont la cause que les produits industriels étrangers font une concurrence mortelle aux produits industriels français. Des badauds se laissent tromper par des économistes stipendiés, qui n'ont pas honte de professer, du haut de leur chaire au collège de France, des prétentions aussi saugrenues et aussi stupides. Mais nous savons pertinemment que, si l'industrie française périclite, c'est d'abord parce que, pendant que les industriels étrangers sont en éveil et introduisent, dans leurs fabriques, des machines nouvelles et perfectionnées, nos industriels gardent toujours les vieilles machines détraquées; ils achètent même, parfois, les machines abandonnées par les Anglais ou les Allemands.

C'est ensuite parce qu'on livre, moyennant pots-de-vin, etc., à deux loups cerviers de la finance nos lignes de chemin de fer, qui imposent des taxes excessives au transport des marchandises.

D'ailleurs aujourd'hui malgré tous les sophismes des bourgeois, les crises industrielles sont générales, universelles, quoique parfois un peu plus tendues dans un pays que dans un autre. Toutes, disons-le

en passant, elles amènent avec elles la misère la plus noire et la mort à la classe des travailleurs, dont la seule faute est d'accumuler des marchandises dans les magasins de leurs exploiteurs.

Une question inhérente à celle de la réglementation des heures de travail de la *journée* est celle du travail de *nuit*. Ce dernier travail, assurément beaucoup plus fatigant et beaucoup plus absorbant, est beaucoup plus terrible que le travail de jour.

Dans la plupart des usines, le travail de nuit est égal en durée au travail de jour : douze pour l'un comme pour l'autre.

Certes, on peut, en examinant ces conditions monstrueuses de la vie ouvrière, déclarer que c'est là le dernier mot du bagne capitaliste : douze heures de travail dans l'obscurité ou à la chaleur étouffante des chaudières ou des becs de gaz, lorsque les membres n'ont pu se reposer suffisamment dans la journée, n'est-ce pas horrible !..... Notons que ce travail n'est presque jamais mieux payé que le travail de jour. On accepte par force, en entrant dans l'usine, cette condition de travailler jour et nuit.

Cette distribution de travail se fait généralement par équipe. Le même ouvrier donnera à son patron quinze journées de jour et quinze autres de nuit. Pour établir le roulement entre les deux équipes, c'est-à-dire pour passer du travail de jour au travail de nuit et réciproquement deux fois par mois, l'homme travaillera 18 heures sans interruption, savoir du samedi soir au dimanche à midi ou du dimanche à midi au lundi matin. Nous n'avons pas à insister sur les bénéfices scandaleux fournis aux patrons par ce mode d'exploitation.

Voyons surtout, chez les ouvriers, l'épuisement du corps et de l'esprit, les maladies résultant de ce surcroît de travail dans de pareilles conditions. Nous sommes sûrs que, si le travail de jour est réduit à *huit* heures, tous seront d'accord pour réclamer la réduction à un *maximum* de *cinq* heures pour le travail de nuit, là seulement où sa suppression sera impossible, vu les besoins de la Société.

P. ARGYRIADÈS.

LES MOYENS ET NON LE BUT

« Jamais les efforts que l'on tentera pour réformer la société n'ont la moindre chance d'être couronnés de succès, si l'on ne réduit pas auparavant la durée de la journée de travail et si l'on n'impose pas l'obligation d'observer strictement la durée qui sera fixée. »

C'est ainsi que s'exprimait un jour M. Saunders, inspecteur des fabriques en Angleterre. Qui de nous n'approuve pas entièrement ce langage ? Lorsqu'un inspecteur des fabriques prononce de telles paroles, on peut bien admettre qu'il est superflu de chercher à démontrer la nécessité de raccourcir, par la voie légale, la journée de l'ouvrier.

Combien aussi sont modestes les revendications de ce dernier, lorsqu'il réclame une journée de huit heures seulement. Si les patrons, si les législateurs devaient une fois travailler huit heures par jour, quel vacarme ils feraient! C'est pourquoi tous les ouvriers de l'univers doivent marcher en chœur sous la bannière qui porte ces mots :

Huit heures de travail et huit heures de liberté ;
Huit heures de repos et huit francs à côté.

Ce n'est là qu'une revendication minimale, car la durée du travail n'est pas une quantité constante ; elle se règle sur les besoins. Si, pour la production, il faut huit heures de travail, la journée de huit heures est toute naturelle ;

si, par contre, il suffit de quatre heures, ainsi que le prétendait Benjamin Franklin il y a plus d'un siècle déjà, ou même de deux heures d'après Robert Owen ou encore seulement de 1 heure 1/4 suivant le statisticien anglais W. Hoyle, eh ! bien alors, de huit heures, on réduira la journée à 4 heures, 2 heures, 1 heure 1/4 ou même peut-être à moins encore, s'il le faut.

On ne doit, toutefois, pas oublier que *ce n'est pas* en instituant la journée de huit heures qu'on détruira la cause de la grande plaie qui ronge l'humanité. La journée de huit heures ne sera pas autre chose que le puissant levier avec lequel le gigantesque prolétariat — qui, aujourd'hui, est abattu, écrasé sur le sol et ne peut même plus se garer des traitements les plus ignominieux que lui infligent ses oppresseurs — pourra être relevé et mis en état de faire usage de ses forces. Ce n'est que par là que la journée de huit heures a quelque valeur pour nous.

Elle est un moyen et non le but.

Nous ne serons nullement satisfaits, lorsqu'on aura fait droit à notre revendication ; nous n'aurons obtenu là qu'un moyen de mieux armer l'ouvrier dans la lutte qu'il aura à soutenir, car la vraie lutte ne pourra commencer réellement que quand nous nous serons emparés de cette arme.

Il ne faut donc ni *exagérer* ni *déprécier* la véritable valeur de la journée de huit heures, qui n'est qu'un pas dans la bonne voie, mais aucunement le but final. Ce but est et restera la *suppression du mode de production au profit du capitaliste.* C'est seulement lorsque le capital et le travail se trouveront dans les mêmes mains que cessera la rivalité entre le travail et le capital. En effet, le capital entre les mains du producteur devient une vraie bénédiction, tandis que, si le capital tombe en de tout autres mains que celles-là, c'est une malédiction. On ne verra la fin de l'esclavage que lorsque l'humanité tout entière sera propriétaire du sol.

Il faut, à tout prix, arriver à modifier l'injuste répartition du produit du travail, car c'est là qu'est le siège principal de tout le mal.

L'ouvrier a-t-il gagné quelque chose par l'introduction des machines, par le perfectionnement de la technique, qui économise beaucoup de temps? Rien, rien, absolument rien !

D'après le dictionnaire statistique pour l'Amérique, de Mulhall, nous établirons le tableau comparatif suivant sur les quatre années 1850, 1860, 1870 et 1880.

Années	Coût des matières premières	Valeur des produits	Total des salaires des ouvriers	Total du profit
1850	116,000,000 L.	212,000,000 L.	49,000,000 L.	47,000,000 L.
1860	214,000,000 ,,	394,000,000 ,,	80,000,000 ,,	100,000,000 ,,
1870	510,000,000 ,,	816,000,000 ,,	161,000,000 ,,	175,000,000 ,,
1880	708,000,000 ,,	1,112,000,000 ,,	198,000,000 ,,	206,000,000 ,,

En 1850, le montant des salaires était de deux millions plus élevé que le profit, et, en 1880 déjà, le profit est de huit millions plus élevé que le total des salaires. Le *petit bénéfice* du capitaliste (?) monte beaucoup plus rapidement et est aujourd'hui plus élevé que le salaire de l'ouvrier pour son travail.

Le statisticien Engel a calculé que l'ouvrier produit annuellement pour une valeur moyenne de 3,000 marks, tandis que son salaire n'est en moyenne aussi, que de 900 mark, soit donc 1/4 pour l'ouvrier et 3/4 pour le capital dans tous les cas.

Aussi longtemps qu'on ne pourra pas prouver que la réduction de la journée aurait une influence funeste sur la production et que celle-ci est déjà à la hauteur de la force productive, aussi longtemps ce sera une injustice et une erreur, de la part de la classe des entrepreneurs, que de prétendre qu'il est impossible d'instituer la journée de huit heures.

Carroll-D. Wright, secrétaire du bureau de la statistique du travail en Amérique, écrit ce qui suit :

« Une des questions les plus importantes dont la solution s'impose est celle de savoir comment on peut répartir entre les producteurs, d'une manière juste et équitable, les produits qui s'augmentent tous les jours davantage ; car c'est la *répartition défectueuse* des produits et non pas la surproduction qui est la grande plaie dont souffre la société entière. Le capitaliste s'arroge la part du lion, et l'ouvrier se voit forcé par là de s'organiser et de s'insurger contre le capital. La lutte entre le capital et le travail ne peut être apaisée que par la suppression du système des salaires. Celui-ci doit être remplacé par le système de la coopération. »

Le capitalisme, ce système qui enlève à l'ouvrier sa propriété : le produit et l'instrument de son travail, voilà l'ennemi, le véritable ennemi ; c'est lui qu'on doit combattre avec tous les moyens licites.

Kautsky a fait ressortir aussi, avec beaucoup de justesse, que ce ne sont ni la journée de huit heures, ni l'émigration, ni le célibat, ni encore la réduction aussi grande que possible du nombre des membres d'une famille qui remédieront au mal. Le capitaliste trouvera toujours de nouveaux moyens pour éviter d'augmenter les salaires. Aussi la lutte que soutient l'ouvrier deviendra-t-elle toujours plus pénible. C'est avec raison que Flürscheim dit quelque part : « La journée normale est sans valeur et impuissante ; car les perfectionnements de la technique récupéreront bientôt les heures que l'ouvrier aura péniblement arrachés au patron. »

La lutte pour la journée de huit heures n'est donc purement et simplement qu'un combat d'avant-poste, et nous ne pouvons pas assez répéter à l'ouvrier que c'est tout au plus si, par là, sa situation s'améliore quelque peu et que nous ne cherchons, avec ce moyen, qu'à gagner du temps, pendant lequel les ouvriers pourront se mettre en mesure d'acquérir une instruction plus complète, une culture plus relevée.

Quand la cause cesse, l'effet disparaît aussi, tel restera toujours notre mot d'ordre, notre fil directeur. La misère et l'esclavage ne disparaîtront de cette terre que lorsque le mode de production au profit du capitaliste, qui se base sur la propriété privée des instruments du travail, aura cessé d'exister. Telle est la citadelle dont nous devons nous rendre maîtres. Comme moyen pour y parvenir, il ne nous faut pas dédaigner de pousser rigoureusement à l'institution de la journée de huit heures. C'est un moyen et non le but cherché, car la Carthage à prendre, c'est toujours la propriété privée.

Lorsqu'on priait le philosophe Platon de bien vouloir faire des lois pour un certain état, il a répondu qu'il y serait disposé lorsqu'il saurait que l'on veut abolir la propriété privée. « Oh ! non, du tout ! Que pensez-vous ? » lui dit-on. Le philosophe refusa alors son concours, « car, ajouta-t-il, c'est de la propriété privée que viennent tous les maux. »

Il ne nous faut jamais oublier cette grande vérité ; aussi, en avant pour la suppression de la propriété privée.

F. DOMELA NIEUWENHUIS.

MOUVEMENT OUVRIER SOCIALISTE
DANS LA RÉGION

DIJON

Le 1ᵉʳ Mai à Dijon. — Le soir du 1ᵉʳ Mai, à 8 h. 1/2, le Groupe Socialiste donne un grand meeting sur la journée de huit heures, dans la vaste salle du bal Foveau.

Nous en rendrons compte dans le numéro du 15 mai prochain.

Élections municipales. — Le 10 avril dernier, le Parti Ouvrier socialiste de Dijon a affronté le scrutin avec une liste incomplète de 21 noms sur 34. Malgré cette infériorité, environ 1,600 citoyens se sont affirmés carrément en faveur de notre programme. Si l'on se reporte à 1880, c'est-à-dire à 22 mois en arrière, on constate que le nombre des voix socialistes a plus que doublé dans notre ville.

A cette époque, la moyenne n'était que de 775 voix. Nous avons donc le droit d'être fiers du résultat acquis et de dire que l'avenir nous appartient.

Les républicains bourgeois, pour réussir, ont été obligés de réunir leurs trois tronçons dans un suprême effort; grâce à cette concentration hybride, la réaction a été écrasée, mais le parti radical a succombé dans la lutte : 20 opportunistes honteux ou avérés entrent au Conseil. C'en est assez pour nous assurer la victoire à brève échéance.

Notre parti est le véritable vainqueur dans cette journée; au surplus, voici le détail des voix obtenues :

Morin, 1,601; — Thiolain, 1,600; — Charlot, 1,780; — Desvaux, 1,598; — Marpaux, 1,590; — Nougarède, 1,561; — Beck, 1,556; — Beuchot, 1,547; — Janot, 1,531; — Buquet, 1,524; — Bourgeois, 1,514; — Dessirier, 1,514; — Chaignaud, 1,510; — Millerand, 1,505; — Cornice, 1,503; — Malet, 1,502; — Mojonnet, 1,498; — Fautrey, 1,485; — Chèze, 1,485; — Houdebine, 1,477; — Ponscarme, 1,468.

Comme on le voit, la semence socialiste n'a pas été jetée en vain dans notre ville; elle commence à lever et la récolte est prochaine. Courage donc, camarades! et redoublons d'efforts pour que l'an prochain voie le triomphe de la Sociale à Dijon.

Cercle du Parti Ouvrier. — Grâce au dévouement du citoyen Dessirier, un local de l'établissement des *Triumvirs Romains* vient d'être aménagé en cercle, à la disposition de nos camarades du Groupe Socialiste.

Le cercle est ouvert tous les dimanches; nous invitons les socialistes à le fréquenter le plus souvent qu'il leur sera possible, car il est toujours agréable, au milieu de l'indifférence générale, de fréquenter des hommes conscients et partageant nos doctrines. Prochainement, ouverture, au même local, d'une bibliothèque socialiste.

La Fête des typographes. — Le Syndicat typographique donne sa fête annuelle les 16 et 17 mai prochain, salle de l'Alcazar. Cette fête comprendra un bal, un banquet, un concert et une tombola, au profit des malades, des chômeurs et des veuves de la corporation, et de la bibliothèque du Syndicat.

Nos adhérents ont certainement suivi avec intérêt la marche en avant de ce vaillant syndicat et voudront contribuer a son œuvre de solidarité, soit en prenant des billets de tombola (0 fr. 25), soit en envoyant des lots à l'adresse de M. Trissler père, rue Neuve-Dauphine.

Un bagne industriel *(Suite).* — LA TRACTION. — En tout, notre ingénieur agit comme s'il était encore à la tête d'une compagnie de gardes-mobiles; il exige de ses subordonnés des marques extérieures de respect que ne dédaignerait pas un autocrate'; à son approche, tout agent doit cesser son travail, prendre la pose militaire et porter la main à sa coiffure. Malheur à qui transgresserait ces exigences; toutes les foudres ramollitiques ne tarderaient pas à s'appesantir sur sa tête foudroyée, rappelant à l'ordre, ceux qui, concentrés sur leur travail, ne sentiraient pas l'approche du Sultan.

Dernièrement, au dépôt, un ajusteur travaillant sur une machine et obligé de lever la tête, avait mis sur le côté la visière de sa casquette qui gênait sa vue; à un moment donné, obligé de sortir pour aller chercher un outil, il ne voit pas Ramollot qui se trouvait derrière lui (voilà citoyens où la nature a fauté, car le manque d'œil derrière la tête de ce pauvre ajusteur faillit lui coûter cher); à peine avait-il fait quelques pas, qu'une voix de stentor lui criait:

Depuis quand ne salue-t-on pas ? l'étriqué, notre homme se retourna et salua, mais, dans sa précipitation il oublia de remettre sa casquette selon les règles de l'étiquette, mal lui en prit, car le duc de Ramollot, cramoisi par l'indignation, le lui reprocha en termes véhéments !

« Vous vous moquez de votre chef, lui dit-il, et n'était-ce mon respect pour le pardon des injures, une amende sévère amenderait votre acte inqualifiable, et, si jamais pareil fait se renouvelait, vous sentiriez les effets de ma toute puissance offensée. »

Ce fait n'est pas isolé, il se reproduit à tout instant, dans tous les services, ou notre z'héros peut mettre son nez. Il y a quelques jours, à Dijon-Ville, pendant l'arrêt d'un train, le mécanicien (lequel entre parenthèses a 32 ans de service), était occupé à graisser et à faire fonctionner la pompe à air qui était arrêtée ; tout à son travail, il ne vit pas venir Ramollot, lequel demanda durement ce qu'il faisait, le mécanicien le lui expliqua. — Quoi ! dit notre intrépide, votre pompe s'arrête ! ça ne doit pas s'arrêter, et d'abord saluez; les marques de déférence que vous devez à votre supérieur doivent tout primer.

Cette toquade de se faire saluer est chronique chez ce névrosé : étant à Nevers, il se fit saluer 7 fois en quelques minutes par le même agent.

A voir cela, il semblerait que cet homme professe toutes les règles de la politesse; il n'en est rien, et il est aussi grossier qu'incapable, arrogant et présomptueux. Ainsi, tout dernièrement, étant dans un train qui remorquait deux machines sur Pontarlier, pendant l'arrêt à Mouchard, il vint auprès des mécaniciens et, s'adressant au 1er, lui fit des reproches sur la malpropreté de la tenue de sa machine, et sur des taches d'huiles disséminées sur différents points; le mécanicien, dont la machine était très propre, protesta, et lui expliqua que, venant de se servir du compresseur, il ne pouvait éviter les taches d'huile ; vaincu sur un point, Ramollot voulut sa revanche: Faites-vous des économies d'huile? dit-il. — Oui, un peu, répondit le mécanicien. — Eh bien ! c'est que vous volez vos camarades.

Au 2e mécanicien qui protestait contre une amende de 15 francs qui lui avait été infligée à tort quelques jours auparavant, il répondit :— Vous qui protestez contre les décisions de vos chefs, vous êtes un grossier personnage !

A un autre mécanicien de Besançon qui a 22 ans de service, et qui est connu pour son amabilité et sa probité, il fit des observations si grossières, que cet agent ne put s'empêcher de protester vivement.

« Taisez-vous, lui dit notre capitaine, ou sinon, je vous ferai prendre une caisse de nettoyeur. »

Tout cela serait peu de chose si les méfaits de ce favori s'arrêtaient là, et si les agents n'étaient pas mis à contribution et n'avaient à supporter toutes sortes d'injustices. Mais, aidé dans son œuvre néfaste par un chef de dépôt, que la vindicte publique a nommé Crispi (sans doute à cause de son affinité de caractère avec l'ex-ministre italien); ils ont fait du dépôt un bagne industriel dont les forçats ont tout à envier à ceux des bagnes judiciaires.

(A suivre).   V. MILLERAND.

Au 27e de Ligne. — Tous ceux qui ont été soldats savent de quelle façon outrageante et vexatoire les officiers traitent les soldats. Les journaux bourgeois trouvent cela naturel et n'en parlent pas ; mais la *Revue Sociale*, qui croit qu'un soldat vaut autant qu'un galonné, dénoncera tous les abus qui lui seront signalés.

Pour aujourd'hui, nous noterons le s-lieutenant Cottin, qui menace de faire crever ses hommes comme des chiens, et le lieutenant Malleval, qui fait faire des exercices supplémentaires aux réservistes après la soupe du soir, contrairement au tableau de service.

On nous signale aussi que les malades sont tenus de faire la parade comme les autres ; nous reviendrons sur ce sujet s'il y a lieu.

ARNAY-LE-DUC. — Le Syndicat des ouvriers en limes célébrera le 1er Mai dans une réunion familiale où sont invités tous les travailleurs soucieux de leurs droits.

AUXERRE. — **Groupe Républicain Socialiste Auxerrois** (Parti Ouvrier). — Lors de la dernière assemblée générale du groupe, qui a eu lieu samedi 19 courant, un débat a été soulevé sur la manifestation du 1er Mai. A ce sujet, et après discussion, la proposition suivante a été adoptée à l'unanimité : « Le Groupe républicain socialiste auxerrois (parti ouvrier) approuve les revendications formulées par tous les travailleurs du monde entier à la date du 1er mai 1891, et se joint à la Fédération des travailleurs socialistes de l'Est dans la ligne de conduite qu'elle s'est tracée en la circonstance. »

BESANÇON. — M. Ahr n'est pas content. S'il a voté contre la subvention de 100 fr. demandée pour la bibliothèque du Syndicat typographique, c'est parce que le budget de la ville va se solder par 275,000 fr. de déficit. M. Ahr ne croit-il pas que ses collègues et lui ont leur part de responsabilité bien établie par les dépenses luxueuses qu'ils ont votées, notamment pour la réception du président de la République en 1888? Il est vrai que, sans cet argent jeté par la fenêtre, le socialiste(!!!) Ahr n'aurait pu faire le beau dans la voiture présidentielle. K...

BLANZY. — Il y a quelques jours, on faisait procéder au balayage des halles où sont les fours des verreries (on ne fait cette opération que lorsqu'on attend la visite de hauts personnages). Ce jour-là, ceux d'entre nous qui espéraient avoir la visite de quelques gros bonnets ont été déçus dans leurs espérances, personne n'étant venu. Toutefois, on nous apprit que M. Martin (Félix), un de nos pères conscrits du Sénat, avait rendu visite à l'ex-maire réac, directeur des verreries, visite qui a eu le don, à n'en pas douter, de mettre en jubilation tout le clan de la coalition opportuno-réactionnaire dont M. Martin (Félix pour les dames) est le parrain.

Sans doute que, dans ses entrevues avec toute la camarilla qui, dans toute élection, est patronnée par la cléricale Compagnie des mines de Blanzy, on médite quelque plan pour enrayer le mouvement socialiste; mais Félix aura beau faire, il n'y réussira pas; le flot montant du socialisme finira bien par submerger le vieux monde et ses abus. Ce jour-là, nos pères conscrits auront vécu, et Félix pourra se remettre à la recherche d'une nouvelle sinécure.

UNE GUEULE BRULÉE.

LA CHARITÉ. — Sur l'initiative du Groupe d'études sociales de La Charité et après entente avec le Groupe de Nevers, appel a été fait au citoyen Lavy, député ouvrier de la Seine, pour l'organisation d'une tournée de conférences destinées à raviver, à relier en un faisceau compact les forces républicaines socialistes de notre département qui avaient été si malheureusement désorganisées par la triste aventure boulangiste.

Partout dans les centres ouvriers de la Nièvre, à Nevers, Guérigny, Fourchambault, Saint-Amand, la parole convaincue de du conférencier a produit les plus heureux résultats, et nous pouvons dire aujourd'hui, après cette campagne, que le Parti Socialiste Ouvrier existe dans la Nièvre et qu'il saura prouver son existence aux futures élections.

A La Charité, la conférence avait lieu le jeudi 9 avril, salle du Théâtre, où se trouvaient réunies 350 personnes.

Après formation du bureau, le citoyen Lavy, prenant la parole, dit qu'il vient parler de socialisme en un moment où le socialisme est l'objet des préoccupations de tous, dans tous les pays et dans toutes les classes de la société.

Il démontre que l'organisation sociale que nous subissons actuellement, basée sur la propriété individuelle, doit être entièrement transformée ; que les grandes fortunes agricoles, industrielles et financières, de plus en plus protégées par nos gouvernants bourgeois au détriment des classes travailleuses, s'augmentent toujours, écrasant la petite industrie et le petit commerce, et que bientôt, si le peuple laissait faire, il arriverait forcément que les uns posséderaient tout, et les autres rien.

Il fait remarquer que la bourgeoisie, qui crie tant après le socialisme, a fait en 89 bon marché de la propriété individuelle, et, qu'y trouvant son intérêt, elle n'a pas hésité à s'emparer des biens de la noblesse et du clergé, que les premiers chrétiens étaient contre la propriété individuelle et vivaient en communauté.

Le citoyen Lavy explique qu'on peut s'acheminer vers la propriété collective par une loi frappant d'un droit progressif les fortes successions, et supprimant celles en ligne collatérale.

Il dit qu'avant d'arriver à une société vraiment socialiste où l'existence et les droits de tous seraient garantis, les travailleurs peuvent obtenir dès maintenant de sérieuses réformes pouvant améliorer leur situation, mais ces réformes, la bourgeoisie n'a pas intérêt à les faire et ne les fera pas, tant que le Peuple continuera à se faire représenter par elle.

Il adjure les travailleurs à ne compter que sur eux-mêmes, à se grouper pour étudier en commun et propager les doctrines socialistes et à ne se servir de leur bulletin de vote que pour envoyer des travailleurs les représenter dans les Assemblées délibérantes. Là seulement est le salut, car, s'ils continuaient à se désintéresser des questions sociales et à se faire représenter par des bourgeois, leurs ennemis, ils n'auraient rien à espérer.

Il termine en engageant les ouvriers cordonniers, nombreux ici, à réorganiser leur chambre syndicale qu'ils ont laissé tomber, et invite tous les travailleurs charitois à se joindre à leurs amis qui viennent de fonder un Groupe d'études sociales.

Pendant plus de deux heures, le citoyen Lavy a su se faire écouter avec attention et intéresser son auditoire qui ne lui a pas ménagé les marques d'approbation. C'est à qui après la réunion, viendrait le remercier et le complimenter de la bonne besogne qu'il venait de faire, et qui laissera dans notre pays des traces profondes.

CHENOVE. — Il y a quelques semaines, se suicidait, à Chenôve, un malheureux, employé comme vigneron chez Mme veuve Gallois-Poinsot.

Le maire, clérical de la plus belle eau, mais républicain d'étiquette faute de n'avoir pu être nommé président de la fabrique, fit rendre les honneurs funèbres à ce malheureux avec toute la fraternité et la charité qui distinguent les chrétiens professants. Vingt-six heures après la constatation du décès, il le fit conduire au cimetière sur une voiture recouverte d'un sac, puis jeter dans le trou sans autre forme.

Ce zélé humanitaire, ainsi que ses adjoints, si empressés pour aller à une procession, jugèrent indignes d'eux d'accompagner le corps à sa dernière demeure ; seuls, le charretier et le garde champêtre étaient présents aux obsèques de cette victime de la société bourgeoise.

Nos respects à la victime, notre mépris à ses bourreaux.

LE CREUSOT. — Pendant le carême, toute la bande de jésuites du Creusot n'a rien négligé pour attirer chaque soir dans la sainte chapelle les hypocrites et les badauds du pays. Les dons et promesses n'ont pas fait défaut. A chaque conférence faite par un missionnaire, on distribuait à profusion des chapelets, des médailles et des bons dieux en plâtre. Les rats d'église et les mouchards de Schneider poussèront la stupidité jusqu'à faire circuler le bruit que tout ouvrier attaché à l'usine, qui ne possèderait pas chez lui une de ces idoles, serait renvoyé de son travail. Si toutes ces canailleries jésuitiques ne suffisent pas à ouvrir les yeux des misérables travailleurs, ils sont à plaindre.

Je citerai deux enfants d'un ancien libre penseur qui, n'ayant pas fait de première communion, sont actuellement poussés au catéchisme par le cafard de l'Église Saint-Henri, en leur promettant qu'aussitôt la première communion faite, il se chargeait de les faire embaucher à l'usine. Dans le même quartier, il y a très peu de temps, l'enfant d'un honnête ouvrier concourant pour entrer aux écoles spéciales de Schneider, fut refusé tout simplement parce qu'il n'avait pas communié et n'en avait nullement l'intention. Ces jésuites poussèrent la canaillerie jusqu'à empêcher qu'un frère de ce dernier, attaché à l'usine, obtienne aucune augmentation de salaire. Ainsi, malgré son intelligence et son courage à son travail, on ne lui donnait que 1 fr. 50 par jour, à l'âge de 18 ans; il ne vit donc rien de mieux à faire que de chercher du travail ailleurs.

Voici encore un fait des plus écœurants. Le nommé L. D.., charpentier au Creusot, se faisait passer pour un des plus purs républicains et libres penseurs de la localité, attendu qu'il était le porte-bannière de l'ancienne Libre-Pensée Larcher. Les vendredis saints, il se faisait l'organisateur d'un petit banquet anti-clérical.

Aux élections législatives de 1889, il poussa même l'hypocrisie jusqu'à signer une protestation contre l'élection de Schneider. Les mouchards de ce dernier ont réussi à le faire embaucher à l'usine, quoique ayant dépassé l'âge fixé par le règlement.

La récompense de cela, il vient de faire baptiser et communier ses deux filles dont l'aînée a 18 ans, pour se réhabiliter auprès de la cléricale administration. Il est certain que des engagements plus ou moins honorables ont dû être contractés.

Les platitudes de ce genre ne sont pas rares au Creusot, mais ces bassesses stupides n'empêchent pas l'heure de la Révolution sociale d'approcher.

Toujours la rente des travailleurs. — Mardi matin, 21 courant, le nommé Benoît Vacheresse, âgé de 27 ans, serre-frein au service du chemin de fer de l'usine, s'étant fait tamponner entre deux wagons, est mort sur le champ. Il laisse une veuve et deux enfants en bas âge. Son père a déjà laissé une jambe dans le même service.

L'enquête parlementaire. — Le 21 courant, la sous-commission parlementaire chargée de procéder à une enquête sur les questions de travail et la situation ouvrière, dont fait partie notre camarade Dumay, est venue au Creusot. Une foule de curieux, parmi lesquels de nombreux défenseurs de Schneider, s'étaient rendus à la gare.

La visite des usines fut faite immédiatement, sous la conduite du fils Schneider et de M. Barba, directeur. Le soir, à 8 heures, les membres de la sous-commission se rendaient à la mairie pour y recevoir les dépositions ouvrières. Mais, malgré la publicité faite, bien peu des malheureux esclaves osèrent aller exposer leur triste situation. Encore, paraît-il, parmi ces déposants, s'étaient glissés quelques mouchards envoyés par les gardes-chiourme.

On a vu par là, une fois de plus, à quel degré de soumission sont arrivés les travailleurs de l'usine. Du reste, pendant la durée de l'enquête, une bande de soudoyés des patrons de l'usine, conduits par un certain Saint-Joseph, n'ont cessé de stationner devant la mairie, s'effaçant dans la foule, ayant sans doute comme mot d'ordre de signaler ceux qui auraient l'audace d'aller se plaindre devant la commission.

Le 1ᵉʳ Mai. — Les adhérents à la Fédération organisent, pour le 1ᵉʳ Mai, une agape fraternelle, qui aura lieu chez le citoyen Sourdeau.   J. M. S.

GENÈVE. — Les Syndicats ouvriers sont groupés en Fédération au nombre de 25, comprenant 2,000 adhérents. La Fédération célébrera la fête de Mai le dimanche 3 par un cortège et une réunion familiale. La propagande en faveur du projet de loi sur les Syndicats obligatoires fait son chemin, et maintenant les neuf dixièmes des associations ouvrières en sont partisans.

LONS-LE-SAUNIER. — Le député de Lons-le-Saunier a voté dernièrement contre la motion Rivet et Nivert stipulant que les dégrèvements portant sur les cotes foncières inférieures à 30 francs seraient récupérées par celles supérieures à 500 francs. En conséquence, homme-lige de la bourgeoisie, sa commanditrice en fait sinon en droit, il a voté contre l'esprit et la lettre de l'impôt progressif sur le revenu.

Cela ne saurait nous surprendre, nous qui en avons constaté les prodromes dans sa façon de politicailler, mais il est souverainement bon en même temps qu'urgent d'en attester l'authenticité et de le porter à la connaissance des déshérités de la fortune sociale, qui voient en lui un messie du prolétariat, lui, qui s'amuse du peuple comme le chat le fait de la souris.

Cela nous prouve une fois de plus que, tant que le peuple ne fera pas ses affaires, par mandats formels et sincères, ou entièrement lui-même, elles seront toujours faites à son désavantage. Si c'est un calice à avaler, au moins que cela serve de leçon, et que désormais, l'on prévienne le retour de semblable guignon, qui prête bien plus à gémir qu'à rire. Vouloir, c'est pouvoir.

Nos édiles. — Le préfet du département du Jura a rejeté en bloc le budget de la ville de Lons, prétextant qu'il était en déficit. Ouais ! le mien aussi ! Le budget en déficit, les administrés — les opprimés, le plus grand nombre, ceux-là seulement qui sont dignes de considération — aux abois voilà le passif, et ce n'est pas sans l'avoir voulu que la caisse municipale est épuisée. L'actif, c'est quelques gros portefeuilles très particuliers qui enflent. Ils sont malades : eh bien ! qu'on les soulage, et l'on rendra par là service à l'humanité, aux administrés et aux portefeuilles aussi.

Ce n'est pas à dédaigner ; plutôt que d'imposer le strict nécessaire de celui qui manque déjà de tout, que l'on rogne le superflu individuel et contagieux.

A bon entendeur, salut.   J. MILLET.

MONTCEAU-LES-MINES. — Nouvelle vexation. — Un ouvrier mineur, le citoyen Dufour, vient d'être jeté à la porte de son travail ; ce citoyen appartient à la coopérative du Bois-Roulot, commune de Montceau. Ce renvoi a eu lieu à la suite du refus de la Société de recevoir parmi elle un membre du comité Patin, dont le jésuite Rodin tient, dans les coulisses, les ficelles. A ce qu'il paraît, le cynique jésuite se serait vanté d'amener les ouvriers à être soumis comme des moutons à tous les désirs de la réactionnaire Compagnie des mines. Je lui prédis qu'il se trompe singulièrement, car les ouvriers entendent être, en dehors du travail, libres d'aller où bon leur semblera, et ils ne subiront pas le joug qu'on voudrait leur imposer.

Rodin pourra bien en crever de rage, mais, tant pis ! la République ne pourra que mieux s'en porter.

      P. GRISOU.

P.-S. — 33 mineurs de la paroisse de Bellevue se sont rendus, le 16 courant, en pèlerinage près de la bienheureuse Marguerite Alacocque, à Paray; ils avaient à leur tête deux chefs de postes, un marqueur, et le gros curé de Bellevue, avec bannières en tête. Rodin, général en chef des mouchards, était, nous dit-on, du nombre et rayonnait de joie.

SAINT-CLAUDE. — La Chambre syndicale des ouvriers diamantaires a tenu sa réunion trimestrielle le dimanche 12 avril. Une importante modification aux statuts y a été adoptée. Le droit d'entrée, qui était de 5 fr., a été abaissé à 2 fr., de manière à permettre l'accès du Syndicat à tous ceux qui pouvaient être gênés par un versement de 5 fr.

L'assemblée a adopté le texte d'une pétition qui sera remise au sous-préfet de l'arrondissement le 1er Mai, contenant les revendications ouvrières.

Cette pétition demande au gouvernement d'accorder le droit de franchise postale aux associations ouvrières. Il serait curieux de voir le gouvernement de la République refuser cette faveur aux associations de travailleurs, qui font la richesse de la nation, alors qu'il l'accorde au clergé, — deux simples curés peuvent faire promener les facteurs *gratis pro Deo*, — qui ne se gêne pas pour combattre ouvertement la forme de gouvernement de l'État qui les paie et les comble de faveurs et de protection. Que l'on s'étonne ensuite de l'entrain avec lequel les cléricaux mènent leurs campagnes sur certains points de la France.

SEURRE. — Le lundi de Pâques, notre camarade Marpaux, délégué par le Comité fédéral, s'est rendu à Seurre et à Labergement pour y faire deux conférences sur les doctrines du socialisme et la raison d'être du Parti ouvrier.

Bon accueil lui a été fait dans ces deux réunions, et nul doute que sa délégation ne porte ses fruits dans ces deux localités.

Les réunions ont été présidées par le citoyen Armand Vaux, qui s'est très obligeamment mis au service du Comité fédéral dans cette circonstance, et a secondé très efficacement notre délégué.

TALANT. — Le 6 avril a eu lieu à Talant, l'enterrement civil de Mme Nicolet, femme d'un ouvrier mécanicien retraité du chemin de fer, chaque citoyen et citoyenne portait un bouquet d'immortelles.

Un public sympathique accompagnait le corps de cette citoyenne à sa dernière demeure.

TONNERRE. — La vaine pâture (*suite et fin*). — En disant que la loi contre la vaine pâture (9 juillet 1889 et 22 juin 1890) ne pouvait être profitable qu'aux Archdéacon et autres millionnaires, je n'ai fait qu'exprimer une vérité malheureusement trop réelle; car ces messieurs, ayant toujours assez de terres pour faire pâturer leurs troupeaux, seront bientôt, avec l'application de la loi, les seuls propriétaires de moutons. Cette situation, amenant forcément la rareté des bestiaux, il résultera de ce fait une hausse sur les prix qui — selon la mode bourgeoise — sera à l'avantage des gros et au seul détriment des petits.

Avec la vaine pâture, si tout le monde ne possédait pas de moutons, tout le monde au moins pouvait en posséder. Aujourd'hui, ce pouvoir disparaît, et il aura pour effet d'obliger les fermiers à se défaire de leurs troupeaux, et ensuite pour résultat déplorable de les obliger également à renvoyer leurs bergers qui, faute de travail, iront grossir le nombre des malheureux qui arpentent les routes et deviennent forcément les clients trop assidus des tribunaux correctionnels. C'est ce qu'on appelle une œuvre républicaine!!!

En ce qui concerne la race bovine, avec la vaine pâture, dans une multitude de communes, les petits paysans non seulement pouvaient avoir une ou deux vaches, mais cela leur permettait encore de les confier à la garde d'un gamin ou de les joindre au troupeau communal, ce qui laissait à la ménagère un temps précieux, toujours utilement employé à aider son mari pendant les grands travaux de l'été.

Mais... il faut être raisonnable... et je conviens que ce sont là des pensées trop vulgaires pour avoir droit d'asile sous les chapeaux à haute-forme de MM. les députés.

On invoque, sans raison, contre la vaine pâture, le droit d'être maître chez soi, car chacun a toujours été maître dans son champ et a toujours eu le droit d'y faire réprimer les dégâts commis ou causés par autrui; mais j'mais un fermier intelligent n'a osé trouver mauvais qu'un troupeau de moutons vienne détruire les herbes parasites de son propriétaire quand il sait que le mouton — selon le proverbe — donne plus à la terre qu'il ne lui prend.

On invoque, avec plus d'apparence de raison, la liberté pour chacun de permettre à qui bon lui semble le pâturage de sa propriété. D'accord; mais... je dois observer que là où il y a des seigneurs — et il y en a beaucoup trop — on donnera cent fois la permission au seigneur contre une seule fois au simple fermier.

Et si l'on applique strictement la loi, et que l'on dresse procès-verbal envers et contre tous, j'ai encore bien peur que les amendes soient pour le petit, alors que le gros dînera avec le juge. Certes, il est permis — même sous la bourgeoisie — d'avoir confiance aux tribunaux; mais j'ai bien idée qu'en ce moment même, M. Chandon de Chaource, le preux nocturne, pourrait nous apprendre qu'il est des accommodements très avantageux avec les marchands d'injustice.

Ce qui condamne encore cette loi absurde, c'est l'application contradictoire qu'en ont faite les conseils municipaux. Dans beaucoup de communes où la vaine pâture était inutile, elle est supprimée. Même incohérence au point de vue de l'opinion. A Molomes, ce sont les réactionnaires qui suppriment la vaine pâture; à Tonnerre, ce sont les radicaux écarlates qui font la même besogne, et *vice-versâ* dans toute la France.

Partout enfin, avec cette exécrable loi, l'intérêt personnel triomphe; l'intérêt général succombe, et la fraternité s'éloigne.

Si j'ajoute que, dans les pays de pâturages, les paysans se sont révoltés et que, malgré la loi et l'autorité, ils ont continué l'usage d'une coutume essentiellement humanitaire qui fut de tout temps respectée et considérée comme le patrimoine des pauvres, j'aurai démontré, je crois, que nos députés auraient mieux fait de s'atteler aux réformes par eux promises que de voter une loi que personne ne leur demandait et que tout le monde repousse.

La République, selon moi, avait déjà assez d'ennemis...

XXX.

COUPS DE FRONDE

Il n'y a pas un Dijonnais qui n'ait su qu'il y avait une liste socialiste aux élections municipales, il n'en est pas de même des autres Français, et cela se conçoit, aucun journal n'en ayant fait mention au cours de la période électorale. Et pourtant! le Parti Ouvrier a organisé six réunions!

Le *Petit Bourguignon*, entre tous, s'est distingué et se distingue par un mutisme rare, il n'a même pas inséré notre désistement et met au panier jusqu'à nos convocations. Il est vrai qu'il se rattrape bien dans les cafés où les deux larbins de Wilson ont l'habitude d'aller. Comme M. Bargy prête son nom au journal, nous le prévenons que nous le rendons responsable des vilenies des deux plats valets dont il s'agit.

Pendant que nous y sommes, signalons encore deux goujats: l'un est le fils du conseiller J.-B. Greneaux, qui a craché sur l'un de nos bulletins, et a profité de ce que le distributeur de bulletins était estropié pour le bousculer; le second, un bourgeois dont nous ne tarderons pas à connaître le nom, et qui, dans un moment d'extrême ivresse, a débité d'infâmes calomnies contre un honnête père de famille, dont le seul crime est de s'être laissé porter candidat sur la liste ouvrière.

Ceci se passait à la *Montagne*, et nos lecteurs peuvent être assurés que nous ne laisserons pas passer ce fait comme cela ; nous verrons si un ivrogne bourgeois a le droit de diffamer impunément des citoyens dont le passé est irréprochable et hors de toute atteinte.

ASMODÉE.

LE CREUSOT

V

CAISSE DE SECOURS

(Suite)

Ce versement est de 2 0/0 du salaire pour les célibataires et 5 0/0 pour les mariés, dont 3 au nom du mari et 2 au nom de la femme. Cette aubaine, dont on ne peut bénéficier qu'après avoir été exploité pendant trois ans, cesse immédiatement en cas de départ volontaire ou involontaire, et le titulaire d'un livret de la caisse des retraites ne peut toucher les sommes versées en son nom qu'à l'âge de 50 ans révolus. En comptant la moyenne de l'âge où peuvent commencer les versements à 25 ans, et le salaire moyen à 100 francs par mois, on arriverait à une pension maximum de 90 à 100 francs par an après 25 à 30 ans de travail ; et c'est avec des panacées semblables qu'on veut détourner les ouvriers de l'étude des questions sociales ?

L'institution de ces retraites, qui a eu lieu en 1877, correspond précisément à l'énorme baisse des salaires des années suivantes, tout porte donc à croire que c'est pour les frais de commission de ce versement de 5 0/0 que les salaires ont été diminués de 20 0/0, et ce qui peut nous confirmer dans cette hypothèse, c'est que les actions du Creusot, qui étaient à 1,100 fr. en 1877, étaient montées à 1,700 fr. en 1881, et ont suivi depuis la même marche ascensionnelle, tandis que les salaires tendent de plus en plus à diminuer. De plus, ce versement a si peu entravé l'accroissement de la fortune particulière du gérant des usines du Creusot, que pendant l'hiver 1879-80, Mme Schneider parut à une soirée parisienne coiffée d'un diadème en diamants d'une valeur d'un million ; le reste de la toilette était évalué à 500,000 fr., soit un million et demi en colifichets, alors que pour produire cette plus-value ainsi gaspillée, des hommes ont été asphyxiés à 500 pieds sous terre, d'autres ont été brûlés vifs, des bras, des jambes, des corps entiers ont été broyés dans les engrenages ou sous les locomotives. Pourtant cela a été inséré dans les journaux de mode de la capitale, voire même dans les journaux républicains, et naturellement sans commentaires.

VI

RAMIFICATION ET ÉTENDUE DU MAL

Tout s'enchaîne ici et les vassaux suivent à la lettre les principes du suzerain.

Nous disions plus haut que les ouvriers se compromettent en achetant leurs marchandises chez les rares commerçants qui ne sont pas inféodés à l'usine ; c'est sans doute pour les garantir de ce péché, que la plupart de messieurs les contremaîtres ou marqueurs sont épiciers ou marchands de rouenneries, et chacun sait que ceux de leurs ouvriers qui se servent chez eux ne sont pas les plus mal vus.

Bien des gens nous diront que certes tout cela est regrettable, mais que le Creusot n'est pas la France,

nous répondrons avec la certitude de ne pas nous tromper que tous les centres industriels ou miniers de province sont à peu près dans la même situation. Nous en avons la preuve à proximité du Creusot, à Blanzy, Montceau, Epinac, et il résulte d'informations que nous avons prises sur place, qu'il en est à peu près ainsi dans plusieurs localités du bassin de la Loire, Rive-de-Gier, Firminy, Terre-Noire, etc. Les compagnies de chemins de fer elles-mêmes commettent une partie des méfaits que nous venons de signaler. Partout un joug de fer s'abat sur l'ouvrier, et le danger est d'autant plus grand que l'action dominatrice de ces grandes compagnies augmente en raison des scandaleux bénéfices réalisés sur leurs malheureux exploités, qu'il s'agisse d'industrie ou de commerce, elles font disparaître les petits concurrents coûte que coûte, et quand les pays limitrophes ne suffisent plus à leur accaparement, elles vont comme les conquérants chercher des esclaves au loin.

C'est ainsi que MM. Schneider et Cie ont acheté, comme il est dit plus haut, les mines de Montchanin et Longpendu, qui étaient précédemment la propriété d'une compagnie anonyme.

(A suivre).

J.-B. DUMAY.

BIBLIOGRAPHIE

Le n° 76 (avril 1891) de la **Revue Socialiste** qui vient de paraître, publie les très intéressants articles suivants :

Le 1er mai au conseil municipal de Paris, G. Rouanet. — La réfutation du livre du général Booth, Hyndman. — La démoralisation financière, B. Malon. — Le Socialisme et l'Art (l'argent), R. Bernier. — Revue des Revues, G. Rouanet. — Le mouvement social, A. Veber. — Échos dramatiques, Gervaise. — Revue des livres, Raiga.

Abonnements — Un an : France, 18 fr. ; Étranger, 20 fr. ; six mois : France, 9 fr. ; Étranger, 10 fr. ; le numéro : France, 1 fr. 50 ; Étranger, 1 fr. 75.

Bureaux 8, rue des Martyrs, Paris.

SOUSCRIPTION PERMANENTE

Pour la propagande socialiste dans la Région

Report de la 6e liste, 105 fr. 25. — Citoyenne X. à Lamarche, 2 fr. 50 ; Cornier, 0,50 c., D..., 0,50 c. ; Protot, 0,25 c. ; Sourdeau, 0,20 c. ; Lefrançois, 0,50 c. ; Thumereau, 0,25 c. ; citoyenne E. à Dijon, 5 fr. ; citoyenne G. à Dijon, 5 fr. ; Thiolain, 2 fr. ; Jean Copeaux, 2 fr. 50. — Excédants d'écot divers, 1 fr. 50. ; un forçat du bagne industriel, 0,50 c. — Total de la 7e liste : 126 fr. 45.

PETITE CORRESPONDANCE

Reçu les sommes suivantes : de Besançon, 2 fr. 50 ; de Chalon-sur-Saône, 1 fr. 50 ; B., à Paris, 1 fr. ; de St-Privé, 5 fr. 50 ; de Lons-le-Saunier, 2 fr. 20 ; de Chauffailles, 5 fr. 50 ; de St-Claude, 10 fr. 50 ; d'Auvillars-sur-Saône, 8 fr. ; de Chaguy, 3 fr. 50 ; La Charité, 1 fr. 05 ; Brienon, 2 fr. 50 ; du Creusot, 10 fr. 20 ; de Blanzy, reçu complément 2e trimestre ; d'Auxerre, 15 fr. ; de Tonnerre, 17 fr. 35 ; de Genève, 0,50 ; de Dijon, 30 fr. 15 ; de Montbéliard, 3 fr. 50 ; Belfort, 1 fr.

D. à St-Privé. — Envoyez tout de même votre copie.

X. à Lamarche. — Allons aviser pour conférence.

XXX, à Tonnerre. — Réglez vous-même tous les 3 mois le compte avec notre dépositaire.

A tous nos adhérents. — Les statuts de la Fédération ont été adressés par paquets à chacun de nos correspondants, pour éviter de trop grands frais de poste ; ceux qui ne les posséderaient pas sont priés de leur réclamer.

Le Groupe de Dijon remercie tous les camarades de la région qui ont envoyé leurs félicitations pour les progrès constatés à la suite des élections municipales.

E. C.

Le Gérant, V. MILLERAND.

Dijon. — Imp. Carré, rue Amiral-Roussin, 40.

2ᵉ année — Nᵒ 9   **10 centimes**   15 au 31 Mai 1891

LA REVUE SOCIALE

BULLETIN BI-MENSUEL

De la Fédération des Travailleurs Socialistes de l'Est

PARAISSANT A DIJON

ADMINISTRATION		ABONNEMENT
Adresser toutes communications et mandats au citoyen CHARLOT, délégué, rue du Faubourg-Raines, 66, **DIJON**.	*De chacun selon ses forces* *A chacun selon ses besoins*	Un an, **2 fr.** — 6 mois, **1 fr.** — 3 mois, **50** cent. PERMANENCE chaque samedi soir, au siége social du Groupe Socialiste, 60, rue Monge, **DIJON**.

SOMMAIRE :

Aux Martyrs du Peuple. . . . . . . LA COMMISSION.
Bulletin : Le Fossé. . . . . A. M.
La Bourgeoisie . . . . J.-B. CLÉMENT.
Mouvement socialiste de la région . . E. C.
Un bagne industriel (suite) . . . . . V. MILLERAND.
Coups de fronde . . . . ASMODÉE.
Le Creusot (suite) . . . . J.-B. DUMAY.
Communications, petite correspondance, etc.

Aux Martyrs du Peuple

A notre ami et collaborateur J.-B. Clément, emprisonné pour son dévouement à la cause, nous adressons l'expression de nos meilleurs sentiments de solidarité et notre salut fraternel.

Aux familles des victimes du massacre de Fourmies, nous envoyons nos regrets et nos sympathiques condoléances.

Quant aux fusilleurs du peuple, à Constans et à ses complices, qu'ils reçoivent toute notre haine et notre mépris.

LA COMMISSION FÉDÉRALE.

LE FOSSÉ

1ᵉʳ MAI 1891

Vous souvient-il, lecteurs, du long dithyrambe qui s'étalait autrefois dans les colonnes des journaux, lorsque, à différentes reprises, des grèves éclataient sur un point quelconque du territoire français.

— « Si c'était sous un gouvernement monarchique, clamaient-ils, les fusils seraient partis seuls. C'est la caractéristique du gouvernement républicain, que de pareilles crises se dénouent sans violence. »

Eh bien! les fusils Lebel ont fait merveille à Fourmies, la violence a été mise en pratique, et ce n'est pas sous un gouvernement monarchique, mais sous la République que pareil crime s'est accompli.

Les journaux bourgeois, y compris le *Petit Bourguignon*, ont essayé de démontrer que c'était le lapin qui avait commencé, mais en vain. Les faits sont palpables, indéniables, et sautent aux yeux des moins clairvoyants.

L'armée nouvelle, celle qui n'a rien de commun avec les culottes de peau de l'empire, a mitraillé des femmes et des enfants comme de vulgaires Versaillais.

Un jeune homme, porteur du drapeau *tricolore*, a reçu cinq balles dans le ventre, rougissant de son sang le drapeau cher à la bourgeoisie.

Une jeune fille, portant un rosier de mai, symbole de paix et de fraternité, est tombée sous les coups de ceux qui, la veille, lui auraient imploré la faveur d'une polka ou d'une valse.

Trente autres citoyens ou citoyennes ont été frappés par des balles françaises et ont transformé la paisible ville de Fourmies en une nécropole horrible, étalant des blessures épouvantables, causées par l'arme qui devait anéantir la Germanie.

Ombre de Victor Hugo, voile-toi la face, ce sont des républicains qui ont accompli cet exécrable forfait!

Et lorsque quelques députés, indignés par cet affreux massacre, demandaient une enquête, le gouvernement de MM. Constans et Carnot, se condamnant d'avance, repoussait cyniquement tout éclaircissement et trouvait, dans la chambre pourrie et vénale, une majorité énorme pour l'absoudre et déclarer la guerre à la classe ouvrière.

Ah oui! la bourgeoisie l'a creusé profond, le fossé qui nous sépare d'elle, et le sang qu'elle y a versé empêchera désormais tous les gens de cœur de chercher à le franchir.

Il faut que la bourgeoisie soit bien affolée pour se laisser mener par le malhonnête homme qui joue à l'intérieur le rôle de Morny, doublé de celui de Vidocq.

.·.

Mais ce n'est pas tout.

J.-B. Clément, le doux poète du *Temps des cerises*, l'énergique propagandiste qui a organisé les syndicats ouvriers dans les Ardennes, a été arrêté au moment où il engageait ses camarades à obtempérer aux ordres arbitraires du sous-Constans de Charleville.

On l'a fait passer en jugement le lendemain même. On a fait pis : Au cours de sa défense, notre ami a dit, avec juste raison, qu'on le punissait parce qu'il avait organisé la Fédération des Ardennes.

La magistrature s'est trouvée offensée d'entendre la vérité, et elle a condamné cet homme pacifique à deux ans de prison !

Remarquez cette énormité : les fonctionnaires de la justice bourgeoise se sont institués juge et partie, et ont abusé de la force qu'ils se confèrent à eux-mêmes pour réduire à l'impuissance celui dont ils ont une peur effroyable. — C'est le courage des poltrons !

« Il y a peut-être des juges à Berlin ; on aurait du mal à en trouver en France qui rendent des arrêts et non des services.

On a couché en joue les manifestants lyonnais ; Lengrand, de Saint-Quentin, a été condamné à 8 mois de prison ; le député Boyer a été arrêté au mépris de l'immunité parlementaire, partout enfin, le gouvernement a pris une attitude provocante et agressive.

Bientôt, n'en doutez pas, les incidents de frontière vont pleuvoir dans les colonnes des journaux, car il faudra bien que le gouvernement trouve un dérivatif à la question sociale en suscitant une guerre étrangère ! C'est dans l'ordre.

Quelques députés, cependant peu scrupuleux, ont été atterrés et écœurés par l'assassinat de Fourmies; ils ont déposé une proposition d'amnistie, que le gouvernement a encore repoussée. Les valets de la Chambre ont à nouveau refusé d'entendre la voix de l'humanité et ont donné raison aux fusilleurs contre les fusillés.

La plume m'échappe à la pensée de tant de bassesse et de férocité.

Désormais, les travailleurs ne peuvent plus tendre la main aux *assassinistes!* Bourgeois de droite ou de gauche, vous avez les mains rouges du sang de nos frères, malheur à vous !

Vous nous avez déclaré la guerre, soit! Quelles qu'en soient les conséquences, nous l'acceptons; et, puisque vous ne voulez pas entendre la voix de la raison, puisque vous en appelez à la force, nous essaierons, malgré vous, de faire triompher la sainte cause de l'humanité, et vous disparaîtrez un jour, comme ont disparu tous les obstacles accumulés par les siècles passés contre la Révolution.

Nous avons confiance, car l'avenir est au socialisme.

Vive la Révolution sociale !

A. M.

Ceux de nos lecteurs dont l'abonnement est expiré sont priés de nous le renouveler le plus tôt possible, afin de nous permettre de mettre un peu d'ordre dans nos comptes.

LA BOURGEOISIE

Bien que m'adressant à la bourgeoisie, c'est pour les travailleurs et à titre d'enseignement que j'écris ces lignes :

La bourgeoisie est bien la caste la plus égoïste et la moins intelligente qui fut jamais, et je vais vous le prouver.

Arrivée depuis quelques années à l'apogée de sa puissance et déjà en pleine décadence, elle n'a de tendresse que pour les ennemis de la République, que pour ceux dont elle a combattu les privilèges et les monopoles, pour ceux enfin qu'elle a remplacés au pouvoir, et fait une guerre acharnée au peuple, sans lequel elle ne serait rien, à ce peuple qui, depuis 1789 jusqu'à nos jours, a tant de fois versé son sang pour elle derrière les barricades et sur les champs de bataille.

Les hauts bourgeois de la politique et de l'industrie ne le cachent pas : les socialistes sont ceux qu'ils considèrent comme leurs plus cruels ennemis ; aussi est-ce contre eux qu'ils déchaînent toutes leurs colères, toutes les rigueurs.

Pour anéantir les idées de justice et d'égalité sociales, lois humaines par excellence, les hauts bourgeois n'ont reculé devant aucun forfait. Ils se sont fait assassins, juges et bourreaux, pourvoyeurs de prison, de bagne et de peloton d'exécution ! Ils se sont fait les ordonnateurs des hécatombes de prolétaires et ont assisté la bouche en cœur et le cigare au bec, aux massacres de femmes, de vieillards et enfants dans leur berceau.

Et cependant, si les bourgeois sont aujourd'hui les maîtres du pouvoir, s'ils tiennent le haut du pavé avec une arrogance et un despotisme qui ne le cèdent en rien aux rois et aux nobles d'autrefois, à qui le doivent-ils, si ce n'est à une révolution préparée de longue date, à une révolution commencée en 1358 pour s'accomplir en 1789 et se terminer par l'affranchissement de la classe bourgeoise qui, après avoir opéré son habile : *Ote-toi de là que je m'y mette,* reconstitue sur les ruines de la féodalité et de la Bastille un esclavage économique sous le joug duquel elle opprime les travailleurs devenus les serfs du capital : le roi, la Bible, le grand tout de cette classe égoïste qui rendrait des points à Harpagon.

Comme tous les parvenus, les bourgeois oublient leur origine. Ils oublient surtout leur histoire. Mais il est vrai que les trois quarts ne la connaissent pas, ayant bien plus appris que, pour eux, deux et deux devaient faire cinq et quatre dix, qu'ils devaient poser zéro et retenir tout.

Faut-il donc rappeler à ces bourgeois de la décadence que leur évolution ne s'est pas faite toute seule, qu'ils ont eu, eux aussi, leur période de révoltes et de persécutions ! qu'ils ont eu leurs propagandistes calomniés, vilipendés comme les socialistes le sont aujourd'hui par les Constans et consorts, issus de bourgeois décrassés par la Révolution de 1789, agrémentée dans la suite par la guillotine à jet continu et par les noyades de Nantes. Et j'en passe et des meilleures !

Qu'ont été à leur époque les Jean-Jacques Rousseau, les Voltaire, les d'Alembert, les Diderot, les Condorcet et tant d'autres ? N'ont-ils pas, comme les socialistes, été traités d'énergumènes et de révolutionnaires ? Et aujourd'hui leurs descendants, ceux qui ont bénéficié des efforts, des sacrifices qu'ils ont faits et du génie qu'ils ont dépensé, leur érigent des statues, illustrent de leurs noms les grands boulevards et les places publiques, et les donnent en exemple aux enfants des écoles et lycées.

Ce sont ces grands hommes dont nous admirons, nous, le talent, et dont nous reconnaissons le dévouement, qui ont fait de nous des socialistes ; car ce sont eux qui, ayant frayé la route du progrès et ne l'ayant pas limitée, nous ont inspiré les sentiment du droit, les besoins de justice que nous ressentons. Ce sont eux qui nous ont communiqué l'énergie indomptable de poursuivre, envers et contre tous, la solution du problème social, ce qui sera la gloire de notre siècle !

Est-ce que les bourgeois n'ont pas eu, eux aussi, leurs journaux, leurs brochures, leurs pamphlets vendus, distribués par centaines de mille par des colporteurs aussi intelligents que dévoués qui se répandaient dans les villes et les villages, ne craignant même pas d'aller trouver les paysans au labour et de faire la lecture le soir, sous les chaumes, à ceux qui ne savaient pas lire. Ces colporteurs des idées nouvelles préconisées par les encyclopédistes, bravaient, eux aussi, la maréchaussée, la police et les autorités de l'époque.

N'ont-ils pas eu, ces bourgeois, leurs sociétés au sein desquels ils admettaient même les femmes ? N'ont-ils pas eu leur drapeau à eux, considéré alors comme un emblème séditieux ? N'ont-ils pas eu leurs réunions occultes, leurs écrivains, leurs orateurs, leur mot de ralliement, leur formule enfin proclamée à l'ouverture des Etats-Généraux en 1789 : « QU'EST LE TIERS-ÉTAT? RIEN. QUE DOIT-IL ÊTRE? TOUT ! »

N'est-ce pas par cet ensemble de propagande, par cette action commune que la Révolution de 1789 s'est faite ? N'est-ce pas grâce à ce bouleversement que la bourgeoisie est ce qu'elle est aujourd'hui et qu'à la place d'un roi installé aux

Tuileries, nous avons un Carnot qui se prélasse à l'Elysée, un Constans qui gouverne au ministère et des petits de bourgeois qui s'engraissent un peu partout ?

Et quel est donc le crime que commettent les travailleurs qui, groupés sous le drapeau des revendications sociales, continuent la marche du progrès, cherchant à leur tour à conquérir leur affranchissement économique, sans vouloir, comme la bourgeoisie, remplacer une classe par une autre, mais n'ayant qu'un but, opérer le nivellement des classes.

Les socialistes actuellement ne font absolument que de continuer l'œuvre commencée par les grands hommes du xviiie siècle et abandonnée par les bourgeois d'aujourd'hui qui, étant au pouvoir, et y vivant dans les délices de Capoue, s'y trouvent bien et tiennent à conserver pour eux les monopoles et les privilèges qu'ils ont enlevés aux autres.

Eh bien, les travailleurs aussi doivent compter pour quelque chose dans l'humanité ! Eux aussi, ils ont rédigé leurs cahiers ! Eux aussi, ils ont formulé leurs volontés ! Eux aussi, ils ont exposé les misères et les injustices dont ils souffrent, et en même temps qu'ils ont signalé le mal, ils ont indiqué le remède.

Les travailleurs aussi ont maintenant à eux leur drapeau et le même partout ! Ils ont leurs journaux, leurs propagandistes, et si ceux-ci n'ont pas le génie des Voltaire et des Diderot, leur dévouement, leur persévérance et leur courage ne leur sont pas inférieurs.

En somme, en vue du droit à la vie et de leur affranchissement, les travailleurs, et à juste titre, font à la bourgeoisie la guerre que celle-ci a faite à la royauté, à la noblesse et au clergé. Ils procèdent de même, profitant des leçons que les bourgeois, leurs professeurs en révolution, leur ont données.

La guerre est déclarée, et c'est maintenant une guerre à mort qui ne peut se terminer que par l'écrasement des uns ou des autres. Mais comme une société ne peut se passer des travailleurs, il va de soi que ce sont les parasites qui disparaîtront. La guerre sociale est la seule guerre légitime à laquelle puissent prendre part les travailleurs. Cette guerre est commencée, ils la continueront jusqu'au bout, jusqu'à ce que la bourgeoisie, imitant l'exemple de la noblesse dans la nuit du 4 août, vienne à son tour faire l'abandon de privilèges dont elle use et abuse.

Et je termine en disant qu'il est au moins étrange que les plus cruels ennemis que rencontre le Prolétariat sur la voie de son affranchissement soient justement les héritiers de ceux qui ont fait la Révolution de 1789 et qui en ont aujourd'hui tous les bénéfices !

En résumé, citoyens travailleurs, tout ce que vous venez de lire ne sont que des arguments auxquels les bourgeois ne peuvent et ne sauraient répondre. Ils s'en moquent comme un poisson d'une pomme. Le mieux est tout bonnement de vous dire que vous êtes dans votre droit en réclamant la place qui vous est due dans la société. Vous n'avez pas besoin d'être académicien pour dire que tout homme qui travaille a droit à l'existence. Tenez-vous-en là, à cette science simple comme la nature, et préparez-vous, organisez-vous pour le jour de la lutte suprême et que votre dernier et irréfutable argument soit la victoire !

J.-B. CLÉMENT.

MOUVEMENT OUVRIER SOCIALISTE
DANS LA RÉGION

DIJON

Groupe Républicain Socialiste (Parti Ouvrier).— **Ordre du jour.** — En présence des crimes accomplis à Fourmies, lors de la manifestation internationale ouvrière du 1er Mai ;

Considérant que les arrestations arbitraires et assassinats commis ce jour-là sont l'œuvre d'un gouvernement républicain bourgeois appuyé par les 371 complices qui l'ont absous de leur vote ;

Qu'une fois de plus, il est donc prouvé que ces faux républicains resteront autant d'ennemis avérés du prolétariat ;

Le Parti ouvrier socialiste dijonnais, dans sa séance du 9 mai, tient à protester énergiquement contre de semblables forfaits, qui rappellent La Ricamarie (Loire) et Aubin (Aveyron), sous le règne du bandit du 2 décembre.

Puisse notre indignation faire monter le rouge au front des travailleurs inconscients qui ont encore quelque confiance dans le républicanisme de nos spoliateurs.

Dans cette triste circonstance, le Parti Ouvrier socialiste dijonnais adresse l'expression de sa douloureuse sympathie aux familles en deuil qui pleurent encore les victimes faites par les classes dirigeantes apeurées par tant d'injustices commises par elles à l'égard de la classe laborieuse.

En même temps, les socialistes dijonnais se rendent solidaires de leurs justes revendications et leur offrent leur appui moral et matériel, dans toute la mesure du possible.

A cet effet, ils ouvrent une souscription en leur faveur, en attendant le jour où nos mandataires auront à nous rendre compte de leur part de responsabilité dans cette saignée ouvrière.

Dijon, 10 mai 1891.

La souscription est ouverte aux bureaux de la *Revue Sociale*.

— Samedi 16 mai, à 8 h. 1/2 du soir, 50-52, rue Monge, au siège social, réunion générale du Groupe socialiste.

Ordre du jour : 1° Congrès national ; 2° Renouvellement du bureau ; 3° Organisation des sections de quartier.

Cet avis tiendra lieu de convocation.

SECTION D'ÉTUDES SOCIALES DU CANTON EST. — Sur l'initiative de plusieurs camarades de la rue d'Auxonne, une section du Parti Ouvrier vient d'être constituée dans ce quartier pour la propagande des idées socialistes.

Une cinquantaine de citoyens ont déjà adhéré.

Le samedi 23 mai, aura lieu, à 8 heures du soir, au siège de la Section, une causerie sur le programme socialiste.

Le 1er Mai à Dijon. — A une heure et demie, les délégués de différents syndicats se réunissaient place d'Armes pour porter leurs revendications à la préfecture.

Le commissaire central, par pur zèle pour maître Constans, a failli changer l'attitude des manifestants, arrêtant plusieurs de ceux-ci.

Cela n'a été qu'un incident et, au bout d'une heure et demie de recommandations, les manifestants ont pu se rendre à la préfecture, sous l'œil bienveillant(?) des agents de police, presque aussi nombreux qu'eux-mêmes.

Le préfet, flanqué de deux commissaires, est stupéfait du calme des manifestants, les complimente et leur promet que les revendications ouvrières seraient remises au ministre de l'intérieur.

Allez-y voir, si vous voulez. Ce qu'il y a de certain, c'est qu'auparavant elles ont été communiquées à la presse du parti *assassiniste*, laquelle a publié les noms des signataires de pétitions, sans toutefois en donner la teneur, et cela dans l'unique but de nuire à ceux qui ont l'audace de réclamer des réformes.

Nous ne croyons pas que là était le but des réclamations faites, pas plus que le droit du premier représentant gouvernemental de la Côte-d'Or. C'est pourquoi nous ne pouvons que blâmer ce fonctionnaire,

Le soir, le Groupe Socialiste donnait un grand meeting salle Foyeau, où plusieurs orateurs ont, avec beaucoup de talent et d'énergie, développé les causes des revendications ouvrières, leur teneur et leur but.

1,200 citoyennes et citoyens se pressaient dans la salle et

ont applaudi chaleureusement les orateurs socialistes qui, tous, demandaient les huit heures.

A la sortie, nouveau déploiement de forces : en plus de la police municipale au complet, onze brigades de gendarmerie et des patrouilles de cavalerie en ont été pour leur dérangement.

Des groupes, chantant la *Carmagnole* et *C'est huit heures qu'il nous faut!* sont rentrés tranquillement chez eux.

Donc, à l'année prochaine! et nous espérons que cette fois les manifestants seront plus nombreux, car ce n'est que lorsque les travailleurs ne feront qu'un qu'ils obtiendront ce qu'ils désirent.

Un bagne industriel *(Suite)*. — TRACTION, DÉPÔT. — Effectivement, les mécaniciens et chauffeurs, étant commissionnés, sont encore l'objet d'une certaine retenue, ce qui n'existe pas pour les ajusteurs et nettoyeurs qui, non commissionnés (nous reviendrons sur ce sujet, qui fera le fond d'un article spécial), ont a subir les effets de l'arbitraire le plus absolu.

Et ils s'en donnent à cœur-joie, les gros et petits patrons. Cela ferait plaisir à voir, si ce n'était profondément triste! Quelle action ils y mettent! Ils déploient là une vigueur digne d'un meilleur but; mais c'est si doux pour des êtres vulgaires et inhumains de faire sentir leur autorité de hasard, il leur est si doux de dire : Peu m'importe votre droit, ma volonté doit suffire, et elle suffit en effet, grâce au manque de solidarité entre les travailleurs qui abandonnent leur dignité et remettent entre les mains de leurs pires ennemis le soin de la défense de leurs intérêts et de leur direction.

Pour être bien renseigné sur tout ce qui se dit, sur tout ce qui se passe au dépôt, ou, mieux encore, sur ce qui ne se dit et ne se passe pas, Crispi l'avaleur, sans doute sur l'instigation du célèbre Ramollot, a créé au dépôt un système d'espionnage bien digne d'un nid de jésuites et organisé hiérarchiquement : le simple mouchard rapporte au brigadier (il est bien entendu que je ne gratte que les galeux et respecte doublement ceux qui, au milieu de ce déréglement, ont su conserver leur dignité et leur indépendance), qui rapporte au chef d'équipe, lequel rapporte au chef supérieur.

Ce service fonctionne même à l'extérieur, où un certain type va au domicile des agents portés malades, pour s'assurer de leur état de santé. Parmi ceux qui se distinguent dans cette œuvre immorale, l'on cite un certain serpent à lunettes, lequel a obtenu la place qu'il occupe à la faveur d'un faux témoignage et est bien le digne suppôt des chefs qu'il sert et qu'il adule.

Il se passe des faits vraiment révoltants. Ainsi, dernièrement, un jeune ajusteur ayant perdu une parente de laquelle il était héritier et, ayant besoin d'une permission de douze à quinze jours, pour arranger ses affaires et, en même temps, pour se marier, se vit obligé de donner sa démission, faute de pouvoir obtenir cette permission, par suite du mauvais vouloir de Crispi.

Un autre, un nettoyeur, marchant comme chauffeur, se vit infliger 50 fr. d'amende pour ivresse, bien que n'étant pas plus ivre que le jour de sa naissance, et cela d'après le témoignage d'une foule de témoins protestant contre cette amende; il se vit donner sa huitaine, non pas pour s'être enivré mais pour suppression de personnel; et le lendemain même, Crispi prenait de nouveaux agents.

Comme ce fait dépeint bien la justice!... L'arbitraire est tellement déployé dans ce bagne que, par instants, il frise la bêtise; ainsi, par un décret de Ramollot, il est interdit aux hommes d'être malades plus de 24 jours par an.

Quel génie, ou quelle buse!

(A suivre).   V. MILLERAND.

Solidarité. — Quarante hommes employés à la réfection des rails, entre Dijon et Plombières, s'apercevant, le jour de la paye, qu'on les avait diminués de 3 centimes par heure, c'est-à-dire qu'on les réglait à 0 fr. 32 au lieu de 0 fr. 35, décidèrent de se rendre en corps auprès du chef de section, pour lui demander à être réglés au prix habituel. Le chef de section, croyant que cette réclamation n'était qu'individuelle, répondit au délégué : « Ceux qui ne seront pas contents voudront bien passer au bureau pour être réglés. »

Cinq minutes après, son bureau était envahi par les 40 employés réclamants; il fut sur le point de tomber d'apoplexie. — Quoi! dit-il, tout le monde réclame? — Réponse affirmative. — Eh bien! dit-il, allez travailler, l'on vous paiera 35 centimes.

Si tous les ouvriers savaient s'entendre comme ces quarante-là, que de maux et de misères seraient évités!

Au 27ᵉ de ligne. — Nous avons reçu de MM. A. de Tessières, Héluin, Gaudard, Cosson, etc., réservistes libérés de la classe 1883, une déclaration nous affirmant : 1º que M. le lieutenant Malval n'a jamais envoyé de malades à la parade; 2º que les exercices supplémentaires après la soupe étaient prescrits conformément au règlement.

Sur le premier point, nous n'avons pas prétendu que les malades fussent de la compagnie de M. Malval. Le deuxième point est contestable.

Le temps nous manquant pour contrôler la valeur exacte de cette protestation, nous en donnons simplement acte à ses auteurs, qui n'ont nullement été mis en cause.

Constatons toutefois que les renseignements qui nous ont été remis sont tout autres.

Jusqu'à ce qu'un démenti *officiel* nous soit adressé, nous maintenons nos informations.

Cercle du Parti Ouvrier. — Grâce au dévouement du citoyen Dessirier, un local de l'établissement des *Triumvirs Romains* vient d'être aménagé en cercle, à la disposition de nos camarades du Groupe Socialiste.

Le cercle est ouvert tous les dimanches; nous invitons les socialistes à le fréquenter le plus souvent qu'il leur sera possible, car il est toujours agréable, au milieu de l'indifférence générale, de fréquenter des hommes conscients et partageant nos doctrines. Prochainement, ouverture, au même local, d'une bibliothèque socialiste.

La Fête des typographes. — C'est samedi 16 et dimanche 17 mai qu'a lieu la fête du Syndicat typographique.

Nous engageons vivement nos adhérents à aider nos camarades typographes dans l'œuvre de solidarité qu'ils ont entreprise.

AUXERRE. — **Groupe Républicain Socialiste Auxerrois** (Parti Ouvrier). — Jeudi dernier, 7 mai, le Groupe avait organisé une conférence : 300 citoyens avaient répondu à l'invitation. Notre camarade Marpaux, typographe, avait été délégué par la Fédération des Travailleurs socialistes de l'Est, pour prendre la parole; disons de suite qu'il a eu un véritable succès.

Le citoyen Brague, désigné pour présider la séance, a remercie les citoyens présents et a présenté notre ami, puis il a donné la parole au citoyen Bulliard, qui a fait l'historique de la création du Groupe d'Auxerre.

Aussitôt après, Marpaux a abordé son sujet : pendant deux heures, il a entretenu l'assemblée; dans un langage clair et précis, il a expliqué le pourquoi du socialisme; son origine, son but et quel devait être son rôle dans la situation actuelle; après avoir fait toucher du doigt combien notre organisation actuelle était établie sur les bases du privilège et de l'injustice, le conférencier a passé en revue toutes les étapes parcourues depuis la première Révolution, en passant par 1832 et 1834, 1848, 1871 et en terminant par les massacres de Fourmies; il a ensuite démontré, preuves à l'appui, que les travailleurs de la terre, tout comme ceux de l'industrie, produisaient quatre ou cinq fois plus que la somme qu'ils recevaient pour subvenir à leurs besoins.

Le citoyen Marpaux a ensuite continué son discours en abordant les grandes lignes du programme du Parti Ouvrier. Là encore, il a su se faire applaudir lorsque, avec une grande énergie de parole, il a fait ressortir à l'assemblée qu'après plus de 20 ans de République, il était triste et déplorable de voir que le travailleur est reçu à coups de fusils, lorsqu'il veut protester contre ceux qui l'oppriment et l'asservissent comme l'étaient nos pères avant la première Révolution.

Il a su faire le procès de cette République bourgeoise, des hommes politiques qui nous gouvernent et qui ne pensent qu'à jouir au détriment de ceux qu'ils flattent lorsque vient le moment des élections.

Pour terminer, notre ami Marpaux a engagé les travailleurs auxerrois à venir se joindre aux groupes ouvriers existants: soit fédérations, syndicats ou groupes socialistes; il a fait appel aux hommes décidés à ne pas toujours compter sur les politiciens de profession et qui comprennent que l'émancipation des travailleurs ne peut se faire que par les travailleurs eux-mêmes; que ceux-là, a-t-il dit, viennent se joindre aux militants de la première heure et nous pourrons dire qu'à Auxerre, le Parti Ouvrier a bien mérité de la grande famille des prolétaires.

Très applaudi pendant tout son discours, Marpaux a terminé aux cris de : « Vive la Révolution sociale ! » cris auxquels se sont joints la majorité des citoyens présents.

A la sortie, il a été fait une quête qui a produit la somme de 16 fr., dont 9 fr. pour les frais et 7 fr. pour les victimes de Fourmies; cette somme a été envoyée au journal le *Parti Ouvrier*.　　　　　　　　　　　　E. B.

La fête des typographes. — Le manque de place nous oblige à écourter le compte-rendu de cette fête charmante. La presque unanimité de la typographie auxerroise était présente au banquet, qui se tenait chez M. Saffroy. Le menu, des plus délicats, faisait honneur au maître d'hôtel et aux dévoués organisateurs de cette réunion fraternelle, qui était présidée par le dévoué camarade Leroux.

Pendant tout le banquet, la gaieté n'a cessé de régner. Après les toasts d'usage, les chansonnettes ont mis tout le monde en belle humeur, et c'est le cœur très satisfait que sociétaires et invités se sont donné rendez-vous à l'an prochain.　　　　　　　　　　　　　　　Y.

BERNON. — Le vertueux Brutus, après la bataille de Phillipe, regardant la vertu comme sans pouvoirs contre les accidents de la fortune, s'écriait : « *Vertu, tu n'es qu'un vain mot.* » Aujourd'hui, après plus de 1,900 ans, nous pourrions répéter ce mot célèbre, et le compléter par celle-ci : « *Justice, tu n'es qu'un vain mot.* »

Le tribunal civil de Bar-sur-Seine, vient de nous en donner un exemple bien frappant; il avait à juger dernièrement, 2 causes ou plutôt 2 crimes ayant beaucoup d'analogie : Dans la première cause, un pauvre gueux était accusé d'avoir tenté d'assassiner un lièvre bien innocent ; dans la deuxième, un archi-millionnaire avait tué un homme.

Voici du reste le compte-rendu des séances du tribunal, que nous empruntons au *Petit Troyen*, journal de la localité:

Tribunal correctionnel de Bar-sur-Seine. — Audience du 28 avril 1891.

« Champroux (Auguste), âgé de 23 ans, né à Auxon (Aube); a été condamné pour délit de chasse à l'aide de collets, engins prohibés, avec cette circonstance aggravante, qu'il se trouve en état de récidive, à 4 mois de prison, 200 fr. d'amende et aux dépens. »

Huit jours après, même journal : « Le tribunal de Bar-sur-Seine a rendu son jugement, mardi 28 avril, dans l'affaire de Chaource, et condamne Chandon, vicomte de Brialle, coupable de meurtre sur la personne de Haillot, son garde, à 500 fr. d'amende, disant qu'il a eu tort de ne pas prononcer le mot de passe quand il a entendu causer ses gardes. »

Voilà qui est bien entendu. Un pauvre gueux, un fermier tue un lièvre qui ravage sa récolte, il est condamné à 4 mois de prison. Un vicomte, riche, considéré, tue un homme, il en est quitte pour 500 fr. d'amende.

Eh bien! MM. les millionnaires, cela vous sera très commode de vous débarrasser de vos ennemis, cela vous coûtera 500 fr. seulement.

Maintenant, intervertissons les rôles, supposons pour l'instant, ce qui aurait pu arriver, que M. de Chandon, au lieu d'avoir eu affaire à ses gardes qu'il avait envoyés au bois pour les massacrer, se fût trouvé en présence d'un braconnier qui, surpris et menacé se fût défendu, et, dans la bataille, eût tué M. de Chandon, croyez vous que cet homme qui était du reste en légitime défense, car je suppose bien que d'aller la nuit tuer un lièvre dans un bois, ne constitue pas un crime, s'en fût retourné tranquillement chez lui et eût passé en simple police correctionnelle, et en eût été quitte pour 500 fr. ? Non, il aurait été jeté brutalement en prison, en attendant l'instruction de son procès, puis, aurait été condamné par la cour d'assises à aller porter sa tête sur l'échafaud, où à passer ses jours au bagne.

De sorte que plus les coupables ont de lumières, de fortune et de considération, plus la loi se montre indulgente pour eux. C'est-à-dire qu'elle réserve ses peines les plus terribles, les plus infamantes, pour de pauvres diables qui ont du moins pour prétexte, l'ignorance, la misère où ils croupissent, ou simplement la sauvegarde de leurs propriétés.

Voilà l'équité de la justice à la fin du XIXᵉ siècle et après 20 ans de République.

Cette partialité de la loi est barbare et immorale, elle pousse à la révolte ; c'est par de pareilles sottises qu'on crée des antagonismes qui désorganisent la société, et, le seul remède à tant de maux, c'est la Révolution sociale.

　　　　　　　　　　　　　　　E. CHAMOIN.

BLANZY. — Le 1ᵉʳ Mai. — Sur les 6 heures du matin, les habitants étaient mis en émoi; en même temps que les cloches sonnaient le tocsin, l'appariteur battait, lui aussi, la générale, et nos gros bonnets de trembler dans leur peau : le feu venait de prendre dans les hangars des verreries et la police de croire que c'était un coup des ouvriers, pour chômer; il n'en était rien, car ici les ouvriers, quoique animés des sentiments socialistes, sont loin d'user de violences que nous serions les premiers à réprouver.

Le feu avait donc été mis imprudemment, dit-on, par de jeunes garçons, des enfants, en allant voir de jeunes toutous qu'une chienne avait mis bas sous un hangar, ces jeunes garçons fumant la cigarette.

Quelques ouvriers ont donc pu chômer, sans en avoir manifesté le désir, sachant bien que tant qu'ils seront sans organisation, ils risqueraient d'être jetés sur la paille. Mais l'idée n'en subsiste pas moins.

　　　　　　　　　　　UNE GUEULE BRULÉE.

LE CREUSOT. — Le 1ᵉʳ mai. — Ainsi que l'on pouvait s'y attendre, les dix mille esclaves ont comme d'habitude manifesté chacun à leur collier de misère.

Si les quelques rares citoyens qui sont encore occupés au bagne Schneider avaient l'audace de chômer ce jour-là, ils n'auraient qu'à passer au bureau le lendemain pour y toucher leurs comptes.

Bien qu'il n'y eût rien à craindre de la part de ces derniers, cela n'a pas empêché à l'aimable Constans, le fusilleur, de faire consigner pendant deux jours le bataillon du 29ᵉ de ligne qui est caserné au Creusot. Afin de faire croire à l'opinion publique qu'aucune mesure n'avait été prise, on fit aller comme de coutume à la manœuvre les 400 réservistes que l'on avait envoyé faire leur période de 28 jours ; en cas d'alerte, ils étaient munis aussi de tout ce qu'il leur fallait dans leur sac et leur giberne.

J'avais reçu une affiche du comité Ferroul à Paris, faisant appel aux travailleurs de tous les pays. Cette affiche, sur laquelle je mis moi-même un timbre de 0,12 centimes fut remise au sieur Guingand, afficheur, pour l'apposer quelques jours avant le 1er mai. Mais ce plat valet de Schneider s'empressa d'en donner connaissance à un de ses dignes maîtres, qui lui conseilla de la remettre à la gendarmerie, laquelle l'envoya à M. le sous-préfet.

Je demandai au sieur Guingand pour quel motif il ne l'avait pas placardée, il me répondit qu'elle était entre les mains de la police. Je l'obligeai donc à me la rendre, et la plaçai moi-même ; deux heures après, MM. les gendarmes l'enlevaient, et toute la nuit se rendaient compte si on n'en plaçait pas d'autres. Cette affiche les tracassa plus que tout le reste ; ils l'enlevèrent, dirent-ils, parce qu'elle ne portait aucune griffe et que le timbre n'était pas oblitéré.

Voilà en quoi s'est résumé le 1er mai au Creusot.

J. M. S.

GENÈVE. — Le 1er Mai et le 3 ont été fêtés ici :

Le vendredi, par les internationalistes qui ont publié et distribué un manifeste concluant à l'absolue nécessité de la Révolution sociale.

Le dimanche, par un cortège des syndicats et des associations ouvrières de Genève, qui a traversé toute la ville pour se rendre à l'ancien stand de Carouge, où un député radical-socialiste, Favon, a fait un discours sur les projets de lois sociales qui, d'après lui, amélioreraient sensiblement le sort des travailleurs : syndicats et assurances obligatoires, écoles professionnelles d'Etat.

Ensuite, un député de Bâle a fait, en langue allemande, un discours sur les huit heures.

Au retour, comme à l'aller, le calme a été parfait, pas l'ombre de police en uniforme. Contraste saisissant avec les massacres de France, l'arrestation et la condamnation inique de notre ami J.-B. Clément.

P. S. — Un patron a été condamné, après avoir épuisé toutes les juridictions, à 200 fr. d'amende, pour avoir allongé de 10 à 12 minutes par jour, pour ses ouvriers, la durée de la journée légale.

LONS-LE-SAULNIER. — Le tribunal correctionnel de notre ville a condamné le nommé S. P., de S., à 25 francs d'amende pour avoir volé des fagots d'épine pendant les grands froids. Est-ce bien voler que nous devrions dire ?

La justice bourgeoise : considérant que 2 et 2 font 5 ; que 4 et 4 font 10 ; que celui qui est faible et désarmé doit mourir en bénissant ses bourreaux ; posons 23, retenons tout et quelque chose avec, et condamnons le prévenu à nous payer tout.

La justice socialiste : considérant que les moyens de production sont accaparés par quelques-uns au détriment de la grande masse sans qu'aucune jurisprudence puisse légitimer cet état de choses ; qu'en cette occurrence le lésé devant prendre des moyens de consommation là où ils existent, que la force primant en fait le droit ; que pendant que les chiens des bourgeois font le luxe et le superflu, les hommes ne doivent avoir qu'un unique souci, c'est manger à leur appétit ; que quand nos adversaires seront un peu raisonnables, nous verrons à parlementer, mais qu'en attendant nous approuvons hautement tous les actes de révolte venant des opprimés, et de quelque façon qu'ils se produisent.

Quand les opprimés auront autant commis d'irrégularités que les accapareurs des moyens de production, nous pourrons compter et réglementer, avant c'est faire la part trop belle à nos adversaires ou justifiant chez eux tout ce qu'il y a de plus mauvais.

J. MILLET.

MONTCEAU-LES-MINES. — **Au pays noir.** — Bientôt sera élevée sur la place de l'Eglise une statue représentant Jules Chagot. Qu'a-t-il donc fait pour mériter cet honneur rien ! Toutefois, examinons un peu. Les journaux cléricaux-monarchiques ont bien battu la grosse caisse sur son nom, le disant le fondateur de la mine, alors qu'avant lui-même, bien avant lui, on y extrayait de la houille.

Disons cependant que la commune de Montceau a été créée depuis son arrivée, et aussi, que la mine a pris un grand essor depuis 5 à 6 ans, c'est-à-dire 5 à 6 ans après la mort de celui qui semble au physique tant passionner le monde capitaliste et clérical de not.e bassin houiller.

Si donc Montceau est une ville de plus de 20,000 habitants, on le doit donc uniquement à la richesse immense de son sous-sol dont les gisements s'étendent sur une grande étendue, sur laquelle la compagnie des Mines de Blanzy a, à elle seule 10 concessions, dont guère plus de la moitié est exploitée, ayant ensemble une superficie de plus de 21,000 hectares.

Oui, je le répète, qu'a fait Jules Chagot pour mériter cet honneur ? J'ai lu dans une feuille bien pensante, que Jules Chagot était bon pour ses ouvriers, dont il partageait les peines et les dangers ; diantre !

Comment se fait-il qu'il n'a pas trouvé la mort au milieu de ses esclaves, dans les diverses catastrophes de grisou, où des centaines de martyrs sont tombés en luttant pour l'existence, et quelle existence, *bone deus !* à peine le plus strict nécessaire pour ne pas mourir de faim. Pendant ce temps, que faisait-il, lui ? il amassait des millions et des millions ; il vivait heureux, se donnant toutes les jouissances avec la sueur de ses nombreux esclaves... On lui élève une statue, tandis qu'à nos frères, et ils sont nombreux ceux qui sont morts au champ d'honneur du travail, dans les noirs souterrains de la mine, la cléricale compagnie des mines n'a jamais rien fait pour perpétuer leur mémoire.

Pour réparer l'oubli où les a laissés leurs exploiteurs, le Groupe Ouvrier de Montceau, vient de prendre l'initiative d'une souscription ayant pour but d'élever à la mémoire de nos malheureux frères un monument commémoratif.

A ces citoyens, j'adresse mes félicitations les plus vives, car, c'est des travailleurs que découle la fortune d'un pays, et tout le monde de la mine, je n'en doute pas, souscrira au monument des victimes de la mine qui ont mille fois mieux mérité cet honneur que celui qui fut Jules Chagot, qui, mort sans progéniture connue, laissant 20 millions de fortune à d'autres millionnaires, n'a créé de son vivant aucun établissement de bienfaisance, quand il pouvait rendre heureux, pour les quelques jours qu'il leur reste à vivre, bon nombre de vieillards et d'invalides du travail.

Donc, vive le Groupe Ouvrier, pour son initiative, et vive la République démocratique et sociale.   P. GRISOU.

SAINT-CLAUDE. — **Le 1er mai**. — Pour la première fois, le 1er mai a été fêté à Saint-Claude.

La chambre syndicale des ouvriers diamantaires avait décidé, à l'unanimité, qu'une délégation se rendrait à la sous-préfecture pour remettre le cahier de ses revendications et affirmer en son nom la solidarité des ouvriers diamantaires aux camarades de l'univers entier, dans ce jour de Fête du Travail.

Les autorités locales, en l'absence du sous-préfet, après avoir eu connaissance de la décision de la chambre des diamantaires, l'ont fait prévenir que, conformément à la ministérielle, elles ne recevraient aucune délégation et réprimeraient toute manifestation même pacifique.

La chambre syndicale ne crut pas devoir insister, sachant que cette démarche n'avancerait en rien la prise en considération de ses revendications, et flairant dans cette injonction un piège tendu aux ouvriers par le gouvernement pour donner lieu à des désordres.

Il faut bien de temps en temps donner de l'occupation à la police.

Les massacres de Fourmies qui ont si justement indigné notre population ouvrière, sont là, pour confirmer ce que nous avions prévu.

Cependant, à la dernière heure, on a prévenu le secrétaire du syndicat qu'à la rigueur on pourrait recevoir une délégation composée de un membre. Pourquoi pas la moitié d'un ?

La Chambre syndicale n'ayant jamais eu l'intention de manifester, la police n'a pas eu à intervenir.

Sur ces entrefaites, la journée s'est bornée à un vin d'honneur organisé au siège social, auquel ont pris part les délégués, les conseillers municipaux ouvriers et un certain nombre de camarades qui s'étaient joints à eux pour fêter cette grande journée.

Des toasts ont été portés à l'émancipation des travailleurs, à la paix universelle, à la fraternité et à la solidarité ouvrière.

Plusieurs discours ont été prononcés et ont été chaleureusement applaudis.

Ensuite, les chômeurs sont allés dîner à la campagne et se sont distraits en famille le plus agréablement possible. De cette façon, la journée a pu se passer sans incidents fâcheux. Après plusieurs chansons de circonstance, il a été fait une collecte au profit de la caisse de résistance et des syndiqués sous les drapeaux, qui a produit une somme assez rondelette.

En se quittant, on s'est dit bien sincèrement à l'année prochaine.   A. Y.

Mouvement ouvrier. — Le Syndicat des ouvriers des industries diverses de Saint-Claude « Le Travail », après avoir attendu deux mois, qu'il plaise au préfet du Jura, d'approuver ses statuts, vient de passer outre cette formalité inutile, et s'est constitué définitivement en s'en tenant aux termes de la loi, c'est-à-dire le dépôt des statuts.

Pourtant, la circulaire ministérielle lors de la promulgation de la loi de 1884 sur les syndicats, ne donnait qu'un délai de quinze jours aux préfets pour approuver les statuts de ces associations.

N'y a-t-il pas une étrange coïncidence entre le retard apporté par le préfet, dont l'activité dévorante est quasi proverbiale, et la conduite de quelques patrons, heureusement peu nombreux, qui n'ont pas craint de se déclarer hostiles à cette société.

Si on ajoute que ces patrons ont des attaches avec notre préfet, on est tout près de la certitude.   A. S.

TONNERRE. — Conférence du citoyen Marpaux. — Le maire de la ville ayant mis obligeamment la salle de la mairie à la disposition des socialistes tonnerrois, le citoyen Marpaux, de Dijon, délégué de la Fédération des Travailleurs socialistes de l'Est, a pu y faire, devant plus de 350 citoyens, l'exposé des doctrines que revendique le monde des travailleurs et que le journal *La Revue sociale* propage et défend avec énergie.

Le citoyen Marpaux, jeune et intelligent, est bien l'orateur ouvrier; sans emphase, très précis, toujours correct, son discours, rempli de citations et d'exemples, a intéressé à un haut degré les nombreux assistants.

Sa parole, à la fois ferme et sincère, lui a bien vite conquis l'attention de l'auditoire; aussi, un courant sympathique s'établit-il, allant des lèvres de l'orateur au cœur des honnêtes travailleurs qui sont venus là en foule pour écouter silencieusement un des leurs exposer avec talent les causes multiples de leurs peines et de leurs éternels tourments.

Nous regrettons pour nos lecteurs qui n'ont pu assister à la réunion que le format de *La Revue sociale* nous contraigne à ne donner que quelques passages de l'excellent discours de notre ami le citoyen Marpaux, discours que nous voudrions pouvoir reproduire en entier.

Il a fait l'historique du socialisme, qui est le corollaire de la civilisation. Après quelques mots sur le christianisme, il dit que notre grande Révolution de 1789, elle aussi, contenait la Fraternité, et c'est pour elle et la Liberté vraie que tombèrent les murs de la Bastille sous les héroïques efforts de nos glorieux ancêtres.

La bourgeoisie, à cette époque, s'est servie du peuple pour secouer le joug de l'ancienne noblesse, mais accapara le mouvement à son profit exclusif. Elle devint même criminelle en faisant guillotiner notre grand Babeuf et ses amis qui revendiquaient pour les déshérités les droits légitimes que le peuple avait conquis au prix de son sang dans les grandes journées révolutionnaires.

Puis vinrent les massacres de prolétaires : en 1832 à Lyon ; en 1834, 1848 et 1871 à Paris ; en 1869 à Aubin ; en 1869 à la Ricamarie, et enfin à Fourmies, où des enfants et des jeunes filles viennent d'être assassinés pour le maintien des privilèges de l'insatiable et féroce bourgeoisie.

Il dit que la Révolution est fatale, inévitable, et que c'est la bourgeoisie qui a commencé à lui donner un caractère violent.

Le citoyen Marpaux dit ensuite que le paysan est aussi esclave que l'ouvrier, car il peine toute l'année sans pouvoir mettre les deux bouts ensemble, tout en refusant à son corps la nourriture nécessaire à la réparation de ses forces.

L'orateur démontre que la grande propriété s'est reconstituée en France et que les intérêts des cultivateurs sont solidaires des ouvriers des villes.

Abordant la petite culture, la petite industrie, le petit commerce, le citoyen Marpaux dit qu'ils sont condamnés à disparaître devant le flot toujours grossissant du capitalisme sous toutes ses formes.

En présence de toutes ces ruines menaçantes, le devoir immédiat du peuple est de renverser la bourgeoisie du pouvoir et de ses privilèges, et de se rendre seul maître de ses propres destinées.

L'orateur explique tout cela familièrement et à la grande satisfaction de l'auditoire.

Parlant du patriotisme, il démontre ce que la raison et le bon sens permettent d'en penser. C'est avec le mot de Patrie que l'on grise le peuple, et que l'on fait égorger ses enfants pour la plus grande gloire et le plus grand profit de ses gouvernants.

Dans la journée du 1er mai, tous les travailleurs de la terre se sont tendus la main par-dessus les frontières; c'est dans cette voie qu'est l'avenir, le salut.

Le conférencier enfin arrive à la journée de huit heures, revendiquée par les travailleurs de l'industrie. Après une argumentation serrée qui dura au moins une demi-heure, tout le monde est convaincu que la journée de huit heures est légitime et nécessaire; aussi l'orateur peut terminer aux applaudissements de la salle en démontrant que la réforme des *huit heures*, qui implique un minimum de salaires, est utile à tous : ouvriers, patrons honnêtes et petits commerçants.

La réunion s'est terminée par le vote d'un ordre du jour en faveur des victimes de Fourmies, blâmant en outre les *députés Judas* qui n'ont pas voté l'enquête demandée par les citoyens Dumay et Millerand afin de connaître les coupables de ce massacre et d'établir les responsabilités.

Tous les travailleurs tonnerrois présents à la réunion ont écouté le conférencier avec sympathie.

En somme, bonne journée pour le socialisme.

Merci à tout le monde.   XXX.

COUPS DE FRONDE

Un douloureux accident est arrivé à l'usine Focillon. En nettoyant une cheminée, le jeune Rott est tombé dans la fosse aux cendres et on a été retiré à moitié calciné.

Nous déplorons la négligence coupable qui a précédé et suivi cet accident, mais ce que nous déplorons encore plus, c'est l'attitude du docteur Morlot (ex-conseiller municipal), qui n'a pas voulu soigner cette victime du travail avant qu'on l'ait lavé complétement. Or, le malheureux est mort quelques heures après.

Nous comprenons bien qu'un médecin soit délicat, mais enfin, de deux choses l'une : où le jeune homme pouvait être sauvé par un traitement prompt, et alors il n'y avait pas à hésiter ; où bien il était perdu, et dans ce cas il était inutile de lui infliger un bain d'autant plus douloureux que les chairs étaient brûlées avec les vêtements.

.·.

La patience n'est pas la vertu dominante de notre corps d'officiers, chacun sait ça ; pourtant il nous semble que M. P…, capitaine d'habillement a forcé la note en traitant de *cochon* un employé de tramway et en le menaçant de coups de sabre et de revolver.

Le motif, certes, en valait la peine ! Jugez-en : l'employé trouvant drôle que l'officier ait placé son chien crotté sur la banquette, lui avait dit de le faire descendre.

Nous ne savons si cela valait tant de menaces de la part de ce monsieur, mais ce que nous savons bien, c'est que la réplique de l'employé et les quolibets du public, qui s'était amassé au bruit, n'étaient pas volés par cet officier qui s'était oublié au point de confondre tramway avec halle aux poissons.

LE CREUSOT

VI

RAMIFICATION ET ÉTENDUE DU MAL

(Suite)

Ces mines, situées à cinq kilomètres du Creusot, étaient un refuge pour les ouvriers renvoyés, ils trouvaient souvent là du travail, évitant ainsi un grand déplacement toujours très onéreux, mais aujourd'hui que le Moloch du Creusot a abattu sa griffe sanglante un peu partout, il faut aller au loin mendier à nouveau un salaire dérisoire et laisser derrière soi la femme et les enfants qu'on ne fait venir plus tard qu'en faisant des dettes, et plus les acquisitions des grandes compagnies augmentent, plus la situation des travailleurs est difficile.

Ainsi, la Compagnie du Creusot a successivement acheté les établissements suivants en plus des mines déjà citées de Mazenay-Montchanin et Longpendu :

Mines de la Machine (Nièvre) ;
— Montaud (Loire) ;
— Laissez (Doubs) ;
— Allevard (Isère) ;
— Saint-Georges (Savoie) ;
— Saint-Florent (Cher ;
— Brassac (Puy-de-Dôme) ;

Et enfin quote-part aux mines de Baubran dans la Loire, une verrerie de bouteilles dans la Nièvre et une fabrique de produits réfractaires à Perreuil (Saône-et-Loire).

Ajoutons que dans ce moment M. Schneider installe pour son propre compte un atelier de grosses forges dans le département des Ardennes.

Il est à noter qu'aucun ouvrier sortant de ces différents pays, par suite de difficultés avec les chefs, n'est réoccupé dans les possessions de la dite Compagnie, heureux encore quand il n'y a pas connivence avec les autres compagnies pour se signaler mutuellement les ouvriers dits *dangereux*.

Si les choses continuaient leur cours, il en résulterait que dans vingt ans la masse des travailleurs français se trouveraient sous la dépendance absolue d'une vingtaine de compagnies.

Ajoutons que ce ne sont pas seulement les usines et les mines qui sont ainsi accaparées par ces grandes compagnies, mais aussi les maisons particulières et tous les terrains quels qu'ils soient.

Au Creusot, la Compagnie achète les immeubles des particuliers toutes les fois que l'occasion s'en présente et tient ainsi sous sa dépendance la plupart des commerçants au même titre que les ouvriers ; tous les terrains non bâtis, tant à l'extérieur qu'à l'intérieur, sont sa propriété, notamment les bois où l'on a vu des gardes de l'usine interdire aux enfants d'aller cueillir des fraises et, sans autre juridiction que la leur, infliger une amende à des femmes d'ouvriers pour avoir étendu leur linge sur des buissons appartenant à l'usine, laquelle amende est retenue sur la journée du mari.

Lorsque l'administration vend un terrain à bâtir, soit à un ouvrier, soit à un commerçant, on lui demande des renseignements sur son projet de construction, qui est toujours trouvé trop médiocre ; on offre de lui prêter quelques milliers de francs, pour faire plus grand, de façon à le tenir en laisse plus tard, quitte à reprendre la maison s'il ne parvient pas à pouvoir payer ; mais le plus important c'est qu'on lui désigne le maçon, le charpentier et le serrurier auxquels il devra s'adresser pour faire construire, et, naturellement, il s'agit de gens *comme il faut*.

Il va sans dire qu'en même temps on prévient ces gens *comme il faut* que M. X. ou M. Y. va faire bâtir, de façon qu'ils puissent se présenter les premiers.

Ajoutons à cela, pour prouver les beautés de la propriété individuelle, que les ouvriers n'osent pas loger chez les propriétaires qui ne sont pas les amis de M. Schneider.

(A suivre).   J.-B. DUMAY.

PETITE CORRESPONDANCE

Dumagny. — Le groupe en question fait partie de la Fédération. Je vais vous écrire pour explications.

J. M. à Lons-le-Saulnier. — Au point de vue des idées, nous sommes complétement de votre avis. L'exposé que vous nous en faites gagnerait à être publié en brochure. Mais au point de vue des articles, vous comprenderez la difficulté que nous avons de faire une sélection dans vos envois, vu notre cadre. — Nous vous dirons aussi que votre dernière correspondance nous a coûté 0,60 c. pour insuffisance d'affranchissement. Faites attention une autre fois.

A un Citoyen de Lons-le-Saulnier. — Le 12, nous avons reçu de Lons, une lettre insuffisamment affranchie. — Nous l'avons refusée parce que le fait se reproduit trop souvent. — Prière à notre correspondant d'aviser.

B. à Auxerre. — Pouvez faire la remise indiquée dans votre lettre.

Aux Groupes d'Auxerre, de Brienon et de Tonnerre. — Le Comité fédéral les remercie du bon accueil fait à son délégué à son passage dans ces localités.

E. C.

Le Gérant, V. MILLERAND.

Dijon. — Imp. Carré, rue Amiral-Roussin 40.

2ᵉ année — Nᵒ 10   10 centimes   1ᵉʳ au 15 Juin 1891

LA REVUE SOCIALE

BULLETIN BI-MENSUEL

De la Fédération des Travailleurs Socialistes de l'Est

PARAISSANT A DIJON

ADMINISTRATION
Adresser toutes communications et mandats au citoyen CHARLOT, délégué, rue du Faubourg-Raines, 66, **DIJON.**

De chacun selon ses forces
A chacun selon ses besoins

ABONNEMENT
Un an, **2 fr.** — 6 mois, **1 fr.** — 3 mois, **50 cent.**

PERMANENCE chaque samedi soir, au siège social du Groupe Socialiste, 50, rue Monge, **DIJON.**

SOMMAIRE :

Aux Enfants du Peuple . . . . P. KROPOTKINE.
Bulletin de quinzaine. . . . . E. C.
Xᵉ Congrès national . . . . E. C.
Mouvement socialiste de la région . . E. C.
Un bagne industriel (suite). . . . . . V. MILLERAND.
Le Creusot (suite) . . . . J.-B. DUMAY.
Communications, petite correspondance, etc.

AUX ENFANTS DU PEUPLE

Vous souvenez-vous du temps où, gamin encore, vous descendiez, par un jour d'hiver, vous amuser dans votre sombre ruelle ? Le froid vous mordait les épaules à travers vos minces vêtements et la boue emplissait vos souliers déchirés. Lorsque vous voyiez passer de loin ces enfants potelés et richement vêtus, qui vous regardaient d'un air hautain, — vous saviez parfaitement que ces marmots, tirés à quatre épingles, ne vous valaient, vous et vos camarades, ni par l'intelligence, ni par le bon sens, ni par l'énergie. Mais plus tard, quand vous avez dû vous enfermer dans un sale atelier, dès cinq ou six heures du matin, vous tenir. douze heures durant, près d'une machine bruyante et, machine vous-même, suivre jour par jour et pendant des années entières ses mouvements d'une impitoyable cadence, — pendant ce temps-là, eux, les autres, allaient tranquillement s'instruire dans les collèges, dans les belles écoles, dans les universités. Et maintenant, ces mêmes enfants, moins intelligents, mais plus instruits que vous, et devenus vos chefs, vont jouir de tous les agréments de la vie, de tous les bienfaits de la civilisation — et vous ? qu'est-ce qui vous attend ?

Vous rentrez dans un petit appartement sombre et humide, où cinq, six êtres humains grouillent dans l'espace de quelques mètres carrés ; où votre mère, fatiguée par la vie, plus vieillie par les soucis que par l'âge, vous offre pour toute nourriture du pain, des pommes de terre et un liquide noirâtre qualifié ironiquement de café ; où pour toute distraction vous avez toujours la même question à l'ordre du jour, celle de savoir comment vous paierez demain le boulanger et après-demain le propriétaire !

— Eh quoi ! vous faudra-t-il traîner la même existence misérable que votre père et votre mère ont traînée pendant trente, quarante ans ! Travailler toute la vie pour procurer à quelques-uns toutes les jouissances du bien-être, du savoir, de l'art, et garder pour soi le souci continuel du morceau de pain ? Renoncer à jamais à tout ce qui rend la vie si belle, pour se vouer à procurer tous les avantages à une poignée d'oisifs ? s'user au travail, et ne connaître que la gêne, si ce n'est la misère, lorsque le chômage arrivera ? Est-ce cela que vous convoitez dans la vie ?

Peut-être, vous résignerez-vous. N'entrevoyant pas d'issue à la situation, il se peut que vous vous disiez : « Des générations entières ont subi le même sort, et moi, qui ne puis rien y changer, je dois le subir aussi ! Donc, travaillons, et tâchons de vivre de notre mieux. »

Soit ! Mais alors la vie elle-même se chargera de vous éclairer.

Un jour, viendra la crise, une de ces crises, non plus passagères comme jadis, mais qui tuent raide toute une industrie, qui réduisent à la misère des milliers de travailleurs, qui déciment les familles. Vous lutterez comme les autres, contre cette calamité. Mais vous vous apercevrez bientôt comment votre femme, votre enfant, votre ami, succombent peu à peu aux privations, faiblissent à vue d'œil et, faute d'aliments, faute de soins, finissent par s'éteindre sur un grabat, tandis que la vie roule ses flots joyeux dans les rues rayonnantes de soleil de la grande ville, insouciante de ceux qui périssent. Vous comprendrez alors ce que cette société a de révoltant, vous songerez aux causes de la crise et votre regard sondera toute la profondeur de cette iniquité qui expose des milliers d'êtres humains à la cupidité d'une poignée de fainéants ; vous comprendrez que les socialistes ont raison lorsqu'ils disent que la société actuelle doit être, qu'elle peut être transformée de fond en comble.

Un autre jour, lorsque votre patron cherchera, par une nouvelle réduction de salaires, à vous soustraire encore quelques sous pour arrondir d'autant sa fortune, vous protesterez ; mais il vous répondra avec arrogance : « Allez brouter l'herbe, si vous ne voulez pas travailler pour ce prix-là ». Vous comprendrez alors que votre patron non seulement cherche à vous tondre comme un mouton, mais qu'il vous considère encore comme de race inférieure ; que, non content de vous tenir dans ses griffes par le salaire, — il aspire encore à faire de vous un esclave, à tous égards. Alors, ou bien vous plierez le dos, vous renoncerez au sentiment de la dignité humaine, et vous finirez par subir toutes les humiliations. Ou bien, le sang vous montera à la tête, vous aurez horreur de la pente sur laquelle vous glissez, vous riposterez et, jeté sur le pavé, vous comprendrez alors que les socialistes ont raison lorsqu'ils disent : « Révolte-toi ! révolte-toi contre l'esclavage économique, car celui-ci est la cause de tous les esclavages ! » Alors vous viendrez prendre votre place dans les rangs des socialistes et vous travaillerez avec eux à l'abolition de tous les esclavages : économique, politique et social.

Quelque jour vous apprendrez l'histoire de la jeune fille, dont autrefois vous aimiez tant le regard franc, la démarche svelte et la parole animée. Après avoir lutté des années contre la misère, elle a quitté son village pour la grande ville. Là, elle savait que la lutte pour l'existence serait dure, mais, du moins, espérait-elle gagner honnêtement son pain. Eh bien, vous savez maintenant le sort qu'elle a eu. Courtisée par un fils de bourgeois, elle s'est laissée engluer par ses belles paroles, elle s'est donnée à lui avec la passion de la jeunesse, pour se voir abandonnée au bout d'un an, un enfant sur les bras. Toujours courageuse, elle n'a cessé de lutter ; mais elle a succombé dans cette lutte inégale contre la faim et le froid et elle a fini par expirer dans on ne sait quel hôpital... Que ferez-vous alors ? Ou bien, vous écarterez tout souvenir gênant par quelques stupides paroles : « Ce n'est ni la première ni la dernière », direz-vous, et un jour on vous entendra dans un café, en compagnie d'autres brutes, offenser la mémoire de la jeune femme par de sales propos. Ou bien, ce souvenir vous remuera le cœur ; vous chercherez à rencontrer le piètre séducteur pour lui jeter son crime à la face ; vous songerez aux causes de ces faits qui se répètent tous les jours et vous comprendrez qu'ils ne cesseront pas, tant que la société sera divisée en deux camps : les misérables d'un côté, et de l'autre les oisifs, les jouisseurs aux belles paroles et aux appétits brutaux. Vous comprendrez qu'il est bien temps de combler ce gouffre de séparation, et vous courrez vous ranger parmi les socialistes.

.·.

Et vous, femmes du peuple, cette histoire vous laissera-t-elle froides ? En caressant la tête blonde de cette enfant qui se blottit près de vous, ne penserez-vous jamais au sort qui l'attend, si l'état social actuel ne change pas ? Ne penserez-vous jamais à l'avenir qui est réservé à votre jeune sœur, à vos enfants ? Voulez-vous que vos fils, eux aussi, végètent comme votre père a végété, sans d'autre souci que celui du pain, sans d'autres joies que celles du cabaret ? Voulez-vous que votre mari, votre garçon, soient toujours à la merci du premier venu qui a hérité de son père un capital à exploiter ? Voulez-vous qu'ils restent toujours les esclaves du patron, la chair à canon des puissants, le fumier qui sert d'engrais aux champs des riches ?

Non, mille fois non ! Je sais bien que votre sang bouillonnait lorsque vous avez entendu que vos maris, après avoir commencé bruyamment une grève, ont fini par accepter, chapeau bas, les conditions dictées d'un ton hautain par le gros bourgeois ! Je sais que vous avez admiré ces femmes espagnoles qui vont aux premiers rangs présenter leurs poitrines aux baïonnettes des soldats lors d'une émeute populaire ! Je sais que vous répétez avec respect le nom de cette femme qui alla loger une balle dans la poitrine du satrape, lorsqu'il se permit un jour d'outrager un socialiste détenu en prison. Et je sais aussi

que votre cœur battait lorsque vous lisiez comment les femmes du peuple de Paris se réunissaient sous une pluie d'obus pour encourager « leurs hommes » à l'héroïsme.

Je le sais, et c'est pourquoi je ne doute pas que vous aussi, vous finirez par venir vous joindre à ceux qui travaillent à la conquête de l'avenir.

.·.

Vous tous, jeunes gens sincères, hommes et femmes, paysans, ouvriers, employés et soldats, vous comprendrez vos droits et vous viendrez avec nous ; vous viendrez travailler avec vos frères à préparer la révolution qui, abolissant tout esclavage, brisant toutes les chaînes, rompant avec les vieilles traditions et ouvrant à l'humanité entière de nouveaux horizons, viendra enfin établir dans les sociétés humaines, la vraie Egalité, la vraie Liberté ; le travail pour tous, et pour tous la pleine jouissance des fruits de leurs labeurs, la pleine jouissance de leurs facultés ; la vie rationnelle, humanitaire et heureuse !

Qu'on ne vienne pas nous dire que, petite poignée, nous sommes trop faibles pour atteindre le but grandiose que nous visons.

Comptons-nous, et voyons combien nous sommes qui souffrons de l'injustice. Paysans, qui travaillons pour autrui et qui mangeons l'avoine pour laisser le froment au maître, nous sommes des millions d'hommes ; nous sommes si nombreux qu'à nous seuls nous formons la masse du peuple. Ouvriers qui tissons la soie et le velours pour nous vêtir de haillons, nous sommes aussi des multitudes, et quand les sifflets des usines nous permettent un instant de repos, nous inondons les rues et les places, comme une mer mugissante. Soldats qu'on mène à la baguette, nous qui recevons les balles pour que les officiers aient les croix et les pompons, nous, pauvres sots, qui n'avons su jusqu'à maintenant que fusiller nos frères, il nous suffira de faire volte-face pour voir pâlir ces quelques personnages galonnés qui nous commandent. Nous tous qui souffrons et qu'on outrage, nous sommes la foule immense, nous sommes l'océan qui peut tout engloutir. Dès que nous en aurons la volonté, un moment suffira pour que justice se fasse.

Pierre KROPOTKINE.

BULLETIN DE QUINZAINE

La Chambre des députés vient de voter l'urgence sur la proposition de réforme des impôts déposée par M. Maujan et 130 de ses collègues.

Ce projet de loi fait table rase de tous les impôts actuels et les remplace :

1° Par le produit des monopoles d'Etat (1,000 millions) ;

2° Par l'organisation de la rectification de l'alcool en service public national (un milliard);

3° Par la suppression de l'héritage en ligne collatérale, à partir du 5° degré (380 millions);

4° Par un impôt progressif sur le capital et les revenus (200 millions);

Bien que ce projet soit d'un socialisme très modéré, il fait pousser les hauts cris à toute la gent réactionnaire. Pour nous, qui voyons que la réforme de l'impôt est une illusion, si elle n'est point le prélude d'une transformation du régime propriétaire, nous nous contentons de la noter au passage.

La Chambre, en matière de finances, peut beaucoup, en introduisant ces modestes réformes dans le prochain budget. L'osera-t-elle? Nous en doutons, et pour cause.

.·.

En attendant, elle protège ferme les gros propriétaires et les gros usiniers. Nos lecteurs sont au courant des accaparements de blé organisés par un syndicat de capitalistes, escomptant d'avance la mauvaise récolte de cette année. — Partout le pain a renchéri.

Notre camarade Dumay a proposé à la Chambre de supprimer le droit de 5 fr. établi à l'entrée en France sur les blés étrangers. Naturellement, l'amendement a été repoussé. Tous les Bargy, le Spuller et autres mélinistes ont voté contre, ne craignant pas d'assumer la responsabilité de la vie chère pour les ouvriers des villes, sans profit aucun pour les ouvriers des campagnes, puisque, cette année surtout, les petits propriétaires produiront juste pour leur consommation et les semailles.

.·.

Deux exemples de la puissance du prolétariat, quand il est bien organisé :

En Belgique, la grève générale gronde pour l'obtention du suffrage universel et de la journée de huit heures. Déjà, la Commission parlementaire a dû céder sur le premier point en décidant la révision de la constitution. Nous comptons enregistrer bientôt un succès sur le deuxième, grâce à l'entente admirable des ouvriers belges.

A Paris, cette semaine, la Compagnie des omnibus, renouvelant les procédés des Schneider et des Chagot, refusait de reconnaître le syndicat constitué par son personnel et révoquait une soixantaine de ses employés. — 6,000 contrôleurs, conducteurs, laveurs, etc., se mirent en grève. Le public parisien et le conseil municipal appuyèrent leurs revendications. — La Compagnie, si fière et si arrogante, dans la crainte de perdre son monopole, dut céder au bout de deux jours.

Les grévistes sont vainqueurs sur toute la ligne; le syndicat est reconnu; les employés révoqués sont repris, et la journée de travail est réduite de 16 heures !! à 12 heures, en attendant mieux.

.·.

NOUVELLES SOCIALISTES

Les groupes socialistes parisiens se sont rendus en corps, le 24 mai dernier, au cimetière du Père-Lachaise, pour la manifestation annuelle sur la tombe des victimes de la semaine sanglante. Plusieurs orateurs ont pris la parole ; tous ont fait allusion au massacre de Fourmies, et ont été accueillis par les cris de : « Vive la Commune! Vive la Révolution sociale! » Nous les répétons avec eux.

— Notre ami J.-B. Clément vient de voir sa peine réduite à deux mois de prison par la cour d'appel de Nancy. Nous n'en protestons pas moins contre cette inique condamnation.   E. C.

X° Congrès National Ouvrier

Sur la demande des groupes et syndicats d'Algérie, l'ouverture du Congrès national est reportée au *21 juin* prochain.

Nous croyons savoir que les différentes écoles socialistes y seront représentées et qu'on y décidera de l'urgence d'une manifestation solennelle en faveur des victimes du massacre de Fourmies. Il importe de prouver à la bourgeoisie que si les socialistes révolutionnaires sont divisés sur des points très secondaires, ils savent s'entendre contre l'ennemi commun.

Nous invitons donc les groupes et syndicats de la région à adhérer au Congrès, quittes, s'il y a lieu, à faire les réserves qu'ils jugeront utiles, sur l'ordre du jour publié dans un de nos précédents numéros.

Dans tous les cas, il leur sera toujours possible d'envoyer leur appui moral, en même temps qu'une adresse de protestation contre les infamies du gouvernement.   E. C.

MOUVEMENT OUVRIER SOCIALISTE
DANS LA RÉGION

DIJON

Pour les victimes de Fourmies. — Les socialistes révolutionnaires dijonnais ont organisé, le samedi 17 mai, salle de la Renaissance, un meeting d'indignation contre les massacres de Fourmies.

Le citoyen Nougarède et les compagnons Monod et Mollet ont pris successivement la parole et démontré toute la mauvaise foi du gouvernement qui refusait de faire la lumière sur les fusillades du 1er mai. Un ordre du jour de blâme pour les gouvernants et de sympathie pour les victimes a été voté à l'unanimité; une quête à la sortie a produit la somme de 13 fr. 20.

On espérait que le petit père Carteron, conseiller municipal concentré, serait venu pour expliquer son hybride proposition qui consistait à envoyer des secours aux fusilleurs et aux fusillés; mais c'est vainement que le public l'a attendu.

Souscriptions reçues à la *Revue Sociale*, pour les massacrés de Fourmies : du Creusot, 4 fr. 20; de Lons-le-Saulnier, 3 fr. 25; Burlot, 0 fr. 50. D'autre part, le Groupe socialiste de Dijon a voté la somme de 15 fr. pour le même objet.

La Boulangerie. — Un fait odieux vient de se passer à Dijon, comme partout d'ailleurs; bien que le blé n'ait pas manqué jusqu'ici et que rien ne justifiât une hausse sensible sur les blés, le prix du pain a été augmenté de 5 centimes par kilog, ce qui constitue la spéculation la plus dégoûtante que l'on connaisse, puisqu'elle se produit au détriment de la classe la plus pauvre de la population, celle dont l'alimentation est basée sur le pain. Et l'on annonçait encore une nouvelle hausse.

Un boulanger de la rue d'Auxonne (n° 25), M. Commelet, se refusa à cette chose ignoble et continua de vendre aux tarifs antérieurs. Voyant cela, les boulangers organisèrent un boycottage de son magasin et essayèrent de débaucher ses garçons, qui se laissèrent plus ou moins circonvenir. Puis, les meuniers, coalisés avec les boulangers, dont ils sont suzerains, refusèrent de livrer de la farine à M. Commelet, qui, pendant 48 heures, ne put servir ses clients.

L'opinion publique s'étant émue de ces faits, le maire de Dijon a été obligé d'intervenir plus ou moins platoniquement et en fin de compte, force est restée au bon droit. En dépit de MM. Blandin, Grenier-Troubat et Jentet-Roy, meuniers, M. Commelet est approvisionné par MM. Guillemin (moulin du Parc).

Si le conseil avait été socialiste, la réponse eût été aussi nette que prompte : c'était tout simplement la création d'une boulangerie municipale avec moulin au besoin. Mais, patience! ce n'est que partie remise.

Un bagne industriel (*Suite*). — TRACTION, DÉPOT. — Et cet ordre de service n'est pas seulement applicable au dépôt de Dijon ; plusieurs jeunes chauffeurs du dépôt de Besançon attendent vainement leur commission depuis dix mois, bien que le règlement prescrive que la commission est due après un an de stage, et cela parce qu'ils ont été malade pendant cette année-là.

Quelle belle justice !

Quoi ! parce qu'un homme faisant un service absolument pénible, travaillant indistinctement de nuit ou de jour, n'ayant souvent ni repas ni repos réglé, *obligé* de subir toutes les intempéries, toutes les rigueurs des saisons, se trouve à être malade 24 jours dans une année (et même moins) il s'ensuit qu'il mérite une punition ; déjà il subit une perte d'argent par la retenue opérée sur ses jours de maladies, et il faut encore qu'il subisse un retard d'un an pour être commissionné, partant de là, pour son droit à la retraite.

Mais à quoi bon parler de justice quand il s'agit de capitalistes ? c'est un non sens ; à quoi bon parler de justice quand il est question d'hommes ayant un morceau de métal sinon un peu de fange, en place du cœur. Ah ! que de haine vous amassez, et si un jour l'on se met enfin en mesure de vous rendre la moitié seulement de ce que vous nous prêtez, gare la secousse ! On vous verra alors orgueilleux, superbes, à la tête vide, dédaigneux parasites, vivant de nos sueurs, l'on vous verra aussi humbles que vous êtes hautains, aussi lâches devant la force que vous êtes courageux devant la faiblesse. Ruinez des corps humains pour amasser un peu plus d'or, cherchez des moyens pour diminuer encore le salaire des travailleurs. Tandis que vous y êtes, allez-y gaiement ; la fin viendra plus vite.

Depuis quelques années, les ajusteurs et nettoyeurs n'avaient droit à aucun congé, ils devaient travailler depuis le 1er janvier au 31 décembre sans aucune interruption, pas même le droit d'être malade.

A force de réclamations et grâce à l'appui de la Chambre syndicale des Employés des chemins de fer, laquelle fonctionne depuis quelques mois et est appelée à un rapide succès, ils viennent enfin d'obtenir droit à une journée et denier de congé par mois. Ce n'est pas de trop ; mais savez-vous, oh ! mortels communs, qui n'avez pas comme stimulant la perspective d'une gratification à la fin de l'année pour les services que vous pourriez rendre aux pressureurs, ce qu'a trouvé l'administration paternelle des Ramollot et des Crispi ? Non, eh bien, voilà! ils ont décidé que le même travail se ferait quand même, par le même personnel, et ont donné ordre aux divers serpents, gardes-chiourmes, d'être encore un peu plus pressants auprès des hommes, à seule fin de faire couvrir par un surcroît de travail le temps perdu par les permissionnaires ; et, comme les journées de congé sont retenues à la paye, il s'en suit une économie d'environ 800 fr. par mois pour le dépôt de Dijon, soit une dizaine de mille francs par an ; les amendes produiront au moins autant, dites donc encore que les grosses légumes ne gagnent pas les gratifications qui marquent pour eux le 1er de l'an.

Ouf ! elle doivent bien sentir la sueur, ces gratifications là ! mais pas de crainte que le cœur vous lève.

(*A suivre*).　　　　　V. MILLERAND.

AVIS. — Un concours est ouvert entre les compagnies de chemins de fer, national et international, à l'effet de trouver le moyen le plus pratique pour rogner le salaire des agents. La Compagnie P.-L.-M., sur la proposition de la section de Dijon, préconise l'emploi du motif « pour ivresse, » applicable surtout aux agents qui ne sont ivres que de trop travailler. Ce système rapportant 25 fr., 50 fr. ou 100 fr. chaque fois, suivant l'emploi des agents, se recommande à la bienveillante attention des membres du jury.

La Compagnie de l'Est, désireuse de ménager la réputation et la moralité de ses agents, propose, sur l'indication de l'ingénieur de la section de Chaumont, l'emploi d'un chronomètre pour marquer la vitesse à laquelle ont marché les mécaniciens.

Le chronomètre fonctionne comme suit : une caisse renfermant un pointilleur placé verticalement est installée sur le tender de chaque machine, ce pointilleur est mis en mouvement par la trépidation des roues ; or, si les roues sont neuves, et bien arrondies, il ne se produit que très peu de trépidations autres que celles dépendant du mauvais état de la voie ; dans ce cas, la vitesse marquée, par le chronomètre est toujours en dessous de la vitesse réelle ; mais, par contre, si les roues du tender ont été aplaties sur un ou plusieurs points par le serrement du frein, la trépidation produite augmente dans des proportions considérables et le pointilleur, surnommé le sorcier, fonctionne comme un diable, marquant ainsi le quart et souvent plus, de la vitesse réelle.

Comme chaque train doit marcher à une vitesse réglementaire qui ne doit être dépassée dans aucun cas, c'est une amende pour le mécanicien, coût : trente francs.

Comme, en outre, ce système demande l'emploi de mauvais matériel, il se recommande d'autant plus aux sympathies des Compagnies.

A qui le tour ?　　　　　V. M.

Au 26e Dragons. — Il y a quelques jours, le capitaine Schneider, rencontrant près de la caserne du 26e, un ordonnance un peu en guinguette, lui intima l'ordre d'avoir à rentrer au quartier au plus vite, — ou sinon je vous emmène.

— Je n'ai pas besoin de vos services pour ce cas, répondit l'ordonnance.

— Quoi ! qu'est-ce à dire ! pas de réplique, ou sinon, je vous empoigne. Et, joignant l'effet à la parole, notre capitaine l'empoigna au col.

L'ordonnance, d'un brusque mouvement, se dégagea, et se mit en mesure de fuir au quartier ; mais il avait à peine fait quelques pas, qu'il recevait sur la nuque un coup de poing qui le coucha à moitié à terre.

Le capitaine s'apprêtait à continuer, quand, heureusement pour le soldat, l'officier dont il est ordonnance vint à passer et, s'interposant, mit fin à cette triste scène.

Voilà comme on respecte bien la dignité de l'homme !

Le même capitaine, il y a quelque temps, refusa une permission à un soldat, sous prétexte qu'il avait une trop laide figure.

Au 10e de forteresse. — Décidément la politesse n'est pas en honneur dans l'armée. Après les officiers, les sous-off.

Quatre jolis cocos du 10e de forteresse, un maréchal-de-logis et trois brigadiers ont grossièrement insulté la femme d'un de nos amis, la citoyenne U. B. T., en revenant de Plombières.

Nous regrettons de ne pas savoir leurs noms ; nous les aurions cloués à notre pilori, en compagnie du capitaine Schneider et du sous-lieutenant Cottin.

Fédération ouvrière. — Nous avons le plaisir d'annoncer l'apparition du *Bulletin trimestriel de la Fédération ouvrière de Dijon et de la Côte-d'Or* ; et nous souhaitons la bienvenue à ce nouveau défenseur des intérêts ouvriers.

— La Fédération ouvrière a reçu pour les victimes du massacre de Fourmies : du Syndicat des Tailleurs de pierres, 0 fr. 50 ; des Typographes, 9 fr. 50 ; et des Mouleurs, 5 fr.

Elle remercie ces syndicats pour leur acte de solidarité, et engage les autres corporations à en faire autant.

— Un triste sire bien connu par les misères qu'il fait endurer aux ouvriers métallurgistes, vient de se livrer à des actes de brutalité sur l'un des nôtres. Comme nous ne voulons pas que la police se mêle de nos affaires, nous taisons son nom, en engageant simplement nos camarades à ne pas le rater à l'occasion.

BEAUNE. — Élection législative. — La 1re circonscription de Beaune nomme un député le 31 mai courant. Deux candidats sont en présence, le docteur Ricard, radical fin de siècle, soutenu par la presse opportuniste, et le citoyen Bouhey-Allex, un vigneron de Villers-la-Faye, conseiller général du canton de Nuits. Nous qui connaissons le citoyen Bouhey, et qui le savons partisan du programme socialiste, notamment de la suppression des armées permanentes, de l'impôt progressif, de la journée de 8 heures, etc., nous l'aurions vu avec plaisir aborder franchement la lutte au lieu de chicaner sur le fameux congrès républicain.

Les journaux bourgeois ne l'auraient pas plus éreinté puisque le *Progrès* le traite depuis longtemps de révolutionnaire, d'intransigeant, d'utopiste, de socialiste échevelé, etc.

Nous espérons quand même voir les travailleurs de l'arrondissement de Beaune, choisir le plus avancé des 2 candidats. La place du député des paysans, le citoyen J. B. Bouhey-Allex, est toute marquée à côté des socialistes du Parti ouvrier.

BESANÇON. — Le Groupe républicain socialiste bisontin, dans son assemblée générale du samedi 16 mai, déclare s'associer à l'ordre du jour émis par le groupe républicain socialiste dijonnais protestant contre les arrestations arbitraires et les assassinats commis le 1er mai par le gouvernement républicain bourgeois.

A la Compagnie P.-L.-M. — Le dépôt de Besançon surpasse encore celui de Dijon, pour l'injustice. Un mécanicien de troisième classe devenu chauffeur, par l'autorité de Ramolot fut mis aux manœuvres sur ses ordres, comme si après avoir été 10 ans mécanicien, ce n'était pas assez d'être chauffeur. Il fallait encore trois punitions pour satisfaire notre personnage.

Le dépôt l'avait mis mécanicien aux manœuvres de gare ; malheureusement il eut l'idée d'adresser une réclamation à Ramolot, pensant bien faire ; pour bien lui faire sentir leur autorité, ses chefs, malgré ses années de service, le mirent chauffeur aux trains. Il leur dit que depuis 20 ans, il avait usé ses forces au service de la Compagnie qu'il ne pouvait faire ce métier.—Eh bien ! lui fut-il répondu, vous f..... le camp ! Que vous semble-t-il des égards du dépôt de Besançon pour les agents commissionnés ? Comme cet agent a des enfants à nourrir, il fut donc obligé de faire,

malgré ses capacités, ce que le plus simple des nettoyeurs peut faire.

Ne croyez pas que cet agent soit un mauvais serviteur. Mais voilà, il ne possède pas les vertus préférées de ces Messieurs, il n'est ni mouchard, ni cafard, ce qui explique ses disgrâces.

BLANZY. — Notre cité ouvrière vient de faire une grrrrande perte en la personne du sieur Adrien Mallot, notaire, qui après avoir mené l'existence à grandes guides et cela avec l'argent des autres et, à noter, avec les économies d'un certain nombre d'ouvriers, avait pris la poudre d'escampette pour aller sans doute sur un autre continent continuer ses orgies.

Pincé à Bordeaux, disent les uns, à Montmarat (Allier), disent les autres, on le conduisit sans trop bonne escorte (il est bon de dire que si c'eût été un malheureux ouvrier arrêté même pour une simple bagatelle, l'escorte aurait pris plus d'attention à son prisonnier, mais un notaire !) Arrivé en gare de Montchanin ; il entra au buffet, suivi de deux pandores, par qui M. Mallot se fit autoriser à passer à la cuisine pour se laver les mains qu'on avait oublié d'embellir de menottes.

Notre homme, qui était bien certain de trouver sa voiture attelée d'un bon cheval, ne fit que passer par la cuisine. Monter en voiture ne fut pour lui que l'affaire d'un instant, brûlant ainsi la politesse aux trop naïfs gendarmes, toutefois, il se fit pincer à nouveau à 5 ou 6 kilomètres de la gare par un des deux gendarmes à qui on avait mis entre les jambes un bon coursier.

Notre notaire fut cette fois ramené, les menottes aux mains à la gare de Montchanin, d'où il fut conduit avec beaucoup plus d'attention qu'il était venu à la maison d'arrêt d'Autun, en attendant qu'il ait à répondre devant la justice des nombreux méfaits qu'il a commis.

Opportunistes et réactionnaires sont ici en larmes ; le plus affecté est notre conseiller d'arrondissement, il va organiser, d'accord avec tout le conseil à un pèlerinage à Paray, près de la bienheureuse, afin qu'elle intercède en faveur de l'ami Adrien.

L'ex-maire réactionnaire doit être non moins affecté. Pensez donc ! Mallet, qui organisait chaque année ces belles manifestations le jour de la St-Louis, où il lui était remis d'odorantes gerbes de fleurs, c'est le deuil...

Ah ! si c'était pour de bon le deuil de tous les suceurs de sang humain, des Constans, en un mot de tous les massacreurs de prolétaires, combien serait grande notre joie !

Espérons donc que la République sociale nous débarrassera bientôt de toutes ces vermines.

UNE GUEULE BRULÉE.

CHAUFFAILLES. — Dans la nuit du 30 avril au 1er mai, les séïdes de Constans parcouraient d'un air louche et agité les rues de la paisible ville de Chauffailles. Ils étaient accourus sur l'ordre des geôliers de nos bastilles modernes pour protéger la liberté.

Braves soldats !

N'était-ce pas plutôt pour se faire complices de ces derniers ?

Ils espéraient sans doute trouver un prétexte pour écraser ces misérables prolétaires qui osent demander un allègement au joug auquel ils sont soumis, et revendiquer la liberté à laquelle ils prétendent avoir droit.

Certes, ces rêves réalisés n'auraient pas été sans profit, car les décorations auraient suivi.

Mais, ces pauvres argousins ont été déçus dans leurs illusions. La nuit du 30 avril a été tranquille et la journée du 1er mai a été encore plus calme.

Peut-être croira-t-on que la force en imposait aux ouvriers. Non, ceux-ci ont voulu montrer par leur silence qu'ils étaient au-dessus de ces mesquineries soulevées dans le monde des patrons. Rassurés sur Chauffailles, les prosélytes de Constans et Cⁱᵉ sont allés parader à Coublans, mais là comme ailleurs, ils ne purent exercer la brillante mission qui leur était confiée et dès le soir, sous les ordres d'un capitaine illuminé ils rentraient au campement.

Désabusés et livides de dépit, les journaux soldés sur les fonds secrets, on pourrait croire que la révolution était à nos portes et que si nous avons été en état de siège, ce n'était que dans le but de protéger la liberté...

A Fourmies, avez-vous, officiers, préfet, sous-préfet, maire, etc., protégé cette liberté que vous invoquez sous les auspices du saucissonnier en répandant le sang des femmes et des enfants ? — Vous répondrez oui, car tôt ou tard celui-ci vous bombardera de décorations aussi brillantes que méritées.

Nous y reviendrons !

LE CREUSOT. — L'instruction laïque. — Depuis que nos bourgeois républicains ont voté la loi sur l'instruction gratuite, obligatoire et soi-disant laïque, il a été créé trois groupes d'écoles pour les garçons au Creusot.

Chaque groupe comprend une dizaine de classes, à la tête desquelles on a eu soin de placer des hommes tout dévoués à l'aimable Schneider. Au surplus, le gouvernement, pour prouver à ce dernier qu'il ne lui était nullement hostile, lui laissa le droit d'établir quatre classes à sa guise.

Celles-ci recrutent leurs élèves parmi les plus capables des écoles laïques par un concours annuel qui a lieu en août. Il est tout clair que pour être admis dans lesdites classes à Schneider, il ne faut pas être fils de libres penseurs.

D'un autre côté, si l'on reçoit un peu d'instruction morale et civique dans les écoles laïques, une fois admis dans celles du potentat Schneider, on a vite fait de se fausser le cerveau par la multiplicité des leçons et devoirs jésuitiques dont les élèves sont accablés.

C'est dans cesdites classes que l'administration de l'usine recrute ses élèves gardes-chiourmes et employés, parmi les plus fidèles ; les autres, qui sont un peu moins en odeur de sainteté, sont occupés aux divers travaux des ateliers de construction.

Ceux qui n'ont pas eu la chance de se faire admettre dans ces classes appelées spéciales, ne sont occupés que dans le vrai bagne de la mine ou de la forge et de la plate-forme.

Dans ces divers services, on les fait travailler de jour et de nuit pendant douze heures, moyennant un salaire de 1 fr. 25. C'est tout au plus si cela suffit pour leur entretien. Malgré ce travail pénible, ils sont longtemps à la charge de leurs parents ; lorsqu'ils arrivent à 20 ans, beaucoup ne gagnent encore que de 2 fr. à 2 fr. 50 par jour, et la plupart sont déjà à moitié éreintés.

Revenons sur la question des écoles laïques. Il n'y a qu'un groupe où les élèves peuvent respirer un peu à leur aise. Les deux autres, surtout celui du centre, occupent des locaux mal aérés dont la municipalité réactionnaire paie largement aux propriétaires l'indemnité de location, en récompense de leur platitude.

Afin de parer à ce défaut de salubrité, le Conseil général de Saône-et-Loire, il y a quelques années, a voté une subvention pour aider la municipalité à faire construire un groupe du centre dans des conditions de parfaite salubrité. L'emplacement est acheté et le plan adopté depuis plusieurs années, mais jamais rien ne se fait. Serait-ce le gouvernement du triste Constans qui tiendrait en suspens cet établissement si nécessaire, ou bien le député père aux dix mille esclaves ?

Cette construction permettrait à un grand nombre d'ouvriers de trouver un emploi pendant quelque temps.

Si, au lieu d'un groupe scolaire pour recevoir des écoles laïques, il eût été question d'une sainte chapelle pour y recevoir les badauds, il y a longtemps qu'elle serait achevée.

Les rentes des travailleurs. — Le nommé Bouillot, âgé de 50 ans, père de 5 enfants, a trouvé la mort mardi dernier, à l'atelier des bandages, en se faisant écraser par un wagonnet qui est tombé du haut d'un monte-charge.

J. M. S.

LONS-LE-SAUNIER. — Le mouvement syndical semble vouloir prendre de l'extension à Lons. On nous signale les garçons boulangers qui ont eu déjà une réunion dans ce but. Les bouchers suivraient la même voie. C'est d'un bon augure.

Le voyage de Guyot. — Le 10 mai, le Ministre des travaux publics, a inauguré le chemin de fer de Champagnole à Lons. Nous ne voulons retenir de cette manifestation cérémonieuse que l'ineptie de nos gouvernants qui offrent des voyages d'inauguration à chaque tronçon de ligne, et cela à une époque où les chemins de fer sont si communs. Autant vaudrait inaugurer un chemin vicinal.

Depuis longtemps déjà cette palinodie nous avait été annoncée, puis remise. Nous ne voulons en retenir que quelques péripéties pouvant servir au développement du socialisme.

Le maire de Verges a mis le Ministre en garde contre la Révolution dont le mot d'ordre *vient évidemment de l'étranger* (sic).

Le Ministre prévenu, c'est bien là un comble, et le mot d'ordre venant de l'étranger ; peut être ce maire a-t-il la jaunisse, car il nous rappelle qu'on automne dernier, lors des expériences techniques militaires, il y a eu une émeute à Verges même. L'étrange instigateur en la circonstance était, autant que l'on a pu le constater, l'antagoniste du peuple ; c'est-à-dire quelques gros propriétaires du lieu qui s'efforcent d'y maintenir toutes sortes de préjugés malsains.

Le maire de Conliège, a réclamé des droits prohibitifs — contre les raisins étrangers — toujours l'étranger, ô incurable fatalité — afin de garantir ceux de Conliège qui ne sont plus. C'est bien là tout l'esprit bourgeois ; prendre par la famine le plus grand nombre, afin de satisfaire la cupidité de quelques fêles qui s'entêtent à faire un travail qui ne peut être compensateur.

Avec Platon, Sismondi et tant d'autres, nous disons : Que l'on transforme la propriété, c'est l'*ultima ratio*.

A Lons : le Ministre a été vivement acclamé sur toute l'étendue de son parcours, écrivent pompeusement les bourgeois sur leurs canards ! C'est d'une audace à faire pâmer la tour Eiffel. Nous avons assisté au défilé dans un endroit où était la foule la plus compacte ; nous pouvons affirmer sans crainte de démenti qu'aucun *vival* n'a été poussé, au contraire, le Ministre saluait et on ne lui répondait pas. Ah ! c'est que les cœurs des vrais patriotes — saignaient du 1ᵉʳ mai et ne voulaient, je dirai mieux, ne pouvaient acclamer un des principaux collaborateurs de cette sanglante boucherie humaine.

Après avoir été pendant douze ans le petit employé de la *Lanterne*, il est aujourd'hui le grand employeur des compagnies capitalistes. Lui aussi nous apparait comme une vaste machine pneumatique épuisant les forces prolétariennes en enlevant ou faisant ravir les produits du travail à ceux qui devraient légitimement en profiter.

Narguant ceux qui lui demandent l'impôt progressif, réforme, assez modérée, ou en conviendrait, mais constituant un progrès, il professe le laissez-faire, laissez-passer dans toute sa rigueur. A armes inégales il essaye de justifier et maintient les préjugés de l'exploitation des faibles par les forts. Avec Malthus, il n'admet pas de place au banquet de la vie pour les déshérités de la fortune sociale.

Tel est l'homme que les Lédoniens, moins bêtes qu'on le

supposait, ne pouvaient applaudir, de venir prendre, sans profit pour eux, du superflu, quand tant de citoyens qui, au reste, le valent bien, sont privés du nécessaire. Si nous avions dû pousser un vivat, c'aurait été celui de l'inévitable et rédemptrice Révolution sociale. J. MILLET.

MONTCEAU-LES-MINES. — Au pays noir. —
La démission de M. Desfêtes, comme délégué suppléant à la sécurité des ouvriers mineurs, a eu pour effet funeste de faire passer au 2e tour le candidat de la mine qui l'a emporté de 37 voix sur le candidat indépendant.

Le 1er tour n'avait pas eu de résultat; la Compagnie, par pure tactique, n'avait pas présenté de candidat. Il n'y eut que 68 ouvriers qui se rendirent au scrutin, et le candidat, le citoyen Gonnot, obtenait 68 voix.

Pour en arriver à leurs fins, certains lèche-bottes, soudoyés sans doute, insinuèrent que les votants du premier tour seraient victimes pour avoir mis dans l'urne le nom de Gonnot. Aussi, au 2e tour, près de 1,000 ouvriers s'abstinrent, et le tour était joué.

C'est ainsi qu'il en sera toujours, tant que les esclaves de la mine ne se sentiront pas les coudes.

Rodin est tout joyeux de son triomphe, bien maigre cependant et qui n'aura qu'une durée éphémère.

Cette surprise fera qu'une autre fois, les ouvriers seront moins négligents et se rendront en masse compacte aux urnes.

— Lndi, les habitants ont été fort surpris de voir tapisser les murs de notre ville et aussi des villages environnants d'affiches sortant d'outre tombe-puisqu'elles étaient signées Jules Chagot (encore une ruse de Rodin), sur lesquelles on nous faisait lire que la Compagnie des mines, voulait récompenser les habitants d'avoir souscrit à la statue J. Chagot; que le jour des fêtes en l'honneur de ce dernier, on inaugurerait un monument commémoratif au cimetière, pour perpétuer la mémoire des victimes de la mine.

Il fallait donc que le Groupe ouvrier de Montceau prit cette initiative pour que la cléricale Compagnie y pensât.

Malgré cela, j'ai la certitude que le Groupe ouvrier continuera son œuvre sans se préoccuper de ce que fait la Compagnie des mines et ce n'est pas au cimetière que nous désirons voir élever notre modeste monument, mais bien sur une des places publiques de la ville de Montceau.

Si on nous refuse une place, nous attendrons que Montceau se soit donné une municipalité républicaine aux élections de 1892. La chose est du reste très possible, si les nombreux républicains de la Compagnie savent s'entendre.

La victoire est à ce prix. P. GRISOU.

NANTUA. — Il y aura bientôt un an, un marchandeur de Saint-Claude, désespérant de faire travailler ses ouvriers au-dessous du tarif de leur syndicat (comme nous l'avons appris depuis, et à nos dépens), vint installer ici une taillerie de diamants en nous promettant monts et merveilles (hélas!).

Pour être plus loin encore de toute indiscrétion, il loua une ancienne usine, décrépite et fort éloignée des habitations.

Le soir, les diamants étaient enfermés dans un coffre et laissés à la garde de Notre-Dame de la Truite, patronne de Nantua.

Il arriva qu'une nuit des voleurs, séduits par l'occasion (le contre-maître, par fainéantise, comme il l'a reconnu lui-même, cachait la clef d'entrée au-dessus de la porte et celle du coffre à côté, pour ne pas avoir à venir à l'heure le matin), entrèrent comme chez eux dans les ruines baptisées taillerie et emportèrent pour quelques milliers de francs de pierres.

Sur le champ, le patron accusa naturellement ses ouvriers du méfait, porta plainte, et un malheureux camarade fut coffré pendant 15 jours sans que la maternelle justice pût lui imputer autre chose à charge que sa bêtise d'être venu se faire voler à Nantua sur le poids des pierres et sur leur prix.

Vexé de son insuccès, le marchandeur, dans un accès de rancune, dégorgea une petite circulaire fielleuse dans laquelle il signalait aux autres patrons, aux bijoutiers et aux joailliers le vol dont il avait été *victime* (hum! comme dit la rumeur publique), et les invitait à se méfier de cinq de ses ouvriers qu'il avait renvoyés parce que le juge d'instruction les avait trouvés innocents.

La diffamation était bien établie là tout au long, avec intention de nuire, comme le veut la loi.

Malgré cela, connaissant combien il y a de poids et de mesures dans le système métrique à Thémis, les victimes, menacées de perdre à tout jamais leur pain, ne se rebiffèrent qu'en voyant les portes des ateliers se refermer brutalement devant elles et les mains disparaître dans les poches au lieu de serrer les leurs.

Le premier qui commença le feu, soutenu par ses collègues, eut le tort d'accepter un compromis et se tint coi avec 200 fr. et une insertion au *Moniteur de la Bijouterie*.

Les autres, qui allèrent devant le tribunal, obtinrent de 150 à 300 fr. chacun.

La réputation, la mise à la famine d'un simple travailleur est peu estimée, mais le principe est posé.

TONNERRE. — Prophétie réalisée. — Le 28 avril dernier, M. Lockroy, député et ancien ministre, étant à la tribune de la Chambre, prononça les paroles suivantes que l'intérêt de la cause socialiste nous fait un devoir de reproduire.

« M. LOCKROY. — Vous voulez frapper l'ouvrier des villes dont la cause est la même que celle de l'ouvrier des campagnes; — je ne les sépare pas, Messieurs, car les intérêts des pauvres sont solidaires. (Très bien, très bien, sur divers bancs à gauche).

C'est à cet ouvrier des villes que Louis Blanc appelait à cette tribune, il y a quelque dix ans, aux applaudissements de la Chambre tout entière « le damné de l'enfer social »; c'est à ce malheureux dont la pauvreté est d'autant plus dure qu'elle est juxtaposée à la richesse, à ce malheureux qui ne connaît pas la solidarité qui relie les pauvres des petites communes, qui est comme un nomade dans nos grands centres, allant d'atelier en atelier, à la recherche du travail, qui passe de ces logements insalubres que la loi n'a pas encore démolis dans des ateliers plus insalubres encore où il est empoisonné par toutes les pestilences de l'industrie.

C'est à cet homme qui n'a d'autre refuge pour sa vieillesse qu'un lit d'hôpital, dont le prolongement est la table de dissection — car la misère ne lui laisse pas d'abri même dans la mort (applaudissements à gauche) à cet homme pour qui le progrès, pour qui chaque pas en avant de la civilisation est représenté par une misère nouvelle, à cet homme que les municipalités accablent de leurs odieux droits d'octroi, sur qui le Gouvernement fait peser le plus clair de ses impôts de consommation (Très bien! très bien! sur les mêmes bancs); c'est à ce malheureux, c'est à ce misérable entre les misérables, que vous allez, vous, demander la fortune de votre aristocratie reconstituée! (applaudissements).

Je dis, Messieurs, que c'est là une politique déplorable, d'autant plus dangereuse, que cet homme qui est minorité aujourd'hui, peut être majorité demain, et qu'il peut arriver en France ce qui est arrivé en Allemagne où l'avant-garde ouvrière a entraîné l'armée agricole (*Officiel* du 29 avril 1891, page 718). »

Voilà le langage d'un ancien ministre, parlant de l'humble ouvrier. On remarquera facilement que ce langage contraste singulièrement avec celui de certains gommeux mal décrassés qui, en toutes occasions, le cigare au bec et le lorgnon sur le nez, affectent un dédain grotesque à l'égard des modestes et utiles travailleurs.

Eh bien! c'est à ce *damné de l'enfer social*, que M. Rathier refuse un minimum de salaire ; ce sont les lois tendant à l'amélioration de ce damné, que M. Laubry ne trouve nullement intéressantes pour les électeurs. C'est encore à ce damné, que M. Archédéacon, dans son journal, conseille d'attendre sagement le jour probablement très éloigné où les excellents bourgeois, — enfin repus de sa sueur, — lui promettront en récompense une petite place au purgatoire.

Ajoutons qu'à côté du damné de l'enfer social dépeint par M. Lockroy, il y a aussi le travailleur des champs dont nous exposerons le sort dans notre prochain numéro.

La *Revue Sociale* qui, pourtant, n'a que quelques mois d'existence, compte déjà plus de cent adhérents, à Tonnerre et dans les environs, dont les trois quarts au moins appartiennent aux travailleurs de la terre.

Or, c'est ce fait constaté qui réalise en partie la prophétie de M. Edouard Lockroy, à savoir : En France comme en Allemagne — *l'avant-garde ouvrière a entraîné l'armée agricole.* C'est l'aurore de la Révolution sociale. — XXX.

LE CREUSOT

VI

RAMIFICATION ET ÉTENDUE DU MAL

(Suite)

Dans la ville, le champ de foire, la place du marché, et différentes promenades appartiennent à la Compagnie ou à M. Schneider, ainsi qu'une partie des bâtiments d'école ; aussi nos lecteurs qui ne sont pas du Creusot apprendront sans doute avec stupéfaction que cette ville de 26,000 habitants n'a pas de mairie et pas d'école. La famille Schneider ayant depuis quarante ans la municipalité en mains, soit par elle, soit par ses créatures, a maintenu intentionnellement les choses en l'état, de façon à embarrasser une municipalité indépendante si jamais les électeurs du Creusot étaient assez courageux pour en nommer une.

Cinq bâtiments scolaires appartiennent à l'usine et les autres, au nombre de douze environ, sont des maisons particulières dont la commune paye la location à des propriétaires bien pensants, généralement des employés de MM. Schneider et Cie.

Dans ces conditions, une municipalité indépendante étant élue, la compagnie du Creusot pourrait, en vertu du droit de propriété, fermer une partie des écoles et interdire aux habitants de se servir du champ de foire, des promenades et de la place du marché.

CONCLUSIONS

Qui donc oserait nier en face de faits semblables qu'une féodalité financière et industrielle s'est reconstituée, au lieu et place de la féodalité nobiliaire qu'elle dépasse en spoliations de toutes sortes dans le bagne légal de l'usine où la situation du salarié est à peu de chose près celle du serf du moyen âge. Nous sommes ici en face du grand programme social, nous sommes ici en face d'un spécimen monstrueux de centralisation capitaliste. Dans la France qui a fait sept révolutions dans un siècle, dans la France qui écrit sur les monuments publics : Liberté, Egalité, Fraternité, dans la France qui n'a plus d'empereurs ni de rois, il nous est donné de voir des fiefs industriels où des populations, variant de 5,000 à 30,000 habitants, sont courbées sous le joug d'un possesseur d'usines ou de mines ayant, comme les monarques,

sa cour de valets et de courtisans l'aidant à pressurer et à voler les travailleurs, et cela grâce à l'inertie, à l'indifférence, à la lâcheté de la classe exploitée.

Certes on peut apporter quelques améliorations de détail à cette situation, par la construction d'habitations municipales, certes l'élection d'une municipalité ouvrière serait un grand coup porté à l'omnipotence de Schneider et Cie, mais cette omnipotence, pour être diminuée, ne s'en ferait pas moins sentir, car malgré la municipalité, malgré n'importe quel gouvernement, tant radical soit-il, les grandes compagnies auront toujours droit de vie et de mort sur leurs salariés, tant que subsistera le principe de la propriété individuelle.

L'antagonisme entre le capital et le travail ira s'accentuant à mesure que les travailleurs comprendront mieux leurs droits, nous en avons une preuve dans la multiplicité des grèves, et cet antagonisme se traduira par des crises si souvent répétées, qu'il s'augmentera fatalement, du côté des ouvriers, de la haine que la misère met au cœur ; et du côté des capitalistes, du vertige, de la résistance. Et alors, dans les deux camps, la mesure pleine débordera, et le jour de la grande bataille se lèvera.

Des éclairs avant-coureurs de la tempête sillonnent déjà les nuages. Vous êtes sur un volcan, messieurs de la bourgeoisie, et vous continuez aveuglément vos persécutions! C'est à croire que vous avez hâte d'en venir aux mains, et pourtant vous avez peu de chances de gagner la partie, car, ne vous le dissimulez pas, vos plus dociles esclaves, les moutons que vous tondez le plus facilement aujourd'hui, peuvent être les lions de la Révolution de demain ; Révolution de laquelle sortira l'abolition du salariat, par la socialisation des instruments de travail mis au service de tous.

Voilà l'avenir.   J.-B. DUMAY.

Le Gérant, V. MILLERAND.

Dijon. — Imp. Carré, rue Amiral-Roussin, 40.

2ᵉ année — Nᵒ 11   **10 centimes**   16 au 30 Juin 1891

LA REVUE SOCIALE

ORGANE BI-MENSUEL

De la Fédération des Travailleurs Socialistes de l'Est

PARAISSANT A DIJON

ADMINISTRATION
Adresser toutes communications et mandats au citoyen CHARLOT, délégué, rue du Faubourg-Raines, 66, **DIJON.**

De chacun selon ses forces
A chacun selon ses besoins

ABONNEMENT
Un an, **2 fr.** — 6 mois. **1 fr.** — 3 mois, **50 cent.**

PERMANENCE tous les jours, au siège social de la Fédération, rue de la Mégisserie, 29, **DIJON.**

SOMMAIRE :

Bulletin de quinzaine. . . . . E. CEY.
La Coopération . . . . P. ARGYRIADÈS.
Mouvement socialiste de la région . . E. C.
Un bagne industriel (suite) . . . . . V. MILLERAND.
Les Produits de la Terre . . . . ***
Le Vieillard qu'on met au rebut . . . O. SOUÈTRE.
Communications, petite correspondance, etc.

BULLETIN DE QUINZAINE

C'est une véritable épidémie ; après Guillaume, le pape Léon XIII, joue au socialiste.

Nous venons de lire sa fameuse lettre encyclique où la question sociale est exposée par petits paquets. Nous n'y avons rien trouvé de bien nouveau.

Tous les vieux clichés des économistes libéraux y sont retapés pour les besoins de la cause.

La propriété privée est toujours le fruit du travail (des autres) ; c'est pourquoi, sans doute, les travailleurs ne sont pas propriétaires.

Le pape ne nous dit pas toutefois s'il a gagné la petite cagnotte du denier de Saint-Pierre à la sueur de son front ; ce serait de l'indiscrétion mal placée. Quant à nous autres, révolutionnaires, nous sommes les pelés, les galeux d'où viennent tous les maux de la société.

Songez donc ! Nous n'avons pas le courage de prendre patience de notre position ; nous jetons la perturbation dans toutes les classes ; nous sommes des jaloux, des mécontents, etc.,etc. Nos théories sur la propriété collective amèneraient des choses abominables, etc., etc.

Pourtant, Léon XIII reconnaît la lutte de classes :

« La violence des révolutions politiques, dit-il, a divisé le corps social en deux classes, et creusé un abîme entre elles. D'une part, la toute-puissance dans l'opulence ; une fraction qui, maîtresse absolue de l'industrie et du commerce, détourne le cours des richesses et en fait affluer en elle toutes les sources ; de l'autre, une multitude, l'âme ulcérée, etc. »

Il admet l'intervention de l'Etat d'abord, pour mettre un frein aux excitations des meneurs socialistes, et un peu pour réduire les longues heures de travail. Bien entendu, les heures de repos devront être consacrées à élever les âmes vers Dieu.

Le grand cheval de bataille du pontife romain, pour résoudre la question sociale, vous l'avez deviné depuis longtemps : riches et pauvres doivent étudier l'*Evangile ;* les premiers doivent faire la charité aux seconds, en gardant toutefois les convenances et un certain *décorum ;* quant aux pauvres diables, ils doivent être soumis, respectueux, et *épargner* sur leurs salaires pour devenir capitalistes à leur tour.

Vieux blagueur, va !

Il y a dix-huit cents ans qu'on nous rabâche cette antienne, et les prolétaires de tous les pays attendront longtemps encore avant que les évêques, les moines, les capitalistes, les empereurs et même le pape se dépouillent d'une partie de leur superflu, pour soulager leurs misères.

∴

C'est le tour du triste sire Constans.

Le fusilleur de Fourmies vient d'accoucher d'un projet de loi sur les retraites ouvrières.

La presse bourgeoise a poussé des exclamations à pourfendre le cœur.

Songez donc ! En versant 5 centimes par jour, le patron autant, et l'Etat 7 centimes environ, tout ouvrier aura droit, à 60 ou 65 ans, à une pension de 300 francs ; en mettant 10 centimes, la retraite atteindrait 600 francs.

La traduction du système est bien simple : le versement du patron sera remboursé par l'ouvrier, soit directement, comme pour les assurances, soit par une réduction de salaire.

Quant au versement de l'Etat, les contribuables, c'est-à-dire nous autres, saurons bien dans quelles poches on le prendra. Au total, l'ouvrier paiera lui-même sa retraite sous une forme ou sous une autre, et à 60 ou 65 ans, il y en aura (voir les statistiques) 17 pour 100 qui profiteront pour peu d'années, hélas, des maigres avantages du système Constans.

Tout cela encore. nous le verrons dans 30 ou 40 ans, et les vieux travailleurs qui vivent de nos jours continueront à n'avoir que l'hôpital pour toute ressource. En attendant la soixantaine, les plus jeunes auront le temps de crever de faim.

Telle est la science bourgeoise.

∴

NOUVELLES DE LA CHAMBRE. — La loi policière de 1884 sur les Syndicats professionnels a beaucoup fait parler d'elle cette quinzaine. Les patrons, dans le Nord surtout, continuent à chasser leurs ouvriers pour « fait de syndicat », et quand ceux-ci sont obligés de changer de métier, les tribunaux refusent de reconnaître les syndicats dont ils sont membres comme légalement constitués. Le Gouvernement a bien promis de modifier l'art. 2, et de lui donner une interprétation libérale; nous verrons bien si cette promesse est sérieuse.

La Chambre continue toujours les expériences à la Méline et consorts; bientôt, il faudra protéger les tessons de bouteilles. Nos amis les tisseurs du Rhône, de la Loire, de Saône-et-Loire, viennent de l'échapper belle. Les droits sur les cocons et les soies grèges ont été repoussés, ce qui fait que demain, ils pourront encore manger un morceau de pain.

Plusieurs députés socialistes, Baudin, Dumay, etc., etc., viennent de prendre l'initiative d'une proposition tendant à l'expropriation du Sacré-Cœur de Jésus, élevé comme un défi à Paris républicain et socialiste, sur la butte du 18e arrondissement. Nous applaudissons des deux mains à ce projet, d'autant mieux qu'on pourrait faire de cet édifice une magnifique salle de réunions publiques.

E. Cey.

LA COOPÉRATION

La coopération, quoique se présentant sous certaines apparences séduisantes, n'est qu'une de ces mystifications que les bourgeois ont seuls le secret d'inventer. Elle a pour eux un double but : d'abord, d'augmenter les chances de bénéfice qu'ils prélèvent sur les travailleurs, de détourner ensuite ces derniers de leurs sérieuses revendications.

L'idée de la coopération au point de vue de la production a été abandonnée par les bourgeois eux-mêmes, tant son insanité était évidente; conseiller à des ouvriers qui n'ont pas le sou de s'associer pour coopérer et lutter contre les gros capitalistes, c'était surpasser les bornes de la plaisanterie permise; lors même que deux ou trois cents ouvriers seraient parvenus par des économies (ce qui est impossible) à réaliser un capital égal à celui d'un capitaliste auquel ils auraient voulu faire concurrence, il leur aurait été impossible de continuer la lutte jusqu'au bout, le capitaliste devant toujours triompher par la force des choses. En effet, lorsqu'une crise serait survenue, le capitaliste n'ayant que sa famille à entretenir, aurait conservé presque intacts ses capitaux, tandis que les trois cents ouvriers auraient été obligés d'entamer leur capital et peut-être même de le dépenser complètement pour subvenir aux besoins de leurs familles. Ils seraient forcément devenus gros Jean comme devant.

Maintenant, si la coopération au point de vue de la consommation trompe encore bon nombre d'ouvriers, c'est qu'elle cache, sous des dehors séduisants, les pièges dont les coopérés eux-mêmes sont les victimes.

Et d'abord, comme nous l'avons dit plus haut, la coopération augmente les chances de bénéfices pour les patrons. En effet, tout le monde connaît la loi d'airain des salaires qui n'accorde au prolétaire que juste ce qui lui est nécessaire pour vivre (1)

Et toutes les économies qu'il fera en coopérant au point de vue de la consommation, passeront tôt ou tard dans les poches du patron.

En un mot, si la coopération est féconde, elle l'est surtout pour les employeurs. Les sociétés coopératives de consommation aggravent encore à la longue la situation des ouvriers coopérés, car les petits commerçants qui se voient ruinés par suite de la fondation des sociétés coopératives de consommation, puisqu'on ne se fournit plus chez eux, tombent nécessairement dans la classe des prolétaires et viennent augmenter le nombre des sans-travail, et disputer aux coopérés le pain qui reste en s'offrant à une rémunération bien inférieure, ce qui détermine inévitablement la baisse des salaires.

Quels sont maintenant les beaux résultats qu'attendent nos coopérateurs français, M. Charles Gide entre autres, qui a attaqué, au congrès de Lyon, le socialisme par la coopération?

C'est la statistique faite par les sociétés coopératives en Grande-Bretagne qui va nous en donner une idée, car dans ce pays les sociétés coopératives ont donné ce qu'elles ont pu et ne donneront pas davantage. Il y a en Angleterre, Écosse et Irlande, 1,253 sociétés coopératives de consommation et de production, avec 847,975 membres, généralement chefs de famille. Les ventes se sont élevées à 749,486,825 fr., les bénéfices à 66,250,230 fr., le capital-actions est de 203,995,425 fr., le capital-réserve de 42,148,775 francs et les marchandises en magasins sont évaluées à 80,460,025 francs.

Ce sont là des chiffres prodigieux. Mais, cherchez ce qui revient en répartition à chacun des associés, et vous trouverez, à raison de 66,275,758 fr. de bénéfices annuels divisés en 749,486 parts, la légère somme de 80 francs.

Quatre-vingt francs!

Ainsi, tant de luttes, tant d'espérances et tant d'illusions, se réduisent à 80 fr. par famille d'ouvrier!

Et voilà ce qu'on nous présente en France comme moyen de résoudre la question sociale!

Non, ce n'est pas cela qui fera sortir des milliers de familles de la misère où elles se trouvent.

Ce n'est pas cela qui contribuera à l'éducation de l'enfance et à l'entretien de la vieillesse impotente.

Ce n'est pas cela, en un mot, qui fera cesser ces criantes inégalités sociales que nous voyons tous les jours dans un pays où le mot *égalité* se trouve écrit sur tous les monuments publics. La coopération, sous tous ces aspects, ne présente rien de sérieux dans la société actuelle (ce qui sera différent dans une société communiste). Elle ne tend aucunement à l'amélioration de la situation des travailleurs. Elle ne fait que retarder la vraie solution du problème social, c'est-à-dire celle qui consiste dans la socialisation de toutes les grandes richesses et la mise à la disposition de la classe ouvrière des instruments de travail.

Nous avons été bien généreux pour les coopératistes en donnant les chiffres relatifs aux sociétés coopératives en Grande-Bretagne, car c'est là le maximum du résultat obtenu

---

(1) Lassalle, dans son livre *Capital et Travail*, dit : « Tout l'excédant du « revenu du travail, le surplus des frais d'entretien du travail leur échoit « au capital sous différentes formes, c'est la prime du capital... Il est « *improductif*, le travail de celui qui, sans interruption, doit verser l'excé- « dent de son travail dans des mains étrangères qui le font fructifier et où « il s'accumule, tandis que lui, le travailleur, n'est pas appelé à prendre « part à ce profit de plus en plus grand, et qu'il est contraint de se con- « tenter de ce qui est indispensable pour vivre. Les esclaves, dans l'anti- « quité, étaient mieux lotis que nos travailleurs mal nourris. Ils avaient « assurés des besoins identiques à satisfaire, mais le maître pourvoyait « largement à leur subsistance. Le contraste est d'autant plus grand et

« plus révoltant, que le travailleur moderne, esclave de fait, a été déclaré « libre *juridiquement*. »

Et Necker, à la fin du siècle dernier, disait : « S'il était possible de « découvrir une nourriture moins agréable que le pain, mais qui puisse « entretenir le corps pendant 48 heures, le peuple serait bientôt réduit « à ne manger que de deux jours l'un, lors même qu'il préférerait son « ancienne habitude. »

Je puis donner un exemple frappant de l'idée de Necker dans un fait que j'ai constaté moi-même en Roumanie. Le paysan roumain, un des plus indignement exploités de l'Europe, mange, au lieu de pain, une espèce de bouillie faite avec de la farine de maïs (mamaliga). Cette habitude date de l'introduction, par Nicolas Mavrocordato, du maïs en Roumanie (1720). Auparavant, le paysan roumain mangeait du pain, mais le blé coûtant plus cher que le maïs, il ne s'en sert plus pour ses besoins personnels, il le vend pour payer les charges multiples qui pèsent sur lui, exploité qu'il est par l'État, les boyards et les usuriers.

jusqu'à présent par la coopération, et encore dans un pays qui a vu naître les *Trade's Unions*.

Malgré cela, lorsqu'on réfléchit aux efforts surhumains, à la patience, à la persévérance qui ont été dépensés par les Anglo-Saxons pour constituer ces *Trade's Unions*, on est frappé d'étonnement par les résultats si misérables qui ont été obtenus jusqu'à présent et qui, d'ailleurs, iront plutôt en diminuant qu'en augmentant.

Le désappointement provenant de la coopération gagne déjà les plus convaincus. Ceci est tellement vrai que les membres des *Trade's Unions* qui se comptent par centaines de mille (648,000) s'aperçoivent eux-mêmes de l'inefficacité de leurs sociétés coopératives et passent armes et bagages au socialisme scientifique; ainsi, par exemple, dans le congrès national du Hull, ils se prononcent comme de simples *Marxistes* pour la nationalisation ou le retour à la collectivité du sol, par 41 voix contre 47.

Si nous examinons les bienfaits (?) des coopérations françaises, nous trouvons à peine la moitié du chiffre anglais, quant aux bénéfices.

Par exemple, au lieu de quatre-vingts francs, les bénéfices annuels des coopérateurs français (par famille) ne montent qu'à quarante francs par an.

De ces 40 fr., si l'on défalque la perte de temps que chaque coopéré consacre à sa société, plus la diminution graduelle des salaires qui proviennent des causes que nous avons exposées plus haut, il y aura en fin de comptes plutôt pertes que bénéfices pour les coopérés.

Lors même que la coopération donnerait d'excellents résultats, on ne peut la conseiller qu'à ceux des ouvriers qui travaillent; quant à ceux qui chôment et qui n'ont d'ouvrage que pour quelques mois de l'année, comment veut-on qu'ils coopèrent puisqu'ils ne travaillent pas?

La coopération ne peut pas donner d'ouvrage aux ouvriers sans travail, encore moins de bénéfices. Ceux-là peuvent crever de faim que personne ne songerait à eux, si ce n'est pour les emprisonner comme vagabonds, ou faire des lois d'exceptions pour les transporter.

C'est sur ce point, épineux pour les bourgeois, que j'aurais voulu poser une question à l'intelligent professeur de droit Ch. Gide, qui est parti en guerre, à huis clos, contre les socialistes au congrès de Lyon. Par quel miracle la coopération aurait-elle mis un terme à la misère de tous ceux qui souffrent du chômage?

Mais ces messieurs les professeurs officiels sont tellement convaincus de la fragilité de leurs arguments qu'ils n'admettent point la libre discussion ni la contradiction. Mais nous sommes là pour dénoncer leurs impostures.

P. ARGYRIADÈS.

MOUVEMENT OUVRIER SOCIALISTE
DANS LA RÉGION

DIJON

Choses cléricales. — Les Dijonnais veulent faire la pige aux pèlerins de la butte Montmartre; du 14 au 18 juin prochain, un tas d'imbéciles, de crétins et d'idiots iront visiter les côtelettes de Bernard, à Fontaine-les-Dijon.

Les saltimbanques du clergé ne manquent jamais l'occasion de faire recette.

Les plus grands artistes de la troupe ont été embauchés pour la circonstance; le P. Didon, le cardinal Foulon, assistés d'une superbe collection de jésuites, exécuteront les meilleurs morceaux de leur répertoire.

Bernard, le moine de Cîteaux, l'apôtre de la deuxième croisade, est cloué au pilori de l'histoire. Il joua les Jules Ferry de l'époque, en envoyant mourir en Palestine une foule de malheureux serfs, pendant que le pape Innocent le comblait en France de faveurs et de richesses.

C'est une honte pour Dijon d'avoir sa statue au milieu de l'une des plus belles places.

Si au moins le conseil municipal avait le courage de débaptiser cet emplacement, en guise de protestation contre les mascarades de cette semaine. Mais non, M. Duthu, l'ex-libre penseur, opposerait son *veto* à la chose; songez donc, « *ça rappelle de vieux souvenirs.* »

Enterrement civil. — Le 31 mai dernier, un grand nombre de camarades accompagnaient à sa dernière demeure un vieux démocrate, le citoyen Noirard, tué raide par une balle de fusil Lebel, à deux kilomètres et demi de la butte de la Maladière, au moment où il travaillait.

Au cimetière deux discours ont été prononcés; l'un par le citoyen Thiolain, au nom du Parti socialiste, l'autre par un camarade de la Libre Pensée.

Par délicatesse pour la famille, nous ne ferons pas de commentaires sur ce terrible accident dû à la négligence et à l'incurie la plus complète de l'administration militaire.

Si les circonstances l'exigent, nous y reviendrons.

Un bagne industriel *(Suite).* — TRACTION, DÉPOT. — Pour des capitalistes, tous les moyens sont bons pour augmenter le revenu de leur métal. C'est le cas d'appliquer la formule : qui veut la fin veut les moyens. Ils ergotent sur le principe comme sur les lois, cependant fabriquées par eux-mêmes ! Mais si, gênés dans leurs actions par une erreur de leur législateur chargé d'affaires, ils n'ont pas assez de surface pour agir vite, la porte de sortie est toujours ménagée par derrière.

Ainsi, par une loi du 9 au 11 septembre 1848, les mécaniciens, chauffeurs et conducteurs, doivent douze heures de travail par jour, à leurs exploiteurs. Ceux-ci, les Yves-Guyot et ses séides Ramollot et compagnie, tous en gens dévoués au coup de pressoir, trouvant qu'il n'y avait pas assez à gratter sur douze (petites) heures de travail sur 24, tournèrent la difficulté de cette façon. Considérant que la loi susdite demande 12 heures de travail par jour, qu'elle ne spécifie pas si ces heures de travail doivent être affectées à la préparation de la machine et à sa direction en cours de route ; décidons . Ces douze heures seront complètement affectées au service en marche, et comme il est indispensable de faire un service préparatoire, à la machine à l'arrivée et au départ, il sera appliqué un règlement de pures convenances. Capitalistes ordonnant aux agents intéressés de venir une heure avant le départ des trains, et de faire à l'arrivée le travail nécessaire au chargement du combustible et le nettoyage de leur machine avant d'aller voyager.

De cette façon les hommes feront quinze heures au lieu de douze, soit : trois heures de travail gagnées par jour et par homme. Et s'il arrivait, chose peu probable, vu l'avilissement dépendant du salariat, qu'il y ait des protestataires, eh bien! on leur mettrait devant les yeux, le texte de la loi et du règlement, et la porte en sous-entendu ; alors.....

Après cela vous pourrez bien dire, par la voix de votre président de syndicat, MM. les mécaniciens, chauffeurs et conducteurs. que vous avez pleine confiance aux paternels intérêts que vous porte le Gouvernement, et que vous êtes opposés à toute mesure énergique pouvant nuire à la douce quiétude de tous ces parasites. Alors, pourquoi vous syndiquez-vous ? vous plaignez-vous ? en un mot, pourquoi tant d'inconséquence ?

Les exemples du peu d'intérêt que vous portent vos maîtres ne vous manquent cependant pas. Entre autres, il y a présentement sur le quai de chargement du combustible, un travailleur, père de huit enfants, qui, au service de vos administrateurs représentant les actionnaires capitalistes, a attrapé des infirmités qui lui enlèvent tout espoir de pouvoir être employé par un usinier ou entrepreneur quelconque, s'il sortait des griffes de ces tortureurs du P.-L.-M. Eh bien ! à cet homme qui a perdu sa santé, son gagne-pain, la vie de sa famille, on lui dit, par l'intermédiaire d'un batteur d'estrade, grossier comme du pain d'orge ; tu vas partir à Dôle où le service doit être moins pénible qu'à Dijon ! A Dôle ! mais cet homme n'y connaît personne, enfant de Dijon, il a quelque soutien parmi ses parents et connaissances.

A Dôle, qu'aura-t-il, parmi des étrangers ? rien ! Il faudra donc vivre dix avec 4 fr. 25 par jour, ou à peu près. C'est-à-dire crever de faim en travaillant. Naturellement cet homme ne veut pas partir, alors on lui offre 950 fr. en échange de la perte de son capital ! sa santé !

Ceci, Messieurs, peut vous arriver demain, et cela vous arrivera sous une façon diverse.

Et c'est après de semblables preuves d'intérêt que vous criez avoir pleine confiance en vos capitalistes.

Je le répète, que d'inconséquence ! Dans tous les services, et pour la direction, il y a à la tête des individus plus ou moins coupables, mais aussi plus ou moins protégés, plus ou moins bouffeurs de pain à cacheter. Dans ce cas, l'on nous signale à Dijon-Ville, un chef d'atelier de réparations, qui a si peu d'expérience du travail, qu'il veut que l'intérieur des ateliers soit aussi propre, sinon plus propre que son bureau. Il ne peut pas souffrir un copeau sur le plancher, une tache de peinture, voire même un outil hors des mains des ouvriers, et, pour arriver à ses fins, il leur fait faire des heures supplémentaires et non payées.

C'est une propreté de commande, et tellement immaculée, éclatante, qu'il est surnommé l'ours blanc.

Les ouvriers doivent-ils avoir aussi confiance dans l'intérêt que leur porte le Gouvernement ?

(*A suivre*). V. MILLERAND.

AUXERRE. — Groupe Républicain Socialiste.

— A la dernière assemblée générale du 11 juin courant, il a été décidé que le Groupe ferait tous ses efforts pour former des syndicats professionnels parmi les corporations dont les membres sont suffisamment nombreux; il a été question de commencer par les ouvriers maçons, plâtriers et tailleurs de pierre; à cet effet, divers renseignements ont été demandés à la Bourse du travail de Paris, devant faciliter les travailleurs qui auraient les dispositions de se former en syndicats; nous souhaitons que le nombre en soit grand et que l'indifférence ne persiste pas à l'appel qui sera fait lors des convocations.

— D'autre part, nous avons appris que les garçons de café et limonadiers étaient en voie d'organisation syndicale et prêts à fonctionner d'ici quelques jours; nous félicitons ces citoyens d'avoir eu cette heureuse inspiration; qu'ils persistent dans leur détermination et, s'ils sont unis, ils peuvent espérer recueillir des améliorations dans leur pénible situation.

— A sa dernière réunion, le Groupe républicain socialiste auxerrois a décidé de se faire représenter au 10ᵉ congrès national, organisé par l'Union fédérative du Centre.

E. B.

BEAUNE.

— L'opportuniste-radical docteur Ricard a été élu député par 5,250 voix contre 5,070 au citoyen Bouhey-Allex. Nous avons dit notre opinion sur cette élection. Nous regrettons l'échec du conseiller général du canton de Nuits, non point qu'il fût carrément des nôtres, mais parce qu'il y avait en lui l'étoffe d'un sincère socialiste.

Nos amis ne seront plus dupes maintenant. Ils ont vu à quoi servent les comités dits de concentration républicaine. Qu'ils sortent donc de cette galère, ceux qui s'y sont four-

voyés pour combattre la réaction, et qu'ils fondent des Groupes d'études sociales dans leurs cantons.

Il y a de beaux jours pour le socialisme si les travailleurs des campagnes marchent avec nous.

BERNON. — Un carnaval fin de siècle.

— La foi catholique s'en va, et les vils exploiteurs de la bêtise humaine s'en font un piédestal pour asseoir leur domination sur le monde. Ils ont recours, pour ramener les infidèles, à des stratagèmes aussi ridicules que dangereux. C'est ainsi que M. le curé d'Avrenil, à l'occasion de la Fête-Dieu, a imaginé une procession carnavalesque. Une cavalcade composée de 25 à 30 cavaliers parcourait les rues du village, en chantant des hymnes d'actions de grâces à la chasteté de la très Sainte Vierge, et aussi à Saint Joseph. On avait déployé pour la circonstance tous les oripeaux sacrés du culte, qui n'est plus qu'une spéculation éhontée.

M. le curé, représentant officiel ici-bas du Très Haut, ouvrait la marche, tenant dans ses mains sacrées, la puissance divine du souverain maître du grant tout. Seulement on ne nous dit pas s'il était installé dans un char orné d'oriflammes multicolores, ou monté sur une bête de somme quelconque. Quand Jésus-Christ fit son entrée triomphale à Jérusalem, il était monté sur un âne, et il valait bien M. le curé d'Avrenil.

La fin de cette comédie burlesque fut agrémentée par de copieuses libations qui rappelaient les saturnales de la Rome païenne.

Ces agissements grotesques ne sont qu'une ignoble fourberie et cachent les plus noirs desseins Le cléricalisme relève la tête, et essaie de mettre le pied sur la société civile. C'est une lèpre hideuse qui gangrène la société. Une bastille plus sombre, plus redoutable et plus difficile à prendre que la geôle de l'ancien régime, c'est l'église catholique, c'est la citadelle de l'oppression et de l'autorité. Et tous les bourgeois avides et repus, à quelques partis qu'ils appartiennent, tous ceux enfin qui veulent dominer à l'aide des privilèges qui sont l'apanage de l'Eglise, travaillent en dessous à la consolider. Ces soi-disant libres-penseurs ne sont que des fourbes qui jouent une comédie odieuse pour nous mieux tromper. X.

BLANZY.

— La conférence qui devait avoir lieu le 31 mai a été remise à une date ultérieure, par suite de la mort du citoyen Noirard, beau père du conférencier, le citoyen E. Charlot.

Nous adressons à la famille du citoyen Noirard l'expression de nos sentiments de condoléances les plus sincères.

Pour le Groupe socialiste républicain :

Ph. VITTEAUT,
Conseiller municipal.

LA CHARITÉ.

— Le Groupe républicain socialiste de La Charité blâme énergiquement les agissements de la bourgeoisie à l'égard des revendications ouvrières; affirme sa profonde sympathie pour les assassinés de Fourmies, en faveur desquels il vote l'envoi d'une somme de 5 francs.

Enfin il engage les électeurs du 5ᵉ arrondissement de Paris à déposer dans l'urne le nom du citoyen J.-B. Clément, comme protestation contre sa condamnation et les agissements du gouvernement bourgeois que nous subissons.

GENÈVE.

— Le Syndicat diamantaire a eu à subir l'assaut d'un petit patron qui a voulu essayer ses forces contre le tarif. La solidarité de tous a eu raison de cette tentative. Il n'y a eu qu'un traître, un pauvre diable qui gagne en moyenne 2 fr. 50 par jour et croyait pouvoir encore là-dessus faire un rabais de 10 0/0. Il doit bientôt aller faire trois ans. Gare aux manifestants du 1er là où il sera l'année prochaine. Celui qui est traître à sa corporation est capable de tout.

— Le 14 juin, sera tenu à Lausanne un congrès tendant à fédéraliser tous les syndicats et associations ouvrières de la Suisse de langue française. Après cette réunion préparatoire, il est probable que la reconstitution définitive du Parti Ouvrier suisse, des deux grandes fractions allemande et romande, ne sera plus qu'une question de temps.

— Dans un des plus petits cantons de la Fédération, mais un de ceux qui ont le moins aliéné leur sol, la sage administration des revenus fonciers cantonaux a permis d'atténuer complètement la part des citoyens dans les dépenses sous forme d'impôts et permet même d'entrevoir la possibilité d'une répartition annuelle de l'excédent des revenus sur les dépenses, en dehors de la part de bois de chauffage qui est déjà acquise à chaque citoyen, depuis un temps immémorial. N'est-ce pas un exemple frappant et si chaque commune, au lieu d'avoir seulement des biens communaux (et combien n'ont plus que quelques rochers arides ou quelques landes incultes), possédait intégralement le sol et le sous-sol sur toute l'étendue de son territoire, quel bien-être auraient ses habitants au prix de bien moins de fatigues.

Quand on voit comment les communes ont été dépouillées par quelques familles, souvent même par leurs propres administrateurs qui, au moment d'une catastrophe ou d'une invasion, étaient toujours là, avec de l'argent liquide à la main, pour réparer le désastre ou payer l'indemnité de guerre, et s'emparaient, en échange, des forêts ou des terres fertiles communales, on est douloureusement surpris de penser que la masse des citoyens lésés ne s'est pas opposée à ces spoliations et a permis une aliénation perpétuelle pour un service temporaire et a même eu la naïveté d'appeler ces vautours des bienfaiteurs de la patrie.

LONS-LE-SAUNIER. — Le Syndicat typographique a, comme l'année dernière, adressé des pétitions aux pouvoirs publics, réclamant la journée de huit heures et des lois protectrices du travail. A ce jour, une seule réponse lui est parvenue, c'est celle du sénateur Lelièvre. Dans cette réponse, il y a des *promesses* ; mais on en a tant fait jusqu'ici aux travailleurs, qu'il ne faut pas y ajouter plus d'importance que la chose ne le comporte.

M. le député Trouillot doit être bien occupé, car il n'a encore pas daigné accuser réception au Syndicat typographique de sa pétition.

Bien que notre ville ne puisse actuellement se livrer à aucune espèce de manifestation, en raison de sa position économique, et vu le peu d'organisation ouvrière qu'elle possède, la manifestation du 1er mai au dehors n'en a pas moins eu un écho retentissant. Les esprits, trop longtemps comprimés, semblent vouloir se réveiller, et si l'on n'agit pas encore, du moins l'on discute et on suit d'un œil attentif ce qui se passe ailleurs.

Avec la réflexion, viendra bien vite pour le prolétariat lédonien, l'étude des questions économiques, et principalement celle de la réduction à huit heures de la journée de travail, question qui domine et devient la clef de toutes les autres. E. M.

MONTCEAU-LES-MINES. — Au pays noir. — Très em..... bêté, est le comité de l'érection de la statue J. Chagot sur le choix de l'emplacement.

Tout d'abord il avait été question de la place de l'Eglise appartenant à la Compagnie des Mines qui l'a acquise avec le fruit de la sueur de ses esclaves ; mais dit-on, le jésuite Rodin s'y opposa pour cette cause que la statue devant faire face aux Mines, J. Chagot se trouverait à tourner le derrière à l'église, ce que les cléricaux trouvent peu conve-

nable. Pour trancher la question, l'un d'eux proposa de lui faire fabriquer deux figures lui permettant ainsi de regarder et l'église et les Mines. Mais Rodin se récria, ne voulant pas que J. Chagot ressemblât à un polichinelle. Puis il observa que probablement on n'autoriserait l'érection que si la Compagnie des Mines fait abandon de la place à la Ville.

Pour clore la séance, il fut convenu que le Comité demanderait l'autorisation d'élever la statue place de la Mairie, et qu'en cas de refus du Gouvernement, l'érection aurait lieu place de l'Eglise, que, pour la circonstance on ferait entourer de murs, dont un plus élevé que les autres, afin de soustraire aux regards des fidèles sortant de l'Eglise, la face postérieure de celui qui fut le badingueusard J. Chagot. L'affaire en est là.

Parions que ledit Comité sera moins emprunté pour le choix de l'emplacement du monument, qui, avec l'argent des travailleurs, sera élevé en la mémoire des nombreuses victimes de la Mine, et parions surtout que ce ne sera pas à côté de la statue Chagot, dans la crainte qu'on ne puisse dire ceci : « à côté du maître, les esclaves. »

Les ouvriers de plusieurs entrepreneurs charpentiers attachés à la Compagnie des Mines sont sur le point de se mettre en grève, demandant une augmentation de salaire. On la leur refuse pour cette cause que la Compagnie des Mines ne veut pas élever ses prix. On dit même qu'une délégation se serait rendue chez M. de Gournay, co-gérant de la Compagnie, qui aurait refusé de la recevoir.

Je vais prendre des renseignements, et dans le prochain numéro, je reviendrai sur cette affaire. P. GIUSOU.

SEURRE. — Il nous revient de ce canton que les sieurs Gustelle et Mousson, grands électeurs opportunistes radicaux de l'endroit, se seraient livrés sur le compte des socialistes de Dijon, à de petits commérages tendant à les faire passer pour de « misérables individus ».

Peu nous importe. Nous constaterons simplement que l'un de ces Messieurs qui a la langue bien pendue, l'avait perdue totalement, le 30 mars dernier, quand le délégué de notre Comité fédéral fit une conférence publique et contradictoire dans la ville de Seurre. Gageons que ces bonshommes n'accepteront pas la proposition suivante : « Nous les défions de faire avec nous une réunion contradictoire au chef-lieu de canton ; nous leur permettrons même d'inviter leur ami Ricard. »

Ils aimeront mieux sans doute envoyer leur bave au « *Petit Bourguignon.* »

TONNERRE. — Lettre d'un paysan. — Monsieur le journaliste, j'ons entendu dire par les femmes que vous parliez tout plein des malheureux, c'est pourquoi je vons vous dire un brin de notre misère.

J'ons loué notre ferme, moi et ma Pétronille, le 15 février 1888, pour 15 ans, et moyennant 2,400 fr. tous les ans à Noël. C'était ma foi ben cher, et aujourd'hui c'est encore pire, car j'ai fait des dettes, je payons des intérêts et ça ne diminue pas un brin le prix de la ferme. Mais le proprio y nous a entortillés, qu'il y avait des droits sur les blés, et sur les bestions, et que tout se vendait cher... Et puis, voilà, je nous sont laissé prendre.

J'avions plein de sous, mais j'ons acheté des bestiaux, des charrues, des machines, des semences, et patati, patata, j'ons dépensé toutes nos économies, et puis encore la dot à ma Pétronille. Enfin, j'ons turbiné tout plein et puis encore je nous sont bien serré le ventre, et j'ons arrivé à la Saint-Martin tout de même. J'ons battu et puis vendu tous nos grains, et j'avions ma foi plein des sous : j'ons payé nos fournisseurs et puis nos domestiques qui avaient été assez bons de nous attendre ; car, quand la misère est dans une maison, tout le monde s'en sent, si bien que quand j'ons eu payé partout, et puis acheté des sabots aux gamins, y nous manquait juste 200 francs pour faire le compte du proprio à Noël.

J'étions à la fin de 1889, et ma Pétronille elle perdait pas courage un brin, mais bernique, voilà-t-il pas qu'en pleine moisson, c'était le 18 août 1890, à 6 heures du soir, je m'en rappelle comme de ma première communion, il a tombé de la grêle à briser la place, et tout ce qui restait à moissonner a été perdu tout à fait.

J'ons ressemé tout de même avec l'espoir de nous rattraper, et puis, vous le savez ben, y a fait un hiver du diable, et puis tous les blés ont gelé. C'en est-t-y ça de la malédiction. Comment faire après ça, pour mettre seulement les deux bouts ensemble ?

Malgré cela, j'ons dit, nous deux ma Pétronille ; ressemons du blé bleu, et j'en ont semé encore tout plein ; mais voilà encore le chiendent ! — le temps il a été tout à fait à l'envers, et il a poussé guère de blé et tout plein des chardons, si ben que je vous manger du pain d'orge, et nous piquer les doigts tout notre pauvre saoul.

J'ons encore perdu des chevaux et des viaux, tout plein, sans compter les maladies et les médecins, que c'est une vraie ruine de désolation. Et puis qu'on voit ben, allez, que les médecins et les avocats ça met des chapiaux à haute forme, tout comme les députés, sans quoi on les laisserait pas écorcher le pauvre monde, si ben à leur idée.

En parlant d'avocat : y a le père Baptiste qui a plaidé pour se faire rendre une brique de terre qui valait à peine 35 sous. Aussi, les avocats et les huissiers, ils ont barbouillé du papier timbré, qui y avait de quoi en faire trois contrats de mariage, comme celui à ma Pétronille. Et que ça y a coûté mille biaux francs, et encore il a gagné son procès !.. C'est-t-y ça, hein, que c'en est de la belle injustice ? Que le père Baptiste il en baille comme une carpe.

Faut que je vous dise aussi que je sons dans la misère, jusque par dessus les oreilles, et que l'autre jour j'ons été trouvé le proprio pour y conter toute notre grande misère. Ah bah ! qu'il a dit, je suis encore plus malheureux que vous ; je n'ai plus que cinquante mille francs dans ma caisse, et, y faut que je fasse un placement. Et puis le lendemain y nous a envoyé l'huissier, et qu'il a ben fallu que j'allions emprunter tout plein de l'argent, et que j'y portons tout ; y n'a pas seulement resté pour acheter des culottes aux gamins.

Dans des moments comme ça, voyez-vous !.. On ferait dire une messe à Robespierre !! .

Et ma Pétronille, qu'elle se tourmente... faut-y, qu'elle dit, travailler comme des martyrs ! jour et nuit, manger du pain dur, boire de l'ieau la semaine, et pas seulement du méchant râpé le dimanche... et... perdre ce qu'on a...

Quel malheur. mon Dieu !!!

Voilà, Monsieur le journaliste, la vraie misère à Tonnerre et aux environs, et que notre député, allez, M. Rathier y s'en fait plein du mauvais sang, et puis qu'il en a maigri autant qu'un archevêque pendant le carème. C'est vrai, aussi qu'il a voté le droit sur les blés pour faire renchérir le pain, et comme je vons être forcé de l'acheter toute l'année, ça va-t-y ben nous aider à tirer le diable par la queue ?

Voilà tout pour aujourd'hui. Je vous écrirons encore après la moisson. je serons ben moins pressé, et vous verrez que la misère, elle n'a pas encore fini de tomber sur le pauvre monde, et je signons :

Onésime GALLETENE,
Cultivateur à la ferme de Trainemisère.

BIBLIOGRAPHIE

Nous recommandons à l'attention de nos lecteurs le n° 77 de la **Revue Socialiste** (mai 1891), qui vient de paraître et dont voici les principaux articles :

Des monopoles d'Etat, B. Malon. — L'hygiène publique, Dr Dolon. — L'école anglaise et le socialisme, Trigant-Geneste. — Annie Besant, J. Magny. — Le communisme en Amérique, Holynski. — Le Socialisme et l'Art, R. Bernier. — Luttes stériles, G. de la Salle. — Le mouvement social, A. Veber. — L'Opéra, Gervaise. — Nos causeries, R. Bernier. — Revue des livres, Raiga.

Abonnements — Un an : France, 18 fr. ; Etranger, 20 fr. ; six mois : France, 9 fr. ; Etranger, 10 fr. ; le numéro : France, 1 fr. 50 ; Etranger, 1 fr. 75.

Bureaux 8, rue des Martyrs, Paris.

Dans le courant de cette quinzaine, le Comité fédéral fera paraître *Le Creusot*, de J.-B. Dumay, en une brochure de 32 pages, sous couverture, qui sera adressée à tous les adhérents par la voie des correspondants,

La brochure est mise en vente au prix de 20 centimes, franco 25 centimes. Une forte remise sera faite aux groupes qui demanderont des exemplaires en supplément pour la propagande.

S'adresser à la *Revue Sociale*, 29, rue de la Mégisserie, à Dijon.

LES
PRODUITS DE LA TERRE

I

Lorsqu'on examine impartialement la société actuelle, on est frappé du contraste effrayant qu'elle présente : d'un côté la minorité bourgeoise gorgée de biens, vivant dans l'opulence ; de l'autre la foule des prolétaires et des asservis, souffrant dans la pauvreté ou croupissant dans la misère. A aucune époque, ce contraste n'a été plus douloureux qu'à l'heure actuelle ; jamais en effet l'humanité n'a disposé de moyens aussi puissants pour résoudre le cruel problème et jamais elle n'a paru se désintéresser aussi complètement de cette solution si nécessaire. Cela est triste à dire, mais il semble qu'au point de vue social tout ce qu'il y a d'intelligences et de volontés soit complètement frappé d'impuissance. C'est en vain que la science, marchant à pas de géants, découvre chaque jour de nouvelles lois, réalise quelque invention utile ; à mesure que le progrès se fait dans tous les domaines matériels, l'état social s'aggrave. Les ingénieurs percent les isthmes et les monts, les médecins arrachent le secret de la vie à la nature, les philosophes, sondant les profondeurs du moi, nous dévoilent la personnalité humaine, de toutes parts les travailleurs intellectuels apportent leur pierre au monument commun, construisent de nouvelles assises ; pendant ce temps l'état de la société continue à empirer, la cruelle scission va s'accentuant entre le riche et le pauvre ; en dépit de tous les progrès réalisés, la misère sévit plus que jamais sur la classe des prolétaires !

Pourquoi en est-il ainsi? Pourquoi notre époque qui est le siècle des perfectionnements et des grandes découvertes, est-il aussi celui de la faim et du malheur? Pourquoi, de cette magnifique floraison des sciences, des lettres et des arts, ne sort-il rien qui fasse avancer la solution de la question sociale? Pourquoi à mesure que nous réalisons quelque nouvelle conquête matérielle, voyons-nous s'éloigner plutôt que s'approcher le moment où doit s'établir l'équilibre entre les hommes? Pourquoi, en un mot, alors que nous devenons plus instruits, plus habiles et plus forts, devenons-nous en même temps plus impuissants devant les réformes qui s'imposent?

C'est qu'en réalité tous les progrès qui se font dans le domaine matériel, sont accaparés par quelques-uns au détriment de la société tout entière; les conquêtes de la science, loin d'être utiles à l'humanité en général, profitent exclusivement aux classes riches. En examinant superficiellement le grand mouvement scientifique et industriel qui emporte notre siècle, nous pouvons nous faire illusion sur les résultats de ce mouvement et croire qu'il apporte à chacun de nous une plus grande somme de bien-être. Mais ce n'est là qu'une apparence. Certes, il est agréable de penser que nos ingénieurs ont pu, à force de génie et de volonté, sillonner le monde d'un réseau de fer et faire gravir même les monts à leur noire locomotive. C'est là un beau triomphe de l'intelligence humaine sur la matière. Mais en définitive quel grand profit retirons-nous de cette création magnifique? Scientifiquement, j'admire les chemins de fer; socialement, je suis obligé de reconnaître qu'ils ont surtout servi à constituer d'odieux monopoles. Ils me permettent, il est vrai, de me déplacer très rapidement; mais en quoi cette facilité de déplacement peut-elle améliorer mon sort, à moi prolétaire, si d'autre part le progrès qui résulte de ce nouveau moyen de locomotion sert à constituer en face de moi une aristocratie qui m'écrase? Car n'est-ce pas là en réalité ce qui a lieu dans la pratique? Calculez ce qui a été dépensé de force et de volonté pour préparer les voies, poser les rails, creuser les tunnels, construire les ponts et les viaducs du vaste réseau transterrestre et songez que cet immense effort, qui devait nous doter d'un admirable moyen de civilisation, a servi surtout à enrichir de puissantes compagnies financières. Elles sont là constituées formidablement en face de nous, ô prolétaires; elles détiennent ces admirables instruments, les voies ferrées, et elles les exploitent, non dans l'intérêt de tous, mais au grand profit de leurs membres. Voilà donc en définitive à quoi a abouti une des plus belles créations du génie scientifique, et cette œuvre qui aurait pu être un moyen de progrès, est devenue un instrument de réaction et d'exploitation aristocratique.

··

Ce qui est vrai pour les chemins de fer, l'est pour la plupart des grandes inventions de ce siècle; si nous passions en revue toutes les découvertes dues au génie industriel, nous pourrions montrer que l'avoir matériel de l'humanité n'a été augmenté que pour le bien d'une seule classe. Prise dans son ensemble, la société n'a presque rien gagné aux immenses progrès réalisés pendant la dernière période. Télégraphes, chemins de fer et bateaux, machines de toutes sortes n'ont pas augmenté, même faiblement, le bien-être de ceux qui souffrent et il y a proportionnellement autant de pauvres et de misérables actuellement que lorsque toutes ces belles inventions n'existaient pas encore.

Eh bien! c'est une honte et une infamie. Il est évident que tous les moyens nouveaux que la science nous a donnés ont centuplé et plus que centuplé la force et la puissance de l'homme. Si donc la société n'a pas su utiliser cette force qu'elle a entre les mains pour réaliser le bien-être de tous ses membres, si, marâtre, elle ne veut pas nourrir également tous ses enfants, c'est que son organisation est vicieuse. Tous ceux qui ont en partage l'intelligence et le savoir devraient rougir de voir tous les travaux du génie humain aboutir en définitive à l'impuissance sociale.

··

Les économistes bourgeois nous disent, il est vrai, qu'il ne peut en être autrement et que la société est fatalement vouée à la « concurrence vitale ». Car aujourd'hui c'est à ce cliché-là qu'on a recours pour justifier toutes les oppressions et légitimer toutes les injustices. Jadis on invoquait le droit divin, maintenant on fait appel à la « lutte pour l'existence ». Ah! certes, cette lutte existe, en effet, et elle ne s'est jamais poursuivie avec plus d'acharnement et de colère. Comme l'a dit férocement Malthus, « au grand banquet de la société actuelle il n'y a pas de place pour les pauvres ». Mais doit-il forcément en être ainsi et sommes-nous condamnés, comme des animaux qui n'ont plus rien pour subsister, à nous entredévorer les uns les autres? Cette vieille terre que nous avons appris à rajeunir et à infiniment fertiliser, ne peut-elle nous donner largement tout ce qui nous est nécessaire et faut-il qu'il y ait une partie de l'humanité qui souffre et meure de faim pour que l'autre puisse vivre? Non, mille fois non! il n'en est pas ainsi et la concurrence vitale n'est pas une loi fatale. C'est artificiellement que nous faisons durer la cruelle lutte pour la vie; il ne tiendrait qu'à nous d'y mettre fin par une révolution qui renouvellerait la société tout entière.

II

Il faut remarquer tout d'abord que l'organisation sociale actuelle limite considérablement la production de la terre. La propriété personnelle, sous quelque forme que nous l'envisagions, est un obstacle de la culture scientifique et rationnelle, telle que les progrès réalisés pendant ce siècle permettraient de l'appliquer. La grande propriété, en effet, est funeste parce qu'elle stérilise en partie le sol entre les mains inhabiles d'une aristocratie financière qui, ne cultivant pas elle-même, est incapable de traiter la terre comme il le faudrait. La petite propriété l'est également, car elle ne donne lieu qu'à des efforts individuels inégaux et en général incohérents qui produiraient beaucoup plus s'ils étaient dirigés vers un but commun, par une entente collective. D'ailleurs la division actuelle du sol avec ses millions de clôtures ou de lisières entremêlées et toutes les servitudes qu'elle comporte, diminue considérablement la surface cultivée; dans certains pays, c'est à un quarantième du sol que l'on peut évaluer la quantité de bons terrains ainsi perdus pour la culture. Il est alors facile de comprendre ce qui arriverait si demain la propriété privée disparaissait pour faire place à la propriété collective.

Aujourd'hui, chaque possesseur fait de son fonds ce qu'il lui plaît sans s'inquiéter de la société dans laquelle il est obligé de vivre. S'il est grand propriétaire et qu'il lui prenne fantaisie de transformer en territoires de chasse de vastes champs qui produisent du blé, il renvoie ses fermiers et fait le désert souvent sur plusieurs centaines d'ares. Suivant son caprice, il cultive ou ne cultive pas la terre qu'il détient et, la plupart du temps, s'il exploite lui même sa propriété, il l'exploite mal car il ne connaît que sa routine séculaire. Avec la propriété collective, il n'en serait plus ainsi. La suppression de toutes les bornes et barrières artificielles qui limitent les champs, rendrait immédiatement disponible un vaste espace de terre absolument improductif aujourd'hui. La somme des récoltes se trouverait ainsi notablement accrue.

Mais ce ne serait pas là le principal avantage de cette révolution sociale que nous attendons; non seulement la surface cultivable serait augmentée, mais la production elle-même serait centuplée par un mode d'exploitation qui permettrait l'application de méthodes rationnelles et scientifiques.

Nous sommes encore, à l'heure actuelle, dans la période barbare de la culture extensive, et tous les agriculteurs intelligents reconnaissent que pour faire donner à la terre tout ce qu'elle doit nous fournir, il faut adopter les procédés de la culture intensive. Or, aucune forme de propriété ne saurait être meilleure que la propriété collective pour l'application de ces procédés, car elle grouperait toutes les forces disséminées, aujourd'hui, des agriculteurs et les ferait concourir à un but commun.

Nous savons, d'après ce que nous voyons dans l'industrie, combien la force de production se trouve augmentée par le groupement des ouvriers dans de vastes usines où tout se fait conformément aux règles de la science; nous pouvons donc nous représenter ce que deviendrait la terre si elle était ainsi exploitée par des associations d'hommes libres qui, au lieu de dépenser isolément leurs efforts, les appliqueraient à un travail agricole scientifiquement combiné en vue de la plus grande production possible. Ce groupement des travailleurs agricoles aurait les plus heureux effets, et, avec moins de travail, les agriculteurs pourraient faire rendre au sol beaucoup plus qu'il ne rend aujourd'hui.

Une meilleure utilisation des engrais naturels suffirait seule à assurer ce résultat. C'est par millions de mètres cubes que nous laissons perdre les alluvions fertilisantes qu'entraînent les fleuves qui pourraient plus que centupler la force productrice de nos terres. On les utiliserait certainement le jour où la propriété privée ayant disparu, tous les obstacles qui s'opposent aux grands travaux d'aménagement du sol auraient disparu avec elle. La terre alors, cette vieille terre que nous savons si peu comprendre et dont nous employons si mal les trésors, nous donnerait des récoltes admirables et l'on ne pourrait plus dire que le pain manque pour la multitude des affamés.

.·.

Mais on nous dira que nous faisons là le tableau d'une agriculture impossible et que pour le moment la culture intensive n'est réalisée que dans quelques rares régions. Ecartons donc cette *utopie*; n'envisageons que la situation actuelle, demandons-nous si la terre, telle qu'elle est cultivée à l'heure présente, produit assez pour tout le monde, si chacun peut manger à sa faim.

Il nous suffit de consulter les statistiques et de grouper les principaux chiffres qu'elles nous donnent pour résoudre la question.

(à suivre).

.·.

COMMUNICATIONS

Groupe républicain socialiste dijonnais. — Tous les adhérents sont invités à assister d'urgence à la réunion généra le du samedi 20 juin à 8 heures 1/2 du soir, au siège social, 50-52, rue Monge.

Ordre du jour : rapport de la commission de révision des statuts; renouvellement du bureau.

Le présent avis tiendra lieu de convocation.

Syndical métallurgiste. — Réunion du comité, samedi 20 juin, à 8 heures du soir, 73, rue Monge.

◆

LE VIEILLARD QU'ON MET AU REBUT

C'était un vieux mineur, enfant du « pays noir »
    Cœur bronzé par la lutte,
Et je le vis assis sur le seuil de sa hutte,
    Au jour trouble du soir.

Sous des cheveux blanchis, couvant une tempête
L'œil sombre, sur les mains il appuyait sa tête.

Ainsi donc, sans retour et sans conditions,
Nous sommes, nous les vieux, rejetés de la mine,
Par ces barons du jour qui taillent en lions,
Et nous voilà réduits à leur crier famine,
    Nous, dont la maigre échine
    Sua leurs millions!

Il était plus heureux, au banc de sa galère
Le forçat que la chaine ou l'âge avait usé,
Que ne l'est parmi nous, au lit de sa misère,
    Le travailleur brisé!

Si notre assassinat par la faim se consomme,
Justice! de quel nom faut-il donc qu'on te nomme?
Mais à quoi bon se plaindre, à quoi bon discourir,
Quand, vaincu sans espoir, on dépose les armes
Est-ce que les bourreaux par la victime en larmes
    Se laissent attendrir?

Ils ne me verront pas prolonger ce supplice
Ils ne me verront pas, en mendiant mon pain,
Heurter mes pieds meurtris à leurs portes d'airain.
Je boirai, d'un seul trait, tout le fond du calice!...
Et qu'ai-je à regretter, après les maux soufferts,
Après trente ans vécus au sein de ces enfers?

Tout à coup, pour rentrer, il se leva farouche,
Lançant comme un regard de défi vers les cieux.

A l'aurore, il dormait encore sur sa couche,
Mais le dernier soleil avait lui pour ses yeux!
O. Souètre.

PETITE CORRESPONDANCE

Groupe de la Charité. — Les attributions de la Commission fédérale étant très limitées, ses travaux se sont bornés jusqu'ici à la rédaction et à l'administration du journal ainsi qu'à l'organisation des conférences demandées par les groupes ; il serait futile de les détailler dans le bulletin ; dès qu'un groupe nous saisira d'une proposition d'ensemble, nous la porterons à la connaissance de tous les autres. Sous peu nous publierons l'ordre du jour du Congrès international ouvrier de Bruxelles. Si vous désirez les adresses des correspondants de la région, nous vous les enverrons. Le 1ᵉʳ juillet prochain, nous publierons la situation financière du semestre.

Au journal La Récolte. — Nous ne comprenons pas vos attaques du n° du 30 mai ; nous nous sommes interdits de polémiquer entre socialistes ; notre bonne foi n'a pas à être suspectée; nous l'avons prouvé souvent en publiant des études d'écrivains anarchistes et en nous abstenant d'attaquer votre école ; surveillez plutôt les chroniques fantaisistes de votre correspondant de Dijon ; elles nous amusent bien. — Sans rancune.

J. K. — Ne recevons pas Adamas. Envoyez vos 10 lignes sur le 14 juillet.

E. M. à Lons-le-Saulnier. — Envoyez de la copie locale et non des articles de fond.

A tous nos correspondants — Prière d'écrire leur copie d'une façon lisible et en serrant moins l'écriture ; n'écrire aussi que d'un côté de la feuille pour nous faciliter la besogne et celle des typos.

E. B., à Auxerre. — Trop tard ; n'avons pu tout mettre. — C'est T. qui doit vous envoyer votre lot. — Merci de l'envoi. — A. M.

Le Gérant, V. MILLERAND.

Dijon. — Imp. Carré, rue Amiral-Roussin, 40.

LA REVUE SOCIALE

ORGANE BI-MENSUEL

De la Fédération des Travailleurs Socialistes de l'Est

PARAISSANT A **DIJON**

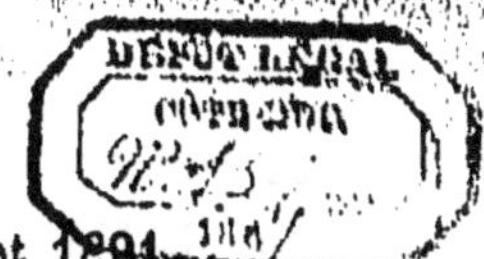

ADMINISTRATION

Adresser toutes communications et mandats au citoyen CHARLOT, délégué, rue du Faubourg-Raines, 66, **DIJON**.

De chacun selon ses forces

A chacun selon ses besoins

ABONNEMENT

Un an, **2** fr. — 6 mois, **1** fr. — 3 mois, **50** cent.

PERMANENCE tous les jours, au siège social de la Fédération, rue de la Mégisserie, 29, **DIJON**.

SOMMAIRE :

La Trouée des Vosges. . . . . N.
Bulletin de quinzaine. . . . . E. CEY.
Les Produits de la Terre (suite). . . ***
La Fête nationale du 14 juillet. . . . M. C.
Mouvement socialiste de la région . . E. C.
Un bagne industriel (suite) . . . . . . V. MILLERAND.
Communications, petite correspondance, etc.

AVIS

La brochure **Le Creusot** *sera envoyée à nos correspondants avec le numéro du 15 juillet. Les abonnés isolés la recevront gratuitement en renouvelant leur abonnement et en y ajoutant 5 centimes pour le port.*

En raison de la dépense relativement élevée qu'a entraînée cette publication, nous prévenons nos adhérents que le prochain numéro n'aura que quatre pages, ceci dans l'intérêt de la Fédération tout entière.

Le numéro du 1ᵉʳ août reprendra son aspect habituel. Prière à nos correspondants de modifier leurs copies en conséquence.

Le Creusot *sera livré à 10 centimes aux groupes qui en demanderont un certain nombre. — Prix au détail : 20 centimes.*

LA COMMISSION FÉDÉRALE.

LA TROUÉE DES VOSGES

Décidément, les chauvins de France et d'Allemagne deviennent de jour en jour plus ridicules.

Que d'encre versée! que d'articles larmoyants rédigés en faveur de nos frères d'Alsace-Lorraine! que de protestations contre l'annexion de cette terre que depuis 20 ans nos chauvins demandent à la France de reprendre par les armes, à l'Allemagne!

Pauvre Alsace, pauvre pays constamment victime de l'ambition des charlatans couronnés ou des pitres du patriotisme. Il est des gens qui se disent tes amis et qui veulent encore que ton sol soit inondé par des flots de sang! Drôles d'amis.

Reponds aux charlatans chauvins par l'histoire de ton martyrologe. Enumère-leur combien tu as été ensanglantée, pillée, brûlée. Dis-leur combien de fois tes femmes et tes filles ont été violées par les envahisseurs des deux pays, aussi soudards les uns que les autres. Compte-leur tes cabanes incendiées, tes moissons détruites ou volées, tes années de misère vécues pour réparer les horreurs de la guerre!

Dis-leur que trop souvent les armées ont foulé ton sol, et que ceux qui demandent que tu redeviennes le théâtre des sanglantes luttes, ne sont que des inconscients ou des gredins.

Ne perdons pas de vue la trouée des Vosges, clament les chauvins! La France ne peut oublier! ·

Eh non! La France ne peut oublier, mais la France s'instruit; mais elle commence à comprendre pourquoi les frontières existent. En s'instruisant, elle constate aussi tous les jours que les misères qu'elle endure quand vient l'hiver et le chômage n'émeuvent nullement les jouisseurs égoïstes dont le luxe est précisément fait de ses misères.

Oui, la France commence à comprendre! Elle commence à comprendre en quoi consiste le républicanisme de ceux qui la gouvernent et pourquoi, d'un côté comme de l'autre du Rhin, on s'injurie.

Elle voit qu'à Berlin comme à Paris, le cochon d'or est le maître; elle voit que ce qu'ils craignent le plus est le réveil de ceux sur les corps de qui ils se vautrent; elle voit que c'est par intérêt qu'on lui inculque la haine de l'étranger, afin qu'elle n'ait pas celle de l'exploiteur; elle voit enfin que ce patriotisme n'est qu'un moyen de gouverner et de voler.

Arracher l'Alsace et la Lorraine des mains des Allemands! Mais pourquoi faire? Pour que les Alsaciens-Lorrains soient exploités par les Rotschild de Paris au lieu de l'être par ceux de Berlin? Pour qu'ils engraissent les patrons français au lieu d'engraisser les patrons allemands? Pour qu'ils soient condamnés et au besoin fusillés quand ils réclameront leurs droits à l'existence, au nom de la France au lieu de l'être au nom de l'Allemagne? Allons donc!

Rengaînez vos boniments, ô pitres de la baraque patriotique, vous avez déjà passé et on vous a déjà donné. Autant que vous, plus que vous, nous estimons et aimons nos frères d'Alsace-Lorraine. Avec eux et pour eux comme pour nous, nous voulons la revanche, mais cette revanche-là au lieu d'être dirigée contre les soldats allemands, le sera contre les exploiteurs de tous pays.

Ce n'est pas au cri de vive la France ou de vive l'Allemagne que nous ferons notre revanche, mais bien au cri de : Mort au capital, de guerre aux exploiteurs, et de vive la Révolution sociale.

Consultez l'état d'esprit des annexés, messieurs les chauvins, et vous saurez que le socialisme chasse de chez eux les idées de patrie que vous tentez d'exploiter encore et qu'il les remplace par la grande idée humaine.

Assez de lâchetés et d'aplatissement devant le pendeur de toutes les Russies!

Assez de discours patriotiques dans les banquets où le champagne coule à flots, quand les peuples d'Allemagne, de France et d'ailleurs crèvent de faim!

Notre trouée des Vosges, à nous, ce n'est pas les Vosges, c'est le bagne industriel, c'est la fabrique moderne.   N.

BULLETIN DE QUINZAINE

Nous assistons en ce moment à un magnifique réveil des travailleurs. Après la grève générale des employés des omnibus de Paris, nous avons eu cette quinzaine celles de Lyon, Marseille, Bordeaux, qui ont tourné comme la première à l'avantage des grévistes.

La semaine dernière, le syndicat des ouvriers boulangers de Paris, appuyé par les corporations de l'alimentation, a eu recours au même procédé pour obliger les pouvoirs publics à supprimer les officines qui font la traite des blancs et des blanches, et que l'on appelle des « bureaux de placement ».

Le succès n'a pas couronné les efforts tentés ; cela tient tout simplement à l'insuffisance d'organisation, mais tôt ou tard, le moyen réussira, et vaudra mieux que toutes les tergiversations des parlementaires.

∴

Le Sénat vient de rejeter la loi Bovier-Lapierre, qui édictait des pénalités contre les patrons en révolte avec la loi du 21 mars 1884 sur les syndicats ouvriers. Les repus du Luxembourg persistent à croire et pour cause, que la loi du 24 décembre 1890, complément de l'article 1780 du code civil concernant le contrat de louage, est suffisante pour empêcher les infamies des capitalistes.

Les Magnin, les Mazeau, etc., ont, paraît-il, une frousse épatante du développement que les associations syndicales prennent depuis quelques mois. Et c'est la peur, dit-on, qui est la cause de l'honnête ensemble avec lequel les vieux birbes ont refusé une sanction à la loi du 21 mars, qui reste, par leur fait, un piège tendu pour prendre les travailleurs.

Si le Sénat, en se montrant, de parti pris, rebelle aux réclamations ouvrières, a pu s'imaginer un instant qu'il enrayerait le mouvement syndical par son refus d'adopter la proposition sanctionnelle du député de l'Isère, il s'est tout simplement fourré le doigt dans l'œil, et a pris la proie pour l'ombre.

Les patrons, il est vrai, pourront continuer, impunément au regard de la loi, à abuser du droit et de la force que leur donne le capital pour entraver la liberté des ouvriers syndiqués et essayer de les réduire par la faim ; leur coupable tentative sera de courte durée. Avant peu, ils céderont, par force, à la pression de l'opinion publique, malgré les complaisances du Sénat.

Au point où il en est encore, le mouvement ouvrier pourrait être, non pas endigué, ni enrayé, mais régularisé et canalisé. Avec plus de justice et de bon vouloir, on pourrait en faire un élément fécond et profitable pour tous. Les sénateurs ne sont pas de cet avis. Au lieu de détendre, ils compriment ; c'est, la Révolution qu'ils veulent. Ils l'auront.

∴

Au Palais-Bourbon, on a fait bien peu de besogne cette quinzaine, comme toujours.

La Commission dite du travail a repoussé le principe de la fixation d'un minimum de salaire par une loi ; nous avouons ne pas comprendre, d'autant plus qu'elle a l'air de vouloir interdire cette mesure jusque dans les cahiers des charges de l'Etat, du département et de la commune. C'est du propre.

— Plusieurs députés socialistes et de l'extrême-gauche viennent de déposer une proposition visant la *réduction de l'assiette au beurre*.

On diminuerait de 5 0/0 le traitement des fonctionnaires gagnant 10,000 fr.; de 10 0/0 ceux de 15,000 fr., etc., enfin de 75 0/0 les traitements des ministres et hauts dignitaires. Le président Carnot serait réduit à la maigre portion congrue de 300,000 fr. Parions que toutes les oies du capitole opportuniste vont crier qu'on les réduit à la mendicité.   E. CEY.

LES

PRODUITS DE LA TERRE

(Suite)

III

Dans l'état actuel de la science, il serait impossible d'évaluer exactement la quantité totale des produits de la terre ; en effet, pour un grand nombre de pays, les statistiques manquent et aucune donnée, même hypothétique, ne permettrait d'en calculer approximativement les productions. Lors donc qu'on veut établir un tableau un peu précis des ressources alimentaires que l'homme possède, il faut éliminer de ses recherches toutes les contrées sur lesquelles on n'a pas de renseignements statistiques suffisamment établis. C'est ce que nous avons été obligé de faire, et nous n'avons pris comme base d'étude que les deux groupes de pays les mieux connus du monde, l'Europe et les Etats-Unis. Ces deux groupes de pays comprennent une population de 368,676,600 personnes, soit seulement un peu plus du quart de la population du globe.

Bornée ainsi à l'évaluation des produits d'une fraction de l'humanité, notre étude peut paraître très incomplète, mais il faut songer que les nations dont nous allons étudier les ressources alimentaires sont celles où la civilisation a actuellement son expression la plus haute, et que c'est chez elles aussi que se pose, dans sa douloureuse acuité, la redoutable question sociale. En nous occupant de l'Europe et des Etats-Unis, nous parlerons donc de la partie de l'humanité de beaucoup la plus importante, et il nous sera possible d'étendre, par induction, au monde tout entier, les conclusions que nous tirerons de cette étude.

Encore un mot sur la manière dont nous avons composé cet article. Malgré les nombreuses recherches auxquelles nous nous sommes livré, nous n'avons pas toujours pu trouver dans les statistiques, les chiffres dont nous avions besoin. Nous avons dû suppléer à l'insuffisance des documents officiels par calculs indirects, d'ailleurs faits aussi soigneusement qu'il nous a été possible. Les données qui résultent de ces calculs sont nécessairement approximatives ; mais elles sont plutôt au-dessous qu'au-dessus de la réalité ; elles n'infirmeront pas nos conclusions, au contraire.

Et maintenant, entrons dans l'examen de la question elle-même.

.·.

Parmi les produits de la terre, ceux qui servent à faire le pain sont certainement les plus importants ; c'est donc par les céréales que nous avons commencé nos évaluations. Voici d'après les statistiques officielles, la quantité de céréales (1) que produisent les pays dont nous nous occupons (non compris la quantité nécessaire à la semence) :

Production moyenne des céréales en Europe et aux États-Unis de 1878 à 1882 (2) :

Blés.	470,000,000	quintaux
Seigle	333,000,000	»
Orge ⎫ non compris 100 mil-	152,000,000	»
Avoine ⎬ ·lions de quintaux pour	205,000,000	»
Maïs ⎭ les animaux de ferme.	524,000,000	»
Autres céréales.	10,000,000	»
Total.	1,694,000,000	quintaux.

C'est donc *un milliard six cent quatre-vingt-quatorze millions de quintaux de céréales*, que les habitants de l'Europe et des États-Unis ont à leur disposition. Combien cette énorme quantité de matières nutritives représente-t-elle de pain ? Pour le blé le calcul est facile à faire. D'après M. Grandeau, directeur de la station agronomique de l'Est, un quintal de blé fournit, transformé en farine, 109 kilos 200 grammes de pain blanc. A ce taux, les 470 millions de quintaux de blé, produits annuellement en Europe et aux États Unis, représentent 51,324,000,000 kilos de pain.

Pour les autres céréales, nous ne connaissons pas le rapport entre la quantité en nature et la production en pain.

Ce que nous pouvons affirmer, c'est qu'avec un quintal de céréales quelconques, il est toujours possible de faire la même quantité de pain, surtout si l'on se sert de farine non blutée, qui donne, de l'avis des plus grands hygiénistes, le pain le plus nutritif. On peut donc considérer le chiffre qui représente la production des céréales comme représentant également celle du pain.

Ce premier point fixé, étudions une autre catégorie de produits qui ont un grand rôle alimentaire : les légumes secs et les graines (pois, haricots, fèves, lentilles, riz, etc.), les pommes de terre, les légumes verts et les fruits de toute espèce.

En ce qui concerne les légumes secs et les pommes de terre, nous avons des chiffres exacts ; pour les légumes verts et les fruits, il nous a été impossible de trouver des données précises ; nous avons dû procéder par induction. Le tableau suivant peut cependant être considéré comme vrai, en ce sens que les évaluations sont plutôt trop faibles que trop fortes.

Production moyenne des légumes et des fruits en Europe et aux États-Unis (1875-1882).

Légumes secs.	110,000,000	quintaux
Pommes de terre.	748,000,000	»
Légumes verts.	225,000,000	»
Fruits.	250,000,000	»
Total.	1,333,000,000	quintaux.

A ce total, il faut ajouter le nombre qui représente la production du sucre de betterave : 18,324,200 quintaux.

Après avoir passé en revue les diverses productions végétales, évaluons les produits animaux et, pour commencer, la viande.

Aucune statistique, à nous connue, n'indique les quantités de cet aliment, qui sont annuellement vendues sur les marchés de l'Europe et des États-Unis ; on peut cependant arriver à calculer ces quantités d'une manière très approximative. Voici quel était, à la fin de 1881, le nombre des animaux possédés par les agriculteurs européens et américains :

Bœufs et vaches	132,043,607
Moutons	232,477,765
Porcs	86,830,272
Chèvres	17,917,901
Animaux de basse-cour	380,000,000
Total de têtes.	850,175,635

Or, les chiffres exprimant la proportion moyenne des bêtes que l'on peut abattre annuellement sont les suivants : 17 0/0 pour les bœufs ; 22 0/0 pour les moutons ; 71 0/0 pour les porcs ; 8 0/0 pour les chèvres ; 90 0/0 pour les animaux de basse-cour (poules, lapins, etc.). D'autre part, on sait qu'en moyenne (moyenne faible) ces animaux donnent en viande les quantités suivantes : Bœufs et vaches : 250 kilos ; moutons : 20 kilos ; porcs : 88 kilos ; chèvres : 17 kilos ; animaux de basse-cour : 1 kilo ; ce qui permet de dresser le tableau suivant :

Moyenne des animaux abattus, et produit de ces animaux en Europe et aux États-Unis (1875-1882).

	Nombre	Viande
Bœufs.	22,600,429	5,650,107,250 kilos.
Moutons.	51,445,409	1,022,902,160 »
Porcs.	61,653,752	5,425,530,264 »
Chèvres.	1,433,432	24,368,344 »
Poules, etc.	342,000,000	342,000,000 »
Totaux :	478,832,722	12,464,908,018 kilos.

Par conséquent, en nombre rond, la production annuelle de la viande est de 124 millions 649,080 quintaux métriques. A ce total, probablement au-dessous de la réalité, il faut ajouter le nombre qui représente le gibier de toute espèce livré chaque année à la consommation ; nous n'avons pu, malheureusement, nous procurer les chiffres relatifs à cette branche d'alimentation assez importante.

Parmi les produits animaux, il ne faut pas oublier le lait, le beurre et le fromage qui entrent pour une grande part dans l'avoir alimentaire de l'homme. Nous ne possédons pas les données exactes de la production de ces divers produits ; nous avons pu cependant calculer la quantité de lait produite en Europe et aux États-Unis, en nous basant sur le nombre de vaches que ces pays possèdent. Si l'on suppose deux litres et demi de lait par jour (moyenne faible), on trouve que la production du lait est annuellement de 55,400,000,000 litres, et, comme un litre de lait pèse en moyenne un kilogramme, cela fait :

55,400,000,000 kilos de lait.

En fromage, cela représente :

11,080,000,000 kilos.

Un autre produit animal qui a son importance, les œufs, ne doit pas être omis dans nos statistiques. Les pays dont nous nous occupons en consomment une quantité énorme, car la France seule en produit près de 2,000,000,000.

<hr>

(1) Dans les statistiques officielles, les quantités sont données en hectolitres ; nous les avons converties en quintaux, d'après les bases suivantes : un hect. de blé = 76 kil., un hect. de seigle = 73 kil., un hect. d'orge = 63 kil., un hect. d'avoine = 45 kil., un hect. de blé noir = 59 kil.

(2) La Turquie, la Serbie et le Monténégro, ne sont pas compris dans nos calculs.

En nous basant sur le nombre de poules et autres gallinacés, nous sommes arrivés à calculer approximativement le nombre des œufs produits en Europe et aux Etats-Unis, ce nombre est de 11,220,000,000. Si l'on suppose qu'un œuf pèse en moyenne un peu plus de 65 grammes, cela représente en poids : 701 millions 250,000 kilogrammes de substance alimentaire.

.·.

Il nous reste à étudier une classe de produits animaux, ceux que fournit la pêche. Ces produits jouent un rôle considérable dans l'alimentation, et l'on peut se faire une idée de leur importance par les chiffres suivants :

Le nombre d'hommes employés à la pêche seule est, en Norwège de 80,000 ; en France de 83,840 ; dans la Grande-Bretagne, de 1,0,000 ; et encore plus considérable aux Etats-Unis. Les pêcheurs de ces divers pays recueillent chaque année d'énormes quantités de poissons et d'autres animaux marins comestibles. La Norwège seule en fournit plus de 900,000,000 de kilos ; la France près de 200,000,000 de kilos ; en Russie : la mer Caspienne et le Volga en donnent 400,000,000 de kilos ; aux Etats-Unis, la valeur de la pêche annuelle dépasse 500,000,000 de francs.

(A suivre).   ...

LA FÊTE NATIONALE DU 14 JUILLET

Maintenant que les travailleurs de tous les pays sont bien unanimes à se compter dans la rue le 1er mai de chaque année, il est plus que superflu pour eux de participer à leurs fêtes nationales respectives.

Pour nous, principalement, après le sanglant accueil fait aux nôtres portant le drapeau tricolore à Fourmies, notre devoir élémentaire est de ne plus jamais arborer cet emblème, dans la crainte que les représentants du Tiers-Etat de 1789, aujourd'hui les souverains, ne le considèrent comme séditieux entre nos mains.

Quand les opprimés se tiendront définitivement à l'écart, on verra bien, malgré le mensonge des suffrages et des élections, quelle est l'infime minorité qui nous a replacés dans un servage cent fois plus dur que celui du siècle dernier.

Que les camarades de la Fédération de l'Est profitent de ce jour de chômage obligatoire pour se réunir et que l'un d'eux rappelle, pour l'édification des autres, avec quel art, il y a cent ans, la classe des petits, la plus instruite et celle qui, à cause de cela même, souffrait moralement davantage des mépris et des dédains de la noblesse et du clergé, s'est servie des épaules du peuple.   M. C.

MOUVEMENT OUVRIER SOCIALISTE
DANS LA RÉGION

DIJON

Groupe Républicain Socialiste (Parti Ouvrier).— Dans la réunion générale du 20 juin courant, le Groupe a voté un projet d'organisation locale qui sera soumis à l'approbation des deux autres groupes socialistes de la Grille-de-Fer et du canton Est ; il a été décidé en outre que le service de la *Revue Sociale* serait supprimé à partir du 1er juillet à tous les adhérents qui n'ont pas encore versé de cotisation depuis le 1er janvier 1891.

Enfin, à l'unanimité, la réunion a voté l'expulsion du sieur Louis Radamel, tonnelier, coupable de faits graves d'indélicatesse vis-à-vis du Groupe de Dijon. Les Groupes de la région sont priés de prendre bonne note de cette mesure disciplinaire.

Aux ateliers de Perrigny. — M. Parpaite a une singulière façon de se venger des gens qui n'ont pas l'avantage de lui plaire.

Un honorable citoyen, qui postulait depuis longtemps pour un poste aux ateliers, s'est vu, malgré les promesses qui lui avaient été faites, préférer d'autres personnes ayant fait leur demande bien après lui. Il eut l'audace de réclamer en haut lieu contre ce passe-droit. Mal lui en prit. M. Parpaite, imitant les procédés des jésuites, eut l'air de reconnaître ses torts et quelque temps après le fit appeler à son bureau avec les pièces nécessaires à l'appui de sa demande d'emploi. Pendant deux jours, le citoyen R... se promena à travers les ateliers, à la recherche du chef qui lui donnait plusieurs rendez-vous successifs, mais oubliait de s'y trouver. Enfin, celui-ci finit par lui faire dire qu'il n'avait pas besoin de lui.

Le citoyen R... ayant dû s'absenter sans avoir eu le temps de prévenir la maison où il travaillait, vient de perdre l'emploi qu'il occupait dans un entrepôt de notre ville, tout cela parce qu'il a plu à M. Parpaite de le faire *poser* inutilement, alors qu'il avait la ferme intention de ne pas l'embaucher.

Nous signalons ce monsieur, qui n'en est pas à son coup d'essai, à l'opinion publique.

Au Mouvement. — Dans ce service, il était d'usage d'accorder une gratification aux employés, afin de les dédommager des pertes inévitables qu'ils subissent de temps à autre.

Or, cette année, les employés subalternes, les seuls qui travaillent réellement, n'ont pas touché un centime, tandis que les ronds-de-cuir ont reçu des gratifications variant de 60 à 150 francs.

D'après cette répartition, qui ne date que d'une dizaine d'années, il suffit de passer ses journées à fumer d'énormes cigares en buvant des bocks chez Morot, pour avoir droit aux gratifications gagnées à la sueur du front des simples scribes du Mouvement.

Un bagne industriel *(Suite)*. — TRACTION, DÉPOT. — Les divers faits relatés dans les articles précédents prouvent surabondamment, je crois, la partialité et la mauvaise foi qui fait le fond des rapports des chefs envers les ouvriers. Que ce soit dans les chantiers du P.-L.-M. ou ailleurs, il n'y a rien de changé, les mêmes causes existant, les mêmes effets se font forcément sentir.

Les plaintes que nous avons eues à enregistrer, provenant de tous les services et de plusieurs localités, nous prouvent bien que ces actes d'injustice ne sont pas le monopole de tel ou tel individu, placé à la tête de tel service, mais bien le résultat froidement calculé d'organisation arbitraire qui préside au fonctionnement des divers rouages qui concourent à atteindre le but poursuivi par les capitalistes ; c'est-à-dire : l'exploitation raffinée des travailleurs.

Quand l'on voit de malheureux employés gagnant de 100 à 110 francs, frappés d'une amende de 25 à 50 francs sur un motif mensonger, où bien, quand, après avoir travaillé pendant des années, et ayant contracté des infirmités au service des exploiteurs, ils sont jetés à la porte comme incapables sans même recevoir un morceau de pain comme indemnité ; quand d'autres, malgré leurs capacités et leur bon vouloir, se voient frappés de mesure dite : disciplinaire, tenu, systématiquement à l'écart pour un motif circonstanciel ; le véritable n'est que la haine que portent à ces ouvriers des chefs, qui ne peuvent supporter de voir des hommes agir avec dignité et droiture, au lieu de faire l'humble, le flatteur, ou même le mouchard ;

Quand l'on voit des individus témoigner à faux pour ruiner une famille de malheureux, et cela pour sauver quelques sous aux forts, et comme récompense de ce service, arriver à une position prépondérante ; puis, arrivés là, se faire donner des cadeaux pour favoriser les bailleurs dans un travail quelconque ; quand l'on voit toutes ces injustices, iniques, crapules, il faut être assez borné ou bien avachi pour ne pas sentir la raison se révolter et comprendre que l'on est victime d'une organisation ayant pour base l'arbitraire, la force brutale, le vice.

Que les chefs soient remplacés par d'autres, vous n'en serez pas moins spoliés, les faits pourront changer de forme suivant le caractère du dirigeant ; le fond restera le même.

La guerre déclarée par le capital argent au capital travail est arrivée à l'état aigre ; le premier voulant, plus que jamais, vivre aux dépens du deuxième ; pour arriver à maintenir ses prérogatives et augmenter ses revenus, tous les moyens lui sont bons, seul le résultat lui importe.

Et, parmi les moyens employés, il se trouve en première ligne celui qui consiste à placer à la tête de chaque service des individus incapables, vindicatifs, brutaux, méchants, pervers.

Effectivement, ces hommes ne connaissant rien au travail ne supposant pas la peine qu'il procure, ou bien, n'écoutant que les conseils dictés par leur nature vicieuse, vous feront faire des travaux qu'un homme compétent considérerait comme impossibles, ou vous infligeront des punitions qu'un honnête homme ne pourrait concevoir.

Et comme les représentants directs du capital argent ont encore soin de stimuler le zèle de leur séide, en les prenant par l'intérêt, c'est-à-dire en leur accordant une prime pour chaque changement pouvant amener une réduction de dépense, en leur donnant de grasses gratifications au 1er de l'an, puisées dans la caisse noire, alimentée par les amendes ; puis en leur donnant un poste plus avantageux ; et que, d'un autre côté, rien ne venant de la part du capital travail, modérer leur ardeur pressurative ; qu'au contraire, dans toutes les circonstances vous les laissez juge et partie, que vous étalez vos divisions intestines comme un encouragement à leur but ; comment pouvez-vous supposer être traités avec justice et équité ?

C'est assurément de la plus grossière inconséquence. Vos maîtres s'entendent pour vous pressurer, entendez-vous pour la défense de vos droits, au lieu de vous manger le nez, au lieu de vous tenir en suspicion les uns les autres, par des points d'orgueil stupide ou d'intérêt mal compris ; soyez plus fraternels et plus sensés, vos intérêts étant les mêmes. Travailleurs ! pourquoi n'usez-vous pas de solidarité ?

Vous avez pour vous les enseignements donnés par la nature, vous avez pour vous la justice, le droit, la force ! il ne vous manque que la raison, qui amènerait l'entente entre tous. Pourquoi n'en usez-vous pas ?

Et puisqu'il ne vous plaît pas d'employer les justes moyens que vous avez entre les mains, de quel droit vous plaignez-vous ?

V. MILLERAND.

NOTA. — Nous continuerons de recevoir et d'insérer les lettres de protestation qu'on voudra bien nous adresser, concernant les injustices dont seraient victimes les travailleurs, à quelque genre qu'ils appartiennent. Espérons, en portant ces faits à la connaissance du public, arriver à dessiller les yeux des masses qui ne comprennent pas encore leur droit et qui ne sentent pas l'arbitraire abject du système social sous lequel ils croupissent.

Faisant œuvre de fraternité, défendant la cause de l'humanité et de l'égalité, nous espérons que tout citoyen indépendant et animé de l'esprit de solidarité se fera un devoir de nous faire connaître les faits pouvant servir la cause de l'émancipation sociale. La COMMISSION.

Au tribunal des Prud'hommes. — Samedi dernier, 20 juin, un des ouvriers tailleurs de pierre remerciés et mis à l'index par les entrepreneurs, parce qu'ils font partie de la Chambre syndicale ouvrière de cette corporation, avait appelé son dernier occupant devant MM. les Prud'hommes, pour faire l'essai de la loi du 29 décembre 1890, qui complète l'article 1780 du Code civil, sur le contrat de louage.

S'appuyant sur un jugement rendu, le 24 mai dernier, par un tribunal de Paris, dans un cas analogue au sien, jugement qui condamne le patron à 150 fr. de dommages-intérêts en faveur de l'ouvrier, notre tailleur de pierre ne doutait pas que justice lui serait rendue.

Fidèle au rendez-vous, le plaignant était là, avec le public, à l'heure convenue et habituelle de l'ouverture de ce tribunal. Mais MM. les prud'hommes, qui n'avaient sans doute pas grand chose à juger ce soir-là, ne s'amenèrent qu'après un retard de plus d'une demi-heure, pour déclarer qu'ils ignoraient la loi du 24 décembre 1890 et l'article 1780 du Code, et que, d'ailleurs le gaz n'éclairant pas suffisamment leur conscience, ils renvoient la cause à huitaine.

Nous savions, par avance, que la loi du 24 décembre 1890 et l'article 1780 ne sont qu'une nouvelle fumisterie de MM. du Sénat ; mais ce que nous ignorons, c'est si MM. les prud'hommes touchent leurs jetons de présence lorsqu'ils ne siègent pas, comme cela est arrivé samedi dernier.

Prière au citoyen Gremeau, conseiller municipal et conseiller prud'homme, de nous éclairer là-dessus. Cette question nous intéresse, comme électeurs prud'hommes et comme contribuables.

Mascarade pieuse. — Ces jours derniers ont eu lieu à Fontaines-les Dijon, des fêtes pour célébrer le VIIIe centenaire d'un moine qui fut un des pires ennemis de l'humanité. Bernard était son nom ; il fut canonisé pour s'être trempé dans les eaux de la mare de Fontaine, lorsque la voix de la nature se faisait entendre, pour vaincre Cupidon ; pour avoir fondé des monastères où l'on mettait en pratique le système préconisé par le fondateur, à défaut de celui employé à Cîteaux.

C'est surtout pour avoir été la cause de la mort de cent cinquante mille hommes dans la 2e croisade, faite soi-disant pour la conquête des lieux où naquit le Christ ! mais surtout pour affaiblir l'élément anti-religieux, et pour asseoir à sa place la prépondérance de la religion.

Avec quelques douzaines de saints de ce genre là, il n'y aurait plus de profanes, puisque l'espèce humaine serait supprimée ; c'est ce que l'on peut appeler : frapper le mal à sa base.

Donc, pour célébrer toutes ces vertus, et, raviver le flambeau de la foi (lisez de l'abrutissement) qui s'éteint, la cléricaille avait organisé un pèlerinage monstre sur le lieu même de la naissance de Bernard, à Fontaines-les-Dijon.

Quarante à cinquante mille pèlerins devaient venir de tous les points du globe pour assister et rehausser l'éclat de cette fête sublime ; il devait en venir du Soudan, du pays des Hottentots, de la Patagonie, des Iles-sous-le-Vent, de l'Arabie, de la Chine ; de partout enfin, même des sommets de l'Himalaya et du désert de Chamo.

Aussi, une énorme quantité de victuailles de toutes sortes, répartie chez une non moins grande quantité de marchands, avait été amoncelée pour la circonstance. Ne fallait-il pas recevoir dignement cette foule d'estomacs aussi rare ?

Le jour mémorable arrivé, dès deux heures du matin, chacun se préparait pour faire la distribution de ses marchandises, en regrettant de ne pas en avoir amené davantage.

L'on s'attendait à chaque instant à être envahi par une foule de bouches affamées, mais rien ne venait.

Enfin ! sur le coup de 9 heures, un bruit circula sur la foule frémissante.

Les prélats et les nobles pèlerins étrangers venaient d'arriver ! La procession, le clou de la cérémonie allait commencer.

L'on vit d'abord défiler un suisse des sœurs, des nonnes de différentes essences, des enfants, des jeunes gens des deux sexes encamaralisés, des séminaristes, de très chers frères de Citeaux ou d'ailleurs, des moines de différents acabits et enfin... les nobles étrangers !

Ils étaient six habillés de blanc, retroussés à la zouave, venu de la plage ensoleillée de la Tunisie, enrayée par le célèbre socialiste Lavigerie, six !... c'étaient de forts lurons, mais néanmoins, c'était peu ! pour les pauvres marchands, quelle déception !

Les évêques, les archevêques, les cardinaux, toutes les grosses légumes des paniers venaient au derrière des six enfants de l'Afrique, et ils étaient noirs !

Et tous chantaient du mieux qu'ils pouvaient, troublés par les croassements des grenouilles et des crapauds de la mare, protestant à leur façon contre les hymnes idiots qui écorchaient leurs ouïes.

Et ce fut tout ! Le soir, la retraite annoncée aux flambeaux (pas de la foi) fut ratée.

Un mal avisé d'anarchiste voulant profiter de la circonstance pour écouler un stock de brochures *La peste religieuse*, inspira une telle crainte à leur courageuse sainteté, qu'ils ne parurent pas.

4 à 5,000 personnes vinrent à Fontaine, dont les 9 dixièmes de Dijon, venus en curieux, attirés de plus par l'attrait d'une sortie en campagne et d'un dîner sur l'herbe. Mais, des fidèles, il y en eut très peu.

La procession se déroula au milieu d'une cohue épouvantable, elle fut sifflée, débordée, disloquée, et finalement se termina par une descente de la courtille de Fontaine à Dijon. L'*ave Maria* servait de refrain à *trois canards déployant leurs ailes*. De l'aveu même de la prêtraille, jamais pèlerinage n'a fini d'une façon aussi lamentable. Décidément, la folie religieuse devient curable, mais, si cette folie décroît, la raison revient, l'humanité se débarrasse d'une de ses teignes les plus hideuses.

Libres-penseurs et socialistes, soyons satisfaits, et ne nous endormons pas sur nos lauriers.

Jolie administration. — On nous écrit d'une *commune de la Côte*, près de Dijon, riche, pouvant se passer d'impôts nouveaux.

Le maire, le conseil, les répartiteurs, d'accord, décident que la taxe sur les chiens sera fixée comme les années précédentes, sans augmentation. Vous croyez, bonnes gens, qu'il en sera ainsi; détrompez-vous! M. le contrôleur arrive dans la commune avec un rôle tout préparé où 90 0/0 des chiens, taxés à la première catégorie et le reste à la deuxième sont juste l'inverse.

Les répartiteurs, n'approuvant pas ledit rôle, refusent de signer. — Ha! c'est ça, répond le rond-de-cuir. Eh bien! nous passerons outre.

De retour à Dijon, il fait approuver d'office son rôle par le Préfet, qui s'en moque !

Payez, vils manants, pas d'observation. Allons travailleurs, des champs, votre cause est la nôtre et la main dans la main, balayons tous ces *grincheurs inutiles de Budget* qui ne font rien, qui vous extorquent vos gros sous, pour se payer de grasses sinécures, pendant que vous vous éreintez 16 à 18 heures tous les jours à piocher vos vignes, vous demandant si vous récolterez seulement de quoi payer vos impôts. — Conclusion : Régime de Liberté, voilà comment tu es servi.

AUXERRE. — Depuis bientôt deux ans, l'idée du groupement parmi les travailleurs d'Auxerre s'accentue de plus en plus dans des conditions très heureuses; à part le Syndicat typographique qui fonctionne très bien, aucune organisation ouvrière n'avait réussi à s'implanter ici; aujourd'hui, il n'en est plus ainsi.

La Fédération Ouvrière de l'Yonne a ouvert le feu; depuis un an et demi qu'elle est fondée, nous voyons avec plaisir de nouveaux citoyens se faire inscrire à chaque réunion nouvelle, et si l'on songe combien sont difficiles les débuts de toute organisation de travailleurs, l'on comprendra que c'est avec une légitime satisfaction que nous constatons le fait surtout lorsque nous aurons dit que le chiffre des adhérents est arrivé à cent.

Ce qui viendra encore donner de l'intérêt à la Fédération Ouvrière de l'Yonne, c'est l'ouverture prochaine d'une bibliothèque qui promet beaucoup, si l'on en juge par les dons qui affluent tous les jours; en ce moment, l'on compte déjà plus de 500 volumes, et il n'y a que deux mois que l'appel a été lancé; il y a lieu de penser que jamais à Auxerre, pareille tentative ait obtenu un si rapide succès.

Après la Fédération Ouvrière, nous avons vu apparaître le Groupe républicain Socialiste ; actuellement ce groupe fonctionne dans d'excellentes conditions, et les citoyens qui en font partie se rendent fidèlement aux réunions, afin d'apporter leur concours le plus dévoué aux questions ouvrières à l'ordre du jour.

CREUSOT. — Afin de mieux marquer son avènement à la députation, Schneider avait fait venir une douzaine de frères échappés de Citeaux pour diriger plusieurs écoles libres de la localité, dans l'espoir que ces tristes créatures feraient une guerre acharnée à l'institution laïque. Mais, va te faire f..., après deux années d'expérience, il y en a déjà la moitié qui ont été obligés de partir, ceux qui restent auront beau battre la grosse caisse afin d'attirer à eux les fils de gardes-chiourmes et de badauds, avant peu il ne leur restera guère qu'à prendre la poudre d'escampette.

Sous Schneider 1er, le père du député actuel, un certain Chesson, directeur de l'usine, pardessus tout clérical de la plus belle eau, tenta de supprimer les institutions communales pour y mettre des ignorantins à la place. Ledit Schneider, quoique étant l'ami de l'ignoble Badinguet, n'entendit pas de la même oreille et chassa le fameux directeur. Ceci prouve une fois de plus la platitude du Schneider actuel.

Ce qu'il y a de plus triste encore, c'est de voir le peu d'empressement que met le gouvernement des Constans, Rouvier et Cie à établir la laïcité des écoles de filles au Creusot.

Ainsi, depuis que la loi sur l'instruction gratuite obligatoire, et soi-disant laïque est votée, on n'a laïcisé que trois classes et on n'en a créé qu'une quatrième ; tout a été mis en œuvre par notre municipalité réactionnaire et jésuitique pour faire succomber cette dernière, mais sans pouvoir y réussir. A côté de ces quatres classes il existe deux forts groupes d'écoles dirigées par des sœurs de la doctrine chrétienne. Les ouvriers attachés à l'usine sont presque forcés d'envoyer leurs enfants dans ces dites classes, s'ils ne veulent pas perdre le maigre morceau de pain qu'on leur donne en échange d'un travail pénible et dangereux.

Par ce moyen, les béguines ne peuvent moins faire que de posséder les trois quarts des élèves, malgré la fausse éducation qu'elles leur donnent. Ceci est triste à constater, surtout après 20 ans de République bourgeoise. Ici comme presque partout la complicité des jésuites rouges avec les noirs n'est pas à démontrer, elle saute aux yeux des plus naïfs. Une preuve des plus convaincantes est le refus des opportunistes à voter la séparation des Eglises avec l'Etat, lorsque la question se pose à la Chambre.

Il est bon de vous dire qu'en raison du procès sur la mélinite qui vient de se dérouler à Paris, les calottins de l'église St-Charles au Creusot, pendant le cours du procès, ont chanté des messes à tire larigo, pour que le sieur Feuvrier, condamné à 2 ans, fût acquitté, vu qu'au moment de son arrestation il habitait ledit quartier St-Charles.

Seraient-ce les prières en question qui auraient déterminé les juges à le privilégier sur les Triponé, Fasler et autres ?

S. J. M.

GENÈVE. — Au Congrès ouvrier de Lausanne, plus de 400 délégués, représentant environ 110 corporations, ont adopté l'idée de fédérer tous les syndicats et associations des cantons de langue française. Une commission est chargée de l'organisation.

Des résolutions tendant à la suppression de la police politique et à l'adoption de la loi sur les Syndicats obligatoires ont été votées.

Le Congrès était notoirement favorable à la fédération immédiate avec le Parti Ouvrier suisse-allemand. Ce sera pour bientôt.

GEX. – **La solidarité du capital.** — Un marchandeur lapidaire se trouvait sans ouvrage, et par suite dans l'impossibilité de faire suer à ses nègres leur revenu journalier. Dans cette occurrence, il rappela au richissime M. André, l'administrateur candidat du P.-L.-M. aux dernières élections, ses services comme courtier électoral. Le blackboulé reconnaissant, quoique battu, le recommanda à un de ses collègues en gros sacs et celui-ci, sans plus tarder, envoya à l'intéressant personnage de quoi subsister jusqu'aux élections prochaines.

R.

LONS-LE-SAUNIER. — **L'impôt indirect.** — Notre ami Marmet ayant envoyé son employé dans les villages des environs, faire une distribution de charbon, celui-ci s'est vu obligé de rentrer dans une heure assez avancée de la nuit, si bien qu'à 10 heures du soir il vint frapper à la porte de la régie pour acquitter un droit de 0,20 c. Vainement il attendit une grande heure le bon plaisir de ces jongleurs ; il se vit forcé d'en prendre son parti, quitte à revenir le lendemain.

Qu'elle ne fut pas sa stupéfaction en arrivant à son domicile de voir deux employés du fisc se saisir de son cheval et de sa voiture et tout emmener en fourrière.

Le lendemain, notre ami Marmet prévenu, s'en fut réclamer son gagne-pain, et, connaissant la façon qu'ont de procéder les agents de la Bourgeoisie, il se munit de deux témoins, par devant lesquels il offrit la somme de 500 francs afin de rentrer en possession de son attelage, de telle sorte qu'il n'y eût aucune interruption préjudicielle à son commerce qui constitue pour lui son droit de vivre. Il lui fut répondu avec une certaine morgue : vous offririez 10,000 francs que nous n'obtempérerions pas à votre désir, nous avons un ordre formel de poursuivre l'affaire le plus loin possible, et nous n'y faillirons pas.

Ces faits ne sont pas isolés dans le casier bourgeois ; ils se multiplient et varient avec des différences de formes seulement qui dépendent des circonstances où elles se produisent.

En attendant, nous saisissons les circonstances pour signaler à ce mal le remède qui seul lui convient ; c'est la suppression de tous les impôts, et l'organisation d'un impôt unique et progressif sur les revenus.

J. M.

MONTCEAU-LES-MINES. — **Au pays noir.** — Faute d'entente, les ouvriers charpentiers ne se sont pas mis en grève, et il en sera ainsi autant qu'il ne se sentiront pas les coudes. En effet, sans organisation, les grèves et surtout les grèves partielles ne sont le plus souvent que des moyens aléatoires, c'est à-dire funestes aux intérêts des travailleurs. Le Comité d'organisation avait bien envoyé des délégués près du co-gérant de la compagnie des Mines, M. de Gournay ; mais le noble marquis ne voulut point les recevoir.

Ce n'est donc qu'en se syndiquant que les travailleurs pourront un jour lutter avec efficacité contre le patronat.

Disons que si c'eût été pour offrir leur obole à la construction d'une jésuitière quelconque, les ouvriers charpentiers auraient été à n'en pas douter, reçus avec sa plus grande affabilité par le co-gérant de la cléricale compagnie des Mines de Blanzy.

Un trop zélé maître mineur est le sieur Labopin. Depuis quelque temps il a pris le parti de mettre à pied tous les ouvriers qui manquent leur journée ; la semaine dernière, un certain nombre de mineurs se sont vus mettre 4 jours à pied pour avoir manqué une journée de travail par suite de fatigue, tandis qu'il y en a d'autres qui manquent 8 à 15 jours par mois, sans qu'aucune observation leur soit faite ; sans doute que ces derniers appartiennent au comité Rodin.

P. Guisou.

SAINT-CLAUDE. — Le mouvement syndical fait des progrès malgré la campagne menée par toute la classe fainéante qui se croit créée et mise au monde pour vivre grassement de la sueur de ceux qui travaillent. Bien aveugles seraient ceux qui ne reconnaîtraient pas la lutte de classes dans la caractéristique de la situation, en voyant les patrons réactionnaires et opportunistes, cléricaux et radicaux, rivaliser de zèle pour empêcher le syndicat ouvrier en formation dans leur industrie, de se constituer assez fortement pour leur porter ombrage.

Et dire qu'il se trouve encore une majorité au Sénat pour rejeter la loi Bovier-Lapierre.

Savez-vous bien MM. les sénateurs, qu'à la fin, si vous ne voulez pas empêcher les patrons de renvoyer les syndiqués, nous nous souviendrons que nous sommes vos patrons, et ma foi, nous vous renverrons de l'atelier du Luxembourg, quand même vous seriez syndiqués.

Vous pourrez même vous fédérer avec les bouffe-galettes du Palais-Bourbon qui ne valent, à quelques exceptions près, pas plus que vous.

A. S.

TONNERRE. — **Explication nécessaire** — Chaque fois que le peuple a voulu sortir héroïquement de la servitude et de la misère, il s'est toujours trouvé de très bons bourgeois, coquettement mis, bien ventrus et beaux parleurs, pour accaparer le triomphe populaire, et se partager ensuite les gros appointements et les honneurs.

Quand au peuple qui avait versé son sang, il retombait, lui, deux jours après, le nez dans le … son, comme auparavant.

Cela est arrivé en 1830, 1848, 1870, etc., et cela arrivera tant que le peuple continuera d'avoir confiance en la bourgeoisie.

Pour ces raisons, et beaucoup d'autres, nous combattons aussi bien les Archedeacon, que les Rathier et les Laubry, car, éclairés par l'histoire, nous sommes obligés de ne plus faire aucune distinction entre les tartuffes et les roublards.

D'ailleurs, n'est-ce pas la Bourgeoisie qui nous a donné l'exemple de la méfiance en écartant depuis 1789, tout ce qui, de près ou de loin, touchait à l'ancienne noblesse ?

Toutefois, nous sommes obligés de reconnaître qu'aujourd'hui la bourgeoisie a fusionné avec la noblesse, mais nous devons constater également que nobles et bourgeois sont d'un accord parfait quand il s'agit économiquement et politiquement de voter le maintien de toutes les lois monarchiques qui sont — chacun le sait — favorables aux puissants, et impitoyables aux faibles.

Pourquoi, en somme, attendre des réformes de la bourgeoisie ?

N'a-t-elle pas tout ce qu'elle peut désirer ?

Est-ce qu'elle ne possède pas les énormes capitaux, les puissantes fabriques, les vastes domaines, les immenses monopoles, les chemins de fer, les mines, etc. ?

Avec ses députés et sénateurs, ses préfets, ses magistrats, ses généraux, ses archevêques, etc., est-ce que la sainte bourgeoisie n'est pas maîtresse absolue de l'administration, de la justice, de l'armée, de la religion, etc. ??

N'est-ce pas la Bourgeoisie en un mot qui perçoit les impôts, fait les lois, et gouverne sérieusement ?

Il reste au peuple, quoi ? les impôts à payer !!!

Mais, nous, socialistes, nous pensons qu'il n'est pas juste que les intérêts du peuple soient éternellement sacrifiés aux appétits insatiables de quelques bourgeois repus, assoiffés de luxure et de domination. C'est pour cela que nous voulons grouper les travailleurs, afin que la prochaine Révolution sociale ne soit plus escamotée comme celles qui l'ont précédée.

C'est la raison majeure qui nous fait combattre tous les bourgeois, sauf ceux qui, venant volontairement prendre place sous le drapeau socialiste, nous prouveront, *par des actes*, leur désintéressement et leur sincérité.

A qui me comprend, salut.   XXX.

SITUATION FINANCIÈRE DE LA FÉDÉRATION

Au 1er Juillet 1891

RECETTES

En caisse au 1er janvier 1891	62 fr.	25
Cotisations fédérales, abonnements, vente de journaux, brochures, etc.	762	15
Souscription permanente	72	35
Total. . . .	896	75

DÉPENSES

Frais du Congrès régional	40	40
Frais de bureau	12	80
Frais de correspondance	11	85
Frais d'expédition et d'impression	725	80
Délégations et propagande, frais de publications de conférences.	11	35
Total. . . .	805	20

BALANCE

Recettes du semestre	896	75
Dépenses —	805	20
Reste en caisse au 1er juillet	91 fr.	55

NOTA. — Dans cette situation, les sommes reçues pour le procès de Chauffailles et les victimes de Fourmies ne sont point comprises, n'ayant été reçues qu'à titre de dépôt.

COMMUNICATIONS

Blanzy. — Dimanche 5 juillet, à 4 heures du soir, conférence publique et contradictoire, salle du Théâtre Bertrand.

Les travailleurs de Blanzy et de Montceau sont invités à y assister.

Saint-Claude. — Dimanche 5 juillet, à 9 heures du matin, café Troppenaz, avenue de Belfort, réunion des abonnés de la *Revue Sociale.*

Communication urgente.

Nouzon (Ardennes). — Vos camarades du Syndicat des mouleurs viennent de déclarer la grève dans la maison Hardy, Capitaine et Cie, ceux-ci ayant trouvé bon d'attaquer le secrétaire du Syndicat et de diminuer de 75 centimes la journée de travail.

Nos amis des Ardennes, comptant sur la solidarité ouvrière, font appel aux syndicats,

Envoyer les recours au citoyen E. Michel, secrétaire du Syndicat, ou bien aux bureaux du journal l'*Émancipation*, 7, rue de Gonzague, à Charleville.

Grève de mouleurs à Dijon. — Au dernier moment, nous apprenons que les mouleurs de la maison Laurent frères et Collot viennent de se mettre en grève.

Ils exigent le renvoi d'un contre-maître qui, paraît-il, menait la vie dure aux ouvriers syndiqués et jalousait tous les travailleurs intelligents placés sous ses ordres.

Nous n'avons pas le temps d'approfondir la question dans ce numéro; néanmoins, nous espérons que les mouleurs obtiendront gain de cause.

BIBLIOGRAPHIE

Le n° 78 (juin 1891) de la **Revue Socialiste**, qui vient de paraître, contient les très intéressants articles suivants :

La Nouvelle Éthique, Belfort-Bax. — Les monopoles d'État, B. Malon. — La Légende de Victor Hugo de 1817 à 1872, Paul Lafargue. — La *Revue philosophique* et le Socialisme intégral, Dr Delon. — Les Dessous du Notariat, A. Silvestre. — Une Conférence socialiste, Boilley. — Le mouvement social, Adrien Veber. — Revue des livres, Robert Bernier.

Abonnements — Un an: France, 18 fr.; Étranger, 20 fr.; six mois: France, 9 fr.; Étranger, 10 fr.; le numéro : France, 1 fr. 50 ; Étranger, 1 fr. 75.

Bureaux : 8, rue des Martyrs, Paris.

SOUSCRIPTION PERMANENTE
Pour la propagande socialiste dans la Région

Report de la 8e liste : 130 fr. 75. — Un ferblantier 1 fr.; X., à Lamarche, 2 fr.; un groupe de manilleurs, 0,15 ; Sourdeau, 0,30 Total de la 9e liste : 134 fr. 20.

PETITE CORRESPONDANCE

Reçu en mai (omission) de Lyon, 10 fr.; en juin, de Bonnencontre, 2 fr.; d'Arnay-le-Duc, 8 fr. 10 ; d'Auxerre, 10 fr.; de Lons-le-Saulnier, 6 fr. 50 ; de Blanzy (1er versement) ; de Tonnerre, 8 fr. 60; du Creusot, 2 fr. 70; de Grenoble, 2 fr.; de Besançon, divers, 3 fr. 50 ; de Genève, 0,25 ; de Dijon, 45 fr. 65.

XXX. à Tonnerre. — Dites aux abonnés de réclamer à la poste. Nos envois sont toujours contrôlés. Je vais vous écrire.

S., au Creusot. — Aussitôt que nous connaîtrons un emploi nous vous l'écrirons; il n'y a plus guère de *Peste*. Je vais tâcher de réunir le nombre demandé.

J. K. — Cela ne vaut pas la peine d'envoyer des n°° à l'agence ; faites-nous donc quelques abonnés.

R. à Besançon. — A. S. à St-Claude. — Pas de réponse de Dumay.

Le Gérant, V. MILLERAND.

Dijon — Imp. Carré, rue Amiral-Roussin, 40.

2ᵉ année — Nᵒ 13　　　5 centimes　　　16 au 31 Juillet 1891

LA REVUE SOCIALE

ORGANE BI-MENSUEL

De la Fédération des Travailleurs Socialistes de l'Est

PARAISSANT A DIJON

ADMINISTRATION

Adresser toutes communications et mandats au citoyen CHARLOT, délégué, rue du Faubourg-Raines, 66, **DIJON**.

De chacun selon ses forces

A chacun selon ses besoins

ABONNEMENT

Un an, **2 fr.** — 6 mois, **1 fr.** — 3 mois, **50 cent.**

PERMANENCE tous les jours, au siège social de la Fédération, rue de la Mégisserie, 29, **DIJON**.

SOMMAIRE :

Bulletin de quinzaine. . . . . E. CEY.
La Séparation des classes. . . . . . B. MALON.
Congrès international de Bruxelles . . LA COMMISSION.
Mouvement socialiste de la région . . E. C.
Communications, petite correspondance, etc.

BULLETIN DE QUINZAINE

Le jury du Nord vient de donner l'absolution aux misérables qui ont fusillé nos frères de Fourmies, en condamnant Culine et Lafargue, l'un à six ans, l'autre à un an d'emprisonnement. Leur crime est connu; ils ont propagé les doctrines socialistes dans la région et ont oublié de se trouver, le 1er mai, à Fourmies, devant les balles des fusils Lebel!

La République bourgeoise, qui enchaîne la liberté de la parole, n'a plus qu'à décorer Isaac, le commandant Chapus et le procureur général siégeant aux assises de Douai,

Parlant de Lafargue, ce dernier aurait dit :

» Peu m'importent ses opinions du moment qu'il attaque le capital et la bourgeoisie ».

Il a montré par là que le gouvernement de Constans valait ceux de l'Empire et de l'ordre moral.

C'est maintenant la lutte à mort entre les républicains bourgeois et nous. D'avance, nous en connaissons les résultats.

.·.

Le Xᵉ Congrès national du Parti Ouvrier a terminé ses assises le 1er Juillet.

Plus de 200 groupes ou syndicats y étaient représentés; parmi ceux de la région, citons le Groupe socialiste de Dijon, la Fédération ouvrière de Dijon et de la Côte-d'Or, les groupes socialistes d'Auxerre, de Besançon, d'Aignay-le-Duc, etc.

Sur la première partie à l'ordre du jour, qui traite de la réglementation du travail, le Congrès a reconnu la nécessité de la limitation de la journée de travail à 8 heures, avec un minimum de salaires fixé par les syndicats. N'est-ce pas la meilleure réponse faite au questionnaire de la fameuse Commission parlementaire, qui ne s'adressait qu'à des citoyens dans l'impossibilité de dire pleinement leur opinion, étant sous le joug du patron?

De même, il a déclaré que la suppression du travail industriel dans les prisons s'imposait comme aussi dans les couvents et les ouvroirs; il demande qu'il soit remplacé par l'installation de colonies agricoles, beaucoup plus moralisatrices pour ceux qui y seraient employés, et moins nuisibles aux intérêts de l'ensemble des travailleurs.

Quant à ce qui concerne l'emploi de la femme et des enfants dans l'industrie, il réclame une réglementation sérieuse, organisée par les syndicats, en vue de donner à la femme salaire égal à travail égal; d'interdire l'emploi des enfants au-dessous de quatorze ans et en limitant la durée de la journée de travail à six heures pour les mineurs de 14 à 18 ans.

Le Congrès a aussi résolu de poursuivre la suppression des bureaux de placement par tous les moyens.

Dans un autre ordre d'idées, il poursuivra aussi énergiquement la suppression des armées permanentes, et pour arriver à ce but, il préconise surtout l'abolition de l'éducation militaire donnée dans les écoles, et l'organisation d'un congrès international chargé d'étudier les moyens d'y arriver.

Il a déclaré aussi la nécessité de la suppression de la propriété individuelle et des héritages à tous les degrés.

Enfin, comme dernière résolution, il préconise la grève générale, le levier le plus puissant à notre usage, pour lutter contre l'ordre capitaliste, surtout si nous savons nous organiser sérieusement; dans ce cas alors nous serions victorieux et pourrions supprimer la société présente toute d'égoïsme et d'intérêts individuels.

LA SÉPARATION DES CLASSES

Il paraît que nous faisons une œuvre impie en parlant de séparation des classes, tous les efforts progressistes devraient tendre à l'unification de la grande famille humaine.

D'accord, excellents républicains démocrates; mais c'est justement parce que nous voulons cette unification dans la justice sociale que nous voulons préluder à l'abolition révolutionnaire des classes par l'avènement au pouvoir de la dernière, celle des travailleurs, qui absorbera, après son triomphe, les éléments désagrégés des trois premières et établira l'égalité sociale dans la solidarité générale.

En prenant pour base de notre action la constitution

d'un parti de classe, nous ne faisons d'ailleurs que nous conformer à la nature des choses et suivre les enseignements de l'histoire dominée dans le passé et dans le présent par la *lutte des classes*, qui a pour corollaire *l'association nécessaire dans la lutte pour l'existence*, sine quâ non de persistance pour tout ce qui existe, dans le monde dit *inorganique*, comme dans le monde *organique*.

Nous allons préciser.

Dans un excellent exposé sommaire de la partie du transformisme ayant trait à la *lutte pour l'existence*, M. de Lanessan fait très bien ressortir que cette *lutte pour l'existence* a, dans la généralité des cas, comme complément obligé et pour condition de victoire, *l'association pour la lutte* et cela dans les mondes minéral et végétal, comme dans les mondes animal et humain.

« Partout, dit M. de Lanessan, les corps bruts se présentent à nous à l'état d'associations inconscientes. Il en est ainsi parce que tout corps isolé ne tarde pas à être détruit. Ceux-là seuls que groupent des agents physiques ou chimiques qui modèlent notre globe résistent à la destruction. »

L'association pour la lutte se produit parmi les végétaux, autrement entourés d'ennemis que les minéraux, d'une manière encore plus frappante :

« Ici, comme dans le cas des cristaux envisagé plus haut, l'association est inconsciente, l'aide pour la lutte que se prêtent mutuellement les individus qui la composent est insconsciente, mais association et aide n'en existent pas moins et nous apparaissent dans les deux cas comme l'arme la plus importante pour la lutte pour l'existence. »

Chez les animaux, *l'association pour la lutte* prend le caractère de *sociétés*, c'est-à-dire d'associations actives, et, dans la plupart des cas, conscientes. Tels sont les troupeaux de bœufs et de troupeaux sauvages, les sociétés de pigeons, de fourmis, d'abeilles, de castors, les bancs de sardines et de harengs, etc.

« En généralisant, je puis dire que tous les individus isolés sont totalement supprimés dans la lutte pour l'existence contre le milieu extérieur, contre les végétaux ou contre les autres animaux. Il en résulte que la plupart des animaux, tous les herbivores, par exemple, doivent se présenter à nous à l'état de sociétés, plus ou moins étendues. »

Cette loi universelle devait naturellement être d'une application plus absolue dans l'espèce humaine qui a à soutenir contre le milieu extérieur, contre les végétaux, les animaux, et surtout contre les semblables, une lutte de tous les instants.

Désarmé comme il était d'abord, l'homme ne pouvait vaincre ses redoutables ennemis, atténuer les effets si souvent meurtriers du milieu extérieur et se procurer la nourriture nécessaire qu'à force d'intelligence, et par le concours et la combinaison des efforts.

Mais les ennemis extérieurs, ou refoulés ou rendus moins dangereux, par suite de l'accroissement des forces humaines, l'association change de caractère et elle a surtout pour but *la lutte contre les semblables* pour la conquête des nécessités de la vie, du commandement et du bien-être. Les plus forts s'allient contre la majorité, confondent leurs intérêts, s'arrogent des privilèges, et ainsi de l'association des plus *prédateurs* (qui en veulent à la liberté et au travail d'autrui), naissent les premières *classes dominantes*, véritables associations pour la défense contre autrui d'intérêts communs. Ces associations, nous les rencontrons au seuil de la civilisation, dès que l'Inde, la grande matrice des nations, voit fleurir les premières sociétés.

Naturellement, le premier usage qu'elles font du pouvoir, c'est de légiférer, c'est-à-dire d'organiser toute chose à leur profit exclusif, elles deviennent ainsi classes dominantes et spoliatrices, réduisent les agglomérations vaincues à l'état de classes ou castes inférieures, dominées et exploitées.

Cette division en *castes* ou *classes* est tellement dans les faits que les classifications de Manou se sont perpétuées dans le monde, plus ou moins adultérées.

Brahmes ou prêtres, *kchatrias* ou nobles, *vaystas* ou bourgeois (marchands), *soudras* ou prolétaires, ne sont-ce pas là les divisions encore en vigueur dans la plus grande partie des nations d'Europe, avec cette seule différence que le clergé et la noblesse peuvent moins abuser, et que la bourgeoisie autrefois infériorisée a pris partout la plus grande part — tandis qu'au point de vue économique le prolétariat est resté serf.

En Egypte, la division indoue en quatre classes est maintenue avec une légère modification ; les marchands ne forment plus classe à part, ils constituent avec les ouvriers industriels la quatrième classe, tandis que la troisième est formée par les agriculteurs.

Bientôt les progrès de la civilisation font éclater la guerre entre les deux premières classes, elles ont pour résultat, dans l'Inde, la migration en Europe de la partie la plus aventureuse. Quelques siècles plus tard, les prêtres et les nobles égyptiens se disputent le pouvoir. Avec Menès, ces derniers triomphent ; mais les prêtres appellent l'étranger, et l'Egypte, foulée par les hordes éthiopiennes et assyriennes, perd son indépendance, 500 ans avant la conquête grecque. Guerre analogue entre la caste cléricale juive (des lévites), et les guerriers agriculteurs qui sont vaincus en la personne de Saül. En Perse, au contraire, les nobles l'emportent définitivement après le massacre des mages ou prêtres (522 ans av. l'ère vulgaire) qui fut célébré comme un jour de délivrance nationale sous le nom de *Magophonie*.

Déjà, dans les pays méditerranéens, malgré de vaines tentatives, la caste cléricale était subordonnée au patriciat qui prit la direction en asservissant et en exploitant le plus possible la troisième classe, (*thètes*, d'Athènes, *plébéiens* italiques) pendant qu'au-dessous l'immense peuple travailleur, refoulé dans l'esclavage, était réduit à l'état de chose ou de « meubles et d'outils parlants » et tenu hors de l'humanité.

L'avènement du christianisme et les invasions barbares ne transformèrent pas cet état de choses, quoi qu'on en ait dit ; mais de nouvelles nécessités économiques le modifièrent, les esclaves se transformèrent en *colons*, et, pendant que la longue lutte entre le *pape* et *l'empereur* était comme une réminiscence des anciennes guerres pour le pouvoir et la propriété entre les castes sacerdotale et militaire, l'ancienne plèbe, entraînant avec elle la partie la plus avantagée des colons devenait le noyau de la *troisième classe*, de ce Tiers-Etat à qui les destins promettaient l'empire du monde.

Dès lors, en effet, la bourgeoisie conquérait son affranchissement partiel dans les communes françaises (xiie siècle); elle se faisait garantir certains droits dans la *Grande Charte* que les *barons* ou nobles anglais imposaient à Jean-Sans-Terre (1215); elle s'essayait au gouvernement dans les cités lombardes (xiie et xiiie siècles), dans les républiques industrielles de l'Italie centrale, et dans les riches communes flamandes (xiie et xve siècles).

A cette époque, les paysans étaient trop accablés pour faire autre chose que des émeutes sans lendemain. Quant au prolétariat industriel, il se présentait sous l'aspect général d'apprentissage, d'épreuve précédant la maitrise; ni l'un ni l'autre ne pouvait donc faire classe à part. C'est ainsi que la bourgeoisie d'alors incarnait en elle toutes les forces révolutionnaires et rénovatrices vivaces.

Elle fut d'abord politiquement vaincue en France par la noblesse; mais ce ne fut pas sans avoir planté sur les murs do Paris le drapeau de sa grandeur future (1), ni sans avoir donné à sos revendications tous les caractères d'une lutte internationale de classe.

Mais, victime momentanée de son alliance avec la royauté contre les nobles, elle allait voir son avènement se préparer par le développement des forces économiques, et la révolution qu'amenèront dans la production et les transits, la découverte de l'Amérique, la circumnavigation de l'Afrique, les nouveaux débouchés et l'inauguration du système colonial qui en résulteront. Dès lors « l'organisation féodale des métiers en maîtrises et jurandes ne pouvait plus suffire aux besoins croissants des nouveaux marchés. Et la manufacture naquit. Les maîtrises furent remplacées par l'industrialisme bourgeois. La division du travail entre les diverses corporations disparut devant la division du travail dans les ateliers mêmes. (Voir le *Manifeste des Communistes*, par Marx et Engels).

La suprématie industrielle de la bourgeoisie vis à vis des travailleurs, passant rapidement à l'état de salariés permanents, s'en accrut, comme s'accroissait en même temps son importance dans l'Etat par la prédominance croissante des questions financières. L'orgueilleux Louis XIV levait son chapeau devant le financier Samuel Bernard, et livrait l'administration de son royaume aux bourgeois Colbert, Louvois, Chamillard, etc.

En Angleterre, avant la fin du xviᵉ siècle, la troisième classe était assez puissante pour imposer en la personne de Guillaume d'Orange, un roi bourgeois. Cent ans plus tard, elle allait, par une des plus glorieuses révolutions qu'ait vues le monde, frapper mortellement les deux premières classes, ainsi que la royauté leur nouvelle alliée, et préluder ainsi à la domination universelle qu'elle allait rapidement conquérir.

Ainsi, jusqu'en 1789, nous voyons *le premier et le deuxième Etat* (clergé et noblesse) se disputer le pouvoir et la propriété. Puis le clergé vaincu, la noblesse s'en faisant un instrument de domination et tournant tous ses efforts contre la plèbe politiquement libre ou *troisième Etat* qui se venge en s'alliant à César. La quatrième classe croupit dans l'esclavage et quand, lasse de souffrir, elle se révolte avec un Spartacus, un Ennus ou un Vettius, elle trouve contre elle les plébéiens aussi bien que les patriciens et les prêtres, c'est-à-dire l'ensemble des trois premières classes. Toutefois elle passe graduellement de l'esclavage au servage, du servage au prolétariat, montant ainsi d'un échelon.

A partir du moyen-âge, nous voyons dans les nations les moins barbares, le troisième Etat, ayant pour lui, outre une haute ambition, une grande énergie et le développement obligé des forces économiques, c'est-à-dire le courant de l'histoire, conquérir, une à une, les positions, après s'être exercée à la lutte et au gouvernement par ses révolutions communales et finalement clore, d'une main ferme, l'ère féodale pour inaugurer la civilisation actuelle, qui est la sienne.

Ainsi de la promulgation du *Manava-Dharma Sastra*, à la *Déclaration des droits de l'homme*, tous les grands évènements historiques sont dominés par les vicissitudes des classes, en lutte pour la défense d'intérêts antagoniques.

Benoît MALON.

L'abondance des matières nous oblige à renvoyer plusieurs correspondances au prochain numéro.

---

1. Augustin Thierry, dit d'Etienne Marcel, le grand révolutionnaire bourgeois : « Par une anticipation étrange, cet échevin du xivᵉ siècle a voulu et tenté des choses qui semblent n'appartenir qu'aux révolutions modernes. » *Essai sur l'histoire de la formation et des progrès du Tiers-Etat*, p. 40.)

Congrès international de Bruxelles

Le 18 août prochain s'ouvrira à Bruxelles, le Congrès international Ouvrier socialiste. Voici l'ordre du jour qui nous est communiqué par le conseil général du Parti Ouvrier belge.

1º Législation protectrice du travail ; des moyens à employer pour l'étendre et la rendre efficace.

2ᵉ Du droit de coalition, de ses garanties, du boycottage et du mouvement corporatif au point de vue international.

3º De la position et des devoirs de la classe ouvrière, vis-à-vis du militarisme.

4º Consécration de la journée internationale du 1ᵉʳ mai, au principe de la paix entre les nations, en même temps qu'à celui de la journée du travail de 8 heures.

5º Adoption d'un titre général uniforme pour indiquer le groupement de tous les Partis Ouvriers. Titre proposé : PARTI SOCIALISTE INTERNATIONAL.

La Fédération des Travailleurs Socialistes de l'Est, ayant voté son adhésion audit Congrès, le 22 février dernier, et d'autre part aucun groupe n'ayant saisi la commission fédérale de propositions fermes à son égard, celle-ci croit devoir soumettre aux groupes de la région la proposition suivante :

La Fédération des Travailleurs Socialistes de l'Est maintient son adhésion au Congrès international Ouvrier de Bruxelles.

Vu le peu de temps pour réunir les fonds nécessaires à l'envoi d'un délégué, la Fédération de l'Est se mettra en rapport avec la Fédération des Ardennes, la plus rapprochée de Belgique et confiera le soin de la représenter au délégué de cette Fédération, avec le mandat suivant :

« La Fédération des Travailleurs Socialistes de l'Est se prononce :

1º Pour l'établissement d'une législation protectrice du travail, ayant pour base la journée de 8 heures ; comme moyen d'aboutir, la grève générale des mineurs précédant celle des autres corporations.

2º Pour le désarmement général, la suppression des armées permanentes, remplacées par la nation armée ; comme moyen d'aboutir, une propagande vigoureuse en faveur de la Fédération des peuples et l'organisation de la grève générale des conscrits.

3º Pour la paix entre les nations, manifestée le 1ᵉʳ mai de chaque année.

4º Pour l'union de tous les Partis Ouvriers socialistes révolutionnaires du monde sous un titre général, à déterminer par le Congrès. »

Les Groupes de la Fédération sont invités à envoyer leurs réponses, avant le 10 août prochain, dernier délai.

Les Syndicats ouvriers de la région, désireux de se faire représenter audit Congrès, pourront s'adresser au délégué du Comité fédéral qui fera le nécessaire.

LA COMMISSION FÉDÉRALE.

MOUVEMENT OUVRIER SOCIALISTE
DANS LA RÉGION

DIJON

Groupe d'études sociales de la Grille de fer. — Les camarades de ce Groupe ont voté leur adhésion à la Fédération des travailleurs socialistes de l'Est.

Elections au Conseil des prud'hommes. — La date de ces élections est fixée au 26 juillet prochain. Bien que beaucoup des nôtres aient négligé de se faire inscrire, nous croyons à un bon résultat. La Fédération ouvrière de Dijon et de la Côte-d'Or présente une liste de candidats sérieux qui sauront défendre, mieux que certains renégats, les intérêts de la classe ouvrière.

Les rentes du travail. — Le 3 juillet dernier, une tentative de suicide causée par la misère a eu lieu au boulevard Voltaire.

La dame Marie Zalmard, épouse du nommé Dargand a tenté de s'asphyxier avec ses 6 enfants, pour cause de misère.

Le mari, à bout de ressources, était parti à Lyon pour chercher du travail ; le désespoir s'est emparé de sa femme et sans les voisins, le capital faisait sep' victimes de plus.

La plupart des journaux bourgeois ont passé cet événement sous silence ou l'ont noyé au milieu du fatras des faits-divers quotidiens, en ne publiant que les initiales de la victime.

Cela les ennuie, d'être obligés de constater que tout n'est pas pour le mieux dans la société moderne ; ils trouvent indécent que les pauvres diables meurent comme cela de misère ; ils voudraient bien trouver un cas de folie pour expliquer ces monstruosités qui sont un soufflet sanglant à l'organisation sociale.

Mais non ! il faut en prendre son parti : c'est la misère et rien que la misère, entendez-vous, bourgeois? qui pousse à la dépopulation sauvage, et tant que vous ne voudrez pas accorder des réformes sociales, vos journaux enregistreront les initiales de vos victimes, jusqu'au jour où le peuple, las de crever, intervertira les rôles et vous fera payer les arrérages de la dette que vous laissez protester depuis si longtemps.

EPINAC. — Depuis très longtemps les esclaves de la mine d'Epinac reçoivent la paye tous les quinze jours. Une prime de 0 fr. 50 c. par jour était accordée à chaque esclave qui faisait douze journées de travail dans sa quinzaine ainsi qu'une petite indemnité de logement. Mais le nouveau directeur, qui n'est autre qu'un second Vatrin, trouva moyen de supprimer cette prime d'encouragement, maigre restitution de ce que la Compagnie vole chaque jour à ses ouvriers.

Il y a un mois, le fameux directeur en question s'empressa de rétablir ladite prime d'une façon aussi bête que stupide.

Ainsi il a trouvé moyen d'établir quatre primes différentes. Ceux qui sont occupés au Puits-de-la-Garenne où le travail est des plus pénibles ont 50 c. ; ceux des autres puits n'ont que 30 et 20 c.

Les premiers font 3 fr. 50 c. à 4 fr. avec la prime, les autres font de 2 fr. 50 à 3 fr. au plus. Cette restitution de prime n'est due qu'à une peur de l'administration de voir ses esclaves suivre l'exemple des autres centres miniers, et industriels. c'est-à-dire former un syndicat afin de mieux revendiquer leurs droits contre l'ignoble exploitation dont ils sont victimes. Il est à espérer qu'ils ne se laisseront pas endormir plus longtemps par ces semblants de réformes. En revanche de cela, le clérical directeur a chassé de la mine un honnête citoyen que ses camarades avaient placé à la tête de la Libre-Pensée.

MONTCEAU-LES-MINES. — Bien que le gouvernement de la République ait refusé d'autoriser l'érection de la statue de l'impérialiste Chagot, sur une des places publiques, et que le comité ait dû se contenter de celle de l'église, j'ai vu dans une feuille les plus cléricales, le *Travailleur du Sud-Est*, que M. le préfet, le sous-préfet et le général Schneegans allaient assister aux fêtes en son honneur. En lisant ces quelques lignes, je me suis dit : j'irai voir la figure que feront nos plus hauts fonctionnaires du département aux côtés de toute la bande du comité de Rodin, Patin et compagnie, et j'irai aussi à la messe en musique; je ferai en sorte d'être tout près de ces messieurs et si réellement le préfet se rend aux fêtes de Montceau, il n'y a pas de quoi s'étonner que les travailleurs sont aussi bien fusillés sous notre république bourgeoise que sous l'empire.

SAINT-CLAUDE. — Les abonnés de la *Revue Sociale*, après avoir passé en revue les événements du 1er mai et reconnu l'hostilité manifeste du gouvernement bourgeois qui préside momentanément aux destinées de la France, pour tout ce qui touche aux intérêts ouvriers : s'engagent mutuellement à s'abstenir de toute participation à la fête du 14 juillet, cette fête n'étant que la consécration de l'avènement au pouvoir de nouveaux tyrans du peuple.

Une collecte au profit de la propagande pour la candidature de J.-B. Clément, produit 6 fr.

— Un groupe ouvrier est en formation à Saint-Claude entre tous les ouvriers de la localité, quelle que soit leur spécialité.

Il a pour but de défendre toutes les questions qui intéressent la classe laborieuse.

Il a pour titre : groupe républicain socialiste.

Les adhésions sont reçues au café Colin, Avenue de Belfort, tous les samedis, de 8 à 10 heures du soir.

TONNERRE. — Le 12 juin 1891, ayant voté contre l'amendement de M. de Douville-Maillefeu tendant à faire baisser le prix du pain, M. Rathier a volontairement méconnu les intérêts des neuf dixièmes de ses électeurs qui, forcément cette année, achèteront du blé ou du pain.

Faire payer le pain cher aux paysans quand le blé manque ; aux ouvriers quand les salaires diminuent ; aux vignerons du Tonnerrois qui, depuis plus de trois ans, ne font pas de récolte et se trouvent la plupart sans espoir et sans ressources, c'est ce qui s'appelle de la protection à rebours.

— Dans la même séance, la Chambre discutait l'interpellation du citoyen Baudin, député ouvrier du Cher. Le gouvernement ayant, le 7 juin dernier, fait protéger par ses agents de police la manifestation cléricale de l'église dite du Sacré-Cœur de Montmartre, le citoyen Baudin demandait audit gouvernement pourquoi il avait si subitement changé d'attitude en faisant, le même jour, au même lieu et par les mêmes agents charger, frapper et arrêter les ouvriers socialistes qui portaient silencieusement une couronne commémorative à l'endroit où a été fusillé le citoyen Varlin par les réactionnaires versaillais de 1871 ???

M. Rathier, par son vote, a proclamé la liberté pour les calotins seulement et a approuvé les assommades des ouvriers républicains.

THOIRY (Ain). — Notre gracieux patron, avec lequel nous sommes en grève, depuis un mois promène sa bile un peu partout mais son manque de perspicacité naturelle, encore augmenté par la cessation momentanée de ses bénéfices, l'empêche de reconnaître ces exploités dans un établissement public, et devant eux il se déboutonne, disant qu'en ce moment-ci, avec les travaux de la campagne ils peuvent bien lui tenir tête, mais qu'à l'entrée de l'hiver il les rattrapera. C'est ce que nous verrons.

Un Lapidaire.

PETITE CORRESPONDANCE

A. Y., St Claude. — Il n'y a point de syndicat typographique dans votre ville ; donc l'imprimerie n'est pas à l'index. — Envoyez des n^{os} à Thoiry.

XXX., Tonnerre. — *Le Creusot* est gratuit seulement pour les adhérents.

D., à Arquian. — Sommes débordés de copie. — Patientez un peu.

X., à Chagny. — Passera le 1er août.

Le Gérant, V. MILLERAND.

Dijon. — Imp. Carré, rue Amiral-Roussin, 40.

2ᵉ année — Nᵒ 14   10 centimes   1ᵉʳ au 15 Août 1891

LA REVUE SOCIALE

ORGANE BI-MENSUEL

De la Fédération des Travailleurs Socialistes de l'Est

PARAISSANT A DIJON

ADMINISTRATION
Adresser toutes communications et mandats à l'Administrateur délégué, rue de la Mégisserie, 29, **DIJON.**

De chacun selon ses forces
A chacun selon ses besoins

ABONNEMENT
Un an, **2 fr.** — 6 mois, **1 fr.** — 3 mois, **50 cent.**

PERMANENCE tous les jours, au siège social de la Fédération, rue de la Mégisserie, 29, **DIJON.**

SOMMAIRE :

Destinée Douloureuse. . . . . J. LABUSQUIÈRE.
L'Alsace-Lorraine . . . . P. LAFARGUE.
Bulletin de quinzaine. . . . . V. M.
Mouvement socialiste de la région . . E. C.
Les Produits de la Terre (suite) . . . . ***
Communications, petite correspondance, etc.

DESTINÉE DOULOUREUSE

— Que fais-tu, laboureur?

— Je me lève à l'aube, quand les coqs chantent les dernières veilles; qu'on aperçoit à peine les coteaux à l'horizon. Je joins mes grands bœufs roux et je vais labourer la terre durcie par l'été torride. Mes pieds calleux se déchirent et saignent sur les chaumes tranchants. Sur les sillons péniblement tracés, au fond desquels dorment les fumiers épandus et enfouis, je jette le blé, l'avoine, l'orge, le seigle. Quand vient l'hiver, que la bise glaciale cingle la figure, gerce et crevasse mes mains noueuses comme le tronc d'un viel érable, je taille la vigne. Toujours dans les champs, depuis l'hiver qui dénude plaines et coteaux jusqu'à l'été qui les couvre de moissons; depuis l'été jusqu'à l'hiver, depuis l'aube blanche jusqu'à la nuit noire, je travaille et peine sans cesse. Je mange du pain noir et du porc salé. Quelquefois, rarement, les jours de fête, un peu de viande.

— Où vas-tu?

— A la ruine! Le phylloxera a dévoré mes vignes et le blé que je suis obligé de vendre à trop bas prix, il me faut le racheter trop cher.

Mes champs sont couverts d'hypothèques; je suis traqué par mes créanciers, parfois aussi malheureux que moi; par le percepteur qui réclame les impôts que je ne puis plus payer.

Je vais à la ruine, à la misère, après avoir toujours travaillé!

．．

— Que fais-tu, ouvrier du faubourg?

— Ce que je fais? Le ciel est encore tout noir quand, à la hâte, je revêts de pauvres vêtements mon corps brisé par la fatigue. Avec ma femme, je descends vers la grande ville, confondu dans le troupeau des tôt levés aux bras ballants, à la démarche lourde, qui courent s'engouffrer dans l'atelier, où stride le sifflet de la machine bien graissée, bien soignée, bien nourrie de houille grasse.

Du matin au soir, je turbine dur et longtemps pour un maigre salaire. Encore ce temps de fatigue est-il mon temps le plus heureux.

Quand le chômage me vomit sur la rue, je crève de faim et j'entends la femme et les enfants demander du pain.

— Où vas-tu?

— A la vieillesse misérable. Le salaire me donne à peine le pain quotidien. Durant les jours de chômage, je vais «au clou» engager la montre d'argent, les frusques, la courte-pointe. Je vais aussi parfois, le cœur gros, conduire au cimetière l'enfant mort de la fi... de famine.

Je vais où vont les travailleurs comme moi, à la misère, après avoir toujours turbiné.

．．

— Que fais-tu, petite ouvrière, frêle trottin, mignonne couturière, aux grands yeux, à la pupille dilatée par l'anémie, aux frisons bruns ou dorés qui auréolent ton museau chiffonné, pâli par la chlorose?

— Ce que je fais? Comme mon camarade, mon amoureux, mon frère, mon père, je cours vers le Paris du centre, qui rit, qui bruit, qui resplendit. A la hâte, quand l'aube s'éveille, j'ai chaussé mes bottines éculées, passé ma robe faite de coupons à neuf sous le mètre, coquettement drapée, vieille et cependant toujours à la mode dernière. J'ai ajusté sur mon casque de cheveux mutins le chapeau confectionné durant les heures oisives du dimanche. Je vais, je trottine vers l'atelier. Là, durant douze, quatorze heures, sans soleil et sans air, mes petites mains vont, tirant l'aiguille, drapant les soyeuses étoffes, tournant la tige des fleurs artificielles aux corolles brillantes; brunissant l'or et l'argent, faisant tourner le volant de la machine qui lentement me tue. A midi, le soir, les repas hâtifs et maigres qui ne font pas de sang rouge.

— Où je vais? A travers les rues et les boulevards ruisselants de lumière, après la rude journée de labeur, avec mes compagnes, je vais rieuse ou triste, poursuivie, obsédée par des jeunes ou des vieux qui me font des offres, de tentantes propositions. Je vais, en hâte, vers le faubourg, vers la mansarde. Et notre troupe s'égrène, hélas! Aux jours de chômage, les unes vont à l'hôpital cracher leurs poumons et dormir sur la table de dissection ; d'autres s'en vont à l'hôtel garni... Qui sait où ?...

Où je vais? Où allons-nous, filles d'ouvriers ? Quelques-unes au trottoir!... La majorité, où vont les camarades : travailler, souffrir; entendre, aux heures douloureuses, les petiots pleurer !

Où je vais? Où vont les pauvres comme moi : à la misère, après avoir souffert et travaillé.

∴

— Que fais-tu, soldat?

— Je vis à la caserne et j'entends la rude parole des chefs. Je fais l'exercice et, comme une passive machine, j'obéis. Je pense tout bas et je parle plus bas encore. Je n'ai pas d'argent et, triste, je rôde dans les rues des villes de garnison. Je manie le fusil qui tue et je regrette l'outil qui fait vivre. Et le clairon du corps de garde qui résonne me rappelle à tout instant que ma volonté est morte.

— Où vas-tu ?

— Où je vais? Où l'on me mène. A l'exercice, à la corvée, à la marche militaire. Au premier signal, à la frontière. Un soir, peut-être, je serai couché dans quelque plaine, geignant la fièvre, souffrant le martyre, ou étendu, raide, la face blême plaquée dans une mare sanglante.

Où je vais, si j'en réchappe, aux champs, à l'atelier, où sont mes frères et, comme eux, à la misère, après avoir souffert et travaillé.

∴

— Où allez-vous, vous tous qui n'avez ni terres, ni maisons, ni argent, ni outils?

— Où nous allons? d'où nous venons! Au travail, à la misère.

Nous sommes l'immense foule qui crée tout, produit tout, ne possède rien, ne récolte que la douleur et qui réclame un peu moins de fatigue, un peu plus de pain.

John Labusquière.

L'ALSACE-LORRAINE

La France n'a qu'à rester neutre, pour devenir la gardienne de la paix et la maîtresse de la situation.

Mais les patriotes trouvent que la haute position d'arbitre européen est trop belle pour la France; ils préfèrent qu'elle devienne la vassale de la Russie, qui ne cherche qu'à la lancer dans une guerre contre l'Allemagne, pour s'entendre avec l'empereur Guillaume et obtenir la permission de confisquer les principautés balkaniques et de marcher sur Constantinople. La plus épouvantable guerre qu'on ait jamais vue en Europe serait déchaînée.

Et c'est pour reconquérir l'Alsace-Lorraine que les patriotes russophiles compromettraient les intérêts de la France et transformeraient l'Europe en un champ de bataille où des millions d'hommes s'égorgeraient! Eh bien! revanchards, qui n'êtes patriotes que des lèvres, savez-vous quel serait le résultat du retour de l'Alsace-Lorraine à la France? — Ecoutez.

∴

L'Alsace était la province de France la plus industriellement développée; elle possédait plus de broches et de métiers mécaniques à tisser que l'Allemagne tout entière. Le parti militaire obligea Bismarck à l'annexer afin d'enlever à la France sa ligne frontière; mais cette annexion importait dans la ligne douanière allemande le plus terrible concurrent de l'industrie allemande. Les manufacturiers allemands furent désespérés de cette conquête militaire, qui les ruinait.

Le même phénomène s'observa en Russie : depuis que la Pologne est devenue un pays industriel, l'inondant de ses produits, les fabricants russes demandent que l'on sépare la Pologne de la Russie par des douanes arrêtant au passage les marchandises polonaises : le chef des Panslaves, Katkoff, alla jusqu'à proposer de vendre la Pologne à l'Allemagne.

Il est difficile dans un monde bourgeois de concilier les intérêts de la caisse avec ceux de la patrie.

Si les industriels allemands ont grincé des dents lors de l'annexion alsacienne, les fabricants de Lille, Roubaix, Rouen, et des districts cotonniers, ont été dans la jubilation de se voir débarrassés des concurrents de Mulhouse, Dornach et autres centres industriels de l'Alsace. M. Pouyer-Quertier, le grand cotonnier, a dû trembler de joie en signant le traité qui le délivrait des Dolfus et Cie. « Le père de la patrie », Thiers, a dû éprouver la même agréable émotion en livrant à la Prusse les mines de l'Alsace, lui, un des plus forts actionnaires d'Anzin; la Compagnie d'Anzin, une fois débarrassée de la concurrence de charbons alsaciens, a vu ses dividendes doubler et tripler.

Mais ce sont les fabricants de l'Alsace qui ont été transportés au septième ciel. Le traité de cession leur ouvrait tous les marchés de l'Allemagne, leur conquérait un immense débouché, non pas aux colonies, mais à leurs portes. Les pays d'outre-Vosges ne suffisant pas à leur boulimie de profits, ils ont transporté en France une partie de leur outillage, afin d'exploiter les deux pays à la fois. Les Dolfus, Mieg et Cie, établis des deux côtés de la frontière, ont réalisé des bénéfices si énormes que leur caissier a pu leur enlever deux millions avant que l'on se fût aperçu de ses vols.

La perte de l'industrie alsacienne obligea la France à développer son industrie pour combler le vide. L'activité qu'il fallut déployer pour remettre en équilibre le système industriel français a été si grande que, tandis que l'Allemagne subissait une crise industrielle en 1873-76, la France, au contraire, était en pleine prospérité. Tout le monde travaillait, les bourgeois s'emplissaient les poches à crever.

Aujourd'hui, l'outillage de France est au grand complet; si on lui annexait brusquement l'outillage de l'Alsace, qui a continué à se développer, tous les industriels d'Allemagne n'auraient qu'un cœur pour bénir le Boulanger qui leur ravirait leurs terribles concurrents; et les industriels français, qui déjà souffrent tant de la concurrence alsacienne-allemande, malgré les tarifs douaniers qui les protègent, maudiraient le jour de la réannexion.

L'industrie allemande entrerait dans une nouvelle ère de prospérité, tandis que la France serait plongée dans une crise industrielle autrement terrible que celle traversée par l'Allemagne en 1872-73.

Le retour de l'Alsace-Lorraine ne pourra s'effectuer sans une guerre épouvantable qui compromettrait pour vingt ans les intérêts de la civilisation, et ce retour ne sera un bonheur pour la France que lorsque le parti socialiste allemand aura abattu l'empire féodal et militaire des Bismarck et des Moltke, que lorsque le socialisme international aura supprimé la guerre militaire de peuple à peuple, et la guerre industrielle de capitaliste à capitaliste.

Paul LAFARGUE.

BULLETIN DE QUINZAINE

Le fait le plus saillant de la quinzaine est certainement la grève des chemins de fer de France.

Tous les journaux y consacrent de longs articles, où la question est traitée suivant l'intérêt ou le tempérament de chacun.

Presque tous fulminent contre cet essai qui a troublé un instant leur doux farniente et leur lourde digestion. Pensez donc ! la bête à produire qui se rebiffe et qui voudrait limiter l'appétit glouton des sangsues qui la sucent de toute part, quelle indignité ! Et dans leur peur bleue de voir la justice triompher, nos repus s'emballent jusqu'à demander à leur gouvernement, leur soutien naturel, de fabriquer une loi spéciale, édictant des peines sévères contre les producteurs qui, à l'avenir voudraient se mettre en grève, pour protester contre les morsures trop vives de leurs parasites.

Là, au moins, nos charmants improductifs, bien frais, bien grassouillets et bien rondelets, sont conséquents avec leur fainéantise et leur égoïsme.

Les organes de ceux qui veulent ménager la chèvre et le chou se renferment dans l'exposé des conséquences formidables qui seraient résultées d'une grève générale des employés de chemin de fer bien organisée, et engagent les intéressés à s'entendre pour que les questions pendantes se résolvent pacifiquement.

Mais tous s'accordent à reconnaître le manque de cohésion et d'esprit d'ensemble qui a présidé à la déclaration et à l'organisation de la grève.

Hélas non, il n'y a pas eu d'ensemble et d'esprit de suite, chacun y est allé de son petit coup de tête, et au jour le jour, sans consulter son voisin.

Mais, pouvait-il bien en être différemment ? Un syndicat qui fonctionne depuis quelques mois, qui n'a pas encore essayé de coups de feu, manquait de ce qui est indispensable à la réussite de toute entreprise, c'est-à-dire l'expérience

Les syndiqués, heureux de se sentir les coudes, conscients de la force qui en résultait, crurent qu'ils n'avaient qu'à étendre la main pour saisir leur but, l'émancipation. Ils eurent un instant de vertige, la liberté était-là, devant eux. Impatients, ils voulurent l'atteindre sans s'entourer de la plus simple prudence, ils oublièrent de se servir du levier indispensable, la solidarité ; à peine avaient-ils fait quelques pas, chacun de leur côté, qu'étonnés de leur hardiesse, regrettant de ne pas s'être fait assurer le concours de tous les camarades, ils s'arrêtèrent, et ne songèrent plus qu'à sauver les apparences.

Ce premier essai était donc indispensable, car ce n'est qu'en pratiquant que l'on reconnaît les points faibles d'une organisation. N'auraient-ils atteint que ce dernier point, le résultat serait déjà sensible.

Du courage donc, camarades de la voie ferrée, vous avez fait sentir ce que pourraient être nos forces, mieux dirigées. Vos maîtres s'en sont tirés cette fois avec des promesses. De la persévérance, et vous obtiendrez des adoucissements à vos peines, en attendant le passage de la grande égalisatrice.

.·.

Quelques mots du rapport fait à la suite de l'enquête sur l'accident de Saint-Mandé, nous sont communiqués par une correspondance directe.

Il en résulte que la responsabilité de la compagnie est loin d'être à couvert, et que c'est peut-être grâce à son incurie que cent familles vont porter le deuil et qu'une quantité de malheureux sont estropiés pour le reste de leur vie.

Malgré l'importance de la ligne de Paris à Vincennes, sous le rapport du nombre des voyageurs qui la fréquentent, la compagnie n'a pas encore jugé à propos de faire placer en tête de la ligne opposée à Paris, des plaques tournantes pouvant permettre de retourner les machines venant de Paris. Il s'ensuit que le mécanicien est obligé de marcher tender en avant, ce qui le force de tourner le dos au point où il se dirige toutes les fois qu'un travail quelconque l'appelle après la machine.

Or, à Saint-Mandé, le mécanicien du train tamponneur n'ayant pas été prévenu qu'il quittait la gare sans avoir la voie libre, marchait dès lors en toute confiance. Ne se peut-il pas qu'occupé après sa machine, il n'ait pas aperçu les signaux d'arrêt et alors qu'il lui était impossible d'arrêter son train, surtout que le frein ne fonctionnait que sur quelques voitures.

Ainsi, grâce aux économies que les compagnies veulent faire sur tout pour pouvoir se distribuer de plus forts dividendes, 150 individus viennent ou de perdre la vie, ou les moyens de la gagner.

Capital, que tu es respectable !

.·.

Un fait qui prouve combien les compagnies craignent peu de compromettre la santé de leurs agents et leurs intérêts se passe actuellement à Montbéliard.

Là, les dortoirs des mécaniciens, chauffeurs étaient trop petits pour pouvoir recevoir tous les arrivants ; la compagnie, avec sa désinvolture habituelle, n'a rien trouvé de mieux à faire, pour suppléer à l'étroitesse de ses dortoirs, que de louer en ville un bâtiment situé au fond d'une cour infecte, noire et puante, et qui auparavant servait d'écurie à lapins.

Comme, de plus, l'endroit est désert, et n'est fréquenté que par des malheureux dépenaillés et faméliques, les agents ne sont pas plus rassurés que ça lorsqu'ils partent ou rentrent dans la nuit.

Mais, qu'importe aux actionnaires, leur dividende est un peu augmenté par cette nouvelle suppression de dépense. Combien a dû recevoir de gratification, celui qui l'a trouvée ? une bonne somme, si l'on en juge par le service rendu ! Alors tout est pour le mieux.

V. M.

Dans son journal du 23 juillet, le premier larbin de la maison Wilson-Bargy, parlant des revendications des ouvriers et employés du chemin de fer, ose affirmer :

1° Qu'un minimum de salaire de 5 francs par jour est trop exagéré pour le personnel habitant Dijon ;

2° Que les actionnaires des compagnies de chemin de fer ne reçoivent guère qu'un dividende de 3 1[2 0[0.

Ce monsieur, qui étudie la question sociale avec son ami Maigne, au fond des bocks de Bergerot, se chargerait-il, lui, de nourrir, de loger et de vêtir, une famille moyenne de 4 personnes avec les 3 francs par jour payés à ses ouvriers par son directeur politique, député de Dijon, fabricant de colles et autres produits chimiques à l'usage des électeurs ?

Si oui, qu'il publie immédiatement dans le *Petit Bourguignon*, le détail de sa méthode d'existence, avec chiffres à l'appui, sinon, qu'il se contente d'y insérer les menus des banquets de pompiers, comices agricoles, etc., où goinfre si bien son patron.

Quant à dire que les actionnaires des compagnies de chemin de fer touchent seulement 3 1[2 0[0 de revenu, c'est de la dernière idiotie. Précisons: les actions du P.-L.-M. émises à 500 francs valent actuellement près de 1,500 francs. C'est donc 10 0[0 qu'elles rapportent à leurs propriétaires primitifs.

Voilà ce que disent et diront encore les MENEURS DU PARTI SOCIALISTE, et toute la rhétorique de ceux qui défendent les marchands de croix d'honneur et de consciences de députés, n'empêchera pas cet état de choses.

Nous ne saurions donc trop mettre en garde nos camarades de la voie ferrée contre tous les plumitifs de la bourgeoisie qui ont l'air de discuter leurs intérêts tout en bavant sur les ouvriers socialistes.

Encore une fois, qu'ils comptent surtout sur eux-mêmes, et froidement, qu'ils préparent, en profitant des leçons du passé, la grève générale prochaine qui obligera les compagnies et le gouvernement à capituler.   E. CH.

AVIS

Les abonnés et adhérents isolés, en retard de deux trimestres, sont prévenus que, le 10 août prochain, il leur sera présenté par la poste un mandat de 1 fr. 60 pour compléter leur année

Les correspondants et les trésoriers des Groupes sont priés de régler au plus tôt leurs comptes du trimestre écoulé.

MOUVEMENT OUVRIER SOCIALISTE

DANS LA RÉGION

DIJON

Au Chemin de fer. — Nous recevons des ateliers du chemin de fer de Dijon-Perrigny une lettre nous instruisant des vexations toujours renouvelées dont sont journellement victimes les employés de cette succursale de bagne.

Là aussi, les employés ne doivent être malades que quand les maîtres et contre-maîtres le permettent, et cela ne doit surtout jamais arriver aux environs d'une fête.

Pour l'avoir oublié, notre correspondant reçut, le 11 juillet, une verte réprimande d'un contre-maître de fraîche date, Verdelin, lequel trouverait bon que ceux qui sont malades quelques jours avant ou après une fête soient gratifiés d'une amende de 20 fr. et d'une quinzaine de jours de mise à pied.

Si par là, le sieur Verdelin ne trouve pas le moyen de prouver son humanité, il trouve au moins celui de faire ressortir son arrogance.

Notre correspondant se plaint également de ce qu'on fait payer aux ouvriers, et à un taux au-dessus du courant, les outils qui se brisent en travaillant ; que les ouvriers les aient reçus neufs ou vieux, le prix en est le même.

Ainsi, on doit se servir des outils de la compagnie, mais il est défendu de les user !

Ne serait-il pas plus juste de laisser aux ouvriers le soin d'acheter leurs outils où bon leur semble?

Élections au Conseil des prud'hommes. — Le 26 juillet, il a été procédé au renouvellement d'une partie des prud'hommes. La Fédération Ouvrière n'a pas cru devoir se désintéresser de la question et a présenté six membres des syndicats adhérents, au choix de ceux-ci.

Sur ces six candidats, cinq ont été élus : ce sont les citoyens Houdebine, typographe, et Mojonnot, ouvriers en limes, pour la 1re catégorie; Desveaux, tailleur, Marpaux père, tailleur, et Tavernier, tourneur sur métaux, dans la 4e catégorie.

Un seul, le citoyen Seguin, tailleur de pierres, a échoué contre le prud'homme sortant.

Ces cinq élus appartiennent au Parti Ouvrier; c'est donc une bonne journée pour le socialisme.

AUXERRE. — Groupe républicain socialiste auxerrois (Parti Ouvrier).— Le 18 juillet dernier, le groupe a tenu son assemblée générale mensuelle ; cette réunion a été bien remplie et du bon travail a été fait ; les citoyens présents ont examiné et discuté les questions portées à l'ordre du jour du Congrès ouvrier international de Bruxelles ainsi que les réponses faites par la commission fédérale de la Fédération des Travailleurs socialistes de l'Est; l'assemblée tout entière a décidé d'adhérer au Congrès et a ratifié le travail de la commission fédérale, tout en émettant le vœu que le titre adopté soit intitulé : Parti *Ouvrier* socialiste international.

Une proposition faite par le citoyen Benoit demandant que le parti socialiste adopte que la date du 1er mai commence l'année sociale a été votée à l'unanimité,

A la suite d'un appel fait par le syndicat des ouvriers mouleurs de Dijon pour venir en aide aux grévistes de la maison Laurent et Cie, une collecte a été faite entre les citoyens présents; le produit s'est élevé à 6 fr. qui a été envoyé de suite au secrétaire du syndicat.

Pour terminer, il a été décidé qu'un appel aux travailleurs auxerrois serait imprimé et distribué en plus grand nombre possible; cet appel contiendrait, outre les statuts du groupe, un programme minimum des revendications ouvrières ; nous espérons que bon accueil lui sera réservé et que de nouveaux citoyens viendront s'inscrire au groupe qui augmente à chaque réunion.

Syndicat des maçons, plâtriers et tailleurs de pierre.— Sur l'initiative de plusieurs citoyens appartenant à ces corporations et avec le concours de plusieurs membres du groupe socialiste, une réunion a eu lieu le jeudi 23 juillet, à l'effet de créer un syndicat professionnel ; à cette séance assistaient une cinquantaine de citoyens; après explications et discussions, l'assemblée a nommé une commission de 9 membres chargée d'élaborer les statuts; tous les citoyens présents ont donné leur signature comme adhérents au nouveau syndicat; et sans trop nous avancer, nous pouvons affirmer que d'ici peu de temps la ville d'Auxerre possédera un syndicat ouvrier de plus ; nous espérons que les travailleurs auxerrois ne s'arrêteront pas là et que d'autres corporations suivront ce bel exemple.   E. B.

BLANZY. — La conférence du 5 juillet a eu lieu devant 250 à 300 ouvriers de toutes professions. A peine si nous y remarquons une demi-douzaine de réactionnaires, entre autres notre conseiller d'arrondissement M. J. Thomasset, fabricant de chaux. Au moment où le citoyen Charlot aborde la question des salaires, lesquels, dit-il, ne sont nullement en rapport avec les besoins des travailleurs, le sieur Thomasset s'esquiva et on ne le revit pas. C'est qu'en effet les ouvriers employés dans les fabriques du pays et des environs sont des moins rétribués, et quel travail alors, pour ne gagner que 2 fr. 50 pour 10 à 12 heures par jour, ceux travaillant au moulin servant à réduire en poudre la chaux hydraulique sont un peu plus payés, soit 3 fr. par jour, mais combien d'hommes, hélas, ne peuvent tenir à ce dur travail où souvent deux ouvriers à une distance d'un mètre peuvent à peine se distinguer, tant la poussière âcre de la chaux qui les environne est épaisse; il n'est pas rare de voir des hommes sujets à des hémorragies nasales obligés de quitter le travail. N'est-ce pas révoltant de voir des êtres humains se trouver dans l'obligation de travailler dans des conditions aussi funestes à leur santé et pour un salaire aussi dérisoire ?

La parole du citoyen Charlot avait donc porté juste lorsqu'il prouva que l'ouvrier ne pouvait vivre et élever une petite famille même avec un salaire plus élevé que ceux précités, pour que notre conseiller d'arrondissement prît le parti de quitter la salle.

C'est pendant près de deux heures que notre conférencier fit le procès de la bourgeoisie et développa le programme du parti socialiste.

Les mouchards des comités Rodin et Cie, de Montceau-les-Mines, qui devaient, ainsi qu'on l'avait insinué, venir faire du bruit à la conférence, ont jugé à propos d'imiter de Conrart le silence prudent, sachant bien qu'à Blanzy les mouchards ne sont pas en odeur de sainteté.

La conférence de Blanzy était présidée par le citoyen Cannet, maire, ayant pour assesseurs les citoyens Bonnot et Ph. Vitteaut et pour secrétaire le citoyen Taipin, 2e adjoint.

Une collecte faite à l'issue en faveur du sou des écoles laïques et de la propagande socialiste a produit la somme de 15 fr. 50 dont moitié a été remise au citoyen Charlot.

Nous apprenons avec plaisir que les verriers de Blanzy, suivant le bon mouvement qui se produit actuellement dans toutes les verreries de France, sont en bonne voie de se former en syndicat; espérons que les mineurs les suivront de près.

CREUSOT. — Le 14 juillet bourgeois n'a pas été fêté d'une façon plus éclatante que les années précédentes, au Creusot. Le conseil des Carpes, ayant à sa tête le tout puissant Seigneur et Maître Schneider, paradait en grande pompe au milieu de la revue de la garnison qui avait lieu sur la place du Marché.

Les réacs de l'endroit, se sentant fortement appuyés par le clérical Schneider, continuent plus fortement que jamais leur propagande enragée contre la République et les républicains; un journal jésuitique, la *Croix*, est distribué gratuitement chez une grande partie des commerçants.

J. M. S.

EPINAC. — On se souvient qu'à la suite de la grève des verriers de Lyon, un des patrons verriers, voulant prouver jusqu'à quel point il exerçait sa cléricale vengeance contre les serfs qu'il exploitait, ne trouva rien de mieux que de transporter sa fabrication jusque dans l'ancienne verrerie d'Epinac, le 1er mai dernier.

Le directeur, qui est un jésuite de la plus belle eau, fit afficher dans la localité que tous les anciens esclaves de la verrerie qui voudraient devenir les siens, n'avaient qu'à se faire inscrire à son bureau; près de 500 inscriptions furent faites, ce qui lui permit de choisir ses victimes.

Il n'en fallait pas plus de 80 pour mettre en marche le premier four. A l'heure actuelle, les meilleurs ouvriers gagnent à peine 3 francs par jour ; des jeunes gens de 14 à 18 ans gagnent de 65 cent. à 1 franc, au plus. Et dire que la municipalité opportuniste de la localité qui représente si mal l'intérêt des contribuables a eu l'audace, avec une partie des commerçants, d'offrir un banquet au brave directeur.

Ils poussèrent même plus loin leurs platitudes en payant largement certaines créatures qui ne vivent que de rapines dans la localité, afin qu'ils emploient leur brutalité à chasser du pays comme bêtes fauves, deux délégués que les verriers en grève de Lyon avaient envoyés pour engager ceux d'Epinac à se solidariser avec eux. Les sbires de Constans Piétri durent intervenir pour protéger nos deux malheureux délégués.

Les auteurs de ce rôle honteux ne tarderont pas d'être fixés sur la maigre amélioration que la nouvelle verrerie apportera au commerce, car le directeur de ladite verrerie, avec celui de la mine, s'entendent comme des larrons en foire, la preuve est convaincante, puisque c'est le directeur de la mine qui est le parrain du deuxième four, allumé le 30 juin dernier.

Les mineurs et les verriers sont logés à la même enseigne.

L'ouvrier qui se trouvera chassé d'un endroit ne pourra guère compter pouvoir trouver un emploi dans l'autre ; il n'y a que les propriétaires qui retireront des bénéfices de tout cela.

Espérons que les travailleurs d'Epinac comprendront leurs devoirs, et se grouperont afin de revendiquer leurs droits.

MARS (Loire). — *Simple question*. — Le sieur C... pourrait-il nous désigner ceux du conseil du syndicat des Tisseurs, qui, par l'énergie qu'ils ont mise et qu'ils mettent chaque jour à la défense des intérêts ouvriers, ont mérité d'être changés, afin que lui, C..., et sa progéniture, continuent de payer leurs cotisations audit syndicat?

Parions qu'il ne répondra rien. Alors on est autorisé à croire que son excuse hypocrite n'est que la suite de celle qu'il employait le 1er mai 1890 et la sœur de la méthode dont il s'est toujours servi au conseil municipal pour tromper les électeurs ; ces procédés le rendent digne en tout point des rénégats, ses acolytes, les bons dieux de Mardore et consorts.

Mais, patience, les électeurs sauront se souvenir.

A bon entendeur, salut !

MONTBRILLANT. — Il y a des exploiteurs de tous les calibres. Le nôtre est de l'espèce de ceux qui travaillent en famille. Ancien bouif il aurait droit à tous nos respects s'il l'était resté il eut la veine de profiter de l'établissement de la taille du diamant dans notre région, pour lâcher les crépins et attacher les ouvriers à la nouvelle industrie en leur faisant connaître sa nombreuse famille. C'était une manière de participation aux bénéfices. De temps en temps il mariait une sœur et il y avait un nouveau couple inamovible attaché à la fortune de l'établissement. Avec le temps ils ont fait des petits et aujourd'hui la moitié de l'atelier est peuplé des descendants du patriarche qui entre temps est devenu maire de la commune et père de ses ouvriers.

MONTCEAU-LES-MINES. — *Au pays noir*. — C'est les 1, 2 et 3 août qu'ont lieu les fêtes en l'honneur de l'érection de la statue de l'impérialiste J. Chagot et, comme chaque année pour les fêtes sportives, le champagne coulera à flots. Comme toujours, qui en paiera les frais, les esclaves de la mine! Je ne suis et n'ai jamais été un partisan d'élever des statues à n'importe qui, mais s'il en est un qui ait mérité cet honneur c'est bien M. Chagot, dont les plus grandes capacités ont été de se créer des millions sur la misère de ses ouvriers. C'est l'homme au cœur dur, qui mort sans progéniture ne légua rien au pays, pas même le plus petit établissement hospitalier aux vieillards et aux invalides de la mine, hélas si nombreux ! C'est peut-être ce qui indiqua au gouvernement de lui refuser la place publique et pour cette fois le gouvernement a bien fait.

La statue sera donc reléguée au côté sud de l'église qui est entourée d'une grille, église et place étant la propriété exclusive de la Cie, le mot est peut-être bien de trop, car c'est encore avec le produit de la sueur de ses esclaves que tout cela a été construit.

A l'Est sera élevé le monument en mémoire des nombreuses victimes de la mine ; c'est une colonne de 7 mètres environ, aucun des noms des malheureux, morts dans les entrailles de la terre, dans cette lutte de chaque jour pour l'existence, ne sera gravé ainsi qu'on le supposait, car, dit-on, de l'aveu de Rodin, il aurait fallu que cette colonne égalât en hauteur la tour Eiffel.

Le préfet de Saône-et-Loire ne viendra pas, contrairement à ce qu'en avait dit l'organe de la cléricafarderie de Montceau, lisez le *Travailleur du Sud-Est*. Plusieurs journaux du département l'ont démenti ; en revanche l'académicien Perrault, qui émarge au budget de la République comme évêque d'Autun, Chalon, Mâcon, fera le lundi 3 août, au cours d'une messe cela va sans dire, le panégyrique des ouvriers morts dans la mine en arrondissant les millions du badingueusard J. Chagot. Sans doute M. Perrault terminera son sermon par des paroles bien senties et propres à encourager les mineurs à continuer de forger des millions, toujours des millions, pour les continuateurs de J. Chagot en allant se faire casser la figure pour la plus grande gloire du capital.

P. GRISOU.

LONS-LE-SAUNIER. — L'église Désiré a besoin de réparations, et l'argent de la fabrique a été dépensé peut-être à dessein, si bien qu'il a été demandé au conseil municipal de voter des fonds destinés à cet emploi. Les contribuables, ne voulant pas continuer à fournir des armes à leurs ennemis, ne refusent cependant pas d'entretenir l'édifice précité, mais à condition qu'il fera retour au peuple soit pour y faire des conférences populaires, ou autrement dit socialistes soit pour en faire un entrepôt réel, ou un asile quelconque.

— La régie a fait plusieurs descentes chez les négociants de notre ville et a saisi pas mal d'allumettes de contrebandes. Un d'entre eux, a qui l'on en aurait saisi *quatre*, aurait demandé à transiger. on lui demande 300 fr.

Nous avouerons que c'est salé ; mais en somme, pourquoi aussi la plupart de ces victimes ne veulent-elle pas venir ouvertement à la révolution sociale qui a d'abondants et féconds remèdes à cette défectuosité, toute de convention.

J. M.

TONNERRE. — Élection d'un conseiller général. — Deux candidats sont en présence dans le canton de Tonnerre pour l'obtention du siège devenu libre par la mort de M. Régnier.

M. Rathier, d'une part, et M. Archdéacon de l'autre, sollicitent avec la même ardeur, pour le scrutin du 2 août, les suffrages des électeurs tonnerrois.

Tous deux étant trop riches pour s'occuper sérieusement de ceux qui doivent au travail le pain dur de l'existence ne représentent à aucun titre les légitimes aspirations des travailleurs qui n'ayant pas de candidat partageant suffisamment leurs peines pour défendre sincèrement leurs droits, conservent toute liberté d'agir chacun selon sa conscience, mais nous leur recommandons toutefois, de ne jamais oublier que la vraie République populaire de l'avenir n'a *rien*, asbolument *rien* de commun avec les ambitieux intrigants de la haute et basse bourgeoisie. XXX.

SUISSE. — Argovie. — Nous recevons d'un correspondant de la Suisse allemande quelques renseignements intéressants, quoique tristes.

Les filateurs de coton, qui sont partout une classe très malheureuse de travailleurs, n'échappent pas à cette règle chez nous.

Il y a dans la commune de Rupperswild près d'Aarau 2 filatures appartenant à un M. Péblé qui occupe plusieurs centaines d'hommes de femmes et d'enfants avec des salaires dérisoires variant entre 9 francs et 17 francs par quinzaine. Aussi le propriétaire peut-il dire qu'à chaque tour de roue motrice, c'est 5 francs de bénéfices qu'il ramasse. Les travailleurs sont forcés de se nourrir de pommes de terre et de café, de la viande seulement le dimanche.

Naturellement ce canton, très religieux, est l'un des plus en retard au point de vue social. La loi fédérale sur les fabriques (11 heures de travail au maximum) y a été assez mal accueillie, les lois récentes sur les recettes des employés et sur le droit d'initiative y ont été repoussées.

Il a fallu une loi fédérale pour assurer 100 fr. par mois aux instituteurs. Il y a quelques années, dans une petite commune, on avait diminué le traitement du maître d'école pour augmenter la prime accordée au propriétaire d'un taureau pour la saillie des vaches.

Quel travail pour les socialistes suisses-allemands pour entamer ces forteresses de la superstition et du respect de la propriété ! H. R.

BIBLIOGRAPHIE

Le nº79 (juillet 1891) de la **Revue Socialiste**, qui vient de paraître, contient les très *intéressants* articles suivants :

Des Services communaux, B. Malon. — De l'Esprit nouveau et de la Méthode scientifique, Dr J. Pioger. — La Crise révolutionnaire en Russie, P. Bertrand. — Une Conférence socialiste, P. Boilley. — Le mouvement social, A. Veber. — A travers la Presse, P. Deschamps. — Revue des livres, Raiga, Dr Delon, Veber et Bernier.

Abonnements — Un an : France, 18 fr. ; Etranger, 20 fr. ; six mois : France, 9 fr. ; Etranger, 10 fr. ; le numéro : France, 1 fr. 50 ; Etranger, 1 fr. 75.

Bureaux : 8, rue des Martyrs, Paris.

LES

PRODUITS DE LA TERRE

(*Suite*)

III

Les statistiques que nous avons consultées ne donnent pas la production totale de la pêche pour tous les pays dont nous nous occupons ; elles ne contiennent, entre autres, aucun détail sur la pêche lacustre et fluviale, si importante dans certaines régions. En nous servant des données incomplètes que nous avions et en procédant par approximation pour les autres, nous avons trouvé le résultat suivant :

Moyenne des produits de la pêche maritime, fluviale et lacustre en Europe et aux Etats-Unis, 3,700,000,000 kilos.

Il nous resterait si nous voulions être absolument complets, à évaluer un certain nombre de produits, tels que le miel, les huiles comestibles, la viande de cheval, etc., etc., dont nous n'avons pas parlé. Mais ces produits n'ont qu'une importance secondaire dans l'alimentation ; nous les passerons sous silence.

Laissons aussi de côté les boissons alcooliques : bière, cidre, alcool, liqueurs, qui sont extraites des produits déjà comptés plus haut, et donnons simplement, pour finir, la production du vin, puisque les raisins employés à sa fabrication ne figurent pas dans nos tableaux statistiques :

Production moyenne de vin en Europe et aux Etats-Unis (1875-1882).

11,300,000,000 litres.

IV

Si l'on groupe par catégories les chiffres statistiques que nous avons détaillés précédemment, on obtient le tableau suivant :

Production totale des substances alimentaires disponibles en Europe et aux Etats-Unis (moyenne de 1875-1882).

Pain de froment	51.324.000.000	kilos
Pain d'autres céréales	122.400.000.000	»
Légumes divers et fruits	133.300.000.000	»
Sucre de betterave (sans mélasse)	1.838.429.000	»
Viande de boucherie et volaille	12.464.908.000	»
Lait	55.400.000.000	»
Œufs	701.250.000	»
Poissons, mollusques et crustacés	3.700.000.000	»
Total	381.128.587.000	kilos
Vin	11.272.291.000	litres

C'est donc à l'énorme total de *trois cent quatre-vingt-un milliards, cent vingt-huit millions, cinq cent quatre-vingt-sept mille kilogrammes*, sans compter le vin, que s'élève annuellement le revenu alimentaire de l'Europe et des Etats-Unis. Les personnes qui sont habituées à lire dans le sjournaux et dans les livres qu'il n'y a pas assez de vivres pour tout le monde et qu'il faut nécessairement accepter les dures lois de la nature, ces personnes, dis-je, trouveront sans doute ce chiffre trop élevé, mais, nous le répétons, il est probablement inférieur à la réalité, car les statistiques officielles, sur lesquelles nous avons basé nos calculs, donnent en général des évaluations faibles. Prenons donc ce total plutôt comme un minimum et voyons ce qu'il représente de richesse alimentaire par rapport à la population dont il est ici question.

.·.

Nous avons dit, dans le troisième chapitre, que la population de l'Europe et des Etats-Unis était, à la fin de 1881, de 368,676,000 personnes. Si l'on divise par ce dernier nombre chacun de ceux qui sont dans le tableau dressé plus haut, on trouve les résultats suivants :

Quantités de substances alimentaires par têtes d'habitants :

Pain de blé	139	kilos par tête
Pain d'autres céréales	332	—
Légumes divers et fruits	361	—
Sucre de betterave	5	—
Viandes diverses	34	—
Lait	150	—
Œufs	2	—
Poissons, mollusques, etc.	10	—
Total	1.033	kilos par tête
Vin	30	litres par tête

Ce total de 1,033 kilogrammes d'aliments solides et de 30 litres de vin correspond-il aux besoins de la population dont nous étudions les ressources ? Pour répondre à cette question, il suffit de poser quelques données scientifiques.

On sait, d'après les nombreux travaux qui ont été écrits sur la question alimentaire, que l'homme, pour vivre normalement, doit absorber une certaine quantité de substances ternaires (hydro-carbonés et carbo-hydrates) et de substances quaternaires (produits azotés), dont la combinaison constitue la ration physiologique ou ration d'entretien. Cette ration, on peut la composer de bien des manières en utilisant les nombreux produits végétaux et animaux, mais, quels qu'on soient les éléments, elle se ramène aux proportions suivantes de substances prises dans les deux classes d'aliments physiologiques (les corps ternaires et les quaternaires) :

1,000 grammes d'aliments riches en carbone (pain, légumes ou autres).

300 grammes d'aliments riches en azote (viandes, fromage, œufs ou légumes azotés).

C'est donc 1,300 grammes d'aliments solides qu'il faut journellement à l'homme adulte pour vivre en bonne santé. Ce chiffre ne représente bien entendu qu'une moyenne, mais une moyenne assez forte, car si, parmi les jeunes hommes, il y en a beaucoup qui ont besoin d'une ration plus considérable, il est évident que la plupart des vieillards et même des femmes consomment journellement beaucoup moins.

Quoi qu'il en soit, supposons que chaque habitant du groupe de population dont nous nous occupons doive consommer en moyenne une ration de 1,300 grammes d'aliments par jour; cela représente pour une année :

365 kilos de pain ou analogues.

109 » de viande ou analogues.

Total : 474 kilos de substances nutritives diverses.

Quatre cent soixante-quatorze kilogrammes, telle est donc la quantité d'aliments nécessaire à chaque homme dans une année. Si l'on se reporte au total des productions alimentaires donné plus haut, on peut voir que les besoins de la population de l'Europe et des Etats-Unis pourraient être largement satisfaits. Il faut aux habitants de ces régions (même en supposant qu'ils aient tous besoin de la ration d'un adulte, ce qui n'est pas) 474 kilogrammes de substances nutritives par tête et par an, la terre bienfaisante leur en fournit 1,033 kilogrammes, c'est-à-dire plus de deux fois la quantité nécessaire, même en portant à 500 kilogrammes la ration annuelle de 474 kilogrammes qui est suffisante certainement.

Et si l'on veut bien jeter les yeux encore une fois sur les chiffres que nous avons groupés ci-dessus, on verra que les divers produits qui constituent les sources de l'alimentation sont tels qu'il est possible d'obtenir, en les combinant, la nourriture à la fois la plus variée et la plus riche. D'ailleurs, certains d'entre eux, qui sont par eux-mêmes ce qu'on appelle en physiologie « un aliment complet », sont si considérables qu'ils pourraient à la rigueur suffire aux besoins stricts de l'humanité.

Par exemple, avec les céréales seules (blé ou autres), qui sont des produits riches à la fois en carbo-hydrates, en hydro-carbonés et en principes azotés, il serait possible de nourrir, au besoin, les

308,676,000 personnes de l'Europe et des Etats-Unis, si l'on faisait le pain, comme le recommandait Liebig, avec de la farine imblutée.

Qu'on ajoute aux céréales les légumes et les fruits, sans recourir aux produits animaux qui accroissent notablement la richesse alimentaire de l'homme, et l'on peut voir qu'avec les productions végétales seules, il y a largement de quoi constituer la ration d'entretien de chaque homme, en la variant suivant les lieux, les climats et les circonstances.

..

Les conclusions auxquelles nous aboutissons fatalement seront encore beaucoup plus frappantes si nous comparons les chiffres qui représentent la ration et la production alimentaires, non plus par tête d'habitant, mais pour l'ensemble de la population elle-même. D'après ce que nous avons vu plus haut, la ration annuelle de chaque homme doit être de 474 kilos de substances alimentaires diverses; pour la population de l'Europe et des Etats-Unis, cette ration s'élève donc à 474 kilos multipliés par 368,676,000 soit 174,752,424,000 kilogrammes. En reprenant le total du premier tableau statistique et en le comparant avec celui-ci, on obtient en définitive le résultat suivant :

Quantité de substances alimentaires
  produites annuellement . . . . 381.128.587.000 kilos
Quantité nécessaire pour l'alimenta-
tion . . . . 174.752.424.000 »

Différence en plus . . 206.376.163.000 kilos

..

. Ainsi donc il y a, outre la ration annuelle indispensable, plus de 206 milliards de kilos de sustances alimentaires qui peuvent être utilisés. Que devient cet excédant considérable ? Dans quels ventres pantagruéliques vient s'engloutir cette immense masse de nourriture qui suffirait à l'alimentation de plus de 435 milions d'hommes, en dehors de l'Europe et des Etats-Unis ? Nous allons essayer de le dire en nous basant à la fois sur les données de la statistique et sur les indications que peuvent nous fournir les habitudes sociales dont nous avons chaque jour le spectacle sous les yeux.

V

Une partie des 206 millards de kilos qui forment l'excédent dont il s'agit est évidemment employée dans l'industrie, pour la fabrication de certains produits chimiques; mais la quantité de substances alimentaires consommée ainsi est peu importante. Plus grande est celle qu'absorbe chaque année la fabrication des boissons alcooliques (l'alcool, bière, etc., etc.), sans être cependant très considérable, car, en définitive, la fabrication de la bière, qui est de beaucoup la plus importante, ne monte annuellement en Europe et aux Etats-Unis, qu'à 14,801,000 litres.

L'élève des animaux emploie une autre part des 206 millards; en beaucoup de pays, en effet, on donne aux animaux de basse-cour de l'orge, du maïs ou des racines alimentaires. Il ne nous est pas possible d'évaluer exactement ce que consomment ces animaux, mais vu leur nombre et étant donné qu'ils sont nourris, sauf les porcs et les poules, de fourrages ou d'autres produits analogues, on peut affirmer qu'ils ne consomment pas plus de 50 milliards de kilogrammes de substances alimentaires.

Supposons que la quantité totale absorbée par l'industrie, la fabrication des boissons et l'alimentation de certains animaux s'élève à 100 millards de kilos. En admettant même ce chiffre, probablement trop fort, il resterait encore un excédant de 106 millards de kilos de matières nutritives, c'est-à-dire de quoi nourrir plus de 220 millions d'hommes. Que devient cette énorme quantité d'aliments ? Pour celle-là, il n'y a pas de doute à avoir ; elle est gaspillée et gaspillée de la façon la plus scandaleuse, comme il nous sera facile de le démontrer.

(A suivre).   •••

SOUSCRIPTION PERMANENTE
Pour la propagande socialiste dans la Région

PETITE CORRESPONDANCE

Le Gérant, V. MILLERAND.

Dijon. — Imp. Carré, rue Amiral-Roussin, 40.

2ᵉ année — Nº 15   10 centimes   16 au 31 Août 1891

LA REVUE SOCIALE

ORGANE BI-MENSUEL

De la Fédération des Travailleurs Socialistes de l'Est

PARAISSANT A DIJON

ADMINISTRATION
Adresser toutes communications et mandats à l'Administrateur délégué, rue de la Mégisserie, 29, **DIJON**.

De chacun selon ses forces
A chacun selon ses besoins

ABONNEMENT
Un an, **2 fr.** — 6 mois, **1 fr.** — 3 mois, **50 cent.**

PERMANENCE tous les jours, au siège social de la Fédération, rue de la Mégisserie, 29, **DIJON**.

SOMMAIRE :

Aux Socialistes de la Région. . . . . GROUPE de DIJON.
Œuvre à accomplir . . . . B. MALON.
Bulletin de quinzaine. . . . · . . . A. M.
Vagabonds . . . . E. FERRALS.
Congrès international de Bruxelles . . LA COMMISSION.
Mouvement socialiste de la région . . E. C.
L'Epargne. . . . . P.C.
Les Produits de la Terre (suite). . . . ···
Communications, petite correspondance, etc.

Aux Socialistes de la Région

Le Groupe Républicain Socialiste Dijonnais, en sa réunion générale du samedi 8 août, a adopté à l'unanimité la motion suivante :

Considérant que, de parti pris, le *Petit Bourguignon* refuse l'insertion des communications des groupes socialistes de Dijon ;

Considérant que le même refus silencieux est fait aux communications ouvrières de Dijon ;

Considérant que, pendant la grève des chemins de fer, le *Petit Bourguignon* a publié des articles tendant à faire croire que le salaire des employés était très suffisant, ce qui est loin d'être la vérité ;

Considérant son attitude antiouvrière par son approbation des massacres de Fourmies, insultant les victimes et, en particulier, bavant sur les citoyens Culine et Lafargue (1) ;

Le Groupe décide la mise à l'index du *Petit Bourguignon*, organe des tripoteurs financiers Wilson, Bargy, Eiffel et Cⁱᵉ, et invite tous les travailleurs socialistes de Dijon et de la région de l'Est, conscients de leur dignité, à ne plus acheter ni lire ledit journal et à propager, de préférence, les feuilles vraiment socialistes défendant leurs intérêts de classe.

LA COMMISSION EXÉCUTIVE.

(1) Voici le passage de l'article du *Petit Bourguignon* qui a trait à ces faits :

« Le sieur Culine, l'organisateur des massacres de Fourmies, qu'on voit toujours à l'heure de l'excitation, mais jamais à celle du danger, va savoir ce qu'il en coûte de forcer le Lebel à parler. Pour les gens de son espèce, il y a toujours de la place à l'Ile des Pins. »

« N. CLÉMENT-JANIN. »

ŒUVRE A ACCOMPLIR

Pour l'Etat, la première œuvre à poursuivre, c'est la reprise des chemins de fer et des mines ; pour la Commune, c'est la reprise des services d'éclairage (gaz, électricité) et de traction (omnibus, tramways, petites voitures, factage).

Onéreux au premier chef et fonctionnant sur une vaste échelle, les monopoles urbains précités, sauf de bien rares exceptions, n'ont rien dans leur origine qui les recommande à la considération des administrations municipales.

Prenons, par exemple, la Compagnie Parisienne du Gaz, qui a tant fait parler d'elle en ces dernières années : elle mérite une mention particulière.

Créée en 1855, et faite de la fusion des six compagnies précédentes, elle bénéficia du courant qui entraînait les politiciens impériaux à livrer les intérêts publics à la cupidité de financiers sans scrupules.

Cependant si gros était le morceau que les infidèles édiles durent pour le moins, stipuler qu'une part serait faite à la Ville dans les bénéfices.

Voici, au reste, la donnée générale de la concession qui échoit au 31 décembre 1905 :

1º Le prix de l'éclairage public est de 0,15 c et celui de l'éclairage particulier 0,30 ;

2º La Ville a droit à la moitié des bénéfices, prélèvement fait au profit de la Compagnie de 12,400,000 fr. sur les bénéfices nets. Ces 12,400,000 fr. sont donnés à rémunérer les actions ;

3º La Ville reçoit, en outre un droit d'octroi de 0,02 c. par mètre cube de gaz consommé, une somme fixe de 200,000 fr. pour location du sous-sol de la canalisation et une indemnité pour les appareils de l'éclairage public qui lui appartiennent. En 1884, la Ville a encaissé, pour l'ensemble de ces charges, 6,101,429 francs ;

4º La canalisation tout entière, à l'expiration de la concession, appartient en pleine propriété à la Ville ; quant aux terrains, usines et outillage, elle a le droit de s'en rendre propriétaire à dire d'experts. La moitié du bénéfice net, réalisé sur ces terrains, usines et outillages, doit lui revenir. On estime que cette moitié, tout passif acquitté, représentera 200 millions en 1905 ;

5º La Compagnie est tenue de faire profiter l'éclairage public et particulier de tout abaissement du prix du gaz résultant de nouveaux procédés de fabrication ;

6° La Ville a la faculté de concéder le droit d'exploiter tout nouveau mode d'éclairage, sans indemniser la Compagnie.

Cela paraît presque équitable à première vue ; mais il faut vite remarquer que la Compagnie s'est taillé la part du lion en quadruplant le prix du gaz (1). Néanmoins bien des clauses la livrent à la discrétion de la Ville ; telle la faculté de concéder le droit d'exploiter tout nouveau mode d'éclairage, qui pourrait ruiner la Compagnie actuelle. Aussi, cette dernière manœuvre-t-elle pour une prolongation de concession. La première fois que cette prétention se fit jour, un économiste, dont pourtant le libéralisme ne saurait être mis en doute, M. Fournier de Flaix, y répondit comme suit : « Les actionnaires de la Compagnie ont réalisé un bénéfice si merveilleux qu'il est peu séant de leur en offrir un nouveau. Ils sont 336,000 ayant versé 84 millions, ces 336,000 actions représentent actuellement au cours de 1,500 fr. = 535 millions, soit six capitaux et demi pour un. Est-ce assez honnête (2) ?

L'intérêt de la Ville ? Les nouvelles propositions ne présentent aucun avantage direct à l'administration municipale même, en compensation de l'inconvénient de se lier les mains pendant cinquante ans. Bien loin de là, En 1905, la Ville entrera en possession :

1° De tous les bénéfices de l'exploitation actuelle ;

2° De sa part dans les immeubles et le matériel ;

3° De l'accroissement qui se sera produit dans les bénéfices en vingt ans, accroissement qu'on ne peut évaluer au-dessous de 20 millions de francs.

La Ville devra alors rembourser 200 millions à la Compagnie parisienne pour sa moitié dans l'actif net, mais elle aura à sa disposition un ensemble de bénéfices nets de 64 millions.

Admettons qu'elle réduise le prix du gaz à 0,20, elle aurait encore à porter à son budget, d'après une consommation de 525 millions de mètres cubes dont 450 millions pour les particuliers, au moins 30 millions. En effet 525 millions de mètres cubes représentent, aux conditions actuelles, une dépense de 68 millions, qu'avec les frais de gestion on peut porter à 72 millions. La recette brute aux conditions actuelles, même avec le prix de 0,20 sur 450 millions de mètres cubes, dépasserait 102 millions.

L'éclairage public serait gratuit.

Enfin, la Ville conserverait pour toujours la dispo-

nibilité des plus-values, à partir de 1905. Ces plus-values lui permettraient, soit de diminuer le prix du gaz, soit d'augmenter les ressources de son budget.

On le voit, cette conclusion est socialiste au premier chef. Toute occasion de transformer un monopole onéreux quel qu'il soit en service public doit être avidement saisie par les représentants de l'Etat ou de la Commune. Ne pas le faire sera pour les socialistes qui entreront dans les Conseils municipaux, se rendre coupable de forfaiture.

Benoît MALON.

VAGABONDS

La Chambre s'est un instant préoccupée des incendies allumés dans le Nord par des rôdeurs de frontières. Un ministre a promis que les incendiaires seraient poursuivis et condamnés conformément aux lois. Rien de plus juste.

Mais ce qui eût été préférable à la « justice » la plus rigoureuse, c'eût été de promettre aux populations effrayées que de semblables faits ne se reproduiraient plus, ne pourraient plus se reproduire.

Cela, le ministre le pouvait-il promettre sans témérité ?

Il n'est qu'un moyen de répondre à cette question : faire en quelques lignes la physiologie et la psychologie du vagabond.

Essayons.

Il est extrêmement rare, pour ne pas dire inouï, qu'un fils de famille, bien nourri, bien éduqué, bien assuré contre l'avenir, se réveille un beau matin en disant : — Et moi aussi, je serai vagabond !

Le vagabond, en général, n'a pas de père connu. Il est né dans un hospice ou dans un garni, d'une mère pour qui sa venue a été une calamité. Parfois, souvent, il a été élevé par l'*Administration* dans un de ces asiles qui sont l'école normale du vice et du crime. Les professeurs lui ont enseigné, par leur exemple, l'horreur de la vie sociale réglée et subordonnée ; ses camarades lui ont prêché l'amour de l'indépendance et de la vie au jour le jour.

Ou bien encore sa mère, une ouvrière dont tous les instants sont pris par la manufacture, l'atelier, a pris soin de ses premières années. Pendant les heures de travail, il a traîné, sous la vague surveillance de quelque voisine oisive, dans le ruisseau d'où montent toutes les mauvaises suggestions... Le reste se devine.

Un beau jour — ce que le soleil a fait de vagabonds ! — le galopin saute par la fenêtre, s'évade de l'orphelinat, de l'atelier, de la prison sociale.

Et il erre par le monde, muni d'espérance pour tout viatique. Il espère quoi ? Il ne saurait le dire. Son idéal est limité à ses pensées, à ses besoins de primitif. Il espère bien manger, bien boire, bien dormir, le tout sans grand'peine. Le pauvre diable mangera peu et mal, boira l'eau croupie des ornières, aura chaud l'été, froid l'hiver, et le tout à grand'peine. N'importe, il aimera son indépendance qui le fait l'esclave du vent, de la pluie, de la neige, des gendarmes, du juge, de tout et de tous.

J'ai connu en prison des vagabonds vieillis. Oh ! les tristes hères... Ils ont tous les vices du voleur, ils en partagent toutes les misères, toutes les ignominies, au regard de l'opinion.

---

(1) En effet, le gaz que la ville de Paris paie 15 centimes et les consommateurs parisiens 30 centimes, ne coûte que 4 centimes à la ville de Bordeaux et 21 centimes aux consommateurs bordelais. Notez cependant, que la Compagnie bordelaise du gaz n'a pas fait un marché de dupes. « Aujourd'hui, écrivait Fournier de Flaix en 1886, bien que la concession n'ait que 18 ans à courir, les actions de la Compagnie sont à 1,500 francs et les obligations sont introuvables. Les parts de fondateur ont reçu en 1885, 333 francs chacune. La comparaison suffit, croyons-nous, à démontrer que le commerce parisien n'a pas si tort de se croire volé par la Compagnie du gaz dont ce n'est pas le seul méfait. Ajoutons vite que les prix de Bordeaux n'ont rien d'exceptionnel.

Le gaz (municipalisé) se vend 8 centimes à Bruxelles et 13 centimes à Londres.

(2) Pour qui va au fond des opérations financières de la fameuse Société, les majorations sont autrement scandaleuses.

Voici ce que raconte Chirac en substance ;

En 1855, le capital de la Société fut fixé à 55 millions dont 40 millions en *papier d'apport* et 15 millions en titres souscrits.

Dès 1860, dit Auguste Chirac, les actions de 500 francs se vendaient couramment à la bourse 826 francs. Si bien que les six sociétés à qui on avait fait cadeau des 40 millions en papier d'apport, voyaient leurs 40 millions valoir plus de 66 millions, d'où *en cinq ans*, une prime de 26 millions. Ce n'était pas assez. Il y eut une nouvelle émission de 50,000 actions au pair, c'est-à-dire à 500 francs exclusivement réservées aux anciens. Pereire était embusqué dans son *Crédit mobilier*, et avait besoin d'une émission.

Pourtant, ne les confondez pas avec la race des déprédateurs. Ils chapardent, mais ne volent point.

J'en ai connu un qui avait à son passif vingt et tant de condamnations Pas une pour vol : toutes pour vagabondage et mendicité. Il ne méprisait pas les voleurs : « faut bien que tout le monde vive », mais c'était pas son genre, quoi ! Et il était fier de son casier judiciaire. Tout est relatif, n'est-ce pas ?

.·.

La société moderne, électrique et machinière, est dure aux vagabonds. Moines déchus et trimardeurs sont également mal vus des classes laborieuses. Notre civilisation numérote, étiquette et classe ses produits, et guerroye dur contre les réfractaires : elle met les moines dehors et les trimardeurs dedans. Elle a raison de réprimer le vagabondage, tort de maltraiter les vagabonds.

Une preuve que les gens d'à présent — eussent-ils soixante ans — sont plus impitoyables que ceux de jadis — eussent-ils vingt ans — aux déclassés de la plèbe, m'est fournie par la conversation que j'eus, en prison, avec un vénérable vagabond, celui-là même dont j'ai parlé plus haut.

.·.

Moi. — Comment vivez-vous ?
Lui. — De la charité publique et de menues rapines.
Moi. — Où logez-vous ?
Lui. — L'été au grand air, l'hiver en prison, parfois dans les granges. Au préalable, le paysan nous fouille, nous ôte couteau, briquet, tabac, pipe, et nous enferme à clé pour que nous n'emportions pas de paille.

.·.

Moi. — Dans l'Ouest, pays agricole, où vivent des gens pieux, imbus des idées de jadis, comment vous traite-t-on ?
Lui. — On nous dit : « Entrez, le pauvre est l'envoyé de Dieu. Voici la huche et le pichet, puisez à même. Et, avant de vous endormir dans la paille bien chaude, priez Dieu qu'il nous évite votre sort. »
Moi. — Et dans l'Est, pays manufacturier, où l'on pense à la moderne ?
Lui. — On nous dit : « Fainéants, travaillez. » Et si nous répliquons : « Donnez-nous du travail », on fait : « Il n'y a pas de travail ici pour les vagabonds. » Parfois la rage nous prend contre qui nous refuse pain et gîte, et nous flambons les meules et les fermes.

Comme dans le Nord...

.·.

Un de mes oncles, maire de son village, me montra un jour le local où l'on hébergeait les vagabonds.
C'était une hutte de cantonniers où les quatre murs sans crépi ne prenaient jour que la porte ouverte, une porte au formidable verrouillage. Et rien dans la geôle, ni paillasson, ni banc, ni cruche pour l'assoiffé. Rien. On enfermait là le malheureux à la nuit et on le relâchait au jour.
Ah ! mon oncle, si vos meules avaient flambé, j'eusse compris — et ne vous eusse pas plaint.

.·.

J'ai vu — rien ne vaut, pour la démonstration, les choses vues — un vagabond condamné, à Mende, à trois mois de prison pour un délit ordinaire, recondamné en appel, à Nîmes, *à cinq ans*. Ça lui apprendra.
Et à nous, ça n'apprendra-t-il rien ?

.·.

Mais il faut conclure.
Tant que l'ordre social divisera la société en riches et en pauvres, tant que la solidarité ne sera pas réalisée par le travail en commun, tant que la société rejettera des valeurs qu'elle pourrait utiliser, il y aura des vagabonds.

Et tant qu'il y aura des vagabonds, flamberont les meules et les fermes des paysans égoïstes ou poltrons.
Jadis le vagabond était secouru pour l'amour de Dieu.
Aujourd'hui on le pourchasse pour l'amour de soi-même.
Demain on l'hébergera, pauvre ataxique social en nombre sans cesse décroissant, au nom de l'humanité.

Etienne FERRALS.

BULLETIN DE QUINZAINE

Depuis une quinzaine, les journaux sont remplis des actes de platitude commis par le gouvernement français vis-à-vis de la Russie.
Les chauvins exultent au récit des politesses intéressées que nous font les Russes, et les patrouillards de nos grandes cités réclament à grands cris l'hymne russe dont ils ne connaissent même pas le nom.
La flotte française, après avoir paradé à Cronstadt, va maintenant s'exhiber à Portsmouth ; après avoir offert Constantinople à la Russie, on va probablement offrir l'Afrique et Terre-Neuve à l'Angleterre.
Tout cela est ostensiblement dirigé contre l'Allemagne, qui, par ce fait, se trouve en état de légitime défense en formant une triple alliance pour maintenir la paix.
Car enfin, à qui fera-t-on croire que la France veut la paix, quand les journaux sont remplis de phrases sous-entendues où l'on réclame en sourdine l'Alsace-Lorraine et où un mot de désarmement n'est jamais prononcé ?
Voyons, messieurs les bourgeois, avouez-le donc une bonne fois à haute voix. Oui, vous voulez la guerre, et la guerre offensive ; et, ce qui est plus criminel, ce n'est pas pour ravoir l'Alsace que vous la voulez.
Vous désirez la guerre pour étouffer la voix du socialisme qui parle au nom de l'humanité ; vous voulez la guerre pour avoir vingt ans de tranquillité à la suite ; vous la voulez parce qu'il y a trop de bouches qui vous crient : « J'ai faim ! »
C'est pour cela que vous livrerez l'Europe au Cosaque et le reste du monde à l'Anglais ; et lorsque la France et l'Allemagne se retireront déchirées du champ de bataille où quatre millions d'hommes se seront égorgés, vous essaierez de ramasser dans tout ce sang un traité de commerce et l'Alsace devenue cadavre.

.·.

Dimanche dernier, le citoyen Vedel, socialiste, a été élu conseiller général du 4e canton de Marseille ; le citoyen Lisbonne, socialiste, a également été élu contre Rouvier, opportuniste, dans le 3e canton de Montpellier.   A. M.

CONGRÈS DE BRUXELLES

Les propositions de la Commission Fédérale sont ratifiées en principe par les Groupes suivants : Dijon, Auxerre, Besançon, St-Claude, La Charité, le Creusot ; les autres Groupes de la Fédération n'ont pas envoyé leurs réponses.
La Fédération de l'Est sera donc représentée au Congrès de Bruxelles, par le délégué des Ardennes, avec le mandat général publié dans le n° du 15 juillet.

La question du titre devant rallier toutes les organisations socialistes, n'a pas rallié la majorité des suffrages, Auxerre et Dijon, proposant *Parti Ouvrier socialiste international* ; la Charité, *Parti Socialiste* ; St-Claude, *Parti Ouvrier socialiste révolutionnaire* ; et le Creusot s'en rapportant au Congrès.

LA COMMISSION.

MOUVEMENT OUVRIER SOCIALISTE

DANS LA RÉGION

DIJON

Au conseil municipal. — Nos édiles n'ont pas de scrupules. Élus dans les circonstances que nos lecteurs connaissent, avec un mandat essentiellement provisoire puisque son expiration a lieu en 1892, ils n'hésitent pas à prendre les décisions les plus graves et à engager la liberté d'action de la ville pour un grand nombre d'années.

Ainsi, dans la dernière session, qui a été close à l'insu du public, la question des tramways urbains sur rails était au feuilleton. Sans rapport préalablement soumis aux conseillers hors séances, sans discussion préparatoire, on a voté en une séance le cahier des charges au complet, et la concession à deux entrepreneurs pour *soixante-dix ans*.

En vain quelques conseillers, et parmi eux un homme compétent dans la question, ingénieur des ponts et chaussées, ont-ils réclamé une étude plus ample et protesté contre cette précipitation ; il paraît qu'il était nécessaire de bâcler l'affaire en un tour de main, et l'on a passé outre.

Devons-nous en conclure que les *intéressés* à la question n'étaient pas seulement les entrepreneurs? Cela se chuchote en ville... Malheureusement, les preuves matérielles manquent, les pots-de-viniers n'ayant pas l'habitude de délivrer quittances.

A la gare. — Egalité, justice et humanité, voilà ce que nous réclamons, et ce que nous ne pouvons obtenir, principalement dans une des gares de Dijon.

Un certain serpent à lunettes qui, un peu malade, aurait besoin, pour le calmer, de quelques grains d'ellébore, croit que tout doit se courber sous lui. Il ne se gène pas pour insulter tout son personnel de la manière la plus grotesque, de traiter ses agents de paresseux, de mauvais sujets, etc.; et lorsque ses pauvres exploités sont accablés par les fatigues de toute une nuit, qu'ils ne peuvent plus, pour ainsi dire, se tenir debout, il les appelle ivrognes, menace de les punir et même de les frapper.

Nous pourrions citer bien des faits de ce genre accomplis par ce César rempli d'orgueil :

L'hiver dernier, après une scène des plus scandaleuses qui avait duré de 6 heures du soir à 6 heures du matin, tous les agents étaient décidés à partir la nuit suivante s'il avait recommencé.

Le 23 juillet dernier, un agent grièvement blessé, perdant tout son sang, fut placé sur un brancard pour être transporté à l'hôpital. Au lieu d'adresser à ce malheureux quelques paroles de consolation, ce bourreau, car on ne peut le qualifier autrement, se mit à l'insulter, menaça de le punir et le garda encore près de 3[4 d'heure dans son bureau plutôt que de le faire transporter de suite pour lui donner les soins nécessaires.

Le 24 juillet, un employé l'ayant averti qu'un photographe devait venir le lendemain pour photographier par groupes, il répondit avec dédain : « Moi, sous-chef de gare, vous ne voudriez pas que je me fasse photographier avec vous? » Mais le Monsieur peut être tranquille, car peu de ses subordonnés voudraient se voir avec lui sur le même tableau.

Un demi-doré, aux minimes appointements de 1,500 fr., voulant suivre l'exemple du susdit serpent à lunettes, et n'ayant d'égards que pour ceux qui lui *rince la dalle*, se permet de commettre des injustices. Ces jours derniers, à la suite de faux rapports, il a fait infliger une amende de 2 francs à un malheureux subordonné, père de deux enfants.

Rappelons en terminant que César l'Orgueilleux doit la place qu'il occupe à ceux qui subissent le plus ses caprices.

Z...

BESANÇON. — Samedi 20 août aura lieu une grande conférence avec le concours du citoyen Dumay, député ouvrier, et d'un citoyen du Groupe socialiste dijonnais. Nous ne doutons pas qu'elle n'obtienne plein succès et qu'elle ne soit d'un grand appui à ceux qui s'efforcent de faire sortir les ouvriers bisontins de leur engourdissement.

Il paraît que cette propagande en faveur des idées socialistes n'est pas du goût de M. le commissaire de police de Besançon, puisqu'il a essayé, par des moyens plus ou moins détournés, d'empêcher le Groupe républicain socialiste bisontin de se réunir. Voulant montrer aux policiers le peu de cas que l'on tient de leurs menées, l'assemblée générale du Groupe a adopté à l'unanimité l'ordre du jour suivant, qui a été publié par le *Petit Comtois* :

« Le Groupe républicain socialiste bisontin déclare ne pas vouloir s'occuper des tracasseries policières et continue sa besogne d'émancipation ouvrière. »

BLANZY. — Le syndicat des verriers est définitivement formé et compte actuellement plus de cent adhérents, ses statuts ont été déposés ces derniers jours à la mairie de Blanzy ; il ne reste guère qu'une dizaine de réfractaires et parmi ces derniers il en est plusieurs qui certainement seront bientôt du nombre des adhérents. Il en est un qui, on le croit, restera à l'écart et le syndicat n'aura rien à y perdre, c'est un sieur Thériat, ex-secrétaire de l'ancien syndicat. On se souvient du rôle qu'il y joua ; cet individu qui tenait un langage des plus violents contre les patrons et cela même dans les réunions du syndicat, est actuellement membre du Comité de la mine propriétaire des verreries de Blanzy. Thériat a été fortement indisposé des suites du banquet de Montceau.

— Samedi 8 courant, le citoyen Dumay, député du *Parti Ouvrier*, a fait une conférence salle Bertrand où il a été très applaudi. Une collecte faite à l'issue a produit 8 fr. 50, en faveur de la propagande socialiste.

LA CHARITÉ (Nièvre). — **Congrès de Bruxelles.** — Le mandat du Groupe républicain socialiste de La Charité (Parti Ouvrier), adhérent à la Fédération de l'Est, porte sur les points suivants :

1º Législation protectrice du travail, des moyens à employer pour l'étendre et la rendre efficace. — Le Groupe se prononce pour l'établissement d'une organisation internationale du Travail. Mais, considérant que les travailleurs du monde entier n'ont rien à espérer ni à implorer de leurs gouvernements respectifs ; que notre organisation doit se faire en dehors et au-dessus d'eux, nous proposerons :

La nomination par le Congrès de Bruxelles, d'une commission exécutive internationale permanente avec mandat de faire exécuter les votes du Congrès, de prendre toutes les résolutions que la lutte entre le travail et le capital, pourra nécessiter de décider le moment propice à la déclaration des grèves, d'agir en un mot comme la véritable représentation des travailleurs du monde. Cette commission serait justiciable du prochain Congrès international, à qui elle remettra ses pouvoirs et par qui elle serait renouvelée. Nul ne pourrait deux fois de suite faire partie de cette commission.

2° Du droit de coalition, de ses garanties, du boycottage et du mouvement corporatif au point de vue international. — Considérant que la seule arme existant entre les mains des travailleurs est la grève et que ce moyen peut faire obtenir aux travailleurs la restitution de leurs droits, le Groupe se prononce pour la grève générale, celle des mineurs précédant les autres corporations.

Mais, considérant que la grève des mineurs, pour produire l'effet que l'on peut en espérer, doit être soutenue moralement et matériellement par tous les travailleurs du monde, .

Nous proposons la formation, sans délai, d'une caisse alimentée par les cotisations fournies par tous les membres des Groupes représentés au Congrès ; de façon que le jour où il faudra employer ce moyen, les mineurs sachent bien que grâce à la caisse dont nous proposons la formation, la bataille a des chances d'être gagnée.

Considérant en outre qu'au moment de la grève générale ou d'un évènement socialiste important dans une nationalité, les socialistes des autres nations ne seraient pas informés sincèrement par la presse bourgeoise, que la circulation des journaux socialistes pourrait être supprimée, que les lettres et télégrammes pourraient être arrêtés à la frontière, nous proposons l'organisation de moyens de communications et de correspondances internationales entre tous les Groupes socialistes du monde sans être obligés de se servir des moyens à la merci des gouvernements bourgeois ; ces communications pourraient être établies au moyen de délégués spéciaux ou par correspondances confiées aux socialistes dévoués qui pourraient être employés aux postes ou appartenir au personnel des chemins de fer.

3° De la position et des devoirs de la classe ouvrière vis-à-vis du militarisme. — Considérant que l'existence des armées permanentes est la consécration de l'esclavage moderne, que l'on doit chercher les moyens les plus efficaces pour arriver à leur suppression, le Groupe se prononce pour le désarmement général, les armées permanentes remplacées par la nation armée comme moyens d'aboutir, une propagande vigoureuse en faveur de la fédération des peuples et de l'organisation de la grève générale des conscrits ; que les socialistes de chaque pays s'engagent à recevoir avec empressement les conscrits des autres nations qui se rendraient chez eux pour se soustraire au service militaire ; qu'ils s'engagent à les recevoir dans leurs groupes, sociétés ou chambres syndicales, qu'ils fassent tout leur possible pour leur procurer du travail, pour les habituer à leur pays et qu'ils favorisent les mariages internationaux afin de mélanger les peuples.

4° Consécration internationale du 1er mai au principe de la paix entre les nations en même temps qu'à celui de la journée de 8 heures. — Le Groupe se prononce pour cette consécration et est d'avis que tous nous fêtions ce jour, qui est celui du premier élan international des travailleurs revendiquant, en attendant toute la justice qui leur est due, la réduction à 8 heures de la journée de travail.

5° Adoption d'un titre général uniforme pour indiquer le groupement de tous les partis ouvriers. — Considérant que tous les groupes de travailleurs ne doivent former qu'une même famille, quelles que soient leurs divergences de vues sur certains points de détail, le Groupe se prononce pour l'union complète, absolue, de tous les partis ouvriers, socialistes et révolutionnaires du monde, sous le titre générique de *Parti Socialiste*, ce titre, à notre avis, renfermant tout et ne négligeant rien.

CREUSOT. — Il y a environ deux ans qu'un des fils B., de Saint-Sernin-du-Bois, était ouvrier à la grande fonderie de fer du Creusot. Les gardes-chiourme de ce service, voulant prouver une fois de plus combien ils étaient les fidèles serviteurs de leur digne maître Schneider, cherchèrent tous les moyens malhonnêtes pour se débarrasser de lui. Le citoyen B., un homme intelligent, remercia gracieusement ces plats valets en donnant sa dizaine, pour travailler en commun avec des frères qui sont complètement indépendants, et surtout de très dignes citoyens. Aujourd'hui, la cléricale administration n'a rien trouvé de mieux et certainement dans un but politique, que d'offrir au citoyen B. son emploi primitif, dans l'espoir de rallier l'estimable famille de l'honnête ouvrier en question.

Cette dernière pourrait bien, aux prochaines élections municipales de Saint-Sernin-du-Bois, aider largement à tailler une veste aux tristes créatures du vampire Schneider, qui, depuis 1888, administrent si .. mal les intérêts de la commune, grâce à la moucharderie des Ravatin, Saint-Joseph et Cie.

— Voici des détails intéressants sur l'enterrement du sieur Chinaud, commissaire central du Creusot, qui a eu lieu mardi dernier. Il y a sept ans que ledit policier exerçait sa profession dans notre localité. Aux élections de 1885, il fit beaucoup de zèle pour la liste radicale, il ne pouvait en être autrement, vu qu'il faisait partie de la loge des zélés, se disant par-dessus tout anti-clérical et schneidériens.

Un moment avant de succomber, à Torcy, il aurait fait, paraît-il, appeler un prêtre pour l'administrer, et par conséquent ses obsèques devaient être religieuses, ce qui eut lieu. Le cafard de l'endroit fit toutes ses singeries devant les emblèmes de la franc-maçonnerie. Le cortège se dirigea ensuite sur le Creusot ; arrivés près du cimetière, les calotins du Creusot étaient là pour achever la besogne commencée à Torcy par les confrères. Mais ces derniers, disciples de Loyola, et du seigneur Schneider, exigèrent qu'on enlevât les insignes maçonniques. Le sous-préfet d'Autun qui tenait un coin du drap, trouva là une bonne occasion pour ramener un peu la confiance que ses frères en maçonnerie avaient perdue, en refusant aux cafards d'enlever lesdits insignes ; par ce moyen, ces derniers retournèrent bride et la cérémonie dut se terminer civilement par force, quelle comédie !

— La municipalité jésuitique du Creusot ayant pour maître le député père aux dix mille esclaves, croit qu'avec l'aide de nos bons jésuites rouges, on ne tardera pas à pouvoir étrangler la gueuse.

La preuve en est palpable puisque nos édiles recommencent cette année à faire célébrer le 15 août comme fête patronale du pays.

Voilà les progrès de notre belle république opportuniste ; devant toutes ces intrigues, aussi lâches que stupides, le devoir des socialistes est tout tracé ; aux élections législatives de 1893, ils ne devront pas hésiter un seul instant à mettre dans le même sac, jésuites rouges et noirs.

S. J. M.

LONS-LE-SAUNIER. — Le conseil municipal a sanctionné la subvention de 150,000 francs faite sous forme de concession et aménagement de terrain à la compagnie capitaliste, cela ne fait aucun doute, qui organisera le mobilier d'une station balnéaire à Lons et l'exploitera à son profit en partageant avec quelques hauts bourgeois.

Le taux a été fixé seulement à 400,000 francs, dont le quart est à peine souscrit, encore paraîtrait-il que plusieurs actionnaires cherchent le moyen le moins bruyant de se faire rembourser leur première mise, faite dans un moment où leur esprit était surchauffé.

Ceux qui attendent de cette institution la clé qui doit ouvrir la caverne d'Ali-Baba sont complètement dans l'erreur, car, la crise commerciale n'a du tout pas sa cause là, elle est dans la concentration des moyens de production entre quelques mains qui ont nécessairement pour mobile vital l'égoïsme, le résultat de l'Inégalité, et le remède ne gît aucunement dans l'extension du superflu mais bien dans la satisfaction du nécessaire.

Pourquoi ce même conseil, à la remorque du petit Jules Simon, Clerc, dont 10 membres seulement sur 27 suivent ce retour à droite, n'a-t-il pas choisi de préférence l'éclairage électrique ?

C'est sans doute parce qu'il aurait profité à la plupart des contribuables en produisant une lumière meilleure et moins chère. Nous ajouterons que ce même conseil est allé jusqu'à refuser une salle au seul syndicat bien organisé de la ville, alors qu'il accorde de vastes logements aux ennemis du peuple.

Quand l'esprit populaire sera assez puissant pour faire échec à ces tendances anti-humanitaires, eh bien, amis, ce sera un beau jour ?   J. M.

MONTCEAU-LES-MINES. — Au pays noir.

E finita la comédia.

Oui, bien finie, cette comédie cléricale qui a duré 3 jours, mais qui, en dépit des belles décorations de nos rues, a été un réel fiasco pour la réactionnaire Cie des Mines de Blanzy. C'eût été un *four* des plus complets si un certain nombre de sociétés musicales et de gymnastique n'étaient venues en rehausser un peu l'éclat et s'en sont retournées toutes assez désappointées. Disons-le avec impartialité, les rues étaient magnifiquement décorées de mâts surmontés de drapeaux, tricolores bien entendu, de nombreux arcs de triomphe avaient été élevés aux entrées des rues principales. Sur celui élevé par les écoles d'ignoramus de la Mine, nous lisons l'inscription suivante qui attire l'hilarité de presque tous les travailleurs : « *J. Chagot fut le père de tous ses ouvriers.* » Un étranger au pays noir qui passe s'écria : Diable ! c'était tout de même un rude.... lapin que Jules Chagot ; et tous les passants de rire aux éclats.

Le dimanche soir le feu d'artifice a été des plus médiocres, quelques fusées et deux pièces représentant l'une le monument élevé à la mémoire des ouvriers morts dans la mine, monument qui d'après le conseil de l'académicien Perrault est surmonté d'une croix ; l'autre représentant l'exploiteur J. Chagot sur son piédestal. Au moment de l'embrasement de cette pièce, on entend deux ou trois mouchards qui claquent des mains et crient « vive J. Chagot ! » mais sans autre éclat que des coups de sifflet des plus stridents qui couvrent leurs cris. Le lundi, pas d'animation du tout, Rodin qui s'était vanté qu'il y aurait plus de monde pour entendre le discours de M. l'évêque d'Autun qu'au défilé des sociétés le dimanche, s'est fait un nez des plus longs, malgré le grand nombre d'invitations pour assister à la messe de sa grrrrrrandeur Perrault, c'est presque au milieu du vide qu'il récita ses patenôtres et il n'y avait guère que 250 curieux sur la place de l'Eglise lorsque la grandeur en sort pour bénir le monument des victimes de la mine ; devant ce petit nombre de clients, M. Perrault s'abstient de prononcer le discours annoncé au programme, au grand désappointement des gens bien pensants.

J'oubliais de parler du banquet qui a eu lieu le dimanche soir. Il était présidé par la grandeur Perrault, ayant à ses côtés les RR. PP. Léonce Chagot et Rodin ; disons aussi qu'il y avait quelques invités du fameux comité et son président, le pommadé Patin. Un certain nombre d'invités ont été pendant plusieurs jours indisposés des suites de ce banquet, les uns ont pour cause qu'ils avaient trop absorbé de victuailles, d'autres disent que certains aliments avaient été cuisinés dans des chaudrons en cuivre plus ou moins propres. Si chose semblable fût arrivée il y a une huitaine d'années, on n'aurait pas manqué de dire qu'il y avait des anarchistes parmi les cuisiniers.

Beaucoup d'établissements qui avaient fait des préparatifs ont subi des pertes sensibles, les trains qui avaient été organisés à l'occasion des fêtes ayant amené à Montceau à peine 5,000 étrangers et dans ce nombre sont comprises les sociétés musicales et de gymnastique, contrairement à ce que disait Rodin, que plus de 50,000 personnes viendraient à Montceau pour les fêtes de celui qui, de ses ouvriers ne fut jamais le père, mais bien l'exploiteur.

    P. Grisou.

SAINT-CLAUDE. — Nous avons ici un plumitif qui après avoir insulté presque tout le monde s'attaque maintenant à nous. On lui cassera son instrument un de ces jours.

TONNERRE. — Election d'un conseiller général. — Voici, suivi de quelques observations, le résultat général du scrutin du 2 août 1891 ; électeurs inscrits : 2,880 — votants : 2,435 — suffrages exprimés : 2,401 — majorité absolue : 1,202 — ont obtenu : MM. Rathier, 1,223, *élu* — Archdeacon, 1,155.

M. Rathier étant élu à la majorité absolue de 21 suffrages seulement, on remarquera que, malgré l'appoint d'un certain nombre de voix socialistes, c'est un maigre résultat qui ne peut s'expliquer que par le mécontentement du peuple toujours roulé par la politique opportuniste, laquelle consiste à ne jamais trouver le moment *opportun* d'accomplir les réformes nécessaires et promises.

J'ignore, faute de preuves matérielles, si la pièce de cent sous a joué un grand rôle dans l'élection présente, mais je suis convaincu que l'influence morale de l'argent a été d'un grand poids dans le scrutin du 2 août qui a fait perdre à M. Rathier 450 voix dans le canton, *en moins de deux ans*. C'est une sévère leçon ; sera-t-elle comprise ?

A qui la faute, MM. les Bourgeois, si l'adoration de l'argent, le Dieu du jour, tient tant de place dans nos mœurs, et si le travail, beaucoup plus utile, en tient si peu ??

Demandez-le aux Compayré de la bourgeoisie, grands maitres en morale civique et opportuniste qui enseignent à nos enfants, *avant et pardessus* toutes choses, le culte sacré de la propriété. — Or, qui dit propriété dit fortune, et la rigoureuse logique veut conséquemment que plus un homme est fortuné, plus il doit être respecté, adoré, vénéré !!

Avec cette morale-là, vous pouvez, ouvriers et cultivateurs, travailler seize heures par jour, être foncièrement honnêtes, profondément vertueux ; dès lors que vous n'êtes pas millionnaires, vous n'êtes dignes d'aucun respect, d'aucune estime.

Et vous vous étonnez, après cela, bourgeois, que M. Archdeacon soit influent et qu'il constitue un danger pour vos places, (ce qui est peu) et une menace pour les libertés publiques (ce qui est beaucoup) ???

Quand l'on sait que nos gouvernants opportunistes, complices des agioteurs, sont aux ordres de Rotschild, le roi des financiers de Paris, il ne faut point trop s'étonner si le roi des financiers tonnerrois en impose aux humbles et miséreux électeurs. La misère est mauvaise conseillère.

C'était assurément nécessaire de combattre, dans la personne du financier de Chency, le capitalisme à Tonnerre, mais il me semble que le vainqueur à la Pyrrhus du 2 août doit savoir maintenant qu'il est également nécessaire de le combattre à la chambre. — Car, combattre les financiers à l'Hotel-de-Ville de Tonnerre et voter pour eux au Palais-Bourbon, cela me parait constituer un jeu de bascule dangereux que notre député opportuno-radical fera bien de rayer de son répertoire.

Le capitalisme est la plaie de la société bourgeoise ; chacun sait en effet que les Schneider et les grandes compagnies anonymes (habiles exploiteurs sous le couvert de nos lois bourgeoises), savent merveilleusement transformer la sueur de leurs ouvriers et employés en or *bien sonnant* et ils savent également, avec cet or — sans compter l'agiotage — se rendre possesseurs de vastes domaines, qu'ils entourent de gardes particuliers pour devenir ainsi les tyrans redoutés des pauvres paysans. Remarquez que la sueur, transformée en or, des ouvriers asservis de l'industrie, devient ainsi la cause directe de l'asservissement des travailleurs de la terre ; et admirez la pureté de l'or capitaliste dans sa source et dans sa destination !! Et dire que le moyen de remédier à cet inique état de choses consiste simplement dans l'association des ouvriers aidés et protégés par les pouvoirs publics pour que cesse enfin l'odieuse exploitation de l'homme par l'homme et que chacun profite justement du produit intégral de son travail, car, le jour où personne ne pourra plus faire de l'or avec la sueur de ses semblables, non seulement les travailleurs seront dans l'aisance, mais les millionnaires ne pouvant plus grossir leurs insolentes fortunes deviendront prudents par force et feront assurément des économies sur leurs gardes-chasse et sur leurs tournées électorales.

Donc, la solution socialiste, acceptée par toutes les écoles, reconnue scientifiquement pratique et économiquement juste, c'est tout simplement la suppression de l'exploitation de l'homme par l'homme. Le résultat immédiat de cette suppression, en tarissant la source des grosses fortunes, sera pour tous plus de bien-être, plus d'indépendance et plus de morale.

Vous avez bien compris, M. Rathier, à chacun le produit intégral de son travail. Cela est juste, n'est-ce pas ? Eh bien ! c'est la solution socialiste la plus désirée et *peut-être* la seule équitable. C'est le premier pas vers la Liberté vraie, la Fraternité réelle et le radieux avenir de la République humanitaire.

Ne pas entrer dans cette voie de justice sociale, c'est livrer l'avenir à l'argent, à la corruption et à la désespérance, sauf dans la révolution violente. Si c'est ce que vous désirez, Monsieur le député, eh bien ! restez sourd à la voix du scrutin du 2 août... et continuez bourgeoisement à faire... de... l'opportunisme.   XXX.

SUISSE. — L'on vient de célébrer le 600ᵉ anniversaire de la Confédération. D'où 1/2 million de dépenses à Schwytz. A Genève, pour rehausser la cérémonie, la ville s'est payée 60,000 francs de fontaines lumineuses. Les pauvres diables qui sont forcés de compter sur leur pêche au lac ou au Rhône pour manger de la viande, tant la boucherie leur est interdite depuis l'élévation des droits d'entrée sur les bestiaux, trouvent que c'est joliment beau, mais que ça ne leur charge pas l'estomac.

L'ÉPARGNE

Tous les jours les bourgeois vont niant le problème social et répondant aux observations des socialistes que les ouvriers sont misérables lorsqu'ils ne travaillent pas, seulement parce qu'ils n'ont pas su se conserver quelques sous lorsqu'ils travaillaient. Et, avec l'imbécillité ou la mauvaise foi qui les caractérise, ils soutiennent que l'épargne est le remède ! Qu'ils essayent de nous suivre et qu'ils fassent avec nous le calcul de ce qu'a pour vivre une famille ouvrière, toutes charges prélevées. Ils verront à combien se réduit la part sur laquelle ils recommandent l'économie !

Prenons une famille de quatre personnes : le père, la mère, et deux enfants. C'est la famille moyenne. Admettons ensuite un ouvrier gagnant 4 francs par jour, ce qui est encore la moyenne des journées dans les villes. Enfin, posons comme admissible que dans cette famille pas un des quatre ne soit malade durant l'année, et que le père n'ait pas un jour de chômage en dehors des fêtes régulières.

On ne pourra pas nous accuser de faire la part large aux misères. Nous prenons, au contraire, un cas spécial et des plus rares.

L'ouvrier, à 300 jours de travail à 4 fr., aura touché *1,200 francs* au bout de son année. Recette : 1.200

Les dépenses sont plus longues à énumérer. Il y a d'abord le loyer d'une famille de 4 personnes avec deux petites pièces pour logement, ci . . . . 250 »
Entretien de 4 personnes, linges, vêtement, chaussures (par mois et par personne), 4 fr., ci . . . . 192 »
Chauffage et éclairage (par mois 5 fr.), ci . . 60 »

Total. . . 502 fr.

Il reste 700 francs pour vivre à cette famille — 365 jours — car on mange 365 jours par an si l'on ne produit que 300, soit 1 fr. 90 c. par jour pour 4 personnes. Mettons maintenant 3 repas : déjeuner, dîner et souper, nous arrivons à 0 fr. 16 centimes par bouche et par repas !

Seize centimes, vous entendez bien !...

Que les bourgeois dont la moindre des maîtresses coûte 500 fr. et 1,000 fr. par mois et dont le ménage dépense 25 à 30 fr. par jour, osent déclarer que les ménages ouvriers, qui ont à dépenser, dans les conditions spéciales choisies pour le cas qui nous occupe, 0 fr. 16 c. par bouche et par repas, peuvent mettre de l'argent de côté ! Qu'ils l'osent et qu'ils le viennent soutenir !

Seize centimes par bouche et par repas ! pour le déjeuner 2 sous de pain et 1 sou de lait, bien ! Mais pour le dîner ! Mais pour le souper ! Est-ce qu'il y a là de quoi boire du vin ?

Que le médecin passe par là une fois ou deux par an pour chacun ? et maintenant comptez ce que ces 4 ou 6 visites enlèvent de repas à 0 fr. 16 c. l'un !

P. C.

LES
PRODUITS DE LA TERRE

(Suite et fin)

V

Et d'abord nul n'ignore qu'une grande partie des produits de la terre se perdent à l'endroit où ils devraient être récoltés. Cela est surtout vrai pour les fruits, et dans certaines régions agricoles mal desservies de voies de communications, les cultivateurs laissent pourrir leurs récoltes sur pied, ne pouvant les écouler ou les utiliser d'aucune manière. C'est là un fait que racontent tous les voyageurs et dont chacun de nous a pu être témoin, car il n'est pas rare dans notre Europe. En France, il se produit dans presque toutes les régions où il n'y a pas de chemins de fer en assez grand nombre. En Sardaigne, dans certains districts sans communication avec les ports de la côte, de vastes forêts d'orangers restent inexploitées et des millions de fruits d'or jonchent le sol à l'époque où devrait se faire la récolte. Aux États-Unis, ce sont les céréales qui se perdent souvent, faute de moyens d'écoulement ; c'est ainsi que dans quelques régions où le maïs est très abondant, on s'en sera parfois comme combustible. Et si ce gaspillage stupide a lieu, c'est certainement à la triste organisation sociale qu'il faut l'attribuer, car avec les seuls milliards qu'on dépense chaque année pour les budgets de la guerre, on pourrait construire les routes et les voies ferrées nécessaires à la complète diffusion des produits agricoles.

Cependant ce premier gaspillage n'est encore rien ; il s'en produit d'autres plus nombreux encore. Si le producteur gaspille par nécessité, le négociant, l'intermédiaire, qui revend aux consommateurs, gaspille par amour du lucre. Pour attendre une hausse dont ils espèrent de grands profits, les accapareurs laissent avarier chaque année des millions de kilogrammes de céréales ou de légumes. Bien des produits, du reste, par le fait de leur cherté, ne trouvent pas un écoulement immédiat, et se gâtent avant qu'on ait pu les vendre ; il n'y a pour ainsi dire pas un magasin où il ne se perde ainsi annuellement une certaine quantité de substances alimentaires.

.·.

Ce que les producteurs et les trafiquants ont commencé, les consommateurs, ou du moins une certaine classe de consommateurs, l'achève ; et c'est probablement chez ces gens-là que le gaspillage atteint les proportions les plus considérables. Aucune statistique n'a calculé et ne pourra calculer ce qui se dépense inutilement de produits nutritifs par le fait des plaisirs immodérés que se paient les classes riches. Mais nous n'avons pas besoin de chiffres pour établir que la richesse alimentaire ainsi gaspillée chaque année est considérable. D'abord nul n'ignore que la plupart des gens riches consomment beaucoup plus qu'il ne leur est nécessaire. Ils se gorgent inutilement au détriment de leur propre santé et du bien-être de ceux qui les entourent. Cela ne serait rien cependant, car malgré leur appétit de jouisseurs, ils ne peuvent dépasser certaines limites, mais ces gens-là ont des caprices très coûteux et c'est par là qu'ils prélèvent sur l'avoir alimentaire de l'humanité des sommes considérables. Il leur faut, en effet, des valets, des chevaux, des chiens de luxe ; c'est à nourrir copieusement ces êtres inutiles qu'ils emploient une grande partie des richesses dont ils jouissent. J'ai connu, pour ma part, un grand propriétaire bourgeois qui se trouvait dans ce cas, et j'ai pu me rendre compte de ce que cet individu enlevait chaque année à ses semblables. Notre homme, roturier enrichi, quoique républicain voulait jouer au hobereau et possédait une meute. Il avait cent chiens de diverses catégories, pour la nourriture desquels on dépensait chaque jour, outre une grande quantité de lait, plus de 100 kilos de pain et de viande. J'ai calculé qu'avec ce que ces animaux absorbaient annuellement, on aurait pu faire vivre largement plus de 120 personnes. Pendant ce temps, les paysans de sa propriété vivaient dans un état voisin de la misère. Et qu'on ne croie pas qu'il s'agisse là d'un fait exceptionnel ; même dans les pays où la propriété est assez divisée, il est très fréquent. Quant aux régions où subsiste encore la grande propriété, en Angleterre, en Autriche, en Russie, en Allemagne, il est passé en quelque sorte à l'état de règle. L'aristocratie de ces pays aime passionnément la chasse et le sport ; avec ce qu'elle gaspille pour ses chevaux et ses chiens, on pourrait nourrir tous les malheureux qui souffrent de la faim et de la misère.

Si le gaspillage effréné qui a lieu chaque année ne portait encore que sur l'excédant de la richesse alimentaire, on pourrait à la rigueur fermer les yeux, tout en déplorant une telle perte ; mais malheureusement, nous le savons, ce n'est pas seulement le superflu alimentaire qui est ainsi dévoré, mais une part notable de ce qui est nécessaire à tous vient s'engloutir dans le gouffre.

Nous voici arrivé au terme de cette étude, que nous nous sommes efforcé de rendre, par de longues et consciencieuses recherches, aussi exacte que possible. Après les chiffres que nous avons donnés et les conséquences qui en découlent, nous ne croyons pas qu'il soit possible d'échapper à cette terrible conclusion : Si des millions d'êtres souffrent de la faim et croupissent dans la misère, ce n'est pas parce qu'il n'y a pas assez de produits alimentaires, mais parce que ces produits sont gaspillés de la manière la plus odieuse. Même dans la période barbare d'agriculture extensive où se trouvent encore la plupart des pays, la terre bienfaisante nous fournit deux fois plus de substances qu'il ne nous en faut et tout le monde pourrait vivre dans l'abondance. La solution de la question sociale n'est donc pas impossible comme le répètent journellement tous les publicistes bourgeois qui ont intérêt à le faire croire : il ne s'agit, en définitive, que de répartir équitablement les divers produits de la terre. Jusqu'ici les classes dirigeantes ont reculé obstinément devant cette solution qui les obligerait à abandonner leurs monstrueux privilèges. Désireuses de voir se perpétuer leur odieuse domination, elles feignent actuellement de ne pas entendre les milliers de voix qui demandent du pain, elles ferment l'oreille aux justes revendications qui s'élèvent du sein de la foule. Elles croient sans doute, dans leur naïf orgueil, qu'elles pourront amuser les prolétaires indéfiniment par de vaines promesses de réformes législatives. Mais l'inévitable Révolution s'accomplira envers et contre tous, car on ne peut contenir longtemps un peuple qui a faim et qui sait d'où provient sa misère. Or, le peuple comprend aujourd'hui quelle est la cause de tous ses maux, quels sont les artisans de sa ruine. Ces idées de révolte et de revendication, qui, hier encore, étaient le fait de quelques esprits, pénètrent de plus en plus dans les couches profondes de la population malgré les menées de l'inquisition bourgeoise. Avant longtemps la nécessité d'une révolution se fera sentir à tous, et cela déterminera un mouvement irrésistible. La foule énorme des affamés viendra demander compte aux affameurs des milliards de produits qu'ils gaspillent ou accaparent. Que la bourgeoisie ne s'y trompe donc pas, les réclamations qu'on ne cesse de lui adresser ne sont pas de vaines paroles. Si elle n'était pas elle-même aveuglée, elle comprendrait que de terribles actes se préparent, et elle tâcherait de les prévenir en abandonnant de bon gré ce qu'elle détient par injustice. Mais il n'y a pas à compter sur un pareil acte de sa part. Appuyée sur ses policiers et sur ses soldats, elle voudra engager la lutte ; elle déchaînera ainsi la plus formidable tempête qui ait jamais eu lieu et dans laquelle elle sombrera tout entière.

PETITE CORRESPONDANCE

E. Chamoin. — Votre étude sera publiée à partir du 1er septembre.

H., à Tonnerre. — Le service du journal vous est fait régulièrement. Réclamez à la poste.

G., à Dijon. — Envoyez des timbres-poste pour l'abonnement échu.

Z., à Mâcon. — Nous commencerons d'insérer dans un des prochains numéros.

R., à Talant. — Nous ne comprenons pas votre refus.

A tous nos Correspondants. — Encore une fois, les copies sont trop longues ; prière de réduire et de n'écrire que d'un seul côté de la page.

Le Gérant, V. MILLERAND.

Dijon. — Imp. Carré, rue Amiral-Roussin, 40.

2ᵉ année — Nᵒ 16   **10 centimes**   1ᵉʳ au 15 Septembre 1891

LA REVUE SOCIALE

ORGANE BI-MENSUEL

De la Fédération des Travailleurs Socialistes de l'Est

PARAISSANT A DIJON

ADMINISTRATION
Adresser toutes communications et mandats à l'Administrateur délégué, rue de la Mégisserie, 29, **DIJON**.

De chacun selon ses forces
A chacun selon ses besoins

ABONNEMENT
Un an, **2 fr.** — 6 mois, **1 fr.** — 3 mois, **50 cent.**

PERMANENCE tous les jours, au siège social de la Fédération, rue de la Mégisserie, 29, **DIJON**.

SOMMAIRE :

Les beautés du patriotisme . . . . .   O. MIRBEAU.
Les grosses fortunes et les travailleurs   SPARTACUS.
La Question sociale à la campagne . .   E. CHAMOIN.
Bulletin de quinzaine. . . . .   A. M.
Mouvement socialiste de la région . .   E. C.
Les Produits de l'Industrie . . . . .   ***
Communications, petite correspondance, etc.

AVIS

Samedi 5 septembre, le citoyen J.-B. Clément, ancien membre de la Commune, délégué par les Fédérations des Ardennes et de l'Est, rendra compte de son mandat au Congrès international de Bruxelles dans une conférence publique et contradictoire qui aura lieu à Dijon.

La Commission Fédérale.

Les Beautés du Patriotisme

Aujourd'hui, la presse est libre, mais à la condition qu'elle restera dans son strict rôle d'abrutissement public. On lui pardonne des écarts de langage, pourvu, comme dans la chanson de café-concert, que le petit couplet patriotique et final vienne pallier et moraliser les antérieures obcénités. On tolère qu'elle nous montre des derrières épanouis, des sexes en fureur ou en joie, encore faut-il que ce soit dans un rayonnement du drapeau tricolore. Soyons vulgaires, abjects ; remuons les sales passions et les ordures bêtes, mais restons patriotes. On peut voler, assassiner, calomnier, trahir, être une brute forcenée, un lâche brigand, cela n'est rien, si l'on organise du « boucan » dans les théâtres, si l'on insulte les femmes qui viennent d'Allemagne, si l'on vomit sur le génie des belles œuvres, si l'on va, en hurlant de stupides refrains, porter de revendicatrices couronnes au tombeau du peintre médiocre que fut Henri Regnault. Car Henri Regnault est devenu un des nombreux symboles de la Patrie, son culte est obligatoire et national, comme l'impôt et comme le service militaire. On ne peut plus dire qu'il manquait de génie, sans recevoir aussitôt des menaces de mort ; on ne peut même plus émettre un doute sur la valeur artistique de son tombeau, sans voir, soudain,

mille poings se tendre, furieux, vers vous, et mille regards vous foudroyer d'homicides colères. C'est exaspérant vraiment. Qu'on honore son souvenir, c'est bien. Il mourut bravement, mais il ne fut pas le seul, hélas !... Combien, en cette douloureuse année, sont morts qui le valaient ! Combien, en qui les balles stupides ont éteint de belles flammes de génie ignoré ? Et ce mouvement qui lui survit, et qui survit à son œuvre oubliée, pourquoi le prostituer dans de douteuses équipées ?

Dans la presse, dans la rue, au Parlement, au théâtre, le patriotisme s'étale et braille, couvrant de son manteau de pochard les plus honteuses faiblesses et les pires infamies. Il n'importe. Nous devons le respecter, nous devons subir, sans nous révolter, ses compromettantes violences, ses dangereuses brutalités, ses odieux vandalismes, ses sauvageries d'iconoclastes ; il faut courber le dos sous le flot de sentimentalités ineptes qui coule de lui et déborde sur nous. L'autorité, si prompte à lancer ses bandes de sergents de ville sur les inoffensifs promeneurs, se trouve désarmée contre ce brigandage. Elle dit : « C'est excessif ! mais si respectable ! » Et sait-on pourquoi le patriotisme est si respectable, tout en étant excessif ? C'est parce qu'il est un des meilleurs agents de la gouvernable ignorance, un des moyens les plus sûrs de retenir un peuple dans l'abrutissement éternel. Mais sitôt que, sans accompagnement de dégoûtantes polissonneries et de prud'hommesques rengaines, l'on pénètre gravement dans la discussion des idées graves, alors la société se plaint et réclame, et la justice montre les crocs.

Oui, nous sommes libres de nous réunir où nous voulons et d'écrire ce que nous voulons ; mais Gégout est encore en prison pour n'avoir pas trouvé admirables les belles lois inquisitoriales que nous prépare M. Joseph Reinach ; mais on fusille ici des ouvriers coupables de vouloir vivre et de demander du pain, ce qui est une insoutenable prétention ; mais on enlève leur pain à ceux dont le crime est d'affirmer des opinions qui n'ont point l'estampille ministérielle ou l'agrément des bourgeois. Tel est le cas de M. Remy de Gourmont.

M. Remy de Gourmont publia, dans l'avant-dernier *Mercure de France*, un article intitulé : *Le Joug du Patriotisme*. M. de Gourmont n'est pas de ceux qui pensent au hasard ; il sait ce qu'il dit et ce qu'il fait. L'article est d'une belle éloquence ironique et d'une logique impeccable. A moins d'incompréhension — ce qui n'est pas rare — ou de mauvaise foi — ce qui est une règle à peu près générale — il n'y avait pas à se méprendre sur la signification réelle de ces pages. J'ignore quelles sont les idées de M. de Gourmont sur la patrie ; je n'ai pas à les rechercher, et lui n'avait pas à les exprimer, car il ne s'agissait pas de la Patrie ; il s'agissait du patriotisme, et ce sont deux choses très différentes et qui s'excluent l'une l'autre. M. de Gourmont flétrissait le patriotisme dont je parle, ce patriotisme abject, négatif de toute beauté, devenu une exploitation électorale, un ignoble moyen de réclame saltimbanquiste, le déversoir bruyant et malpropre de la sottise et de la grossièreté humaines.

Il n'invectivait pas l'Allemagne, étant un philosophe ; ne cachait pas son admiration de Gœthe, de Heine, de Wagner, étant aussi un poète et un artiste; enfin, il manquait d'enthousiasme envers Henri Regnault disant qu'une balle est incapable, si prussienne soit-elle, de donner du génie à qui n'en a pas ; trois sacrilèges dans la liturgie patriotique !

L'article fit du bruit. On le discuta, on le dénatura, on le dénonça, car la presse, ainsi entendue, est une belle institution, et elle a d'admirables mœurs intellectuelles. Quelqu'un, que je ne puis nommer — car il est anonyme comme une foule — et qui n'avait pas lu l'article — car quand donc ce quelqu'un aurait-il le temps de lire quoi que ce soit ? — et qui n'en parla que par ouï dire, mit dans l'attaque une passion spéciale, une haine à part, se permit des insinuations perfides et coutumières. A l'entendre, on aurait pu croire que M. de Gourmont — ce catholique — était un anarchiste dangereux, venu d'on ne sait quels enfers sociaux, pour dynamiter Paris et faire sauter la France. Peut-être même le croyait-il. M. de Gourmont fut fort étonné de tout le tapage qu'il avait soulevé. C'était la première fois qu'il entrait en lutte avec la grande presse, il ignorait ses ressources de polémique. Il en eut de la stupéfaction et de la tristesse, et dédaigna de répondre. D'autres travaux, qu'il aime, le requéraient, et, dans le silence de son labeur, il oublia cet article et la clameur de réprobation inattendue qui l'avait accueilli. Mais l'administration ne l'oubliait pas.

Inquiète et mise en demeure de sévir contre le dangereux internationaliste qui, traitant de l'Allemagne, ne l'avait pas provoquée à des guerres immédiates et n'avait point déposé sur le tombeau de Regnault, l'obligatoire couronne, elle le congédia. Avant de quitter ses fonctions, pour sa dignité, M. de Gourmont voulut ramener les choses à la vérité ! On refusa de l'entendre ! Avait-il Gœthe ? Non. Avait-il promis de fusiller Hœckel ? Non. Alors, quel était son crime ? Et — comble de l'audace ! — M. de Gourmont avouait garder à la mémoire de Jules Lafargue, qui avait été lecteur de l'impératrice Augusta, un culte tendre !... Alors il ne l'aurait pas fusillé non plus, celui-là, un espion sans doute ?... Que pouvait-on attendre d'un bibliothécaire qui s'obstinait à ne fusiller personne ? M. de Gourmont fut impitoyablement révoqué.

.·.

Voilà où nous en sommes venus, après d'innombrables révolutions ; et telle est la grande liberté intellectuelle dont nous jouissons. Nous tremblons devant l'idée ; la moindre interrogation philosophique nous effare. Et nous avons des gestes longs et de sublimes attitudes pour proclamer que nous sommes les seuls initiateurs de la civilisation et les

porte-lumière du progrès, nous les vaudevillistes impénitents, les roucouleurs des plates romances. Il faut que ceux qui ont quelque chose à dire et à faire supportent toujours la peine de nos timidités intellectuelles et de nos lâchetés morales. Ah ! oui, nous sommes un grand peuple !

M. de Gourmont s'est retiré, très dignement. Il a même prié ses amis, qui voulaient organiser une protestation contre l'inqualifiable mesure qui le frappe, de ne faire aucun bruit autour de son nom. Et je pense qu'il a dû transmettre ses fonctions à quelque militaire impatient qui aura sans doute juré de nous rendre, à bref délai, l'Alsace et la Lorraine. Je le vois d'ici, ce militaire, et je l'entends, quand il passe devant les rayons où sont les œuvres de Gœthe, hurler de sa voix rauque d'absinthe et de patriotisme :

— ... Spèce de salop !... spèce de mufle !... Prussien !... Je t'en f...icherai, moi, des statues !... Rrran !... Rrran !...

Et il aura de l'avancement.

Octave MIRBEAU.

BULLETIN DE QUINZAINE

« Il y a de quoi avoir honte d'être né en France et
« d'en parler la langue, quand on voit nos gouver
« nants et une partie de la population habilement
« entraînée faire des miracles de bassesses et de
« platitudes envers le czar Alexandre, le pendeur de
« toutes les Russies ; notre pays est encore prêt pour
« toutes les Boulanges, c'est ce qui ressort clairement
« de toutes ces manifestations (1) ».

Voilà ce que nous écrit un de nos amis, et nous nous associons pleinement au dégoût qui lui monte aux lèvres.

Heureusement que pour nous remettre des palinodies gouvernementales, toutes les écoles socialistes viennent d'y faire la réponse méritée.

A ceux qui nous parlent de revanche, de gloire et de batailles, le Congrès international de Bruxelles, où les associations ouvrières de 16 pays étaient représentées, a répondu par la suppression du militarisme.

Bien que les 400 délégués ne se soient pas trouvés complètement d'accord sur la tactique à employer pour atteindre le but, ils n'en ont pas moins condamné ce chancre social comme un produit de la lutte des classes, et rejeté toute la responsabilité de la guerre future sur la bourgeoisie.

Pour notre part, nous approuvons la motion révolutionnaire de Domela Niewenhuis : « C'est par la
« grève générale des soldats et des ouvriers qu'il
« faudra répondre lors de la prochaine déclaration de
« guerre ». Les socialistes d'Europe ont le devoir de travailler par tous les moyens au maintien de la paix et à la substitution de la nation armée au militarisme des armées permanentes.

Quand cette idée de grève des soldats aura germé dans les cerveaux prolétariens, les gouvernements y regarderont à deux fois avant de donner l'ordre aux peuples de s'égorger.

Encore un peu de propagande, et la crainte de la Révolution deviendra le commencement de la sagesse et la douche d'eau froide sur les emballements des patrouillards bourgeois de tous les pays.

---

(1) Reproduction autorisée au *Petit Bourguignon*.

En même temps qu'il répudiait le militarisme, le Congrès de Bruxelles continuait ses travaux par la législation internationale du travail, la réorganisation des correspondances entre les groupes socialistes de l'Univers, la reconnaissance de l'égalité des sexes, etc., etc.

Aujourd'hui, c'est un fait accompli; l'union de tous les socialistes s'est faite en face de la coalition capitaliste et, au prochain Congrès international qui aura lieu en Suisse en 1893, la bourgeoisie pourra se rendre compte de la formidable poussée qui entraîne les masses vers les solutions capables de lui assurer plus de bien-être et plus de justice sociale.

G...

∴

NOUVELLES SOCIALISTES. — Aux élections municipales de Saint-Ouen, la liste révolutionnaire, composée des membres du conseil dissous pour avoir protesté contre les massacres de Fourmies, arrive en tête de ligne pour le scrutin de ballottage. C'est un soufflet de plus sur la joue du sire Constans.

Les grosses Fortunes et les Travailleurs

La lutte devient de jour en jour plus difficile pour les travailleur, car le capital s'accumule et se concentre de plus en plus entre les mains de quelques individus seulement. On croit, en général, que les fortunes colossales ont eu pour origine l'intelligence et le travail; mais, si on examine la chose de plus près et si on remonte à la source de ces richesses, on s'aperçoit bientôt de son erreur.

La dynastie des Rothschild doit sa fortune d'abord aux millions que Guillaume de Hesse-Cassel avait confiés à Mayer-Rothschild, le chef de la dynastie, et ensuite à la gigantesque opération de Bourse que son fils Nathaniel avait faite après la bataille de Waterloo, dont il avait appris l'issue trois heures avant le gouvernement anglais. Ainsi M. Rothschild a joué à coup sûr, et fait des milliers de victimes. La base de la fortune de la maison Rothschild était ainsi posée, au mépris de la morale la plus élémentaire.

Le marquis de Wormamby doit ses fabuleuses richesses à la course maritime pratiquée par un de ses ancêtres, William Phipps, sous le règne de Charles II.

La famille Gladstone, pour ne pas sortir de l'Angleterre, doit sa fortune assez importante à la traite des nègres, exercée pendant longtemps par le père de l'ex-premier ministre.

MM. Vanderbilt et Jay Gould, qu'on appelle aux Etats-Unis les rois des chemins de fer, ont fait leur fortune, grâce au monopole dans les chemins de fer, qu'ils ont pu obtenir au moyen de la corruption la plus scandaleuse auprès des personnages influents.

Un autre milliardaire américain, M. Stéphen Girard, a bâti sa fortune en s'appropriant les biens des négociants, qui s'étaient réfugiés sur son navire, pour échapper à la vengeance des nègres, au moment où éclata l'insurrection de San Domingo.

La richesse du baron Hirsch n'a d'autre source que l'affaire bien connue des chemins de fer de la Turquie d'Europe. On ne compte pas le nombre des victimes qu'il a faites: mais cela importe peu, sa fortune était assurée.

Maintenant, peut-on dire que les fortunes colossales sont le résultat d'un travail acharné pendant de longues années, des privations sans nombre qu'on a endurées, d'un esprit d'économie et d'épargne poussé à ses dernières limites ? S'il en était ainsi, on pourrait encore les trouver légitimes, mais, au contraire, ces fortunes ont des sources assez troubles; la fraude, le vol, l'abus de confiance, on vient de le voir, les ont engendrées et développées.

On dit souvent, pour justifier ces énormes richesses, qu'elles sont profitables aux travailleurs en leur assurant un travail régulier et durable. Mais on oublie que si la distribution de la richesse était plus équitable, et si elle n'était pas concentrée dans quelques mains seulement, les travailleurs auraient aussi leur part, et leur situation s'en trouverait sensiblement améliorée. Les grosses fortunes, au contraire, ne font qu'aggraver la situation des travailleurs en augmentant la dépendance où ils se trouvent vis-à-vis du capital, ce qui n'est pas fait pour soulager ses souffrances. Les petits négociants, les petits fabricants ne peuvent pas lutter contre le capital ainsi concentré ; forcés de quitter le combat, ils vont augmenter la masse des travailleurs dont ils empirent la situation tout en fortifiant la puissance du capitalisme.

Ainsi, les grosses fortunes, si on en examine l'origine et si on en considère les résultats, ne peuvent exercer qu'une influence funeste sur le sort des travailleurs et rendre plus longue et plus difficile la lutte engagée pour changer les bases du système social en vigueur, et arriver à la délivrance du travailleur.

SPARTACUS.

MOUVEMENT OUVRIER SOCIALISTE
DANS LA RÉGION

DIJON

Au conseil municipal. — Jadis (il y a une année à peine), les radicaux poussaient des gémissements quand nous leur parlions de garantir des conditions de travail et de salaire aux ouvriers des chantiers de la ville, et plus d'une fois ils blackboulèrent les propositions de nos amis Morin et Thiolain.

Aujourd'hui, dans le conseil municipal opportuniste que nous possédons, grâce à leurs coupables complaisances, ils démarquent les anciennes propositions du Parti Ouvrier et les reprennent pour leur propre compte. C'est ainsi qu'à la séance du 24 août, onze conseillers républicains ont déposé une motion tendant à fixer la journée de travail à 10 heures au maximum sur les chantiers de la ville, et à établir un minimum de salaire basé sur la série des prix. La proposition est signée : Dumont, Duthu! Carteron!! Devilliers!!! etc.

La grâce socialiste aurait-elle touché ces messieurs? C'est un peu tard, les grosses adjudications étant passées. Nous souhaitons pourtant que leurs convictions soient sincères, mais si véritablement il y a une évolution de notre côté, nous les attendons au pied du mur.

Le député Bargy. — On annonce, sous toutes réserves cependant, que le député de la 1re circonscription de Dijon va rendre compte de son mandat. On assure même qu'il donnera des explications très complètes sur les compromis qui l'ont placé à la direction politique du *Petit Bourguignon*.

Ce sera drôle!

Au chemin de fer. — A LA GARE. — Ce n'est pas étonnant qu'il arrive des catastrophes comme celle de Saint-Mandé... avec des agents supérieurs tels qu'il en existe dans les compagnies de chemins de fer. Ces dernières devraient leur faire subir non seulement des examens, mais des consultations médicales, pour s'assurer si leur sens moral ne s'affaiblit pas, s'ils ne sont pas atteints d'aliénation mentale.

Le serpent à lunettes, dont nous avons parlé dans notre dernier numéro, semble avoir perdu beaucoup de sa raison, et, dans ses crises, il chante, crie, siffle, pousse des hurlements comme s'il était atteint d'hydrophobie, et toujours fait des misères à ses subordonnés.

Aujourd'hui, nous ne citerons qu'un cas :

Le 5 août dernier il a insulté et menacé de punir un agent pour n'avoir pas formé un train 35 minutes avant l'arrivée des wagons qui entraient dans la composition de ce train. Ce fait est mentionné sur un carnet de rapports.

Ses collègues, pour reculer de quelques jours l'entrée de ce don Quichotte aux Chartreux ou dans tout autre asile d'aliénés, n'osent pas le contre dire, et pour ne pas le contrarier, lui laissent quelquefois infliger des amendes, alors même que les agents ne les ont pas méritées.

Il est grandement temps que l'administration mette ordre à cet état de choses en envoyant en retraite ce fameux sujet, ou tout au moins en le changeant d'emploi, car la sécurité publique se trouve fortement compromise entre ses mains.

— L'agent blessé le 23 juillet, dont nous avons parlé dans notre dernier numéro, a été cruellement puni, car il est mort le 24 août des suites de ses blessures. Sébille laisse sans ressources une femme éplorée et un enfant en bas âge.

Atelier de Dijon-Perrigny. — Le sieur Verdelin a à cœur décidément de faire que l'on s'occupe de lui. Dernièrement, un ouvrier cherchait une pièce dans le magasin d'outillage en présence dudit Verdelin. Après avoir cherché assez longtemps sans la trouver, il finit par la découvrir. Ce qui lui fit dire à mi-voix : « tiens la voilà » comme se parlant à lui-même.

Notre ver de terre ne prit pas la chose sous cette face.

Quoi ! dit il ! vous allez me tutoyer ? je vais en référer au chef et réclamer une punition sévère. Ce qu'il fit. Le chef d'atelier fit alors venir le sieur R., l'ouvrier en question et lui demanda ce qui s'était passé. L'ouvrier le lui raconta et ajouta que le contre-maître mentait, en disant qu'il avait été tutoyé.

— Quoi, dit le chef, vous osez prétendre qu'un chef peut mentir.

A ce seul fait, je reconnais que vous avez tous les torts et j'agirai en conséquence.

— L'aide-contre-maître Pleiver vient de se distinguer par un acte de bravoure. Un ouvrier employé à la peinture venait de finir des raccords et nettoyait ses mains avec un morceau de papier, pour enlever le plus gros, quand ledit Pleiver l'interpella sauvagement et le mit à pied une demi-journée, pour s'être lavé les mains avant l'heure. L'ouvrier lui fit remarquer qu'il n'avait pas les mains lavées. L'aide-contre-maître répondit alors : Vous aviez l'intention de les laver ! » et puisque vous réclamez vous serez à pied pour la journée entière. Nous signalons ce monsieur à son administration, il mérite de l'avancement.

Nos bons gardes chiourmes. — Celui de la maison Darnel-Bosshardt a été surnommé Macaroni ou Pranzini ; il n'est pas d'affronts ni de vexations qu'il ne fasse subir aux ouvriers placés sous ses ordres. Ses observations sur le travail sont plus stupides les unes que les autres.

S'il courbe l'échine devant les gros bonnets, il se rattrape toujours en faisant passer sa rage sur quelque pauvre bougre. Quant à ses nombreuses erreurs, il a naturellement le soin de les coller sur le dos des autres ; il est trop humain pour renvoyer un ouvrier qui lui porte ombrage, mais il lui fait endurer tant de misères que bien force est de s'en aller.

Défense aux hommes de boire à l'atelier ; en revanche, si M. Darnel visitait le magasin des modèles, il serait bientôt fixé sur la sobriété de son contre-maître.   C. M.

BESANÇON. — Il se produit depuis quelque temps, parmi les travailleurs bisontins, une agitation de bon augure. Les syndicats déjà existants voient leurs adhérents augmenter tous les jours et d'autres syndicats sont en voie de formation ; à l'heure actuelle, le nombre des ouvriers syndiqués est de près d'un millier. Il est à espérer que ce nombre ne restera pas stationnaire et que la Fédération ouvrière bisontine qui vient d'être formée aura à cœur de propager les idées syndicales parmi les travailleurs de toutes les corporations.

D'autre part, le Groupe socialiste bisontin fait de son côté tous ses efforts pour secouer l'engourdissement qui régnait jusqu'à présent. C'est dans ce but qu'il a organisé la conférence qui a eu lieu le samedi 29, avec le concours des citoyens Dumay, député ouvrier, et Marpaux ; nous avons l'espérance qu'elle portera ses fruits.

Allons, ouvriers bisontins, un peu de courage et de dévouement : apportez tous votre concours à l'organisation du parti des travailleurs ; adhérez à vos syndicats respectifs et au Groupe socialiste ; c'est le plus sûr moyen d'aider à l'avènement de la République sociale.

Dépôt de Besançon. — Le système coërcitif qui consiste à gratifier les agents d'amendes appliquées à tort et à travers, et qui fleurissait avec tant de sève, au dépôt de Dijon il y a quelque temps, vient de voir son application à outrance transportée au dépôt de Besançon.

A Dijon, la pièce était éventée. La poule, à force d'être plumée à sang, protestait avec énergie, contre les sucements vampiriens, dont elle était victime de la part des Crispi et autres coureurs de gratifications.

La *Revue Sociale*, qui s'est faite l'écho des plaintes nombreuses formulées à cette occasion peut de par sa promiscuité, et dans la pensée des pressureurs être trop facilement renseignés ils crurent bien faire de transporter ailleurs le pivot de leurs opérations, et par là ne plus être gênés par ses révélations. Ils en seront pour leurs frais, hélas, car les renseignements nous arriveront tout aussi facilement de Besançon que de Dijon.

Les Crispi et sous-Crispi modérèrent donc leur allure, sous l'invite de Ramollot, et celui-ci ne voulant pas perdre la meilleure occasion qu'il a de faire ressortir les beautés et les expressions de justice de son caractère, fit, comme il est dit plus haut, transporter son système à Besançon ou pour être en pays plus froid, il n'en fleurit pas avec moins de beauté.

Jugez-en :

Dernièrement un mécanicien se vit appliquer une amende pour ne pas avoir vu une fissure dans une pièce de sa machine ; alors que cette fissure ne fut découverte qu'après un nettoyage complet fait à la potasse, et encore avec le recours d'une loupe.

Un autre fut l'objet d'une mesure analogue, pour ne pas avoir réparé une garniture du régulateur qui perdait.

La machine était en pression, ceci est le résultat d'une injustice des plus grossières, si l'on considère que pour remplacer cette rondelle ou garniture, il faut démonter le régulateur, ce qui aurait pour résultat immédiat de permettre à la vapeur de s'échapper et même de blesser l'ouvrier qui ferait le travail.

Mais ceci est le moindre de leurs soucis, car, pour que le système porte bien tous ses fruits, il faut au contraire l'arbitraire. La preuve, c'est que tout récemment, le chef du dépôt, qui, sans doute pour obtenir les bonnes grâces de l'ingénieur, a à cœur de dépasser son collègue Crispi dans ses élucubrations indignes, fit à un de ses chefs d'équipe, la morale suivante : Pourquoi, lui demanda-t-il, n'appliquez-vous pas plus d'amendes aux hommes qui sont sous vos ordres ?

Mais mes hommes font très bien leur service, répondit le chef d'équipe, je ne puis les punir.

Erreur, répondit ce digne fonctionnaire du régime capitaliste, l'on trouve toujours, si l'on veut, les moyens de punir, et pour vous apprendre à mettre si peu de zèle à ce service, vous n'aurez plus de gratifications au premier de l'an......

LAROCHE. — Là aussi, il s'en passe de belles, le chef de ce dépôt, républicain (genre opportuno), mais devenu réactionnaire ultra, par la grâce des vertus des cornettes de l'endroit, a une manière très supérieure (quoique cependant fort usitée par ses pareils), d'appliquer les préceptes de sa sainte religion.

Ce dévot émérite qui mange un pain à cacheter en guise d'apéritif, s'est constitué souverain seigneur des ouvriers du dépôt à la tête duquel le hasard l'a placé, et seul dispensateur et distributeur de l'avancement des ouvriers et employés. Ainsi, il y a quelque temps, l'ingénieur de cette section qui réside à Paris, lui fit passer une note pour lui demander des renseignements sur deux jeunes chauffeurs que leur rang d'ancienneté désignait pour être élevés d'une classe.

Notre despote, à qui ces deux chauffeurs n'avaient pas l'avantage de plaire, s'empressa de faire passer une note à la section, en disant que les deux employés ne connaissait rien dans leur règlement, il croyait proposer le retard de leur nomination, et recommander deux autres chauffeurs moins anciens, mais connaissant bien mieux leur service et leur règlement. L'ingénieur, au reçu de cette note, sentit un goût de favoritisme, et, comme il est animé d'un esprit de justice (fait rare), et que de plus il aime à faire son service, et à se rendre compte par lui-même (fait plus rare encore), il vint à Laroche et demanda dans son bureau les chauffeurs intéressés, auxquels il fit subir un interrogatoire serré sur le service et le règlement.

Nos jeunes gens s'en tirèrent tout à leur avantage.

L'ingénieur alors sortit de son carnet, la note que lui avait envoyé le chef du dépôt, et, leur donnant à lire, leur dit :

Votre chef de dépôt vous a-t-il interrogés ?

Réponse négative !

C'est drôle ! enfin, retirez-vous.

Il sera fait le nécessaire pour que satisfaction vous soit donnée.

PONTARLIER. — Nous apprenons que les agents de la gare de Pontarlier viennent d'être les témoins — pour ne pas dire les victimes — d'un acte arbitraire accompli par leurs chefs de service, dans les circonstances suivantes:

Le personnel des trois services: exploitation, voie, traction, avait dressé, vers la fin du mois dernier, une pétition tendant à obtenir de M. le directeur de la Cie une indemnité de résidence. Spontanément, tous les agents présents la signèrent et plus de 110 adhésions furent ainsi formulées. Un exemplaire signé de cette pétition fut remis à chacun des chefs de service. En ce qui concerne la traction, c'est le visiteur Baverel qui la transmit à son chef de dépôt, laissant ainsi une chance de réussite à l'affaire. Mais il n'en a pas été de même pour les deux autres services. Dès qu'il s'est agi d'envoyer cette requête hiérarchiquement, les gros bonnets de la gare, c'est-à-dire le chef de section de la voie et le chef de gare se concertèrent et résolurent bravement... de la mettre au panier ! ce qui fut fait, du reste, sans hésitation aucune ! ! !

Voici le cas que ces Messieurs font d'une pétition revêtue de 117 signatures de citoyens qui peuvent être leur inférieurs en service, mais que la justice et l'équité rendent leurs égaux. Et cependant, cette pétition, longuement motivée, est pleinement justifiée; ces Messieurs l'ont reconnu, du reste. Eh bien alors, de quoi ont-ils donc eu peur? Leur responsabilité n'était pas engagée puisqu'ils n'avaient pas signé et, de plus, leurs agents respectifs leur avaient remis une lettre les priant de vouloir bien faire parvenir leur demande à son adresse. Ils n'étaient donc que des intermédiaires. — Pouvaient-ils légalement s'y refuser?... Nous répondons sans hésiter « non » et nous leur disons franchement: « M. le chef de section, M. le chef de gare, ce que vous avez fait là, est un abus d'autorité, c'est de l'arbitraire; vous vous êtes servis de votre situation pour étouffer une réclamation respectueuse de vos subordonnés, vous n'en aviez pas le droit et vous n'avez, hélas ! que trop justifié ce mot de pitié que l'on adresse souvent aux agents subalternes de notre compagnie : Ah ! *Plaignez Les Malheureux ! !*

BLANZY. — La Chambre syndicale des verriers de Blanzy vient de décider de se faire représenter au Congrès national des ouvriers en bouteilles et ouvriers en verre blanc, qui se tiendra le 1er septembre à Lyon.

A l'unanimité le citoyen Lépron, François, ancien conseiller municipal de Decize, a été élu pour la représenter près dudit Congrès.

Les ouvriers verriers à peine groupés, avaient envoyé plus de 50 francs à leurs frères de travail de la verrerie de Cognac, pour les aider à soutenir la grève contre leur patron, le sieur Boucher.

— A la conférence du citoyen Dumay, le 8 août dernier, le comité Rodin, Patin et Cie, comité dit *la honte* nous avait fait l'insigne honneur d'envoyer trois de ses mouchards, les sieurs Miguet, Vingère et Monod.

CREUSOT. — *Nouvelle formalité pour être admis au bagne Schneider.*

Il y a une quinzaine de jours, un nommé X, ouvrier aux ateliers de construction, avait réussi à se faire embaucher, non pas sans peine ; on exigeait de lui un certificat de bonne conduite, mais, ne pouvant pas en avoir un d'où il sortait, pour une simple bagatelle, il dut parler au grand maître Schneider, pour lui soumettre son cas, celui-ci le fit tout de même embaucher sans qu'il ait produit la pièce en question, afin de donner un soutien à son vieux père, âgé de 67 ans, et à la veille d'être mis à la réforme.

Après 3 mois de travail sans inquiétudes, il était avisé par le célèbre Don Carlos, son chef de service, qu'il était obligé de le renvoyer parce qu'il n'avait pu produire ledit certificat: un billet de confession aurait bien mieux valu.

S. J. M.

DIVONNE. — Pour peser une marchandise à 0,38 c. le kilogr., le boulanger doit soumettre ses balances à une vérification minutieuse. Le marchand de diamants, pour peser une marchandise à 500 francs le gramme, se sert de balances dont les poids diffèrent d'un pays à l'autre (unité de poids : le carat, 205 milligrammes, 202,200, etc.) De sorte que dans le commerce, il n'est pas rare de voir un marchand avoir dans sa poche une balance avec carat de 202 milligrammes pour acheter, et une autre de 205 milligrammes pour vendre.

Mais, avec les ouvriers, c'est bien plus simple ; quand on leur pèse leur ouvrage, au lieu de leur en donner 4 carats à tailler on leur en donne 6 pour le même prix, et le tour est joué. Un naïf dirait : mais pourquoi ne gardent-ils pas les 2 carats de supplément au lieu de les faire à l'œil. Ah ! bien oui. Si vous croyez qu'ils ont envie de se mettre voleurs.

GENÈVE. — Les ouvriers charpentiers, après avoir épuisé tous les moyens de conciliation, sont en grève, pour obtenir l'unification du prix minimum de l'heure du travail à 0 fr. 60. Ils sont soutenus par la Fédération genevoise comprenant 19 syndicats.

Les charpentiers qui travaillent au tarif ou au-dessus laissent 1 franc par jour pour les grévistes.

Appel 2 fois par jour, au siège social, et, ensuite, visite minutieuse de tous les chantiers par les grévistes, en habits de travail, marchant en colonne, 4 par 4, conduits par les membres du bureau du syndicat, en habits de ville. La police, séduite probablement par l'attitude martiale des larges pantalons de velours, les laisse, jusqu'ici, parfaitement tranquilles.

LONS-LE-SAULNIER. — Le conseil municipal a autorisé, contre une faible indemnité, à un entrepreneur de St-Laurent-la-Roche, l'exploitation de la carrière Mancy. Pourquoi ne pas faire tirer cette pierre en régie, aux ouvriers qui n'ont pas de travail en hiver, et le vendre ou l'utiliser aux constructions publiques ? Ce serait un trou de détresse bouché.

Quelques négociants ou cultivateurs ont adressé une pétition au conseil municipal pour demander que les octrois continuent à être ouverts toutes la nuit, en prévision d'une mesure qui vient d'être prise, stipulant qu'ils seraient fermés de 9 heures du soir à 5 heures du matin. Le conseil municipal a *promis* de ne fermer que plus tard, et en été seulement.

Les octrois à Lons rapportent annuellement 70,000 francs, sur cela il faut payer 25,000 francs de traitement d'employés, 5,000 francs de frais de bureaux, et 5,000 francs de location.

Le revenu diminue toutes les années ; les vexations augmentent ; quand il n'y a plus de foin au râtelier, les ânes se battent. Les vignes se cultivant dans les environs, constituant un des plus grands revenus de l'octroi, sont abandonnées pour un long temps encore. Pourquoi hésiter, dire, demander, non pas l'ouverture de l'octroi, mais sa fermeture complète, c'est-à-dire sa suppression pure et simple, et son remplacement par un impôt progressif, non plus sur la consommation qui constitue le nécessaire, mais sur le revenu parasitaire, c'est-à-dire le superflu.

C'est ce qu'a laissé pressentir le conseiller municipal Goussel, qui n'est pas un socialiste révolutionnaire.

MONTCEAU-LES-MINES. — Au pays noir.

Le 10 août dernier, le citoyen Dumay, député de la Seine, faisait une conférence à Montceau, salle Guillemet, sous la présidence du citoyen Goujon. Près de 2,000 personnes se pressaient dans la salle pour entendre la chaude parole de notre ami. C'est aux applaudissements de toute l'assistance, sauf quelques mouchards de la bande Rodin, qu'il démontra la nécessité pour les ouvriers de la mine de se grouper en se syndiquant. Lorsqu'on donna lecture d'un ordre du jour proclamant l'urgence pour les travailleurs de se grouper, la grande majorité des assistants se prononça pour, tandis qu'il n'y avait que dix mains qui se levèrent contre, y compris les deux mains de l'intelligent Patin, le grrrandissime président du fameux Comité de la mine, composé en grande partie de mouchards.

Lorsque le citoyen Richard, ancien directeur de la *Dépêche*, voulut parler, la bande à Rodin-Patin se mit à hurler comme autant de bêtes fauves, il s'en suivit une bagarre entre plusieurs citoyens qui protestaient, et la meute à Patin; des coups de poings s'échangèrent, plusieurs mouchards s'en allèrent les yeux pochés, entre autres le sieur Miguet.

C'est un parti pris par la bande Patin de faire de l'obstruction chaque fois que des conférenciers républicains viendront prendre la parole à Montceau et ses environs.

En conséquence et devant les bruits que certains de la bande font circuler que tout cela n'est pas fini, il est du devoir des républicains de s'organiser afin, non pas d'empêcher nos adversaires de parler, mais bien de faire garder le silence aux perturbateurs; et si jamais comme l'insi-

nuent certains mouchards, un conflit éclatait entre eux et les républicains, nous espérons que cette fois, contrairement à ce qui s'est fait en 1882, la justice, plus éclairée qu'à cette époque, saura sur qui en faire retomber les responsabilités.

P. GIUSOU.

LA QUESTION SOCIALE
A la campagne

Il y a 100 ans, la féodalité nobiliaire expirait, foudroyée par les colères de la plèbe excitée par les vexations de toutes sortes. Mais avant de disparaître, elle a légué des droits menteurs à une autre classe qui a hérité de sa haine contre les humbles.

Le sang versé a été inutile ; aujourd'hui tout est à refaire. Nous sommes sous le joug d'une nouvelle aristocratie, plus arrogante et plus intolérante que la première ; la liberté est partout violée, l'indépendance individuelle n'existe plus ; de par la loi de conservation, le prolétaire, aussi bien à la ville qu'à la campagne est l'esclave du capital ; sa conscience est oblitérée, il n'a pas même le droit d'avoir une opinion politique sous peine d'être privé du travail quotidien qui le fait vivre, lui et les siens.

L'ouvrier à l'atelier est vendu au capital, il est sa chose, son bien ; il n'existe plus comme homme. Son *moi*, son individualité s'effacent devant l'oppression et les exigences du Minotaure industriel, qui a déjà dévoré tant d'existences; il est tout simplement une unité mécanique, une dent d'engrenage dans la fabrication ; c'est un appendice à la vapeur, le complément du métier, il n'a pas le droit d'avoir une volonté, elle s'efface devant l'oppression du maître qui l'emploie et qui a le droit de le jeter sans ressource sur le pavé.

La situation du paysan est-elle moins précaire que celle de l'ouvrier des villes ? Non : l'ouvrier des champs, le petit propriétaire, le cultivateur fermier sont eux aussi courbés sous la féodalité du capital par le privilège de la chasse. C'est un privilège de l'ancienne monarchie que la République conserve pieusement, au détriment des populations rurales. Il devient même plus intolérable. Jamais à aucune époque nous n'avons plus souffert que maintenant. Sous le gouvernement monarchique de Louis-Philippe, la chasse était à peu près libre; sous l'empire autoritaire, le joug commençait à peser, mais le fermier pouvait encore protéger sa récolte contre le ravage du gibier ; aujourd'hui il n'est plus maître de son champ ; son labeur incessant se trouve anéanti par le gros gibier qui pullule dans nos contrées boisées ; le blé qu'il a semé doit nourrir les lièvres des pontifes de la finance ; il n'a pas même le droit de toucher à un lapin, sans s'exposer à un procès ruineux, souvent à la prison.

Tous les ans au mois de mai, le préfet enjoint à tout propriétaire de chiens de les tenir continuellement à l'attache, de peur qu'ils ne dérangent les couvées de perdrix. Bientôt il nous sera interdit de conduire nos bestiaux dans nos pâturages et de faucher nos prairies.

Aussitôt l'ouverture de la chasse, nous voyons une nuée de mandarins de tous rangs appelés par les châtelains des localités s'abattre sur la campagne comme des fauves, sans pitié pour la récolte.

Nous voyons ainsi le gouvernement s'ingénier à nous restituer le fermier général de l'ancien régime, au profit d'une poignée de privilégiés qui n'ont que haine et mépris pour le paysan. Et si ce n'était la crainte de la réprobation populaire, ils pousseraient le luxe social jusqu'à bâtonner le peuple chez lui, en recommençant ces familiarités charmantes qui ont rendu le xviii° siècle si attrayant. Ne pouvant fouailler comme des chiens l'échine dolente des pauvres diables, ils se contentent de gestes symboliques. Je crois qu'ils disent encore : « Hé, maraud !... La peste soit du manant ! »

La chasse est devenue aujourd'hui un des plus révoltants privilèges, qui maintient dans un état d'oppression absolue l'ouvrier de la campagne, le petit cultivateur et le fermier sous la dépendance la plus absolue du riche propriétaire. Dans nos localités boisées entre Tonnerre et Chaource, la seule industrie ouvrière pour l'hiver est le travail dans les bois qui sont la possession de riches et puissants châtelains, de sorte que les paysans qui n'acceptent pas servilement leurs exigences se voient bientôt obligés d'évacuer le pays.

Il est formellement interdit à tout ouvrier qui résiste aux volontés du maître en professant une opinion politique différente de la sienne d'aller travailler au bois qui est son seul moyen d'existence pendant l'hiver.

Le petit propriétaire qui ne veut pas abandonner son droit de chasse sur ses propriétés au seigneur de la localité est en butte à toutes sortes de vexations ; il ne lui est pas permis de sortir avec un chien sans s'exposer à un procès ; même le propriétaire de bestiaux qui envoie paître ses bêtes chez lui est soumis au même régime. S'il ne suit pas point à point la ligne qui lui est tracée par le maître, on lui interdit d'aller casser du bois mort qui pourrit dans les bois seigneuriaux ou d'aller couper de l'herbe, souvent la seule ressource pour nourrir la vache qui alimente le ménage.

(A suivre)   E. CHAMOIN,

A Ervy (Aube).

LES PRODUITS DE L'INDUSTRIE

Dans *Les Produits de la Terre*, nous avons montré que le sol fournit largement ce qui nous est nécessaire et que l'agriculture, toute rudimentaire qu'elle est encore, produit, en réalité, deux fois plus de substances alimentaires qu'il n'en faudrait pour nourrir copieusement tous les hommes. En établissant, par des preuves irréfutables, que la misère tient à la mauvaise répartition des produits et non à leur insuffisance, nous avons fait justice des sophismes que les bourgeois aiment à invoquer pour justifier leurs monstrueux privilèges. La démonstration ne serait cependant pas complète si nous n'étendions pas aux produits de l'industrie l'enquête que nous avons faite pour les produits agricoles. Manger n'est pas en effet le seul terme de la vie humaine ; l'homme doit satisfaire un certain nombre d'autres besoins physiologiques presque aussi impérieux ; il faut se vêtir, se loger et se chauffer pour pouvoir mettre en jeu ses facultés physiques et intellectuelles.

Ce sont les produits fabriqués qui assurent à l'individu la satisfaction de ces besoins primordiaux et qui lui donnent par surcroît tout ce qui constitue le bien-être et le luxe. Il est donc nécessaire de calculer ce que l'industrie fournit annuellement pour pouvoir embrasser tous les termes du problème que nous voulons résoudre.

Ce qui frappe tout d'abord lorsqu'on étudie les conditions de la société actuelle, c'est l'énorme développement qu'y a pris le travail industriel sous toutes ses formes, ce sont les progrès qu'il réalise tous les jours, et qui paraissent devoir être longtemps encore sans limites. Tandis que l'agriculture est, comme nous l'avons dit, restée presque partout à l'état barbare, l'industrie est au contraire arrivée à un degré de perfectionnement absolument remarquable. Avec 60 millions d'ouvriers, les manufactures de l'Europe et des États-Unis donnent un produit qui dépasse une valeur de 94 milliards de francs ; avec un nombre plus que double de travailleurs, l'agriculture de ces mêmes pays n'obtient qu'une valeur de 78 milliards.

Cette supériorité de l'industrie sur l'agriculture tient certainement pour une part à la plus grande somme de travail fournie par les ouvriers industriels qui sont en général plus expéditifs et plus intelligents que les travailleurs de la campagne, mais elle est due principalement à la puissance des machines.

Si l'industrie n'avait à sa disposition que les muscles de ses ouvriers, chacun d'eux arrivât-il à fournir chaque jour un travail équivalant à 300,000 kilogrammètres (1), elle ne produirait pas la moitié de ce qu'elle produit et sa supériorité serait peu de chose. Mais l'industrie a su merveilleusement profiter de certaines ressources de la nature.

La chaleur solaire emmagasinée dans les combustibles végétaux et minéraux, bois, charbons, houille, elle les transforme dans ses fourneaux en vapeur et en force mécanique. Elle profite du reste des progrès que la science réalise journellement ; elle en fait les instruments de sa puissance. Grâce à cette utilisation intelligente des forces naturelles et des découvertes dues au génie humain, l'industrie dispose actuellement pour le service de ses machines et appareils d'une force mécanique énorme. Rien qu'avec la houille, cette réserve de combustible dont Buffon avait dans un éclair de génie, indiqué l'importance au dernier siècle, elle possède 10,000,000 chevaux-vapeur qui représentent la force de 787 millions d'hommes.

Et il n'y a pas à craindre que cette source de force mécanique soit de longtemps tarie, car la réserve de combustibles minéraux est encore énorme. Les bassins houillers de l'Europe et des États-Unis, dont la surface est, d'après Neumann Spallart, de 538,000 kilomètres carrés, soit une superficie supérieure à celle de la France augmentée de la Corse, renferment encore des centaines de milliards de tonnes de houille. La réserve de l'Angleterre seule dépasse 140 milliards de tonnes.

Avec la prodigieuse consommation de combustible qui se fait actuellement, ces mines de houille doivent évidemment s'appauvrir de plus en plus et l'on pourrait calculer dans combien de temps, au taux actuel de la consommation, elles devraient être taries. Mais le jour du terrible déficit houiller ne luira pas pour le monde civilisé, car avant longtemps les mines de combustible seront devenues inutiles à l'industrie ; celle-ci remplacera la vapeur par un autre agent d'une portée autrement puissante, dont on n'aura pas à craindre de voir diminuer la réserve de production en raison de la consommation journalière.

Au point où est aujourd'hui arrivée la science, tout indique, en effet, que dans le courant du siècle prochain l'homme pourra produire et utiliser l'électricité mieux qu'il ne le fait actuellement pour la vapeur elle-même.

Il y a à la surface de la terre des forces presque

---

(1) Les physiologistes admettent que le travail musculaire d'un adulte pendant huit heures représente deux cent mille kilogrammètres.

entièrement inutilisées aujourd'hui qui contiennent une immense production d'énergie, ce sont les cours et les chutes d'eau. Ces forces qui ont une permanence absolue et qui ne s'usent pas, sont des réservoirs inépuisables d'électricité et de puissance mécanique. On peut se faire une idée de ce qu'elles contiennent d'énergie en songeant qu'à lui seul le Niagara représente plus de 2,000,000 de chevaux-vapeur, soit la force de 150 millions d'hommes. Comme le problème de la transmission de la force mécanique a été à peu près résolu par Marcel Desprez, l'industrie aura certainement d'ici peu, entre les mains le moyen d'augmenter indéfiniment sa puissance déjà formidable.

On peut prévoir pour cette branche de travail humain une ère qui, nous le répétons, n'est pas éloignée, où la production manufacturière ira toujours en augmentant, tandis qu'ira diminuant l'effort humain nécessaire à la réalisation de cette production même.

En d'autres termes, on peut affirmer que l'humanité pourra se donner un jour le superflu en travaillant beaucoup moins qu'elle ne le faisait autrefois pour se donner simplement le strict nécessaire.

On voit combien seront changées les conditions de la vie sur cette terre qui nous donne si généreusement l'aliment pour nous nourrir, le combustible pour nous chauffer, la force motrice pour fabriquer cent fois ce qui nous est utile.

Mais ne nous occupons pas pour le moment de l'avenir, étudions les conditions actuelles de l'industrie et voyons quelle en est la production annuelle.

Voici le tableau que nous avons pu dresser en nous servant de tous les documents statistiques parus.

Valeur de la production industrielle de l'Europe et des États-Unis en 1886 :

Grande-Bretagne	20 500 000 000 de francs
France	13 500 000 000 —
Allemagne	12 000 000 000 —
Russie	6 000 000 000 —
Autriche-Hongrie	5 250 000 000 —
Belgique	3 000 000 000 —
Italie	2 925 000 000 —
Espagne	2 400 000 000 —
Hollande	1 000 000 000 —
Scandinavie	925 000 000 —
Suisse	800 000 000 —
Portugal	500 000 000 —
Danemarck	400 000 000 —
Turquie-Grèce	20 000 000 —
Principautés Danubiennes	5 000 000 —
États-Unis (')	26 000 000 000 —
Total	94 725 000 000 de francs

Ainsi donc la valeur totale de la production industrielle est actuellement de 94 milliards 725 millions. A ce total il faut joindre la somme que représentent les combustibles minéraux et végétaux non consommés par l'industrie elle-même. On peut évaluer cette somme à 3 milliards au moins, étant donné que les houillères et les forêts donnent annuellement pour plus de 8 milliards de produits ; la valeur de la production industrielle est donc de :

97 725 000 000 de francs

C'est là une somme énorme ; mais cette somme ne nous indique pas la quantité totale de produits industriels qui pourraient être répartis demain en cas de partage équitable. En effet, pour faire une évaluation exacte et complète, il faut tenir compte de ce fait que les produits manufacturés ne s'usent pas immé-

('*) Dans la valeur de la production industrielle des États-Unis sont compris les produits des mines de pétrole et le coton brut exportés.

diatement, comme les produits de la terre qui se consomment ou se détruisent au fur et à mesure de leur production ; la plupart d'entre eux ont une durée de plusieurs années et rentrent même, lorsqu'ils sont usés, dans le courant industriel sous une autre forme. De telle sorte que la somme des objets manufacturés utilisables chaque année est des deux tiers au moins plus forte que celle indiquée par la statistique de la production annuelle. Pour 1886, elle sera donc représentée par les nombres suivants :

97 725 000 000 de francs	
65 150 000 000 —	
Total	162 775 000 000 de francs.

Réparti entre les 387,000,000 d'habitants de l'Europe et des États-Unis (1) ce total représente :

421 francs par tête.

C'est là une somme parfaitement suffisante, car dans la population de l'Europe et des États-Unis il y a un grand nombre d'enfants qui sont loin de nécessiter pour leur entretien une dépense aussi forte. Dans l'hypothèse d'une équitable répartition, à ce taux de 421 francs par tête, une famille composée de cinq personnes, le père, la mère et trois enfants, auraient annuellement pour 2,105 francs, de produits industriels à sa disposition ; c'est largement ce qu'il faut, étant donné qu'une foule de besoins ne nécessitent qu'une seule dépense commune.

(A suivre).

BIBLIOGRAPHIE

Nous recommandons à nos adhérents la lecture du n° 80 (août 1891) de la **Revue Socialiste**, qui vient de paraître et qui contient de très intéressants articles.

Abonnements — Un an: France, 18 fr. ; Etranger, 20 fr. ; six mois: France, 9 fr. ; Etranger, 10 fr. ; le numéro: France, 1 fr. 50 ; Etranger, 1 fr. 75.

Bureaux : 8, rue des Martyrs, Paris.

PETITE CORRESPONDANCE

Reçu les sommes suivantes, pour cotisations et vente de brochures de Chauffailles, 5 fr ; de Saulx-le-Duc, 1 fr.; de Cheny, 1 fr. 50 ; de Tonnerre, 8 fr. 90 ; de Pagny, 2 fr.; de Neuvy, 2 fr.; de Semur, 2 fr., de Blanzy, 7 fr. 20 ; de Beaune, 1 fr.; de Chagny, 13 fr.; du Creusot, 8 fr. 40 ; de St Privé, 5 fr , reçu en juillet : de Besançon, 1 fr.; de Dijon, 99 fr. 55 ; de Marsannay-la-Côte, 4 fr. 45 ; de Mesnil-Courtuoult, 0 fr. 60.

SOUSCRIPTION PERMANENTE
Pour la propagande socialiste dans la Région

Report de la 10e liste : 160 fr. 40. — Collecte à la suite de la conférence J.-B. Dumay à Blanzy: 8 fr. 50; Bouvet, 0 fr. 50; Sourdeau, 0 fr. 20 ; T., 1 fr.; J. T., 3 fr.; excédant d'écot, 1 fr. — Total de la 11e liste : 174 fr. 60.

(1) Dans la dernière édition de notre étude *Les Produits de la Terre*, nous avons donné le chiffre de 407 millions, mais nous avions compté, avec la population de la Russie d'Europe, celle de l'Asie russe.

Le Gérant, V. MILLERAND.

Dijon. — Imp. Carr', rue Amiral-Roussin, 40.

2ᵉ année — Nᵒ 17   10 centimes   15 Septembre au 1ᵉʳ Octobre 1891

LA REVUE SOCIALE

ORGANE BI-MENSUEL

De la Fédération des Travailleurs Socialistes de l'Est

PARAISSANT A DIJON

ADMINISTRATION
Adresser toutes communications et mandats à l'Administrateur délégué, rue de la Mégisserie, 29, **DIJON.**

De chacun selon ses forces

A chacun selon ses besoins

ABONNEMENT
Un an, **2** fr. — 6 mois, **1** fr. — 3 mois, **50** cent.

PERMANENCE tous les jours, au siège social de la Fédération, rue de la Mégisserie, 29, **DIJON.**

SOMMAIRE :

Cynisme bourgeois . . . .   J.-B. LAVAUD.
Bulletin international. . . . .   SPARTACUS.
La propriété . . . .   G.
Mouvement socialiste de la région . .   O. Z.
La Question sociale à la campagne (suite)   E. CHAMOIN.
Les Produits de l'Industrie (suite) . . .   ***

CYNISME BOURGEOIS

Décidément ça passe la mesure.

Aux provocations policières, aux expulsions, aux grèves suscitées par la faim, aux condamnations sans pitié, la bourgeoisie, par son instrument de corruption qui est la « presse », recommence sa sempiternelle histoire.

C'est le lapin qui a commencé !

Dites donc, jouisseurs impudents, est-ce que, sentant l'heure de la justice populaire, terrible vengeresse, vous trembleriez sous le poids de vos forfaits, et, voulant donner le change, prépareriez les circonstances atténuantes ? Il vaudrait mieux le dire de suite.

Si c'est sérieux, il vous sied mal d'appeler déclassés les socialistes, vous les fils à papa, qui ne savez de combien de larmes, de lâchetés et souvent de vols se composent vos dots, d'insulter à la misère de ceux qui ont quitté l'école à l'âge où vous mordiez vos gouvernantes.

Vous nous reprochez notre ignorance, mais elle est la preuve flagrante de la lutte des classes, puisque les crétins parlent questions sociales, et les travailleurs sont réduits à la domesticité parce que vous avez flâné et qu'eux étaient au travail au lieu d'être au lycée.

Vous nous traitez d'ambitieux, nous qui risquons à chaque pas la prison et ne demandons qu'à mourir franchement, crânement, en vendant chèrement notre peau au cri de : vive l'humanité, pour le progrès social.

Vous adulez le pouvoir, nous nous révoltons contre ; vous baisez les pieds des dispensateurs des faveurs, criez : vive Napoléon 1ᵉʳ, Louis XVIII, Charles X, Louis-Philippe, 48, Empire, et trouvez votre fromage de Hollande avec la République bourgeoise ouverte, vrai réceptacle de toutes les trahisons, de toutes les forfaitures.

Nous, toujours et quand même, nous crions sus à l'arbitraire, place à l'anonymat, place au travail, place au peuple.

Pendant que vous passez votre vie dans les beuglants du quartier Latin, dans les lupanars mondains, nous étudions les penseurs du XVIIIᵉ siècle et analysions l'évolution économique du XIXᵉ.

Après vous la fin du monde ! Après nous pousse l'idée.

Oui, les cadavres ouvriers font germer le socialisme, mais vous, en vrais *Fin de siècle*, vous préférez dépenser l'argent volé aux pauvres et croupir dans l'ignorance des questions sociales.

L'argent et la lâcheté sont votre apanage.

La lutte sans trève ni merci, jusqu'à complète satisfaction, est notre vie quotidienne.

Gardez votre rôle, nous sommes fiers du nôtre.

La société individualiste produit fatalement des parasites de votre espèce ; aussi êtes-vous pour nous presque des irresponsables.

Vous devenez des sceptiques, et nous, nous nous enflévrons au contact de nos frères de misère.

Demain, vous sucrez la peur, et nous, nous nous ensanglanterons pour, encore une fois, sauver la République de votre contact infâme.

Vous osez prêcher résignation à des gens qui gagnent de 1 fr. 50 à 3 fr. par jour. Vous parlez d'avenir à ceux qui, une fois usés au travail, sont brutalement chassés de l'usine. Vous vous proclamez des amis des travailleurs.

Triples fourbes !

Mais que vous demande-t-il, cet honnête et modeste ouvrier ?

Du pain pour les siens, un peu de sympathie pour lui.

Il a le ventre creux, les bras maigres ; il grille l'été, grelotte l'hiver ; il demande de n'être plus traité en paria ; dans son taudis, dans sa misère, il manque un rayon de soleil.

Sa femme est à l'usine ; vous la rencontrerez partout, dans les bagnes ardennais. Les mondaines du faubourg St-Germain, à voir ces vaillantes citoyennes, les appelleraient des « femelles », tellement elles sont éloignées de la coquetterie féminine.

Les petiots, ils vont, haut comme ça, à l'usine, voyez-les, nu-pieds, en haillons sur les routes poudreuses ou boueuses. Dites-nous si c'est bien !! Le soir on est éreinté, on mange mal et pour cause, et on se couche à la hâte, le lendemain, on recommence.

Ouvriers, ceux qui vous parlent de vos droits, vos amis sont des déclassés, des gueux ; ceux qui vous prêchent la résignation, sont des amis de l'ordre, de la famille !...

On vous dit tout est bien, on arrive par économie. Dis donc, crève-de-faim des Ardennes, fais vingt-quatre heures de travail, prive-toi, aligne les gros sous, tu me feras voir ton capital à l'âge de cinquante ans.

Sais-tu ce qu'ont fait ceux qui ont peur de la colère du lion populaire ?

Ils ont guillotiné le roi qui représentait la nation, (nous indiquons ce point historique sans l'apprécier, c'est pour faire allusion au respect de la représentation dite nationale), ils ont en septembre 1792, tué sans jugement tous leurs adversaires politiques qui encombraient les prisons, ils ont érigé en permanence la guillotine place de la Révolution (aujourd'hui par ironie place de la Concorde), ils ont noyé pour aller plus vite, ils ont pillé, incendié, fait les assignats.

Ne blâmons pas. Constatons.

Ils ont tué ou fait tuer Marat, Hébert, Babeuf, etc , tous les amis du peuple.

Et après l'assassinat entre géants, la plupart des survivants léchèrent les bottes à l'Empire.

Que nous parlez-vous de dignités, laissez cette prétention aux manants. Il y a de saines traditions en France, elles sont chez le Peuple, qui ne connaît, lui, ni l'intrigue, ni la corruption. Depuis votre triomphe par la Révolution sanglante vous êtes puissants par l'argent, par la tyrannie, nous le sommes par le nombre, par la foi qui nous anime.

Donc, le Tiers-Etat disparaîtra !

Il y a trop longtemps que vous criez silence aux pauvres.

Demain, tous les besogneux seront de la bataille. Prolétaires du magasin, ouvriers de l'atelier, penseurs et philosophes prendront le rouge étendard populaire.

Cette masse se ruera sur la Société vermoulue ; oh ! alors, il en sera fait de vos sophismes, ce jour-là vous serez à plat ventre, et si, frappés, nous avons disparu dans la bataille, nos frères à la suite de cette Révolution brillamment violente, proclameront les vrais droits de l'homme et du citoyen qui feront contraste avec le cynisme bourgeois.

J.-B. Lavaud.

BULLETIN INTERNATIONAL

Mouvement socialiste international

Délibération des mineurs de Derbyshire. — Dans la réunion annuelle des mineurs du comté de Derby (Angleterre), qui a eu lieu dernièrement à Chesterfield, on a adopté les résolutions suivantes : révision de la loi sur les ouvriers mineurs, défense d'employer dans les mines des ouvriers ayant 60 ans, application rigoureuse de la journée de huit heures. Il a été, en outre, décidé de n'appuyer aucune candidature aux élections législatives, s'il ne s'engage pas à soutenir les délibérations ci-dessus énoncées.

Les crimes capitalistes. — Dans le plus petit des Etats de la Confédération américaine, la récolte des fruits a été cette année absolument exceptionnelle, et les prix sont tombés si bas, que les propriétaires ne peuvent pas en tirer profit. Maintenant pour en relever le prix, on a détruit des quantités énormes de fruits. En outre, dans plusieurs Etats de l'ouest, on utilise le maïs comme combustible ; dans le Kansas on a commencé à nourrir les cochons avec des pêches, car les tarifs de transport ne permettent pas de les envoyer sur le marché. On dit même que les planteurs de la Louisiane sont décidés à employer dans les sucreries les mélasses comme combustible, le transport des sirops revenant trop cher. On a calculé que la moitié de la production des mélasses pourrait remplacer les 100,000 tonnes de charbon nécessaires pour exploiter les sucreries de la Louisiane.

On voit par ces faits de quoi les capitalistes sont capables, quand leurs intérêts sont en jeu, et lorsqu'ils ne peuvent plus réaliser des bénéfices pendant quelque temps, si court qu'il soit. Mais il faut reconnaître que la faute en est surtout à l'organisation sociale actuelle qui, non seulement tolère, mais pousse à commettre des crimes pareils.

Progrès du Socialisme en Autriche. — Au deuxième congrès général des ouvriers autrichiens, le prolétariat était représenté par 193 délégués, c'est-à-dire trois fois plus qu'au premier congrès de Mainfeld. Au 1er janvier 1889, il y avait en Autriche 103 associations ouvrières, avec 15,500 membres, 7 journaux politiques avec 15,600 abonnés, et 4 journaux professionnels avec 6,000 abonnés. Au 1er mai 1891, le parti ouvrier comptait 219 associations avec 47,200 membres, 15 journaux politiques avec 55,750 abonnés, 19 journaux professionnels avec 44,400 abonnés, et 7 autres journaux avec 27,700 abonnés. Ainsi, en deux ans, les journaux étaient passés de 11 à 41, et les abonnés de 21,000 à 127,850. On voit par ces données le développement prodigieux du socialisme en Autriche, et les résultats splendides de la propagande socialiste. Les socialistes de France ne devraient jamais l'oublier.

Organisation professionnelle internationale. — Pendant que siégeait à Bruxelles le congrès international socialiste, on a vu s'y former trois organisations professionnelles internationales, celle des ouvriers des industries textiles, en métaux et en bois. Une autre organisation est sur le point de se constituer, celle des boulangers. Peu à peu, les organisations professionnelles auront une puissance avec laquelle les patrons seront forcés de compter. A la coalition internationale des patrons, on oppose l'organisation internationale des travailleurs, qui ont même trop attendu, et qui n'ont compris que trop tard les dangers auxquels l'association internationale des capitalistes les exposait.   Spartacus.

LA PROPRIÉTÉ

La propriété se compose de : terres, mines, machines, inventions (ou propriété intellectuelle), et de produits agricoles et industriels.

Est-il un homme qui puisse se dire propriétaire légitime de la plus petite parcelle de terrain, voire même d'une invention quelconque ?

Les propriétaires légitimes du sol français étaient-ils les Celtes, les Romains ou les Francs, qui se le sont successivement arraché ?

Les possesseurs dits légitimes du sol algérien furent, jusqu'en 1830, les tribus arabes ; depuis, ce sont les gouvernements français qui, selon leur bon plaisir, distribuent les terres aux colons européens.

L'histoire n'est qu'un conflit perpétuel de races et de

peuples se bousculant, s'arrachant une place au soleil, et prétendant légitimer leurs conquêtes par des lois.

Les bons bourgeois qui prêchent le respect de la propriété sont les mêmes qui acclament la dépossession des races indigènes au Tonkin et en Tunisie. Quels sont les voleurs ? Ceux qui ont accaparé pacifiquement ou par la force — peu importe — le sol et ses richesses, et qui en vivent sans rien produire, ou ceux qui, niant la légitimité de la propriété, veulent en donner la jouissance à l'humanité tout entière ?

Du reste la propriété n'a, par elle-même, aucune valeur ; seule la Société lui en donne une.

La maison Colcombet n'a de valeur que par sa situation, par ce qui l'entoure. C'est avec le concours de la Société que cette maison s'est construite, et c'est encore elle qui lui en donne la valeur ; elle devrait donc lui appartenir.

Une invention quelconque ne devrait même pas être la propriété de l'inventeur, par ce fait que c'est encore la Société qui lui a donné l'instruction nécessaire d'où a germé l'idée et les moyens de la mettre en pratique.

On peut aller plus loin, poursuivant ce raisonnement et dire : l'homme, en tant qu'organisme, n'est pas son propre produit, et à devenir intelligent ou vigoureux il n'a point de mérite. La substance cérébrale du physique tient de la nature par hérédité, et, dès sa naissance, la Société l'accueille dans son moule et la façonne. L'homme est donc le produit de circonstances, de rapports naturels et sociaux qu'il n'a ni voulu ni contribué à réaliser. Il n'a donc aucune part dans son propre mérite et aucun d'eux n'est autorisé à revendiquer, par conséquent, une situation privilégiée.

La machine — et ce mot s'étend aux engins les plus divers, depuis le bateau jusqu'à la charrue — ne peut, en tant que source de production utile à la Société, être le monopole de quelques individus.

De même que le champ, l'usine, l'outil, voire même l'idée, qui est une propriété et une des plus importantes de toutes, devraient être socialisés. Instruction, invention, découverte, perfectionnement, tout cela a une origine sociale et résume le travail collectif des contemporains et des générations précédentes.

Les Pascal découvrant une série de théories géométriques sans avoir reçu d'un maître les premiers éléments de cette science, sont une exception, et encore, sans le secours d'autres, leurs découvertes ne peuvent recevoir aucune application. Les conceptions les plus audacieuses, les génies comme Galilée, Darvin, Marx, Edison, qui ont fait des œuvres remarquables se sont basés sur les travaux des prédécesseurs aussi illustres qu'eux.

Que serait la locomotive sans le forgeron, le fondeur, le mineur, le chauffeur, le mécanicien ? Les ingénieurs jeteurs de ponts, perceurs d'isthmes, ne seraient jamais arrivés à concevoir et à faire exécuter leurs gigantesques travaux sans le concours du carrier, du maçon, du charpentier et de ces obscurs manouvriers, et aussi sans le professeur qui leur a enseigné jadis la géométrie et l'algèbre. Si les choses créées par les hommes doivent appartenir à la Société, à plus forte raison les choses incréées, plus anciennes que l'humanité (sol et sous-sol) ne peuvent être l'apanage de quelques-uns, pas plus que l'Océan, l'air ou la lumière du soleil.

Quant aux richesses créées par les hommes, si abondantes aujourd'hui, la statistique montre qu'il y a trois fois plus de produits manufacturés et deux fois plus de produits agricoles pour entretenir l'humanité dans une large aisance.

Cette production devrait être sociale ; tout le monde, selon ses aptitudes, doit y collaborer.

L'organisation sociale que nous subissons aboutit partout à l'expropriation des masses, de plus en plus le nombre des possédants diminue et il se produit dans l'ordre économique le même phénomène qui a eu lieu autrefois dans l'ordre politique. Une aristocratie se constituant à la suite de grandes commotions, puis les seigneurs luttant et s'éliminant réciproquement au point de n'être plus que quelques-uns dominés par un seigneur plus puissant, le roi.

Quand le roi fut seul, on lui coupa la tête. Voilà ce qui arriva à Louis XVI et qui arrivera à ces rois modernes qui s'appellent Rotschild et Cie.

En France, si dans quelques départements reculés, sans débouchés, le nombre de petits propriétaires a augmenté, dans les départements industrialisés, le sol appartient aux compagnies ou à un petit nombre de capitalistes.

Par la grande industrie, les riches possédants, grâce à la division du travail, aux machines, à l'achat en gros, à la facilité des transports, arrivent toujours à faire une ruineuse concurrence aux modestes possédants.

Pour les mines, par exemple, l'exploitation est épouvantable. On voit, pour la somme minime de 3 fr. 50, un homme travailler de 10 à 12 heures par jour à plusieurs centaines de mètres sous terre, dans les ténèbres, sur le dos, sur le ventre ou sur le flanc, respirer des gaz malsains auprès d'une lampe pour tout soleil, et les oisifs actionnaires voient leurs coupons doublés, triplés, quadruplés de valeur. Les actions se vendent et se revendent et donnent au plus fort enchérisseur la propriété du sous-sol. Et ces mineurs, qui creusent et travaillent jusqu'à complet épuisement de leur force pour ne pas mourir de faim avec les leurs — si toutefois un éboulement ou le grisou ne les a pas tués avant — ignorant les richesses qu'ils ont produites, ne connaissent pas même leur maître.

C'est avec des larmes de sang qu'on trouve écrite l'histoire de la propriété, chose monstrueuse qui fait tout inégal, fait mourir les uns de misère, les autres de plaisir. En résumé, la propriété, après s'être modifiée à l'infini, suivant les âges et les milieux, répond de moins en moins aux besoins de la Société. Le progrès de la centralisation, qu'il soit au bénéfice de quelques capitalistes, soit quelquefois, bien rarement, au profit de quelques ouvriers, est inévitable et nullement au bénéfice de l'humanité.

Il deviendra de moins en moins supportable jusqu'à ce que les hommes convaincus ou mécontents, dans un jour de révolte, renverseront cette Société marâtre, et feront la propriété collective.

G...

MOUVEMENT OUVRIER SOCIALISTE
DANS LA RÉGION

DIJON

La Conférence de J.-B. Clément. — Samedi 5 septembre, salle de l'Alcazar, un public nombreux venait entendre le compte-rendu du mandat du citoyen J.-B. Clément, délégué de la Fédération de l'Est au Congrès international socialiste de Bruxelles.

Le bureau formé, le président donne la parole au citoyen J.-B. Clément. Après avoir pourquoi il y avait un Parti ouvrier, quels étaient ses moyens de propagande et le but qu'il poursuivait, il examine les questions portées à l'ordre du Congrès de Bruxelles, l'importance des résolutions adoptées, et montre le prolétariat du monde entier marchant sous le même drapeau, c'est-à-dire sous le drapeau rouge des revendications sociales.

Il termine en exhortant les travailleurs à se grouper syndicalement pour la défense de leurs intérêts corporatifs et arriver ainsi à la conquête de leur émancipation.

Le président ayant demandé s'il se trouvait dans la salle un citoyen qui désirât répondre au citoyen J.-B. Clément, le compagnon anarchiste Monod demande la parole. « Je demande, dit il, au citoyen J.-B. Clément ce qu'il pense de l'expulsion des anarchistes au Congrès de Bruxelles ? » — « J'ai voté, lui répond le citoyen Clément, contre l'expulsion du délégué se disant anarchiste, parce qu'il représentait des groupes syndiqués, c'est-à-dire organisés, et qu'en conséquence il avait droit d'assister à un Congrès ayant pour but principal l'organisation des travailleurs ; mais j'aurais voté avec la majorité si ce délégué se fût présenté avec le mandat de groupes non organisés pour y combattre l'organisation des forces ouvrières sur le terrain corporatif et de la lutte des classes au point de vue électoral ; car j'estime que nous n'étions pas au Congrès pour entamer des discussions interminables sur l'utilité ou l'inutilité de l'organisation ouvrière, étant tous fixés sur ce point, »

Personne ne demandant plus la parole, le président met aux voix l'ordre du jour suivant, adopté à l'unanimité :

« Les citoyens présents à la réunion publique de l'Alcazar, le samedi 5 septembre 1891, après avoir entendu les explications fournies par le citoyen Clément, sur les travaux du Congrès international de Bruxelles, considérant que ledit Congrès a affirmé l'union des travailleurs du monde entier et leurs revendications contre la classe capitaliste, déclarent approuver hautement toutes les décisions qui y ont été prises, ainsi que la conduite de leur délégué le citoyen Clément.

« Ils flétrissent, en outre, les dirigeants de notre République bourgeoise et opportuniste qui n'oppose que du plomb à leurs justes revendications. »

La séance est ensuite levée à 11 heures 1/2 aux cris de : Vive le Parti ouvrier ! vive la Révolution sociale !

La main dans le sac. — Quand le groupe socialiste de Dijon eut mis à l'index le *Petit Bourguignon*, celui-ci exhala sa bile dans quatre longues colonnes où il se félicitait de n'avoir rien de commun avec nous. Naturellement nous laissâmes passer l'averse ; on ne répond rien aux gens qui mentent par habitude et par métier, et qui mettent en pratique les préceptes du boucher Avinain.

Pour une fois, cependant, nous nous abaisserons à discuter avec ce journal.

Le dimanche 6 septembre courant, notre ami J.-B. Clément faisait à Saint-Claude (Jura) une conférence socialiste qui obtint un succès des plus mérités.

Le correspondant san-claudien du *Petit Bourguignon*, un excellent républicain qui ne partage peut-être pas nos idées, mais qui est de bonne foi, s'empressa d'adresser un compte-rendu fidèle de cette belle réunion ouvrière à son directeur. Bien entendu, on le mit au panier. — Peu nous importe. Nos amis de là-bas sauront à quoi s'en tenir maintenant sur les intentions de l'organe Wilson-Bargy ; une fois de plus il est démontré que dans cette boutique, si l'on accueille à bras ouverts les tripatouilleurs financiers, on s'y moque comme d'une pomme, des intérêts des travailleurs.

Rendez..... les comptes..... — En septembre 1880, le coiffeur A. Bargy (surnommé ainsi parce qu'il passait beaucoup de pommade aux défenseurs du socialisme), faisait valoir auprès des populations qu'il était un des rares députés rendant compte de leurs actes au Palais-Bourbon. Et la claque applaudissait. On dira peut être que nous sommes bien curieux, mais nous voudrions tout de même savoir, quel jour, dans quelle salle et à quelle heure Monsieur Amédée daignera faire une petite causerie avec les électeurs de Dijon.

Diable, ils valent bien les pompiers de Perrigny ! Inutile qu'il y ait un banquet avant la réunion, la digestion pouvant en être assez laborieuse.

Dernière heure. — Au moment de mettre sous presse, M. Bargy nous informe qu'il rendra compte de son mandat samedi prochain, à 8 heures du soir, salle du grand Cirque.

M. Wilson, retenu par un deuil de famille, s'excuse de ne pouvoir y assister. M. Eiffel présidera ; on remboursera au contrôle tous les petits obligataires du Panama qu'il a roulés avec son ami de Lesseps.

On est prié de croire que ce n'est pas une colle !

AUXERRE. — Les travailleurs se réveillent dans notre ville, et la foi ardente qui, sous l'Empire, leur faisait envoyer un républicain au Parlement, semble les posséder à nouveau.

Mais à aucun prix, il ne faut continuer notre attitude coupable des dernières élections, c'est-à-dire, voter pour des millionnaires opportunistes ou autres qui mentent à leurs promesses et sont les soutiens de nos gouvernants.

Aux dernières élections municipales, nous avons envoyé siéger des radicaux qui se sont empressés l'hiver dernier de voter le maintien de l'aumônier au collège d'Auxerre et de le rétribuer avec les deniers des contribuables.

Le passé doit donc nous servir de leçon, et désormais nous ne devons plus soutenir que les nôtres.　　　　I.

BESANÇON. — **Conférence socialiste.** — Samedi dernier, 29 août 1891, conférence socialiste, salle de l'Alcazar.

Le président, après avoir remercié l'assemblée et l'avoir exhortée à entendre les conférenciers dans le plus grand calme, donnait la parole au citoyen J.-B. Dumay, député de Belleville.

Son apparition à la tribune est saluée par les plus vifs applaudissements. Il commence par rappeler ce que disait, il y a peu de temps, M. John Lemoine dans le *Journal des Débats* : « Le Tiers-Etat — la bourgeoisie — est vieux de cent ans ; ses connaissances économiques et sociales retardent, elles sont vieillottes ; le temps est venu pour lui de faire place au Quatrième Etat ». Il explique ensuite, en se basant sur l'histoire de la Révolution, que le programme socialiste doit être un programme d'action et que les efforts de tous doivent tendre à obtenir le pouvoir politique. Il sera alors facile de s'en servir pour imposer les réformes sociales si ardemment désirées et si indispensables. De même que les bourgeois en 1789 sont sortis de l'ornière dans laquelle ils étaient enlisés, le peuple pourrait, à son tour, se faire aujourd'hui une belle et grande place au soleil.

Il parle ensuite longuement du grand mouvement syndical qui a pris naissance au Congrès de Marseille (1879), mouvement qui prend de jour en jour plus d'extension, et dans lequel est, selon lui, tout l'avenir du prolétariat.

Soyez unis, toujours et partout, syndiquez-vous, et vos légitimes revendications se feront jour ! Voilà, en résumé, le discours du citoyen Dumay.

Le citoyen *Marpaux* est ensuite monté à la tribune pour y défendre les trois points principaux du programme socialiste ; la journée de 8 heures, le salaire minimum et l'impôt progressif.

N'en déplaise au journal des curés, *La Croix*, notre ami a pu convaincre ses auditeurs de la justesse des cahiers du peuple.

L'ordre du jour suivant a été adopté à mains levées, au milieu des acclamations les plus enthousiastes par la grande majorité des assistants :

« Les ouvriers bisontins, réunis à l'Alcazar de Besançon, déclarent, après avoir entendu les conférenciers, qu'il y a lieu, pour les ouvriers, de se faire inscrire à leurs syndicats respectifs, qui doivent être les foyers d'études où ils puiseront la force et les connaissances pour arriver à leur émancipation. »

La foule s'est ensuite retirée dans le plus grand calme, tout s'étant passé dans l'ordre le plus parfait et avec la dignité qui convient à des citoyens vraiment dignes de ce nom.

BLANZY. — C'est devant près de 400 citoyens et citoyennes que mardi soir, salle Bertrand, notre ami J.-B. Clément fit entendre sa puissante parole socialiste. Les fauves de la ménagerie Rodin, Patin et Cie n'avaient osé venir troubler par leurs cris sauvages cette belle réunion de républicains socialistes, et bien leur en prit car les camarades de Blanzy les auraient traités en conséquence.

Pendant plus de deux heures, le citoyen J.-B. Clément captiva par sa chaude parole ses nombreux auditeurs, en traitant avec une grande netteté les différentes questions sociales qui furent soulignées par d'énergiques applaudissements. Notre ami termina la conférence en rendant compte de son mandat de délégué de la fédération de l'Est au Congrès international de Bruxelles et en nous donnant connaissance des diverses résolutions qui ont été votées dans ces grandes assises du travail.

Si J.-B. Clément a quitté Montceau le cœur navré d'avoir vu tant de lâcheté de la part de certains esclaves de la mine heureusement peu nombreux, il a été très heureux de constater qu'il n'en est pas de même des ouvriers de Blanzy qui se montrent contents de recevoir et d'entendre les porte-paroles de la vraie république, chaque fois que l'occasion se présente, et qui même se sacrifient pour avoir le plus souvent les conférenciers républicains.

Honneur donc aux ouvriers de Blanzy qui, eux, ont la conscience de leurs droits et de leur devoir !

Cette belle réunion était présidée par le citoyen Cannet, maire, ayant pour assesseurs les citoyens Talpin et Ph. Vitteaut, et secrétaire le citoyen Goujon, de Montceau-les-Mines, qui tous ont été acclamés à l'unanimité.

Une collecte faite à l'issue pour la propagande socialiste, a produit 5 fr. 85 que le citoyen Clément a été chargé de remettre au secrétaire de la fédération de Dijon.

PH. VITTEAUT.

SAINT-CLAUDE. — Réunion publique du 6 septembre. — La réunion a eu lieu à la salle du gymnase malheureusement trop petite (bien qu'elle soit la plus grande qui existe à Saint-Claude), pour contenir tous ceux qui s'étaient promis d'assister à la réunion. Bon nombre de retardataires ont dû se contenter d'écouter devant la porte, et d'entendre les applaudissements.

Le format de la *Revue Sociale* ne permet pas de commenter ni de reproduire toutes les parties du discours de J.-B. Clément. Pendant deux heures, notre ami a tenu l'auditoire sous le charme de sa parole. Il a traité les questions soumises au Congrès de Bruxelles, principalement : le militarisme, la journée de huit heures, le mouvement ouvrier. Il s'est longuement étendu sur la nécessité qu'il y a pour les ouvriers de se grouper pour la défense de leurs intérêts corporatifs et politiques, tout en démontrant, avec une argumentation fine et serrée, que la classe ouvrière n'avait rien à attendre des gouvernants actuels ; que ces derniers n'avaient qu'un souci, celui de maintenir les privilèges recueillis par la classe à laquelle ils appartiennent à la suite des révolutions faites par le peuple pour détruire les privilèges de la noblesse et de l'aristocratie.

Sa conclusion a été que les ouvriers devaient faire leurs affaires eux-mêmes et envoyer des leurs dans les corps élus, sans quoi leurs intérêts seront continuellement méconnus. Ensuite un assistant demande à l'orateur ce qu'il pense du socialisme chrétien et des syndicats mixtes.

Le citoyen Clément explique alors pourquoi le clergé catholique prend une étiquette socialiste afin d'attirer à lui les masses qui s'en éloignent de plus en plus.

Il ne croit pas à la sincérité des socialistes chrétiens ; car pendant 18 siècles que le cléricalisme a dominé la France, il a bien eu le temps d'appliquer leurs doctrines, mais il ne l'a pas fait.

Pour les syndicats mixtes, il démontre que leur fonctionnement ne peut rien apporter de vraiment utile à l'ouvrier car le patron sera toujours là et y exercera la même influence qu'à l'atelier.

Les applaudissements éclataient à chaque passage du discours du citoyen Clément et cela est d'autant plus significatif que le caractère san-claudien est extrêmement froid. Il y avait bien quelques patrons, mais reconnaissons-le, c'étaient les moins durs pour leurs ouvriers. La fine fleur de l'exploitation à outrance s'étant contentée d'y envoyer des mouchards, individus facilement reconnaissables car ils portent tous sur leurs hideuses figures les stigmates de leurs bassesses et de leur indignité.

L'un d'entre eux, représentant celui-là la gent cléricale — l'autre y était représentée aussi — avait sans doute pour consigne d'encenser Constans, car pendant que Clément flétrissait la conduite du fusilleur de Fourmies, il lança cette protestation : « Constans est un brave homme. » Appelé par Clément à venir développer sa thèse, il resta bien tranquille sur sa chaise. Le conférencier lui fit alors la réplique suivante : « Il ne faut pas insulter ainsi les gens, vous pouvez bien croire que si Constans était dans la salle et qu'il s'entende appeler *brave homme* il serait profondément vexé. »

Une quête faite à l'issue de la réunion au profit des grévistes de Fourmies-Vignobles a produit 18 francs.

Citoyen J.-B. Clément, au nom des ouvriers de Saint-Claude, merci du fond de nos cœurs, au revoir et à bientôt.

LE GROUPE OUVRIER.

CREUSOT. — En récompense des votes complaisants que les commerçants et autres serfs ont bien voulu lui accorder, notre député vient de louer toutes les propriétés environnantes pour le droit de chasse. De cette façon, le gibier ne pourra plus guère être inquiété que par les plats valets et mouchards du potentat et seigneur Schneider. Si comme par le passé certains esclaves du bagne étaient tentés de se payer une partie de chasse, il pourrait bien leur en cuire.

Cette appropriation pourrait bien être faite dans un but électoral, en prévision des prochaines élections. Aux précédentes, l'administration Schneider et Cie donna des permis de pêche gratuits aux 3/4 de ses esclaves pour pêcher à la ligne dans le grand étang neuf de Torcy. Cet étang recevant toutes les eaux sales qui sortent des conduites de l'usine, il s'ensuit qu'à chaque instant on retire une énorme quantité de poissons qui, morts, sont amenés par les vagues sur les bords de l'étang, où des ouvriers sont chargés de les retirer pour les enfouir aussitôt, afin d'éviter une épidémie dans la localité.

Voilà avec quelle amorce ledit Schneider prend les badauds. Maintenant, il faut que l'ouvrier du Creusot possède une forte dose de naïveté pour ne pas reconnaître que le Schneider en question, a le droit de vie et de mort sur eux. Lorsque la mesure sera comble, il faudra bien qu'elle déborde.

J. M. S.

GENÈVE. — La grève des charpentiers continue. Les pourparlers avec les patrons n'ont pas abouti.

Cie P.-L.-M. — Quoique avortée malheureusement, faute de préparation complète, la grève des chemins de fer a eu une bonne influence sur les amendes ici. La pluie en est un peu moins abondante.

Il serait à souhaiter que des collègues déjà syndiqués voulussent bien venir faire une tournée, les bons éléments ne manquent pas, au contraire, s'il y avait un commencement d'organisation, les 2/3 du personnel auraient donné. Les sections techniques à Freycinet ne seraient pas venues nous remplacer en Suisse.

L'attitude piteuse du syndicat des chauffeurs-mécaniciens pendant l'essai de grève, a fait mauvais effet au point de vue du groupement.

Leur réponse à Yves Guyot qu'ils étaient très satisfaits de leur sort, la docilité de ceux du dépôt de Genève à filer à toute vapeur remplacer les quelques rares grévistes à Paris, en a écœuré pas mal. Ils ont beau gagner plus que les hommes d'équipe, ils ont bien leur bonne part de misère aussi.

UNE VESTE BLEUE.

LONS-LE-SAULNIER. — Le Conseil général a rejeté le vœu Pochon tendant à exiger des candidats aux emplois publics dans l'administration publique trois années de présence au moins dans les écoles de l'État.

Toute la droite et les opportunistes ont voté contre. L'un de ces derniers a défendu le contre-projet Jouffray qui tend à républicaniser les programmes scolaires. Quelle blague, quand on sait que nos enfants ont la cervelle abêtie par les idioties des Compayré et les singeries du patrouillard Déroulède et de bien d'autres.

Ni l'une ni l'autre de ces solutions ne saurait nous convenir ; nos dirigeants actuels ne sont pas de taille à lutter contre la pieuvre cléricale. On aime mieux, à l'Élysée lui faire risette, sous prétexte de ne pas attenter à la liberté des pères de famille.

Il paraîtrait que le journal *La Sentinelle* vient d'être acheté par Wilson pour défendre la politique radicale bourgeoise, c'est-à-dire pour imiter son grand frère *Le Petit Bourguignon*. Espérons que si le journal lédonien ne défend pas les intérêts des ouvriers, il profitera tout au moins de son changement de propriétaire pour payer les typos au tarif du syndicat.   J. M.

MONTCEAU-LES-MINES. — Au pays noir. — Le lundi 7 courant, 2,000 personnes environ se pressaient salle Guillemet pour entendre le vaillant orateur socialiste, J.-B. Clément. Mais, ainsi qu'on s'en doutait, la conférence n'a pu avoir lieu. A peine le président, le citoyen Goujon, ouvre-t-il la séance, que des hurlements, des cris et des vociférations de toutes sortes se font entendre, poussés par la meute à Patin, qui, au milieu d'eux, les engage du geste.

Les sifflets vont leur train, le commissaire de police ne peut obtenir le silence. Tout à coup les poings se lèvent et s'abattent de toutes parts. Voyant cela, le commissaire fait quérir la gendarmerie, qui tarde un peu à venir. Soudain, elle fait irruption dans la salle, il était temps pour le chef de la meute, qui, assailli de tous côtés par la foule indignée, lui aurait fait un mauvais parti ; la gendarmerie put donc le dégager et il fila. Enfin beaucoup d'yeux pochés et de nez tuméfiés ; certains mouchards ont été rossés comme ils le méritaient.

Disons pour terminer qu'aussitôt la conférence annoncée, le fameux Patin dirigea de tous côtés des estafettes, portant ordre aux mouchards d'être prêts le lundi soir pour faire du tapage. Ceux d'entre eux qui étaient du poste du soir avaient ordre de ne pas aller à la mine ; on en fit même remonter afin d'être le plus de monde possible.

Et dire que les Chagot, de Gournay et de Boisset laissent faire, ordonnent peut-être ; si cela dégénère en émeute, car les esprits sont surexcités, on saura bien quels sont les vrais coupables.

— Une collecte entre militants socialistes de Montceau a produit la somme de 20 francs, en faveur des grévistes de Fourmies (Nord).

TONNERRE. — Il y a quelques années, le département de l'Yonne possédait une députation réputée opportuniste, et comme il y avait à la même époque toute une fournée de jeunes bourgeois radicaux à faire entrer au Palais-Bourbon, le mot d'ordre : *tapez sur les opportunistes*, comme une traînée de poudre, traversa le département. La consigne fut si bien exécutée que, dans une réunion publique tenue à l'Hôtel de Ville de Tonnerre en 1888, le vieux père Dethou put difficilement obtenir le silence pour rendre compte de son mandat.

Cette attitude s'expliquait. Les bourgeois opportunistes avaient menti à leurs promesses ; il fallait les remplacer par des bourgeois radicaux qui devaient, aussitôt élus, oublier les leurs. C'est qu'en effet il arrive (prenez l'*Officiel*) que nos soi-disant radicaux depuis qu'ils sont députés votent avec les marquis et les ducs tout comme le faisait M. Houdaille ; avec les sacristains et les évêques bien mieux que le faisait M. Javal.

Je croyais pourtant qu'en remplaçant les opportunistes bon teint par les radicaux mauvais teint, les électeurs pensaient avancer l'heure des réformes républicaines ; mais, les soi-disant radicaux votant aussi mal que les opportunistes, je demande sincèrement ce qu'a gagné le peuple à ce changement bourgeois ?

Pour remédier à cette situation, qui consiste à tourner dans un cercle vicieux, on parle à Tonnerre de changer M. Rathier aussitôt qu'un autre bourgeois sera prêt à le remplacer — système des soutiens de M. Rathier. — Quant à ses adversaires, ils ne voient le salut que dans le triomphe futur du châtelain de Cheney.

Eh bien ! n'en déplaise aux partisans des deux systèmes, je les trouve aussi mauvais l'un que l'autre, car je suis convaincu que le futur bourgeois à trouver ne vaudra pas mieux que M. Rathier, que M. Archdeacon vaut encore moins, et que le député actuel fait les affaires du peuple aussi mal que les ont fait ses prédécesseurs et que pourront les faire ses futurs remplaçants bourgeois.

Le salut consiste et ne peut consister que dans le renversement complet de la bourgeoisie. La *Revue Sociale* ne cessera de le répéter, car ce n'est qu'à force de frapper sur les clous qu'on les enfonce et un jour prochain, d'un bout à l'autre du monde, on criera : à bas la bourgeoisie ! comme autrefois les bourgeois criaient : à bas la noblesse !

XXX.

— Nous recevons la lettre suivante :

Vous écrivez dans le numéro du 15 août dernier au sujet de l'élection d'un conseiller général, que la pièce de cent sous avait joué un grand rôle en faveur de M. Archdéacon, le 2 août dernier. Ne le croyez pas. Ce qui est la cause des 400 voix perdues par la République, c'est que dans le canton de Tonnerre (comme partout), le peuple est las de ces radicaux opportunistes qui depuis dix années, nous promettent et ne nous donnent rien.

La prochaine élection sera pire pour l'opportuniste, et nous espérons que le candidat libre et indépendant obtiendra un succès complet.   E. M.

LA QUESTION SOCIALE

A la campagne

(Suite)

Les exploiteurs du genre humain ont toutes les forces qui constituent les pouvoirs publics, notamment, je ne dirai pas, la justice, mais les lois qui la sanctionnent ; la procédure en matière de chasse est des plus iniques.

Qu'un cultivateur, propriétaire ou fermier, par mesure d'ordre, pour la conservation de sa récolte, la protège de tous les fléaux destructeurs, il est aussitôt soupçonné de braconnage et l'objet d'une surveillance active de la part du garde-chasse ou des gendarmes.

S'il est surpris par un de ces gardes à la lisière de la forêt, guette-t-il vraiment un lièvre? Cela n'est pas sûr. L'important est qu'il soit pris. Or il est pris. La plaque cousue à la carnassière du garde en ferait foi au besoin.

Oh! quel crime épouvantable! Un scélérat de braconnier a osé cette chose sacrilège : guetter un lièvre pour le tuer. S'il avait été permis aux seigneurs chasseurs de se réunir au tribunal et de juger cet infâme qui gardait sa propriété, nul doute qu'ils ne l'eussent condamné à mort unanimement, car il n'y a point si horrible chose que le crime de braconnage, ni de malfaiteurs moins dignes de pitié que les braconniers.

Mais si le garde ne le tue pas, il lui intente un procès, il passe en police correctionnelle et en est quitte pour 200 à 250 francs d'amende et aux dépens, ce qui monte à 4 ou 500 francs et souvent à 8 ou 15 jours de prison, 4 mois s'il est en récidive.

Nous le demandons maintenant: cet homme, honnête, intelligent, laborieux, ayant avant tout soin de conserver intactes les céréales qu'il a semées et qui sont la richesse, la vitalité du pays ; cet homme qu'on appelle braconnier parce qu'il a tué un lapin, qui dévastait son jardin, quel crime a-t-il commis pour être condamné à une peine aussi infamante?

Ce qu'il y a de plus injuste, de plus inique et de plus illégal, c'est qu'un propriétaire qui ne cultive pas lui-même, enlève à son fermier le droit de chasse sur les terres qu'il a louées, qu'il paye et qu'il cultive. Il faut qu'il laisse détruire sa récolte, au profit et pour le bon plaisir du propriétaire, seul reconnu maître de la chasse par la loi sacrée.

Cependant, qui est-ce qui nourrit le gibier? Est-ce le propriétaire qui a loué sa terre et qui en tire un revenu, ou le fermier qui a ensemencé et auquel appartiennent en propre les récoltes qui nourrissent le gibier?

O sainte Egalité sociale, voilà bien de tes coups !

Maintenant, plaçons-nous au point de vue moral ; quelles seront les suites fatales de semblables iniquités.

Presque toujours, la ruine, le déshonneur d'une respectable famille.

Le phylloxera a déjà dévoré ses vignes, le gibier son blé, il est obligé de vendre ce qu'il lui reste de qualité inférieure à bas prix pour payer sa ferme ; il lui faut racheter des semences trop chères ; les champs lui appartenant sont couverts d'hypothèques ; il est traqué par ses créanciers ou par son propriétaire inhumain, et aussi par le percepteur qui réclame les frais du procès de chasse. C'est ainsi qu'après avoir travaillé toute l'année, il ne récolte que la misère pour tout salaire. La paix dans le ménage est profondément troublée de ces vicissitudes, la misère entraîne toujours après elle la dislocation de la famille.

Ainsi, l'homme du peuple, celui de la campagne, comme celui de la ville, 100 ans après la proclamation de ses droits par l'immortelle Révolution, est toujours sous le joug de l'aristocratie financière.

Le cultivateur, est sous le joug du chasseur bourgeois, comme il était avant 89, le serf sous la domination du seigneur féodal ; notre situation n'est donc pas changée, elle s'est plutôt aggravée, qu'améliorée.

Nous n'avons qu'un seul moyen d'échapper · à cette oppression, c'est par une nouvelle révolution sociale, qui guérira ainsi la campagne de cette lèpre immonde qui gangrène ses membres et leur ôte toute velléité d'indépendance individuelle.

(A suivre)

E. CHAMOIN,
A Ervy (Aube).

L'abondance des matières et l'importance du mouvement régional nous obligent à remettre au prochain numéro notre correspondance habituelle sur les ateliers de chemins de fer de la région.

LES PRODUITS DE L'INDUSTRIE

(Suite)

Mais nous allons voir que la somme de produits qui pourraient échoir à chaque personne dans l'hypothèse d'une répartition est beaucoup plus considérable encore.

Dans le tableau qui a servi de base à nos évaluations, en effet, la valeur de la production industrielle de chaque pays a été calculée d'après les prix de fabrique ; or, ce n'est pas au prix de fabrique que nous achetons les produits manufacturés dont nous avons besoin. Ces produits arrivent aux consommateurs après avoir passé par les mains d'une foule d'intermédiaires, et ils représentent au moment où nous pouvons les utiliser, une somme bien supérieure à leur valeur primitive.

Par exemple: la houille qui coûte 12 francs, sur le carreau de la mine, en France, se vend dans les villes de l'Europe, 50, 60, 70 francs la tonne ; le sel, qui est évalué à 44 francs la tonne, dans les statistiques minières, se vend au détail 100 ou 200 francs la tonne; la bougie vaut 1,700 francs en fabrique et 3,500 ou 4,000 chez l'épicier ; le savon, 620 francs la tonne sortant de la manufacture et 1,600 à 2,000 francs dans les magasins; la plupart des tissus dont nous nous servons, ont acquis une plus-value triple, quintuple ou décuple au moment où nous les utilisons comme vêtements ; il y a enfin des objets manufacturés, certains produits pharmaceutiques par exemple, que nous payons jusqu'à cent fois leur valeur réelle.

Il n'est pas possible d'évaluer dans quelle mesure exacte les transports, les taxes diverses, les frais de commerce, les bénéfices des intermédiaires ou des ouvriers font augmenter le prix des produits industriels, mais on peut affirmer que l'un dans l'autre ces produits ont acquis en moyenne une valeur *quintuple* de leur valeur première au moment où ils sont livrés aux consommateurs.

Par conséquent, la *valeur marchande* de la production industrielle de l'Europe et de Etats-Unis n'est pas de 162.875.000.000 de francs, mais de :

814,375,000,000 de francs.

Cela représente 2,104 francs par habitant. Cette somme est-elle suffisante pour assurer largement les besoins de chaque individu? On peut affirmer *a priori*, que oui, mais pour résoudre mathématiquement la question, nous allons calculer quelle est, évaluée en francs, la quantité de produits industriels nécessaire à chaque personne annuellement.

Cette quantité n'est pas aussi facile à évaluer que celle des substances alimentaires dont l'homme a besoin pour se nourrir. En effet, nous savons, d'après les travaux des physiologistes, quelle est la ration alimentaire de l'homme, tandis que les économistes ne nous disent pas quelle est sa *ration industrielle*. Cependant, il n'est pas très difficile d'en établir les éléments, et d'en fixer le prix.

· Pour calculer ce que chaque personne doit nécessairement consommer de produits manufacturés, il suffit de poser en principe que les dépenses principales de l'homme sont, en dehors de la nourriture et du logement, les frais de chauffage, d'éclairage et de vêtement. Tout individu qui est logé, nourri, chauffé, éclairé et vêtu, n'a plus que des dépenses minimes à faire pour avoir le bien-être.

Quelle somme chaque personne doit-elle dépenser pour se donner le bien-être? Nous allons le dire, mais pour que l'on ne nous accuse pas de nous faire la partie trop belle, nous prendrons comme base de notre évaluation, non pas les dépenses d'un paysan ou d'un ouvrier habitués à se contenter du strict nécessaire, mais celles d'un bourgeois aisé, habitant une ville où le coût de la vie est supérieur à la moyenne.

Voici le tableau que l'on peut dresser dans cette hypothèse :

Dépenses annuelles d'un individu aisé :

Chauffage et éclairage	80 francs
Vêtements et chaussures.	450 »
Dépenses secondaires.	70 »
Total.	600 francs

Ce chiffre de 600 francs est-il une évaluation exacte? Nous pouvons affirmer qu'il est supérieur à la moyenne des dépenses des personnes aisées, qui vivent sans luxe mais très convenablement. D'ailleurs il représente la dépense annuelle d'un adulte et, dans la population de l'Europe et des États-Unis, il y a, nous l'avons déjà dit, des millions d'enfants (environ 55 millions) dont les frais d'entretien sont beaucoup moindres. Quoi qu'il en soit, prenons ce chiffre tel quel et comparons-le avec celui qui indique la répartition par personne de la valeur industrielle disponible annuellement ; nous aurons le tableau suivant :

Valeur des produits manufacturés par habitant	2.104 francs
Valeur des dépenses d'entretien par habitant.	600 »
Différence en plus.	1.504 francs

Les nombres qui précèdent nous permettent de tirer une conclusion facile :

Tout le monde sait (inutile de le démontrer) qu'il y a sur la terre beaucoup plus de maisons qu'il n'en faut pour loger convenablement tous les hommes ; nous avons prouvé dans notre étude sur les *Produits de la Terre* que les substances alimentaires sont deux fois plus abondantes que les besoins de l'humanité ne le comportent ; enfin, l'étude des produits industriels nous amène à la constatation que la quantité des objets manufacturés, évaluée en francs, est *trois fois plus considérable* que la somme représentant les dépenses nécessaires d'entretien.

L'homme a besoin de 600 francs de produits industriels par année ; le travail ouvrier lui en fournit pour 2,104 francs. Il y a donc de quoi donner à tous, non seulement le bien-être indispensable à la vie, mais encore un luxe assez étendu.

Et les conclusions auxquelles nous aboutissons seront encore beaucoup plus frappantes si nous comparons, comme dans notre première étude, les dépenses d'entretien et la valeur des produits, non plus par tête d'habitant, mais pour l'ensemble de la population qui a servi de base à notre étude. D'après ce que nous avons calculé plus haut, la valeur des dépenses annuelles d'entretien est de 600 francs par personne ; pour la population de l'Europe et des États-Unis elle sera donc de :

600 × 387,000,000 = 232,200,000,000 de francs.

En comparant ce total avec celui de la valeur industrielle disponible chaque année, on obtient en définitive le tableau suivant :

Valeur des produits manufacturés utilisables annuellement	814.375.000.000 de francs
Total des dépenses d'entretien.	232.200.000.000 »
Différence en plus.	582.175.000.000 de francs

Dans l'état actuel de l'industrie, il y a donc, par rapport aux besoins particuliers de l'individu, un énorme excédant de production industrielle. Que devient cet excédant qui, réparti entre tous les habitants, donnerait à chaque individu une grande somme de bien-être ? Une partie est employée à l'entretien des maisons, voies ferrées, canaux et aux constructions nouvelles. Supposons que cette partie représente la moitié de l'excédant (nous prenons à dessein un chiffre beaucoup trop fort pour ne pas être accusé de conformer nos évaluations aux conclusions de notre thèse) ; il restera toujours une somme de 291,087,000,000 de francs d'excédant, c'est-à-dire assez pour fournir de produits plus de 485 *millions d'hommes*. Et, pour cette somme, nous pouvons affirmer avec plus de certitude encore que nous ne l'avons fait pour les produits agricoles, qu'elle est gaspillée entièrement par les classes riches. Le riche, en effet, ne peut accaparer à son profit les aliments que, dans des limites relativement restreintes, tandis que pour les produits industriels, sa puissance d'absorption est sans limites.

Ce que le luxe de la table enlève au revenu alimentaire de l'homme n'est rien en comparaison de ce que prend le luxe de la maison au revenu de l'industrie manufacturière. Car le millionnaire, non content de se donner tout ce qui lui est nécessaire pour satisfaire largement ses besoins réels, accapare aussi tout ce qu'il lui faut pour apaiser une foule de besoins factices. Ne sachant où dépenser ses revenus, il entasse dans ses maisons 10 fois, 20 fois la quantité d'objets manufacturés qui lui est nécessaire ; il prélève ainsi sur l'avoir de l'humanité des sommes véritablement fantastiques. Et, ce qu'il y a de plus triste dans cette action qu'exerce le riche sur la société, c'est qu'elle contribue à modifier la direction de l'industrie elle-même et à la pousser vers la fabrication d'objets sans utilité au détriment de la production d'objets nécessaires.

Dans les ateliers où l'on s'occupe d'industries dites de luxe, il y a des millions d'ouvriers qui dépensent leurs forces et leur intelligence à un travail n'ayant d'autre but que la satisfaction de quelques centaines de milliers de riches. Car, il ne faut pas oublier qu'à côté du luxe intelligent, artistique et élevé, il y a le luxe mesquin et bête, qui a pour but, non de créer des objets d'arts et des produits somptueusement beaux, mais tout simplement de flatter la vanité d'un tas de richards prétentieux et pour la plupart stupides.

Et pendant qu'en haut nous voyons cette poignée de repus se ruer sur les produits industriels, les accaparer à son profit de la manière la plus scandaleuse, en bas, des millions de va-nu-pieds affamés n'ont pas même un habit pour se couvrir, un grabat pour reposer leur tête.

...

Le Gérant, V. Millerand.

Dijon. — Imp. Carré, rue Amiral-Roussin, 40.

2ᵉ année — Nᵒ 18   10 centimes   1ᵉʳ au 15 Octobre 1891

LA REVUE SOCIALE

ORGANE BI-MENSUEL

De la Fédération des Travailleurs Socialistes de l'Est

PARAISSANT A DIJON

ADMINISTRATION		ABONNEMENT
Adresser toutes communications et mandats à l'Administrateur délégué, rue de la Mégisserie, 20, **DIJON**.	*De chacun selon ses forces* *A chacun selon ses besoins*	Un an, **2 fr.** — 6 mois, **1 fr.** — 3 mois, **50 cent.** PERMANENCE tous les jours, au siège social de la Fédération, rue de la Mégisserie, 20, **DIJON**.

SOMMAIRE :

La crise viticole et le socialisme . . .   P. LAFARGUE.
Bulletin de quinzaine. . . . .   C. N.
Montceau-les-Mines . . . .   J.-B. CLÉMENT.
Mouvement socialiste de la région . .   O. Z.
La Question sociale à la campagne (suite)   E. CHAMOIN.
Les armées permanentes . . . . . .   J. ZAMBEAU.
Communications, petite correspondance, etc.

LA CRISE VITICOLE

et le Socialisme [1]

Le phylloxera est en Champagne !

Tel est le cri d'alarme qu'ont poussé avec conviction les fabricants de vins de Champagne, qui tous sont de grands propriétaires, et qu'ont répété en chœur tous les journalistes aux gages des capitalistes. Le vin de Champagne que ne boivent pas les prolétaires, ni les vignerons qui le récoltent, ni les *cavistes* qui le préparent, mais qui réjouit les cœurs des richards de France, d'Allemagne, d'Angleterre et de Russie, était menacé. L'honneur et la fortune de la France étaient compromis.

Vite, on nomme des commissions scientifiques pour traquer l'Attila des insectes, qui, partout où il passe, ne laisse derrière lui que de l'herbe. Les hommes de science, armés de pioches et de loupes, découvrent le monstre dévastateur tapi dans les racines de quelques pieds de vigne : ils déclarent que, pour résister au terrible animal, il faut arracher les vignes et ruiner les champs envahis pour sauver le pays de la ruine.

Mais, phénomène étrange qui ne cadre pas avec l'égoïsme proverbial des paysans, toujours heureux de voir malheur arriver au champ voisin, voilà que les conseils communaux s'insurgent et que les vignerons s'ameutent et, armés de fourches et de fusils, chassent les commissions anti-phylloxériques et leurs ouvriers, dès qu'ils font mine de vouloir toucher aux vignes pour les arracher.

Alors commence un autre concert dans les journaux bourgeois, les syndicats agricoles et les assemblées des fabricants ; tous comme un seul homme beuglent à la crasse stupidité des paysans : — On veut leur bien, on cherche à sauver leurs vignes par quelques mesures préventives et ils se révoltent. On insulte les vignerons à bouche que veux-tu ; on prétend que le proverbe avait bien raison quand il disait que 99 moutons et un Champenois, cela faisait 100 bêtes.

Pas si bêtes que ça, les vignerons. Ecoutons-les :

— Nous voulons protéger nos vignes contre le phylloxera de toutes les manières, disent-ils, mais auparavant il faut nous convaincre que le phylloxera existe, il faut nous le montrer en chair et en os. et non pas se contenter de nous dire qu'on l'a vu dévorant des racines. Faites-nous-le voir. Puis vous nous dites que le phylloxera est un animal ailé ; ce n'est pas en arrachant quelques pieds de vigne que vous l'empêcherez de voler ; ni que vous empêcherez les wagons de chemins de fer de vous l'apporter, en même temps que des voyageurs et des marchandises venant du pays où le phylloxera règne. Les commissions ont été nommées par les grands propriétaires et les fabricants qui voudraient semer la terreur dans le pays, nous forcer à arracher nos vignes, achever de nous ruiner, et nous obliger à mettre en vente nos terres en nous réduisant à la misère ; le marché étant encombré de biens à vendre, ils les achèteraient pour un morceau de pain.

Un jeune socialiste, nommé René Lamarre, doué de grande activité et de courage, s'est mis à la tête des vignerons et, à la grande fureur des fabricants de vin de Champagne et de leurs valets de plume, il les a organisés en syndicat, qui va maintenant s'occuper de rechercher et de détruire l'insecte.

La crise phylloxerique n'est qu'une des escarmouches de la lutte que les vignerons de la Champagne soutiennent contre les fabricants ; lutte qui tous les jours devient plus intense et qui ne tend à rien moins qu'à l'expropriation des vignerons cultivateurs au profit des grands propriétaires. J'ai eu l'occasion d'aller en tournées de conférences dans la Champagne, avec l'ami Pédron ; j'ai causé avec beaucoup de paysans qui m'ont raconté leurs misères ; plusieurs m'ont dit avec un cri de rage : « Aujourd'hui je suis obligé de bêcher pour un autre la vigne qui m'a appartenu, qui a appartenu à ma famille depuis plusieurs générations. » Je vais rapporter ce qu'ils m'ont dit.

---

(1) Nous ne pouvons que conseiller la lecture de cet article aux vignerons de la Bourgogne, et les engager à imiter leurs camarades d'Epernay, qui viennent de fonder un syndicat de 3,000 membres, dont le journal s'appelle crânement *La Révolution Sociale*.

..

La terre est excessivement morcelée en Champagne : mais son produit est tellement rémunérateur que le vigneron, avec un lopin de terre pouvant lui donner bon an, mal an, quelques barriques de vin, vivait autrefois dans une certaine aisance. Il vendait aux fabricants, dans les années ordinaires, la pièce de vin 400 et 600 francs, et dans les années exceptionnelles 800 et 1,000 francs ; dans les pays renommés, comme Aÿ, il obtenait 1,200 et 1,800 francs.

Mais ces temps ne sont plus. Autrefois, le paysan faisait lui-même le vin, et le vendait aux fabricants qui le transformaient en Champagne. Ces messieurs ont introduit d'autres usages. Au lieu d'acheter le vin en barrique, ils achètent le raisin au kilo ; depuis 1880, ils l'ont payé en moyenne à raison de 0 fr. 80 le kilo. En 1889, un fabricant ayant voulu accaparer la récolte pour être seul à avoir en cave du *vin du centenaire*, les paysans ont pu obtenir un meilleur prix ; ils ont vendu le raisin à raison de 2 fr. le kilo. Cette habitude s'est tellement généralisée et enracinée, que chez bien peu de vignerons on trouverait, à l'heure présente, des pressoirs, des cuves et des tonneaux pour faire le vin. Avant la récolte, les fabricants, qui s'entendent comme larrons en foire, pour voler le cultivateur, fixent le prix d'achat du vin ; le vigneron, qui n'a plus les ustensiles pour faire du vin, est obligé de vendre au prix de ces messieurs qui ont essayé d'employer du vin de Hongrie pour faire le Champagne.

Or, pour faire un litre de vin, il faut un kilo et demi de raisin ; pour une barrique de 200 litres, il en faudra donc 300 kilos, qui, à raison de 0 fr. 80 le kilo, reviennent au fabricant à 240 fr. ; à ce prix, il a une pièce de vin qu'il payait autrefois 400 et 600 francs.

Les nouveaux prix sont ruineux pour le vigneron. La terre de Champagne nécessite beaucoup d'engrais et de travail ; n'étant pas très profonde, il faut en beaucoup d'endroits coucher la vigne et la faire provigner ; c'est pour cela, disent les agronomes, qu'on ne pourra se servir des plants américains avec des greffes françaises, car le bois couché et mis en terre ne sera plus de la vigne américaine.

On calcule que les frais de culture d'un hectare de vigne s'élèvent à 1,500 fr. et qu'il donne une moyenne de 12 hectolitres : or, 12 hectolitres à raison de 240 fr. les deux hectolitres, cela fait 1,440 fr. par hectare, soit un déficit de 60 fr. Le vigneron, dans ces conditions, est obligé de donner moins de labours et d'engrais ; il diminue par conséquent le rendement de la terre et augmente sa misère ; il tombe dans les mains de l'usurier, qui souvent est le gros propriétaire sous un prête-nom. Après avoir travaillé plus rudement que l'ouvrier dans l'usine et que le forçat au bagne, il est forcé de vendre la terre qu'il aime tant, qu'il a fécondée par son travail sans relâche.

Pour activer le procédé d'expropriation, tous les moyens sont bons. En voici un qui m'a été cité comme fréquemment employé et qui est spécial au pays.

J'ai dit que la terre est très morcelée ; il arrive au vigneron de posséder une bande de terre large de quelque dizaine de mètres et longue de plusieurs centaines, enclavée dans la terre d'un gros propriétaire : celui-ci plante sur la bordure de son bien des acacias, ou des topinambours, dont les racines traçantes, envahissent le champ du vigneron, épuisent la terre et lancent des tiges au milieu des vignes. Le paysan est alors forcé de vendre une terre qui ne lui rapporte presque plus rien. Le phylloxéra serait un moyen plus simple et plus expéditif d'exproprier le paysan ; il a joué ce rôle dans l'Hérault. Le vigneron dont les vignes avaient été ravagées était forcé de s'endetter pour payer les impôts et de vendre pour acquitter ses dettes ; expropriés de leurs champs, beaucoup de paysans ont été en Algérie, planter des vignes, tandis que les gros propriétaires arrondissaient leurs biens avec leurs terres achetées pour un morceau de pain.

Malheureusement, le triste sort des cultivateurs de l'Hérault est celui que l'avenir tient en réserve aux vignerons de la Champagne, à moins qu'ils n'écoutent les conseils du père de René Lamarre et ne se syndiquent pour fabriquer le vin de Champagne comme les paysans du Jura et de la Suisse s'associent pour fabriquer le fromage avec le lait de leurs vaches.

L'expropriation marche à grands pas en Champagne : elle se fait au profit de capitalistes allemands, à juger par les noms des principaux fabricants de vins de Champagne, qui sont Koch, Plankaert, Heidsieck, Kruc, Piper, Deutz, Mumme, Bollinger, Geldermann, Rœderer, etc. Bismarck a enlevé l'Alsace et la Lorraine à la France, les capitalistes allemands et français ont volé aux paysans de l'Hérault et de la Champagne la terre qu'ils possédaient depuis des générations.

La révolution sociale pourra seule faire rendre gorge aux voleurs !

Paul LAFARGUE.

BULLETIN DE QUINZAINE

Les patrouillards nous donnent du fil à retordre. A les entendre, notre armée est prête pour la revanche. La comédie des grandes manœuvres l'a suffisamment prouvé. Carnot félicite Freycinet, qui félicite Saussier, qui félicite Barabant, qui félicite, etc. Quant aux réservistes qu'on arrache à leurs affaires et à leurs familles, qu'on entasse dans les wagons à bestiaux, qui font des marches de 65 kilomètres par suite de l'excès de zèle d'un officier supérieur, qui n'ont pas de paille de couchage, qui paient le pain aux paysans rapaces trois ou quatre fois sa valeur, on ajoute qu'ils ont bien mérité de la patrie.

Triste consolation ; si la discipline de fer de l'armée n'empêchait les pauvres diables de parler, combien ils diraient ce qu'ils pensent de cette patrie qui les prive d'un mois de salaire, les oblige à des dépenses extraordinaires, pendant que la femme et les enfants vivent comme on dit de privations, pour ne pas grever le budget de la famille, si maigre déjà aux approches de l'hiver !

..

Et pendant que les troupiers s'éreintaient dans l'Est, les naïfs de Parisiens qui chaussent les bottes de Rochefort et de Déroulède, gueulaient « à bas Wagner » sur la place de l'Opéra, sous couleur de patriotisme, et à propos de *Lohengrin*.

Décidément, les Français sont fous. Quoi, Wagner aurait un jour insulté la France, mais combien d'entre eux n'ont-ils pas insulté l'Allemagne ?

Le patriotisme national serait-il donc tel que ce qui est bien dans un pays est mauvais dans l'autre ? Drôle de morale tout de même, et combien tous ces gens-là sont assez serins d'aller se faire emboîter par Constans pendant que Rochefort reste bien tranquille de l'autre côté de la frontière.

..

Haro sur le mécanicien ! dit notre confrère du *Parti Ouvrier*. Comme c'est bien vrai !

Le malheureux Caron, le bouc émissaire de la catastrophe de Saint-Mandé, vient d'être condamné par la justice bourgeoise à deux années de prison et 3,000 francs d'amende.

Sa faute? Lui, l'employé modèle par excellence, a eu le tort de se baisser au moment du choc des deux trains ; il a eu un instant de défaillance ; à la bonne heure, les bourgeois, eux, n'en ont pas.

Le mauvais état du matériel de la Compagnie de l'Est, ses règlements à double entente, l'encombrement bien connu dans les gares de la banlieue de Paris, tout cela ne compte pas. Les hauts fonctionnaires sont indemnes ; la Compagnie s'en tire avec un million d'indemnité aux victimes ; on les rattrapera en faisant tomber dru les amendes sur le personnel, et comme toujours les gueux de toutes nuances, taillables et corvéables à merci seront les seuls qui pâtiront dans l'affaire.

Pauvre civilisation, que de crimes on commet en ton nom !   C. N.

MONTCEAU-LES-MINES

La situation dans laquelle se trouvent actuellement les mineurs de Montceau-les-Mines doit être mise sous les yeux des travailleurs, dans l'espoir qu'elle leur servira d'enseignement.

En 1881 et 1882, les mineurs des bagnes Chagot, fatigués du joug qu'ils subissaient, comprirent qu'ils ne pourraient mettre un frein à la tyrannie de leur potentat qu'en se groupant entr'eux. En peu de temps, grâce à l'énergie, au dévouement et à l'intelligence de travailleurs d'élite, bravant les menaces et les colères patronales, il y eut des Chambres syndicales à Montceau-les-Mines et dans tous les environs.

Cette bonne organisation, qui apportait un peu de soleil et de confiance dans l'existence sombre de ces serfs de la mine devait naturellement porter ombrage au maître, habitué à considérer jusque-là ses ouvriers comme des bêtes de somme, comme des serfs corvéables à merci.

Ne pouvant arrêter cet admirable élan, ni mâter l'énergie des militants, voici, à quels moyens on eut recours: On recruta des hommes à tout faire. Ceux-ci se mirent à la besogne, et après avoir groupé autour d'eux quelques pauvres diables aussi honnêtes et convaincus que les autres l'étaient peu, ils leur mirent en tête que le meilleur moyen d'en finir avec l'exploitation capitaliste était de faire tout sauter. De braves jeunes gens, des pères de famille se laissèrent convaincre, et les traîtres, comme on va le voir, leur procurèrent de la dynamite. Les autorités étaient au courant de ces complots et laissaient tout faire. Enfin, tout se borna à faire sauter quelques vieilles croix vermoulues situées dans les champs ou à des coins de route. La plus grosse affaire fut le coup de dynamite qui ébranla les murs d'une chapelle.

C'était ce qu'on attendait pour détruire les syndicats, opérer des arrestations et commencer l'ère des persécutions; enfin, pour terroriser Montceau et les environs.

De braves ouvriers furent arrêtés, enchaînés et jetés en prison. Les uns furent condamnés à des cinq et dix ans de réclusion, les autres à des dix et vingt ans de travaux forcés. C'en était fait de l'organisation syndicale de l'union des travailleurs et le potentat Chagot triompha.

Celui qui trama ce complot fut bien arrêté et condamné à cinq ans de prison. Mais pendant que ses victimes subissaient toutes les tortures de la captivité et que leur femme et leurs enfants en étaient réduits à la mendicité, le traître jouissait de toutes les faveurs : on l'utilisait dans la prison aux travaux les plus agréables, et sa femme et ses enfants recevaient des subsides de la direction. Plus tard, on retrouva le traître représentant de la maison Chagot, dans une succursale d'une ville de la Bretagne, tandis que ses victimes souffraient le martyre dans des maisons de réclusions ou en Nouvelle-Calédonie.

Les arrestations et les condamnations n'apaisèrent pas la colère des Chagot et consorts. Ils eurent recours à d'autres moyens encore. Ils s'adressèrent à un individu qui, à une époque, avait été dans les syndicats le plus violent des violents. Quoique fixé sur son peu de capacité, on le savait remuant, ambitieux et vaniteux. On devina qu'en le faisant commandant d'une bande, et qu'en lui donnant en récompense un poste où il n'aurait rien à faire, qu'à étaler sa personnalité prétentieuse, on en ferait ce qu'on voudrait, en un mot qu'on aurait en lui un agent de corruption, de délation et de désorganisation. C'est ce qui arriva. Aujourd'hui, à Montceau, l'agent de Chagot a organisé une bande composée d'une centaine de malheureux qui se lancent partout où on les envoie.

On les a surnommés les « Vingt-sept Sous », parce que c'est, paraît-il, le prêt qui leur est alloué quand il y a un coup à faire; une besogne immonde à accomplir. Et c'est ainsi qu'il ne peut plus y avoir une réunion à Montceau sans coups de poing.

Ils ont pour consigne d'empêcher de parler quelque orateur que ce soit, excepté les curés. Ils sont tous munis de sifflet et se reconnaissent à un mot d'ordre. Ils sont connus dans le pays sous le nom de « la bande à Mandrin » de « la bande noire ». Il est bon d'ajouter qu'ils jouissent du mépris de la généralité des commerçants aussi bien que de ceux qui ne partagent pas nos idées socialistes.

Et le triste, c'est que bon nombre de mineurs, de braves gens, socialistes de cœur et d'esprit, obligés de subir cet état de choses, sont compris comme faisant partie de la bande, et n'osent s'en défendre tout haut dans la crainte de perdre leur travail. C'est l'inquisition, c'est l'espionnage organisés sur toute la ligne; les mouchards opèrent à domicile : On veut savoir ce que fait la femme pendant que son mari est à la mine; on note ce que fait, dit et à quoi s'occupe l'homme après sa journée de travail; on sait qui il fréquente, dans quel débit il va prendre un verre, et si ce ne sont pas des gens de la bande, malheur à lui ! On le tient à l'œil, on lui flanque toutes les corvées et tout le mauvais ouvrage, on réduit sa journée de 5 f. à 50 sous ou 3 fr.

Malheur aussi à celui dont la femme ne va pas à la messe, à celui qui ne ferait pas baptiser, communier ses enfants. Le diable apparaît chez lui dans la personne du mouchard en chef, et, selon son rapport, le pauvre homme est appelé au bureau pour s'y entendre sermoner et pour s'y voir régler son compte.

Nous en passons et des plus tristes et des plus abominables. Mais tout le monde, dans le pays, est d'avis que ce n'est qu'un mauvais air qui a passé sur Montceau et que ça ne durera pas. C'est aussi notre avis. Après avoir vu et entendu les quelques militants restés fidèles au drapeau, nous sommes convaincu que rien n'aura raison de leur dévouement ni de leur énergie.

Ils sont là et à Blanzy une poignée d'hommes aussi estimables par leur conduite que par leur sincérité, qui, jouissant de la sympathie générale, finiront par avoir raison de la bande aux « Vingt-sept Sous », parmi laquelle, du reste, se trouvent quantité de malheureux qui n'attendent que le moment de rentrer dans les rangs de leurs vrais camarades de travail et de misère.

Du reste, les mineurs de Montceau pouvaient-ils oublier la sympathie que la France leur a témoignée? Lors des évènements dont nous avons parlé à Paris, en province, à l'étranger même, le Parti ouvrier organisait réunion sur réunion. Ses propagandistes étaient tous en route et partout où ils passaient ce n'était que pour en appeler à la solidarité en faveur des victimes de Chagot. Au récit qu'on faisait de leur martyrologe, on pleurait et les gros sous tombaient pour alléger leur misère.

On peut dire que, pendant des années, le Prolétariat français eut les yeux fixés sur Montceau-les-Mines. On avait à peine prononcé le nom de ce Cayenne capitaliste qu'on se découvrait en se disant: C'est là que nous verrons bientôt flotter le drapeau libérateur de la Sociale!

Il ne se peut que nos camarades de Montceau oublient ces explosions de sympathie dont ils ont été l'objet. Et maintenant que le Parti ouvrier n'est plus à l'état embryonnaire comme il y a quelques années, comme il est aujourd'hui une puissance avec laquelle on est obligé de compter, nous espérons que les camarades de Montceau sauront secouer le joug inquisitorial qu'ils subissent actuellement, et que se disant que l'émancipation des travailleurs ne peut être que l'œuvre des travailleurs eux-mêmes, ils laisseront les mouchards et les traîtres qui les divisent à leur immonde besogne et viendront reprendre dans les rangs du Prolétariat la place qu'ils y ont occupée.

J.-B. CLÉMENT.

MOUVEMENT OUVRIER SOCIALISTE

DANS LA RÉGION

DIJON

Groupe d'études sociales de la Grille de fer. — Les adhérents en retard de deux trimestres de leurs cotisations sont prévenus que le service du journal la *Revue sociale* leur sera supprimé à partir du 1er octobre prochain.

Conférence anarchiste. — Le Compagnon Sébastien Faure donnera, samedi 3 octobre, au Cirque d'Été, une conférence publique et contradictoire sur la question sociale.

Conseil municipal. — Décidément, la théorie de l'évolution est à l'ordre du jour. Dans les hautes sphères gouvernementales, Carnot tend la main aux évêques, pendant que l'homme du 16 mai, Buffet, embrasse l'opportuniste Méline et crie « Vive la République! » comme un simple Lavigerie.

Au conseil municipal de Dijon, c'est à peu près la même chose.

Il y a six mois à peine, la majorité radicale hurlait quand on lui parlait socialisme; depuis que, pour conserver ses sièges, le demi-quarteron de radicaux qui siège à l'hôtel de ville a fourré ses mains dans les sales pattes des opportunistes Pernot, Bordet, Parry et autres Trunel, il adore comme un simple Sicambre ce qu'il brûlait hier. Mystère et renouvellement général. C'est ainsi que neuf conseillers ont voté l'autre jour la réduction de la journée de travail à 10 heures sur les chantiers communaux; mais ils ont été battus par les suffrages de treize autres.

Notre confrère du *Petit Dijonnais*, dont les tendances socialistes s'accentuent tous les jours, anathématise, avec raison d'ailleurs, la bande des entrepreneurs Poillot, Parry, Marchet, Trunel, etc., dont les agissements louches ont fait échouer une revendication bien modeste, hélas, des ouvriers dijonnais.

Mais, au citoyen Philippe, qui jette feu et flammes contre toute cette engeance et qui est un nouveau dans la galère dijonnaise, nous pourrions lui rappeler que toutes ces propositions ont été déposées sous le dernier conseil à différentes reprises et qu'elles ont toujours été repoussées à

l'unanimité moins deux voix par ceux-là mêmes, les Carteron, Dumont, Devilliers, qui les défendent aujourd'hui! Mystère et élections générales!

La conversion de la dette. — Vaut-il mieux que les contribuables soient mangés à la sauce Bordet-Pernot ou à celle Dumont-Groffier? Telle est la question pendante en ce moment devant le conseil municipal. Pour jeter de la poudre aux yeux des naïfs et avoir l'air de préparer de grands travaux, il faut se procurer des ressources pécuniaires, et naturellement on a recours à un emprunt déguisé, c'est-à-dire à une conversion de la dette municipale, idée chère à l'ex-Rouvier dijonnais.

Aujourd'hui, la dette de la ville est remboursable dans une moyenne de 31 années.

Nos édiles opportunistes proposent d'emprunter pour 50 ans (??) c'est-à-dire d'engager l'avenir au profit de leurs — bedides gombinaisons — capitalistes. L'annuité serait de 475,000 francs.

L'opposition radicale, guidée par M. Dumont — qui rage de ne pas être maire — propose un emprunt pour 37 années seulement, mais l'annuité serait de 639,000 fr.; la différence entre les deux systèmes n'est pas sensible; le dernier est un peu moins canaille, voilà tout, mais il aboutit au même résultat, celui de conserver sur les épaules des contribuables dijonnais un tas de centimes additionnels qui devaient disparaître l'année prochaine.

Et savez-vous à quoi serviront les deux millions (environ) de boni provenant de la dette? A construire une bourse de commerce, à restaurer le théâtre, à payer les immeubles expropriés pour cause d'élargissement de certaines rues (bonne affaire pour MM. les vautours), etc. Quant aux travailleurs, s'ils ont des poches, ils peuvent se fouiller.

C'est une grosse sottise que vont faire là nos conseillers provisoires, qui n'ont plus que six mois à siéger avant de retourner devant les électeurs.

Radicaux et opportunistes s'entendent comme larrons en foire pour nous gruger, ils ne diffèrent que sur la manière de préparer la sauce.

Et l'on nous dit que les Carteron et autres viennent d'entrer dans la voie socialiste. Allons donc! Leur projet de conversion ne l'indique guère.

Au pied du mur, on voit le maçon, n'est-ce pas?

Eh bien, si les radicaux sont aussi socialistes que cela, rappelons-leur que bientôt ils auront à discuter la question du monopole des pompes funèbres qui procure de scandaleux bénéfices à la maison Duthu. Nous verrons bien si l'un d'eux ose demander sa transformation en service public municipal. Et alors, nous aurons jugé définitivement la dose de bonne foi qui les anime.

Il ne suffit pas de pester contre les opportunistes: il vaudrait mieux ne pas les imiter.

Bargyroueries. — Dans notre dernier numéro, nous annoncions que M. Amédée allait rendre compte de son mandat à Dijon. Notre bonne foi a été surprise; c'est à Gevrey-Chambertin que la chose s'est passée. Le menu était excellent; le vin aussi. Au dessert, M. le député a dég...usté sur les républicains socialistes. On a dû brûler du sucre pour désinfecter la salle.

Pouah!

Fête familiale. — Les groupes du Parti Ouvrier dijonnais organisent une fête familiale dont nous publierons ultérieurement la date et le programme. Le bénéfice sera destiné à payer les dettes occasionnées par les dernières élections municipales.

A l'issue de la fête, une tombola sera tirée au profit de l'œuvre. Les camarades désireux d'aider à la réussite de cette fête sont priés d'adresser les lots chez le citoyen Dessirier, rue de la Mégisserie, 29. Nous les remercions d'avance.

AUXERRE. — Élection législative. — Dans peu de temps, les électeurs de la première circonscription d'Auxerre vont être convoqués à l'effet de nommer un député en remplacement de M. Laffon, décédé ; la lutte promet d'être vive, à en juger par la polémique déjà engagée par les journaux de la localité. Nous ne pouvons encore présager quelle attitude et quelle décision aura le groupe républicain socialiste qui, du reste, a déjà eu l'occasion de s'occuper de cette question dans sa dernière assemblée générale du 13 septembre, et à laquelle assistait notre camarade Burlot, de Brienon, qui a bien voulu nous donner quelques conseils sur la marche à suivre.

Nous espérons que les ouvriers ne resteront pas indifférents dans cette circonstance, et qu'ils examineront, sans trop d'emballement, la situation ; ils ne doivent pas oublier combien les candidats sont prodigues de promesses lorsqu'ils sollicitent les voix des travailleurs, et que rarement, leurs actes et leurs votes se trouvent d'accord avec les belles paroles qu'ils ne manquent pas d'adresser aux électeurs avant le scrutin.

Il faut, à tout prix, dans l'élection qui va se produire, que les revendications ouvrières soient agitées, et nous voulons croire que les citoyens soucieux de l'avenir du parti ouvrier ne négligeront pas d'apporter tous leurs efforts pour obtenir satisfaction.

Nous aurons occasion de revenir sur cette élection.

Fédération ouvrière de l'Yonne. — Cette organisation ouvrière a inauguré sa bibliothèque le dimanche 20 septembre ; la presqu'unanimité des membres avait répondu à l'appel de la commission et plusieurs citoyens étaient accompagnés de leur famille et amis ; le local de la bibliothèque avait été décoré avec beaucoup de goût par les citoyens Renaudot et Benoist ; cette fête du travail a duré jusqu'à 7 heures du soir ; tous les membres de la fédération ont rivalisé de gaité et d'entrain, et des romances, chansonnettes. ont clôturé dignement cette fraternelle réunion.

E. B.

Syndicat des ouvriers maçons, plâtriers, tailleurs de pierres de l'Yonne (siège social à Auxerre).— Les ouvriers maçons, plâtriers, tailleurs de pierres, viennent de se constituer en syndicat.

Leurs corporations étant les plus nombreuses de notre chef-lieu, leur exemple sera certainement suivi par d'autres.

Plus des deux tiers des citoyens composant ces corporations sont venus se faire inscrire comme adhérents, et nous espérons que d'ici peu les indifférents d'aujourd'hui seront les plus acharnés de demain. Camarades, du courage, il n'y a que par le groupement que nous pourrons sortir du bourbier où nos ancêtres nous ont plongés.

A. B.

BESANÇON. — Au chemin de fer. — Il y a deux ans seulement, la Compagnie ne fournissait à ses agents pour le chauffage des machines que le genre de houille appelé briquette. Ce combustible de première qualité offrait des avantages sérieux. tant au point de vue de la commodité de l'employé qu'au point de vue de la chaleur fournie.

Avec ce combustible, le travail était donc moins pénible et la sécurité mieux garantie.

Mais comme il coûte plus cher, les administrateurs de la Compagnie n'ayant à cœur que les intérêts pécuniers des actionnaires, décidèrent : qu'il était utile de diminuer les frais de chauffage en employant des houilles de basses qualités appelées menu. Comme cette houille occasionne aux chauffeurs un travail énorme, ne produisant que peu de gaz, nos bons renards, craignant les justes récriminations des agents, dorèrent la pilule en semblant les intéresser à la chose ; ils créèrent des primes de 500 à 1,000 francs dont ils gratifièrent ceux des mécaniciens qui usèrent le plus de menu ;

et, comme toujours, les travailleurs ne considérant que leur égoïsme et leur intérêt immédiat, tombèrent dans le panneau ; ils se mirent à qui mieux mieux à brûler de ce menu.

Il s'établit comme une concurrence entre chaque mécanicien (bien peu, plus intelligents, n'y participèrent pas), ce qui permit aux administrateurs de faire toutes les expériences nécessaires, en laissant de côté les intérêts des travailleurs, comme bien entendu.

Ces expériences eurent pour résultat : l'obligation pour tout mécanicien de brûler le 50 0/0 de menu, avec suppression de prime.

Le tour était joué.

Jusqu'à ce jour cependant, une infraction à cette obligation n'était pas punissable d'amende, un passage à la glace des chefs de dépôt était la seule peine infligée.

Mais désormais il n'en sera sans doute pas de même, car, un mécanicien de Besançon actuellement à Dôle, s'est vu il y a quelques jours infliger par Toko, chef de gare, une amende de 20 francs pour ne pas avoir brûlé les 50 0/0.

Les quelques primes distribuées à quelques-uns vont être vite recouvertes par les amendes infligées à tous.

Travailleur, quand donc verras-tu clair ?

Mouvement syndical. — Le mouvement syndical parmi les ouvriers bisontins s'accentue. C'est un des résultats de la conférence faite ici par les citoyens Damay et Marpaux.

Les tailleurs de pierres ont formé un syndicat et les métallurgistes, ainsi que les cochers, sont sur le point de les imiter. Ces derniers ont été amenés à ce bon résultat par suite de la manière odieuse dont ils sont traités par les règlements municipaux. Ayant voulu réclamer, il y a quelque temps, une amélioration à leur sort, le Conseil municipal radical bourgeois n'a même pas voulu les entendre ; une tentative de grève a eu lieu, mais elle a échoué par suite du manque d'organisation. Les cochers ont alors compris qu'ils n'avaient qu'un seul moyen de se faire écouter : c'était de se syndiquer, et c'est ce qu'ils vont faire.

Ces excellentes dispositions des travailleurs de Besançon vont être mises à profit par la Fédération ouvrière, qui a tenu sa première réunion jeudi 24, à la bibliothèque du Syndicat typographique. Un règlement intérieur a été adopté, puis le comité fédéral a procédé à la nomination de son bureau et des commissions suivantes : 1° de propagande et de statistique ; 2° d'arbitrage ; 3° des finances ; 4° de contrôle. Des remerciements ont été ensuite votés au Syndicat typographique, pour l'initiative qu'il a prise de la formation de la Fédération.

Les syndicats suivants y ont jusqu'à présent adhéré : monteurs de boîtes d'or, monteurs de boîtes d'argent, graveurs et guillocheurs, ouvriers de l'échappement, typographes, formant un total d'environ six cents membres.

Des élections aux prud'hommes ont eu lieu dimanche dernier. Grâce à l'agitation faite par les syndicats, le nombre des votants a été supérieur à celui des élections précédentes.

Voici les résultats pour les prud'hommes ouvriers :

1re Catégorie (horlogers et bijoutiers). — Moroge, 143 voix, élu ; Graisely, 142 voix, élu. Tous deux étaient présentés par les syndicats ouvriers de l'horlogerie.

2e Catégorie (ouvriers du bâtiment). — Jean-Pierre, 158 voix, élu ; Lavallée, 92 voix, élu ; Roux, 84 voix, élu.

3e Catégorie (industries diverses). — Votey, 41 voix, élu. Ce candidat était présenté par le Syndicat typographique.

BLANZY. — *Aux amis du parti ouvrier.* — Sommes-nous vraiment en république, telle est la question que je me suis posée le 18 septembre dernier, quelques heures après la visite du brigadier de gendarmerie de Blanzy pour entendre la déposition de ce que j'avais vu au café Guillemet le soir de la conférence du citoyen et ami J.-B. Clément, à Montceau. En effet, j'ai été témoin qu'un sieur Renaud s'élança sur le citoyen Gerlu en lui donnant un coup de pied dans le ventre et que notre ami put éviter grâce à la prestesse d'un mouvement sur la droite. Et, ma foi, tous les citoyens présents, et le nombre en était grand, ont applaudi la riposte de Gerlu, qui aplatit un célèbre coup de poing sur la figure de ce trop fougueux employé de la compagnie des mines. Je reconnus bien celui-ci pour être le même qui, lors de la conférence de l'ami Dumay, me lança un coup de canne, et que des citoyens placés derrière moi purent arrêter avant qu'il ait atteint son but.

Eh bien, camarades, le croyez-vous ? On me faisait faire cette déposition alors que le jugement condamnant le citoyen Gerlu était prononcé. Des menaces étant proférées chaque jour par des membres de la bande à Rodin, que nous reste-t-il à faire puisque, si nous nous défendons, on nous condamne ; il ne nous reste qu'à protester.

Ph. VITTEAUT.

CREUSOT. — Dernièrement avait lieu l'enterrement civil du citoyen Guyonnet, marchand de vins au Creusot ; il faisait partie d'une loge de francs-maçons, était membre des sociétés de secours mutuels l'Union Creusotine, et des anciens militaires du Creusot. En récompense des bons services qu'il rendit à cette dernière, les membres de ladite société firent placer à leurs frais un magnifique mausolée avec une belle couronne de fleurs naturelles, sur la tombe de Guyonnet. Au surplus deux braves citoyens, maçons de leur état, s'engagèrent de leur côté, et sans aucune rétribution, à faire un socle en ciment autour de la tombe pour y recevoir un entourage. Ces deux honnêtes travailleurs ne purent exécuter le travail que le dimanche 13 courant.

Au moment où ils l'achevaient, ils reçurent la visite du sieur Devoucoux, ex-notaire, qui, au Conseil municipal du Creusot, joue le rôle de maire-deux. Cette vieille doublure du potentat Schneider somma nos deux braves maçons d'abandonner le chantier (en ayant soin de leur demander au service de quel patron ils étaient occupés) sous le fallacieux prétexte qu'il était expressément défendu de travailler dans un champ du repos le dimanche. En exigeant le nom du patron, le vieux jésuitique n'avait qu'un but, essayer de faire renvoyer les deux malheureux esclaves de leur travail. Si au contraire il se fût agi d'entourage d'une sainte chapelle, nul doute que le plat valet de Schneider n'aurait pas déployé tant de zèle.

— Une réforme vient, paraît-il, de se faire parmi les vieux esclaves du bagne Schneider. La plupart étant de fidèles serviteurs de la cléricale administration, sont réoccupés provisoirement dans une équipe appelée auxiliaire, toujours au service de l'usine. Là ils ne gagnent qu'un salaire de 2 fr. par jour, et avec cela ils n'ont plus aucun droit aux remèdes de la pharmacie des usines, ni à aucun chauffage. Ceux dont le renvoi est ajourné, ayant passé la soixantaine, voient réduire leurs salaires de 75 centimes à 1 franc, sur ce qu'ils gagnaient auparavant.

C'est la récompense que tous les serfs du bagne creusotin doivent attendre du digne père aux dix mille enfants, après avoir contribué à grossir les millions de ce dernier. Toutes ces iniquités ne prendront fin qu'au jour de la révolution sociale. S. J. M.

MONTCEAU-LES-MINES. — La réaction est triomphante. Vendredi, 18 septembre, le tribunal correctionnel de Chalon a condamné un républicain de Montceau à 50 fr. d'amende. En voici la cause. Le soir de la conférence empêchée par les fauves de la ménagerie Rodin, Patin et Cie et où le citoyen J.-B. Clément devait prendre la parole, un de nos amis, le citoyen Gerbe, était en discussion avec un de la bande, lorsque soudain un nommé Renaud, employé à la compagnie des Mines, se rua sur lui et lui lança un vigoureux coup de pied. Notre ami put l'éviter en se jetant de côté, et en même temps ripostait par un non moins vigoureux coup de poing qui fit jaillir du nez très proéminent de Renaud quelques jets de sang. Ce dernier porta plainte et l'affaire que l'on aurait cru devoir passer en simple police (Renaud étant l'agresseur), vint en correctionnelle.

Notre ami fut condamné par notre magistrature bourgeoise ; toutefois n'ayant eu jamais maille avec la justice, on le fit bénéficier de la loi Bérenger ; de sorte que pendant cinq ans les bêtes sauvages de Rodin pourront le provoquer, le frapper. Ayant les bras liés par ladite loi, il ne pourra même se venger sans qu'il lui en cuise. Drôle de loi, tout de même, et cela après plus de vingt années de République.

Disons, pour terminer, que l'avocat de notre ami, qui demandait le renvoi à huitaine pour qu'il puisse produire ses témoins, ne fut pas écouté, le jugement étant sans doute décidé à l'avance.

Les républicains de Montceau devront se laisser insulter, frapper et assassiner par les gens de la bande soudoyée par Chagot, sans se rebiffer, s'ils ne veulent, comme notre ami Gerbe, se voir condamner à l'amende, peut-être à la prison.

Très encouragés par la condamnation de notre ami, les maires de Montceau et Saint-Vallier ont réuni un grand nombre d'ouvriers, salle Cerniault, à Montceau, le 23 septembre. Le sieur de Gournay a remercié les ouvriers de Montceau d'avoir empêché de parler le citoyen Clément, ce qui est ni plus ni moins un encouragement à la bande de recommencer à la première occasion.

Très chic, notre gouvernement, de tolérer pareille chose. N'est-ce pas ?

P. Chusou.

SAINT-PRIVÉ. — Il se passe à Saint-Privé, depuis quelques années, un fait qu'il est bon de signaler.

Il existe une rigole qui sert à l'alimentation du canal de Briare ; cette rigole est mise à sec quand il y a des réparations à faire, mais toujours une fois par an, au mois de septembre.

Autrefois, la pêche de cette rigole était louée par un groupe quelconque, et aussitôt cette pêche terminée, elle était mise au pillage par tous les habitants qui pouvaient ainsi manger quelques poissons.

Depuis quelques années, personne ne loue cette pêche et le poisson va inévitablement être perdu. Vous allez me dire : mais, puisque c'est un cours d'eau qui appartient à l'Etat et que personne n'en loue la pêche, chacun devrait avoir le droit d'en prendre le poisson plutôt que de le laisser perdre et empoisonner l'air par les mauvaises exhalaisons.

Détrompez-vous, il n'en est pas ainsi. Quelques personnes ont le droit de le prendre, ce poisson, il ne sera pas perdu : le curé principalement, le maire ensuite et enfin tous ceux qui appartiennent à la bourgeoisie.

Il faudrait voir par exemple un ouvrier s'y hasarder, les gendarmes sont là : la loi est rigoureuse pour la pêche et les larbins de Constans ne marchandent pas les procès avec les ouvriers.

Le curé, par exemple, a les quatre pieds blancs et sa valetaille aussi. Ce monsieur peut pêcher avec quels engins il voudra, personne ne lui dira rien, les gendarmes ne le voient pas et le garde-rigole ne lui dira rien pour une bonne cause, c'est que le lendemain il serait à la porte.

Les ouvriers n'ont pas même le droit de pêcher à la ligne sans se conformer aux observations suivantes : le pêcheur ne doit pêcher que lorsque il y a un mètre d'eau, n'avoir qu'une seule ligne et la tenir à la main ; s'il prend un pois-

son qui n'ait pas 14 centimètres de l'œil à la naissance de
la queue, il doit le remettre à l'eau, sans quoi il se voit
dresser immédiatement procès-verbal.

Jamais liberté n'a été plus restreinte que sous le gouvernement de la République bourgeoise, jamais gouvernement
n'a été plus tyrannique que celui de Constans et il se trouve
des ouvriers assez bêtes pour crier: vive Carnot! Vive la
République ! Allons donc! tant que vous aurez un gouvernement quelconque, que ce soit : l'empire ou la république,
vous serez tyrannisés ; si vous osez protester : Constans ou
Cassagnac vous feront assassiner.

Ce qu'il vous faut, c'est l'anéantissement complet du capitalisme, et au lieu de beugler comme des idiots, vive Carnot
et sa république! votre cri de ralliement doit être celui-ci :

Vive la Révolution sociale !

I. DESOUILLEU.

TONNERRE. — Explications. — Un certain nombre
de nos amis nous écrivent pour protester contre la lettre
signé E. M. parue dans notre dernier numéro. L'auteur de
cette lettre étant un socialiste tonnerrois, nous ne pensions
pas qu'il eût voulu désigner le millionnaire Archdéacon
sous le titre de candidat libre et indépendant et nous per-
sistons encore à croire que telle n'a pas été sa pensée.

Ceci dit, nous sommes à l'aise pour déclarer hautement
que la *Revue Sociale*, fondée et soutenue par le dévouement
de la classe pauvre, continuera sans défaillance à défendre
la cause des déshérités, et à lutter avec ardeur contre toute
la bourgeoisie en général (y compris Rathier) et les archimillionnaires en particulier.

Quant au châtelain de Cheney, nous espérons bien que les
travailleurs tonnerrois sont édifiés sur son compte par le
souvenir des festins électoraux de Tissey, de Fleys et d'Y-
rouerre. Qu'ils votent donc pour un ouvrier socialiste
révolutionnaire lors des prochaines élections qu'ils laissent
de côté tous les cancanages électoraux pour fonder définitivement le Parti ouvrier socialiste dans leur arrondissement.

Nous avons le plaisir de leur annoncer qu'une réunion
générale des abonnés de la *Revue Sociale* aura lieu à Tonnerre le dimanche 1er novembre 1891, sous la présidence de
la citoyenne Lemaître, de Saint-Florentin, et avec le concours probable d'un délégué du comité fédéral et du citoyen
J.-B. Dumay, député socialiste.

LA COMMISSION FÉDÉRALE.

SUISSE. — Valais. — Voici à quel prix dans ce canton il faut enseigner l'amour de Dieu, la crainte des gendarmes et le respect de la propriété, sans compter le culte
de la patrie :

Sur 500 instituteurs ou institutrices, 3 seulement gagnent
plus de 800 francs; 48 ont de 500 à 800 francs; 400 environ
entre 200 et 500 francs; enfin 7 pauvres bougres ont moins
de 200 francs.

Etant curieux de mon naturel, je tâcherai de trouver le
traitement des pasteurs; il doit y avoir de l'écart.

GENÈVE. — Tous les journaux bourgeois ne cessent de
fulminer contre les charpentiers qui sont en grève depuis
deux mois pour 10 °/₀ d'augmentation, et en profitent pour
dire que les syndicats ouvriers veulent faire les maîtres.

Au même moment, le syndicat patronal des maîtres-coif-
feurs annonce qu'il augmente pour les clients le prix des
services de ses salariés de 30 0/0. La coupe de cheveux de
0 fr. 40 bondit à 0 fr. 60.

Dans une ville où la moyenne des salaires ouvriers est
plutôt au-dessous qu'au-dessus de 3 francs, la mesure est
intempestive.

LA SUPPRESSION
des Armées permanentes

Depuis plus d'un siècle, des esprits généreux et
éclairés se sont occupés de la question de suppression des armées permanentes, et leur remplacement
par des armées nationales, comme cela a lieu dans
les pays animés d'un profond esprit démocratique.

Cette suppression n'est pas une utopie, car la
Suisse et les Etats-Unis d'Amérique n'ont jamais
eu ni armées permanentes ni conscription. Notre
pays étant une démocratie doit donc, lui aussi, supprimer ces rouages gouvernementaux, aussi inutiles
qu'onéreux.

Dans les premiers âges, les peuples étaient pasteurs.
Cette vie pastorale fut la seule heureuse, et pour cette
raison les historiens et les poètes l'ont surnommée
l'âge d'or. A cette époque, les armées permanentes
étaient inconnues les peuples étaient pauvres, et
cette pauvreté les garantissait de ces institutions
tyranniques ; la simplicité de leurs mœurs, la naïveté
de leur cœur, la droiture de leur esprit, tout concou-
rait à éteindre dans leur âme, les germes de la
haine, de l'envie et de l'ambition.

A cette époque, un peuple plus riche que ses voisins devint guerrier plutôt par force que par besoin.
Il avait Athènes pour rival. Lycurgue, le plus grand
et le plus austère des législateurs, comprit que pour
refréner le luxe et la corruption des Athéniens, il
fallait créer un peuple pauvre, et dans sa sagesse, il
ne trouva rien de mieux que d'en faire des guerriers.

Rome fut conquérante; elle eut des armées permanentes, mais elle n'eut recours ni à la conscription,
ni au service obligatoire. En ces temps barbares, le
métier des armes ennoblissait celui qui l'exerçait et
le peuple en était exclu. Malgré cette exclusion, je
ne veux pas faire l'éloge de la République romaine,
aussi mauvaise avec Caton qu'avec César. Plus tard,
lord de l'invasion des barbares, pendant cette époque
sinistre que l'histoire a nommée le Bas-Empire, l'armée qui n'était pas plus nationale que la précédente
devint prétorienne, c'est-à-dire qu'elle fit et défit les
gouvernements. Ce fut une horde de bandits, de
meurtriers et d'incendiaires qui rendit possible l'usur-
pation de César, les crimes de Tibère, les meurtres
de Caligula, les hécatombes, les proscriptions et les
persécutions de Néron, les infamies d'Héliogabale,
les débauches sanglantes de Messaline et d'Agrippine.
Pendant quatre siècles, cette soldatesque puante de
sang et de boue exerça son pouvoir occulte sur les
empereurs romains cruels et infâmes. Un de nos
grands poètes l'a flétrie dans les vers suivants :

Ivres comme à Stamboul
Payés comme à Byzance.

Si des temps barbares l'on passe aux temps féodaux,
l'on voit l'armée composée d'un ramassis de brigands,
truands, ribauds, malandrins, coupe-jarrets, tards-
venus et autres. Ce n'était pas encore une armée permanente, mais ce qui est pire encore, prétorienne.
Permanente ou prétorienne, peu importe, l'armée
offre toujours les mêmes dangers. C'est un instrument entre les mains d'un tyran ou d'une caste, et
la caste guerrière par elle-même, est destructrice,
brutale, ignorante, débauchée, pillarde et féroce. On
lui trouve les mêmes vices et les mêmes appétits à
toutes les époques et chez tous les peuples.

L'armée de Duguesclin vaut celle de Gallifet ; celle d'Annibal ou de Marius est aussi féroce que celle de Turenne ou de Condé ; les soudards de Blücher valent ceux de Napoléon qui, eux-mêmes ne le cèdent en rien à ceux de Rostopchine.

(A suivre)   J. ZAMBEAU.

LA QUESTION SOCIALE

A la campagne

(Suite)

La chasse est devenue aujourd'hui, une véritable question sociale. Je ne parle que de ce que je vois autour de moi, mais il est probable que cela se passe de la même façon partout ailleurs.

Les seigneurs chasseurs ne se contentent plus des grandes propriétés qu'ils possèdent, ni des forêts domaniales immenses dont ils s'adjugent solennellement le droit de chasse exclusif et tortionnaire. Ils veulent tout, ils exigent tout, ils prennent tout. Ils accaparent toutes les terres circonvoisines, les fractions de terres, les champs morcelés, les pâturages communaux et les biens des hospices. Ils vont jusqu'à affermer, vergers, jardins, berges des fleuves et rives des rivières. Je m'étonne qu'ils n'aient point encore songé à louer, par d'authentiques baux, les cimetières, si favorables à la propagation du lapin, non moins qu'à installer, sur le toit des maisons villageoises et sur les cimes d'arbres des promenades municipales des gardes armés jusqu'aux dents. Cela viendra avec le progrès. De sorte que le pauvre diable de cultivateur fermier qui n'a pas le moyen de se payer le luxe d'une action de 1,500 francs de rente ne peut mettre le pied sur une motte de terre, sur une touffe d'herbe, sur un caillou, dans sa propriété sans être soupçonné de braconnage, et s'exposer à être traqué, poursuivi, empoigné par des gardes, et finalement, condamné par des juges à l'amende d'abord, à la prison ensuite, et bientôt, je pense, à la guillotine, quand les veneurs auront le gouvernement qu'ils rêvent et les lois qu'ils réclament, car il va de soi que les veneurs ne trouvent point suffisantes les lois draconiennes dont ils sont armés.

Les veneurs ne se déclareront satisfaits que.le jour où, après leur avoir permis l'accaparement de la chasse sur le territoire français tout entier, la république bourgeoise leur accordera le droit de tuer sur place le braconnier surpris en flagrant délit de rôde, et délivrera des primes importantes, administrativement taxées, aux gardes qui viendront déposer sur le guichet des préfectures, les *pattes* du braconnier occis, ainsi qu'on le fait pour les loups. J'exagère !... Mais vous n'avez donc jamais observé l'état de folie furieuse et de congestion cérébrale où ce simple mot de braconnier met un chasseur, qu'il soit : gentilhomme, bourgeois ou banquier ?

Quand le cultivateur voit le fruit de son labeur incessant détruit par le gibier, et qu'il n'a pas le droit légalement de protéger sa récolte contre le gibier qui la dévore, il se fait braconnier et voilà la guerre allumée.

Guerre incessante, farouche, sans pitié, toute de brutalités extra-légales, de taquineries sourdes, de dénonciations, de calomnies, d'abus de pouvoir, de faux témoignages, chez les gardes, dont le devoir professionnel se double d'une rivalité de métier clandestin ; guerre d'effarement, de souplesse, de ruses chez le braconnier, qui devient une arme de combat, au service d'une haine, à chaque minute excitée, entretenue, par les injustices et les persécutions. Guerre qui ne se localise pas à deux individus, et qui attire des inimitiés violentes entre les familles, divise les villages en camps ennemis, éternise les représailles et transforme de simples griefs personnels en une implacable revendication sociale ;

jusqu'au moment où garde et braconnier se rencontrant face à face, la nuit, dans une clairière terminent par un drame sanglant, inévitable, cette désolante et sauvage chasse à l'homme.

Et je m'étonne que ces rencontres tragiques ne soient pas plus nombreuses, ni plus terrifiantes, car la chasse, restée presque exclusivement un droit seigneurial, oppresseur, appelle le meurtre fatalement. Ne soyons donc pas si sévère au braconnier qui d'un coup de fusil couche dans la bruyère un garde. Jeté hors la loi, on l'empêche ainsi de jouir de son bien, de défendre son droit, sa liberté, le fruit de son travail péniblement amassé qui est la source de toutes les richesses publiques.

(A suivre)   E. CHAMOIN.

BIBLIOGRAPHIE

Vient de paraître, la deuxième édition du *Socialisme Intégral*, par Benoît Malon. L'auteur est connu de tous nos amis : sa largeur d'idées lui permettait plus qu'à tout autre de s'élever au-dessus des questions d'école, et d'analyser les différentes théories éparses du socialisme, de les mettre bien en lumière, de faire toucher du doigt toutes les plaies nombreuses de notre soi-disant civilisation, et de dégager, par une analyse minutieuse, la véritable conception socialiste.

Mieux que de longs commentaires, l'énoncé des principaux chapitres en lesquels se divise le *Socialisme Intégral* suffira à donner une idée de la valeur de cet ouvrage et à justifier l'accueil favorable qui lui a été fait :

Les Confluents du Socialisme. — La Société actuelle et les aboutissants — La Protestation communiste dans le Passé. — Les Précurseurs du Socialisme moderne. — Principes et tendances du Socialisme contemporain. — L'Évolution morale et le Socialisme.— L'Évolution familiale et le Socialisme. — L'Évolution de l'État et le Socialisme.

En vente à la Librairie de la *Revue Socialiste*, 10, rue Chabanais (place Louvois), à Paris. Prix du volume grand in-8° de 500 pages, 6 francs.

Vient de paraître : l'*Almanach de la Question sociale et du Centenaire de la République pour 1892*, de Paul Argyriadès. Prix, 1 fr. 50 franco.

S'adresser aux bureaux de l'Administration de la *Question sociale*, 5, boulevard Saint Michel, Paris.

SOUSCRIPTION PERMANENTE
Pour la propagande socialiste dans la Région

Report de la 11e liste, 174 fr. 60. — X., à Lamarche, 2 fr. ; Groupe de Blanzy, 6 fr. 85 ; P.-A.Vaux, 1 fr. ; Desmergès, 1 fr. ; J. T , 3 fr. — Total de la 12e liste, 188 f. 45.

PETITE CORRESPONDANCE

Reçu d'Arnay-le-Duc, 8 fr. ; de Besançon, 12 fr. 50 ; id., 19 fr. ; de Laroche, 1 fr. ; de Vonges, 2 fr. ; de Saint-Claude, 21 fr. 50 ; de Genève, 0 fr. 60 ; de Bessey, 1 fr. ; de Mirebeau, 0 fr. 50 ; de Labergement, 6 fr. ; d'Arquian, 3 fr. ; de Perrecy, 2 fr. ; d'Auxerre, 16 fr. ; du Creusot, 5 fr. 80 ; de Tonnerre, 13 fr. ; de Dijon, 87 fr. 75.

V., à Blanzy. — Il n'y a rien de changé. Entendez-vous pour le congrès et avisez-nous. Serre moins ta copie.

D., à Montceau. — Approuvons votre lettre, mais la place nous manque pour l'insérer. Regrets.

S., au Creusot. — Organisez la vente au numéro comme vous l'entendrez ; nous nous en rapportons à vous. Il n'y a plus de " Peste "

T., à Arnay. — Nous n'avons pas de renseignements sur ce genre de caisses de retraites, mais nous le considérons comme trop inefficace.

Le Gérant, V. MILLERAND.

Dijon. — Imp. Carré, rue Amiral-Roussin, 40.

2ᵉ année — Nᵒ 19   10 centimes   16 au 31 Octobre 1891

LA REVUE SOCIALE

ORGANE BI-MENSUEL

De la Fédération des Travailleurs Socialistes de l'Est

PARAISSANT A DIJON

ADMINISTRATION

Adresser toutes communications et mandats à l'Administrateur délégué, rue de la Mégisserie, 29, **DIJON.**

De chacun selon ses forces

A chacun selon ses besoins

ABONNEMENT

Un an, **2 fr.** — 6 mois, **1 fr.** — 3 mois, **50 cent.**

PERMANENCE tous les jours, au siège social de la Fédération, rue de la Mégisserie, 29, **DIJON.**

SOMMAIRE :

Les Religions . . . . XX.
La Patrie. . . . . A. KARR.
Bulletin international. . . . . SPARTACUS.
Mouvement socialiste de la région . . O. Z.
La Question sociale à la campagne (suite)   E. CHAMOIN.
Les armées permanentes . . . . . . J. ZAMBEAU.
Communications, petite correspondance, etc.

LES RELIGIONS

Dieu existe-t-il ?

Qu'entend-on par Dieu ? Est-ce un être animé, ou qu'est-ce ? Est-ce un homme ou ressemble-t-il à un homme ? Sans doute pas.

Il est plutôt tout le contraire d'un homme. L'homme est un être réel, qu'on voit, qu'on touche, en somme un corps ; Dieu est un *esprit*, un être abstrait, imaginaire.

L'homme est fini ; Dieu est infini. L'homme est faible, méchant, parfois imparfait ; Dieu est tout puissant, est bon, est la justice et la sagesse, la perfection même.

Tout cela est très bien : Dieu n'est pas l'homme ; Dieu n'a pas les vices, les défauts, les limitations de l'homme ; mais qu'est-il donc ?

Il n'est pas un être réel, visible, tangible ; il n'est qu'une idée, ou plutôt qu'un mot : *un bruit de la langue*. Où est-il ? Dans les airs, dans les entrailles de la terre ? Dans une autre planète ou au milieu de l'espace ? On n'en sait rien, on n'en peut rien savoir, et pourtant on s'obstine à parler de Dieu comme d'une personne de notre connaissance.

Les uns ont reçu de Dieu certaines communications confidentielles dont ils daignent nous faire part ; d'autres bénissent et anathématisent en son nom ; d'autres nous commandent, nous spolient, nous tyrannisent, nous tuent de sa part ; d'autres enfin trouvent qu'il ne les a pas bien traités, et le blasphèment.

Quand on pense à tout le mal que les prêtres ont fait au nom de cet être fictif et imaginaire, de ce mot auquel nous sommes incapables de donner une signification ; quand on pense aux milliers et milliers d'hommes qu'ils ont persécutés, brûlés, massacrés sans pitié, aux richesses immenses qu'ils ont accumulées et au mauvais usage qu'ils en ont fait ; quand on pense aux malheurs infinis qui ont accompagné les guerres de religion, c'est-à-dire les disputes entre les sectes différentes de prêtres, chacune prétendant que sa manière de voir et d'honorer Dieu était la vraie ; quand on pense aux mensonges que les prêtres de toutes ces religions ont débités au nom de la Divinité, aux superstitions qu'ils ont inculquées au peuple ; quand on pense, enfin, à l'aide puissante que les prêtres ont toujours prêtée aux riches et aux puissants pour enchaîner, terroriser et victimer le pauvre. Quand on pense à tout cela et à tous les crimes et infamies des mandataires civils et militaires du bon Dieu ou plutôt de tous les dieux de la terre, on se sent porté à haïr ce nom de Dieu comme la plus sinistre invention de la méchanceté humaine, comme le symbole de toutes les injustices, de toutes les iniquités, de toutes les tyrannies.

⁂

En effet, il fut un temps où l'Eglise était un pouvoir civil, temporel ; où elle possédait une large part du territoire de chaque Etat ; où elle commandait à des armées de vassaux et esclaves voués aux labeurs les plus pénibles tandis que les monseigneurs et les chanoines avaient des équipages, entretenaient des maîtresses et accumulaient des fortunes pour leurs enfants illégitimes ; où les évêques étaient des feudataires et allaient armés de tout point à la guerre ; où le Pape était le roi des rois et où un mot de lui suffisait à déposer le plus puissant empereur.

Ce temps a duré des siècles. Pendant ces siècles les paysans étaient des serfs de la glèbe ; ils étaient assujettis aux vexations les plus cruelles, aux extorsions les plus inouïes ; ils devaient des rentes, des dîmes, des redevances, des corvées ; étaient taillés, spoliés jusque dans la fosse ; étaient, à un signe du maître, jetés en des cachots et soumis aux tortures les plus affreuses ; étaient battus, fouettés, tués comme des chiens ; enfin, ne pouvaient se marier sans le consentement du patron qui avait à l'égard de ses vassaux jusqu'au droit abominable de coucher la première nuit avec la jeune mariée.

L'Eglise était témoin de tant d'iniquités ; et non seulement elle les tolérait, mais elle les pratiquait même en son propre intérêt. Elle a pensé à extirper du monde l'hérésie par le fer et par le feu : le bûcher était pour les hommes justes qui prenaient la défense des opprimés. Mais elle n'a rien fait, n'a rien tenté pour réprimer les crimes des puissants, pour mitiger les souffrances des travailleurs.

Ce n'est que lorsque le clergé fut dépouillé de ses possessions et de ses privilèges, par la Bourgeoisie avide, et que l'Église fut également dépouillée en partie de son pouvoir civil et temporel par les gouvernements ambitieux et jaloux de leur autorité, que les prêtres du Christ se souvinrent qu'il y avait au monde des millions de pauvres et qu'ils pouvaient poser auprès du monde politique en représentant, de ces pauvres, ennemis naturels de la Bourgeoisie et des gouvernements.

Ce n'est qu'après que des hommes qui ne croyaient pas en Dieu eurent prêché au peuple le nouvel évangile de l'émancipation ; qu'à la voix de ces hommes les peuples se furent insurgés maintes fois et eurent appris à se faire craindre par leurs oppresseurs ; ce n'est que quand la question sociale fut reconnue par tous les gouvernements comme l'énigme qu'il fallait résoudre ou mourir, que lorsque rois, empereurs, hommes d'État, savants, romanciers, journalistes furent saisis par la grande préoccupation de ce siècle; ce n'est qu'alors seulement que le Pape s'aperçu *qu'une question sociale* existait et a rédigé sa fameuse Encyclique, qui a été le coup de pied de l'âne donné à l'ouvrier, car le Pape y combat le socialisme, les grèves, et même jusqu'à l'espoir qu'ont les ouvriers de pouvoir s'émanciper — eux et leurs enfants — de leurs exploiteurs !

.·.

Nous avons parlé principalement de l'Église catholique ; mais toutes les églises sont ennemies de la classe ouvrière. Souvenons-nous de Luther inculquant aux seigneurs de son temps d'exterminer les paysans révoltés « comme des chiens enragés ».

Toutes les Églises sont des corporations privilégiées dans l'État. En certains pays, le chef de l'État est aussi le chef de l'Église ; et les prêtres, grands et petits, sont des fonctionnaires de l'État, les *gendarmes des âmes*. Même dans les pays où l'Église est séparée de l'État, elle ne garde ses possessions que par le bon vouloir du Gouvernement. Une loi suffit à la dépouiller, à lui interdire de ramasser de l'argent parmi les fidèles, enfin à tarir la source de ses richesses.

En ces pays même, les chefs de la hiérarchie ecclésiastique — les archevêques, les titulaires de nombreux bénéfices, etc.— sont élus par le Gouvernement. Ces chefs exercent une autorité absolue sur tous les prêtres et ils s'en servent naturellement pour diriger les sentiments et les paroles de leurs dépendants dans le sens voulu par le Gouvernement.

.·.

Comment l'Église serait-elle capable de comprendre et d'épouser les revendications des ouvriers, si ses chefs proviennent tous de la haute bourgeoisie, de l'aristocratie, et vivent d'une vie luxueuse au milieu des « séductions du monde », tandis que les travailleurs sont plongés dans la misère ?

« Les nobles combattent, les prêtres prient, les ouvriers travaillent et paient les impôts ». Ces mots de l'archevêque de Sens sont encore en grande partie vrais. Les prêtres prient, oui ; mais il est bien plus commode de prier que de travailler, et il est surtout bien plus commode de ne manquer de rien que d'avoir tous les jours à lutter pour un morceau de pain. L'Église, encore aujourd'hui, possède trop de biens elle-même pour sympathiser avec ceux qui ne possèdent rien. Certaines corporations religieuses, comme celles des Jésuites, sont archimillionnaires. Les couvents ont servi à l'exploitation des plus faibles créatures (qu'on se rappelle les manufactures de dentelles dans les couvents belges), et personne n'ignore que les missionnaires exploitent les nègres de la façon la plus honteuse.

Le système capitaliste est donc pratiqué par l'Église elle-même ; et on voudrait que l'Église se rangeât du côté des ouvriers contre le système capitaliste? C'est absurde !

De tous les gouvernements, celui de l'Église catholique est le plus despote. Il n'a pas à sa disposition, c'est vrai, des soldats et des policiers ; mais il dispose de places fort enviables et fort enviées, de trésors immenses, d'une foule de petits emplois, et comme il n'est pas même soumis au contrôle de l'opinion publique, il peut, d'un moment à l'autre, priver de leur gagne-pain ceux qui ne se soumettent pas à sa volonté absolue et les livrer à la misère. En outre, le gouvernement ecclésiastique, comme les gouvernements civils, a des fonctionnaires, et il juge, punit, excommunie, sans rendre des comptes à personne. Il ne peut plus allumer des bûchers, mais les couvents ont des cachots où sont punis les réfractaires.

Pour conclure, la croyance en Dieu n'est pas justifiée, parce que lorsque nous disons Dieu nous ne concevons absolument rien et nous ne savons pas ce que nous voulons dire. Dieu équivaut à rien.

Les religions, si différentes entre elles et chacune prétendant être la vraie, devraient d'abord se mettre d'accord entre elles ; on pourrait peut-être alors se décider à les écouter.

Au demeurant, elles se réfutent réciproquement et on est sûr, en en professant une, d'offenser la vraie.

Les prêtres de toute religion ont tort de vouloir être une classe à part. Ils feraient mieux de travailler comme tout le monde, de gagner leur pain à la sueur de leur front; alors peut-être pourraient-ils prétendre être écoutés par les travailleurs.

Mais il est loin d'en être ainsi. Les prêtres sont des fils de bourgeois, vivent en bourgeois ou en aristocrates, possèdent des biens, touchent des rentes et des appointements, se tiennent en bon rapport avec les capitalistes et avec les gouvernements.

La religion chrétienne, pendant vingt siècles, n'a pas songé à venir en aide aux misères du peuple ; elle n'a jamais eu et n'a pas encore aujourd'hui la moindre influence sur les mœurs de ceux qui la professent. On voit des patrons tyrans, des marchands experts en fraude, des banquiers voleurs, des politiciens corrompus, des journalistes vendus, enfin, des richards débauchés, aussi bien parmi les chrétiens que parmi les juifs et que parmi n'importe quels croyants.

La hiérarchie ecclésiastique elle-même, dans l'Église catholique et dans la plupart des églises protestantes, est ce qu'on a imaginé jusqu'à présent de plus tyrannique.

L'Église, qui prétend réformer le monde, a grand besoin de se réformer elle-même.

XX.

LA PATRIE

Alphonse Karr, qui n'est cependant pas révolutionnaire, s'est magistralement moqué de ces chauvins qui font profession de chérir un petit coin de terre afin de se dispenser d'aimer l'humanité.

« Pour les chauvins de France, dit-il, un Français

« vaut trois ou quatre Allemands, trois ou quatre
« Russes, etc. Pour les chauvins d'Allemagne, un
« Allemand vaut trois ou quatre Français, trois ou
« quatre Russes, etc., etc., etc.

« Comment, voici une ligne (la frontière) qui, quel-
« que mince qu'on la suppose, ne pourrait pas n'ap-
« partenir pour moitié à un pays, et pour la seconde
« moitié à l'autre pays. Vous (Béarnais, je suppose)
« vous avez plus de ressemblance, de liens avec
« l'ennemi qui est de l'autre côté de la ligne (mettons
« Basque ou Catalan) qu'avec votre compatriote qui
« est à des centaines de lieues de vous (mettons
« Lillois ou Lorrain). Vous avez avec l'ennemi le
« même soleil, le même climat, etc.; cependant vous
« dites dans vos discours, dans vos chansons :

« En deçà de la ligne, on est beau, on est bon, on
« est brave. — En-delà, on est mauvais, ridicule,
« lâche. »

« Sur la ligne frontière, il y a une touffe d'herbe.
« Vous en aimez la moitié, qui fait partie des
« *riantes prairies* de votre belle patrie ». L'autre
« moitié, vous crachez dessus.

« Mais qu'un traité de paix amène cession d'un
« morceau de votre territoire ; ce qui était *la Patrie*,
« ne l'est plus, on ne l'aime plus. »

Alphonse KARR.

BULLETIN INTERNATIONAL

Mouvement socialiste

Le Congrès des Trades'Unions de Newcastle. — Le Congrès a déclaré d'abord qu'il regrettait de voir qu'on n'avait
pas augmenté le nombre des inspecteurs de fabrique, à la
suite du vœu exprimé par le précédent Congrès de Liverpool. Une dame a proposé de nommer aussi des inspectrices
de fabrique. On délibéra en outre d'inviter le gouvernement
à défendre aux inspecteurs d'annoncer leur visite aux patrons et directeurs des établissements industriels.

Ensuite Wood, membre de l'association des mineurs, proposa d'inviter le comité parlementaire à employer tous les
moyens en son pouvoir, en vue d'obtenir l'adoption du projet de loi relatif à l'application de la journée de huit heures
dans les mines. Les délégués des mineurs de Burheem et de
Bockhemberland s'opposèrent à ce qu'on laisse au Parlement la faculté de fixer la durée de la journée de travail,
car les ouvriers doivent s'occuper eux-mêmes de leurs intérêts, en sauvegardant ainsi leur liberté et leur initiative
dans les questions du travail. La contre-motion qu'ils ont
présentée à cet effet a été rejetée par 137 voix contre 59. C'est
un triomphe pour les socialistes, et l'on peut maintenant
espérer que l'année prochaine on obtiendra l'unanimité des
voix en faveur de la journée de huit heures.

La production du charbon en Angleterre. — Nous empruntons au journal *Railway News* les chiffres suivants, relatifs à la production du charbon en Angleterre, dans les
quatre dernières années :   .

1887. 159,351,000 tonnes à 5 schellings 2 deniers la tonne.
1888. 169,935,000   —   5   —   7   —
1889. 176,917,000   —   6   —   2   —
1890. 181,614,000   —   8   —   »   —

Le transport des charbons est monté, en 1890, à 126,410,000
tonnes ; en 1880, il n'était que de 118,073,000 tonnes. On voit
par ces chiffres que les profits des capitalistes augmentent
rapidement, la quantité de la production et le prix ayant
subi une augmentation sensible.

Signe des temps. — Depuis le commencement de l'année le
nombre des faillites a augmenté sensiblement aux États-
Unis ; elles ont atteint le chiffre de 8,320, tandis que l'année
dernière, dans la même période, elles n'avaient été que
de 7,100. Ce progrès rapide dans les faillites est d'autant
plus étonnant que la récolte des céréales a été, cette année,
d'une abondance exceptionnelle. On doit donc chercher
l'explication de la chose dans le développement de plus en
plus accentué du capitalisme et de la grande industrie qui
sèment partout la ruine, et forcent les petits commerçants
et les petits industriels à grossir les rangs de l'armée prolétarienne.

Les femmes garde-barrières. — L'administration royale du
chemin de fer de Gorlitz, en Allemagne, par des motifs
d'économie, emploie depuis quelque temps les femmes pour
le service extérieur et surtout comme garde-barrières, en
raison de 1 fr. 25 par jour. Le capitalisme avait déjà poussé
à outrance l'exploitation des travailleurs, mais on ne
croyait pas que l'État en aurait suivi l'exemple, en l'aggravant encore.

Les élections législatives dans le grand-duché de Baden. —
Dans les élections législatives, qui ont eu lieu le 2 octobre
courant, à Mannheim, dans le grand-duché de Baden, ont
été nommés deux socialistes. C'est la première fois qu'il y
aura des socialistes dans l'enceinte législative du grand-
duché. Le succès des socialistes a frappé tous les esprits, car
on y voit la preuve irréfutable des progrès qu'a fait dans
ces derniers temps le mouvement socialiste.

Age moyen dans les différentes professions. — On sait que
la durée moyenne de la vie de l'homme est de 33 ans. Cependant, les membres du clergé atteignent en moyenne un
âge de 62 ans. Les ferblantiers, au contraire, n'ont qu'une
moyenne de 30 ans ; les serruriers et les tourneurs, de 29 ;
les teinturiers, de 28 ; les fondeurs en cuivre, de 25 ; les
mécaniciens, de 24 ; les graveurs, de 23. Dans toutes les autres professions, l'âge moyen ne dépasse pas 29 ans.

SPARTACUS.

MOUVEMENT OUVRIER SOCIALISTE
DANS LA RÉGION

DIJON

Les conférences de Sébastien Faure. — La
place nous manque pour analyser comme elles le mériteraient
les doctrines anarchistes exposées par le compagnon Sébastien Faure, dans la série de conférences qu'il vient de faire.

Disons d'abord que son talent incontestable d'orateur a
beaucoup contribué à faire tolérer la hardiesse révolutionnaire de ses idées.—Les socialistes qui composaient la grande
majorité de son auditoire nombreux ont applaudi chaleureusement ses critiques contre la société bourgeoise.

« Toutes les écoles socialistes, dit-il, reconnaissent comme
auteur de la crise économique actuelle, l'institution de la
propriété individuelle et la mauvaise répartition de la
richesse. »

Cette dernière a trois facteurs, la terre, les instruments
de travail et le travail lui-même. Personne ne peut se dire
créateur de la terre ; les machines sont l'œuvre d'une suite
de générations ; le travail se transforme tous les jours et
perd de plus en plus son caractère individuel pour revêtir
une forme collective. Donc le produit de ces 3 facteurs appartient à la société tout entière, c'est-à-dire que la propriété
doit être collective ou commune.

Quant à la propriété littéraire ou artistique à l'œuvre des
Zola et des Rochegrosse, les socialistes la nient également.
Sans leurs professeurs, sans les découvertes des générations

précédentes, sans les bibliothèques où ils puisent, sans la nature et l'humanité elles-mêmes, leur talent serait impuissant.

La Révolution sociale seule peut mettre fin à tous les abus de la propriété individuelle. Forcément cette Révolution sera violente; mais dans tous les cas, elle ne fera jamais autant de cadavres que la misère et la faim, qui d'après les statistiques du docteur Bertillon font annuellement 97,000 victimes en France !

La 2ᵉ conférence de Sébastien Faure portait sur le suffrage universel et le patriotisme. Là encore, il a fait bonne justice de toutes les comédies parlementaires, montré que le suffrage universel était un leurre; mais il a dû reconnaître que les socialistes du Parti Ouvrier s'en servaient comme d'un moyen de propagande et d'effervescence, et non comme d'un but.

Évidemment la Chambre des Députés est un panier de pommes pourries, nous n'avons jamais dit le contraire, mais si les Dumay et les Baudin n'avaient pas été à la Chambre lors des événements de Fourmies, personne n'eût craché, du haut de la tribune du Palais-Bourbon, à la face du fusilleur Constans, tout le mépris qu'inspiraient la lâcheté de ses sbires et la sienne.

N'est-ce donc point là de la propagande ?

N'est-ce point encore de l'agitation révolutionnaire que la présence des représentants socialistes là où éclate une grève ? Et pourrait-on agir de la sorte, avec la faiblesse connue de nos moyens pécuniers si l'indemnité et la gratuité de circulation ne permettaient à ces représentants de se transporter partout où se réveille le prolétariat pour l'encourager par la bonne parole ?

La religion du patriotisme a été fustigée de main de maître par le conférencier; là encore nous étions d'accord avec lui.

La 3ᵉ conférence a porté sur l'esclavage du cœur dans la société actuelle; l'orateur a montré combien le mariage était une monstruosité contre nature, puisqu'il engageait à perpétuité deux êtres qui étaient aussi incapables de répondre de la constance de leurs sentiments que de leur vie ou de leur santé. Toutes les bassesses de la morale bourgeoise ont été mises à nu avec une verve endiablée. Le divorce n'étant qu'un palliatif, l'orateur a conclu à l'amour libre dont il a su faire un poétique tableau; mais celui-ci ne pourra être mis en pratique que dans la société future qui prendra à sa charge les enfants !

Exposer l'organisation de cette société anarchiste, tel était le but de la 4ᵉ conférence.

Comme nous voulons rendre compte impartialement de nos impressions, nous sommes obligés de reconnaître, et cela se concevait, que la tâche du conférencier était ardue.

Les anarchistes, dit-il, ne veulent d'aucune autorité, d'aucun gouvernement; la liberté est le premier et le dernier mot de leurs doctrines, donc il ne faut aucune organisation, celle-ci étant d'essence même autoritaire, et entraînant avec elle tout un cortège de forces répressives et coercitives, gendarmes, juges, militaires, etc., etc.

Le compagnon Sébastien Faure, à l'aide de statistiques empruntées aux *Produits de la terre et de l'industrie*, a établi que la production industrielle et agricole était obtenue actuellement par 172 millions d'individus travaillant en moyenne 10 heures par jour. En supprimant tous les oisifs, fonctionnaires, rentiers, prêtres, etc., le nombre des producteurs atteindrait 300 millions. Comme d'autre part il faut tenir compte du chômage actuel d'un grand nombre de bras, et n'admettre en conséquence que 200 journées de travail par an, on a, pour obtenir la production actuelle, un nombre d'heures annuel égal à 172 millions $\times$ 10 $\times$ 200 = 344 milliards. En divisant ce nombre par 300 millions $\times$ par 365, on obtient pour chacun une moyenne de 3 heures de travail par jour dans la société actuelle. Or, avec le développement du machinisme, comme cela a lieu en Angleterre qui possède une force de 9 kilogrammètres par tête d'habitant, l'ouvrier

en fonte et en fer remplacera de plus en plus celui en chair et en os et fera les trois quarts de la besogne de ce dernier.

On voit donc que dans la société future pour satisfaire aux nécessités de la consommation, chaque homme devra fournir un contingent de travail de 18 minutes par jour. Dans ces conditions, dit Sébastien Faure, quel est l'homme qui se refusera à travailler ? Aucun, car personne ne voudrait se condamner à l'immobilité perpétuelle.

D'ailleurs, l'homme est éminemment sociable; il s'adapte au milieu où il vit, c'est-à-dire que si le milieu est bon, l'homme sera suffisamment moralisé. Ainsi sera constituée la société anarchiste qui sans Dieu, ni maître, par le simple jeu de la liberté, réalisera le bonheur et l'harmonie.

C'est imparfaitement que nous analysons cette théorie de la société future.

Nous pourrions nous livrer à des critiques de mauvais goût sur ce mirage lointain. Constatons simplement, pour nous autres socialistes terre à terre, que les pauvres diables de loqueteux, de ventres creux, de va-nu-pieds, auront le temps de tirer la langue avant sa réalisation.

Les anarchistes ont de généreuses illusions; mais quoi qu'ils disent et quoi qu'ils fassent pour réaliser leur société à la Jules Verne, ils devront passer par une longue période éducative et un collectivisme progressif.

Pour nous, qui ne nous payons ni de mots, ni de phrases, qui sommes convaincus de la nécessité d'une Révolution sociale autant qu'eux, qui avons écouté avec plaisir leur orateur favori, après comme avant, notre opinion reste la même.

L'histoire démontre que le principe d'autorité s'affaiblit tous les jours et celui de liberté augmente au contraire.

Concluons donc de là qu'un jour peut-être, le bonheur parfait qui existe dans la liberté absolue sera réalisable, mais avant d'édifier le système social du 30ᵉ siècle, occupons-nous de celui du 20ᵉ. — Il y a suffisamment de besogne pour tous les hommes de cœur et d'énergie, nos successeurs feront le reste.

Au conseil municipal. — Pincés au pied du mur, nos bons radicaux, Dumont, Carteron et autres. Comme de vulgaires opportunistes, ils viennent de voter la prorogation du monopole des pompes funèbres aux frères Duthu.

Êtes-vous convaincu de leur bonne foi, citoyen Philippe ?

Au chemin de fer. — L'organisation du service d'hiver concernant le service des employés de la traction a été faite de telle façon que ces agents se trouvent à n'avoir quasi pas de temps à passer chez eux ; cinq à six heures au plus, et pour certains trains ils n'ont même pas le temps d'aller chercher chez eux de quoi dîner, tandis que dans les autres dépôts, soit à Laroche, Lyon, Chagny, etc., ils ont jusqu'à 24 heures de séjour !

Les mauvaises langues disent que cette mesure a été prise par Ramollot d'éternelle mémoire, par haine pour le syndicat et pour empêcher aux mécaniciens et chauffeurs d'assister aux réunions; c'est peut-être possible, mais il est plus probable qu'il a voulu donner une nouvelle preuve de sympathie à ses subordonnés, en les obligeant à vivre en dehors de leur famille.

C'est égal, c'est un rude homme que cet ingénieur sans brevet et je suis d'avis que les agents reconnaissants devraient organiser un vaste pétitionnement ayant pour but l'élévation d'un monument surmonté d'une statue, représentant ses traits nobles et fiers, à seule fin de perpétuer le souvenir de cet ami des humbles exploités et de l'humanité.

BESANÇON. — Au chemin de fer. — Dans un de nos précédents numéros, nous avons signalé l'injustice flagrante dont étaient victimes plusieurs jeunes chauffeurs du dépôt de Besançon, lesquels, malgré leurs deux ans de service sur les machines, n'ont pas encore eu leur commission. Cependant les règlements prescrivent la délivrance de la commission après un an de service comme chauffeur.

Nous recommandons à ces jeunes gens comme moyens assurés d'obtenir les bonnes grâces des Ramollot, des Toka, etc., d'aller avaler quelques pains à cacheter dans la cathédrale de Besançon et sous peu il sera fait justice à leur droit.

———— — —

BLANZY. — Comme l'on s'en doutait, la cléricale Compagnie des mines, qui est en même temps propriétaire des verreries de Blanzy, a refusé de faire droit aux revendications des ouvriers verriers qui, après plusieurs réunions, avaient décidé de continuer à travailler au même tarif que par le passé, à condition qu'on ne ferait pas de victimes. Mais ils avaient compté sans Rodin. Ayant fléchi, il fallait bien les amener à capituler complètement ; on leur imposa le renvoi de trois des leurs : les citoyens Lépron, Doyen et Michaud, tous les trois membres du bureau de la chambre syndicale. Dans une réunion tenue salle du Théâtre, le 7, à l'unanimité des membres présents, soit 110, il avait été décidé que tous quitteraient le travail si la Compagnie refusait de reprendre leurs trois frères de misère. Une délégation fut même envoyée à ce sujet près du R. P. Chagot, qui refusa net. Eh bien, le croirait-on, sur les 110 qui, deux heures auparavant, avaient déclaré ne pas reprendre le travail si l'on ne reprenait pas leurs frères, il s'en trouva 27 qui se prononcèrent pour la reprise du travail et, après une journée d'arrêt, il n'y en eut que 30 environ qui cessèrent complètement de travailler, ne voulant pas se courber devant les vexations de la Compagnie et de son directeur. Pour toute réponse à un membre de la délégation du 6 octobre, le citoyen Joraison, qui lui demandait quelques explications sur le refus par la Compagnie d'obtempérer à leurs justes et légitimes réclamations, ce dernier répondit : « Je me f... de vous et de tous les autres ! »

Le 6, sur les trois heures du matin, au moment où les ouvriers se rendaient à leur travail, plusieurs gendarmes sont à la grille d'entrée des verreries ; deux brigades sont venues de Montceau renforcer celle de Blanzy. Des patrouilles circulent dans nos rues ; des ouvriers mineurs se rendant au travail sont même arrêtés ; on leur demande où ils vont. On remarque également deux Pandores qui font les cent pas devant l'atelier du citoyen Ph. Vitteaut. Les ouvriers sont cependant très calmes. Serait-ce pour les exciter, que ce déploiement de la force armée ? On se demande qui a pu l'ordonner. Est-ce le préfet ? le lieutenant de gendarmerie ? A moins que ce ne soit même la Compagnie des mines ! ou M. Constans.

Au prochain numéro de nouveaux détails.

Parmi les 42 pèlerins envoyés par la Compagnie des mines, à Rome, pour y baiser la mule du pape, il y avait deux mineurs de Blanzy, les sieurs Villedieu et Sivignau. Souhaitons qu'ils nous soient revenus beaucoup plus intelligents qu'ils n'étaient avant leur départ.

Toute cette monnaie dépensée par la cléricale Compagnie des mines, en pèlerinage de toutes sortes, serait beaucoup mieux employée à augmenter les salaires des esclaves de la mine et ceux des ouvriers verriers.

Un GRÉVISTE.

————

CREUSOT. — Dans une précédente correspondance je signalais le zèle jésuitique du sieur Devoucoux, ex-notaire au Creusot. Je viens compléter mes renseignements sur ce triste personnage. Comme notaire, c'était lui qui faisait toutes les affaires de la cléricale administration des usines Schneider et Cie. Ledit Schneider ne pouvait moins faire que d'en faire son bras droit au conseil municipal. Chaque fois qu'il s'est agi de faire la liquidation d'une propriété quelconque, il s'arrangeait de telle sorte que, pendant des années entières, les intéressés ne pouvaient lui décrocher un liard. Mais, en revanche, pour ce qui concerne le bureau de bienfaisance du Creusot, il est d'une générosité sans pareille, surtout quand les sollicitations de secours sont faites par de jolies dames ou demoiselles. Là-dedans, il n'y a que les gros sous des malheureux contribuables qui dansent.

Il est fortement question, paraît-il, que l'ex-notaire, connu plus particulièrement sous le titre de « Lapin blanc, » postule actuellement pour un emploi de juge de paix, se basant dit-il sur les services qu'il a rendus à la République opportuniste des Constans, Rouvier et Cie, et sur l'appui de son digne maître, le potentat Henry Schneider. Il n'y a que de telles créatures qui conviennent à nos gouvernants bourgeois pour mieux condamner les socialistes qui ont l'audace de dévoiler toutes les canailleries de la classe gouvernante. Jusqu'alors, n'avons-nous pas une preuve convaincante que la plupart des faveurs sont accordées aux pires ennemis de la République ? En ce qui concerne les vieux esclaves du bagne Schneider, qui viennent d'être transférés dans une équipe d'auxiliaires, ils ont été avisés ces jours-ci par le garde-chiourme qui les commande, qu'à partir du 1er courant ils ne seraient plus payés qu'à raison de 1 fr. 60 par jour au lieu de 2 fr. Plusieurs de ces victimes allèrent trouver le sieur Saint-Jirond qui, à la direction des Usines, remplit les fonctions de chef du contentieux, pour lui soumettre leurs réclamations. Ce dernier, en bon roublard qu'il est, leur fit entendre qu'il n'était pas au courant de leurs réclamations, mais qu'il examinerait l'affaire. Gros farceur, va !

Depuis environ deux ans l'administration des usines a fait construire un nouvel atelier pour la fabrication des canons. Les travailleurs de cet atelier ont pour garde-chiourme en chef un certain Gauthard qui, paraît-il, tient à faire parler de lui. Les menaces et les diminutions qu'il exerce envers les esclaves soumis à ses ordres obligent beaucoup de ces derniers à prendre leurs comptes s'ils ne veulent pas se voir renvoyer comme malpropres. Ainsi il y en a une quinzaine qui, ces jours derniers, durent s'en aller dans lesdites conditions. Au bagne du Creusot il ne manque plus qu'une seule mesure : la schlague. Si les travailleurs du Creusot ne veulent pas la voir mettre en application, ils n'ont qu'un seul moyen, celui de suivre l'exemple de leurs frères des autres pays, se syndiquer.

————

LONS-LE-SAUNIER. — *Consommatum est.* — Encore le conseil municipal ! et ce n'est pas fini. Par 14 voix contre 8, 2 abstentions et des absences, il a décidé d'acheter pour le prix de 120,000 fr., et au moins une vingtaine de mille francs d'indemnité de résiliation, une propriété à Moreau, qui a coûté 62,000 fr. Cette grosse aubaine, qu'il aurait pu se procurer pour 25.000 fr., il en fait cadeau à la Compagnie des bains. C'est-à-dire qu'il prend purement et simplement l'argent des petits contribuables qui, bien souvent, se privent du nécessaire pour le mettre dans les poches de quelques bourgeois indigestes de superflu.

C'est bien la conséquence d'une fausse organisation qui, par la complicité criminelle des régnants, entrave le bien-être social.

————

PONTARLIER. — Le clapier aménagé pour servir de dortoir aux mécaniciens et chauffeurs a toujours la même affectation. Après la publication des plaintes que nous communiqua un des intéressés, une enquête fut bien ouverte, non pas pour chercher à supprimer ou tout au moins à atténuer les défectuosités pressantes de ces dortoirs, mais bien au contraire pour rechercher l'auteur de ces plaintes, sans doute pour lui faire attribuer une bonne gratification du genre de celle que la compagnie, dans les paternels intérêts qu'elle porte à ses employés, sait si bien distribuer à ceux qui, à force de subir des avanies, ont assez peu de délicatesse pour se plaindre.

Allons, Messieurs les exploités, ayez donc un peu plus à cœur de ne pas troubler la douce quiétude de vos chers exploiteurs et faites donc un peu plus attention à leur caisse.

SAINT-CLAUDE. — Ce bon M. le ministre du commerce! Il daigne annoncer à son cher député de notre arrondissement qu'il a fait ouvrir une enquête sur *sa* demande de conseil de prud'hommes, et qu'aussitôt, etc., etc.

C'est le syndicat diamantaire qui depuis trois ans a réclamé le Conseil, et c'est le cher député qui aura l'air de nous l'octroyer dans quatre ou cinq ans.

TONNERRE. — *Organisation du groupe républicain socialiste.* — Le dimanche 1ᵉʳ novembre prochain, tous les travailleurs du Tonnerrois, abonnés à la *Revue Sociale*, sont, par le présent avis, convoqués (avec prière d'y assister) à la réunion générale qui aura lieu à Tonnerre, salle de la Mairie, sous la présidence de la citoyenne Camille Lemaitre, de Saint-Florentin.

Le but immédiat de cette première réunion, franchement socialiste, est de constituer en groupe indépendant les républicains socialistes résidant à Tonnerre et dans les cantons limitrophes, y compris les cantons de Chaource et d'Ervy (Aube).

Projet des statuts qui seront adoptés par le groupe après discussion et modifications nécessaires :

Article premier. — Le groupe prend pour titre : Association libre des Travailleurs républicains socialistes du Tonnerrois.

Le siège de l'association est fixé à Tonnerre, mais il pourra être formé des sections dans les localités environnantes.

Art. 2. — Pour faire partie de l'association, il faut être travailleur et abonné à la *Revue Sociale*, ou avoir, par des actes, donné des preuves concluantes d'un amour enthousiaste de la classe ouvrière et des réformes sociales.

Art. 3. — Les titres de *travailleur* et d'*abonné à la Revue Sociale* étant reconnus suffisants pour faire partie de l'association, aux citoyens qui remplissent les conditions prescrites à l'article 2 des présents statuts, l'association ouvre ses portes à ceux d'entre eux qui veulent entrer, et à ceux qui veulent sortir.

Art. 4. — Tout en réservant son autonomie absolue, l'association déclare adhérer au programme minimum et aux statuts élaborés et arrêtés, chaque année, par le Congrès régional de la Fédération des travailleurs socialistes de l'Est.

Art. 5. — Il n'est dû aucune cotisation fixe par les membres de l'association. Les deniers nécessaires à sa gestion seront fournis par une quête qui sera faite parmi les membres présents à chaque réunion générale.

Art. 6. — Une Commission pour la propagande des idées socialistes dans la région sera nommée au scrutin secret et chargée d'organiser des conférences publiques, de préparer et diriger la lutte en période électorale, et de convoquer le groupe dans les localités et aux époques qui lui paraîtront les plus favorables.

Art. 7. — La Commission de propagande est comptable des deniers de l'association. Elle est réélue à chaque réunion générale, après avoir rendu compte de son mandat et de sa gestion.

Art. 8. — L'association créée spécialement pour la défense des humbles et la diffusion des principes d'égalité et de justice, déclare qu'il n'y a, dans son sein, ni titres, ni honneurs pour aucun de ses membres; mais, en revanche, elle réclame de chacun d'eux : désintéressement et esprit de sacrifice.

Programme de la journée du 1ᵉʳ novembre à Tonnerre :

A neuf heures du matin, salle de la Mairie : Réunion des abonnés à la *Revue Sociale*, discussion des statuts et organisation du groupe.

A deux heures du soir, même salle : Conférence publique, gratuite et contradictoire sur la question sociale.

Orateurs inscrits : J.-B. Dumay, député ouvrier ; J.-B. Schaëro, architecte ; X... et X..., de Dijon, membres de la Fédération des Travailleurs socialistes de l'Est.

Ces deux réunions seront présidées par la citoyenne Camille Lemaitre.

A six heures du soir : Banquet socialiste à 2 fr. 75 par tête, café compris.

Prière de se faire inscrire avant le 25 octobre, chez le citoyen Thumereau, à Tonnerre, rue Jean-Garnier, 5.

GENÈVE. — *Conseils de Prud'hommes.* — Les élections ont eu lieu le 4 octobre. Les candidats présentés par les syndicats ouvriers sont élus sans compétition. Un guillocheur qui avait critiqué les charpentiers en grève a été *retoqué* comme de juste.

Il y a 11 groupes. Les employés ou commis, les jardiniers, les domestiques, les ouvriers de l'alimentation sont justiciables des prud'hommes, ainsi que les travailleurs des champs et les employés du Gouvernement, les portefaix, etc.

Les séances ont lieu le soir et donnent droit à une indemnité de 3 francs.

La juridiction est à 3 degrés : conciliation, jugement et appel.

Les prud'hommes passent à tour de rôle dans ces différents tribunaux.

Les présidents sont nommés pour 6 mois. Alternativement patron et ouvrier.

DIVONNE. — Un négociant lapidaire qui boucle son usine après fortune, laissant aux ouvriers leur ceinture à boucler, a l'intention d'envoyer à Chicago l'exposition de la leçon de choses ci-après :

A gauche le point de départ, la paire de sabots dans laquelle il est entré à Paris ; à droite, le résultat d'une longue carrière de labeurs : quelques immeubles de rapport, plus le *fac-simile* du contenu d'un nombre respectable de gros sacs couronné de perles, brillants, rubis, saphirs et autres accessoires. Au-dessus, munies d'ailes autant que têtes d'archanges, étincellera le moulage des deux mains (il n'en avait que deux pour ramasser tout cela) du notable négociant.

Il ne faudra pas s'étonner si elles sont un peu crochues.

LA QUESTION SOCIALE
A la campagne

(Suite)

On ne s'est jusqu'ici occupé que des chasseurs et on les a toujours protégés contre les cultivateurs qui se révoltent des exactions des premiers. Il serait temps, qu'on s'occupât maintenant un peu de l'agriculture, qu'on la protégeât à son tour contre les privilégiés, qui font de la terre fertile un vaste réservoir de gibier, pour procurer des plaisirs, des émotions aux seigneurs de la finance. Qu'on supprime le permis de chasse, qu'on donne à tout le monde le libre exercice de la chasse, partout, dans les forêts de l'Etat qui sont un patrimoine commun. L'Etat, les communes, les particuliers qui louent le droit de chasse sur leurs propriétés commettent une action immorale, et un vol criant. Et dans les Chambres aucune voix ne s'est encore élevée pour le leur dire !

Une des fatales conséquences du privilège de la chasse est le boisement d'une grande partie du territoire. Le rendement des parcelles de terre qui restent isolées au milieu des bois, est nul par suite de l'ombrage. Le cultivateur les abandonne peu à peu; on le plante en bois, et bientôt nous verrons tout le territoire se transformer en de vastes forêts qui deviendront le refuge de quantité d'animaux nuisibles qu'il sera défendu au propriétaire de détruire sous la peine la plus terrible et la plus infamante.

Et la maladie de la vigne, la gelée au printemps et à l'automne, ces fléaux naturels, ne sont-ils pas dus aussi en partie aux grands bois disséminés sur le finage, qui par leur ombrage produisent l'humidité marécageuse qui refroidit le sol et amène la gelée ?

La vigne pour une bonne partie de nos campagnes, est la principale ressource ouvrière autant par le travail qu'elle procure que par ses produits.

Une fois les vignes arrachées, les terrains pour la plupart fort médiocres seront bientôt plantés en bois et constitueront un vaste désert, véritable réservoir de gros gibier. Alors adieu l'agriculture, tout le travail, toute la force du paysan s'épuiserait ainsi inutilement; le petit cultivateur finira par être complètement privé de son lopin de terre ; et bientôt le pays tout entier sera accaparé par ces grands seigneurs amateurs qui seuls pourront jouir de ce privilège.

Avec cette puissante absorption de la terre par la chasse, les efforts du petit cultivateur vont être vains et misérables; et les procès, la ruine, la misère, la prison s'il s'entête à détruire le gibier, rendront sa situation épouvantable. Maintenant plaçons-nous à un autre point de vue: quand la terre sera couverte de forêts, de quoi l'homme se nourrira-t-il ?

La question est plus haute, plus grave, puisqu'elle touche à la vitalité même de l'humanité: c'est une question de pain, c'est-à-dire l'existence de tout un peuple qui est en jeu. C'est l'homme disputant sa vie aux bêtes féroces pour le simple plaisir de quelques grands seigneurs. C'est la condition des gladiateurs luttant dans les cirques contre les lions, donnant ainsi leur vie en pâture pour procurer des spectacles émouvants aux patriciens de Rome. Quand on voit toutes ces iniques injustices se produire au grand jour, il faut être assez borné ou bien avachi pour ne pas sentir sa raison se révolter, et comprendre que l'on est victime d'une organisation ayant pour base, l'arbitraire, le vice, la force brutale basée sur des privilèges surannés.

L'homme n'est pas seulement esclave de l'homme, il est surtout esclave des choses : amoindrir pour lui l'oppression de la misère et de la faim.

C'est préparer la civilisation, mère de tous les affranchissements. A l'œuvre donc, paysans, il n'est que temps de réagir contre un état de choses de plus en plus dangereux et qui deviendra par la suite une plaie incurable si nous n'y mettons promptement ordre.

Dans la société moderne, le droit est conquis. Tout enfant qui naît a droit à la vie; seulement, la misère penchée sur son berceau prononcera 9 fois sur 10, son arrêt de mort, mort lente, mais sinistre. L'individu n'est qu'une abeille dans sa ruche, sa personnalité, son moi se perdent dans le bourdonnement d'autres existences soumises comme la sienne à des lois monotones et fatales. On se demande dans ce cas quelle peut être la liberté individuelle; et sans liberté, il n'y a nul progrès.

Dans toute l'histoire ancienne et moderne, nous voyons, à mesure que l'homme se débarrasse du préjugé d'ignorance qui en fait une brute, s'accroître la lumière et l'indépendance. Et le bien-être individuel et général augmente selon le degré de liberté et d'instruction. Nous voyons au contraire la liberté diminuer ou s'évanouir à mesure que la fortune publique se concentre en quelques mains et rend esclave une partie de la société: nous demandons que chaque individu jouisse de sa liberté et de son indépendance individuelle et naturelle, que chaque cultivateur soit libre du terrain qu'il cultive et le seul maître de sa récolte ; elle est la juste récompense de son travail.

Haut les cœurs, paysans; ouvriers des villes et des campagnes, unissez-vous pour conquérir vos droits méconnus.

S'il vous plaît de rester libres, si le sort du manœuvre ou de l'esclave qui vous attend vous épouvante, hâtez-vous, il n'est que temps; associez-vous, liguez-vous contre les hordes sauvages qui menacent de vous réduire à l'état de parias. Nous avons tous les mêmes intérêts, les mêmes droits, nos devoirs sont les mêmes. Il faut nous consulter, nous entendre, tâcher d'écarter tous ce qui nous divise; ce qui nous divise, c'est la politique à l'aide de laquelle une nuée de politiciens nous gouvernent à leur gré et rendent nuls des droits que la raison nous donne.

(A suivre) E. CHAMOIN.

LA SUPPRESSION
des Armées permanentes
(Suite)

Enumérons maintenant les nombreux services rendus à la Monarchie par l'armée permanente[1] à l'époque de la fondation de la soi-disant armée nationale (qui fut tout à la fois prétorienne et mercenaire), sous le victorieux Charles VII (1), nous la voyons toujours vénale, corrompue, grossière, brutale, fanatique et sanguinaire. — Semblable à celle du Bas-Empire, elle acclame les plus odieux tyrans, massacre les Huguenots sous les Valois d'Angoulême et s'incarne comme toujours dans la personne de son chef. Audacieuse sous le roi gentilhomme, elle devient lâche et efféminée sous le roi des mignons ; sous Henri IV, elle est pacifique et galante ; sous Louis XIV, tour à tour autoritaire, intolérante, orgueilleuse, débauchée, puis enfin dévote ; sous Louis XV, corrompue, coquette et élégante ; sous Louis XVI, pacifique. Sous Bonaparte, querelleuse et vaniteuse ; sous Louis XVIII, dévote, vieillotte et réactionnaire.

L'armée, disent les monarchistes, a sauvé la France à Bouvines, à Denain, à Austerlitz. Elle lui a donné la gloire et des drapeaux à Vouillé, à Orléans, à Marignan, à Rocroy, à Fontenoy, à Iéna et à Sébastopol. Mais tous ces gens du trône et de l'autel oublient de dire qu'elle les a perdus aux champs d'Azincourt, à Poitiers, à Pavie, à Ramillies, à Rosbach, à Waterloo et à Sedan.

Cette armée qu'ils chérissent a massacré les Jacques au XIVe siècle, ces communards de l'époque. Elle a tué les Huguenots, ces libres-penseurs du XVIe siècle. Elle a martyrisé ces mêmes protestants sous Louis XIII et Louis XIV. Elle a opprimé la France sous Bonaparte, après avoir étranglé la République, sa mère. Sous le même Bonaparte, elle a égorgé tous les peuples pour les confondre sous la main d'un même maître. Sous les Bourbons de la branche aînée, elle a mitraillé le peuple aux barricades de Juillet. Sous la branche cadette elle a égorgé d'héroïques jeunes gens sur les marches de Saint-Merry. Elle massacrait des femmes, des vieillards et des enfants dans une maison de la rue Transnonain ; elle rougissait ses bayonnettes dans la poitrine des prolétaires. Elle voyait rouge à la Croix-Rousse et

---

(1) Ainsi nommé parce qu'il ne remporta jamais de victoires par lui-même.

noir aux grottes du Dahro. En février 1848, elle tuait les républicains pour défendre Louis-Philippe ; en juin, elle mitraillait les ouvriers socialistes pour défendre la bourgeoisie.

Au Deux Décembre, elle élevait un trône à Bonaparte sur une montagne de cadavres. Et la République bourgeoise ne voulant pas se trouver en reste avec l'Empire, faisait une nouvelle Saint-Barthélemy de prolétaires pour défendre leur classe peu respectable.

Aubin et La Ricamarie devaient être dépassés en 1891 par le massacre des grévistes à Fourmies où les Lebel firent merveille.

L'histoire des empereurs, des rois et des papes est celle du martyrologe des peuples, a dit l'abbé Grégoire. Il aurait dû ajouter que ces tyrans ne gouvernèrent que par la force, et que cette force était incarnée dans l'armée. Depuis un demi-siècle, tous ces arguments ont été ressassés contre l'armée permanente.

Tout révolutionnaire doit haïr l'armée, car elle personnifie la force brutale contre le droit, l'esclavage contre l'indépendance, l'obéissance passive contre la liberté de discussion et de raisonnement ; les ténèbres contre la lumière. Si les radicaux étaient de bonne foi, ils se souviendraient des diatribes acerbes, des pamphlets virulents, des colères et des haines que leur ont suggéré, il y a 25 ans, cette institution à la fois si onéreuse et si odieuse, et ils demanderaient avec nous la suppression des armées permanentes.

.·.

Mais à côté des faits généraux connus de tous, il existe une quantité de faits particuliers qui à eux seuls constitueraient un réquisitoire suffisant pour la condamnation de ce brigandage organisé.

Un pauvre diable, mort récemment de froid, de faim et d'épuisement à l'hôpital de la Pitié, a bien voulu, quelques heures avant sa mort, nous communiquer des mémoires forts intéressants. Ces notes intimes sont un long récit des tortures supportées par nos infortunés soldats dans les pénitenciers africains, dans les bataillons d'infanterie légère d'Afrique, les compagnies de fusiliers disciplinaires, et les ateliers de travaux publics.

L'infortuné qui a écrit ce manuscrit, craignant à chaque instant d'être taxé d'exagération fait un appel véhément à ses malheureux collègues de captivité, et les convie à venir, eux aussi, déposer à la barre de l'opinion publique.

Voici quelques extraits de ces récits navrants :

« En 1873, le 2ᵉ bataillon d'infanterie légère d'Afrique avait pour commandant le sieur Jameau, homme grossier, ivrogne et paresseux. Ce personnage à l'âme de boue, abdiquait ses fonctions entre les mains des autres officiers du bataillon.

« Chaque compagnie avait son inquisiteur, et ce nouveau Torquemada était indistinctement l'un des trois officiers. La première avait deux bourreaux ; le lieutenant Lacoste, la tête qui pense, et le sergent-major Roche, le bras qui exécute. Les moyens de répression surpassaient en cruauté les tortures de la chambre ardente ou celles de la sainte inquisition.

« Ainsi, tout soldat qui se rendait coupable d'une faute, telle que : absence illégale, ivresse, réponse inconvenante, etc., était puni de 60, 90 ou 120 jours de cellule, cachot ou silo, selon le caprice du tyran qui gouvernait la compagnie.

« Par surcroît de cruauté, le pain (qui servait à la nourriture des victimes du silo) était remplacé par

« des biscuits avariés. La ration dans certains cas et dans certaines compagnies était réduite à sa dernière expression : un biscuit par jour.

« Quelquefois, un supplicié était attaché à la crapaudine ; dans cette position, il restait deux ou trois jours sans boire ni manger, puis le quatrième, quelques heures avant de le détacher, on lui apportait deux ou trois pains tout chauds avec un bidon. Le sergent ou le caporal inquisiteur lui disait alors ces paroles : « Mange, canaille ! »

« Pour manger, le malheureux n'était pas détaché ; il était réduit à assouvir sa faim sans le secours des mains, en dévorant son pain à la façon des animaux !

« Le supplice par l'eau existait aussi. L'hiver, c'était l'inverse. On faisait laver les hommes punis dans un baquet rempli d'eau glacée, ce qui déterminait souvent chez eux des fièvres violentes.

« Aux 2ᵉ et 4ᵉ compagnies, l'infâme Boutron leur faisait ôter pantalon et chemise, et les laissait complètement nus, même en hiver. Le jour, ils restaient accroupis comme des bêtes fauves ; la nuit, couchés sur le flanc, ils se serraient les uns contre les autres pour se réchauffer, et, ni leurs corps amaigris, ni leur mine souffreteuse ne pouvaient attendrir le cœur de leurs bourreaux.

« Dans certains cas, quand la victime exaspérée jetait un cri de malédiction et répondait par un soufflet au coup de bâton du vil argousin, l'on avait recours à cet étrange supplice déjà nommé : la *crapaudine*.

« *La crapaudine !* ce nom résonne douloureusement à l'oreille de ceux qui ont été victimes des inquisiteurs des bataillons d'Afrique. Ce supplice consiste à attacher ensemble les pieds et les mains sur le dos du patient complètement nu. Pour rendre la douleur plus grande, on inonde d'eau le corps du supplicié autant pour l'humilier que pour faire serrer les cordes qui le garrottent. Comme si ce n'était pas encore assez, un gradé quelconque vient l'outrager en lui disant ces mots : Venge-toi donc, canaille ! Souvent la victime est battue jusqu'à son complet évanouissement. »

(A suivre)   J. ZAMBEAU.

COMMUNICATIONS

GRÈVE GÉNÉRALE DES VERRIERS. — La Fédération nationale des verriers de France, constatant que les grèves partielles sont désastreuses et n'aboutissent jamais, vient de décider la grève générale de la corporation. Les verriers à bouteilles demandent l'unification des tarifs, afin que les patrons, avec leur concurrence, ne puissent plus se rabattre sur leurs salaires.

Ils adressent un chaleureux appel à leurs camarades de travail, pour les aider à faire triompher leurs revendications.

Les fonds peuvent être adressés au trésorier-général de la grève, le citoyen Maximilien Charpentier, rue de la Gare, à Carmaux (Tarn).

PETITE CORRESPONDANCE

Burlot, Brienon. — Coutelier-aubergiste, 5, rue Jean-Garnier.

A nos correspondants. — Ceux de nos correspondants en retard de leurs versements sont priés de vouloir bien s'acquitter le plus tôt possible.

Le Gérant, V. MILLERAND.

Dijon. — Imp. Carré, rue Amiral-Roussin, 40.

2ᵉ année — Nᵒ 20   **10 centimes**   1ᵉʳ au 15 Novembre 1891

LA REVUE SOCIALE

ORGANE BI-MENSUEL

De la Fédération des Travailleurs Socialistes de l'Est

PARAISSANT A DIJON

ADMINISTRATION

Adresser toutes communications et mandats à l'Administrateur délégué, rue de la Mégisserie, 29, **DIJON.**

De chacun selon ses forces

A chacun selon ses besoins

ABONNEMENT

Un an, **2 fr.** — 6 mois, **1 fr.** — 3 mois, **50 cent.**

PERMANENCE tous les jours, au siège social de la Fédération, rue de la Mégisserie, 29, **DIJON.**

SOMMAIRE :

Congrès régional du Parti Ouvrier . . La Cⁿ FÉDÉRALE.
Le Secrétariat du travail . . . . . . Ed. VAILLANT.
La Situation . . . . J.-B. DUMAY.
Bulletin de quinzaine . . . . C. N.
Le Catéchisme des Travailleurs . . . P. LAFARGUE.
Mouvement socialiste dans la région . O. Z.
Les armées permanentes . . . . . . J. ZAMBEAU.
Communications, petite correspondance, etc.

Congrès Régional du Parti Ouvrier

Le deuxième Congrès de la Fédération des travailleurs socialistes de l'Est doit avoir lieu à Montceau-les-Mines, le 25 décembre prochain.

Les groupes de la région sont priés d'envoyer leurs propositions d'ordre du jour, avant le 25 novembre prochain, dernier délai; lesdites propositions figureront dans le nᵒ de la *Revue Sociale* du 1ᵉʳ décembre.

Les secrétaires des groupes sont priés de nous faire connaître les adresses des syndicats ouvriers de leur ville respective, afin qu'ils puissent être convoqués en temps voulu à ces assises du travail.

LA COMMISSION FÉDÉRALE.

LE
Secrétariat du Travail

La formation du Secrétariat du Travail est à l'ordre du jour du prolétariat socialiste français et doit être résolue au plus tôt. Elle le sera, et il est certain que les engagements pris à Bruxelles au nom des diverses organisations, par leurs délégués, seront tenus.

Mais il faut que cet organe nécessaire de la participation française à l'action ouvrière socialiste internationale soit créé en accord exact avec le mandat donné par le Congrès, juré par les délégués. C'est pour tous le devoir. Détail mis à part, il est d'exécution facile, et il suffit, pour le définir, de rappeler les faits.

Avec la question du militarisme, celle de l'organisation nationale et internationale ouvrière occupait la première place dans l'ordre du jour du Congrès. Le Comité révolutionnaire central avait proposé la formation, en chaque pays, de commissions syndicales ouvrières reliées par une commission syndicale internationale nommée par le Congrès. Cette idée, admise par tous, ne put être réalisée par crainte d'exposer les socialistes de quelques pays aux rigueurs de lois qui proscrivent l'Internationale.

L'amendement Delcluze, éliminant la commission internationale et gardant les commissions ou secrétariats nationaux, chargés d'établir, par leurs relations directes, le lien international, fut alors accepté, chaque nation restant libre de lui donner la forme qui lui convenait le mieux.

Les délégués français, considérant que s'il fallait « en référer à leurs mandants respectifs pour l'application la plus prompte possible, » crurent qu'ils avaient qualité pour interpréter les intentions du Congrès et l'intérêt ouvrier socialiste français, et, le 22 août, à l'unanimité, décidèrent qu'ils se prononçaient pour: « un Secrétariat du Travail français « composé de représentants des organisations « ouvrières et des diverses fractions socialistes repré-« sentées au Congrès. »

Depuis, la première réunion convoquée à Paris par les secrétaires nommés à cet effet a confirmé cette décision et désigné nominativement les partis et groupes socialistes qui, ayant pris part au Congrès et membres ainsi du Parti socialiste international, devaient, avec les représentants de la classe ouvrière, former le Secrétariat du Travail.

Il ne peut y avoir de doute. Si le prolétariat français était organisé, cette organisation supposerait une commission coordonnant ses efforts, réglant son action et la reliant à celle du prolétariat des autres pays. Mais il n'en est pas ainsi, et il nous faut aborder le problème d'un autre côté, constituer, par l'accord loyal des organisations spéciales et fragmentaires, une commission qui produise un effort coordonné en attendant l'organisation ouvrière généralisée et unitaire qui doit être le résultat prochain.

Il faut donc que, de quelque façon que soit déterminée la nomination de ce Secrétariat, il réalise en lui l'unité qu'il doit réaliser dans le prolétariat français, afin qu'il puisse parler et agir en son nom. Et cette unité ne peut en rien altérer l'autonomie des groupes socialistes, dont la participation a pour objet de donner davantage au Secrétariat comme au mouvement ouvrier, le caractère socialiste.

Les Bourses du Travail devenant de plus en plus les centres d'organisation ouvrière, il ne peut y avoir de meilleur milieu de mieux désigné que la Bourse centrale parisienne, leur centre commun, comme lieu d'installation et de fonctionnement du Secrétariat du Travail.

Enfin, pour que ce Secrétariat travaille et fonctionne, il faut qu'il ait les proportions d'une commission et non d'un parlement. C'est peut-être la difficulté pratique, mais il faut la résoudre si l'on veut aboutir.

Beaucoup de syndicats ont une défiance instinctive des organisations socialistes, et en tous cas les syndicats veulent, à juste titre, ne pas avoir à s'occuper de leurs débats et ne pas être majorés par elles. On leur donnerait facilement satisfaction, si on admettait que chacune des organisations socialistes (elles sont cinq : le Comité révolutionnaire central, les trois fractions du Parti ouvrier, les Indépendants) fût représenté par un seul délégué, le reste de la commission ou du Secrétariat, soit dix ou quinze membres, étant formé par les délégués directs du prolétariat, qui n'aurait plus ni motif ni prétexte à réclamer.

Dans ces conditions, l'action nationale et internationale pourrait être rapidement organisée, et il n'y aurait plus bientôt un seul acte du mouvement ouvrier et socialiste, une seule grève, qui, du moment où ils seraient reconnus comme concordant avec les intérêts de la classe ouvrière et du socialisme, ne seraient assurés d'un appui, suivant le cas et l'importance, national ou international.

Ce serait vraiment la lutte nationalement et internationalement organisée de la classe ouvrière contre la classe capitaliste.

Quant aux déterminations spéciales, aux points secondaires, il faut espérer que la grandeur du but à atteindre amènera une facile entente. Que, par exemple, les élus fassent ou non partie du Secrétariat; qu'il n'y ait même, pour représenter les organisations socialistes, que des ouvriers; tout cela est indifférent. Cela répond à des préoccupations un peu étroites et qui passeront quand le mouvement socialiste grandissant aura assigné à chacun, par la force des circonstances, son rôle, celui qu'il est le plus apte à remplir.

Aujourd'hui, une seule chose importe, c'est que, par l'effet d'une bonne volonté commune, le Secrétariat du Travail soit constitué comme l'a voulu le Congrès de Bruxelles, et que la France ouvrière prenne dans la lutte internationale ouvrière socialiste son poste et son rang de combat.

Edouard VAILLANT.

LA SITUATION

En politique pure, calme plat sur toute la ligne. On a fini de nous raser avec Cronstadt, les badauds ne peuvent plus admirer le chien du grand duc Alexis et, sans l'incident des pèlerinards français à Rome, les journalistes en allaient être réduits à s'interwiéver mutuellement.

Le Parlement est rentré, les députés sont revenus à la queue leu-leu, et, de cent cinquante que nous étions à la première séance, nous avons fini par être environ le double à la troisième.

Les républicains de toute nuance me semblent plus que jamais décidés à soutenir le ministère, les modérés surtout, d'accord en cela avec les droitiers, les uns et les autres voyant dans le ministre de l'intérieur le sauveur des temps passés, présents et futurs.

Il y a une certaine sérénité sur les visages : quelques farouches radicaux d'antan ont maintenant une allure absolument débonnaire ; quelques-uns affectent même de rire du mouvement tournant des cléricaux contre la République, depuis que leur ancien défenseur et ami est mort d'une balle dans la tête, alors qu'il en avait si bien mérité douze dans la poitrine ; mais les chefs ne manquent pas au parti noir, qui cherche maintenant à faire tourner les revendications sociales à son profit, et malheureusement bon nombre d'ouvriers tombent encore dans ce panneau-là.

De tout cela, le Parlement n'a cure, et les parlementaires voient tout en rose ; très peu d'entre eux encore ont pensé à l'approche de l'hiver qui, avec son cortège de maladies, de misères, de chômages et de grèves, va les rappeler à la triste réalité qu'engendre l'ordre social dans lequel ils se complaisent. Que répondront-ils aux plaintes déjà tant de fois formulées ? On reprendra la discussion des quelques lois ouvrières appelées à mettre un frein aux persécutions et aux exactions patronales ; on jettera, au besoin, encore quelques centaines de mille francs en pâture aux affamés, et si, une fois de plus, le travailleur s'en contente, on en sera quitte pour recommencer une fois, dix fois, vingt fois l'éternelle comédie de l'aumône : un bon de pain à qui a forgé des socs de charrue et à qui a ensemencé la terre du beau froment dont souvent le prix de vente ira dans le coffre-fort de celui qui n'a ni labouré, ni moissonné ; — un bon pour une paire de sabots ou une robe d'indienne aux enfants du tisseur qui a créé toutes les belles étoffes qui brillent aux devantures des magasins ou sur le dos des belles dames à l'Elysée ; trois jours d'asile de nuit au maçon sans logis qui a construit palais, châteaux, manufactures et usines.

Ils sont donc bien puissants, ceux qui maintiennent un état de choses aussi contraire à la justice et à l'humanité ? Sont-ils cent oisifs contre un producteur pour lui voler aussi impunément le prix de son labeur sans qu'il se révolte ?

Hélas ! non. — Ils sont cent moutons, se laissant tondre la laine et manger la chair par un seul loup. — Faut-il les taxer de lâcheté ? — Non, ma sévérité ne va pas jusque-là ; mais ils ne savent pas, ils vivent isolés au lieu de se sentir les coudes pour fondre sur l'ennemi. — C'est là que gît tout le mal. — Contre une bourgeoisie organisée religieusement, judiciairement et militairement, il faut un prolétariat uni, groupé nationalement et internationalement; il faut beaucoup de prudence dans les luttes partielles et surtout pas de découragement après les défaites. — Le salut est dans la grève générale ; il n'est que là ; et ce n'est pas une petite besogne d'y préparer les esprits et de former les bataillons dans cette lutte suprême. Aussi faut-il éviter qu'alors qu'un syndicat se forme sur un point du territoire, il en tombe deux d'un autre côté à la suite d'une grève vaincue. Les découragés diront: c'est dur et c'est long ; mais disons avec le poète :

A vaincre sans péril, on triomphe sans gloire.

J.-B. DUMAY.

BULLETIN DE QUINZAINE

La série noire continue ; les accidents de chemins de fer se multiplient tous les jours, et Yves Guyot, ministre des travaux publics, a le toupet de déclarer à la tribune qu'il y a décroissance, et que toutes les mesures préventives sont prises. Jugez alors, si elles ne l'étaient pas.

Les Compagnies prétendent qu'il y a relâchement dans la discipline des employés depuis la dernière grève.

Nous croyons, nous, qu'il y a surtout trop de rapacité du côté des actionnaires, trop de surmenage et trop d'insuffisance du personnel compétent ; ce n'est certainement pas pour leur plaisir que les employés risquent leur vie à chaque instant.

.·.

Paul Lafargue, le socialiste révolutionnaire bien connu, arrive en tête pour le scrutin de ballottage dans la 1re circonscription de Lille. Les candidats constantiniens sont battus à plate couture. Après le coup de pied des révolutionnaires de Saint-Ouen, les sifflets des socialistes de Marseille, voilà une maîtresse gifle appliquée sur la face dégoûtante du Piétri de la République bourgeoise.

Nos félicitations aux ouvriers lillois et à notre confrère « *Le Travailleur* » qui vient de mener une ardente campagne pour venger les martyrs de Fourmies.

.·.

Toute la calotte est en l'air, archevêques, évêques et simples curés, dansent un chahut échevelé pour faire pièce au ministre Fallières. Les gros mots sont de la partie, et M. Gouthe-Soulard d'Aix, l'ancien protégé du radical Goblet, se fait remarquer par la verdeur de ses expressions.

Tout cela, parce que MM. les mitrés ne pourront plus aller à Rome sans permissions, et sont invités à réduire les promenades de leurs ouailles dans la Sainte-Ville, où elles se permettent d'insulter l'Italie.

L'affaire ne tire pas à conséquence ; M. Gouthe-Soulard sera condamné pour l'exemple à une petite réprimande, et dans quelques mois il recommencera de plus belle.

Nos députés avaient un bon moyen d'en finir avec toutes ces cagoteries. C'était de supprimer purement et simplement le budget des cultes et l'ambassade du Pape.

Bien entendu, ils viennent de s'empresser de faire le contraire.

.·.

La Chambre nage en plein dans le budget ; comme précédemment, les contribuables peuvent s'attendre à être tondus dans les grandes largeurs. Il n'y a guère de changé comparativement aux années précédentes ; la réforme de l'impôt sur les boissons, proposée par M. Jamais, est ajournée aux calendes grecques.

A noter cependant le dégrèvement des transports en grande vitesse. Les voyageurs de 1re classe verraient le tarif réduit de 10 0/0; ceux de seconde de 20 0/0 ; ceux de 3e de 27 0/0 ; c'est un petit, bien petit progrès.

Notre ami J.-B. Dumay, estimant avec raison que les voyageurs des coupés-lits ont le moyen de payer leurs frais de voyage, vient de déposer un amendement proposant de verser les 10 0/0 à la caisse des retraites ouvrières.

Vous verrez que les bourgeois de la Chambre ne voteront même pas cette proposition, tout anodine qu'elle soit ; une fois encore, il sera prouvé que la bourse de nos dirigeants est l'endroit le plus sensible où les socialistes doivent frapper.

.·.

J'oubliais quelque chose, au point de vue littéraire ; Dame Anastasie aura vécu dans quelques jours. Cette immonde institution n'a jamais empêché les productions dégoûtantes colorées de patrouillardise, délices des cafés-concerts et d'autres beuglants.

En revanche, elle a muselé tous les écrivains qui ont voulu transporter au théâtre les plaies de la société actuelle. Témoin *Germinal* d'Emile Zola, et tant d'autres que nous oublions. Paix à ses cendres, et souhaitons que cette suppression nous amène une véritable révolution dans l'art théâtral où l'on met en scène trop de dieux, de nobles, de moines et de bourgeois, et pas assez de prolétaires.

.·.

De la publication du rapport officiel sur le mouvement de la population en France, il résulte que les décès sont en nombre supérieur de 81,572 sur l'année précédente, les naissances, au contraire, sont inférieures de 42,520, les mariages de 3,602, tandis que les divorces augmentent de 671.

Ces chiffres ont eu le don de faire jeter les hauts cris à la presse bourgeoise et à ceux qui n'envisagent que la possibilité de pouvoir faire massacrer, à un moment donné, 500,000 hommes sans que la production ait à en souffrir. En effet, si les ouvriers commencent à faire la grève des mariages et de la reproduction, comment pourra-t-on alimenter la boucherie capitaliste ?

Comme d'habitude, nos journalistes n'ont pas approfondi les causes de cette dépopulation, car il leur en coûterait trop d'avouer que c'est la misère des ouvriers et des paysans qui occasionne cette surabondance de décès et cette diminution de la natalité. Forcés de choisir entre le patriotisme et leur intérêt de classes, les bourgeois n'hésitent jamais.

On a voulu en jeter la faute sur l'influenza. En voilà une qui a bon dos ; comme si les années précédentes n'avaient pas eu leur choléra, leur Tonkin, etc. Non, voyez-vous, Messieurs nos dirigeants, cherchez autre chose, et si vous voulez relever la France, commencez à donner à manger à tout le monde, car aussi longtemps que vous fermerez les oreilles à nos revendications, les statistiques vous donneront le soufflet qu'elles vous octroient plus violent chaque année.

C. N.

Le Catéchisme des Travailleurs[1]

Demande. — Quel est ton nom ?

Réponse. — Salarié.

D. — Que sont tes parents ?

R. — Mon père était salarié, ainsi que mon grand-père et mon aïeul : mais les pères de mes pères étaient serfs et esclaves. Ma mère se nomme Pauvreté.

D. — D'où viens-tu, où vas-tu ?

R. — Je viens de la pauvreté et je vais à la misère, en passant par l'hôpital, où mon corps servira de champ d'expériences aux médicaments nouveaux et de sujets d'études aux docteurs qui soignent les privilégiés du Capital.

D. — Où es-tu né ?

R. — Dans une mansarde, sous les combles d'une maison que mon père et ses camarades de travail avaient bâtie.

D. — Quelle est ta religion ?

R. — La religion du Capital.

D. — Quels devoirs t'impose la religion du Capital ?

(1) D'après la Religion imposée par le Dieu Capital.

R. — Deux devoirs principaux : le devoir de renonciation et le devoir de travail.

Ma religion m'ordonne de renoncer à mes droits de propriété sur la terre, notre mère commune, sur les richesses de ses entrailles, sur la fertilité de sa surface, sur sa mystérieuse fécondation par la chaleur et la lumière du soleil ; — elle m'ordonne de renoncer à mes droits de propriété sur le travail de mes mains et de mon cerveau ; — elle m'ordonne encore de renoncer à mon droit de propriété sur ma propre personne ; du moment que je franchis le seuil de l'atelier, je ne m'appartiens plus, je suis la chose du maître.

Ma religion m'ordonne de travailler depuis l'enfance jusqu'à la mort, de travailler à la lumière du soleil et à la lumière du gaz, de travailler le jour et la nuit, de travailler sur terre, sous terre et sur mer ; de travailler partout et toujours.

D. — T'impose-t-elle d'autres devoirs ?

R. — Oui. De prolonger le carême pendant toute l'année ; de vivre de privations, ne contentant ma faim qu'à moitié ; de restreindre tous les besoins de ma chair et de comprimer toutes les aspirations de mon esprit.

D. — T'interdit-elle certaine nourriture ?

R. — Elle me défend de toucher au gibier, à la volaille, à la viande de bœuf de première, de deuxième et de troisième qualité, de goûter au saumon, au homard, aux poissons de chair délicate ; elle me défend de boire du vin naturel, de l'eau-de-vie de vin, et du lait tel qu'il sort du pis de la vache.

D. — Quelle nourriture te permet-elle ?

R. — Le pain, les pommes de terre, les haricots, la morue, les harengs saurs, les rebuts de boucherie, la viande de vache, de cheval, de mulet et la charcuterie. Pour remonter rapidement mes forces épuisées, elle me permet de boire du vin falsifié, de l'eau-de-vie de pomme de terre et du *casse-poitrine* de betterave.

D. — Quels devoirs t'impose-t-elle envers toi-même ?

R. — De rogner mes dépenses ; de vivre dans la saleté et la vermine ; de porter des habits déchirés, rapiécés, reprisés ; de les user jusqu'à la corde, jusqu'à ce qu'ils tombent en guenilles, de marcher sans bas, dans les souliers percés, qui boivent l'eau sale et glaciale des rues.

D. — Quels devoirs t'impose-t-elle envers ta famille ?

R. — D'interdire à ma femme et à mes filles toute coquetterie, toute élégance et tout raffinement ; de les couvrir d'étoffes communes, juste assez pour ne pas choquer la pudeur du sergot ; de leur apprendre à ne pas grelotter en hiver sous des cotonnades et à ne pas suffoquer en été dans les galetas ; d'inculquer à mes petits-enfants les sacrés principes du travail, afin qu'ils puissent dès le bas-âge gagner leur subsistance et n'être pas à la charge de la société ; de leur enseigner à se coucher sans souper et sans lumière, et de les accoutumer à la misère qui est leur lot dans la vie.

D. — Quels devoirs t'impose-t-elle envers la société ?

R. — D'accroître la fortune sociale par mon travail d'abord, par mon épargne ensuite.

D. — Que t'ordonne-t-elle de faire de tes économies ?

R. — De les porter aux Caisses d'Épargne de l'État pour qu'elles servent à combler les déficits du budget (1) ou de les confier aux sociétés fondées par les philanthropes de la finance pour qu'ils les prêtent à nos patrons. Nous devons toujours mettre nos économies à la disposition de nos maîtres.

D. — Te permet-elle de toucher à ton épargne ?

R. — Le moins souvent possible ; elle nous recommande de ne pas insister quand l'État refuse de la rendre (1) et de nous résigner quand les philanthropes de la finance, devançant nos demandes, nous annoncent que nos économies se sont dissipées en fumée.

D. — As-tu des droits politiques ?

R. — Le capital m'accorde l'innocente distraction d'élire les législateurs qui forgent les lois pour nous punir ; mais il nous défend de nous occuper de politique et d'écouter des socialistes.

D. — Pourquoi ?

R. — Parce que la politique est le privilège des patrons, parce que les socialistes sont des coquins qui nous pillent et nous trompent. Ils nous disent que l'homme qui ne travaille pas ne doit pas manger, que tout appartient aux salariés parce qu'ils ont produit tout, que le patron est un parasite à supprimer. La sainte religion du Capital nous apprend, au contraire, que le gaspillage des riches crée le travail qui nous donne à manger ; que les riches entretiennent les pauvres ; que s'il n'y avait plus de riches, les pauvres périraient. Elle nous enseigne encore à n'être pas assez bêtes pour croire que nos femmes et nos filles sauraient porter les soieries et les velours qu'elles tissent, elles qui ne veulent se parer que de méchantes cotonnades, et que nous ne saurions boire les vins naturels et manger les bons morceaux, nous qui sommes habitués à la vache enragée et aux boissons fraudées.

D. — Qui est ton Dieu ?

R. — Le Capital.

D. — Est-il de toute éternité ?

R. — Nos prêtres les plus savants, les économistes officiels, disent qu'il a existé depuis le commencement du monde ; comme il était tout petit alors, Jupiter, Jehovah, Jésus et les autres faux Dieux ont régné à sa place et en son nom ; mais depuis l'an 1500 environ, il grandit et ne cesse de grandir en masse et en puissance ; aujourd'hui il domine le monde.

D. — Ton Dieu est-il tout-puissant ?

R. — Oui. Sa possession donne tous les bonheurs de la terre. Quand il détourne sa face d'une famille et d'une nation, elles végètent dans la misère et la douleur. La puissance du Dieu-Capital grandit à mesure que sa masse s'accroît ; tous les jours il conquiert de nouveaux pays ; tous les jours il grossit le troupeau de salariés qui, leur vie durant, sont consacrés à augmenter sa masse.

D. — Quels sont les élus du Dieu-Capital ?

R. — Les patrons, les capitalistes, les rentiers.

D. — Comment le Capital, ton Dieu, te récompense-t-il ?

R. — En me donnant toujours et toujours du travail, à moi, à ma femme et à mes tout petits enfants.

D. — Est-ce là ton unique récompense ?

R. — Non. Dieu nous autorise à satisfaire notre faim en savourant des yeux les appétissants étalages de viandes et de provisions que nous n'avons jamais goûtées, que nous ne goûterons jamais et dont se nourrissent les élus et les prêtres sacrés. Sa bonté nous permet de réchauffer nos membres que le froid engourdit, en regardant les chaudes fourrures et les draps épais dont se couvrent les élus et les prêtres sacrés. Elle nous accorde encore le délicat plaisir de réjouir nos yeux en contemplant passer en voiture sur les boulevards et les places publiques, la tribu sainte des rentiers et des capitalistes luisants, dodus, pansus, cossus, environnés d'une tourbe de valets galonnés et de courtisanes peintes et teintes. Nous nous énorgueillissons alors en songeant que si les élus jouissent des merveilles dont nous sommes privés, elles sont l'œuvre de nos mains et de nos cerveaux.

---

(1) Le catéchisme fait allusion à des faits qui se passent en France, mais que sans doute ses rédacteurs désireraient voir se généraliser dans les autres pays. Les sommes déposées dans les Caisses d'épargne ont été employées à liquider la dette flottante, qui s'élevait à douze cents millions de francs ; tous les ans les excédants des sorties sur les rentrées des Caisses d'épargne servent, comme dit le catéchisme, à combler les déficits du Budget. M. Beaulieu signalait le danger que présentait cette situation, l'État pourrait être mis en faillite par les déposants venant réclamer leur argent.

Je ferai remarquer le caractère vraiment international du catéchisme capitaliste, qui formule les devoirs et les droits des prolétaires sans distinction de pays et de race.

(1) Le fait est arrivé déjà en 1848 ; les rédacteurs prévoient qu'il se répétera encore et veulent y préparer les ouvriers épargnistes.

D. — Les élus sont-ils d'une autre race que toi ?

R. — Les capitalistes sont pétris du même argile que les salariés ; mais ils ont été choisis entre des milliers et des millions.

D. — Qu'ont-ils fait pour mériter cette élévation ?

R. — Rien. Dieu prouve sa toute-puissance en déversant ses faveurs sur celui qui ne les a point gagnées.

D. — Le Capital est donc injuste ?

R. — Le Capital est la justice même ; mais sa justice dépasse notre faible entendement. Si le Capital était obligé d'accorder sa grâce à ceux qui la méritent, il ne serait point libre, sa puissance aurait des bornes. Le Capital ne peut affirmer sa toute-puissance qu'en prenant ses élus, les patrons et les capitalistes, dans le tas des incapables, des fainéants et des vauriens.

D. — Comment ton Dieu te punit-il ?

R. — En me condamnant au chômage ; alors je suis excommunié : on m'interdit la viande, le vin et le feu. Nous mourons de faim, ma femme et mes enfants.

D. — Quelles sont les fautes que tu dois commettre pour mériter l'excommunication du chômage ?

R. — Aucune. Le bon plaisir du Capital décrète le chômage sans que notre faible intelligence puisse en saisir la raison.

D. — Quelles sont tes prières ?

R. — Je ne prie point avec des paroles. Le travail est ma prière. Toute prière parlée dérangerait ma prière efficace qui est le travail, la seule prière qui plaise, parce qu'elle est la seule utile, la seule qui profite au Capital, la seule qui crée de la plus-value.

D. — Où pries-tu ?

R. — Partout : sur mer, sur terre, et sous terre, dans les champs, dans les mines, dans les ateliers et dans les boutiques.

Pour que notre prière soit accueillie et récompensée, nous devons déposer aux pieds du Capital notre volonté, notre liberté et notre dignité.

Au son de la cloche, au sifflement de la machine nous devons accourir ; et une fois en prière, nous devons, ainsi que des automates, remuer bras et jambes, pieds et mains, souffler et suer, tendre nos muscles et épuiser nos nerfs.

Nous devons être humbles d'esprit, supporter docilement les emportements et les injures du maître et des contre-maîtres, car ils ont toujours raison, même lorsqu'ils nous paraissent avoir tort.

Nous devons remercier le maître quand il rogne le salaire et prolonge la journée de travail ; car tout ce qu'il fait est juste et pour notre bien. Nous devons être honorés quand le maître et ses contremaîtres caressent nos femmes et nos filles, car notre Dieu, le Capital, leur octroie le droit de vie et de mort sur les salariés ainsi que le droit de cuissage sur les salariées.

Plutôt que de laisser une plainte s'échapper de nos lèvres, plutôt que de permettre à la colère de faire bouillonner notre sang, plutôt que de jamais nous mettre en grève, plutôt que de nous révolter, nous devons endurer toutes les souffrances, manger notre pain couvert de crachats et boire notre eau souillée de boue ; car, pour châtier notre insolence, le Capital arme le maître de canons et de sabres, de prisons et de bagnes, de la guillotine et du peloton d'exécution.

D. — Recevras-tu une récompense après la mort ?

R. — Oui, une bien grande. Après la mort, le Capital me laissera m'asseoir et me délasser. Je ne souffrirai plus ni du froid, ni de la faim ; je n'aurai plus à m'inquiéter ni du pain du jour, ni du pain du lendemain. Je jouirai du repos éternel de la tombe.

Pour copie conforme :

P. LAFARGUE.

MOUVEMENT OUVRIER SOCIALISTE
DANS LA RÉGION

DIJON

Les fournitures scolaires. — Nous recevons un grand nombre de plaintes concernant le sans-gêne avec lequel la municipalité actuelle agit avec les parents dont les enfants fréquentent les écoles communales.

Malgré les protestations de nos amis Morin et Thiolain dans l'ancien conseil, il avait été voté que les fournitures scolaires seraient accordées gratuitement seulement à ceux qui en feraient la demande à l'instituteur. Sire Bordet Iᵉʳ, le remarquable académicien qui préside aux destinées de notre ville, vient de décider, tout seul, que cela ne suffisait plus. Dorénavant, on devra adresser une demande en règle à môssieu le maire.

Un de nos amis, le citoyen M..., conseiller prudhomme, n'ayant pas rempli cette formalité, vient d'être prévenu qu'on allait retirer les livres à ses enfants. Si cette menace s'accomplit, notre camarade retirera ses fils des écoles communales.

Nous engageons tous ceux qui sont dans le même cas à en faire autant.

C'est le meilleur moyen de protester contre l'autoritarisme de l'opportuniste administration Bordet-Pernot et Cie.

Conseil des prud'hommes. — Ordre de service pour le mois de novembre 1891.

Bureau général :

MM. Salvy, patron, le samedi 7 ; Giraud, patron, le 14 ; Mojonnet, ouvrier, le 21 ; Desvaux, ouvrier, le 28.

Bureau particulier :

MM. Salvy et Mojonnet, pour les mercredi 4 et 11 novembre ; Giraud et Desvaux, les 18 et 25.

Au P.-L.-M. — Un fait qui prouve une fois de plus l'antipathie des bourgeois pour tout ce qui touche à l'émancipation des travailleurs, vient de parvenir à nos oreilles. Nous nous empressons de le publier, dans l'espoir que sa connaissance servira peut-être à ouvrir les yeux et l'intelligence de quelques intéressés, encore assez ignorants et inconséquents pour croire que le droit à la vie leur sera rendu de bonne volonté par leurs parasites insatiables.

Le Syndicat général des employés des chemins de fer français organisait, il y a quelques jours, un congrès à la Bourse du travail de Paris, pour procéder au renouvellement des statuts et en même temps voter sur une proposition émanant de certains membres (évidemment soudoyés par les compagnies), ayant pour but le fractionnement du syndicat général en syndicats par compagnie, et sans attache directe entre eux. Ceci, on le comprend sans peine, pour pouvoir tenir les syndicats entre leurs mains, et les modeler et museler à leur fantaisie.

Chaque section du syndicat général avait nommé un délégué pour la représenter au congrès. Et voici où éclate la bonne foi de la clique tortionnaire : à peine les délégués furent-ils élus, qu'ils furent mandés au bureau de leur chef respectif, lequel les engagea à voter pour le syndicat par compagnie, leur promettant comme récompense une classe à prendre ou tout autre avantage personnel. Ceux qui, avec ou sans arrière-pensée, entrèrent dans les vues de nos despotes, eurent toute facilité pour se rendre au congrès ; mais il en fut tout autrement pour ceux dont la dignité fut intransigeante, ils furent menacés de la porte à la première occasion et on mit une foule d'obstacles à leur départ.

De ce fait, plusieurs d'entre eux ne purent se rendre là où les appelait leur devoir, basé sur la confiance de leurs frères de misère. Ce cas s'est présenté notamment à Dijon, où le trop célèbre Ramollot, qui finit par devenir encombrant, fit si bien que le délégué de Dijon, ne pouvant avoir ni permission ni permis malgré les promesses réitérées jusqu'à la dernière heure, se vit obligé d'envoyer ses pouvoirs après un vote de la commission exécutive à un camarade en permission à Paris.

Voilà comment on défend la liberté dans le clan hypocrito-opportuno-cléricafard.

Mais tout cela n'y fit rien et nos lâches suborneurs en sont, cette fois, pour leurs frais, car le congrès, bien inspiré par ses propres intérêts, vota pour le syndicat général, comportant les employés de toutes catégories et de toutes les compagnies.

A chacun de faire son devoir. Mais nous allons sans doute encore voir les orgueilleux, les *gueulards*, briller par leur pleutrerie. Sachons nous passer d'eux.

A la gare Porte-Neuve. — Le nommé François Buthiort, employé à la Compagnie P.-L.-M. (gare Porte-Neuve), s'apercevant que le disque ne fonctionnait pas, se porta en avant pour poser un pétard sur la voie ; on le plaçant, il lui éclata dans la main gauche ; il lui enleva la première phalange d'un doigt et lui fit deux blessures : une au pouce de la même main et l'autre à la paume de la main droite.

L'amputation du doigt a été jugée nécessaire.

Vous avez bien lu, amis lecteurs, *le disque ne fonctionnait pas.*

Etonnez-vous, après cela, des nombreux accidents de chemin de fer qui arrivent tous les jours.

La retraite des travailleurs. — Dans la nuit du 26 au 27 octobre, un pauvre vieux forgeron, habitant un garni de la rue du Tillot, s'est asphyxié à l'aide d'un réchaud qu'on a retrouvé au pied de son lit.

Ce malheureux, nommé Bonnarde, âgé de 60 ans, manquait de travail.

L'infect organe de Wilson ajoute à ce propos : « Il ne voulait pas mendier *comme tant d'autres*, et a demandé à la mort ce que l'humanité *semblait* lui refuser. »

Le larbin qui a écrit cette phrase a la plaisanterie macabre, mais, par exemple, il préconise un remède très simple : pourquoi le malheureux dont il est question ne mendiait-il pas, *comme tant d'autres !*

Et dire que journellement les bourgeois accouchent de phrases aussi cyniques, simplement pour nier la question sociale !

AUXERRE. — **Groupe Républicain Socialiste** (Parti Ouvrier). — La Commission du Groupe vient signaler à l'opinion publique les procédés jésuitiques et méchants du nommé Berthelemot, patron galochier, habitant Auxerre ; ce Monsieur, non content d'exploiter ses ouvriers, trouve encore le moyen stupide d'insinuer que tous ceux qui ne travaillent plus chez lui en sont sortis par suite d'incapacité ; c'est ainsi qu'un de nos amis, ayant été occupé pendant plus de deux ans chez ledit patron et ayant rempli consciencieusement son devoir, apprend à chaque instant que des propos mensongers sont tenus à son égard par le sieur Berthelemot ; tout a une fin et il pourrait advenir que ce monsieur ait à regretter de ne pas être plus prudent à l'avenir, lorsqu'il remuera sa langue vis-à-vis de ses anciens exploités.

A bon entendeur, salut.

LA COMMISSION.

BESANÇON. — Plusieurs membres du Groupe socialiste bisontin étant en même temps adhérents au comité radical la *Ligue des intérêts républicains*, le Groupe, dans son assemblée du dimanche 25 octobre, a voulu tracer sa ligne de conduite et a cru devoir inviter ses adhérents à se séparer nettement de tout parti bourgeois, quel qu'il soit.

Voici la résolution qui a été adoptée à l'unanimité moins quatre voix :

« Le Groupe républicain socialiste bisontin,

« Considérant que tous les congrès ouvriers, depuis celui de Marseille en 1879, se sont prononcés contre toute alliance du Parti Ouvrier avec les autres partis bourgeois à quelque nuance qu'ils appartiennent ; que la lutte électorale doit se faire sur le terrain de la séparation des classes et qu'une compromission avec une fraction quelconque de la bourgeoisie aurait pour résultat d'amoindrir l'influence que le Groupe pourrait avoir sur les travailleurs,

« Déclare d'ores et déjà repousser toutes les propositions d'alliance qui lui seraient faites, directement ou indirectement , par le parti radical.

« Considérant en outre que la *Ligue des intérêts républicains* est une organisation créée dans un but électoral par les radicaux ; qu'il est illogique que des adhérents au Groupe continuent d'appartenir à cette société qu'il pourra être appelé à combattre,

« Invite les citoyens qui en font encore partie, à envoyer leur démission de membre de la *Ligue des intérêts républicains.* »

CREUSOT. — **Une séance municipale.** — Le lundi 19 courant, le conseil municipal du Creusot se réunissait en séance extraordinaire. Maître Schneider en chair et en os, comme Saint Amadoux, présidait, alors que son devoir de député était plutôt d'être au Parlement pour y déposer quelques projets de réformes en faveur des misérables travailleurs qu'il exploite. Ne faut-il pas posséder une assez forte dose de naïveté pour ne pas voir que le sort de ces derniers est le moindre cadet de ses soucis ?

Aussitôt l'ouverture de la séance, un sieur Cornesse donne lecture d'un rapport concernant les dépenses de travaux faits pour le compte de la ville, s'élevant à plus de 130,000 fr. Des demandes d'indemnité de logement faites par des instituteurs et institutrices adjointes s'élevant à 850 francs sont aussi adoptées, ainsi que différentes autres qui passent comme une lettre à la poste.

Toutes les affaires étant résolues à l'avance, sont discutées en prétendue séance publique simplement pour la forme. Les carpes qui composent ledit conseil n'ouvrent la bouche que pour bailler. Après une pantomime de trois quarts d'heure, on lève la séance afin de se débarrasser de la présence des rares citoyens qui ont le courage d'aller se rendre compte de la façon stupide avec laquelle ils sont administrés. Aussitôt après leur départ, la séance continue en famille. C'est tout au plus si la place réservée au public pourrait contenir une trentaine de personnes, et encore il faut rester debout. Réellement si les électeurs naïfs qui accordent leurs voix à ces messieurs du conseil assistaient seulement à une de leurs séances, ils ne seraient pas aussi enchantés de les réélire une autre fois.

Tout récemment une ancienne victime de la grève du Creusot en 1870, aujourd'hui père de plusieurs enfants, se rendait ces temps-ci auprès du sieur Saint-Girond, chef du contentieux à la direction des usines, pour lui demander du travail pour un de ses fils. Le sous-ordre du Schneider, en bon avocat jésuite qu'il est, fit observer à notre vieux martyr que son fils n'avait pas fait de première communion, ni même reçu le sacrement de baptême ; que par conséquent il n'y aurait jamais d'occupation pour lui et les siens à l'usine ; au surplus qu'il savait très bien tout ce qui se passait dans chaque ménage. Assurément, ce ne sont pas les mouchards qui manquent au Creusot, le métier y étant suffisamment bien payé.

J. M. S.

LONS-LE-SAULNIER. — Un entrepreneur de Lons, ayant tout juste l'étoffe d'un parfait imbécile, se disant radical-socialiste, postulant même pour être élu aux fonctions municipales, intrigue auprès des pouvoirs publics de Saint-Claude, pour avoir, dans de bonnes conditions pour lui, les meilleures adjudications de la municipalité.

Nous croyons que les San-Claudiens trouveront sans peine dans leur ville un homme plus intelligent que ce monsieur. Les travailleurs n'ont aucun encouragement à donner à ceux qui déblatèrent, de parti-pris, contre les syndicats et les socialistes. De plus, ils ont plus de latitude pour vérifier le travail quand il se fait par des gens habitant parmi eux. Espérons que l'abus que nous signalons sera évité par les intéressés.

A Arlay, le nommé M., estimant que les ouvriers travaillant à la réfection de la maison dont il est le locataire, ne se dépêchaient pas assez, prend un fusil et leur tire dessus. C'est la fille de son propriétaire, laquelle travaillait — fait rare et partant remarquable — qui est atteinte.

A Dampierre, toujours dans le Jura, une mère de famille tue d'un coup de fusil l'amant ou tout au moins l'aspirant à la main, ou au cœur, ou peut-être à la fortune de sa fille. Il est à noter que l'amoureux ne faisait ni résistance ni insistance acharnée, mais s'en allait à toutes jambes. O Cupidon et cupidité aussi !!

Drôle de vie dans l'organisation que nous fait la bourgeoisie, et, logique bourgeoise, l'assassin, quand il est le plus riche aux yeux du public, revendique...... le titre de victime.

Autre ordre d'idées : Obein (Jules) peut-être Jean, et pourquoi pas Joseph, tronquant toujours, cela va sans dire, le discours fait le 5 octobre, à Berlin, par Bébel, et la véritable situation de celui-ci, omet bien volontiers de dire qu'il est un chef dont les soldats ne suivent pas le retour à droite.

Ce que l'on voudrait, dans la bourgeoisie, c'est faire la guerre à l'Allemagne, pour tuer le corps du socialisme qui s'y trouve, et consolider les actions très cosmopolites d'un peu partout.

SUISSE. — Le recours du compagnon Germani, typographe à Lausanne, contre l'arrêté d'expulsion prononcé contre lui par le Conseil d'Etat du canton de Vaud, a été rejeté par le Conseil Fédéral.

La liberté de parole n'existe pour les étrangers qu'à la condition de chanter des cantiques.

Les chevaliers du pain cher viennent de triompher en Suisse. Le nouveau tarif de douanes a été voté par 200,000 voix sur 650,000 électeurs contre 120,000 non.

L'émigration, qui est déjà de 9,000 personnes par an, va joliment augmenter.

Le projet de transformation des banques cantonales en banque unique a été adopté. C'est à l'énergie des socialistes suisses à en faire un service public et non un nid à fonctionnaires.

Turellement, les actionnaires des banques actuelles ont poussé des cris de paon, avant, pendant et après le vote. Ils ont démontré clair comme le jour qu'ils ne faisaient pas de bénéfices, et qu'une seule banque aurait davantage de frais généraux que les 36 qui existent aujourd'hui.

LA SUPPRESSION
des Armées *bermanentes*
(Suite)

« A la 2ᵉ compagnie, le bourreau était l'infâme Boutron-Samary. Ce gredin, comme la plupart des « officiers des bataillons d'Afrique, était un parvenu. « Au Mexique, étant sergent, il excellait dans l'art « d'attacher les retardataires à la queue des mulets, « ce qui avait contribué pour beaucoup à son avancement.

« A l'époque de notre récit, ce monstre était lieutenant. Fanatique en toutes choses, ce Javert de la « crapaudine croyait sauver la société en torturant « un de ses soldats. Son aide était le sergent Bureau, « mais il ne pouvait rivaliser, malgré son zèle, avec « l'odieux Boutron. Nul mieux que ce dernier ne « savait attacher à la crapaudine ; nul ne frappait « avec autant de rage sur le corps d'un puni ; nul « n'avait moins pour d'éclabousser sa tunique en « jetant des bidons d'eau sur les suppliciés. D'ailleurs, le plus grand éloge que l'on puisse faire de « sa férocité serait celui-ci : les officiers des autres « régiments l'avaient mis à l'index, et tous lui témoignaient leur profond mépris.

« Pendant l'hiver 1873-74, il fit périr dans les tortures deux soldats, Pochard et Petit. Malgré les « huées et les sifflets de la garnison tout entière, il « eut l'effronterie et le cynisme d'assister à leur « enterrement.

Autre citation :

« En 1874-75, l'atelier des travaux publics nº 1, « dont le dépôt est à Cherchell, avait un détachement « de 250 hommes, cantonné au camp des Scorpions ; « il était commandé par le lieutenant Jouvencel.

« J'estimais Martigue, dit le malheureux qui a écrit « ces lignes, à cause de l'élévation de son caractère. « Nous avions travaillé toute la journée ensemble « sur le chantier de terrassement auquel nous étions « affectés. Le soir, à l'heure où nous quittâmes le « travail, il devint mélancolique et me parla de ses « craintes au sujet d'un de ses amis intimes, « Pol, qui avait une passion immodérée pour « l'absinthe.

« Ses pressentiments ne l'avaient point trompé. « De retour au camp, nous allâmes chercher nos « gamelles à la cuisine, et nous rentrâmes pour « manger dans les grandes tentes qui nous servaient « de logements. C'est alors que je fus témoin d'une « scène inoubliable.

« Le sergent Thomas accompagnait le camarade de « mon ami Martigue ; il le brutalisait, le frappait de « sa canne, et le traitait de canaille et d'ivrogne. « Tout à coup, la victime Pol lance un appel suppliant : « Martigue, à moi ! au secours ! » A peine « ces paroles furent-elles sorties des lèvres du misérable, que Martigue bondit depuis sa tente, comme « un lion blessé, prend un pic à roche, et aussi « rapide que la pensée, en applique un vigoureux « coup sur la tête du sergent qui, étourdi, chancelle « et tombe baigné dans son sang.

« Tout cela s'était passé en un clin-d'œil ; après « avoir satisfait leur curiosité, la plupart d'entre nous « rentrèrent dans leurs marabouts ; mûs par un sentiment de solidarité pour cet acte de justice, nous « restâmes calmes.

« Bientôt, le lieutenant Jouvencel fut averti du « drame qui venait de s'accomplir. Il fit mettre les « zouaves sous les armes, sur le front de bandière, « fusils chargés et nous couchant en joue. Nous « fûmes réunis sur deux rangs. Jouvencel fit appeler « l'auteur du meurtre. Après quelques minutes, Martigue, qui aurait pu s'échapper, vint lui-même « s'offrir aux coups de son bourreau.

« Dès qu'il l'aperçut, Jouvencel se précipite sur « lui avec fureur, le frappe sur la tête avec le canon « de son revolver, puis après avoir rougi de sang son « ignoble main, il commande aux chefs de chantier

« et aux chefs de tente, de s'emparer de Martigue et
« de Pol.

« Tous deux furent pendus sous les aisselles aux
« branches d'un caroubier. La nuit, Jouvencel et sa
« bande, composée de 7 ou 8 sergents et de l'adjudant
« Bidelet, vinrent, le sabre au poing, torturer leurs
« victimes ; ces deux jeunes gens avaient l'âme fière,
« car ils supportèrent leur martyre sans se plaindre
« ni crier

« Le lendemain, on les trouva morts ; leurs corps
« étaient sanglants et couverts de cicatrices. Ils furent
« détachés et ensevelis provisoirement dans une
« boîte à biscuits. Le médecin chargé de l'autopsie
« déclara qu'ils étaient morts d'une maladie conta-
« gieuse. Six mois après, l'on fit une enquête qui
« aboutit au renvoi de Jouvencel dans son régiment
« dont il était détaché depuis 2 ou 3 ans. »

Plus loin, on lit ces lignes :

« Vers la même époque, l'atelier des travaux
« publics nº 4, qui se trouve à Bougie avait pour
« capitaine un certain Ceret de la Nos ; ce bandit, en
« dépit de tous les règlements militaires, faisait subir
« aux détenus des punitions d'une rigueur sans
« exemple, 10, 15, 20 mois de cellule, au pain et à
« l'eau, parce que disait-il, tel est mon bon
« plaisir. »

On lit encore, à propos du camp des Scorpions :

« Les prouesses de l'infâme Jouvencel ne connurent
« bientôt plus de bornes. Un de nos camarades, l'in-
« fortuné Guégand, fut mis aux fers pour une faute
« légère, et exposé nu aux ardeurs torrides du soleil
« africain. Sous ce ciel de feu, les chairs du malheu-
« reux furent presque calcinées. Son corps n'était
« plus qu'une plaie. Trois jours après, il fut trans-
« porté dans la tente affectée aux malades où il
« mourut, rongé par les vers. Cet homme avait
« dépassé la cinquantaine, et son âge aurait dû atten-
« drir son bourreau. »

(A suivre)   J. ZAMBEAU.

BIBLIOGRAPHIE

L'Almanach de la Question Sociale, publié sous la
direction du citoyen P. Argyriadès, vient de paraître. Il
contient de remarquables articles des citoyens B. Malon,
E. Zola, E. Vaillant, J. Allemane, J.-B. Clément, H. Denis,
F. Engels, L. Bertrand, Anseele, Hovelacque, etc., etc.

Sa place est marquée d'avance dans les bibliothèques de
tous les syndicats et groupes socialistes.

Prix du volume de 200 pages : 1 fr. 50, franco.

En vente :

A Paris, 5, boulevard Saint-Michel ;

A Dijon, 29, rue de la Mégisserie, aux bureaux de la
Revue Sociale.

La Librairie de la *Revue Socialiste* vient de mettre en
vente le 2ᵉ volume du *Socialisme Intégral*, de Benoît Malon.

Cet intéressant ouvrage, rédigé au point de vue pratique
renferme de remarquables chapitres sur : *la Coopération,
la Législation du travail, le Droit à l'existence, le Ministère du travail, la Réforme financière et judiciaire,
les Monopoles et les Services publics, les Services communaux,* etc., etc.

Il y a là une véritable mine de renseignements pour les
militants du Parti Socialiste qui ont accepté la lourde tâche
de propager les idées de transformation économique et
sociale.

Les groupes d'études sociales y trouveront d'excellentes
lectures pour intéresser les adhérents à leurs séances, et

les esprits qui ont à cœur la cause de l'humanité pourront
examiner avec attention l'exposé des moyens pratiques préconisés par les partis ouvriers des deux mondes.

Ce volume est en vente 10, rue Chabanais, à Paris.

Prix : 6 francs, franco.

COMMUNICATIONS

A LA COMPAGNIE P.-L.-M. — On nous écrit d'un des
dépôts de la région :

La Compagnie P.-L. M. vient de trouver un moyen de
neutraliser les grèves, aux dépens des voyageurs bien
entendu. Une note est arrivée dans tous les dépôts de
nommer comme chauffeurs un certain nombre de manœuvres
qui pourront passer plus tard mécaniciens. Sans vouloir
froisser ceux-ci, il est bien permis de dire qu'ils ignorent
complètement les connaissances techniques qui doivent distinguer le mécanicien de profession.

Ces hommes auxquels on promet une position inespérée
n'oseront jamais rien réclamer ; on pourra les surcharger
de travail et les donner comme modèles ; on objectera toujours que la Compagnie les a élevés à une position supérieure en les tirant de la misère.

Reste à savoir si l'expérience ne viendra pas démentir
toutes ces combinaisons. La Compagnie n'a pas d'excuses,
car les demandes d'hommes compétents du métier sont
nombreuses dans tous les dépôts. Le mécanicien et le chauffeur de Saint-Mandé étaient deux manœuvres intelligents,
cela ne donnera-t-il pas à réfléchir à ceux qui, placés en haut
lieu, ont le devoir de veiller à la sécurité des voyageurs ?

CHAMBRE SYNDICALE DES OUVRIERS MINEURS DE LA LOIRE.
— Notre Syndicat vient d'acquérir pour la somme de
40,000 fr., l'importante concession des mines de Monthieux.

Ces mines sont en bon état et peuvent occuper plusieurs
centaines d'ouvriers ; la réussite de cette entreprise permettra de réaliser la grande œuvre inscrite en tête de notre
programme : « La mine aux mineurs ».

Une partie de la somme manquant pour solder l'achat,
nous faisons appel aux syndicats ouvriers qui voudront
nous aider dans cette œuvre d'émancipation.

Prière d'adresser les sommes dont ils pourront disposer
au Secrétaire, Mougenot, à la Bourse du travail, place
Marengo, 6, à Saint-Etienne (Loire).

SOUSCRIPTION PERMANENTE
Pour la propagande socialiste dans la Région

Report de la liste : 188 fr. 45. — Excédant d'écot, 0 fr. 40 ;
levée du tronc de propagande chez le citoyen Dessirier,
11 fr. ; Burgiard, 0 fr. 50 ; Frugier, 0 fr. 50 ; X., à Lamarche,
1 fr. ; Burlot, 0 fr. 40 ; Sourdeau, 0 fr. 20. Total : 202 fr. 45.

PETITE CORRESPONDANCE

M., à Lons-le-Saulnier. — De quelle « question sociale » voulez-vous
parler ?

K., à Genève. — Pas de timbres.

Frugier-Girod. — Abonnement expiré le 1ᵉʳ novembre.

Reçu les sommes suivantes : T., à Besançon, 0 fr. 50 ; de Molaise, 0 fr. 50 ;
de Palinges, 2 fr. ; de Bagnot, 0 fr. 50 ; de Montot, 0 fr. 50 ; de Lons-le-
Saulnier, 7 fr. 70 ; D., à Besançon, 1 fr. ; de Brienon, 7 fr. ; D., à Besançon, 1 fr. 05 ; de Noyers, 2 fr. ; Burgiard, 2 fr. ; de Dôle, 2 fr. ; de Lamarche, 2 fr. ; de Nuits, 4 fr. 05 ; Frugier, 2 fr. ; Girod, 2 fr. ; du Creusot,
11 fr. 70 ; de Bretigny, 2 fr.

Le Gérant, V. MILLERAND.

Dijon. — Imp. Carré, rue Amiral-Roussin, 40.

2ᵉ année — Nᵒ 21   **10 centimes**   16 au 30 Novembre 1891

LA REVUE SOCIALE

ORGANE BI-MENSUEL

De la Fédération des Travailleurs Socialistes de l'Est

PARAISSANT A DIJON

ADMINISTRATION
Adresser toutes communications et mandats à l'Administrateur délégué, rue de la Mégisserie, 29, **DIJON.**

De chacun selon ses forces
A chacun selon ses besoins

ABONNEMENT
Un an, **2 fr.** — 6 mois, **1 fr.** — 3 mois, **50 cent.**

PERMANENCE tous les jours, au siège social de la Fédération, rue de la Mégisserie, 29, **DIJON.**

SOMMAIRE :

Congrès régional du Parti Ouvrier . .   La Cᵒⁿ FÉDÉRALE.
Coup d'œil rétrospectif. . . . .   La Cᵒⁿ FÉDÉRALE
A nos adversaires . . . .   P. LAFARGUE.
Bulletin de quinzaine. . . . .   A. M.
Le mal de misère. . . . .   X.
Bulletin international'. . . . .   SPARTACUS.
Mouvement socialiste dans la région .   O. Z.
Les armées permanentes . . . . . .   J. ZAMBEAU.
Le pauvre . . . .   J. AJALBERT.
Communications, petite correspondance, etc.

Congrès Régional du Parti Ouvrier

Le deuxième Congrès de la Fédération des travailleurs socialistes de l'Est doit avoir lieu à Montceau-les-Mines, le 25 décembre prochain.

Les groupes de la région sont priés d'envoyer leurs propositions d'ordre du jour, avant le 25 novembre prochain, dernier délai ; lesdites propositions figureront dans le nᵒ de la *Revue Sociale* du 1ᵉʳ décembre.

Les secrétaires des groupes sont priés de nous faire connaître les adresses des syndicats ouvriers de leur ville respective, afin qu'ils puissent être convoqués en temps voulu à ces assises du travail.

LA COMMISSION FÉDÉRALE.

COUP D'ŒIL RÉTROSPECTIF

Notre organe vient de terminer sa première année d'existence.

A cette occasion, il ne sera peut-être pas inutile de jeter un coup d'œil sur le fonctionnement de la Fédération et surtout de notre organe.

Issu de l'initiative du Groupe socialiste dijonnais, il n'a pas tardé à devenir un foyer de propagande pour toute la région de l'Est, et à aboutir à la constitution de la Fédération.

Fidèle observateur des décisions du Congrès, la Commission fédérale s'est abstenu de toute polémique entre écoles socialistes ; en revanche, elle a fait défiler, sous les yeux des lecteurs, les grandes lignes du socialisme moderne ; elle a extrait impartialement, des écrivains socialistes de toutes écoles, les articles qui lui ont semblé le mieux convenir au développement de l'idée émancipatrice qui préside à notre œuvre.

Les humbles, les déshérités ont toujours rencontré, dans l'organe de la Fédération, un appui et un défenseur résolu, et si sa voix n'a pas eu plus d'écho près de nos dirigeants, c'est que la classe ouvrière de notre région ne s'est pas encore bien réveillée, et partant, n'a pas encore la volonté et l'énergie nécessaires pour forcer le capital à traiter de puissance à puissance avec elle.

Nous croyons donc avoir fidèlement rempli notre devoir ; il nous reste maintenant à parler à nos adhérents des difficultés matérielles avec lesquelles nous sommes aux prises.

Le tirage de la *Revue* est suffisant pour assurer son existence ; néanmoins, les ressources de la Fédération ne sont en équilibre que grâce aux souscriptions, dont le produit devrait servir exclusivement à la propagande par la parole et à l'impression de brochures.

Beaucoup de nos adhérents négligent le versement de leurs cotisations, à tel point que nous pouvons dire qu'il est dû un trimestre complet par la généralité des groupes ou adhérents isolés, ce qui représente 6 numéros que la Fédération a à sa charge complètement. Voilà pourquoi notre organe, tout en ayant suivi une marche ascendante, a absorbé jusqu'à présent la totalité de nos ressources et a fait un peu délaisser les autres modes de propagande.

Malgré ces défectuosités, quinze conférences ont été organisées dans divers pays, soit avec les ressources fédératives, soit aux frais des groupes ; savoir : deux à Dijon (Dumay et Clément) ; une à Besançon (Dumay, Marpaux) ; une à Saint-Claude (Clément) ; une à Seurre (Marpaux) ; une à Labergement (Marpaux) ; deux à Tonnerre (Dumay, Charlot, Marpaux) ; deux à Blanzy (Charlot, Clément) ; deux à Montceau (Dumay, Clément) ; deux à Auxerre (Marpaux) ; une à La Charité (Lavy).

La brochure du *Creusot* a été éditée par la Commission Fédérale, qui a cru pouvoir compter sur l'Union fédérative du Centre pour le placement d'un mille. Mais là encore, notre espoir a été totalement déçu, et nous avons dû arrêter les frais, malgré le désir que nous avions d'éditer les *Produits de la Terre et de l'Industrie*, dont la composition est encore conservée.

On se souvient aussi que la *Peste Religieuse* fut éditée avec le concours de la Libre-Pensée de Dijon, qui, elle, tint ses engagements.

En résumé, la situation est moralement bonne, mais la caisse est dans un état trop précaire; aussi nous faisons appel au dévouement des militants; et nous prions les groupes et les adhérents d'apporter le plus de régularité possible dans le versement de leurs cotisations.

Ce que nous désirerions aussi, c'est que les socialistes de l'Est redoublent de zèle et fassent une propagande active auprès de leurs frères de travail. Les temps sont favorables au développement de l'Idée; le socialisme s'infiltre peu à peu dans les cerveaux, et déjà l'élection de Lille nous dévoile les signes avant-coureurs de la Révolution; le moment est donc bien choisi pour semer à pleines mains les doctrines socialistes.

Que chaque groupe se resserre en faisceau solide et offre une muraille d'airain à la coalition capitaliste; que chaque adhérent fasse lire son journal à ses camarades et en commente les articles; surtout, qu'ils ne craignent pas de dévoiler les turpitudes dont ils sont témoins et les abus dont ils sont victimes, car il y a, à la *Revue*, une Commission qui ne craint pas la franchise de ses correspondants.

Et alors, le peuple de la région se réveillera, et bientôt, la Fédération de l'Est, prenant un essor considérable, pourra marcher de pair avec celles du Nord, des Ardennes, du Centre et du Midi, et prendra vaillamment sa place à l'avant-garde de l'Internationale Ouvrière.

LA COMMISSION FÉDÉRALE.

A NOS ADVERSAIRES

On a fait du socialisme un épouvantail et on a représenté les socialistes comme des croquemitaines prêchant le désordre et excitant au meurtre et au pillage. Mais ce beau temps de mensonges ridicules est passé, depuis qu'on a vu des socialistes dans la Chambre et dans les conseils municipaux de Paris et d'autres villes prenant la défense des intérêts de l'ouvrier, de l'employé, du petit commerçant et du petit industriel contre les monopoles capitalistes. On les a jugés à l'œuvre.

Être calomnié et villipendé est le sort de tous les partis à leur période de début. Le lendemain du coup d'État bonapartiste les républicains vaincus étaient des vagabonds et des criminels : mais aujourd'hui les conservateurs briguent l'honneur de servir la république opportuniste et de s'en servir.

Le socialisme n'a pas eu besoin d'être triomphant pour devenir à la mode.

Les radicaux furent les premiers à se parer du mot socialiste, comme on met un faux nez en carnaval; mais leur socialisme, tout flambant neuf, dure ce que durent les périodes électorales.

Le socialisme n'est pas seulement devenu une amorce électorale pour piper les votes ouvriers, il est la préoccupation de toutes les têtes pensantes.

Le pape lui-même, se souvenant que dans le moyen-âge le clergé s'interposait souvent entre les seigneurs féodaux et le peuple des villes et des campagnes, dans son Encyclique revendique pour l'Eglise l'honneur d'être la protectrice des prolétaires que les patrons obligent à vivre et à travailler dans des conditions indignes de l'homme. Il déclare résolument que la question ouvrière est la question sociale du siècle et qu'elle sera résolue *par la raison ou autrement*, c'est-à-dire par la force révolutionnaire.

Le socialisme n'est pas le rêve d'esprits chimériques, il est le besoin impérieux que ressentent les classes qui travaillent et qui produisent, d'améliorer leur sort qui va s'empirant tous les jours.

.·.

Quand on introduisit les machines, on annonçait qu'elles bénéficieraient aux travailleurs et aux capitalistes. Mais la machine aux mains des patrons n'a servi qu'à centraliser l'industrie, qu'à créer de gigantesques fortunes individuelles, qu'à dépouiller l'ouvrier de la propriété de son instrument de travail, qu'à le réduire à des salaires de famine, qu'à lui enlever sa femme et ses enfants et qu'à les convertir en chair à profits capitalistes.

Les ouvriers ont été les premières victimes et les plus impitoyablement torturées, mais la machine a exercé sa terrible action sur les autres classes de la société. La petite industrie a été détruite ; les petits industriels broyés par la concurrence, ont dû à leur tour entrer dans les rangs de l'armée prolétarienne, condamnée aux travaux forcés dans les bagnes capitalistes.

Le commerce a dû aussi se transformer ; il s'est concentré ; d'énormes bazars et magasins se sont dressés, combinant tous les genres de commerce et écrasant la petite boutique qui faisait vivre dans une modeste aisance toute la classe moyenne.

Pendant que le petit commerce lutte à armes inégales avec les grands magasins, ses clients s'appauvrissent : car ce sont les ouvriers et non les capitalistes qui achètent dans les boutiques du petit commerce. Quand les salaires baissent, l'ouvrier est obligé de réduire ses achats et quand le chômage règne il est forcé de demander du crédit au boutiquier qui paie fort cher celui que lui donne ses fournisseurs.

Toutes les classes qui travaillent sont dans la gêne et le malaise.

Pour sortir de cette situation qui va s'aggravant, qu'ont fait les partis politiques qui se sont succédés au pouvoir depuis un siècle?

— Rien ! Ils ont laissé aller les événements, sans se préoccuper des misères qu'engendrait la centralisation industrielle et commerciale.

Quand les socialistes ont réveillé les gouvernants de leur coupable indifférence, qu'ont proposé les partis politiques pour atténuer les souffrances du corps social ?

— Ils ont proposé la coopération, la participation aux bénéfices et l'assurance. Ils avaient si peu de foi dans leurs panacées sociales, qu'aucun gouvernement n'a encore essayé de les mettre en pratique. On se contente de les recommander platoniquement.

.·.

Le socialisme est le seul parti qui apporte une solution à la situation faite par la centralisation capitaliste,

Les socialistes demandent que tous les instruments de travail centralisés tels que chemins de fer, usines, fabriques, mines, banques, etc., deviennent propriété nationale et soient remises aux travailleurs organisés, qui les exploiteraient avec un cahier des charges, non plus au profit de quelques capitalistes, mais au profit de toute la nation.

Le but que poursuivent les socialistes n'est pas une utopie; on n'a qu'à regarder autour de soi pour voir que déjà l'Etat possède des chemins de fer, des usines métallurgiques, les postes, les tabacs, la fabrication de la monnaie, etc., et que fatalement les industries centralisées tomberont sous son contrôle dans un avenir plus ou moins prochain.

Si les industries monopolisées par l'État qui, au lieu de représenter les intérêts de toutes les classes de la nation, ne fonctionne qu'au profit de la classe capitaliste, ne réalisent pas l'idéal socialiste, c'est qu'elles ne sont pas exploitées par les ouvriers associés, dans l'intérêt de la nation, mais par des fonctionnaires dans un intérêt budgétaire. Mais cette monopolisation qui s'accomplit fatalement indique la marche que suit nécessairement l'évolution industrielle et commerciale de notre époque.

Exproprier la classe capitaliste au profit de la nation, mettre les grands instruments industriels à la disposition des travailleurs organisés en sociétés de production comprenant toutes les capacités intellectuelles et manuelles nécessaires à leur bonne exploitation, tel est le but du socialisme scientifique.

Cette transformation de la propriété capitaliste en propriété nationale créera le bien-être social : car les inventions et les perfectionnements industriels ne servant plus à l'enrichissement de quelques individus accroîtront les moyens de loisir et de puissance de tous les membres de la société.

Est-ce là une utopie et le rêve d'un cerveau criminel ? N'est-ce pas plutôt une œuvre grandiose qui mérite qu'on lui dévoue sa vie ?

Et cependant les socialistes qui consacrent leur énergie à réaliser cette transformation sociale sont accusés d'exciter aux meurtre et au pillage et sont condamnés à des années de prison.

Paul LAFARGUE.

BULLETIN DE QUINZAINE

C'est du Nord, aujourd'hi, que nous vient la lumière !

Jamais ce vers de V. Hugo n'a été plus vrai que cette quinzaine. Il y a six mois, c'est Basly que les électeurs du Pas-de-Calais envoyaient à la Chambre à une majorité écrasante ; aujourd'hui, c'est Lafargue que les électeurs de Lille jette dans les jambes de l'*Assassin* et de ses sbires du Palais-Bourbon.

Malgré les cris d'orfraie des journalistes bourgeois, malgré la pression gouvernementale, malgré la défection de 1,500 radicaux, le candidat socialiste-révolutionnaire n'en passe pas moins avec 1,400 voix de majorité ! C'est le premier coup d'archet de la grande danse qui s'apprête, le premier coup de mine dirigé en plein contre la citadelle capitaliste. Les luttes antérieures n'étaient que des combats d'avant-postes ; bourgeois ! la grande bataille s'avance, et le premier coup de canon est pour nous. O mon vieux sol gaulois. tu te réveilles donc enfin !

.·.

Ceci nous console largement de l'élection de ce pâle radical fin de siècle de Doumer, que les électeurs d'Auxerre ont eu la faiblesse d'accepter des mains passablement malpropres de Gallot, qui, comme on le sait, ne donne ordinairement rien pour rien, Sois content, Doumer, tu demandais une place de député pour te faire 9,000 francs de plus par an (historique) eh bien ! tu les as ; amuse-toi bien et fais la nique aux électeurs de l'Aisne, du Nord, du Pas-de-Calais, de la Seine et de la Côte-d'Or. Tu n'auras plus besoin de pister la succession des radi-

eaux malades comme Prost et Lafont, car tu as maintenant un escabeau pour arriver au ministère. Profites-en pendant que ta classe tient la timbale.

.·.

Plusieurs de nos amis nous ont fait part de la pénible impression qu'avait produit le discours de Bebel au congrès des socialistes allemands, à Erfurth ; nous comprenons et nous partageons leurs sentiments.

Après les courageuses déclarations de Bebel et de Liebnecht au Reichstag de 1871, en faveur de l'Alsace-Lorraine, après les élections législatives qui avaient donné 1,400,000 voix environ au parti socialiste allemand, nous avions le droit de compter sur un autre résultat.

Alors que le socialisme français tuait le chauvinisme boulangiste et cessait ses divisions, le socialisme allemand, lui, se montrait plein d'indulgence pour le chauvinisme de Volmar, et plein de rigueur pour l'avant-garde révolutionnaire, qui, dans la circonstance, a toutes nos sympathies.

Comment, le socialisme allemand a une foule de journaux quotidiens, une caisse très riche, 36 députés, 1,400,000 partisans et une discipline serrée, et il n'ose pas se jeter en travers des projets sanguinaires de la Triplice ! Mais alors, que faut-il donc à ces hommes du Nord pour les remuer ? Plus ils sont forts, moins ils sont courageux ; plus ils sont puissants, plus ils font de concessions ; à tel point que leur programme ne diffère de celui des radicaux français que par la revendication des huit heures.

Ah ! il connaissait bien ses compatriotes, le grand penseur allemand, Karl Marx, lorsqu'il écrivait : « C'est au chant de réveil du coq gaulois que se fera la prochaine Révolution ! »

A. M.

LE MAL DE MISÈRE

Les travailleurs, qu'on berne avec les idées de frontières et qui s'y laissent prendre, devraient pourtant bien se dire que le mal de misère est partout le même, il résulte d'une statistique récemment parue à Erfurth, où s'est tenu ces jours-ci le congrès des socialistes allemands, que dans cette ville, sur 1,000 nouveaux-nés, il y a en moyenne. dans le courant d'une année, le nombre de décès ci-après, parmi les différentes classes de la population :

Âge.	Classe ouvrière.	Classe moyenne.	Classe plus élevée
1 mois	84	45	20
2 »	40	19	9
3 »	30	16	6
4 »	26	17	10
5 »	16	16	7
6 »	18	11	8
7 »	14	6	3
8 »	13	9	6
9 »	15	8	4
10 »	10	7	5
11 »	11	6	4
12 »	31	19	7

Les statistiques officielles donnent les mêmes chiffres pour la France.

Vous voyez bien, femmes du peuple, que nous n'exagérons pas ; les mêmes gouvernants qui nous persécutent et nous condamnent pour les vérités que nous écrivons et que nous vous disons, sont obligés dans leur statistique de reconnaître que nous avons raison, et leurs chiffres mêmes sont plus accablants encore pour eux que toutes nos diatribes contre l'ordre social dont ils se font les gardes-chiourme.

Vous voyez bien que nous n'exagérons pas quand nous vous disons que vos enfants vous meurent dans les bras parce que vous n'avez pas les moyens de leur donner les soins dont ils ont besoin, parce que vous ne pouvez pas courir au médecin à temps et moins encore acheter les médicaments nécessaires.

Parce que aussi, vous ne pouvez pas, comme ceux qui vivent à vos dépens, protéger vos enfants contre les épidémies; parce que vous ne pouvez pas, comme eux, les prendre dans vos bras et les changer d'air en les emportant dans un pays où il y a du soleil et des fleurs et où l'on vend la santé et la vie à ceux qui ont de l'argent.

Vous pouvez, tant que vous voudrez, fondre en larmes au chevet du berceau où se meurt votre enfant, vous pouvez appeler sur lui toutes les bénédictions du ciel et puis tous les saints du paradis, votre petit n'en mourra pas moins, atteint qu'il est par le mal de misère que vous avez porté en même temps que lui dans vos entrailles de mère et de femme du peuple.

Et il en sera ainsi tant que vous consentirez à faire de vos enfants des machines à produire pour les uns et des machines à tuer pour les autres. Mais cela changera dans l'espace d'une génération le jour où les femmes du peuple se diront : je veux que l'enfant que je porte soit un homme et un citoyen, pour cela, il faut laisser leur père remplir ses devoirs de socialiste, les aider et les encourager dans la lutte sociale qu'ils ont à soutenir.

BULLETIN INTERNATIONAL

Mouvement socialiste

SOLIDARITÉ PARMI LES TRAVAILLEURS. — La grève des charpentiers et menuisiers de Londres, qui dure depuis le mois de mai, a fourni une preuve nouvelle de la solidarité qui existe entre tous les travailleurs. La grève a coûté jusqu'ici un million et demi de francs environ; sur cette somme, la moitié a été versée par la caisse de l'association des ouvriers en grève, le reste a été réuni à l'aide des associations ouvrières des ouvriers en métaux, stucateurs, typographes, maçons, mineurs, etc. La grève a pour but d'obtenir la journée de huit heures et six pences par heure de travail. Jusqu'ici 57 maisons seulement ont adhéré aux réclamations des grévistes.

LA JOURNÉE DE 8 HEURES. — Les patrons relieurs de Londres ont accordé à leurs ouvriers la journée de huit heures; elle sera appliquée partout dans l'industrie de la reliure à partir du 1er janvier 1892.

En Espagne, des grèves ont éclaté parmi les ouvriers de différentes industries, en vue d'obtenir la journée de huit heures. Comme les ouvriers espagnols n'ont qu'une organisation rudimentaire, on doute qu'ils puissent aboutir dans leurs réclamations.

SOLIDARITÉ OUVRIÈRE. — On sait que les ouvriers typographes de Lepzig se trouvent depuis quelque temps en grève. Maintenant les femmes qui travaillent dans les imprimeries de ladite ville, viennent de décider de faire cause commune avec les ouvriers typographes et de se mettre à leur tour en grève. Leurs réclamations ne sont pas bien exagérées : elles ne touchent qu'un salaire de douze à quinze francs par semaine, et pour obtenir une rémunération un peu moins dérisoire et forcer les patrons à y consentir, on a dû recourir à la grève. Voilà ce que c'est l'harmonie et le bon accord entre ouvriers et patrons.

DONNÉES STATISTIQUES RELATIVES AU TRAVAIL AUX ÉTATS-UNIS. — D'après les données statistiques publiées par le bureau du travail de New-York, il y aurait eu la dernière année aux Etats-Unis, 67,804 ouvriers qui se sont mis en grève en vue d'augmenter leurs salaires, et qui ont obtenu ainsi une augmentation de presque cinq millions et demi de dollars sur 17 millions de francs environ.

L'augmentation des salaires par suite des grèves éclatées un peu partout dans le pays a atteint, pour les cinq dernières années, la somme de 40 millions de dollars, c'est-à-dire 104 millions de francs, ce qui représente un dollar par semaine et par ouvrier.

Le dernier rapport de l'inspecteur des mines de la Pensylvanie fait ressortir que, dans l'année courante, il y a eu parmi les mineurs 516 accidents qui ont produit la mort et 1,388 qui ont causé des blessures graves. Par suite de ces accidents, 284 femmes ont perdu leur mari, et 812 enfants leur père.

Le même rapport déclare que si quelques-uns des accidents arrivés étaient inévitables, la plupart, cependant, devaient être attribués au défaut de surveillance dans l'exploitation et à l'imprudence des mineurs. Il n'y a pas de doute que, quand on se trouve toujours dans le danger, on finit par n'y faire plus attention, mais, pour atténuer la responsabilité des mineurs, on doit remarquer que la plupart travaillent à la tâche et que l'on n'aime pas à perdre du temps pour s'occuper des mesures de précautions.

Les vrais coupables ce sont les exploiteurs qui ne veulent rien sacrifier sur leurs profits pour sauvegarder la vie de ceux qui les produisent, et cela d'autant plus que pour un mineur tué ou blessé par un accident, il s'en présente dix pour le remplacer.

Une armée de 176,000 mineurs est employée dans les houillères de la Pensylvanie, dont 159,000 sont des hommes adultes. Il leur suffirait de s'organiser pour devenir en quelques temps les maîtres de la situation. Le feront-ils ? Il faut l'espérer, car leur intérêt les y pousse irrésistiblement.

SPARTACUS.

MOUVEMENT OUVRIER SOCIALISTE
DANS LA RÉGION

DIJON

Le Parti démocrate. — Notre confrère du *Petit Dijonnais* vient de publier deux appels très curieux : le premier, de son rédacteur en chef Philippe, demandant une concentration des radicaux et des socialistes pour constituer un parti démocrate, capable de lutter avec succès contre les réactionnaires unis aux opportunistes; le second, émanant du Comité central républicain démocratique, proposant une alliance aux groupes socialistes de Dijon.

Nous n'avons pas à préjuger de la réponse des groupes dijonnais, mais si nous nous en rapportons aux principes qui doivent régler en tout temps notre ligne de conduite, nous dirons simplement :

Le parti démocratique est un non sens. On est pour ou contre le socialisme dont le tactique électorale est basée sur la lutte de classes; il n'y a pas de solution mixte et pas de mariage possible avec le parti radical qui a compromis à Dijon, comme ailleurs, la cause de la République démocratique et sociale.

Quant aux démocrates sincères, qui loyalement adhèrent aux programmes *minima* du Parti socialiste, nous ne croyons pas trop nous avancer en disant que les portes des groupes socialistes ont toujours été ouvertes aux hommes de bonne volonté et de bonne foi, et qu'elles n'ont jamais été fermées qu'aux ambitieux et aux intrigants.

Le socialisme n'est le monopole de personne, mais encore a-t-il des doctrines élaborées par les congrès ouvriers nationaux et internationaux.

Sous peine de forfaiture, il n'appartient à aucun individu de les mutiler.

A bon entendeur, salut!

La fête familiale du Parti Ouvrier. — La grande salle de la Renaissance était trop petite pour contenir tous les invités. Plus de 500 personnes avaient tenu à honneur de répondre à l'appel des groupes socialistes.

Le citoyen Thiolain a ouvert cette belle réunion par une allocution sur l'émancipation de la femme et le rôle qu'elle devait jouer dans l'éducation révolutionnaire. Sa parole simple et convaincue a été soulignée très souvent par les bravos de l'auditoire. La partie récréative de la soirée était confiée à de véritables artistes, chanteurs, comiques et monologuistes. Nos félicitations à tous, car tous ont fait preuve de talent et de bonne volonté.

La tombola était remplie de surprises amusantes et agréables. A une heure du matin, chacun regagnait son logis, non sans avoir entonné en chœur le vieux refrain révolutionnaire de la *Carmagnole*.

Bonne soirée, qui a cimenté l'union de tous les socialistes dijonnais.

Un incident à noter, mais qui n'a pas d'importance. Un compagnon anarchiste a cru devoir abuser de la bonne foi d'un commissaire de la fête pour envoyer une petite saleté à l'adresse des socialistes, entre deux couplets d'une chanson contre le gouvernement. Tant pis; il y a longtemps que l'hospitalité n'a rien à voir avec beaucoup de ceux qui ont l'air de défendre la belle doctrine du communisme libertaire, et qui trouvent très spirituel de la compromettre même aux yeux de leurs camarades de misère et de lutte.

Un médecin humanitaire. — Le 4 novembre dernier, le citoyen Lorimé, ouvrier couvreur, faisait une chute malheureuse dans une construction de l'avenue Garibaldi.

Immédiatement, on courut chercher le docteur Fontagny, qui habite à 50 mètres de l'accident. Celui-ci, qui était chez lui, ne crut pas urgent de se déranger ; deux heures après, il s'amenait en voiture, donner ses soins au blessé.

Nous livrons ce fait, sans commentaire, à l'indignation de nos concitoyens.

Les pensions ouvrières. — Le 13 novembre, un terrible accident arrivait à la Manufacture des tabacs, le nommé Blanc (Louis), âgé de 37 ans, était occupé à passer une courroie de transmission, lorsqu'il a été saisi par la courroie et broyé entre l'arbre et le mur. Ce malheureux est mort au bout de deux minutes, il laisse une veuve et un enfant en bas âge. Ce qui nous étonne, c'est qu'on ne dise pas que c'est de sa faute.

AUXERRE. — Ainsi qu'on a pu le lire dans les journaux, notre circonscription se trouve pourvue d'un député qui a plus de bagout que de conviction; c'est le vrai type du candidat-omnibus. Mais de ce qu'aucun candidat socialiste sérieux ne lui a été opposé, il ne faudrait pas conclure que le Parti Ouvrier, forcé par des circonstances locales et la pénurie de fonds de se désintéresser de la lutte, a remisé sous cloche son programme de revendications.

N'en déplaise aux faux socialistes à la Ringuier et aux boulangistes repentis, pour lesquels l'argent des calotins n'a pas d'odeur, les camarades d'Auxerre sont de taille à faire voir que les haines personnelles et les compromissions qu'elles entraînent n'ont rien de commun avec la propagation dans les cervaux, des principes de la Révolution démocratique et sociale. A la prochaine occasion ils sauront le démontrer. X.

BLANZY. — Certains ouvriers des verreries, membres des fameux comités Rodin-Patin et Cie de Montceau, crient par dessus les toits que si la Cie des Mines de Blanzy n'a cessé de faire fabriquer des bouteilles, c'est uniquement pour faire plaisir aux ouvriers et aux commerçants (bien pensants s'entend), car elle aurait dévoré cinq cent mille francs depuis 1873. Il est vrai qu'on ne donne aucun détail sur la façon dont a été dévorée cette somme.

En tous les cas, ce n'est pas en payant trop cher ses ouvriers. Il y a bien des centaines et centaines de mille bouteilles en magasin et depuis des années ; si elles ne sont pas vendues, les ouvriers ne les ont pas moins fabriquées avec les matières qu'on leur a données, et si pour des causes que nous ne voulons pas rechercher elles doivent encore rester indéfiniment en magasin, on ne saurait en attribuer la cause aux ouvriers.

Il y a aussi la transformation plusieurs fois répétée des fours, qui ont dépensé énormément d'argent, ce qui n'empêche encore, les halles étant trop petites, aux ouvriers d'y griller littéralement pendant l'été. Donc si les fours actuels ne produisent pas de bénéfices, il fallait conserver les fours à pot, lesquels en réalisaient, et avec lesquels les ouvriers gagnaient beaucoup plus qu'actuellement.

Nous aimerions que la Cie des mines et des verreries nous donnent des détails sur les prétendues pertes ; car ayant le combustible presque sous la main et l'extraction ne lui coûtant pas cher, nous nous étonnons qu'on accuse des pertes quand généralement les autres verreries font d'énormes bénéfices.

UNE GUEULE BRULÉE.

CHAGNY. — Je crois devoir vous informer que votre bonne foi a été surprise, relativement aux propagateurs du projet de décentralisation administrative du syndicat des ouvriers et employés de chemins de fer.

Les auteurs de ce projet, qui assistaient au Congrès d'avril dernier, ont constaté avec peine qu'un gâchis énorme existait dans l'administration de ce syndicat ; la comptabilité n'existait que pour la forme; il fallait attendre près de deux mois après le versement de la première cotisation pour obtenir son livret. Aux observations présentées par certains délégués, il a été répondu « que le travail était trop considérable pour pouvoir mettre en ordre les écritures. »

Les délégués de la Compagnie P.-L.-M. ont alors demandé la nomination d'un conseil d'administration par Compagnie, reliés entre eux par un comité fédéral composé d'employés de tous les réseaux.

Cette proposition n'a pas été acceptée, en raison de la promesse formelle qui a été faite que l'on ferait son possible à l'avenir pour que tout soit en ordre.

A la suite de cette malheureuse grève, déclarée et dirigée d'une façon si maladroite, sans préparation, sans entente préalable, sans aucune ressource, qui a tant fait de victimes innocentes et qui a été et est encore si préjudiciable à tous les employés en général, alors que le conseil d'administration ne donnait plus signe de vie, que le désarroi était dans toutes les sections du syndicat, les secrétaires-trésoriers des sections du réseau P.-L.-M. ont eu le courage de se réunir pour élaborer et voter un projet de décentralisation administrative comprenant un syndicat par Compagnie, lesquels, une fois formés, constitueraient un comité fédéral composé d'employés de toutes les Compagnies, dont le siège serait à Paris.

C'est ce projet que les délégués des sections de la Compagnie P.-L.-M. devaient aller défendre au Congrès du mois dernier. Mais les permissions et les permis ont été refusés aux délégués par ordre de M. Noblemaire, et aucun n'a pu s'y rendre, à l'exception d'un employé de Lyon, révoqué depuis deux mois. L'absence de ces délégués est une des principales causes du rejet de ce projet, qui n'est cependant pas une nouveauté, car il est mis en pratique dans toutes les grandes corporations.

Il semble, cependant, que le rapport de la commission d'enquête, qui est un véritable acte d'accusation contre les administrateurs et le secrétaire général, lequel y est traité de « misérable », devrait être suffisant pour faire ouvrir les yeux à tous les employés.

Malgré le rejet de ce projet, le syndicat des Travailleurs des chemins de fer réseau P.-L.-M. va fonctionner, car il est constitué sur des bases solides qui permettront d'établir un contrôle sérieux et efficace sur les actes des employés qui seront chargés de la défense de nos intérêts.

Le conseil d'administration, dont le siège est à Lyon, a été formé par les sections de Lyon et d'Oullins, ce qui nous donne toute garantie.

Nous comprenons que l'on peut différer d'opinion sur les moyens les plus pratiques à employer pour obtenir des résultats appréciables ; mais ce que nous ne comprenons pas, c'est que l'on se montre d'une aussi mauvaise foi en lançant des insinuations aussi mensongères et aussi malveillantes que celles contenues dans l'article qui fait le motif de cette réponse.　　　　　　　　　　　L. M...

LE CREUSOT. — La police du Creusot mettait ces jours derniers en état d'arrestation un ancien échappé de Citeaux, nommé Dussauchoix, âgé de 44 ans.

Ce triste personnage était inculpé d'attentat à la pudeur sur des jeunes enfants du sexe masculin. Il a sans doute trouvé naturel de suivre l'exemple de ses anciens collègues de la confrérie.

Le parquet d'Autun a procédé à une enquête; malgré tous les faits qui lui sont reprochés, ces messieurs l'ont mis en liberté. Sans doute, la toute-puissance du Seigneur et maître Schneider ne lui a pas fait défaut, ainsi que cela eut lieu au commencement de l'année, pour un de ses plat-valets encore employé actuellement à son service de la mairie.

Nul doute que s'il se fut agi d'un socialiste, on ne se serait pas tant empressé de le mettre en liberté. Le dégoûtant personnage en question était depuis une vingtaine d'années voyageur pour la colonie de Citeaux ; lorsqu'il fut obligé de fuir cet endroit, il ne trouva rien de mieux que de venir se fixer au Creusot, sachant à l'avance qu'il ne manquerait pas d'être tenu en odeur de sainteté par la cléricale administration du bagne Schneider et Cie. Etant un esprit rusé, il trouva moyen de s'assurer le concours de quelques commerçants de la localité pour établir une fabrique de brosses. Comme bien entendu, il était le chef principal de cette association. D'après les statuts, ladite société devait être alimentée par des actions de 60 francs ; tous ceux qui ont collaboré à cette œuvre n'ont plus qu'un désir aujourd'hui, celui d'être débarassé de ce défroqué de Citeaux, afin de continuer dans de meilleures conditions l'entreprise commencée.　　　　　　　　　　　J. M. S.

LONS-LE-SAULNIER. — Une classe parasite. — Dernièrement l'on a nommé, dans une commune du canton de Chaussin, un jeune curé, pétulant ma foi, rempli d'activité, qui conduirait tout aussi bien une charrue que n'importe lequel de ceux qui sont dans la nécessité de le faire pour subvenir aux besoins de la vie, et de taille à extraire la houille dans les profondeurs de la terre, pour prêcher la résignation, l'anéantissement, c'est-à-dire l'inaction et l'indignité à 273 pauvres hères, qui n'ont qu'à se révolter pour être, faire preuve de dignité par l'activité et la vie.

En partant de Lons, où il était avant le poste précité, il disait : je vais bien m'en...nuyer, mais au fait j'irai pêcher et je me ferai envoyer des enfants comme passe-temps.

C'est bien ainsi que marche la charrette bourgeoise ; en régime d'inégalité, où la justice ne peut être qu'un vain mot, nous ne pouvons attendre mieux, car c'est matérielle-

ment impossible. Ceux qui se vendent aux détenteurs de privilèges pour les soutenir, sont d'autant mieux traités qu'ils sont plus oisifs, pendant que ceux qui veulent conserver leur dignité d'hommes, sont surchargés, en produisant tout, de travail et de privations.

Aussi, avons-nous éprouvé un sentiment de bien-être, d'espoir, quand Dreyfus, qui ne défend pas les théories du parti ouvrier, mais qui, pour la circonstance, était entièrement avec nous, traitant quant au fond, avec une logique pourvue de situation, la constitution organileptique qui nous affecte désagréablement d'un service nuisible à tous.

Mais nous avons éprouvé une déception bien justifiée, quand Dreyfus a voulu aller mendier des signatures à son projet parmi ses collègues, dont l'assentiment ne saurait que lui être défavorable.

En effet, quand tous les amendements, contre-projets, objections entortillées, etc., etc. seront déduits, il ne restera plus rien de la proposition de l'auteur promoteur.

Combien mieux eut valu faire abstraction des vieux ou jeunes ramollis du Palais-Bourbon en allant d'un trait au but pour le dépasser encore, assuré du concours de la masse qui aime ces activités énergiques et qui est bien mûre pour la séparation des églises et de l'Etat.

Combien mieux vaudrait, de l'église faire un grenier public, du presbytère faire des salles de cabinets de lecture, de réunions syndicales, de cercles d'études sociales, et de l'argent alimenter une bibliothèque populaire où les esprits apprendront à se libérer de toutes les vermines qui les rongent et les enveloppent.

Abus scolaire. — L'on a révoqué le maître d'école de Viremont pour avoir eu le courage de soutenir qu'il n'y avait ni dieu ni diable et que l'histoire sainte pestiférait les cerveaux tendres des enfants.

Drôle de façon d'encourager l'affirmation de la vérité et de faire la République? Glorifiez, bourgeois, la réforme scolaire qui vous a été imposée et que vous voulez faire dévier? Vous aurez beau faire, la révolution ascendante pousse avec toutes ses conséquences de vérité et de justice sociale.

TONNERRE. — Réunion et formation du groupe socialiste. — Les abonnés à la *Revue Sociale* réunis le 1er novembre à 9 heures du matin, salle de la mairie, se sont constitués en groupe socialiste adhérent à la Fédération des Travailleurs socialistes de l'Est.

Nous publierons dans notre prochain numéro ses statuts discutés et adoptés.

Conférence publique. — Pour former le bureau, l'assemblée désigne : présidente, la citoyenne Lemaître; assesseurs, les citoyens Lefrançois et Chamoin; secrétaire, le citoyen Thumereau.

Le citoyen Charlot, de Dijon, a la parole pour traiter le socialisme et la question agricole dont l'importance n'échappe à personne.

Il démontre par les chiffres des statistiques officielles que la révolution n'a nullement émancipé les travailleurs de la terre, qui sont encore à la merci des usuriers et des grands propriétaires.

Le citoyen Charlot fait ensuite le tableau de la situation créée par la société bourgeoise aux différentes catégories du prolétariat agricole. Les uns ont un salaire insuffisant pour vivre ; l'avenir est aussi sombre pour eux que pour les travailleurs des villes. Les fermiers et les petits propriétaires manquent de capitaux pour améliorer leurs cultures et sont exploités par les barons de la féodalité nouvelle, syndicats d'accaparement, banquiers et compagnies de chemins de fer.

Le conférencier conclut à la reconstitution des biens communaux, à l'impôt progressif permettant de donner une retraite aux vieux paysans, à la nationalisation des banques de crédit et des chemins de fer, et leur fonctionnement à prix de revient, c'est-à-dire dans des conditions exceptionnelles de bon marché, dont profiteront les petits propriétaires agriculteurs, rongés par une dette hypothécaire de 23 milliards en 1890.

Le citoyen Dumay prend ensuite la parole et de suite son attitude loyale et énergique lui conquiert la bienveillance et l'attention de l'auditoire.

La question sociale, bien que très compliquée, dit-il, se résume en quelques mots : exemple, quand un enfant demande du pain à sa mère et que celle-ci pour toute réponse — sachant la huche vide — regarde en pleurant le père malade et depuis longtemps au lit : *C'est la question sociale.*

Quand la récolte du fermier a été totalement grêlée et qu'à la fin de l'année il est saisi, parce qu'il n'a pas pu payer son fermage : *C'est la question sociale !*

Quand des financiers drainent les milliards de la France pour percer l'isthme de Panama et qu'ensuite ils se sauvent avec la caisse : *C'est encore la question sociale !*

Le député ouvrier recommande à ses frères de misère de s'unir promptement pour la défense de leurs intérêts. L'avenir, selon lui, est aux travailleurs, et la classe bourgeoise disparaîtra comme a disparu autrefois la noblesse ; mais pour cela, il faut que les travailleurs se sentent les coudes et que surtout ils n'oublient pas qu'ils sont *moutons toujours tondus et toujours mangés* et qu'ils continueront de l'être tant que les clefs des bergeries populaires seront dans la poche des loups. (Applaudissements).

Vous voulez tous, ajoute-t-il, reformer l'administration qui est restée monarchique jusqu'à la moelle. Eh bien, pour faire cette nécessaire réforme, vous élisez qui ??.... Des bourgeois bien rentés qui ont tous des parents et des amis occupant les emplois les plus inutiles et les mieux payés dans cette même administration.....

Et vous vous étonnez après cela de ne pas aboutir !! (Applaudissements prolongés.)

C'est le tour de parole du citoyen Schacre ; avec son grand talent notre ami fait le procès de la machine dans la société actuelle et démontre le beau rôle qui lui est réservé dans la société future. Un jour très prochain, dit-il, la machine fonctionnera pour l'avantage et le mieux être de tous les êtres humains.

Abordant la question cléricale, Schacre a eu des éclats sublimes, et jamais peut-être le caractère anti-humain des dogmes religieux n'a été analysé avec plus d'ardeur, de précision et de philosophie.

Durant tout son discours, notre ami a eu de belles inspirations et des accents de tribun qui ont fait trembler la salle et frémir l'auditoire.

Tous les assistants sont debouts et applaudissent fiévreusement les pensées élevées et les sentiments généreux condensés en phrases d'une inénarrable éloquence.

La religion, termine-t-il, coûte chaque année, sous diverses formes, cinq cent millions à la France. C'est autant de perdu, car si le gouvernement donnait chaque année aux petits cultivateurs pour cinq cent millions de fumier ou d'engrais, cela assurément fertiliserait mieux la terre que cinq cent millions d'eau bénite.

La séance est levée au milieu des applaudissements. Plusieurs citoyens se font ensuite inscrire au groupe et s'abonnent à la *Revue Sociale.* En somme, bonne journée pour la République sociale.

A tous merci.

Pour le bureau, le Secrétaire de séance,
E. THOMEREAU.

GENÈVE. — La Compagnie P.-L.-M., qui est un Etat dans le canton, puisqu'elle possède la voie ferrée, la gare, d'immenses entrepôts et naguère encore poussait sa domination jusqu'à la limite du canton de Vaud, est tellement jalouse de sa bonne renommée qu'elle ne veut qu'aucun de ses mercenaires, avec les appointements fantastiques qu'elle leur fournit, doive un centime en Suisse.

Aussitôt qu'un créancier se présente, la Compagnie le règle et dit à son employé : Mon ami, vous voyez, nous payons monsieur, si vous n'êtes pas d'accord sur le compte, arrangez-vous maintenant ensemble, mais il ne faut pas qu'il soit dit que les employés du P.-L.-M. font des dettes.

Ainsi la loi fédérale n'existe pas pour cette grande compagnie étrangère. Elle n'est pourtant déjà pas si tendre, la loi qui retient 10 0/0 du salaire et qui demande pour toute procédure une carte-saisie de 30 centimes.

LA SUPPRESSION
des Armées permanentes
(Suite)

Toujours en compulsant le présent manuscrit, nous trouvons les faits suivants :

« Dans une compagnie de discipline, le capitaine commandant ce corps disciplinaire avait une femme cruelle. Cette mégère gouvernait et régnait tout à la fois sur l'âme de son stupide époux et sur le cadre de la compagnie.

« Lorsqu'il arrivait un détachement de recrues, c'était madame la commandante qui passait la revue d'arrivée ; pendant l'inspection, il n'était pas rare de lui entendre tenir le langage ci-après à son mari : — Mon ami, il faut mettre en cellule celui-ci, il est trop laid ; il faut mettre au cachot celui-là, il me déplaît avec ses yeux méchants. « Ce grand là sera mis aux silos, sa figure ne me revient pas. — Ce petit me fait horreur avec ses lunettes ; ce rouge du second rang fera des corvées pendant 15 jours ; ce joli garçon du premier n'en fera pas, et tu l'emploiera comme secrétaire, « ou comme planton, selon son degré d'instruction, et ainsi de suite. »

Ces faits monstrueux ne sont pas des exceptions, comme on serait tenté de le croire ; ils sont fréquents. Ils sont l'histoire du martyrologe de nos malheureux soldats, histoire souillée de boue, de larmes et de sang. De semblables actes sont le résultat de l'esprit militaire, de l'incompatibilité des caractères à se plier sous le joug de la discipline ; du pouvoir discrétionnaire donné au supérieur vis-à-vis l'inférieur. Ils ont eu lieu bien avant la période où l'auteur du manuscrit a séjourné en Afrique. Ils auront lieu, hélas, encore après !

Essayons maintenant de récapituler, ou plutôt de condenser les accusations si méritées que l'on peut formuler contre les armées permanentes.

L'esprit militaire est contraire à l'esprit moderne.

La caste guerrière a dans tous les temps et à toutes les époques servi le trône et l'autel.

Les armées permanentes ont été impuissantes à sauver la patrie envahie.

L'esprit démocratique, essence même du régime républicain, ne saurait tolérer une institution qui blesse tout à la fois la liberté par l'odieuse théorie de l'obéissance passive ; l'égalité, puisque tout dans l'armée respire la servitude volontaire et la hiérarchie.

Le soldat est l'esclave du caporal, qui, à son tour, l'est du sergent, qui lui-même l'est du lieutenant, et ainsi de suite, jusqu'au général en chef qui, malgré sa puissance, dépend encore du chef de l'Etat.

La fraternité est-elle plus respectée ? hélas, non ;

dans une chambrée, les pauvres sont méprisés des riches, exactement comme dans la société. Les officiers eux-mêmes méprisent ceux de leurs collègues qui n'ont pas de fortune.

En cherchant un peu, on trouve encore que du symbole républicain, c'est la plus mal traitée.

Vienne une guerre, les malheureux ouvriers ou paysans se ruent avec fureur sur leurs frères de Berlin ou de Pétersbourg, de Vienne ou de Londres. Pourtant, que leur ont-ils fait? Ce sang qu'ils versent n'est-il pas aussi utile, aussi généreux que le leur?

Que récolteront-ils de la victoire? La croix ou la médaille pour quelques-uns; des blessures, des infirmités ou la mort pour les autres.

Triste perspective!

Autre considération : L'ouvrier et le paysan qui dans tous les pays et à toutes les époques, représentent la classe la plus morale, la plus humble et le plus utile de la société, se corrompent dans ces cavernes de brigands que le dictionnaire a décoré du nom de casernes; les mœurs douces et rustiques disparaissent bientôt; les brebis deviennent loups; que dis-je, des tigres altérés de sang !

Ils incendient les chaumières, violent les femmes et les filles, outragent les vieillards et les infirmes, maltraitent les enfants.

Et après de tels crimes, on ose parler de l'honneur du drapeau et de la patrie! La patrie n'a pas besoin de bandits pour la défendre; quand elle est envahie, ses enfants se lèvent en masse pour chasser l'oppresseur.

On ne voit qu'un cas dans l'histoire moderne, où l'armée nationale a été impuissante à défendre le sol natal.

Vous avez compris que l'héroïque Pologne, seule, parmi les nations envahies, a eu la douleur de subir le joug de l'étranger. Les autres, plus heureuses, ont su repousser les mercenaires qui venaient les asservir ou annexer leur sol.

Nous autres, en 1793, nous avons improvisé quatorze armées (un ramassis de tailleurs et de savetiers, comme les appelait Brunswick), avec ces va-nu-pieds, nous avons battu les soudards du roi de Prusse et les pandours de l'empereur d'Autriche ; nous avons forcé l'Europe à admirer cette Révolution contre laquelle elle s'était armée.

Voyez quelle force possède une nation, quelles ressources elle sait improviser avec une armée nationale, quand elle défend l'intégrité de son territoire.

Ainsi, l'Espagne monarchique (bien que sans roi ni gouvernement) a résisté pendant un lustre aux armées aguerries de Napoléon Ier; les Espagnols n'avaient plus de soldats, et ce furent des partisans qui se mesurèrent avantageusement avec les soldats de la vieille garde.

En 1813 et 1814, pendant les campagnes de Saxe et de France, l'Europe écrasée sous la botte insolente d'un tyran maudit, vent secouer le joug de l'étranger (l'étranger c'était nous). Elle réussit, car elle improvisa des soldats, comme nous l'avions fait quinze ans plus tôt. Ces Allemands, ces Autrichiens, ces Russes, ces Anglais que nous battions depuis longtemps, prennent leur revanche à leur tour; l'impérieuse nécessité avait transformé ces ouvriers et ces paysans en soldats aguerris.

Résumons-nous, car les preuves de l'inutilité des armées permanentes sont tellement nombreuses que l'on pourrait écrire des centaines de volumes racontant les crimes de la soldatesque, le mal qu'elle fit, le bien qu'elle empêcha de faire, et si tout le sang répandu par les guerres étrangères, civiles et religieuses était réuni dans le lit vide d'une rivière, tous les guerriers du monde pourraient s'y baigner.

Pour arriver à la suppression des armées permanentes, il n'y a qu'un remède : le refus de l'impôt du sang, car il n'est pas possible de croire que les nations dites civilisées prennent l'initiative d'un désarmement général.

Donc, plus de conscription; plus d'armées.

Plus d'armées ; plus de guerres.

Plus de guerres ; plus de meurtres inutiles.

Économie de sang et d'or : le remplacement des armées permanentes par les armées nationales.

Substituer le citoyen au soldat, c'est préparer la Révolution sociale.

J. ZAMBEAU.

LE PAUVRE

Le pauvre s'affaisse sur la route,
Les yeux las d'avoir cherché....
Les pieds las d'avoir marché
En quête d'un gîte et d'une croûte.

Il dégringole dans le ruisseau ;
Pour les enfants, c'est dimanche...
Ils le tirent par la manche,
Le sale, infect, ignoble pourceau.

Les gens passent loin de la charogne !
S'il fallait s'intéresser
A tous et les ramasser !
La nuit le dessoûlera, l'ivrogne...

Et la nuit tombe. Et, le lendemain,
On lit, fait divers qui navre ;
Drames de faim... cadavre...
Ramassé sur le bord du chemin...

(*Femmes et Paysages*   JEAN AJALBERT.

COMMUNICATIONS

SYNDICAT DES MÉTALLURGISTES DE DIJON. — Réunion du bureau mercredi 18. Réunion de commission samedi 21.

GROUPE SOCIALISTE DE TONNERRE. — Tous les travailleurs du Tonnerrois abonnés à la *Revue sociale* sont convoqués par le présent avis, et par lettre personnelle à la réunion générale du groupe qui aura lieu le dimanche 22 novembre prochain, à midi et demi très précis, chez le citoyen Thumereau, à Tonnerre.

Ordre du jour : Nomination définitive de la commission administrative du groupe; cotisation mensuelle; choix d'une salle pour les réunions périodiques et l'étude des questions sociales; organisation d'une tournée de conférences socialistes dans toutes les communes de l'arrondissement; propositions à envoyer au congrès fédéral du 25 décembre prochain, à Montceau-les-Mines; désignation du délégué; questions diverses.

Vu l'importance de l'ordre du jour, tous nos camarades de la campagne sont priés d'assister à la réunion et de ne pas arriver en retard.

Le Gérant, V. MILLERAND.

Dijon. — Imp. Carré, rue Amiral-Roussin, 40.

2ᵉ année — Nᵒ 22   10 centimes   1ᵉʳ au 15 Décembre 1891

LA REVUE SOCIALE

ORGANE BI-MENSUEL

De la Fédération des Travailleurs Socialistes de l'Est

PARAISSANT A DIJON

ADMINISTRATION

Adresser toutes communications et mandats à l'Administrateur délégué, rue de la Mégisserie, 29, **DIJON**.

De chacun selon ses forces

A chacun selon ses besoins

ABONNEMENT

Un an, **2 fr.** — 6 mois, **1 fr.** — 3 mois, **50 cent.**

PERMANENCE tous les jours, au siège social de la Fédération, rue de la Mégisserie, 29, **DIJON**.

SOMMAIRE :

2ᵉ congrès régional . . . . La Cᵒⁿ FÉDÉRALE.
L'Etat père de famille . . . . L. VICTOR-MEUNIER.
Le Deux-décembre à Dijon. . . . . . G. LEFRANÇAIS.
Bulletin de quinzaine . . . . C. N.
Mouvement socialiste dans la région . O. Z.
La Question sociale à la campagne (suite) E. CHAMOIN.
La Libre-Pensée . . . . L. B.
Communications, petite correspondance, etc.

Fédération des Travailleurs socialistes de l'Est

2ᵉ CONGRÈS RÉGIONAL

Aux cercles d'études sociales, groupes corporatifs et chambres syndicales ouvrières de la Côte-d'Or, Yonne, Saône-et-Loire, Nièvre, Rhône, Doubs, Jura, etc.

Au moment où tout le monde parle de questions sociales, il appartient aux groupements constitués de la région de préciser une fois de plus quels sont les cahiers du peuple et les revendications à inscrire sur le drapeau du Prolétariat. Nous les convions donc à assister au Congrès organisé à Montceau-les-Mines par la Fédération des Travailleurs socialistes de l'Est.

Dans cette ville, courbée sous la domination d'une puissante compagnie capitaliste, les syndicats ouvriers ont dû tomber sous le coup de vengeances nombreuses. Le devoir de toutes les organisations est d'aider les militants qui ont accepté la lourde tâche de sonner le réveil dans cette sympathique population ouvrière.

Le Congrès du 25 décembre prochain aura un double but ; il sera certainement le signal de la résurrection des groupements ouvriers de l'ancienne Fédération de Saône-et-Loire, en même temps que l'affirmation des progrès du socialisme dans nos départements.

À l'œuvre donc et que tous ceux qui ont au cœur l'affranchissement des déshérités viennent délibérer à ces assises du travail sur l'ordre du jour suivant :

Partie economique

1. Réforme de la loi de 1884 sur les syndicats professionnels ; garantie de la liberté d'association.

2. Réglementation du travail ; égalité des salaires pour les deux sexes ; suppression des travaux industriels dans les prisons et les ouvroirs.

3. Organisation d'une Caisse nationale de retraite pour les vieux travailleurs.

4. Attributions des délégués mineurs ; retour à la nation des concessions minières.

5. Garantie de la liberté du vote dans les élections politiques ; amnistie générale des condamnés pour faits politiques, de grève, etc.

Partie administrative

1. Rapport de la Commission fédérale.

2. Modifications aux statuts ; application de l'art. 9 ; création d'une carte de fédéré.

3. Edition d'un almanach socialiste régional pour la propagande.

4. Publication hebdomadaire ou tri-mensuelle de la *Revue Sociale*.

5. Nomination de la Commission fédérale ; fixation du siège de la Fédération et du prochain Congrès.

A titre de vœux, les propositions des groupes non insérées dans l'ordre du jour pourront être examinées rapidement dans la dernière séance du Congrès. La Commission fédérale sortante demandera au Congrès de renvoyer à l'approbation des groupes toutes les mesures votées, concernant la partie administrative et engageant les finances de la Fédération.

Nota. — Le Congrès régional s'ouvrira à Montceau-les-Mines le 25 décembre prochain, à 9 heures du matin, et durera deux jours ; les groupes et syndicats sont priés d'envoyer leur adhésion au *Secrétaire de la Fédération, 29, rue de la Mégisserie, à Dijon,* avant le 23 décembre ; ceux qui ne pourraient avoir de délégué effectif sont priés d'adresser quand même un mandat en règle ou leur adhésion morale ; le cercle d'études sociales de Montceau et le Groupe socialiste de Blanzy mettront à leur disposition des citoyens dévoués pour défendre leurs propositions.

Dijon, 25 novembre 1891.

La Commission Fédérale.

Dans notre dernier numéro, nous annoncions que l'Union fédérative du centre n'avait pas tenu ses engagements vis-à-vis de notre Fédération au sujet de la vente des brochures *Le Creusot.*

C'était une erreur ; seuls les groupes du XXᵉ arrondissement de Paris nous avaient fait une commande ferme.

Aujourd'hui, tout malentendu est dissipé. Désireuse de donner à notre jeune Fédération de l'Est un témoignage de profonde sympathie, l'Union fédérative du Centre prend à sa charge le placement des exemplaires confiés aux groupes du XX°.

Nous adressons à nos camarades de Paris nos remerciements les plus fraternels, ainsi que nos saluts socialistes et révolutionnaires.

LA COMMISSION FÉDÉRALE.

L'ÉTAT, PÈRE DE FAMILLE

D'après lois anciennes et préjugés actuels, au père de famille tous les droits.

Nous disons, nous : au père de famille tous les devoirs.

L'homme a engendré ; pour son plaisir ; satisfaction d'un besoin ; dette contractée.

Envers l'enfant.

Donner le pain, c'est-à-dire le sang, l'instruction, c'est-à-dire la lumière, à son enfant, cela a pu se nommer : bienfaits. Il sied d'envisager plus sainement les choses. C'est tenir ses engagements. Rien de plus.

Telle est, dégagée de toutes brumes, la vérité : quand le père a, de pied en cap, armé son enfant pour la lutte, qu'il l'a terminé, fort, conscient, honnête, il a, en tout et pour tout, fait honneur à sa signature.

Qui se dérobe à ces obligations est indigne de fraternité.

Mais tout le monde n'est pas apte à les remplir.

Ceux, d'abord, envers qui on ne les a pas remplies, Les mal instruits, les nescients, les jetés dehors du cercle humain.

Les trop pauvres aussi.

« — Je suis un repris de justice. Je suis une fille « publique. Chacun me jette du mépris. Le talon des « gens est sur mon crâne. Comment voulez-vous que « mon fils ne soit pas ce que je suis ? Comment « voulez-vous que ma fille ne soit pas semblable à « moi ? Est-ce que mon enfant ne portera pas le « poids de mon indignité ? Lui apprendre à distinguer « le mal du bien ? Hélas ! le sais-je, moi-même ? Le « noir m'enveloppe, opprime mes paupières. De quel « côté le jour ? Je ne sais pas. »

« Mon enfant grelotte ; ses mâchoires claquent. On « vient de me jeter à la porte du taudis que j'habitais. « Je devais. Il a faim. J'ai faim. Qu'est-ce que vous « voulez que je fasse de ce petit qui pleure ? Est-ce « qu'il ne portera pas le poids de ma misère ? Mon « travail suffisait à ma peine ; je n'en ai plus. Comme « tout est sombre ! Mendier ; crever. »

Que répondre aux voix gémissantes qui montent du fontis plein de ténèbres où grouillent les agonisants ?

Ceci :

« — Me voici, moi ; j'arrive, Je viens à votre secours. « Je suis Tous. Appelle-moi comme tu voudras : « Etat, Société, n'importe ; je suis Tous. Donne-moi « ton enfant, voleur, mon frère. Donne-moi le tien, « prostituée, ma sœur. Et le tien, valeureux ouvrier « pour qui le travail décevant n'est que mort lente. « Donnez-les tous à Tous. Je ferai de ces mal- « heureux promis aux dégradations, aux souffrances, « des citoyens libres et forts. Avec eux, je ferai une « humanité nouvelle, vigoureuse et haute, ayant « conscience de ses droits. Ah ! donnez-les-moi, si « vous ne voulez pas que je les prenne. Car je les « prendrai tous. Il me les faut. Car je ne veux pas, « moi, étant Tous, traîner éternellement dans l'or- « nière boueuse et sanglante.

« Les enfants sont l'avenir ; ils sont l'espérance ; « Ils sont le Demain radieux qui chasse le sombre « Aujourd'hui. Je veux cet avenir ; je veux ce demain. « C'est l'aurore gigantesque, et je m'y dévoue. Oh ! « ne craignez pas que je succombe à la tâche ; tout « m'est facile ; l'or abonde dans mes mains : l'or des « soldats, l'or des prêtres, l'or des fonctionnaires, l'or « des ministres. Aux enfants tout cet or ! pour que « les enfants soient vainqueurs, là où les pères « furent vaincus. Bandit, ton fils sera un honnête « homme. Fille, les lèvres de la fille s'ouvriront à de « purs baisers. Prolétaire, ton petit pétrira d'un pied « maître le sol où tu rampais esclave ? »

L'enfant à qui entier développement moral, intellectuel et physique n'est point donné, constitue une non-valeur pour la Société. La Société a le droit de ne point consentir à ce qu'aucune parcelle de sa richesse ne s'égare, ne se perde. Elle en a le devoir. Il y va du salut de l'Humanité.

L. VICTOR-MEUNIER.

LE DEUX DÉCEMBRE
A DIJON

Si la bourgeoisie républicaine peut, à Paris, revendiquer comme *siens* les cadavres de Baudin et de Denis Dussoubs (deux socialistes précisément) (1), il est constaté par MM. Schœlcher et Ténot, les glorificateurs des bourgeois, que dans les essais de résistance organisés à Paris contre le Deux-Décembre, les ouvriers s'y rencontrèrent au moins en nombre égal à celui des bourgeois républicains.

Quant à la province, il est à remarquer que nulle tête de bourgeois ne roula sur les échafauds de Bourg, de Clamecy, de Béziers et de Lectoure, à côté de celles de *Charlet*, de *Cirasse*, de *Cuisinier* et d'une douzaine d'autres paysans du Midi qui, durant qu'ils exposaient ainsi leur vie pour la défense d'une République dont ils ne connaissaient que le nom, étaient traités de féroces *brigands* dans le journal *La Presse*, que dirigeait alors par intérim *l'honnête* républicain Peyrat.

Ayant été à même d'apprécier *l'héroïsme* et *l'énergie* des bourgeois républicains de la Côte-d'Or, à Dijon, il peut être utile pour les nouveaux venus dans la lutte engagée contre les intérêts capitalistes de leur rappeler comment les choses se passèrent dans cette localité, peu suspecte alors de sentiments monarchistes.

J'habitais depuis plus d'un an Dijon, qui m'avait été assignée comme résidence par la police, sous la *surveillance* de laquelle m'avait placé une condamnation, pour affiliation à une prétendue *société secrète*, moyen très commode et fort en usage alors pour se débarrasser des gêneurs. La société ainsi qualifiée de secrète n'était autre chose que *l'Association des Institutions socialistes* que j'avais contribué à fonder en 1849, en compagnie de Madame Pauline Roland et de quelques autres amis, association qui, nous avait-on prévenus, était particulièrement à l'œil de la police.

Dès le mois de juin 1851, j'avais déjà vu certains faits qui me firent singulièrement rêver, en ce qui concernait l'éner-

---

(1) Baudin appartenait au groupe des Communistes-Révolutionnaires. — Dussoubs était à la fois l'ami et le disciple de Pierre Leroux, — qui, seul de ses collègues à la Constituante, avait osé, en pleine Assemblée, justifier les insurgés de Juin.

gie des bourgeois républicains de province, des *rouges*, comme on les appelait dans ce temps.

Louis Bonaparte étant venu à Dijon, lors de l'inauguration de la section de chemin de fer reliant Tonnerre à cette ville, il y avait tenu, devant toutes les autorités du département, un tel discours que le vieux *Dupin*, qui présidait la Législative, s'en était écrié : « L'Empire est fait! »

Rien n'eût été plus facile à ce moment d'enlever le Prétendant, qui venait de s'avouer si nettement.

De Tonnerre à Dijon, le Prince s'était présenté aux populations accourues sur son passage, et les cris de « Vive la République! » lui avaient assez désagréablement tinté aux oreilles.

Se promenant en calèche à Montbard, où le train s'était arrêté quelque temps, il avait été entouré des gardes nationaux de l'endroit, acclamant, eux aussi, la République. Le mutisme glacial du « Prince » ayant irrité ces braves gens, leur capitaine, un gaillard solide, avait alors grimpé sur le marche-pied de la voiture et, s'emparant de la main de Bonaparte qu'il serrait à la lui briser, lui avait dit : « Mais crie donc avec nous Vive la République! gredin, crie-le donc! »

C'est assez dire qu'à Dijon, où les *rouges* tenaient le haut du pavé, il eût suffi d'un peu d'énergie pour arrêter net dans son vol l'oison qui prétendait jouer à l'aigle.

Il en avait bien été question, la veille de l'arrivée du Président, dans les conciliabules de ces messieurs. Mais l'heure venue... l'un devait aller à Beaune, où précisément il venait de perdre un parent; un autre avait affaire à Mâcon, pour y régler sans retard une question des plus graves; la femme d'un troisième était à ce point malade qu'il ne pouvait la quitter d'un instant... plusieurs quittaient la ville « pour n'être pas témoins de l'écœurant spectacle qui s'y préparait ».

J'avais souvent entendu ces braves gens déclamer contre les « prétentions des Parisiens à *vouloir* toujours prendre l'initiative des révolutions », et ajouter qu'il était urgent que la province ne se laissât plus ainsi devancer.

Je communiquai quelques jours après mes doutes sur ce sujet à un de nos amis, le citoyen Malardier, alors député de la Nièvre. Ma lettre ne lui parvint pas : elle fut retrouvée, m'a-t-on dit, après le 18 Mars 1871, dans mon dossier de police, à Paris.

Le 2 décembre donc, je rentrais en ville, sortant de passer la soirée chez un brave garçon, directeur en ce temps, pour le département de la Côte-d'Or, de la Compagnie d'assurances *La Paternelle*. Il était bien près d'une heure du matin quand je rencontrai un de mes amis, ouvrier cambreur, arrivé depuis peu à Dijon où il travaillait. Mon ami Sauveste, — plus connu dans les ateliers de Paris sous le nom du *Grand Nantais*, — me paraissait fort agité.

— Qu'y a-t-il donc? lui demandé-je.

— Tu sais la nouvelle?

— Non. Qu'est-ce?

— Ça y est. L'homme a fait son coup.

M'entraînant, il me conduisit devant un des pilastres de la Mairie (ancien palais des Ducs de Bourgogne) où s'étalait, fraîchement collée, une grande affiche, — papier officiel, — contenant le décret de dissolution de la Législative et l'appel à un plébiscite prochain.

Le préfet de la Côte-d'Or, fils de l'ex-conventionnel *Jean Debry*, profitait de la nuit pour faire placarder ces affiches.

Or, dans la maison d'où je sortais, nous avions précisément discuté de la certitude d'un prochain coup d'État, favorisé par le rejet de la fameuse proposition de questeurs tendant à rappeler au ministre de la guerre Saint-Arnaud que toutes les mesures propres à assurer l'entière sécurité de l'Assemblée relevaient directement de son Président. Cette proposition n'avait été rejetée que grâce au vote de la *Montagne*, dont les chefs avaient eu dans cette circonstance une attitude des plus équivoques.

(*A suivre*). G. LEFRANÇAIS.

BULLETIN DE QUINZAINE

La scie bi-mensuelle montée par les journaux bourgeois a été cette fois l'invalidation de Paul Lafargue, sous prétexte que ce dernier n'était pas Français. Tous les Arène, les Reinach, les Charles Laurent de l'opportunisme ont donné de la voix dans ce concert; ils en seront pour leurs frais et leur courte honte, le citoyen Lafargue ayant prouvé par des documents probants que tous les valets de Constans avaient menti suivant leur louable habitude.

.·.

40,000 mineurs du Pas-de-Calais ont décidé la grève générale pour l'obtention de la journée de 8 heures, une meilleure répartition des salaires, et des garanties pour leurs caisses de retraite. Malgré l'attitude un peu douteuse de Basly à la Chambre des députés, les mineurs syndiqués tiennent bon ; le chômage est complet dans le bassin.

Si le gouvernement républicain bourgeois n'était point vendu aux compagnies, il y a longtemps qu'il aurait appliqué la loi à celles-ci, en leur retirant purement et simplement leurs concessions.

Pour la première fois va fonctionner officiellement le système d'arbitrage entre patrons et ouvriers; nous doutons fort du résultat.

.·.

Le Parlement a bien travaillé cette quinzaine pour la bourgeoisie. On a discuté les détails de la répartition de l'assiette au beurre. Malgré l'opposition de notre camarade Dumay, toutes les vieilles défroques de Louis XVIII, Charles X, Napoléon III, etc., etc., continueront à toucher leurs pensions.

M. Jules Roche a défendu aux facteurs des postes de se syndiquer ; Constans a eu les fonds secrets qu'il emploie avec tant d'art ; pendant ce temps-là, les archevêques, comme Gouthe-Soulard, qui insultent la Gueuse, s'en tirent avec 3,000 francs d'amende, et les mineurs du Nord, coupables d'avoir défendu leur pain, écoppent des mois de prison. Une fois de plus, la lutte de classe est affirmée avec cynisme : les socialistes l'ont prédit depuis longtemps. C. N.

MOUVEMENT OUVRIER SOCIALISTE
DANS LA RÉGION

DIJON

Les 8 heures au conseil municipal. — Nos édiles viennent de faire un pas dans la voie du socialisme, mais vous allez voir de quelle façon : la commission des travaux, par l'organe de M. Parry, rapporteur, a annoncé solennellement qu'elle avait fixé la durée du travail sur les chantiers communaux ouverts cet hiver, à *huit heures*, semblant ainsi accepter un point de notre programme. Nous ferons observer tout d'abord que c'est à peine si on voit clair 8 heures par jour en cette saison, et que cette concession est toute platonique.

Mais où la plaisanterie devient sinistre, c'est lorsque l'on annonce la fixation d'un *minimum de salaire* (autre point de notre programme) à *0 fr. 25 de l'heure !* et d'un maximum de *0 fr. 30*. L'écart est bien mince, encore, combien seront payés à ce dernier tarif ? Alors, messieurs les conseillers, vous croyez que les ouvriers peuvent vivre avec 2 francs ou 3 fr. 40 par jour, soit 12 ou 14 fr. 40 par semaine ? Allons donc ! on ne se moque pas du monde de cette façon là !

A part le *Bourguignon Salé*, aucun journal n'a relevé le fait ; aussi j'invite les ouvriers à prendre la résolution suivante que leur conseillait Clément : A la prochaine Révolution, nous ferons déblayer la neige à Bordot, Pernot-Gilles, Parry et autres conseillers, ainsi qu'aux journalistes, et nous leur donnerons 2 francs par jour pour huit heures. S'ils ne peuvent faire vivre leurs familles avec cette somme, nous recevrons en audience particulière leurs femmes et leurs filles ; si elles sont trop décrépites, nous leur donnerons un bon de pain, mais si elles sont jolies, nous tâcherons de faire quelque chose pour leurs enfants.

Et ce sera justice !

Le député Bargy. — Le caméléon de notre ville a voté pour les fonds secrets et contre la justification de leur emploi. Tout commentaire serait superflu.

Nos Halles et Marchés. — Un sieur Moreau, entrepreneur de marchés publics, vient de proposer au Conseil municipal de Dijon de prendre à l'amiable la location de nos halles et marchés, pour une période de 10 années, à raison de 100,000 fr, par an.

L'opportuniste Pernot-Gilles sourit d'avance à la pensée de concéder ce nouveau monopole à un financier ; l'autre jour, il jubilait ferme en racontant qu'actuellement le service, fait par la ville, ne rapportait pas cette somme ; l'affaire a été renvoyée à une commission spéciale.

Les marchands des halles n'ont qu'à bien se tenir : nos opportunards leur ménagent une bonne petite surprise.

Groupe d'études sociales de la Grille-de-Fer. — Le Groupe est d'avis que toutes les réformes contenues dans le programme politique, ne peuvent servir que comme moyens de propagande, en attendant mieux.

Se plaçant résolument sur le terrain de la *lutte de classes*, il exprime le vœu que les efforts du Parti Ouvrier se concentrent sur le programme économique et social. Il admet la partie du programme minimum concernant les réformes sociales immédiates, et déclare poursuivre comme but le retour à la collectivité de tous les monopoles économiques et la suppression de toute autorité sous la forme gouvernementale.

Les fils à papa. — Ils vont bien, nos bourgeoisillons. Se croyant toujours tout permis parce que leurs pères nous exploitent, les étudiants ont organisé un monôme lundi dernier, entrant dans les cafés, *épatant* les consommateurs et entravant la circulation.

Les agents de police, voyant qu'ils n'avaient pas affaire à une manifestation d'ouvriers sans travail ou de socialistes, se rangeaient respectueusement sur leur passage. Enhardis par l'inertie des agents et des passants, nos futurs magistrats voulurent forcer l'entrée de l'Alcazar, d'où les employés les expulsèrent, non sans un échange de horions et une bousculade assez vive, au cours de laquelle Mme Bergerot fut tant soit peu malmenée.

Et dire que ces pâles rejetons des bourgeois qu'émancipa 93 siégeront un jour dans les tribunaux, d'où ils flétriront, en phrases plus creuses encore que sonores, l'adultère, l'ivrognerie et le vagabondage, ainsi que je l'ai vu faire par certains bavards subventionnés aux dernières assises !

Parole d'honneur ! ça fait suer.

Au 26ᵉ dragons. — Le bruit court que ce régiment possède un docteur homéopate ; quand un de ses malades tombe en syncope, notre major le ranime avec un grand coup de poing sur la figure ; voilà au moins un procédé qui n'enrichira pas les pharmaciens.

Ladrerie patronale. — M. Guyot, entrepreneur de menuiserie, rue Parmentier, veut bien faire veiller ses ouvriers, mais à condition que ceux-ci paient la consommation du gaz, voire même l'installation de nouveaux becs dans son atelier ; il ne manque plus maintenant à ce patron qu'à demander à ses hommes de le payer parce qu'il veut bien les occuper : ce sera complet.

BESANÇON. — Le groupe républicain socialiste de Besançon a, dans sa dernière séance discuté une proposition de plusieurs membres demandant le changement de titre du Groupe.

Ce titre a été maintenu.

La décision du 25 octobre dernier mettant en demeure les adhérents d'opter entre le groupe socialiste et la ligue des intérêts républicains bourgeois, a été maintenue également dans toute son intégralité.

BLANZY. — Propositions du groupe de Blanzy à inscrire à l'ordre du jour du congrès du 25 décembre :

1º Reprise par l'Etat de toutes les concessions minières inexploitées ;

2º Réglementation des heures de travail pour les enfants travaillant dans les verreries et autres usines ;

3º Réduction légale de la journée de travail à 8 heures pour les adultes ;

4º Interdiction légale aux patrons d'employer les ouvriers étrangers à un salaire inférieur à celui des ouvriers français ;

5º Etendue des attributions aux délégués à la sécurité des ouvriers mineurs ;

6º Mode de vote dans toute élection en assurant complètement la sécurité ;

7º Egalité du salaire de la femme à celui de l'homme, basé sur la durée du travail ;

8º Que tout article de loi établissant l'infériorité de l'ouvrier vis-à-vis du patron, et de la femme vis-à-vis de l'homme, doit être supprimé ;

9º Interdiction aux patrons de fonder des écoles soi-disant libres comme celles de la compagnie des mines de Blanzy ;

10º Amnistie complète et générale de tous les citoyens ayant encouru des condamnations politiques, grèves et faits connexes ;

11º Suppression du budget des cultes et retour à la Nation des biens dits de main-morte.

Pour le groupe républicain socialiste de Blanzy,
Ph. VITTEAUT.

BRIENON. — Nous vous adressons les propositions suivantes pour être soumises au congrès qui doit avoir lieu à Montceau-les-Mines, le 25 décembre prochain :

1º Application par les groupes de l'article 9 des statuts ;

2º Que le congrès pour l'année 1892 ait lieu, si possible, dans une ville du département de l'Yonne ou à Dijon ;

3º Que les frais de délégation pour le congrès régional soient supportés, si possible, par les groupes au prorata de leurs adhérents.

CREUSOT. — Voici les questions que les citoyens du Creusot adhérents à la Fédération de l'Est, proposent pour être mises à l'ordre du jour du prochain congrès régional de Montceau-les-Mines :

1º Question économique : Abolition du marchandage dans toutes les industries ; journée de huit heures ; suppression du travail dans les prisons et ouvroirs religieux, pénitenciers, etc., etc. ;

2º Création d'une caisse de retraites pour les victimes de l'exploitation capitaliste ;

3° Questions politiques : Obligation pour le gouvernement de voter une loi qui garantisse la sécurité des travailleurs syndiqués ; révision de la loi de 1884 sur les syndicats professionnels, liberté pleine et entière laissée aux ouvriers de se syndiquer comme ils l'entendront, sans avoir besoin de porter le nom des membres de chaque bureau de syndicat à la mairie de leur localité. Ce motif est lésant qui empêche les travailleurs du Creusot de se grouper, vu que le seigneur Schneider est patron et maître de la localité ;

4° Manifestation du 1ᵉʳ mai 1892 ;

5° Création d'un conseil de prud'hommes au moins dans chaque canton ;

6° Comme moyen de propagande : Organisation des conférences socialistes le plus souvent que possible, partout où il y a des groupes constitués, surtout avec le concours des députés et conseillers du Parti Ouvrier Socialiste ;

7° Transformation de la *Revue Sociale* en un journal comme l'*Émancipateur des Ardennes*, paraissant au moins tous les huit jours, et à 5 centimes le n°, si cela est possible.

— Il ne serait peut-être pas inutile que les socialistes de la région de l'Est mettent en pratique les conseils de plusieurs organes socialistes de Paris, consistant en ceci :

Que tous les militants des villes envoient les journaux socialistes qu'ils ont lus à leurs parents et amis de la campagne, vu que ces derniers ont été jusqu'alors aveuglés que par une presse bourgeoise opportuno-monarchique. Beaucoup disent encore que la campagne n'est pas bonne pour la semence socialiste. Je crois le contraire ; il n'y a que ceux qui n'ont pas quitté leur trou, comme l'on dit, qui réellement paraissent avoir conservé quelque attachement aux idées religieuses, c'est-à-dire aux anciennes traditions.

Dans certains villages, à certains jours et à certaines heures, la place de l'Eglise n'est-elle pas le lieu de rendez-vous habituel des paysans ? Je suis persuadé qu'on y traite là plus de questions d'affaires que de questions religieuses. Il est aussi à remarquer que dans les endroits où il y a peu de sujets de divertissements, l'Eglise tient un peu lieu de spectacle. Les filles vont à la messe pour montrer leurs belles toilettes ; d'un autre côté, les jeunes garçons y vont pour les jeunes filles. Les plus croyants l'avouent eux-mêmes.

Mais en laissant la question religieuse de côté, si l'on considère la question sociale dans tout son ensemble, nous ne devons pas nous montrer surpris de ce que le socialisme n'ait germé que d'une manière insuffisante en province.

Partout où on a jeté la semence, la gerbe a poussé féconde. Exemple : le citoyen J.-B. Clément, dans les Ardennes, a, dans quelques années, rallié au principe socialiste la majeure partie de la classe productrice.

Avec les moyens d'action dont nous disposons il est assez difficile d'agir comme nous le voudrions, mais l'écrit peut suppléer à la parole, le journal peut remplacer la tribune ; il faut que nos feuilles soient lues par les gens du hameau. Jusqu'ici on nous a représenté comme des ambitieux avides de jouissance ; assez longtemps on a cherché à salir ceux qui luttent ouvertement contre les injustices sociales ; le capitalisme a trop profité de notre impuissance, il faut que l'habitant des campagnes sache qui nous sommes et ce que nous voulons. L'habitant des campagnes n'est pas aussi sot que certains tendent à le faire croire. Mécontent, il ne sait pas toujours traduire son mécontentement ; las des charges qui lui pèsent sur le dos, sa récolte est souvent mangée par les oiseaux du capitalisme avant qu'elle ne soit sortie de terre ; si on ne lui fait pas comprendre d'où vient le mal, il peut aller de la République à la monarchie.

Puisqu'on lui a dit que les socialistes étaient des fainéants, ils n'ont qu'à montrer leurs mains. On leur a corné aussi dans les oreilles que nous voulions du sang, sachons leur démontrer que notre seul crime est de réclamer du pain pour tous ceux qui travaillent.

— Voici une nouvelle preuve de la complicité des opportunistes avec les réactionnaires :

Sous la toute-puissance du seigneur et maître Schneider, les bureaux de tabac sont en partie gérés par des gens tout à fait dévoués à la cléricale administration du bagne Schneider. Il y a même des employés de l'usine qui ont trouvé le moyen de se faire agréer par le gouvernement, en faisant chasser ceux qui les tenaient avant eux, ces derniers étant des citoyens ayant donné assez de preuves de leur attachement à la République.

Ainsi, il y a deux ans, le clérical Schneider ne put faire agréer par le Préfet de Saône-et-Loire un de ses plats valets, qu'il proposait pour le poste de receveur municipal, sous le prétexte qu'il avait déclaré à la tribune du parlement, lors de la validation de son élection, que tous ses gardes-chiourmes et employés étaient comme lui réactionnaires.

Aujourd'hui le député, père aux dix mille esclaves, avec la complicité des Constans, Rouvier et Cie, obtient la gérance d'un des principaux bureaux de tabac de la localité pour un de ses gardes-chiourmes nommé Pot-de-vin ; voilà de quelle façon se passent les choses sous l'Empire Schneiderien et la République Bourgeoise.

LONS-LE-SAULNIER. — Le Groupe de Lons-le-Saulnier demande la mise à l'ordre du jour du Congrès, les propositions suivantes :

Publication hebdomadaire ou tri mensuelle de la *Revue Sociale* ; élévation de la cotisation fédérale trimestrielle à 0 fr. 75 ou 1 franc ; publication d'un almanach socialiste à 0 fr. 30 ; continuation du service des n°ˢ supplémentaires ; fixation du siège de la Fédération à Dijon ; affirmation par le Congrès de l'égalité des sexes ; enfin, à titre de propagande, le Groupe exprime le vœu que la *Revue Sociale* développe le plus possible l'impôt progressif, le crédit social, etc., le fonctionnement de la société future et ses avantages, et qu'il soit insisté particulièrement sur le groupement des ouvriers agricoles.

— Le curé de Trenal part en guerre contre les saints ; dans sa colère, il arrache ceux que ses paroissiens installent dans les niches à la porte de leurs granges. Tout ce vandalisme est né de ce que ces derniers veulent célébrer la fête de Martin à l'âne le dimanche qui suit le 11 novembre, tandis que le curé la veut 8 jours après.

A la bonne heure, voilà au moins un ensoutané qui fait de la bonne besogne anticléricale et qui se moque bien des saints du paradis. J'y songe ; c'est peut-être par jalousie ; s'il démolit les images saintes, c'est peut-être pour prendre leurs places. C'est ça qui serait drôle, en voyant un curé cloué après une porte de grange, avec un hibou sur la tête. L'enseigne serait bien allégorique ; l'oiseau de mauvais augure au pilori, jusqu'à ce que ses confrères viennent lui jouer le même tour qu'aux bonshommes en plâtre des ouailles de Trenal.   J. M.

MONTCEAU-LES-MINES. — Notre Cercle d'études sociales est définitivement constitué ; la première réunion a eu lieu le 17 courant, et a dépassé toutes nos prévisions ; bon nombre de citoyens ont répondu à notre appel. Le drapeau socialiste est planté à nouveau dans notre ville, et malgré les manœuvres de nos puissants adversaires, nous sommes en mesure de leur montrer notre force.

Les statuts du nouveau groupe ont été votés à l'unanimité, ainsi que son adhésion à la Fédération de l'Est ; les deux propositions suivantes sont portées à l'ordre du jour du Congrès régional :

1° Attributions des délégués mineurs ;

2° Vote sous enveloppe aux élections politiques.

                                    L. D.

TONNERRE. — Statuts du Groupe socialiste tonnerrois, discutés et adoptés en réunion générale, les 1er et 22 novembre 1891.

Article 1er. — Le groupe prend pour titre : Association libre des travailleurs socialistes du Tonnerrois.

Art. 2. — Pour faire partie de l'association, il faut être travailleur et abonné à la *Revue Sociale*, ou avoir donné des preuves d'un amour sincère de la classe ouvrière et des réformes sociales.

Art. 3. — Les admissions, sur demande écrite du postulant, sont prononcées en réunion générale, à la majorité des voix.

Art. 4. — L'association déclare adhérer à la Fédération des travailleurs socialistes de l'Est, à l'appel aux travailleurs de la région, au programme *minimum*, et aux status élaborés et arrêtés chaque année par le Congrès régional de ladite Fédération.

Art. 5. — Les deniers nécessaires à la gestion du groupe sont fournis par une cotisation mensuelle de vingt-cinq centimes par adhérent.

Toutefois, ladite cotisation pourra être diminuée ou augmentée suivant les ressources ou les besoins de l'association.

Aucune dépense excédant cinq francs ne pourra être effectuée sans l'assentiment de l'association.

Art. 6. — Une Commission administrative, comptable des deniers de l'association, et élue au scrutin secret, convoquera le groupe chaque année, le deuxième dimanche de novembre. Elle convoquera de même l'association à l'ouverture de toutes les périodes électorales et chaque fois qu'elle le jugera nécessaire.

La Commission étant en outre chargée d'organiser la propagande des idées socialistes dans la région, elle se conformera, toujours dans ce but, à l'esprit et aux décisions de l'association.

Art. 7. — L'association, créée pour la défense des humbles et l'émancipation de la classe ouvrière, s'efforcera de propager les principes d'égalité, de justice et d'humanité, et donner en toutes circonstances l'exemple de la solidarité.

Il n'y a, dans le sein de l'association, ni titres ni honneurs pour aucun de ses membres, mais, en revanche, elle réclame de chacun d'eux, désintéressement et esprit de sacrifice.

Le groupe, réuni le 22 novembre, après avoir adopté définitivement les statuts ci-dessus, a procédé à la nomination de la Commission administrative, composée de 14 membres, dont 5 à Tonnerre, et 9 dans les communes environnantes.

Il a en outre décidé que la première réunion pour l'étude des questions sociales aurait lieu le dimanche 13 décembre prochain, salle Thumereau, à une heure précise, et se continuerait tous les deuxièmes dimanches de chaque mois.

Les citoyens se sentant capable de propager *les idées* socialistes par la parole, sont invités à préparer un sujet socialiste et à le développer devant le groupe le deuxième dimanche de janvier 1892.

En fin de séance, le groupe accepte à l'unanimité la proposition suivante, présentée au groupe par le citoyen Thumereau.

Le groupe des travailleurs socialistes du Tonnerrois, considérant :

1° Que tous les impôts de consommation injustement répartis et supportés en proportion égale par tous les consommateurs, *sans distinction de fortune*, constituent une source d'iniquités et une cause d'écrasement pour les travailleurs ;

2° Que l'alimentation et la santé publique forment un des côtés les plus intéressants de la question sociale ;

3° Que tout impôt sur le lait, en faisant hausser son prix, en exciterait la falsification ou la fraude, et porterait ainsi atteinte à la santé et aux deniers de la population.

Pour ces motifs : le groupe socialiste tonnerrois demande aux conseillers municipaux de Tonnerre de repousser énergiquement tout droit de place ou d'entrée sur le lait, si toutefois la proposition, dans ce but, dont la ville est menacée, était présentée au conseil municipal.

Le citoyen Lefrançois, conseiller municipal, présent à la réunion, déclare énergiquement qu'il votera contre tout droit sur le lait.

LA COMMISSION ADMINISTRATIVE.

SUISSE. — La transformation des banques cantonales est votée, mais non encore promulguée ; cela demandera quelque temps encore, par suite des grands intérêts engagés et de la force de résistance des actionnaires en jeu. Le but de l'opération est celui de centraliser l'émission des billets de banque, qui se fait aujourd'hui par les principales banques des divers cantons, et pouvoir émettre un certain capital en billets avec 40 0/0 seulement de numéraire (comme garantie d'après la loi) ;

Avoir un taux d'escompte unique pour toute la Suisse ;

Conserver à la Confédération les bénéfices actuellement réalisés par les actionnaires et en répartir une partie entre les cantons, au *prorata* de la population, ce qui, entre parenthèses fait surtout ressauter les cantons à petite population, mais à grand mouvement commercial, Bâle, Genève, etc., et exulter les cantons agricoles à grand territoire et grande population, mais à circulation d'argent faible, comme Berne.

Les socialistes ont voté le projet parce qu'ils espèrent voir un service public de banque s'établir analogue à celui de la poste et des petites messageries, mais les actionnaires des banques supprimées feront tout pour que la future institution soit une banque nationale à actionnaires comme la Banque de France, et non une banque d'Etat comme celle de la Russie, et encore moins une banque service public.

Il ne faut pas se faire d'illusions là-dessus. Il est probable qu'ils auront gain de cause, parce que pour faire voter la loi, on a promis aux cantons une part de bénéfices, et qu'un service public n'en produirait pas ou peu.

LA QUESTION SOCIALE
A la campagne
(Suite)

Il est temps d'en finir avec cette politique d'énervement que les charlatans du pouvoir introduisent en nous, et nous divisent ainsi en républicains, bonapartistes et royalistes, pour nous opprimer et nous faire payer toutes les charges de la société. Ils savent bien que si nous étions unis, nous comprendrions mieux nos intérêts, nos devoirs, nos droits ; nous serions une force avec laquelle il faudrait compter et à laquelle on accorderait tous les droits qui nous sont dus, et mettrait les charges de la société à ceux à qui elles incombent.

C'est à l'aide de la politique que tous les ambitieux, sans distinction de parti, ont intérêt à faire pénétrer partout chez le peuple, jusque dans la plus humble chaumière, la haine, la jalousie et la vengeance qui détruit les plus nobles prérogatives de l'homme, et qui crée des antagonismes à l'aide desquels on nous gouverne comme on veut.

Consultons nos intérêts, nos droits, suivons les inspirations de notre raison, c'est par ces principes que nous pourrons nous reprendre et échapper à l'esclavage qui devient de plus en plus intolérable.

Je vous en conjure, mes amis, ayez souci de votre dignité qui vous défend de vous abaisser servilement devant les politiciens, n'aliénez pas cette précieuse liberté qui vous fait les égaux de tous ces aristocrates du mercantilisme, qui voudraient vous ravaler au rang des serfs du moyen-âge, en faisant de vous de simples machines à déposer un bulletin dans l'urne.

La question sociale est partout, aussi bien à la campagne qu'à la ville; elle est sous la blouse de l'ouvrier qui meurt de faim; elle est chez le cultivateur honnête et laborieux qui s'en va la nuit, armé d'un fusil, par la rigueur des saisons, s'exposer à une grosse maladie, ainsi qu'à un procès. Elle est sur les bancs de la correctionnelle, où le paysan est conduit pour délit de chasse. Elle est dans les prisons, où la plupart de vous expient le crime d'avoir tué un lièvre. Elle est au logis vide de son chef pour la peine d'avoir voulu assurer honnêtement l'existence des siens, et où il laisse une femme et des enfants sans ressources qui le rendront la proie des oisifs.

Elle est dans le luxe exagéré des uns, prélevé sur la misère outrée des autres; elle est dans notre dignité froissée qui nous laisse voir ce parallélisme, lugubre : le paupérisme et le parasitisme en face l'un de l'autre, prêts à en venir aux mains, et cet antagonisme durera tant que les uns crèveront de faim et que les autres se vautreront dans les délices effrénés, tant que l'inégalité, l'injustice, les privilèges surannés régneront en souverains maîtres.

La question sociale, qu'est-ce que c'est donc que cette histoire ?

C'est la protestation vivante contre l'exploitation du travail par le capital aveugle, sans patrie, sans foi, sans morale ni famille.

Le socialisme est partout où l'homme ignore, où la femme se vend pour un morceau de pain, où l'enfant souffre faute d'un foyer qui le réchauffe. Le socialisme frappe et dit : ouvrez-moi, je viens pour vous; gare à ceux qui veulent m'empêcher de passer pour consoler ceux qui pleurent.

La douleur morale et physique due à l'oppression a des limites. Alors, la douleur devient convulsion et la compression devient révolte. Et si l'effort du labeur est résolue par l'effort de la colère, oh! alors, c'est horrible ; ces hommes qui sont las de souffrir deviennent des monstres qu'il faut massacrer pour assurer l'ordre public; s'ils commettent une faute la plus légère, elle leur est tenue à crime, et pour le peuple tout crime compte double. Les crimes des supérieurs, les proscriptions sanglantes des réactions, ce sont des actes de raison d'Etat.

Mais un jour viendra, qui est peut-être proche, où tous ces préjugés tomberont devant les iniquités sociales; ce jour là sera l'avènement du socialisme, et la vieille société aura vécu.

E. CHAMOIN.

LA LIBRE-PENSÉE

Pensons donc !

La libre-pensée, semblable à l'aurore chassant les ténèbres de la nuit, est cette aspiration de l'âme entraînant tout homme ayant conscience de lui-même, à s'affranchir des préjugés qui enchaînent sa raison.

Elle est le libre arbitre de l'humanité, le dogme de l'avenir, c'est-à-dire la *science* grandissant toujours ! Mise à la portée de tous ! Vulgarisée ! et renversant toutes les fausses idoles et les fausses croyances pour faire place à la vérité !... Laquelle, *en éclairant et instruisant les masses pour en faire des hommes conscients de leur dignité et de leurs droits*, peut seule amener la fusion des peuples, la fin des guerres et la solidarité de tous les membres de la grande famille humaine : LA JUSTICE!

En attendant que le temps et la lumière ait accompli cette œuvre, il appartient à tout libre-penseur, quel qu'il soit, de s'affirmer hautement par l'exemple et la parole comme pionnier du progrès, tout en respectant la manière de voir de ceux que *l'évidence* n'a encore pu convaincre. Car il faut des siècles de persévérance pour arracher brin à brin les abus et les erreurs que les siècles ont semés. C'est pourquoi les religions, même les plus mauvaises, sont si lentes à mourir.

Aussi, que l'on croie au Grand-Lama, à Brahma, à Vichnou, à Moïse, aux dieux de l'Olympe, à Jésus, à Mahomet, au grand Architecte de l'Univers ou au « Dieu des bonnes gens »... Qu'on soit catholique, apostolique, romain, grec, protestant ou... mormon, etc., nous devons avoir le même respect pour n'importe quelle croyance, quand elle est *sincère* — mais non un calcul — la foi est une névrose de l'entendement humain. On en peut guérir. Elle ne se discute pas.

Ceci dit et bien entendu, comme aujourd'hui les incrédules et les hérétiques n'ont plus à craindre, sous nos latitudes, d'être conduits au bûcher couverts du masque d'ignominie pour y être brûlés vifs, chacun d'eux peut donc, *sans le moindre héroïsme*, exprimer librement sa façon de penser. Or, pour mon compte, et j'ai ceci de commun avec bien d'autres, n'ayant jamais eu la faveur de pouvoir contempler aucune divinité réelle « et immortelle » dont l'existence soit évidente et prouvée, ni dont l'invocation ait produit, à l'appel de qui que ce soit, le moindre résultat immédiat et tangible constatant sa toute-puissance et sa justice inéluctable, j'avoue humblement, mais très franchement, que je suis athée.

La seule divinité que je connaisse — tangible pour tous ! celle-ci — c'est une bonne mère !... Celle qui souffre tant pour nous donner le jour, qui nous allaite de son sein et nous nourrit de sa substance. Autant je comprends qu'on l'adore, celle-là, qu'on l'aime et la prie ! et qu'on fasse de l'amour filial et de la reconnaissance la base d'une morale saine et progressive émanant de la conscience humaine même; autant je trouve absurde, sinon perfide, de fausser l'entendement d'un enfant et pervertir son jeune cœur en l'incitant à aimer, de préférence à sa mère qui le comble de soins et de tendresses, une chose invisible: « le bon Dieu ! » qu'on n'a jamais vu, qu'il ne verra jamais ! et dont il n'a rien à attendre : ou bien à prier des images dont l'adoration insensée ne peut que le rendre idiot, halluciné... ou fourbe !

Car malgré les légendes, le lyrisme et les épopées des poëtes, malgré l'*apocalypse* même, et les dissertations inextricables et à perte de vue de tous les théologiens — qui en définitive ne peuvent rien que le degré auquel peut atteindre le délire humain — Dieu, pour tout homme sincère et exempt de préjugé, n'est en réalité qu'un mot, une entité d'école et de convention dont on a que trop abusé: et enfin, comme dit Luther, « un tableau vide qui n'a d'autre inscription que celle qu'on y met soi-même. »

Donc — et il faut bien nous pénétrer de ceci, nous les serfs du travail de la glèbe et de l'usine, encore si profondément imbus de fausses croyances et de préjugés — bien loin que ce soit Dieu qui ait créé l'homme, c'est tout simplement l'homme qui a *inventé* Dieu — ainsi que la vie future — comme un moyen commode, et d'ailleurs fort bien réussi, pour subjuguer ses semblables et les exploiter plus facilement en les leurrant, afin de faire du pauvre un esclave *docile !*

La preuve la plus évidente qu'il en est ainsi, c'est cette multiplicité d'idoles, de divinités et de religions si différentes, si disparates et toutes aussi absurdes dans leurs pratiques que menteuses dans leur essence, qui sont sorties de son cerveau enfiévré de cupidité et qui toutes ont un seul idéalisme: l'abandon de la justice et la confiscation de la liberté! Or l'on en compte aujourd'hui plus de mille sur la surface du globe, et, sous le fallacieux prétexte « qu'il serait plus facile de bâtir une ville en l'air que de fonder une société sans religion » — bien qu'elles ne servent qu'à fourvoyer l'humanité — chaque pontife, bien entendu, vante son ours, et préconise et impose la sienne.

Toutes ces religions abrutissantes, intolérantes et arbitraires, en engendrant ainsi autant de rivalités, de divisions et de guerres intestines, ont conséquemment enfanté autant de fanatismes opposés, et sont devenues ainsi, tour à tour, autant d'instruments perfides au service de l'orgueil et de l'ambition des dominateurs de tous les âges, de tous les lieux et de tous les temps. Ce qui a fait dire si justement à Proudhon: « Dieu est le mal. »

En effet, ce nom a toujours été le fléau de l'espèce humaine, l'aliment de la haine et de l'ignorance, l'entrave à tout progrès ; et, ainsi que l'atteste l'histoire, la plupart des chefs de toutes les religions s'en sont toujours servi, comme d'un *bouclier*, pour commettre impunément, au nom de leurs dieux, les plus grands crimes. Et cela dans le seul but de créer et de soutenir des *privilèges* au profit de ceux qui arrivent au pouvoir et détiennent la fortune.

En parlant seulement de l'ère chrétienne: de Jésus — l'apôtre de paix et d'amour — combien de sang n'a-t-on pas répandu en son nom?... Combien de juifs, d'hérétiques, albigeois, vaudois, etc., et de penseurs de toutes écoles, n'a-t-on pas spoliés, ruinés et massacrés au nom de la croix?... C'est par *millions!* que se chiffre le nombre de victimes immolées, sans distinction d'âge ni de sexe, dans les quatre parties du monde ; c'est sur des monceaux de cadavres que le Christianisme — ce soi-disant dogme de mansuétude et du renoncement — s'édifie au moyen-âge; c'est par les cruautés, les supplices et les tortures les plus raffinés de l'Inquisition ; par les bûchers allumés partout ; par les tueries des croisades, des dragonnades, etc., qu'il s'impose plus tard aux populations affolées comme le martyrologe des peuples, et, ce qui est le pire, comme la NUIT! de l'humanité...

(A suivre).   L. B.

COMMUNICATIONS

Au camarade L. M., en réponse à son article paru dans la *Revue Sociale* du 15 novembre 1891:

C'est avec peine que je te vois emboîter le pas à un article de polémique qui ne peut que nuire à la prospérité de notre chambre syndicale.

Sans intention de te critiquer, je dois dire ce que je pense.

Chaque fois que j'ai eu l'occasion de lire un de tes articles, j'y ai rencontré des attaques contre les personnalités de notre association. Certes, ce n'est pas que je demande à conserver les administrateurs qui ont failli à leur devoir (s'il y en a), mais ce que je voudrais voir, citoyen M., c'est que tu remplaces les vengeances personnelles par des questions de principes, car tu n'ignores pas qu'en calomniant l'institution et les membres de la chambre syndicale, tu contribue à retarder le mouvement de notre émancipation. Quand bien même les délégués du P.-L.-M. se seraient tous rendus au congrès, le syndicat par Cie n'y aurait rencontré qu'une faible minorité.

Tu nous dis qu'au mois d'avril dernier vous avez constaté avec peine un gâchis énorme dans l'administration de ce syndicat? Je te crois sans hésitation, mais ce que je n'admets pas, c'est qu'après avoir constaté une mauvaise institution, vous ne l'avez pas changée ainsi que l'a fait le dernier congrès.

Je suis bien de ton avis: la dernière grève a été malheureuse et dirigée maladroitement, mais ce qui est inadmissible, au nom de la discipline syndicale, c'est que, mis en minorité par le congrès, vous ayiez persisté à faire votre syndicat par compagnie.

Tu nous fais savoir aussi que votre syndicat va fonctionner ; tu conviendras qu'il y a là un entêtement fâcheux, lequel peut porter préjudice au syndicat général, attendu que vous rencontrez des hostilités chez vos meilleurs défenseurs, les plus capables et les mieux écoutés, lesquels, devant la décision du congrès n'ont pas hésité à se rallier au syndicat général.

UN ESCLAVE DU BAGNE.

GROUPE SOCIALISTE DE TONNERRE. — Réunion tous les samedis, à 7 heures du soir, salle Thumereau. La prochaine réunion aura lieu le 5 décembre prochain, sans autre avis.

Réunion de tous les abonnés de la *Revue Sociale* habitant le Tonnerrois, tous les deuxièmes dimanches de chaque mois, à une heure du soir, salle Thumereau, à Tonnerre. La première réunion est fixée au 13 décembre.

SOUSCRIPTION PERMANENTE

Pour la propagande socialiste dans la Région

Report de la liste précédente, 202 fr. 15. Excédant écot chez Millerand, 1 fr.; Gaudissant, 0 fr. 50; de Lamarche, 1 fr. 15; de Brienon, 0 fr. 40; du Creusot, 0 fr. 20; Th. 3 fr.; Chenier, 0 fr. 20. Total, 208 fr. 60.

PETITE CORRESPONDANCE

Reçu de Saint-Usage, 0 fr. 50 ; Grille de fer, 10 fr.; de Sainte-Savine, 2 fr. ; de Lons-le-Saulnier, 3 fr.; de Courtaoult, 1 fr. ; de Chagny, 11 fr.; de Blanzy, 13 fr. 85 ; Dufloo, 1 fr. 05 ; Gaudissant, 0 fr. 50; C., à Bonnencontre, 2 fr. 10 ; M. et B , à Paris, 1 fr.; de Brienon, 3 fr. 20 ; d'Arnay-le-Duc, 8 fr. 75 ; de Chauffailles, 4 fr. ; du Creusot, 10 fr. 60; de Dijon, 66 fr. 25; H., à Tonnerre, 1 fr. ; de Tonnerre, 20 fr. 15.

Chauffailles. — Reçu votre article trop tard; beaucoup de camarades nous adressent des pièces de vers; notre journal ne suffirait pas à les publier. — Envoyez-nous des faits locaux. — Votre trimestre finit le 1er février.

J. M., à Lons-le-Saulnier. — Malgré notre bonne volonté, nous renonçons à vous lire, tout notre temps y passerait, voyez l'article 14 des statuts.

Dumay, à Paris. — Impossible de nous procurer la circulaire en question.

L. D., à Montceau. — Combien faut-il vous envoyer de numéros pour votre cercle?

X., à Lamarche. — Je vais m'informer.

Le Gérant, V. MILLERAND.

Dijon. — Imp. Carré, rue Amiral-Roussin, 40.

2ᵉ année — Nᵒ 23   10 centimes   16 au 31 Décembre 1891

LA REVUE SOCIALE

ORGANE BI-MENSUEL

De la Fédération des Travailleurs Socialistes de l'Est

PARAISSANT A DIJON

ADMINISTRATION

Adresser toutes communications et mandats à l'Administrateur délégué, rue de la Mégisserie, 20, **DIJON.**

De chacun selon ses forces

A chacun selon ses besoins

ABONNEMENT

Un an, **2 fr.** — 6 mois, **1 fr.** — 3 mois, **50 cent.**

PERMANENCE tous les jours, au siège social de la Fédération, rue de la Mégisserie, 20, **DIJON.**

SOMMAIRE :

2ᵉ congrès régional . . . . La Cᵐⁱˢˢᵉ FÉDÉRALE.
Le patriotisme des grandes compagnies B. MALON.
Les paysans bretons et le socialisme . C. BRUNELLIÈRE.
Bulletin de quinzaine . . . . C. N.
Le Deux-Décembre à Dijon (suite) . . . G. LEFRANÇAIS.
Bulletin international . . . . SPARTACUS.
Mouvement socialiste dans la région . O. Z.
La Libre-Pensée . . . . L. B.
Communications, petite correspondance, etc.

2ᵉ CONGRÈS RÉGIONAL

Nous avons déjà reçu l'adhésion de plusieurs syndicats ouvriers de la région, sans compter les groupes socialistes adhérents à la Fédération.

Nous rappelons à nos amis que le Congrès s'ouvrira à Montceau-les-Mines le 25 décembre, à 9 heures du matin; nous prions ceux qui ne pourraient avoir de délégués effectifs, d'envoyer le plus tôt possible leurs mandats en règle.

Toutes les communications pendant le Congrès devront être adressées : *Congrès Ouvrier, salle Guillemet, à Montceau-les-Mines.*

Le Patriotisme des Grandes Compagnies

Tout le monde se souvient, que lors de la dernière grève des employés des chemins de fer français, les organes bourgeois accusèrent ceux-ci de compromettre la défense nationale ; un peu plus, on parlait de haute trahison.

Les lignes suivantes montreront combien nos grandes compagnies de chemins de fer font bon marché de la patrie, lorsqu'il s'agit de remplir leurs caisses, au prix de moyens qui n'ont rien de commun avec l'honnêteté la plus élémentaire.

L'origine de l'histoire remonte à la malheureuse guerre de 1870.

Le Conseil d'Etat, en ce moment même (1891) est appelé à se prononcer sur un véritable faux en écriture publique. Il s'agit d'une réclamation de 67 millions des grandes compagnies à l'Etat. Cette note, approuvée par les bureaux du ministère de la Guerre, est fantastique. On y trouve des pièces de ce genre :

Une pièce portant le timbre: « République Française. — 31 août 1870. » mentionne le transport de 4,547 kilogrammes de lard expédiés à Belfort. Comme chacun sait, la République ne fut fondée que le 4 septembre 1870;

Une pièce signée: « Dalas, sous-intendant militaire ». M. Dalas qui fut député, a déclaré que sa signature était fausse;

Une pièce établissant qu'un envoi d'obus, parti de Brest, arrivé à Paris le 2 octobre 1870, a été camionné à Brest de l'arsenal à la gare. Or, la gare est reliée à l'arsenal par un tronçon de voie ferrée, et d'ailleurs, Paris était investi bien avant le 2 octobre ;

Une pièce, sans signature, de la compagnie de l'Est, aux termes de laquelle des vivres auraient été expédiés de Chantilly à Haguenau, et Chantilly n'a jamais eu de service de vivres.

Du reste, presque tous ces transports avaient lieu par « vitesse accélérée », suivant l'indication que portent la plupart des pièces, et cette *vitesse accélérée*, qui impliquait des tarifs plus élevés, donnait des résultats comme ceux-ci :

358 tonnes de houille sont expédiées le 13 et le 15 février 1871, de Saint-Nazaire à Paris : la quittance d'octroi établit qu'elles sont arrivées le 6 et le 7 *mars*, dans la période qui s'est écoulée entre la guerre étrangère et la guerre civile. Le chemin de fer n'applique pas moins le tarif de grande vitesse et réclame 196 francs par tonne, la tonne valant au plus 30 francs.

Un wagon de sable de 8.180 kilog. est expédié, pour la guerre, de Calais à Poissy, le 12 mai 1871 ; le wagon met sept jours pleins à faire le voyage. Il n'en est pas moins taxé au prix de la vitesse accélérée; le prix de transport est de 719 fr. 85, soit 90 francs environ par tonne, la tonne valant de 6 à 7 francs.

On expédie des fusils de Nevers à Clamecy; il y a 27 kilomètres de chemin de fer et 52 de charroi. La compagnie compte 367 kilomètres et réclame 286 fr. 65 c. pour 3,318 kilog. de charge.

9,100 kilogrammes de cartouches sont expédiés de la Rochelle à Angers pour accompagner 2,200 hommes.

D'après les documents, les hommes seraient partis de la Rochelle le 21 janvier 1871 et arrivés à Angers le 21 juillet, *six mois après!* Ils allaient pourtant aussi vite que les cartouches, qui, parties le 27 janvier 1871, ne sont arrivées que le 28 *juillet 1877*. Mettons que le chiffre de 1877 soit une erreur, au lieu de 1871; voilà encore un voyage de 6 mois. La compagnie cependant trouve tout naturel d'indiquer sur ses pièces : « *Vitesse accélérée.* »

Ce ne sont là que quelques échantillons de l'honnêteté administrative des compagnies, telle qu'elle a été caractérisée à la Chambre, par Camille Pelletan notamment.

Benoît MALON.

Les Paysans Bretons et le Socialisme

Nous recevons du citoyen Ch. Brunellière, conseiller municipal socialiste de Nantes, une intéressante communication sur les progrès du socialisme en Bretagne. Nous en extrayons les lignes suivantes :

Les vignerons des environs de Nantes viennent de décider, sur l'initiative du parti socialiste, la fondation d'un syndicat pour défendre leurs intérêts et leurs droits contre les gros propriétaires.

Le syndicat comprend dès maintenant 250 membres, répartis dans 6 communes, et le mouvement tend à se répandre dans tout le vignoble nantais, c'est-à-dire dans la vallée de la Sèvre et ses affluents, la Maine et la Sanguise.

Aujourd'hui nos vignerons ne craignant pas de lire les journaux socialistes, et ils défendent nos idées d'émancipation contre les propriétaires et les régisseurs, qui leur font une guerre acharnée.

Ce qui a déterminé nos paysans à marcher avec les socialistes, c'est le fait suivant :

Les vignes sont ou franches ou à comptant, les vignes franches appartiennent aux propriétaires qui les font cultiver à raison de 5 fr. 50 à 6 fr. l'hommée, (il y a 20 hommées à l'hectare).

Les vignes à comptant appartiennent à la fois aux propriétaires et aux vignerons ; les propriétaires possèdent la terre et les vignerons les ceps de vigne.

L'origine des terres à comptant remonte à plusieurs siècles ; elles ont été plantées sur des terres féodales et sur des terres communales.

Les propriétaires paient l'impôt foncier, les vignerons ou colons ont l'entretien et la fumure à leur charge.

A la récolte, les colons gardent les trois quarts de la vendange, et portent le quatrième quart aux pressoirs des propriétaires ; ceux-ci ont seuls le droit de chasse.

Les choses ont marché tant bien que mal jusqu'à l'invasion du mildew et du phylloxéra : depuis que les vignes ne rapportent presque plus rien, par suite de ces deux fléaux, les propriétaires émettent la prétention de forcer les colons à déraciner leurs souches et à débarrasser leurs terres dont ils veulent faire des métairies ou des bois.

Les colons répondent avec raison qu'ils ont changé des landes en terres labourables, et qu'ils ont droit à la moitié des terres si l'on arrache les vignes.

De là des conflits et des discussions. Le parti socialiste a conseillé aux paysans de se réunir en syndicat pour défendre leurs droits ; ils ont parfaitement compris que c'est le seul moyen de résister à l'expropriation dont ils étaient menacés.

Plusieurs réunions publiques ont eu lieu ; les cléricaux et les opportunistes ont essayé en vain de les troubler. Les plus déterminés des colons se sont groupés, et à la moindre tentative des propriétaires pour les dépouiller, le vignoble nantais tout entier se lèvera comme un seul homme à la voix du syndicat pour opposer une résistance des plus énergiques.

Ch. BRUNELLIÈRE.

BULLETIN DE QUINZAINE

Pendant que le sultan Carnot et l'un de ses vizirs, inauguraient le chemin de fer électoral d'Épinal aux Laumes ; que les Spuller, les Bargy et les Magnin sablaient le champagne, se congratulaient à qui mieux mieux, célébrant les vertus de la République bourgeoise ; que les populations imbéciles de l'Auxois se pâmaient d'aise devant Cosmétique 1er, une nouvelle terrible nous arrivait de Saint-Étienne..... Soixante-six mineurs avaient trouvé la mort au fonds du puits de la Manufacture !

Une fois de plus, le dieu Capital dévorait de nouvelles victimes.

Chose curieuse, la presse bourgeoise en convenait : il n'était plus question de l'imprudence d'un mineur allumant sa pipe, mais bien de l'incurie de la compagnie des mines : le ventilateur ne fonctionnait pas ! Naturellement, aucune poursuite n'est engagée, et le Parlement a dû voter 200,000 francs pour venir en aide aux familles des victimes.

Morale : les actionnaires empochent les dividendes, et les contribuables paient leurs assassinats.

.·.

Le citoyen Lafargue a déposé le 8 décembre une proposition d'amnistie sur le bureau de la Chambre ; cette proposition était signée également de Dumay, Ferroul, Baudin, etc. Toute la meute bourgeoise a hurlé de colère en entendant développer les motifs de cette mesure d'apaisement ; une centaine de républicains seulement ont voté pour ; les autres, la haine de classe au cœur, l'ont repoussée dédaigneusement.

.·.

Les vieux birbes du Luxembourg ont voulu se payer une bonne journée parlementaire ; le pasteur Dide a interpellé sur le péril clérical et la levée de crosses des évêques conduit par le général Soulard. Freycinet a promis qu'on appliquerait la loi et tout le monde s'est déclaré content.

A la Chambre, même comédie. Le gouvernement a promis beaucoup de choses qu'il ne tiendra pas, bien entendu ; les Ricard (de Beaune) auront toujours l'air d'avoir fait un peu d'opposition, ce qui les posera bien devant les électeurs.

C. N.

LE DEUX DÉCEMBRE
A DIJON

(Suite)

Dans la discussion que nous avions engagée sur les conséquences probables du rejet, plusieurs des citoyens avec qui je m'étais rencontré chez mon directeur d'assurances s'étaient carrément engagés à user de leur notoriété et de leur influence dans la ville pour s'opposer par tous les moyens possibles à cette tentative... si elle se produisait.

Malgré l'expérience que j'avais faite peu de mois avant, j'eus la naïveté de croire un instant à ces mâles déclarations.

Nous convînmes avec le *Grand Nantais* que, malgré l'heure avancée de la nuit, je retournerais chez chacun de mes gens, tandis que de son côté il irait se concerter avec ceux des ouvriers de la ville qu'il connaissait et sur l'énergie desquels il croyait pouvoir compter.

Je repartis donc chez mon ami l'assureur qui demeurait hors ville et chez qui l'on pouvait se réunir sans crainte d'être trop dérangé.

Fort surpris de mon retour chez lui à pareille heure, il fut vite mis au courant de ce qui arrivait. Mon homme s'exclama tout d'abord contre le traître qui... le misérable que... l'homme sans foi ni loi qui trahissait le plus solennel des serments..., etc. Il me promit son appui *moral* dans tout ce que nous tenterions, mais me recommanda surtout de ne pas le venir voir trop souvent, de crainte d'éveiller les soupçons, la plus grande prudence lui étant imposée par sa position très délicate... les graves intérêts dont il était chargé... qui lui interdisaient toute action qui pût le compromettre ouvertement!

Espérant être plus heureux, je me rendis chez un autre, ex-procureur de la République, que quelques tirades libérales avait rendu suspect et qu'on avait pour cela même contraint peu de mois avant à donner sa démission.

Cet ex-magistrat bondit d'indignation dès que je lui eus appris la nouvelle. Mais aussitôt que je lui parlai d'organiser une résistance efficace : « Gardez-vous en bien! — me répond-il, — nous ne devons agir que par la légalité et laisser à l'usurpateur le terrain insurrectionnel qu'il vient de prendre. Son attentat viole toutes les lois divines et humaines : il ne peut réussir. Soyez sûr qu'en restant fermes sur le terrain légal, nous aurons la France entière avec nous, et qu'avant peu le misérable recevra le châtiment dû à son crime... » Je m'enfuis à toutes jambes, le laissant achever seul son grotesque réquisitoire.

J'arrive ensuite chez un avocat, posant comme fouriériste, et que j'avais connu à Paris, après février, dans les clubs, où il émettait alors sur les hommes du Provisoire des opinions très clairvoyantes.

Même indignation que chez les précédents. Mais, à son tour, lui aussi me démontre qu'il est inutile de prendre aucune mesure ni d'employer la force pour combattre le coup d'Etat.

« Cet homme et ses complices sont pis encore que des bandits : ils sont ridicules ; la France leur rira au nez et ils n'auront plus qu'à se cacher pour échapper aux huées dont ils vont être assaillis. »

J'essaie d'entraîner alors le fils de ce sceptique de circonstance. C'est un grand garçon de dix-huit ans, bien bâti, jouant le républicain avec ses camarades les étudiants en droit. Il se prépare au *bachot*, et je lui donne des leçons d'arithmétique et de géométrie élémentaire.

Il semble d'abord assez disposé à se joindre à ceux qui voudraient agir.

Mais survient la mère, vieille dévote et à laquelle appartient la fortune de la famille. — Elle fait appel d'abord au respect dû à ses cheveux blancs et finit par menacer son cher « Albéric » de le déshériter, s'il va se joindre aux *brigands* qui ne veulent que le pillage et l'incendie. — C'est-à-dire à ceux qui veulent défendre la République.

Les « cheveux blancs » n'avaient pas fait grand effet sur le jeune homme, habitué de longue date à cet argument maternel. — Mais, devant la menace d'être déshérité, le futur Troplong, songeant en somme que l'Empire en veut plus à sa dignité qu'aux écus de sa mère, se jette en pleurant au cou de celle-ci, sur le bonnet de nuit de laquelle il jure de respecter l' « Ordre ».

Voulant savoir à quoi m'en tenir sur le républicanisme des *rouges* de Dijon, je me rends enfin chez un des plus importants commerçants de la ville, reconnu comme le *chef* de la démocratie de la Côte-d'Or depuis la mort du représentant *James Demontry*, mort à Cologne peu de temps après la ridicule échauffourée du 13 juin 1849, provoquée par Ledru-Rollin et ses amis, à propos de l'expédition romaine.

C'était le 3 au matin. Les magasins venaient de s'ouvrir et la nouvelle était alors connue de tous. — Je trouve mon homme entouré de quelques fidèles, — en très petit nombre d'ailleurs. Il est exaspéré, mais c'est contre « ces sacrés Parisiens, ces lâches de Parisiens qui n'ont pas encore jeté le Président par terre ; qui n'envoient pas d'ordres, pas de signal ; de sorte qu'il ne sait que faire! »

J'interviens ; je lui rappelle, ainsi qu'à ses amis présents, leurs déclamations répétées autrefois contre « les prétentions » de ces « sacrés » Parisiens. Et je lui dis qu'il n'y a pas de temps à perdre. Que le Préfet et toutes les autorités étant dans le complot, la seule chose à faire est d'aller les enlever de suite ; qu'il faut se tenir prêt aussi à intercepter toutes les communications officielles envoyées de Paris et appeler la Garde Nationale sous les armes.

Il tourne vers moi ses yeux effarés : « Mais puisque je vous dis que nous n'avons pas d'ordres !... attendons les ordres de Paris. »

Je n'en puis rien tirer d'autre.

Heureusement le *Grand Nantais* a été plus heureux.

Les quelques associations ouvrières de la ville ayant refusé d'en prendre l'initiative par crainte, elles aussi, de se compromettre, — ses camarades et lui avaient convoqué les ouvriers qu'ils connaissaient et sont convenus d'organiser une démonstration dirigée contre la Préfecture, et, si elle réussit, de constituer une sorte de Comité révolutionnaire ouvrier qui tentera d'appuyer et surtout de relier les efforts qu'on attend de Lyon, de Saint-Etienne et de Mâcon, avec ceux du centre. Déjà le bruit circule qu'à Poligny (Jura) et à Clamecy (Nièvre), les autorités sont bloquées par la population soulevée.

A la nuit tombante donc, le 3 Décembre, nous nous mettons en marche, en tête d'une colonne d'environ 300 ouvriers, aux cris de « Vive la République ! à bas la Dictature! à bas le Préfet ! » Le *Grand Nantais*, le citoyen *Racine*, sculpteur ornementiste, envoyé, lui aussi, en surveillance à Dijon, et moi, nous descendons, suivis de la colonne, la rue de la *Liberté*. Arrivés à la rue des *Godrans*, nous sommes arrêtés par le Commissaire central, un sieur *Moutardier* (nom bizarre et de circonstance à Dijon), qui, accompagné de ses argousins et de quelques soldats à demi-ivres, nous somme de nous disperser. A peine lui répondons-nous qu'il n'y a plus d'autorités, en présence du coup d'Etat, et nous passons outre, sans essuyer d'ailleurs la moindre résistance.

Mais ce temps d'arrêt avait suffi. Il s'était produit précisément devant le magasin de nouveautés tenu par le fameux chef des *Rouges*, qui, furieux de la scène que je lui avais faite le matin, s'était empressé, ainsi que quelques-uns de ses hommes, d'aller insinuer aux manifestants, dont nous étions généralement peu connus, que nous étions envoyés comme agents provocateurs pour leur tendre un piège.

Il n'en fallut pas plus pour opérer une complète débandade, et, quelques minutes après, ne nous étant point encore aperçus de ce qui se passait, nous arrivions à peine une poignée devant la Préfecture, où, sans armes comme nous l'étions, il ne fut pas difficile de nous disperser, non p our tant sans que quelques horions eussent été échangés.

Le lendemain, nos farouches républicains de la veille, tous plus ou moins candidats à quelque fonction publique, et par cela même tout d'abord désignés aux rancunes prévoyantes des titulaires, se firent assez sottement coffrer en bloc dans une imprimerie, où ils s'étaient rendus ostensiblement pour rédiger, disaient-ils tout haut, un manifeste contre la violation de la Constitution.

Sans doute, comptant toujours que Paris suffirait à renverser Bonaparte, ils s'étaient fait cet ingénieux raisonnement : Ou Paris triomphe et la population dijonnaise nous délivrant bientôt, nous entrerons en possession des places qu'occupent les souteneurs du coup d'Etat, ou c'est Bonaparto qui a le dessus et, arrêtés préventivement, sans qu'aucun acte puisse nous être opposé juridiquement, on est obligé de nous relaxer. De toute façon, nous nous en tirons indemnes.

Les malheureux avaient compté sans les commissions mixtes : ils furent, quelques-uns, déportés en Afrique ; le plus grand nombre expulsés.

Là se bornèrent, dans le département de la Côte-d'Or, où ils tenaient en quelque sorte la situation, là se bornèrent l'énergie et l'héroïsme des bourgeois républicains de Dijon.

A *Nuits*, soulement, un ouvrier tua d'un coup de pistolet le commissaire de police Marey-Monge. Ce fut le seul acte énergique qui se produisit dans tout le département.

Ce qui n'empêcha pas ces braves bourgeois de se plaindre en prison, où nous les retrouvâmes, de l'inertie des ouvriers en général et de ceux de Paris en particulier : la fameuse légende commençait.

La vérité est qu'à Dijon, comme à Paris et comme partout, tout en maugréant contre le *tyran* qui se substituait à eux, ils n'étaient point fâchés de voir ainsi s'ajourner indéfiniment l'échéance de 1852, où les élections, dans la pensée de tous, devaient donner le signal de la Révolution sociale.

Leur attitude à tous, sous l'Empire et depuis la défaite de la Commune l'a suffisamment prouvé.

G. LEFRANÇAIS.

BULLETIN INTERNATIONAL
Mouvement socialiste

LES OUVRIERS TYPOGRAPHES EN ALLEMAGNE. — Le mouvement des ouvriers typographes en Allemagne paraît avoir des chances d'aboutir, au moins dans quelques villes : C'est pourquoi on fait tant d'efforts pour venir en aide aux grévistes. On dit même que les patrons, vivement impressionnés de l'étendue du mouvement, seraient déjà disposés à consentir, en partie du moins, aux réclamations des ouvriers.

LE BILL DES 8 HEURES EN AUSTRALIE. — Le Parlement de la Nouvelle-Galles du Sud, une des colonies australiennes, vient d'adopter le projet de loi proposé par les députés socialistes en faveur de la journée normale de travail de huit heures. La journée de huit heures, qui a déjà été votée par la colonie Victoria, sera sous peu acceptée par tous les parlements des autres colonies ; d'ailleurs, elle était appliquée depuis longtemps dans presque toutes les branches industrielles.

LE BARON HIRSCH ET SON PROJET DE COLONISATION. — Nous avons déjà parlé du projet de colonisation formé par le baron Hirsch pour établir les juifs qui sont forcés de quitter la Russie. Dans un interview que le baron a eu dernièrement avec un correspondant du « *Times* » il aurait déclaré avoir acheté, dans la République Argentine, des terrains ayant une étendue de sept millions d'acres environ, pour y établir les juifs expulsés. A la suite de quelques essais faits sur une petite échelle, il se serait persuadé qu'il était assez facile de réveiller chez les juifs l'amour de l'agriculture. On donnera à chaque famille 160 acres (16 hectares environ) de terrain, et pendant une année, on lui fournira le nécessaire à son entretien. Mais la deuxième année, la famille devra se suffire à elle-même, et dès la troisième, elle sera tenue de payer un fermage peu important. On accordera des grandes facilités à ceux qui voudront acheter des terrains, mais pour empêcher toute spéculation, tous les contrats devront être, au préalable, approuvés par la société d'émigration.

A l'heure actuelle, la direction des colonies se trouve entre les mains de quelques Anglais ; peu de juifs font partie de l'administration. On a adopté des mesures sévères pour que le but que la société se propose puisse être complètement réalisé, et pour empêcher les colons de s'adonner au commerce. Chaque colon aura une rude besogne à faire. Ceux qui se montreront paresseux ou qui ne laboureront pas la terre, ainsi qu'il le faut, seront expulsés. Les choses d'un usage ou d'une consommation générale seront vendues aux colons au prix de revient.

On le voit par ces détails, il s'agit tout bonnement d'une spéculation capitaliste, en profitant de la misère des juifs russes pour mieux les exploiter. L'esprit humanitaire ne sert qu'à dissimuler ce qu'il y a d'odieux dans le projet du baron Hirsch. Celui-ci ne reniera jamais sa qualité de capitaliste et d'exploiteur : son passé ne nous permet pas d'en douter un instant. On ne peut pas faire marcher ensemble le capitalisme et les sentiments d'humanité.

SPARTACUS.

MOUVEMENT OUVRIER SOCIALISTE
DANS LA RÉGION

DIJON

Conseil municipal. — Notre dernier article a eu le don d'émouvoir singulièrement quelques conseillers municipaux. Ces messieurs ne peuvent pas concevoir le cas où nous leur rendrions ce qu'ils nous ont fait. Ils ne peuvent se faire à l'idée qu'ils ne sont pas d'une essence supérieure à la nôtre ; pour eux, sans doute, il suffit d'être riche pour avoir de l'esprit. Pauvres vieux ! vous croirez bientôt aussi que l'on peut vous aimer.... pour vous-mêmes.

Eh bien ! si vous êtes aussi sensibles que cela à la critique, vous aurez encore plus d'une fois l'occasion d'exhaler votre impuissante rage, car ce ne sont pas les occasions qui manquent de signaler vos ridicules.

— Dernièrement, le conseiller Foulet a proposé de débaptiser la rue de Lesseps et le quai Eiffel. La majorité du conseil s'est emportée contre la proposition, non à cause de Lesseps, mais pour ne pas déplaire à Bargy, le protecteur d'Eiffel. La proposition a été renvoyée à une commission.

DIJON CORPS D'ARMÉE. — Si Dijon doit un jour être désigné comme chef-lieu de corps d'armée, c'est, selon la logique, parce que l'intérêt de la défense nationale l'exige, et par conséquent, il n'y a pas à se déranger ni à voter de subvention, la chose regardant l'État. Cela tombe sous le sens commun ; mais comme ce dernier n'a aucun rapport avec le conseil municipal, il a bien fallu que la municipalité y aille de son coup de grosse caisse.

Une délégation s'est donc rendue auprès de M. de Freycinet, et s'il faut en croire la presse bourgeoise, c'est l'éloquence de M. Bordet et la belle prestance de M. Pernot qui auraient décidé la petite souris blanche à nous gratifier de la présence de quelques officiers et soldats de plus, à la grande joie des propriétaires d'hôtels meublés, des prostituées et des mastroquets.

Nous voyons bien ce que la morale y perdra, mais nous ne voyons pas quels profits les ouvriers en retireront.

Détail à noter : les frais de délégation se sont élevés à 4,125 francs.

Notre Clodoche. — Le député Amédée Bargy (le même qui vote les fonds secrets sous le nom de Nicolas) vient de se livrer à un nouvel exercice sur la corde raide. Dans le scrutin sur la proposition d'amnistie de Lafargue, M. Bargy n'a pas daigné prendre part au vote.

Seul de nos députés, M. Bizouard-Bert a voté pour.

La Conférence socialo-anarchiste. — Le dimanche 8 décembre, sur la convocation des anarchistes, une conférence contradictoire a eu lieu salle de la Renaissance.

Le citoyen Marpaux a ouvert le feu en démontrant que tout dans la nature n'est qu'association pour la vie, que l'individualité est contraire au rôle de la civilisation, et que, scientifiquement, l'homme n'était pas libre, mais soumis, au contraire, à l'arbitraire des éléments et des lois naturelles. Il explique que l'homme ne sera vainqueur de la nature qu'autant qu'il aura plus réglé et coordonné ses efforts, et partant, que l'intérêt personnel doit disparaître devant l'intérêt collectif, mais seulement pendant le temps nécessité par le travail collectif.

Il préconise ensuite la tactique socialiste, qui entend se servir de tous les moyens pour arriver à l'émancipation du peuple, et qui veut former une armée compacte pour monter à l'assaut de la forteresse bourgeoise.

Le compagnon Tortelier, de Paris, dénie que les atômes ne puissent se développer individuellement, et dit que les anarchistes attendent tout des libres affinités des êtres humains; il déclare qu'il faut abolir toute autorité, même dans sa plus petite manifestation, même dans les emplois de syndicats. Il préconise l'action individuelle comme moyen de tactique, et fait la critique du régime parlementaire.

Le citoyen Charlot réplique qu'il faut une organisation solide [pour préparer la grève générale, d'où sortira la Révolution, il cite quelques exemples de grève, et dit qu'il ne faut pas dédaigner la propagande par l'élection, car c'est seulement en période électorale que le peuple s'émeut et écoute les théories qui se déroulent dans les réunions publiques. Il dit également qu'un conseil municipal socialiste peut améliorer dans une certaine mesure le sort de la classe ouvrière, et que ce n'est pas à dédaigner.

Le compagnon Tortelier nie l'efficacité des réformes préconisées.

Les citoyens Marpaux et Petit ajoutent quelques mots, et le citoyen Thiolain termine la séance par un discours sur l'émancipation de la femme.

Il l'invite à entrer dans les syndicats ouvriers et dans les groupes d'études sociales, afin de préparer son émancipation définitive.

Tout s'est passé dans le calme le plus complet; mais ce qui prouve que Charlot avait raison, c'est qu'il n'y avait là que 250 personnes au plus, toutes convaincues évidemment avant cette sorte de tournoi oratoire.

Comme dit le *Bourguignon Salé*, c'est bon quand on a rien de mieux à faire.

Syndicat Typographique. — Le Syndicat Typographique vient d'envoyer un secours de 50 francs aux camarades typographes d'Allemagne, qui viennent d'organiser la grève générale de leur corporation.

A propos de vins d'Algérie. — Divers établissements de vins d'Algérie viennent de se monter dans notre ville. La vente s'adresse à la classe ouvrière, en raison des facilités et du bon marché des produits vendus; nous avons donc le droit de nous y intéresser.

Or, parmi les débitants de ces vins, il en est un qui a eu maille à partir avec les ouvriers socialistes, alors qu'il était industriel; en revanche, un autre est de notre parti et lui rend quelques services. Nous ne saurions donc hésiter à recommander instamment les *Caves Algériennes*, 66, rue Monge, à ceux de nos adhérents qui veulent user des avantages que confèrent les vins d'Algérie. Nous ajouterons que nous avons fait rigoureusement analyser les vins de Mascara livrés par notre camarade et que c'est le résultat seul de cette analyse qui nous détermine à les recommander, de préférence à ceux des marchands de réclame, dont nous avons quelques raisons de nous méfier.

AUXERRE. — Le mouvement ouvrier ici est dans une bonne voie; le groupe républicain socialiste se consolide de plus en plus; dans peu de temps, nous allons organiser une conférence avec le concours de notre camarade Dumay, et nous ferons tous nos efforts pour qu'elle ait d'heureux résultats pour la cause que nous défendons.

Le groupe espère aussi entreprendre une série de visites dans quelques communes environnant Auxerre, afin d'inviter les travailleurs de la campagne à ne pas rester plus longtemps indifférents au mouvement socialiste; il est du devoir des ouvriers des villes de faire disparaître ces vieux préjugés, laissant supposer qu'il y a antagonisme entre les travailleurs des villes et ceux de la campagne: il faut que nous leur disions qui nous sommes, ce que nous voulons, et lorsqu'ils verront combien la vérité et la justice se trouvent dans le socialisme, ils viendront se joindre à nous et seront prêts à recommencer, s'il le fallait, une seconde Jacquerie.

La Fédération ouvrière de l'Yonne prend, elle aussi, plus d'extension; à chaque assemblée générale, il y a de nouveaux adhérents; ici aussi, le réveil des idées a lieu, et les travailleurs auxerrois ont compris que le groupement ouvrier était véritablement indispensable dans l'état actuel de notre organisation sociale, et qu'à la force capitaliste il y avait lieu d'opposer l'effort commun de tous les travailleurs; aujourd'hui, un grand pas est déjà fait dans cette voie, et avec de la fermeté, de la persévérance, et surtout pas de division, nous pouvons affirmer que les citoyens appartenant à la Fédération ouvrière se féliciteront de leur conduite, car elle est celle d'hommes désirant ardemment le triomphe de la justice et de la fraternité sociales.

Dans une de ses dernières réunions, la Fédération a décidé l'achat du *Socialisme Intégral*, de Benoît Malon, ouvrage intéressant et bien placé dans une bibliothèque ouvrière, et a voté 20 francs pour les mineurs du Nord, ainsi que 20 francs pour venir en aide à un de ses membres les plus dévoués, victime d'un accident; tout cela, camarades, est de la bonne besogne, et vous avez prouvé en agissant ainsi, que la solidarité n'était pas un vain mot; vous comprenez que si nous nous sommes groupés, c'est afin d'être utiles à ceux d'entre nous que le malheur atteint, et que notre devoir est d'être sensibles aux misères de nos frères de travail.

La Fédération ouvrière de l'Yonne sera représentée au 2ᵉ congrès régional de Montceau, c'est une heureuse décision; il n'était pas possible que notre organisation restât indifférente à l'appel qui lui avait été adressé par le comité fédéral, et les questions à l'ordre du jour intéressent trop tous les travailleurs pour que sa place ne soit pas marquée à ces assises du travail.

Les quatre pelés et un tondu qui composent notre conseil municipal viennent, au bout de six mois de discussion, de se donner la main pour insérer une clause dans le cahier des charges de la démolition de l'ancien séminaire; les travailleurs ne gagneront pas moins de 25 centimes de l'heure ?!! au grand regret de l'architecte-voyer Moreau, qui trouvait que ce prix était encore trop élevé; nous voudrions bien savoir si ce Monsieur gagne réellement les 11 francs par jour qui lui sont attribués.

CHAGNY. — **Groupe socialiste.** — Les socialistes composant le groupe de Chagny: Considérant que les questions humanitaires doivent primer toutes les autres; qu'il est du devoir et de l'intérêt des socialistes, de faire cesser l'hypocrisie et la mauvaise foi dont font preuve les dirigeants des nations européennes, en affirmant sans cesse leur soi-disant sincère amour de la paix, tout en continuant à augmenter les armements d'une façon formidable; ce qui, en réalité, est la préparation à la guerre.

Considérant en outre que les armées permanentes dont l'argent nécessaire à leur entretien est pris sur le travail de l'ouvrier, sont surtout constituées pour empêcher les ouvriers d'arriver à améliorer leur situation si précaire ;

Considérant également que la base de toute vraie civilisation consiste à laisser à chaque peuple la liberté de choisir sa nationalité.

Pour tous ces motifs, les socialistes du groupe de Chagny proposent de mettre à l'ordre du jour du Congrès de Montceau-les-Mines le projet ci-dessous, lequel, s'il est adopté, devra être soumis au prochain congrès ouvrier international, afin que les députés socialistes s'engagent à le déposer chacun dans leur parlement respectif :

Article 1. — La guerre est abolie en Europe.

Article 2. — Dans tous les pays annexés depuis 50 ans, les populations indigènes seront consultées sur le choix de leur nationalité.

Article 3. — Lorsque le vote des précédents articles aura été acquis dans tous les parlements européens, ils auront force de loi.

Article 4. — Les parlements d'Europe auront à désigner des délégués à raison de un par million d'habitants, lesquels seront nommés pour trois ans et formeront la commission internationale d'arbitrage.

Article 5. — Cette commission, aussitôt constituée, aura à s'occuper des questions relatives au désarmement général et des mesures à prendre pour assurer la liberté des votes des populations qui y seront appelées.

Tous les différends qui surgiront entre nations seront réglés en dernier ressort par cette commission.

CREUSOT. — Les citoyens du Creusot abonnés à la *Revue Sociale* qui adhèrent à la Fédération de l'Est, sont priés de se réunir le dimanche 20 courant à 2 heures de l'après-midi chez le citoyen Sourdeau, à l'effet de nommer un délégué qui sera chargé de les représenter au Congrès régional de Montceau-les-Mines, le 25 courant.

— Dans une précédente correspondance, je signalais l'arrestation, au Creusot, d'un défroqué de Cîteaux nommé Dussauchoix, pour attentat à la pudeur sur des jeunes enfants du sexe masculin. Nul n'ignore que, malgré sa culpabilité, il était aussitôt remis en liberté ; il est tout naturel que la protection du tout-puissant seigneur et maître Schneider ne lui ait pas fait défaut. Appelé devant le tribunal correctionnel d'Autun, il fut condamné à 4 mois de prison avec application de la loi Béranger. C'est-à-dire que sa peine est suspendue par notre justice boiteuse jusqu'à ce qu'il ait commis une faute bien plus grave. Oh! sainte justice opportune !

— Vu l'approche des élections municipales, le potentat Schneider, empereur du Creusot, fait embaucher dans son bagne industriel, en partie tous ceux qui sollicitent du travail, à condition qu'ils produisent beaucoup en échange d'un maigre salaire. La majeure partie de ceux qui sollicitent de l'embauche sont des cultivateurs qui n'ont pas grand chose à faire chez eux dans cette saison. Arrivés au printemps, ils s'empressent de déguerpir. S'ils désirent être occupés de suite, ils sont obligés de présenter une lettre de recommandation d'un réactionnaire bien connu de sa localité ; celle du curé est aussi bonne.

J. M. S.

TONNERRE. — Conservateur sans le savoir. — Dans son discours à la réunion d'Ancy-le-Franc, M. Rathier a risqué la phrase suivante : « Tous ceux qui me reprochent de ne pas avoir voté la révision de la Constitution sont des *conservateurs* et des *cléricaux* !... »

Étant peut-être le *seul* électeur de l'arrondissement qui ait eu la criminelle audace de reprocher publiquement à M. Rathier de ne pas avoir — selon ses promesses — voté la révision de la Constitution, il s'ensuit que je suis un *conservateur* et un *clérical*. C'est, du moins, ce qui résulte du nouvel *axiôme* patronné désormais par M. Rathier devant toutes les académies opportunistes.

Conservateur... Mais de quoi ?

Est-ce de la misère avec ses tourments sans fin et ses soucis continuels, qui sont le triste et séculaire héritage des déshérités de ce monde ?

Est-ce de nos mœurs corrompues où grouillent l'orgueil, l'égoïsme, la platitude, l'hypocrisie, les plus inavouables passions, et au milieu desquelles fleurissent, même au mois de décembre, les plus criants abus, les plus révoltantes iniquités ?

Est-ce des calomnies imbéciles et lâches qui courent les rues et qui forment les projectiles préférés des flatteurs de la bourgeoisie, pour écraser, si possible, tous ceux qui — se souvenant d'être nés parmi les pauvres — ont conservé dans leur cœur un peu de compassion et d'amour pour leurs frères de misère ?...

Est-ce de nos lois, qui sont la codification des faveurs pour les riches et la consécration de la persécution pour les pauvres ?

Est-ce de notre belle administration gouvernementale, qui n'a de récompenses et d'honneurs que pour la paresse dorée et la corruption brillante, alors que l'honnête et vertueux ouvrier passe sa laborieuse existence en trébuchant constamment dans l'injustice et le mépris des grands ?

Est-ce enfin de notre sacro-saint système propriétaire qui — en donnant les milliards aux oisifs — permet aux *Archedeacons* de faire de la philanthropie électorale, en offrant deux sous de haricots aux vieux travailleurs tonnerrois ?

Eh bien non, vraiment, je ne suis pas conservateur de tout cela ; mais je voudrais bien que les forts en thème de la bourgeoisie me disent ce qui — dans notre admirable société capitaliste — mérite d'être conservé ?

En ce qui concerne le clérical, je n'apprends rien à personne en déclarant que j'ai, depuis longtemps, l'irréductible conviction que les *oremus* des charlatans religieux *ont, à mes yeux*, la même valeur que les promesses électorales des politiciens bourgeois, et que, pour entrer dans la voie réelle du progrès social, les travailleurs conscients sauront écarter aussi bien les endormeurs de la religion que les escamoteurs de la politique.

Si j'ajoute que j'ai également rompu depuis longtemps avec toute espèce de pratique religieuse, je n'aurai peut-être pas perdu mon temps si j'ai pu faire comprendre à M. Rathier qu'il n'y a pas que des *conservateurs* et des *cléricaux* parmi ceux qui pensent que les députés, une fois élus, doivent se souvenir des promesses du candidat.

Ah! quand les travailleurs auront renversé la bourgeoisie inconsciente et accompli les réformes indispensables, et que la société régénérée par la solidarité aura ouvert ses portes au désintéressement et à la *fraternité*, ce jour-là, oui, je serai probablement conservateur ; mais, d'ici là, si je le suis, c'est sans le savoir.

XXX.

LA LIBRE-PENSÉE
(*Suite*)

Et après Voltaire, Diderot, 89 et 93, la troisième République Française paie encore aujourd'hui plus de 40 millions par an pour l'entretien de ce culte d'abâtardissement ; et dispense injustement les ignorantins et les séminaristes du service militaire actif, pour aider à sa propagation.

Il y a un Dieu. Oui!... Mais seulement pour les grands coquins, et ce Dieu est une déesse : *La bêtise humaine !* inséparable compagne de L'IGNORANCE !... Aussi les Tartufes d'aujourd'hui, comme ceux d'hier, ensoutanés ou non, visent-ils sans cesse à perpétuer le plus possible cette dernière dans les masses, par tous les moyens et toutes les manœuvres les plus jésuitiques, y comprise celle du *laïcisme !*... Nouvelle guitare. *clérico-opportuniste* qui n'est autre chose qu'un nouvel éteignoir des mieux perfectionnés, à l'usage de l'enseignement primaire, le seul octroyé à l'enfant de l'ouvrier.

Ils l'ont récemment complété par les manuels « *civiques* » de MM. G. Bruno et Compayré, préconisant, bien entendu, la vieille légende du bon Dieu. Laquelle donnée ainsi en pâture au cerveau du pauvre et étalée, en guise de fricot, sur son pain, doit l'aider à le manger sec en regardant le ciel, et l'empêcher de penser à la tartine bien beurrée du petit bourgeois. Car, dit M. Compayré dans son livre : « Si le bonheur échappe à l'homme de bien, il faut en appeler à l'espoir d'une autre vie et compter sur la justice de Dieu. » Conclusion : l'homme de bien, s'il est pauvre, doit se serrer le ventre et attendre sous l'orme opportuniste la justice !... divine. (?)

Enfin, de tous ces cultes, a découlé LA POLITIQUE ! cette religion suprême *des écus !* Véritable bouteille à l'encre et au sang, celle-ci, ayant également pour base, comme ses congénères, la duplicité, le mensonge et l'hypocrisie, pour asservir le faible et le rançonner à merci, et résumant tout simplement la liberté et la justice par le droit *pour le plus fort !* de faire ce qu'il veut. Celle-là clot la série et est le couronnement de l'œuvre. Deux choses seulement la distinguent des autres. auxquelles d'ailleurs elle s'accouple volontiers : *Ses divinités* — variant suivant les frontières — y sont représentées par le pouvoir et le gendarme ; et *son enfer*, par la police et le bourreau.

Maintenant, quant à la genèse universelle, n'en déplaise aux intéressés qui voudraient annihiler la raison humaine pour en faire l'esclave de leurs caprices et de leurs ambitions, mais il y a déjà bien longtemps que la volonté capricieuse des dieux, créant et détruisant des mondes à leur fantaisie, a été écartée par la science — en attendant qu'elle soit mise au rancart par le bon sens — pour faire place au jeu régulier des propriétés de la matière.

Aussi, contrairement à la genèse erronée et fantaisiste de la Bible et à celle des autres religions, toutes également apocryphes, « *le monde*, dit Büchner, *n'est nullement la réalisation de la pensée d'un créateur unique, quel qu'il soit, mais seulement un enchaînement de faits qu'il nous faut reconnaître tel qu'il est, et non pas tel que notre fantaisie veut se l'imaginer.* » (1)

Or, la science nous démontre que les soleils meurent dans le ciel comme les vulgaires humains sur la terre. Que rien ne résiste à la puissance destructive des siècles. Que tout ce qui naît périt ou du moins se transforme, et que la vie universelle n'est qu'un immense courant de molécules passant incessamment d'une combinaison à une autre.

L'homme se forme, s'anime, se perpétue, languit et meurt ; le brin d'herbe germe, se développe, fructifie, se flétrit et se corrompt. Ainsi commencent et finissent toutes choses. Une même fécondité produira l'insecte d'un jour et l'astre de mille siècles. Une même nécessité décomposera pour jamais et ce ver éphémère et ce soleil passager. Car l'un et l'autre sont également le résultat de la vie universelle, c'est-

à-dire l'œuvre de ces perpétuelles rencontres des atomes qui donnent des aspects à la matière ; révèlent les forces en les constatant ; créent l'individualité dans l'unité ; les proportions dans l'étendue ; l'innombrable dans l'infini, et par la lumière produisent la beauté.

Ces rencontres se nouent et se dénouent sans cesse. De là la vie et la mort. Phénomène qui n'est autre chose que la transformation non interrompue d'une matière primitive, dont la masse et les éléments restent toujours invariables.

Donc, quant à l'homme si vaniteux et orgueilleux de lui, qui croit que la terre tourne, que le soleil brille pour sa seule personne, et que la nature va s'attarder en route pour éterniser son infime individualité, en la ressuscitant plus tard ; quant à nous tous, *sans distinction aucune* : un peu de poussière ou d'humus propre à de nouvelles végétations prévues de loin par la nature, voilà tout ce qui reste de nos organes, de nos amours, de nos désirs, de tout ce qui s'agite et s'exalte en nous... Alors de l'individu il ne reste plus que le *souvenir* — plus ou moins éphémère — de l'exemple qu'il a donné, ou des œuvres qu'il a laissées durant son apparition sur notre petit globe passager.

Vivons donc au jour le jour. Vivons notre temps, sans crainte, comme sans *chimérique espoir* au-delà de cette vie, la seule dont nous soyons sûrs et de laquelle, par conséquent, il serait sage de *savoir* profiter.

Or, dans notre court passage sur la terre, nous avons à peine le temps de nous donner la main, et, plutôt que de nous *unir*, — nous qui sommes le nombre, — et de nous *éclairer* mutuellement pour tâcher d'atteindre ici-bas à la plus grande somme de bien-être possible, matériel, moral et intellectuel, auquel chacun de nous a le même droit en échange de son labeur, nous l'employons bêtement depuis des siècles à nous nuire, à nous déchirer et à nous entre-tuer aveuglément les uns les autres, pour des *mots* mal définis ; pour un *nom* ; ou pour une *loque* clouée au bout d'un bâton, parce qu'elle a telle ou telle couleur et que de pauvres diables comme nous, que nous ne connaissons même pas, parlent une autre langue ; ou... parce que les uns se nourriront de *saucisson*, au lieu de *morue*, le vendredi !... qui précède Pâques.

Et tout cela !... sous l'instigation et *au seul profit* d'éternels imposteurs ambitieux et hypocrites qui, abusant *partout* de la crédulité et de l'ignorance des peuples pour s'emparer de toutes les richesses de la terre, entasser des millions, et vivre somptueusement, sèment partout la division et la guerre ; et ne nous laissent en partage que les horions, l'hôpital et la misère ! avec, il est vrai, l'espérance !!!... d'une vie *future* SIDÉRALE !

Ce séjour des cieux ! promis, comme patrimoine, aux « pauvres d'esprit, » et aux ventres-creux de notre civilisation homicide et hypocrite.

Tas de farceurs !

Voilà assez de siècles comme ça, que vous faites de la terre un lieu de délices pour vous ! et un bagne pour nous ! Il serait bientôt temps, enfin ! de reléguer votre vieille rengaine céleste, à laquelle vous ne croyez point, pas plus qu'à Jupiter, au grenier des accessoires usés et hors service.

A coup sûr, le moindre billet de MILLE ferait bien mieux notre affaire.   L. B.

<hr>

(1) *Force et Matière*, 1 vol. in-8°. C. Reinvald, 15, rue des Saints-Pères, Paris, 1872.

COMMUNICATIONS

A UN DU BAGNE. — Mon camarade de Dijon, que je ne connais pas encore, cherche à faire croire maintenant que, comme dans la fable, c'est le lapin qui a commencé. Tout en ne voulant pas me critiquer, il me reproche mes attaques contre les personnalités de notre association. Il voudra bien toutefois reconnaître que, chaque fois que j'ai cru devoir protester, aussi bien dans ce journal que dans d'autres organes, c'était uniquement pour répondre à des insinuations perfides. Il me reproche en outre de ne pas formuler des questions de principe.

Il me semble cependant que, non seulement les partisans de la décentralisation administrative, et non de la division du personnel comme on s'efforce de le faire croire, ne se sont pas contentés d'en formuler le principe, mais ils ont fait un projet, qui a été discuté, amendé et voté au Congrès de Chagny, par la grande majorité des secrétaires des sections de notre réseau; je crois même, si je ne me trompe, que mon contradicteur anonyme s'y trouvait; et qu'il n'a fait entendre aucune protestation lorsque les délégués de Paris portaient de graves accusations contre Prades.

Ce projet a été imprimé et envoyé à toutes les sections de notre réseau.

C'est lors de son apparition à Paris, que les quatre membres restants du conseil d'administration, lesquels se partageaient à raison de 8 francs par jour les sommes envoyées pour les familles des révoqués, que l'on commença à aboyer contre nous, en nous traitant de vendus à la compagnie. Il était donc de notre devoir et de notre dignité de répondre, c'est ce que nous avons fait en citant des faits que personne n'a encore réfuté.

Pour ce qui me concerne, je n'ai de haine pour personne, mais je ressens un profond mépris pour ceux qui, mieux que tous autres, connaissant la défectuosité de notre organisation, savaient qu'ils couraient à un échec certain, n'ont pas hésité à susciter une grève qui a fait tant de victimes innocentes.

Si nous n'avons rien changé au Congrès d'avril, c'est que nous avons voulu nous montrer indulgents en raison des assurances qui nous ont été données que tout irait mieux à l'avenir; d'ailleurs, l'aveuglement était tellement grand à ce moment qu'il persiste encore même après cette grève néfaste.

Mais si nous n'avons apporté aucun changement, nous avons tout au moins, par notre intervention personnelle, empêché qu'il soit attribué des appointements fixes au secrétaire général, avec lequel ses amis voulaient que l'on passât un engagement de plusieurs années.

Au dernier Congrès, on a bien été obligé de remplacer le chef, puisqu'il s'est sauvé au moment où il fallait rendre les comptes; mais on a eu soin de conserver ses principaux complices.

On nous reproche aussi de porter un discrédit sur le syndicat général par ces discussions : je ferai remarquer tout d'abord encore une fois, que jamais nous n'avons commencé à attaquer, nous avons été dans la nécessité de nous défendre, ce qui était notre droit et notre devoir.

Mais je ne cacherai pas que, pour ma part, je serais satisfait si je pouvais empêcher les employés de chemins de fer en général et ceux de notre réseau en particulier, de confier à nouveau la défense de leurs intérêts à des hommes qui nous ont fait tant de mal dont les effets se feront sentir longtemps encore.

La question se résume à ceci : Les agents de la Compagnie P.-L.-M. acceptent-ils un syndicat constitué dans le but de créer des situations à quelques personnages plus ou moins comédiens, qui ont su merveilleusement profiter des leçons du maître? Ou veulent-ils former entre eux un syndicat spécial à notre réseau qui, sans faire beaucoup de bruit, sans menaces vaines et ridicules, s'efforcera d'obtenir progressivement les améliorations nécessaires attendues depuis longtemps déjà.

On ferait bien, à cet effet, de s'inspirer de l'exemple des mineurs qui, eux, n'ont pas moins de 30 syndicats reliés entre eux par un comité fédéral, ce qui donne les meilleurs résultats.

Pour clore ce débat, je propose à mon camarade de faire une assemblée générale des syndiqués de Dijon, à laquelle je me rendrai pour soutenir une discussion contradictoire avec lui, à condition qu'il me préviendra de la date et de l'heure 4 jours à l'avance.

L. M.

CONVOCATIONS

PARTI OUVRIER DIJONNAIS. — Réunion plénière des adhérents des : Groupe républicain socialiste (1re section), Groupe d'études sociales de la Grille-de-Fer (2e section), Groupe d'études sociales de Dijon-Nord (3e section), et Groupe socialiste de Dijon-Est (4e section), le samedi 19 décembre, à 8 heures 1/2 précises du soir, à l'Hôtel-de-Ville, vestibule de la salle de Flore.

Ordre du jour: Congrès de Montceau-les-Mines, organisation locale du Parti Ouvrier.

GROUPE RÉPUBLICAIN SOCIALISTE (1re section). — Le trésorier invite les adhérents en retard de leurs cotisations à se mettre au pair le plus tôt possible, en raison du règlement de compte de fin d'année et de la nouvelle organisation locale.

GROUPE DE DIJON-NORD (3e section). — Le Groupe de ce quartier vient d'être définitivement fondé. Dans sa première séance, il a adhéré au Congrès de Montceau, au Parti Ouvrier Dijonnais et à la Fédération des Travailleurs socialistes de l'Est.

Jeudi 24 décembre (veille de Noël), réunion éducative, salle Robergeot, place de la République, à 8 h. 1/2 du soir.

Ordre du jour: Développement du programme du Parti.

GROUPE DE DIJON-EST (4e section). — Les citoyens habitant le canton Est, désireux d'adhérer au programme du Parti Ouvrier Socialiste, sont invités à assister à la réunion du Groupe qui aura lieu au café Prost (salle réservée), rue d'Auxonne (au coin de la rue Coupée-de-Longvic), le jeudi 17 décembre, à 8 heures du soir.

Ordre du jour : Organisation définitive de la 4e section du Parti Ouvrier.

SOUSCRIPTION PERMANENTE
Pour la propagande socialiste dans la Région

Report de la liste précédente, 208 fr. 60, citoyenne D., 0 fr. 50; un groupe d'abonnés de Blanzy, 2 fr.; levée du tronc de propagande au local du Parti Ouvrier à Dijon, 10 fr. 50. — Total, 223 fr. 60.

PETITE CORRESPONDANCE

Reçu de Besançon, 22 fr. 50; de Labruyère, 2 fr.; du Mesnil-Courtaout, 0 fr. 60; d'Arquian, 0 fr. 50; de Blanzy, 9 fr. 70; d'Auxerre, 10 fr. 20; de Lucy-le-Montceau, 3 fr.; de Dijon et environs, 56 fr. 50; de Labergement, 10 francs.

Le Gérant, V. MILLERAND.

Dijon. — Imp. Carré, rue Amiral-Roussin, 40.